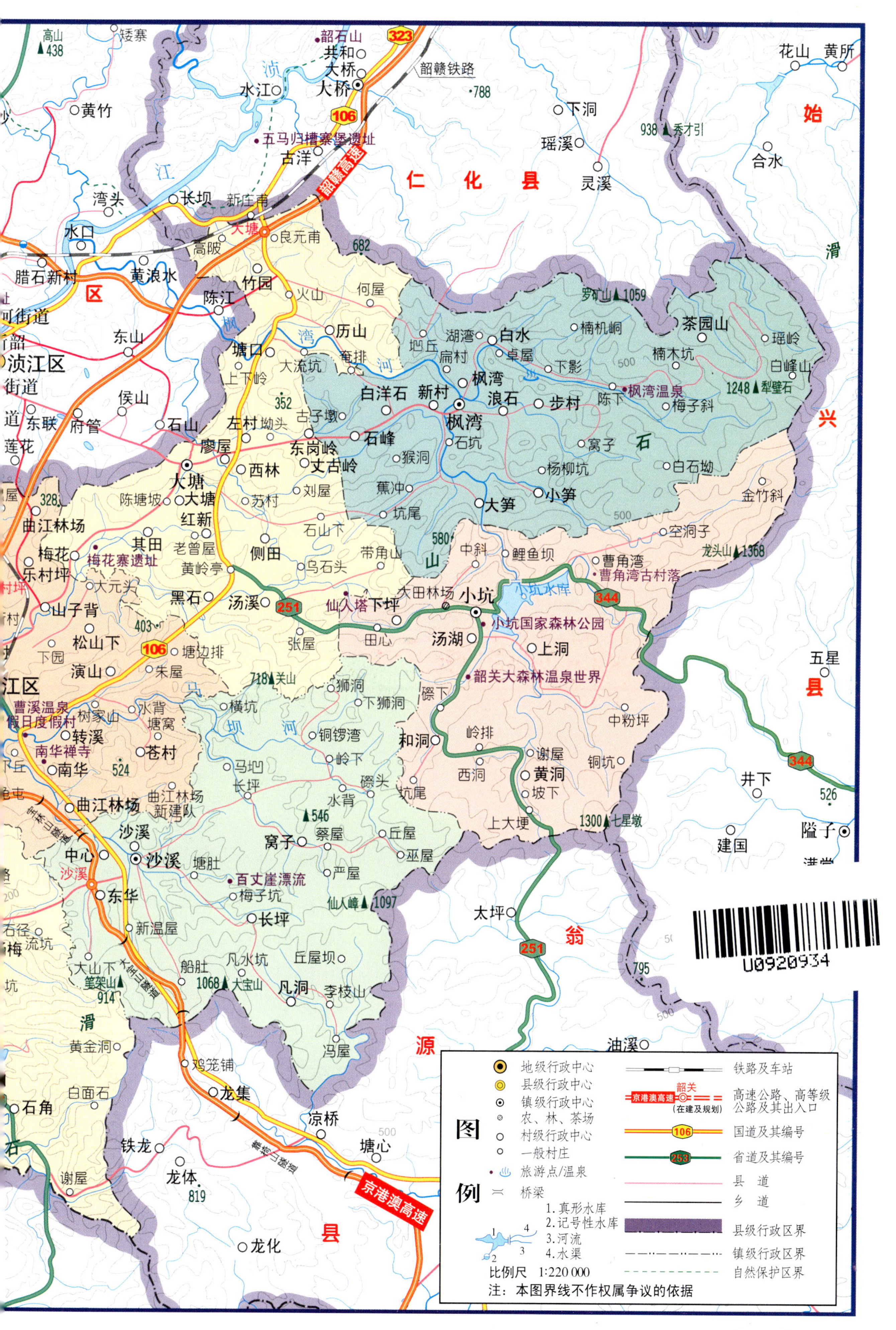

仁化县
始兴县
翁源县
滑
区
石
山
曲江区
浈江区
高山
438
矮寨
韶石山
共和
大桥
大桥
水江
323
106
韶赣铁路
788
下洞
瑶溪
灵溪
938 秀才引
花山
黄所
合水
黄竹
五马归槽寨堡遗址
古洋
韶赣高速
湾头
长坝
新庄甫
水口
大塘
良元甫
高陂
682
腊石新村
黄浪水
竹园
火山
何屋
陈江
罗矿山1059
茶园山
瑶岭
楠机峒
白水
湖湾
坳丘
扁村
卓屋
下影
楠木坑
白峰山
东山
历山
塘口
庵排
大流坑
上下岭
枫湾
浪石
步村
陈下
枫湾温泉
1248 犁壁石
梅子斜
白洋石
新村
枫湾
352
古子墩
侯山
府管
东联
石山
左村
坳头
石峰
石坑
窝子
东岗岭
丈古岭
猴洞
杨柳坑
白石坳
莲花
廖屋
西林
大塘
大塘
陈塘坡
刘屋
苏村
蕉冲
小笋
大笋
金竹斜
328
曲江林场
红新
坑尾
500
空洞子
石山下
580
梅花
梅花寨遗址
其田
老曾屋
侧田
带角山
中斜
鲤鱼坝
曹角湾
龙头山1368
乐村坪
黄岭亭
乌石头
曹角湾古村落
大元头
大田林场
小坑
小坑水库
344
山子背
黑石
汤溪
251
仙人塔下坪
小坑国家森林公园
403
松山下
田心
汤湖
上洞
下园
106
塘边排
张屋
五星
演山
朱屋
718 关山
韶关大森林温泉世界
曹溪温泉
假日度假村
树家山
水背
狮洞
下狮洞
磜下
横坑
塘窝
中粉坪
转溪
坝
河
铜锣湾
和洞
岭排
南华禅寺
苍村
岭下
谢屋
铜坑
344
井下
南华
524
马坳
磜头
西洞
黄洞
长坪
526
曲江林场
曲江林场
新建队
水背
坑尾
坡下
546
上大埂
1300 七星墩
沙溪
蔡屋
丘屋
隘子
建国
中心
沙溪
窝子
巫屋
塘肚
沙溪
百丈崖漂流
严屋
东华
梅子坑
仙人嶂 1097
太坪
长坪
石径
新温屋
流坑
251
翁
795
凡水坑
丘屋坝
大山下
船肚
笔架山
914
1068 大宝山
凡洞
李枝山
滑
黄金洞
冯屋
源
油溪
鸡笼铺
白面石
龙集
石角
凉桥
塘心
500
铁龙
龙体
819
谢屋
京港澳高速
龙化
县
图例
地级行政中心
县级行政中心
镇级行政中心
农、林、茶场
村级行政中心
一般村庄
旅游点/温泉
桥梁
铁路及车站
韶关
京港澳高速
(在建及规划)
高速公路、高等级公路及其出入口
106
国道及其编号
253
省道及其编号
县道
乡道
1.真形水库
2.记号性水库
3.河流
4.水渠
县级行政区界
镇级行政区界
自然保护区界
比例尺 1:220 000
注：本图界线不作权属争议的依据

曲江年鉴

QU JIANG NIAN JIAN

2017

曲江年鉴编纂委员会 编

图书在版编目（CIP）数据

曲江年鉴. 2017 / 曲江年鉴编纂委员会编. -- 北京：方志出版社，2017.11
ISBN 978-7-5144-2673-1

Ⅰ. ①曲… Ⅱ.①曲… Ⅲ.①曲江区—2017—年鉴 Ⅳ. ①Z526.54

中国版本图书馆CIP数据核字(2017)第281808号

曲江年鉴（2017）

编　者：曲江年鉴编纂委员会
责任编辑：罗　滔

出 版 人：冀祥德
出 版 者：方志出版社
地址　北京市朝阳区潘家园东里9号(国家方志馆4层)
邮编　100021
网址　http://www.fzph.org
发　行：方志出版社图书经销中心
电话（010）67110500
经　销：各地新华书店
印　刷：韶关市粤彩印务有限公司

开　本：889×1194　　1/16
印　张：20.5
字　数：660千字
版　次：2017年11月第1版　2017年11月第1次印刷
印　数：001~600册

ISBN 978-7-5144-2673-1　　定价：128.00元

曲江年鉴编纂委员会

名誉主任： 罗海俊（区委书记）
主　　任： 伍　文（区委副书记、区长）
副 主 任： 肖绍托（区委常委、区委办主任）
包玉兰（副区长）
成　　员： 邓国柱　宋望波　潘道明　付发林　赖德明　徐智伟　雷新发　罗程伟
邝发洪　杨海兵　邓德胜　成家强　陈开明　陈焕云　郭长青　吴东华
谢志强　许明志　涂德发　周炳康　侯祖源　伍时毅

曲江年鉴编辑部

主　　编： 肖绍托　包玉兰
副 主 编： 伍时毅　罗炳荣
责任编辑： 罗炳荣　董坪申　杨文捷　彭秀华　何　莹
特约编辑： 尤　其　廖聪贵　黄远明　侯　莉　游晓青　沈鸿莲　蓝　敏　廖功伟
曹利华　范韶英　潘广晰　叶祖春　姚胜养　胡建华　曾文雄　方咏梅
丘伟廉　杨彦欢　沈建华　黄良开　陈慧萍　谭清华　钟树梅　刘　静
王化定　余　星　张雪挺　李桂莲　何林忠　占国芳　黄　旭　潘玉艳
邓有辉　黄新炳　杨静雯　胡艳玲　黄凯辉　朱芷慧　张德明　吴志明
叶鸿菲　梁耀升　张锦堂　陈瑞祥　黎炳林　魏亚飞　周朝云　刘启厚
韩　静　首云敏　陈　霖　罗俊平　唐伟斌　徐建广　赖香敏　林劲松
邓皓皓　范　坤　赵来富　陈运亮　罗元香　徐子芳　吴　辉　何　婷
骆　艺　李湘闽　包伟君　肖甜甜　卞思媚　罗超鹏　何庆祥　黄志斌
杨腾星　朱彩虹　杨万春　廖　鹏　黄韶珍　谢　宇　杨志群　谢玉英
赖新冠　钟远强　袁小玲　曾育勤　谭艳萍　张云玲　谢永彬　周　欣
钟鲁萍　江　琳　徐强文　许　艺　刘彦英　冯晓灵　曾桂林　吴绍英
曹海弘　陶桂琼　苏　玲　胡清莲　张国养　梁幸怡　蓝子君　曾耀伟
阙丽娟　谢亦萍　陈　建　张　静　蔡浩双　陶花艳　丁　众　甘永腾
曹　灿　黄　品　陈福生　王伊嫔　谭兴华　龚然英　曾　婷　陈远明
蔡燕君

编辑说明

一、《曲江年鉴》以马克思列宁主义、毛泽东思想、邓小平理论、“三个代表”重要思想、科学发展观、习近平新时代中国特色社会主义思想为指导，坚持辩证唯物主义和历史唯物主义的立场、观点和方法，旨在全面、系统、准确地反映曲江自然、政治、经济、文化和社会等方面的基本情况，为读者了解和研究曲江提供基本资料。

二、《曲江年鉴（2017）》采用分类编辑法。主体内容设类目、分目、条目三个结构层次，以条目为记述内容的基本形式。全书条目的标题统一以黑体字加【　】表示，少数包含多方面资料的条目则在文内用楷体标题标明各段资料的主题。

三、《曲江年鉴（2017）》主要反映2016年曲江区经济社会发展的基本情况。全书由特辑、曲江大事记、全区概况、政治、军事、经济、教科文卫体、侨务、社会生活、各镇（街道）概况、社会经济统计资料等内容组成，共30个类目136个分目。

四、《曲江年鉴（2017）》在保持基本框架相对稳定的前提下，对部分内容进行更新、调整、充实，以突出反映年度内在曲江区委、区政府领导下全区各行业取得的新成就。

五、本年鉴所用资料和图片均由各镇（街道）、有关单位提供，并经各供稿单位领导审核。统计数据采用法定计量单位，主要统计数据以曲江区统计局提供的《社会经济统计资料》为准。

六、数字标点遵循国家标准出版规定，GB/T 15834-2011《标点符号用法》，GB/T15835-2011《出版物上数字用法》。

七、计量单位采用国务院1984年2月发布的中华人民共和国法定计量单位。考虑到社会使用习惯，全书中亩不统一换算。

数字曲江 2016

土地面积1620.77平方公里

全区耕地总资源30.65 万亩

年末常住人口31.68万人

年末户籍总人口31.66万人

地区生产总值133.95亿元

第一产业增加值18.21亿元

第二产业增加值61.64亿元

工业增加值56.79亿元

第三产业增加值54.11亿元

第一、第二、第三产业构成13.6:46.0:40.4

人均地区生产总值43043元

全社会固定资产投资56.17 亿元

旅客周转量 10975.1万人公里

邮电通信业务总收入2.02亿元

社会消费品零售总额62.72 亿元

社会从业人员14.56 万人

农村劳动力转移人数4086人

实际利用外资1000万美元

外贸出口总额16600万美元

地方财政一般预算收入8.07亿元

地方财政一般预算支出16.54亿元

国家税收收入64855万元

地方税收收入46229万元

城乡居民储蓄存款余额97亿元

城镇居民人均可支配收入24860元

农村居民人均纯收入13845元

中、小学校在校学生49456人

医院、卫生院床位数1470张

图2

曲江风采

▲2016年9月26日，中国共产党韶关市曲江区第十三次代表大会在区办公大楼七楼会议厅开幕（梁国劲 摄）

▲中共韶关市曲江区第十三届委员会第一次全体会议于2016年9月28日召开，全会选举高冬瑞、伍文、刘小文、伍海艳、林应良、唐继华、文浩培、王献军、肖绍托、陈夏广为中共韶关市曲江区第十三届委员会常务委员会委员，选举高冬瑞为中共韶关市曲江区委书记，伍文、刘小文为中共韶关市曲江区委副书记（梁国劲 摄）

◀ 2016年10月26日，韶关市曲江区第十五届人民代表大会第一次会议在区办公大楼七楼会议厅开幕
（区人大办　供稿）

▶ 2016年10月28日，韶关市曲江区第十五届人民代表大会第一次会议选举产生韶关市曲江区十五届人大常委会领导班子。图为区十五届人大常委会主任黄健庭和副主任赵玉民、叶伟胜、卜师带、刘文挺、张秀兰、张以荣合影（区人大办　供稿）

▶ 2016年10月28日，韶关市曲江区第十五届人民代表大会第一次会议选举产生新一届区人民政府领导班子。图为区长伍文和副区长陈夏广、包玉兰、钟秋华、高瑞坤、蓝振球、曾烈省合影
（区人大办　供稿）

图4

▲2016年10月25日，政协第十届韶关市曲江区委员会第一次会议在区办公大楼七楼会议厅开幕（区政协办　供稿）

▲2016年10月27日，区委书记高冬瑞为当选政协韶关市曲江区第十届主席杨绍凯，副主席廖年娇、钟树梅、梁文华、王爵承、张祥林颁发当选证书（区政协办　供稿）

▲2016年5月11日，韶关市委书记江凌（前排左二）在市委常委、区委书记黄劲东（前排右一）、区长高冬瑞（后排右一）陪同下到乌石镇濛浬村调研农村基层治理工作（乌石镇 供稿）

◀2016年5月11日，韶关市委书记江凌（左一）、市委常委、区委书记黄劲东（右三）、区长高冬瑞（右一）到韶关发电厂调研

（乌石镇 供稿）

▲2016年5月30日，韶关市委书记江凌（左五）在市委常委、区委书记黄劲东（右四）、副市长王青西（左四）等陪同下，前往区机关幼儿园慰问儿童（潘玉艳 摄）

▲2016年11月10日，市委书记江凌（左三）、区委书记高冬瑞（前排右二）、区长伍文（前排右一）实地调研曲江区大塘镇东岗岭村精准扶贫工作 （大塘镇 供稿）

▲2016年11月5日，市委常委、常务副市长陈波（左四），区委书记高冬瑞（左三）出席经律论小镇中医药基地揭牌仪式（小坑镇 供稿）

▲2016年9月21日，市委常委、政法委书记黄劲东（左二）在区委书记高冬瑞（左一）陪同下到大塘走访慰问贫困户（大塘镇 供稿）

▲ 2016年11月8日，市委常委、纪委书记郭健生（左二）在区委书记高冬瑞（左一），区委常委、纪委书记王献军（左三）陪同下调研党风廉政工作（区纪委 供稿）

◀ 2016年5月24日，市人大常委会原主任卢定周、市人大常委会原副主任赖龙福、区政协原主席刘灶金一行到区档案馆参观

（区档案局 供稿）

▲ 2016年8月3日，区四套班子成员参观韶关市纪念建党95周年图片展在曲江区巡回展览（谢秀金 摄）

► 2016年10月9日，区四套班子领导参加重阳节登山活动（区体育局 供稿）

▲ 2016年12月30日，区委书记高冬瑞（左七）、区长伍文（右六）、区人大常委会主任黄健庭（左六）、区政协主席杨绍凯（右五）参加广东韶关曲江"温泉之乡"文化旅游节暨经贸洽谈会开幕式（肖欣 摄）

图10

▲ 2016年8月26日，区长伍文（前右二）前往城区调研市政建设（区住建局 供稿）

▶ 2016年9月21日，区长伍文（前排右三）到罗坑考察旅游资源及罗坑茶产业发展（罗坑镇 供稿）

◀ 2016年12月29日，副区长包玉兰在“温泉旅游与休闲养生”论坛致词（区委办 供稿）

▲ 2016年3月25日，区人大常委会领导到樟市开展调研（区人大办 供稿）

▼ 2016年6月16日，区政协主席杨绍凯（左二）一行到枫湾镇就精准扶贫工作进行调研督导（枫湾镇 供稿）

▲ 2016年8月15日，区委副书记黄健庭（左三）到罗坑镇开展精准扶贫调研（罗坑镇 供稿）

▲ 2016年11月30日，区委副书记刘小文（右一）到樟市镇北约村委老叶屋村小组调研精准扶贫和农村综合改革工作（区委办 供稿）

▲ 2016年8月29日，区委常委王献军（右二）到枫湾镇调研党风廉政建设工作开展情况（枫湾镇 供稿）

▲ 2016年11月7日，区委常委肖绍托（左一）陪同乳源考察团到园区调研（区委办 供稿）

▲ 2016年8月19日，区政协委员视察区人社局医保服务大厅（区政协办 供稿）

◀ 2016年10月17日，共青团广东省委、省教育厅、省少工委授予韶钢第四小学为“广东省红领巾示范校”荣誉称号。图为揭牌仪式

（区教育局 供稿）

▶ 2016年12月21日，曲江农信社大塘信用社农村青年创业金融服务站揭牌仪式

（曲江农信社 供稿）

◀ 2016年5月1日，国家实行营改增后，区地方税务局开出第一张“两代”（纳税人转让取得不动产和其他个人出租不动产代征增值税和代开增值税发票）增值税发票

（区地方税务局 供稿）

◀ 2016年5月6日，广东省省情调查研究中心在枫湾镇召开村民代表座谈会（枫湾镇 供稿）

▶ 2016年5月25日，在区委党校举办区直机关党组织书记培训班

（区委组织部 供稿）

▲ 2016年11月10日，曲江区召开精准扶贫驻村第一书记工作座谈会（区委组织部 供稿）

◀ 2016年9月9日，区委常委、纪委书记刘小文（右一）到小坑镇下坪村慰问贫困户（小坑镇 供稿）

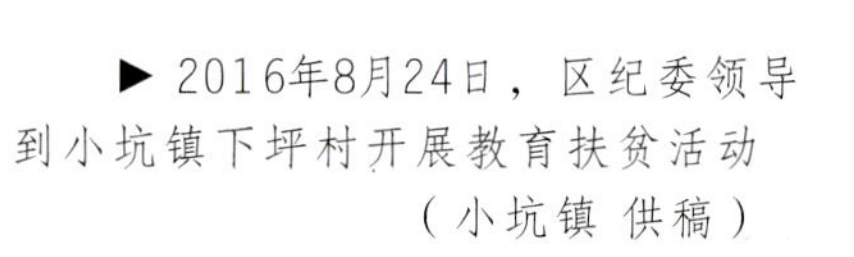

▶ 2016年8月24日，区纪委领导到小坑镇下坪村开展教育扶贫活动（小坑镇 供稿）

▲ 2016年9月20日，在松山街道举行“为好人喝彩”——2016年曲江区市级道德模范与身边好人现场交流活动（区文明办 供稿）

▶ 区委办邓国柱家庭荣获“曲江最美家庭”荣誉称号（叶芳萍 摄）

◀ 2016年4月7日，区地方税务局组织开展“小学生进税务”体验日活动（区地方税务局 供稿）

▲ 2016年7月8日，曲江区在九龄小学举办文明交通宣讲活动启动仪式（区文明办 供稿）

图18

◀ 2016年5月11日，曲江区食品药品监督局开展食品安全知识进校园宣传活动
（区食品药品监督局 供稿）

▶ 2016年8月13日，曲江区第六届“播撒希望·圆梦大学”助学筹款答谢晚会（区团委 供稿）

▲ 2016年10月12日，区教育局举行全区中小学生中华经典诗文诵读比赛（区教育局 供稿）

◀ 2016年5月18日，在广东金亿合金有限公司举行“传承文明·圆梦曲江”大型图片巡展启动仪式暨“5·18”国际博物馆日宣传活动（区文明办 供稿）

◀ 2016年6月17日，“百善孝为先·亲情暖曲江”专题文艺汇演（区文明办 供稿）

▶ 2016年7月1日，区委组织部开展弘扬革命传统重温入党誓词主题党日活动（区委组织部 供稿）

▲▶ 2016年12月1日，韶关市政府纠风办、市直属机关工委以及曲江区委、区政府和韶关广播电视台主办，区直属机关工委承办的主题为“古韵携禅意、山水秀曲江”的《民生热线》走进曲江大型户外活动

（区直属机关工委　供稿）

◀ 2016年6月23日，曲江农信社开展普及金融知识万里行宣传活动

（曲江农信社 供稿）

▲ 2016年10月29日，小坑镇举办禅意小镇快乐生活活动（小坑镇 供稿）

▲ 2016年12月30日，马鞍山文化广场千人舞会迎新年（梁国劲 摄）

▲ 2016年6月11日，曲江区“发展体育运动，增强人民体质，同心共筑中国梦”全民健身系列活动启动仪式（区体育局 供稿）

▲ 2016年6月9日，北江河畔的韶关冶炼厂全貌（韶关冶炼厂 供图）

▲ 韶关瑶岭矿区一角（张静 供稿）

▲ 韶钢外景（吴长江 摄）

◀ 和谐韶电，绿色环保（龚彩虹 摄）

▶ 大宝山机关大楼新貌（大宝山 供图）

▲ 曲江经济开发区（梁国劲 摄）

◀ 曲江迎宾馆荷花池
（罗炳荣 摄）

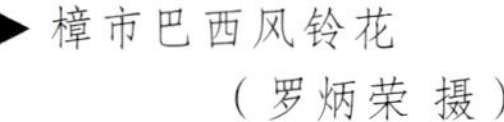

▶ 樟市巴西风铃花
（罗炳荣 摄）

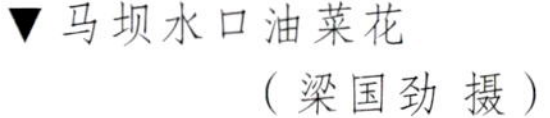

▼ 马坝水口油菜花
（梁国劲 摄）

目　录

特　辑

大事记

全区概述

中共韶关市曲江区委员会

韶关市曲江区人大常委会

韶关市曲江区人民政府

政协韶关市曲江区委员会

中共韶关市曲江区纪律检查委员会

民主党派　工商联

社会团体

法 治

武　装

综合经济管理

财政　税务

金融业

农 林 水 气象

工业　能源

交通　邮政　通信

城乡建设　环保

商　业

旅　游

教　育

文化　广播电视

卫生　体育

社会生活

民族　宗教

企业选介

镇（街道）概况

社会经济统计资料

特 辑

在中共韶关市曲江区委工作会议上的讲话

（2017年2月9日）

区委书记 高冬瑞

同志们：

这次会议的主要任务是，深入学习贯彻习近平总书记系列重要讲话和党的十八届六中全会、中央经济工作会议、省委经济工作会议、市第十二次党代会、市委工作会议精神，落实区第十三次党代会和区十五届人大一次会议部署，总结2016年工作，研究部署2017年工作任务，确保实现一季度“开门红”，为全面完成年度目标任务开好头、起好步。

2017年将迎来党的十九大，同时也是实施“十三五”规划的重要一年和推进供给侧结构性改革的深化之年。去年年底，省委经济工作会议召开，对今年的工作作了全面部署，强调要坚持稳中求进工作总基调，牢固树立和贯彻落实新发展理念，适应把握引领经济发展新常态，坚持以提高发展质量和效益为中心，以推进供给侧结构性改革为主线，围绕实现“三个定位、两个率先”目标，统筹稳增长、促改革、调结构、惠民生、防风险各项工作，着力构建创新型经济格局，推动珠三角和粤东西北一体化发展，提升开放型经济水平，振兴实体经济，促进经济平稳健康发展和社会和谐稳定。今年1月16日，市委召开工作会议，强调要全面贯彻落实中央和省委经济工作会议精神，围绕生产总值增长8%的预期目标（该目标就全市整体而言，要求各县、市、区从自身实际出发，合理确定增长目标），坚定不移主动融入珠三角，强力推进“三大主题”工作、“三大重点”民生，积极推进与珠三角一体化发展，着力夯实全面小康社会基础；特别是针对加大投入、加快产业项目攻坚、发展县域经济、抓基础性和关键性改革、新一轮对口帮扶、三项重点民生、城乡文明创建、治理社会矛盾纠纷、带头担当担责推动工作等九个方面的重点工作作出了明确的部署，为我们谋划和做好今年及今后一段时期的工作提供了重要遵循。

刚才，伍文同志对2016年工作作了简要总结，对今年工作作了具体部署，大家要结合实际抓好落实。下面，我就做好今年工作强调几点意见。

一、主动融入韶关振兴发展新格局

无论是主动适应经济新常态，还是积极融入发展新格局，都要求我们必须在全省一体化发展中找准定位，坚定不移主动融入珠三角、对接主城区，在推动韶关振兴发展中当先锋、做标兵。

要在思想意识上争先晋位。在过去很长一段时期内，曲江一直都是韶关发展的领头羊。但近几年，周边大部分县（市、区）发展势头非常强劲，发展速度已经超过我们，如果再不提速，曲江过去的发展优势也将不复存在。面对新形势和新挑战，我们要进一步增强全局意识，在全省一体化发展中找准定位，在韶关振兴发展新格局中找准落脚点，以先进的理念、战略的思维、长远的眼光去谋划未来、推动发展，努力争当韶关振兴发展排头兵。

要在产业共建上协作共融。以实施主动融入珠三角总战略为契机，积极参与珠三角产业分工，加大与珠三角地区的产业共建力度。一是抓准市场需求。充分挖掘自身特色和优势资源，抓准珠三角市场对原材料、健康农产品、生态旅游、休闲养生等方面的需求，搭建线上线下多层次交流平台，积极推动工业产品、农产品和旅游品牌“走出去”，开拓珠三角市场。二是利用好帮扶机制。认真梳理出我区在产业共建方面的投资需求，以东莞对口帮扶为契机，着力引进一批符合我区产业规划的优质项目，加快培育发展装备制造、食品深加工、生态农业、特色旅游、现代物流等产业，打造与珠三角地区错位互补、梯度发展的特色产业集群。三是加大对接力度。要加强与东莞对口帮扶单位之间的沟通协调，努力实现与珠三角市场主体的对接，加快产业共建步伐。

要在软硬件设施上互通共享。通过交通、人才、科技等软硬件的互通共享，推动我区全面融入珠三角。要全力配合北江航道扩能升级工程（韶关至乌石段），加快优化区内高速公路出口、港口与城区、园区、镇域之间的交通网络，打造立体交通体系，将曲江建设成为韶关融入珠三角的重要交通枢纽点。在教育、医疗、卫生等方面，积极寻求与珠三角地区进行“结对”，带动我区社会事业加快发展。积极寻求园区、区属企业与珠三角院校之间开展人才、科技合作，搭建与珠三角科技人才交流的平台；努力吸引珠三角企业将生产环节外移到本区，进一步学习其先进的生产技术和管理理念，提升自主创新能力，努力融入珠三角人才圈、科技圈的辐射范围。

二、打响项目攻坚战

投资增长乏力、发展后劲不足是当前制约曲江加快发展的难题。推动曲江加快发展，要牢牢抓住项目攻坚这个关键，让生产运营的项目实实在在产出效益，让落户建设的项目有力促进投资增长，让签约洽谈的项目储备发展能量。

完善发展平台建设。全力打造“两大园区”战略性发展平台，加强园区基础设施和生活配套服务设施建设，让引进来的项目早落地建设、早投产达效。全力配合装备园建设，加快征地拆迁、迁坟、清表、土地平整等工作，尽快完成园区主干道路、供水供电等基础设施建设，力争今年能够有一批项目开工建设。集中力量加快曲江经济开发区的道路、管网、绿化美化亮化以及供气供热等基础设施建设，完善食品产业配套服务设施，努力打造全省知名的食品产业园区。着力推进物流园和园区内外交通路网建设，不断提升物流配套服务水平。

加强项目建设管理。针对项目落地难问题，区四套班子领导要对所挂钩项目进行深入细致的研究，千方百计寻求破解难题的突破口，促进各项目的年度建设目标顺利完成。项目责任单位要主动配合挂钩区领导开展项目推进工作，认真落实挂钩区领导交办的事项，积极做好上下联系和内外沟通工作。项目相关单位要提高服务意识，主动配合解决项目推进中的用地、审批、资金等难题。区前期办要及时做好项目的前期准备工作，切实解决审批难、用地难等问题，确保项目尽快落地建设。要定期或不定期安排项目挂钩区领导向区委常委会汇报项目建设进展，研究解决项目推进过程中的重大问题。区督查办要进一步完善运行机制，提高督查督办效能，加强对督查结果的运用，以强有力的督查为全区项目建设顺利推进保驾护航。

抓好招商引资工作。加强对招商工作的组织领导，抽调得力干部组成招商专责小组，制定精准招商工作计划，建立招商项目库，全面做好项目洽谈工作。重点围绕装备制造、食品等主导产业，结合省产业共建财政扶持政策，抓紧完善园区招商优惠政策，科学设定入园门槛，增强园区吸引力。要重视对现有企业的服务，坚持并完善四套班子领导及相关部门挂点企业制度，推行企业难题会诊和“即结即销、不结不销”的动态管理制度，协助企业解决生产经营过程中遇到的难题，全力营造良好的亲商安商稳商环境，提高曲江在服务客商方面的声誉。

三、提升城市建设水平

围绕城市提升工作，我们已制定出台城市提升三年行动计划，并设立了区提升办加以实施。我们要严格按照既定工作方案，大力实施中心城区扩容提质工程，全面提升城市建设和管理水平，打造“韶关南部智慧生态新城”。

全面对接主城区。要加快建设对接主城区的“四大通道”，全力做好项目建设保障工作，力促未动工道路尽快动工，已动工道路加快建设。积极配合市规划建设新东环线、百旺大桥直通装备园等道路工程，力争在空间上尽快与主城区连接成片。要积极争取更多市级公共服务设施布局曲江，在城市规划、建设、管理等方面自觉向主城区看齐，在城市功能和城市建设水平上全面对接主城区。

加快曲江新城建设。今年是曲江新城建设的关键年，要进一步加大工作力度，全力推动曲江新城建设实现新发展。一是认识上要有新提高。市第十二次党代会明确提出要“加快曲江大道建设，推动曲江城区融入主城区”。对此我们要切实提高责任意识和机遇意识，积极向上争取支持，加快推进曲江新城建设工作。二是理念上要有新提升。要主动借鉴现代城市规划、建设和管理的先进理念，在城市发展总体格局中找准曲江新城的功能定位，坚持高起点、高标准、高质量、高效益建设曲江新城。三是工作上要有新突破。要借曲江大道动工建设之势，加快土地征收和储备工作，推动安置房、物流园等新城项目建设。要主动做好新城项目策划，努力引进一批有影响力的项目。坚持多渠道筹资，完善投融资平台和代建载体，吸引更多社会资本参与曲江新城建设，构建新城建设的长效投入机制。

稳步推进旧城改造。坚持旧城改造与新城建设并举，努力提升曲江中心城区形象。旧城改造越往后成本越高、推进难度越大，必须采取更加有力的措施，积极稳妥地推进各项工作。当前，要加快推进府前中路、上门村和十六冶棚户区等片区的改造项目，统筹推进城中村的改造工作。对未列入改造计划的城中村，要加大整治力度，优化配套设施建设，彻底改善城中村“脏乱差”状况，全力提高城中村的人居环境水平。按计划分批贯通城区主要“断头路”，加快推进排水防洪防涝设施建设；实施城市景观改造工程，进一步加大绿化美化亮化力度，全面提升城区宜居水平。

提高城市管理水平。要不断巩固创文巩卫成果，切实抓好城区环卫保洁、道路交通、违法违章建筑等专项整治，在管理水平上向主城区看齐。充分发挥数字城管平台作用，探索数字城市管理长效机制，实现城市业务管理网格化、数字化、精细化，全面提升城市的综合管理能力。

四、增强县域经济实力

要牢牢把握市里确定的县域发展的三个原则，即必须以富民为核心、必须守住生态环保底线、必须从实际出发差异化发展，在此基础上谋划县域经济发展，力争实现地区生产总值增长10%、地方一般公共预算收入与经济增长基本同步的目标。

注重抓好产业发展。加快县域经济发展，关键在于培育特色产业、强化产业支撑。一是突出打造特色产业。立足我区的资源优势和产业基础，抢抓省委省政府推进珠三角与粤东西北一体化发展和珠三角产业转型升级的机遇，全力培育以装备制造和食品产业为代表的工业产业，大力发展具有生态优势、文化优势、区位优势的特色产业，形成若干具有核心市场竞争力的产业集群。二是优化产业发展环境。针对特色产业，制定并出台一系列支持产业发展的优惠政策，在用地、办证、融资等方面予以重点扶持，着力构建推进产业发展的政策扶持体系和绿色服务通道。三是强化产业技术支持。要加强产学研结合，加速科技成果的引进和转化，优化信息及技术咨询服务，力促特色产业发展水平提升。

大力发展特色旅游。近年来，虽然我区特色旅游发展步伐明显加快，但仍未形成具有拉动效应的精品旅游线路，旅游产品亟须创新，配套设施亟须完善，服务水平有待进一步提高。下一步要用全域旅游理念来谋划、发展、运营旅游产业。一方面要完善旅游基础设施及配套设施，加快推进旅游公路建设，完善旅游驿站、游客服务中心、停车场等基础配套设施标准化建设，提升旅游综合服务能力；另一方面要突出景点特色，丰富旅游产品，大力发展以生态休闲、宗教祈福和户外运动为主要内容的体验式、参与式旅游，满足游客的不同需求。

打造美丽富足乡村。农业农村的发展是县域经济发展的重要组成部分，更是全面建成小康社会的关键，必须全力促进农业农村的发展，让广大农村群众共享发展成果。一是加快建设特色小镇。要根据自身资源特色、产业定位、市场需求等谋划特色小镇建设，抓紧做好特色小镇规划编制等前期工作，加大特色小镇申报力度，积极争取省市关于特色小镇建设的政策支持，加快建设一批产业、文化和旅游功能叠加的特色小镇，促进经济转型升级和城乡统筹发展。二是全力打造美丽乡村。推进乡村绿化美化建设工程，开展村庄综合整治，推进镇村生活污水处理设施建设，完善农村生活垃圾收运处理体系，构建农村长效保洁机制。三是共建共享富足农村。要做好特色农业这篇文章，通过高品质特色农产品的培育发展，增加农民收入。推进农业和旅游业深度融合，大力发展乡村旅游和农家乐，带动农村发展。推动“互联网+农业小镇”试点建设，发展农村电子商务。

五、 深化重点领域改革

今年是各重点领域改革的深化之年。要按照中央和省委、市委的部署和要求，突出抓好事关全局的关键性和基础性改革，积极稳妥落实好各项改革任务，努力营造良好的发展环境。

加快推进供给侧结构性改革。坚持把“三去一降一补”作为推进供给侧结构性改革的重点工作，按照省、市推进供给侧结构性改革方案要求，全力实现年度工作目标。实行棚户区改造货币化安置方式，探索推行公共租赁住房货币化保障机制，通过利用好住房公积金、加大土地管控力度等措施，加快去库存步伐。要按照市委、市政府统一部署，规范涉企经营服务性收费，降低企业经营成本。逐项研究清理和调整我区比同类地区税费高的有关政策，降低企业税费负担，全力振兴实体经济。

加快推进农村综合改革。推进农村综合改革，要重视试点工作和示范推广。去年，我区“两个构建”和“两个整合”改革试点工作取得初步成效。各镇、各相关单位要结合试点工作的经验，稳妥推进、逐步铺开，确保各项改革工作落实到位。要加快农村公共服务平台建设，切实解决农村群众办事不便的问题。针对农村基本公共服务、村居环境综合整治、特色农业、乡村旅游相关建设项目，拓宽资金筹措渠道，全力争取社会资本和省市资金支持。要加快完成农村土地承包经营权确权工作，加大矛盾纠纷调处力度，确保年底基本完成颁证任务。深入推进农业供给侧结构性改革，完善关于金融服务、新型农业经营主体和服务主体以及农业科研资源配置等方面的政策措施，提高农业供给质量。

深化行政审批制度改革。要全面推行“一门式、一网式”政府服务模式，进一步压减前置审批事项，精简审批流程，压缩审批时限，实行并联审批，实现网上统一申办受理平台与效能监督系统无缝对接，切实提高行政审批效能。继续做好清理规范政府部门行政审批中介服务事项工作。加强对各部门权责清单的动态管理，及时对权责清单进行调整和完善。

深化商事制度改革。全力完成“五证合一”、电子证照改革，加快推行电子营业执照和全程电子化登记管理，只要不涉及前置审批的，一律实行“先照后证”。落实对小微企业的准入扶持措施，放宽小微企业注册资本、场地、转型升级等登记条件。积极探索市场准入负面清单管理模式，建立以信息公示、信用监管为核心的新型监管体系，进一步加强事中事后监管，真正实现“宽进严管”。

六、增强人民群众获得感

牢固树立共享发展理念，集中力量抓好精准扶贫、推进教育现代化和卫生创强“三大重点”民生工作，解决好群众普遍关心的热点民生问题。

全力推进精准扶贫。今年是实施精准扶贫的攻坚期。去年，通过政策性社会保障兜底的贫困户基本实现了脱贫，目前剩下的大部分贫困户和贫困村需通过产业扶贫、劳动力就业扶贫等方式脱贫，脱贫的压力和难度更大。因此，要进一步完善精准帮扶举措，突出产业帮扶，大力推进“一村一品”，力争每个贫困村有特色产业、每个有劳动力的贫困户有增收脱贫项目。要充分利用好东莞对口帮扶机会，大力改善贫困村基础设施建设，提升贫困村“造血”能力。要进一步强化各级领导干部、各单位的帮扶责任，积极构建专项扶贫、行业扶贫、社会扶贫等多方力量参与的大扶贫格局，增强扶贫合力。切实加强扶贫资金申报管理，加大扶贫资金监管力度，确保所有扶贫资金都用到贫困村和贫困群众身上。

全力推进教育现代化。紧紧围绕“创建广东省推进教育现代化先进区”工作目标，加大工作推进力度，确保年内成功创建。要尽快出台并实施我区教育综合改革相关配套政策及细则，加快推进全区基础教育均衡优质发展、中小学校“去行政化”、中小学教师“县管校聘”等多项教育综合改革。以教育资源合理配置为目标，加快全区教育资源整合，优化全区学校布局。进一步推进城乡学校升级改造工程，加快大塘、小坑等3个镇公办幼儿园建设和24个村级小学标准化改造。

全力推进卫生创强。按照创建卫生强区实施方案，将着力点放在基层，主攻点放在镇、村两级，努力提升基层基础设施建设和医疗技术服务水平。抓好医疗机构硬件建设，加快推进马坝、大塘等6个镇的卫生院和全区86个村卫生站的业务用房新建改建工程。引进高层次卫生人才，补充卫生技术人员和专业技术人员，稳定乡村医生队伍。大力推动落实分级诊疗制度，主动争取与省、市三级医院建立对口帮扶体系，实行“三级医院+县域医疗机构”远程医疗模式，努力引入优质医疗资源。全面落实城市公立医院实行药品零差率改革，推动区人民医院和区妇幼保健院尽快全面取消药品加成。

七、全力化解矛盾纠纷

社会稳定是做好一切工作的基础。各镇（街道）和各单位要进一步增强紧迫感，提高警觉性，以最严谨的态度，全力以赴做好信访维稳工作。

扎实推进矛盾纠纷排查化解工作。要严格按照市委的要求，实行“定期排查”与“滚动排查”相结合的矛盾纠纷排查化解机制，区镇村三级联动，区级大排查每月至少一次，镇、村每周滚动排查一次，把城市拆迁、涉法涉诉、土地征用等可能引发上访和群体性事件的各类苗头隐患都排查出来。对排查出的问题要落实定领导、定专人、定方案、定解决时限“四定”责任制，最大限度化解各类矛盾纠纷。各镇（街道）、各单位要克服畏难情绪，在对历史积案进行认真细致梳理的基础上，按照“三到位一处理”的要求，限期解决积案，力争今年内把突出的矛盾问题化解掉。继续深入开展领导接访、上门探访、带案下访、基层巡访、领导送访“五访”活动，认真落实领导包案责任制，全力化解各类矛盾纠纷。

突出抓好重要时期、重点人群、重点领域的维稳工作。全国“两会”临近，今年又将召开党的十九大，要更加注重抓好联防联控机制的落实，加大重点人员信息情报搜集力度，严防发生进京非访和大规模的群体性事件。针对涉农、涉劳资、涉环保等重点领域和复退军人、民办教师等关键人群，主动开展专项排查化解和治理工作，提前制定好相关工作预案，确保一旦出现群体性上访事件，预案迅速启动，人员迅速到位，事件迅速处置。高度警惕、密切关注防护期内反恐维稳、意识形态领域等方面的不稳定因素，切实采取有力措施予以打击，防止极端分子寻衅滋事，确保全区社会政治安全稳定。

八、坚持全面从严治党

党的十八届六中全会审议通过了《关于新形势下党内政治生活的若干准则》和《中国共产党党内监督条例》，开启了全面从严治党向纵深发展的新征程。省委、市委出台了深入推进全面从严治党的实施意见，我区也将尽快研究制定深入推进全面从严治党的实施方案。全区各级各部门要认真落实关于全面从严治党的各项部署，不断把全面从严治党引向深入。

加强思想政治建设。要深入学习习近平总书记系列重要讲话精神，不断强化“四个意识”，切实用系列重要讲话精神统一思想、武装头脑、指导实践、推动工作。严肃政治纪律和政治规矩，坚决维护以习近平同志为核心的党中央权威。加强和规范党内政治生活，强化党内监督，增强广大党员干部拒腐防变和抵御风险能力。加强党员领导干部“四德”建设，深入推进家庭、家教、家风教育，教育管理好亲属和身边工作人员。

选好用好管好干部。坚持好干部标准，把政治标准放在首位，坚持凭实绩用干部，切实把敢于负责、勇于担当、有为民情怀的好干部选拔出来，让广大干部有用武之地。坚持抓早抓小，严格干部监督管理，严格执行诫勉谈话、领导干部个人有关事项报告等制度；严格执行“四重一大”集体决策和“一把手”不直接分管干部人事、财务、工程建设、物资采购制度，着力破解“一把手”监督难题。加强干部队伍能力建设，制定实施引进培养紧缺适用人才制度，推动产业发展和公共服务等重点领域的人才集聚。

强化基层党建。牢固树立大抓基层的鲜明导向，强化村级党组织在农村基层的政治功能和服务功能。根据需要调整村党组织设置模式，加强村民小组或自然村党组织建设，强化农村基层党组织的领导核心作用。重点要做好今年村（居）“两委”换届工作，选优配强村级党组织书记和“两委”班子。注重在农村优秀青年、外出务工人员中发展党员，解决党员队伍老化、结构不合理等问题。持续整顿软弱涣散基层党组织，着力加强机关党建工作，加快推进“两新”组织“两个覆盖”工作，引导广大党员发挥先锋模范作用。

深入推进作风建设。深入贯彻落实中央“八项规定”精神，持之以恒加强作风建设。盯紧重要领域、重要问题、重要节点，密切关注“四风”新动向新形式新表现，坚决遏制“四风”问题反弹。坚持暗访、查处、追责、曝光“四管齐下”，对违反中央“八项规定”精神的一律点名道姓通报曝光。深入开展“为官不为”专项治理，加强督查督办和考核问责，努力解决工作落实不足、执行力不高的问题。坚持“两个尊重”、“三个区分”原则，鼓励改革创新、支持担当作为、宽容工作失误，完善容错免责机制，推动形成想作为、敢作为、善作为的良好氛围。

从严推进反腐败斗争。始终保持反腐败高压态势，做到有案必查、有腐必惩，形成持续震慑。加强基层党风廉政建设，严肃查处扶贫领域中的违纪违法行为，让基层群众真正感受到反腐带来的风清气正。健全完善各项制度，从源头防治腐败，着力构建不敢腐、不能腐、不想腐的体制机制。深入推进纪检工作体制改革，建立健全巡察工作制度，加强巡察队伍建设，提高巡察工作水平。各级纪检机关必须加强自身建设，自觉接受监督，坚决防止“灯下黑”。

同志们，春节前，市委江凌书记主持召开市委十二届第五次常委会议时明确要求，全市各地各部门要从重点项目建设、服务企业、招商引资、解决农村问题、加强经济运行研究等方面抓好经济工作。全区上下要切实按照市委和区委的部署，进一步明确工作责任，认真抓好各项工作的落实，确保实现一季度“开门红”，为全面完成年度目标任务奠定坚实的基础。

同志们，做好今年各项工作，任务艰巨，责任重大。让我们紧密团结在以习近平总书记为核心的党中央周围，坚定信心、开拓进取，凝聚力量、攻坚克难，全力做好改革发展稳定各项工作，努力开创曲江经济社会发展新局面！

政府工作报告

——在韶关市曲江区第十五届人民代表大会第二次会议上

(2017 年 2 月 28 日)

区长 伍 文

各位代表:

我代表区人民政府向大会作工作报告,请予审议,并请其他列席人员提出意见。

2016 年工作回顾

2016 年是实施“十三五”规划的开局之年。一年来,在市委、市政府和区委的正确领导下,在区人大及其常委会和区政协的监督支持下,我们认真贯彻落实习近平总书记系列重要讲话精神,坚决执行中央和省、市以及区委的决策部署,紧紧围绕主动融入韶关主城区总战略,坚持以推进供给侧结构性改革为主线,狠抓“三大主题”工作,全力推进经济社会发展,实现“十三五”平稳开局。

一、县域经济稳中有进

2016 年全区实现地区生产总值 133.95 亿元,增长 3.6%。人均生产总值达 4.24 万元,增长 2.8%。完成一般公共预算收入 8.07 亿元,增长 6.4%。固定资产投资 56.17 亿元,完成了市下达的任务。金融机构本外币存贷款余额分别为 133.1 亿元和 74.6 亿元,分别增长 11%和 19.5%。

农业和农村经济全面发展。农业完成增加值 18.1 亿元,增长 4.1%。不断改善农业生产条件,规划建成高标准基本农田 3.87 万亩,治理中小河流 39.28 公里,改善灌溉面积 5.89 万亩。初步形成“公司+基地(合作社)+农户”格局,新增市级农业龙头企业 1 家,农业合作社 9 家,家庭农场 38 家。工业经济运行质量稳步提高。新增规上企业 2 家,规上工业完成增加值 52.5 亿元,增长 5.5%。民营经济快速发展,全区民营企业达 1675 家,注册资本总额 52.32 亿元,分别增长 17.96%和 19.62%。第三产业发展步伐不断加快。第三产业完成增加值 54.11 亿元,增长 6.3%。成功举办了广东韶关曲江“中国温泉之乡”文化旅游节等文化旅游推介活动,生态镇旅游设施不断完善,经律论文化旅游小镇被评为国家 AAAA 级旅游景区,曲江的知名度和美誉度明显提升。交通运输、商贸、餐饮、信息、物流、金融、房地产等行业也实现长足发展。

二、项目建设扎实开展

全力打造项目建设和产业集聚发展载体。曲江经济开发区基础设施不断完善,投资 1 亿多元,进一步完善了路、网、气、电及排水、排污等基础设施,绿化、美化、亮化水平有效提升,园区吸引力进一步增强。2016 年园区完成工业增加值 17.83 亿元,增长 2%。华南先进装备产业园已纳入珠江西岸先进装备制造产业带韶关配套区建设,明确由东莞韶关对口帮扶指挥部主导开发建设管理。目前,装备园完成征地 5000 多亩,园中路等 4 条园区主干道路基本建成。以举办招商引资推介会为契机,2016 年招商引资 1000 万元以上项目共 34 个,签约投资总额达 337 亿元;新登记注册项目 16 个,注册资本 7.07 亿元;新动工项目 23 个,实际到位资金 11.01 亿元。积极拓宽项目融资渠道,组建了城投公司等 6 家融资公司,通过政府项目融资与社会资本合作(PPP)建设模式成功实施政府购买服务项目 7 个,总额达 11 亿元。深入实施“项目攻坚三年行动计划”,2016

年全区新开工重点项目19个，完成投资26.85亿元。韶钢转型升级工程、大宝山铜硫资源综合利用项目、北江航道（曲江段）扩能升级工程、方园现代农业项目、台泥（韶关）水泥生产协同生活垃圾处理等项目进展顺利。

三、城市提升有序推进

城乡规划高点定位。由广东省城乡规划设计研究院编制的曲江新城控规已基本完成，启动了乡村规划编制工作。严格落实城市规划委员会会议制度，审议有关城市规划建设议题30多宗。实施“城市提升三年行动计划”，城区基础设施不断完善。积极主动融入韶关主城区，曲江大道已开工建设，预计2019年可建成通车；莲花大道二期也已进场施工；新白线（曲江段）正进行招标前期工作；营顶至邓屋公路已完成招标，即将开工建设。狮岩路、环山北路、建设北路、环城路、梅花中路等城市主干道改扩建工程顺利推进，上门路建成通车。上门村安置房建设工程、马坝人——石峡遗址环境风貌整治项目一期工程已进场施工，启动了马坝河、梅花河“两河四岸”景观改造提升工程的规划设计工作，马坝河清淤工程完工并蓄水，完成了城区中心贸易市场和江畔农贸市场改造升级工程，建成了幸福社区综合服务中心，实施了马鞍山田径运动场改造工程，启动了城区公共绿化升级改造项目，对城区主要市政道路实施绿化升级改造。新增路灯526盏，敷设供水管道约6公里，治理城区内涝点7处，城市配套设施不断完善，城区形象大幅提升。城市建设与管理同步推进，正式启动“数字城管”平台，全面提升城市综合管理能力。大力开展“两违”查处工作，拆除违建面积4万多平方米。

四、各项改革全面深化

进一步深化政府机构改革和行政审批制度改革，优化和调整部门职能，全面推行政府部门权责清单工作。规范机关单位津补贴和事业单位绩效补贴，落实公务员职务与职级并行制度。顺利完成交警市区三大队移交工作。加快推进“一门式一网式”政府服务模式改革，建成区、镇（街道）、村（社区）三级公共服务平台，基本公共服务均等化水平进一步提高。全面梳理公共服务事项目录，取消行政审批事项75项，清理规范政府部门行政审批中介服务事项31项。全面推开“营改增”工作，营改增企业入库增值税税款9104万元。深化商事制度改革，全年共办理“五证合一、一照一码”营业执照326户。实施不动产登记改革，发出不动产权证书763本。深入推进供给侧结构性改革，化解钢铁行业过剩产能60万吨，并顺利通过国家和省、市的验收。着力推进中小学教师职称改革工作，遴选出800多名一线教师进入评委库。做好农村土地确权工作，完成土地承包经营权调查面积16万亩。

五、生态环境持续改善

节能减排扎实推进。做好水、大气、重金属、土壤污染综合防治工作，顺利通过第一阶段中央环保督查，全面完成省、市下达的主要污染物减排指标任务，区域空气环境质量达到国家二级标准。生态保护卓有成效。深入开展新一轮绿化广东大行动和“大种树、种大树”活动，全面完成生态红线划定工作，全区森林覆盖率达74.9%。完成9个地质灾害隐患点的治理，垦复灾毁农田1016亩。城区饮用水源水质达标率达100%，城镇生活污水处理率达90%。农村面貌明显改善。完成农村公路硬底化40公里，在连接镇村的主要路网安装太阳能路灯7276盏。完成农村饮水安全工程18宗，农村饮水安全覆盖率达87.8%。做好农村环境综合整治，扎实推进“大清洁·乡村美”工作，建成“户投放、村集中、镇运转、区处理”的四级农村生活垃圾运营管理模式。

六、社会事业协调发展

民生民计明显改善。2016年全区民生支出13.11亿元，占公共财政预算支出的79.3%。城镇新增就业人数2922人，城镇登记失业率2.37%。提高了城乡低保标准，基本实现城乡居民养老保险全覆盖。发放城乡低保、五保和残疾人两项补贴等资金2726万元，发放各类惠农补贴1.69亿元。深入开展精准扶贫，筹集帮扶资金1306万元，启动产业帮扶项目63个，基础设施项目6个，危房改造51户。各项事业协调共进。稳步推进“广东省推进教育现代化先进区”创建工作，全面启动教育综合改革筹备工作，高考成绩位居全市前列。扎实开展“卫生强区”工作，新建了罗坑卫生院，提高了基层医务人员工资待遇。加大服务力度，积极做好全面两孩政策实施工作。深入开展文化惠民工程，群众文化生活日益丰富。统筹竞技体育和群众体育协调发展，稳步推进大塘中学等3所中小学校运动场改造，免费开放体育运动场（馆）5处共3万平方米，青少年竞技体育在全市始终名列前茅。大力培育和践行社会主义核心价值观，深入推进巩卫创文工作，顺利通过国家和省的巩卫复审与文明城市年度测评。继续加强双拥工作，连续被省评为“双拥模范（县）区”。荣获“全国第三届国土资源节约集约模范县（市）”和“中国温泉之乡”称号。深入推进平安建设，加强专项整治和社会治安管控，不断完善治安防控体系，狠抓矛盾纠纷排查化解，综治创平工作考核名列全市第一。强化应急管理、食品药品监管和安全生产监管，社会保持和谐稳定。人民武装、国防动员、人民防空、民族宗教、外事侨务、广播电视、新闻出版、工商、审计、统计、对台、残联、史志、档案、气象等工作也取得新成绩。

七、政府建设日益强化

全面落实党风廉政建设责任制，严格落实中央“八项规定”，坚决贯彻落实《中国共产党廉洁自律准则》《中国共产党纪律处分条例》和《中国共产党问责条例》等。自觉接受区人大及其常委会监督，主动加强与区政协的联系，办理区人大代表建议15件、政协委员提案34件，办复率达100%。顺利完成“六五”普法规划任务。坚持依法行政、依法决策，落实“四重一大”事项集体决策制度，重大行政决策广泛公开征求社会各界的意见和建议，推进决策的科学化、民主化、法治化、公开化。规范行政执法行为，健全监督和过错追究办法，完善依法行政考核机制，强化行政监察和审计监督。扎实开展政风行风评议和纠风工作，大力推进政务公开、信息公开，发展环境不断优化。深入开展“两学一做”，坚持转变工作作风，密切联系群众。

各位代表，过去的一年，发展形势复杂多变，发展成果来之不易。我们所取得的成绩，是全区干部群众在区委正确领导下团结奋斗、努力拼搏的结果，是区人大、区政协加强监督、鼎力支持的结果，是社会各界共同努力、多方合作的结果。在此，我谨代表区人民政府，向在各个领域和岗位上辛勤工作的广大干部群众，向给予我们大力支持和帮助的人大代表、政协委员、各民主党派、工商联、无党派和社会各界人士，向驻区部队官兵、公安干警和各界友人，表示衷心的感谢并致以崇高的敬意！

回顾过去一年的工作，我们也清醒地认识到，我区经济社会发展中还存在不少困难和问题，主要表现在：一是经济发展速度偏慢。受产能过剩行业占比高、部分企业经营困难、新经济增长点较少等多重因素叠加影响，2016年经济增幅低于年初预期目标。二是财政收支矛盾突出。受实行结构性减税、“营改增”等因素的影响，税收增长乏力，新增税源不足；教育、医疗、卫生、社会保障、民生工程等刚性支出增长较快，财政支出压力较大。三是有效投资不足。受投资者投资意愿减弱、重大项目少、项目落地慢、动工率不高影响，2016年全区固定资产投资仅完成56.17亿元，下降39.1%。四是节能减排任务艰巨。资源能源约束加大，污染防控形势严峻，节能减排形势不容乐观。五是改革攻坚任务艰巨。深层次体制性结构性矛盾仍然存在，行政审批、财税体制、投融资体制等重点领域的关键改革配套措施仍不够完善。六是政府职能和机关作风还不够适应发展的要求，干部职工干事创业的激情不够，落实工作的执行力有待进一步提高等等。对此，我们必须高度重视，采取切实有效措施加快解决。

2017年工作安排

2017年是实施“十三五”规划的重要一年，也是我区率先全面建成小康社会的攻坚之年，做好今年的工作意义重大。根据市第十二次党代会和区第十三次党代会精神，2017年政府工作的总体要求是：高举中国特色社会主义伟大旗帜，以邓小平理论、“三个代表”重要思想、科学发展观为指导，认真学习贯彻习近平总书记系列重要讲话精神，坚决执行中央和省、市以及区委的决策部署，按照“五位一体”总体布局和“四个全面”战略部署，牢固树立“创新、协调、绿色、开放、共享”的发展理念，坚持以发展为第一要务，坚持稳中求进工作总基调，聚焦“三大抓手”，紧扣“三大主题”工作和“三大重点”民生，坚持分区发展战略，重点打造“一城五地”，着力实施“五大工程”，努力开创曲江经济社会发展新局面。

2017年全区经济社会发展的主要预期目标为：地区生产总值增长10%左右；固定资产投资增长10%左右；地方一般公共预算收入与经济增长基本同步；城乡居民人均可支配收入增长9.5%左右；完成省、市下达的节能减排任务。

围绕上述思路和目标，2017

年我们要重点做好以下八个方面工作。

一、全力发展壮大县域经济

高站位推进新型工业化。主动对接“中国制造2025”和“互联网+”，抓好技改扩能、产品创新、市场拓展，增强装备制造、食品深加工等传统产业核心竞争力。建设质量强区，着力提升工业类企业产品质量整体水平和竞争力。依托开发区、装备园等优质载体，积极参与珠三角产业分工，加大与珠三角地区的产业共建力度。继续实施“一企一策”，促进宝钢特钢、粤江发电等重点企业平稳较快增长。充分发挥中省企业的辐射带动作用，积极承接关联产业，延长中省企业产业链。

高水平发展现代服务业。加快发展现代金融、现代物流、智能制造等生产性服务业，鼓励广晟、韶钢和粤电集团在曲江设立物流法人机构。发展壮大文化创意、健康养老、体育健身等生活性服务业，着力推动“大南华”“大马坝”建设。加快发展物联网、大数据、云计算等新型业态，培育新的经济增长点。顺应旅游消费升级趋势，围绕“一城、两线、三地”的总体布局，加快特色小镇建设步伐，启动实施小坑经律论文化旅游小镇、曹溪温泉小镇的规划建设工作。创建“国家全域旅游示范区”，提升旅游品牌形象和美誉度。

高质量提升现代农业。深入实施耕地质量的保护和提升行动，加快推进高标准基本农田建设及农田水利设施升级改造。优化产品产业结构，重点抓好马坝油粘、罗坑茶叶、火山粉葛、白水蜜桃等优质特色农业产品，着力推进农业提质增效。建立农业产业发展基金，大力培育新型农业经营主体，强化科技创新驱动，引领现代农业加快发展。全面落实种粮补贴、生态公益林补偿等强农惠农政策，积极开展农业科技培训和技能培训，拓宽农民增收渠道。

二、全力谋划实施项目建设

狠抓招商引资工作。充分运用省、市的相关政策文件及东莞常平对口帮扶的契机，搭建招商平台，精心包装项目，实施更加灵活、开放的招商引资政策，充分运用产业招商、中介招商等精准招商手段，力争全年引进4个龙头企业，6个超亿元项目。

强力推进项目建设。突出项目谋划，做好项目前期工作，确保项目尽快落地建设。坚持落实联动制度，及时召开现场会，着力解决好项目融资、用地瓶颈等问题，确保项目顺利实施。营造项目建设赶超氛围，2017年全区安排重点建设项目40个，计划投资59.19亿元。这些项目的实施是经济社会发展的坚实基础，要坚持项目进展每周一报告、每月一公开、每季一研判，强力推进装备园、曲江新城、韶钢转型升级、台泥（韶关）生产配套生活垃圾处理、北江航道扩能升级等重点项目建设。

促进产业集聚发展。建立开发区相对独立的财政体制，进一步完善园区总体规划，加快食品安全公共信息和食品质量检验中心建设，重点打造食品产业专业园。全面清理园区内闲置土地，对达不到投资强度、税收贡献和规划建设不符合园区规划的企业，要加强监管。全力支持配合东莞对口帮扶指挥部加快装备园开发建设，做好征地拆迁、安置和招商引资等工作，力争今年能够有一批项目开工建设。

大力发展民营经济。放宽民间资本准入门槛，支持民营企业参与PPP项目和国有、集体企业改制重组。鼓励民营企业加大研发投入，提高自主创新能力。严格落实中央和省、市有关规定，进一步清理和规范涉企收费，持续为民营企业实体经济减负，鼓励驻区金融机构支持民营企业融资发展。支持个体户向企业转型、小微企业向中型企业迈进，扶持优势企业做大做强。完善创业孵化平台和激励政策，支持大众创业、万众创新，扩大民营经济总量。

三、全力实施城市提升工程

强化规划龙头作用。以打造韶关南部智慧生态新城为目标，坚持“规划先行”理念，全面推进“多规合一”。重点编制完成城镇控制性详细规划，逐步推进村庄规划，完善曲江新城和马坝河、梅花河“两河四岸”景观设计等各类规划，进一步增强规划意识，强化规划管理，严格用规划指导建设。

加快推进城市建设。按照“净化、绿化、亮化、美化”要求，继续开展城市基础设施建设和改造。加快推进曲江大道等“四大通道”，积极主动融入韶关主城区。规划新建京港澳高速韶关南出口经省道253线曲江中学至国道106线禅关连接线道路、省道248线韶钢彩虹门跨曲江大道至省道253线凯旋城连接线道路、曲江中学沿铁路线至城南小学道路，改扩建京港澳高速韶关南出口至马坝人遗址（含连接城南小学段）道路，完善优化城市交通网络。大力推进演山水厂扩建及旧城区供水管网更新改造、污水管网改造及马坝河、梅花河治理等工程。坚持旧城改造与新城建设并举，全力推动曲江新城建设，启动搬迁马坝镇政府办公场所，统筹推进城中村改造工作，推进府前中路、上门村等“三旧”改造和十六冶三村国有工矿棚户区改造等项目，实施城市景观改造工程，加快规划建设马坝河滨(湿地)公园，进一步拉大城市框架，实现城市扩容提质发展。

着力提升城市管理。完善“数字城管”平台，实施城市网格化管理，提高城市信息化、精细化管理水平。进一步加强市容市貌环境卫生管理，控制城市扬尘污染。探索建立规范停车协作机制，强化城区车辆秩序整治。完善新型物业管理机制，加强无物业小区管理。切实抓好城区环卫保洁、道路交通、违法违章建筑等专项整治，提升城市整体形象。

四、全力深化重点领域改革

深化政府体制改革。进一步调整优化政府机构设置，扎实推进“放管服”改革，加快转变政府职能。加快组建区重大建设项目咨询委员会和区政府投资建设项目代建管理机构。全面推行“一门式、一网式”政府服务模式，精简程序，优化服务，提高效能。稳步推进司法体制改革、综合行政执法体制改革，做好事业单位行政职能清理工作。

深化农村综合改革。完善基层公共服务平台配套设施，加强基层干部队伍培训，解决农村群众办事不便的问题。加快产权制度改革，运行好集体资产“三资”管理服务平台。加快完成农村土地承包经营权确权工作，力争年底基本完成颁证任务。深入实施“农村改革发展三年行动计划”，加快推进村民自治、公共服务“两个构建”和涉农资金、分散土地“两个整合”的示范建设，抓点带面推进全区农村改革发展。

深化财税体制改革。优化财政投入结构，大力发展税源经济。深化国、地税征管体制改革，降低征纳成本，提高征管效率。探索财税扶持经济发展的方式方法，优化区、镇（街）财政体制。加强政府债务管理，确保风险合理可控。深化投融资改革，做大做强众益、城投等政府投融资主体。

深化社会事业改革。深化文化、教育、医疗、卫生、信用体系等社会领域改革，努力提升群众幸福感。实施机关事业单位工作人员养老保险制度改革，启动事业单位、国有企业公务用车制度改革。推进国有企业职工家属区“三供一业”分离移交工作，努力解决国有企业办社会职能问题。深化商事制度改革，真正实现宽进严管。

五、全力推进生态文明建设

加强生态工程建设。加强林业“四大”重点工程建设，加快碳汇造林、生态景观林带建设，实现森林面积和蓄积“双增”目标。严守林业生态红线，加强封山育林，严厉打击乱砍滥伐等林业违法犯罪行为。继续加大中小河流和地质灾害隐患点治理力度，加强饮用水源地植被和水源保护力度。

加强环境保护治理。加强减排“三大体系”建设管理工作，主要污染物减排量达到省、市要求，城区环境空气质量监测指标年均值达到国家二级标准。加快推进土壤污染综合防治先行区建设工作。强化重点行业大气污染防治，深入开展高污染燃煤锅炉整治工作，严格实施建筑施工项目污染物排放许可证制度。

倡导绿色生产生活。探索绿色产业发展模式，加快建立循环型工业、农业、服务业产业体系。实施最严格的耕地保护和土地集约节约利用制度，提升节地水平和产出效益。推广新能源汽车，淘汰“黄标车”及老旧汽车。加快低碳社会建设，创建一批绿色企业、绿色社区、绿色学校。加强宣传教育，推动生活方式和消费模式向绿色低碳、文明健康的方向转变。

改善农村人居环境。加快建设特色小镇，促进经济转型升级和城乡统筹发展。着力抓好自然村道路硬底化和危旧桥改造项目建设，加快建设“农村光明”工程，改善群众出行条件。加快建设村村通自来水工程，让群众尽快喝上放心水。推进乡村绿化美化建设工程，开展村庄综合整治，推进镇村生活污水处理设施建设，完善农村生活垃圾保洁收运处理体系，构建农村长效保洁机制。

六、全力做好财税金融工作

巩固财源建设。重点扶持纳税大户发展，确保主体财源稳中有升；切实抓好新上重点项目投产达效，争取早日形成新的税收增长点。全面开展资产清查，完善国有资产管理。建立健全奖惩机制，鼓励各镇（街）、各单位积极争取上级项目发展资金，增强地方可用财力。

细化税收管理。坚持依法治税，维护正常税收秩序。加强重点税源和税种管理，完善土地增值税、耕地占用税等税种征缴，堵塞征管漏洞，减少税款流失，确保应收尽收并均衡入库。加强非税收入征收管理，努力增加政府统筹财力。加强协税护税工作，完善税收联动机制平台。严格落实税收优惠政策，全面做好“营改增”后减免退税工作。

严格支出管理。认真贯彻新《中华人民共和国预算法》，依法加强全口径预算管理，完善政府预算体系。严格控制一般性预算支出，确保民生支出。加大政府投资评审力度，实施财政支出绩效评价。严格审计监督管理，提高资金使用效益。

提高镇级财力。落实由镇（街）经营国有资产的相关管理办法，充分发挥镇（街）积极性，加快壮大镇级经济实力。加大公共财政向镇（街）的转移支付，不断提高镇级公共服务水平，尽快建立和完善镇级财政保障和实施机制。

强化金融工作。不断完善信贷服务体系和信贷考核激励机制，加强银政合作和银企对接，切实缓解中小企业融资难问题。深入推进农村金融综合改革，启动农村普惠金融“村村通”工作，建成区级征信中心。积极防范金融风险，严厉打击非法集资等金融违法犯罪行为。

七、全力推进和谐社会建设

完善社会保障体系。继续兜住民生底线，提高城乡低保、农村五保、孤儿和残疾人两项补贴救助保障水平。扩大社会保险覆盖面，做好被征地农民养老保障工作。重视社会福利事业发展，鼓励社会化养老，做好优抚对象、农村低保户等群体帮扶保障工作。深入推进保障性安居工程，加强公共租赁住房管理，做好农村危房改造工作。全面做好精准扶贫工作，切实帮扶有劳动能力贫困户增加家庭收入，无劳动能力困难户实现政策兜底脱贫，提高农村困难家庭生活水平。

统筹社会事业发展。积极推进科教兴区战略，大力培育新型人才。争创“广东省推进教育现代化先进区”，迁建区机关幼儿园、新建大塘幼儿园等3所镇级幼儿园。狠抓“卫生强区”工作，推进新建区中医院综合大楼和迁建区妇幼保健院工作，改建乌石卫生院等3个镇级卫生院，提升全区医疗卫生服务质量。加强精神文明建设，大力提升城乡文明程度。推进文化惠民工程，完善枫湾镇等2个镇级综合文化站建设。积极协调上级部门，扎实开展马坝人遗址和石峡文化遗址环境风貌整治。加快建设城北农贸市场，改造升级亿华农贸市场和城东农贸市场。

全力维护和谐稳定。深入开展平安建设，健全社会矛盾化解机制，大力推进“网格化”管理。深化开展“七五”普法，积极开展法律援助。用好民生热线与网络问政，及时高效解决群众关心的问题。全面实施“智慧食药监”工程，进一步提高食品药品风险监控防范能力。抓好安全生产，完善社会治安防控体系，增强人民群众的安全感。继续推进国防动员、民族宗教、应急管理、广播电视、新闻出版、“双拥”等工作迈上新台阶。

八、全力加强政府自身建设

坚持依法行政。严格行政执法程序，规范行政执法行为，健全监督工作机制，打造制度化、规范化的服务环境。全面落实促进经济发展的各项政策，创造诚信法治、公平竞争的市场环境，依法保护投资者的合法权益。做好行政复议工作，积极化解行政争议和社会矛盾纠纷。加强人大代表建议和政协委员提案办理，加大办理工作督查问责力度，提高办成率。拓宽政府信息公开渠道，扩大信息公开范围，保障公民的知情权、监督权，确保行政权力公开透明。

坚持转变作风。大兴调查研究之风，以解决突出问题为突破口和主抓手，推动党的十八届六中全会精神落到实处。强化效率意识，简化办事程序，提高执行力。精文简会，把各级干部的主要精力放在谋发展、抓落实上。完善工作绩效差异化考核方案，始终保持干事创业、奋发有为的精神状态。牢固树立宗旨意识，坚持把维护人民群众利益放在工作的首位，下大力气解决好群众反映强烈的突出问题。

坚持廉政建设。以完善惩治和预防腐败体系为重点，加强反腐倡廉建设，严格落实党风廉政建设责任制，确保权力规范运行。严格贯彻执行中央“八项规定”和《中国共产党廉洁自律准则》《中国共产党纪律处分条例》《中国共产党问责条例》以及《中国共产党党内监督条例》等党纪党规，坚持不懈纠正“四风”，严肃查处各类违法违纪案件。发扬艰苦奋斗的作风，厉行节约，反对浪费，努力建设廉洁政府。

各位代表，成绩鼓舞人心，目标催人奋进！让我们在市委、市政府和区委的正确领导下，抢抓机遇，开拓创新，以坚定不移的信念，勤政务实的作风，埋头苦干的精神，努力开创曲江发展的新局面，以优异的成绩迎接党的十九大和省第十二次党代会胜利召开！

大事记

2016年曲江大事记

1月12日 区委十二届五次全会召开。会议审议通过《中共韶关市曲江区委关于制定国民经济和社会发展第十三个五年规划的建议》。

1月25日至27日 区政协九届五次会议召开。市委常委、区委书记黄劲东，代区长高冬瑞出席会议。区政协主席杨绍凯作区政协九届常委会工作报告。王爵承当选为政协副主席。

1月26日至28日 召开区第十四届人民代表大会第六次会议。高冬瑞作的区政府工作报告。会议选举高冬瑞为区人民政府区长，刘文挺为区十四届人大常委会副主任，表决通过关于曲江区人民政府工作报告的决议、关于曲江区2015年国民经济和社会发展计划执行情况与2016年计划的决议、关于曲江区2015年预算执行情况和2016年预算的决议、关于曲江区人民代表大会常务委员会工作报告的决议、关于曲江区人民法院工作报告的决议、关于曲江区人民检察院工作报告的决议。会议还通过其他有关人事任免事项。

1月28日 全区基层公共综合服务平台工作全面启动。至年底建成区级1个、镇（街道）10个、村（社区）107个三级公共服务平台，覆盖率达100%。

1月28日 杨绍凯、林应良、林英等区领导率领春节慰问组到枫湾镇走访慰问困难群众。

2月4日 韶关市委常委、曲江区委书记黄劲东带领区委、区政府分管联系卫计工作领导和卫计、区委办、编办、人社、发改、医保、消防等部门负责人到曲江区人民医院调研指导卫生创强工作。

2月24日 区组织工作会议召开，市委常委、区委书记黄劲东，区委副书记黄健庭，区委常委、组织部部长林应良与各基层党（工）委书记、组织委员，区直相关单位分管组织人事工作领导，区委组织部全体干部参加会议。

2月26日 区2016年党风廉政建设工作会议召开。会议总结2015年党风廉政建设和反腐败工作，部署2016年全区反腐倡廉工作。区四套班子成员、区纪委委员、各镇党委书记、镇长、纪委书记，以及区直单位正职领导、纪检组组长等300多人参加。

3月5日 区马坝镇、团区委、区志愿者协会联合香港晶苑集团主办第七届义务植树活动，旨在“打造绿色曲江，建设生态家园”。区委副书记黄健庭，团区委书记邝发文，香港玉清慈善基金和香港晶苑集团员工代表，以及区志愿者共计400余人参加了活动。

3月11日 以“诚信伴我行”为主题的2016年曲江区道德讲堂总堂活动第一讲开讲。

3月18日 区经信局组织召开工业企业技术改造扶持政策宣讲会，区政府副区长李春城到会并作指示，30多家企业负责人参加。

4月6日 市委常委、市纪委书记郭健生到曲江对白土镇由坪腐竹项目及曲江区党风廉政建设和反腐败工作进行调研。

4月12日 市人大常委会副主任徐紫玲率市人大调研组对曲江区历史文化遗产保护工作情况进行视察。

4月19日 副市长王伟阳带领市政府办、市卫计局等部门相关负责人到曲江区基层医疗卫生机构建设开展专题调研。

4月21日 区人大常委会李小平、廖年娇、赵玉民等领导组织部分区十四届人大代表视察罗坑河流域治理工程，副区长卜师带及区水务局、罗坑镇有关领导陪同视察。

5月17日 区政府组织经信局等部门开展民爆物品安全大检查大整治活动。

5月26日 区政府办召开“两学一做”学习教育工作会议，学习传达中央和省、市、区委关于“两学一做”学习教育的有关精神，部署在全办党员中开展

“两学一做”学习教育。

5月30日 市委书记江凌在蓝振云、黄劲东、王青西、邢丽等领导的陪同下，分别到区机关幼儿园、沙溪镇中心小学慰问。

6月3日 曲江区召开党委（党组）中心组学习会议，省林科院院长张方秋作题为《林业生态建设与发展》的专题辅导报告。

6月15日 区人大常委会组织部分区人大代表视察区“三打两建”专项工作。区委常委、政法委书记黄健庭、副区长卢春燕陪同了视察。

6月23日 区就业局在曲江职校举办“企业送岗位、招聘进校园”招聘会，助力毕业生高质量安全就业。

6月30日 由中共韶关市曲江区委组织部、区委宣传部主办的曲江区纪念中国共产党成立95周年文艺晚会在区人民公园举行。

6月 区委书记黄劲东调离曲江。高冬瑞任中共韶关市曲江区委书记。

7月9日 以“守法、自律、礼让”为主题的文明交通宣讲活动启动仪式在九龄小学举行。区直有关单位代表及九龄小学师生3000多人参加。

7月14日 省卫计委副主任陈义平带领医养结合督导组到马坝镇对“新家庭计划—家庭能办建设”项目进行调研，区委书记、区长高冬瑞，市政府副秘书长黄艺坤，市卫计局副局长刘建军等陪同调研。

7月19日 省委“两学一做”学习教育党课巡回宣讲团到马坝镇松山下村宣讲。

8月24日 伍文任韶关市曲江区人民政府副区长、代区长。

8月29日 区卫计局召开计划生育工作布置会。会议由副区长包玉兰主持。区卫计局副局长罗裔灏分析了曲江区计生工作情况，并就下一步全区计生工作进行了部署。区委常委肖绍托到会并讲话。

9月1日 区政府召开全区新时期精准扶贫工作会议。会议由区政府办党组成员李烨主持。区委副书记、代区长伍文出席会议并作重要讲话。

9月14日 区委书记高冬瑞到沙溪镇东华村调研基层党组织建设、基层公共服务综合平台建设和精准扶贫工作。

9月26日至28日 韶关市曲江区第十三次党代会召开。26日，高冬瑞代表十二届区委作题为《融入主城区，对接珠三角，开创曲江经济社会发展新局面》的报告。刘小文代表上届纪委作《全面从严治党，服务发展大局，努力开创党风廉政建设和反腐败斗争新局面》的报告。28日，区第十三次党代会闭幕大会召开。高冬瑞主持会议并讲话。伍文、黄健庭、杨绍凯等出席会议。会议审议通过十二届区委的报告和十二届区纪委的工作报告。选举产生区第十三届委员会和区第十三届纪律检查委员会。

9月28日 中共韶关曲江区委第十三届一次全会召开。会议选举高冬瑞、伍文、刘小文、伍海艳、林应良、唐继华、文浩培、王献军、肖绍托、陈夏广为中共韶关市曲江区第十三届委员会常务委员会委员，选举高冬瑞为区委书记，伍文、刘小文为区委副书记。全会通过区纪委十三届一次全体会议关于区纪委常委和书记、副书记选举结果的报告。王献军当选为区纪委书记，龙惠平、廖琳任区纪委副书记。

10月9日 曲江区在马坝江畔广场开展了以“感恩重阳，敬老孝亲”为主题的重阳节大型文艺活动。

10月13日 召开曲江区国家卫生城市和文明创建工作推进会。区委书记高冬瑞出席会议并作重要讲话。

10月25日至27日 政协第十届韶关市曲江区委员会一次会议召开。区委书记高冬瑞，代区长伍文、区人大常委会常务副主任李小平等出席会议。区政协主席杨绍凯作区政协九届常委会工作报告。会议选举杨绍凯为主席，廖年娇、释传正、钟树梅、梁文华、王爵承、张祥林同志为十届区政协副主席。

10月26日至28日 曲江区第十五届人民代表大会第一次会议召开。会议选举黄健庭为曲江区十五届人大常委会主任，伍文为区人民政府区长。会议听取和审议了区人民政府工作报告、区人大常委会工作报告、区人民法院工作报告、区人民检察工作报告,书面审查了《韶关市曲江区2012-2016年国民经济和社会发展计划执行情况的报告》、《韶关市曲江区2012-2016年预算执行情况的报告》。审议通过了关于设立韶关市曲江区第十五届人民代表大会财经委员会的决定。

11月8日 市委常委、市纪委书记郭健生到白土镇调研农村基层党风廉政建设和反腐败工作。

11月10日 区召开精准扶

贫驻村第一书记工作座谈会。

11 月 29 日 省人大代表林平杰等一行视察曲江医疗卫生服务体系建设情况。副市长许志新、李欣、区政府领导及市区卫计局有关领导陪同视察。

11 月 区长伍文到演山水厂调研。

12 月 1 日 市政府纠风办、市直属机关工委、曲江区委、区政府和韶关广播电视台联合举办主题为“古韵携禅意、山水秀曲江”的《民生热线》走进曲江大型户外活动。

12 月 12 日 经广东省旅游景区质量等级评定委员会评定，曲江经律论文化旅游小镇景区被评为国家 AAAA 级旅游景区。

12 月 23 日至 30 日 举办“中国温泉之乡文化旅游节暨经贸洽谈会”。27 日，中国矿业联合会发文正式命名曲江区为“中国温泉之乡”，成为韶关市首个被评为“中国温泉之乡”的县(市、区)。洽谈会上，共有 20 个投资项目成功签约，总投资额达 193.6 亿元。

12 月 31 日 区政府组成人员首次开展年度工作述职测评。

2016 年 全区实现地区生产总值 133.95 亿元，同比增长 3.6%。人均生产总值达 4.24 万元，同比增长 2.8%。完成一般公共预算收入 8.07 亿元，同比增长 6.4%。固定资产投资 56.17 亿元。金融机构本外币存贷款余额分别为 133.1 亿元和 74.6 亿元，分别同比增长 11%和 19.5%。农业完成增加值 18.1 亿元，同比增长 4.1%。工业完成增加值 52.5 亿元，同比增长 5.5%。区民营企业达 1675 家，注册资本总额 52.32 亿元，分别同比增长 18%和 19.6%。第三产业完成增加值 54.11 亿元，同比增长 6.3%。

全区概述

建置沿革

【概况】 曲江历史悠久，古老文明。距今约12.9万年前，就有早期智人“马坝人”生活在这块土地上。此后，古人类长期在这里活动。在距今4000—5000年，曲江石峡新石器时代晚期的原始居民，已与同期的湘、赣、闽、江、浙、鲁等地的原始居民发生过不同程度的文化交流。在历史长河中，逐渐形成曲江的名称及其辖境。

【春秋至南朝时期】 春秋战国时期，曲江先后为百越（粤）和楚国属地。秦统一岭南后，设置郡县，曲江属南海郡。公元前204年，赵佗在番禺（今广州市）建立南越国，曲江属南越国地域。公元前111年，汉武帝平定南越，设置曲江县（《元和郡县志》载：“江流回曲，因以为名”），隶属桂阳郡。三国吴永安六年（263年），分曲江县东境及南野县地置始兴县。三国吴甘露元年（265年），在桂阳郡南部分设始兴郡（郡治设于曲江县城），曲江县隶属荆州始兴郡管辖。西晋怀帝永嘉元年（307年）分荆州地置湘州（州治在今湖南省长沙市），曲江县改隶湘州始兴郡管辖。东晋成帝咸和三年（328年）废湘州，曲江县复归荆州始兴郡。

南朝宋文帝元嘉二十九年（452年）又改隶广州始兴郡，次元年复归湘州始兴郡。宋明帝泰豫元年（472年）改始兴郡称广兴郡。南齐（479—502年）时，曲江县复为湘州始兴郡，分曲江县北境置仁化县。梁天监七年（508年），分曲江县西北境置梁化县，隋开皇十八年（598年）梁化县改称乐昌县。梁承圣（552—555年）中置东衡州，曲江县隶东衡州始兴郡管辖。梁末陈初，一度废东衡州，始兴郡改属衡州（州治在今英德县）。陈天嘉元年（560年）复置东衡州，曲江县仍以隶始兴郡属之。

【隋唐至明清时期】 隋文帝开皇三年（583年），废始兴郡，曲江县隶属东衡州管辖。开皇九年（589年）改隶广州，后广州改称番州，曲江县仍属之。隋炀帝大业年间（605—618年），将州改为郡，曲江县改隶南海郡管辖。唐初改郡为州，曲江县隶属广州管辖。唐武德四年（621年）置番州，曲江县隶番州，未久番州改称东衡州。贞观元年（627年）改东衡州称韶州，又置岭南道，曲江县隶属韶州管辖，受岭南道监督。唐天宝元年（742年）改韶州称始兴郡，乾元元年（758年）复改始兴郡为韶州。天宝年间（742—756年），道成为地方最高行政区，曲江县隶岭南道韶州管辖。咸通三年（862年）岭南道分为东、西两道，曲江县隶属岭南东道韶州管辖。五代十国时期，先属后梁，后属南汉，仍以韶州辖曲江县。宋初仍以岭南东道韶州辖曲江县。未久废道留州，曲江县隶属韶州。至道三年（997年），又于州上置路（半行政半监察性质），曲江县隶属广南东路韶州管辖。南宋乾道二年（1166年）分曲江县西境崇信乡、乐昌县南境依化乡置乳源县。元朝以行省为地方最高行政区，下设道（省派出机构）、路、县三级。元至元十五年（1278年）岭南平定后，曲江县隶属海北广东道韶州路，并翁源县于曲江县。大德五年（1301年）复置翁源县。至顺元年（1330年）曲江县属江西行省广东道韶州路管辖。明洪武元年（1368年）改韶州路为韶州府。洪武二年升广东道为广东行中书省；洪武八年又改称广东承宣布政使司（简称广东布政司，习惯上称广东省），曲江县均以韶州府附郭县隶属之。清初仍称广东布政司，未久定称广东省，省下设道（省的派出机构）、府、县，曲江县隶属广东省南韶连道韶州府管辖。

【民国时期】 1912年，废道、府，曲江县直隶广东省。1914年复设道，曲江县隶广东省南韶连道（未久改称岭南道）。1920年复废道，未久设北区善后督办，性质与道同。此后屡设屡废，1925年设北江行政区，1926年又废行政区。1928年设北江善后委员会，1932年改为北江绥靖区，曲江县均属之。1936年改设第二行政督察区，性质与善后委、行政区、绥靖区同，均为省派出机构，曲江县仍属之。1938年10月广州沦陷后，广东省政府迁至粤北曲江县城韶州。中共广东省委和八路军驻粤办事处也撤到此处。1939年2月6日，李汉魂在韶接任省主席。曲江成为广东战时省会，1940年改称北江行政区，1941年复称第二行政督察区，曲江县仍属之。1942年3月，拟析曲江县城设韶关市。1943年11月，正式成立韶关市。1945年1月曲江沦陷后，韶关市建制自行解体。1947年再次调整全省政区，曲江县隶属第三专署行政督察区。

【中华人民共和国时期】 1949年10月7日，中国人民解放军进驻曲江县城；10月10日宣告成立曲江县人民政府，先后隶属广东省北江临时人民行政委员会、北江专区、粤北行政区、韶关专区。1949年11月25日成立韶关市，县城城关区划归韶关市管辖。1950年3月，韶关市降格为韶关镇，回归曲江县。1951年6月，再升韶关镇为韶关市，从此不再属曲江县管辖。1952年3月，曲江县、乳源县合并成立曲江乳源县 (简称曲乳县)。1953年5月，撤销曲乳县，各自恢复原建制。1959年1月，曲江、乳源、仁化三县与韶关市合并为韶关市，撤销曲江县建制，原曲江县6个公社划归韶关市；并将原曲江县犁市公社的黄塱、下坑及龙归公社的白芒、坝厂划给韶关市。1961年3月，恢复曲江县建制，并将原乳源县的乳源公社、古母水公社划归曲江县管辖。1963年10月，乳源瑶族自治县成立，乳源、古母水两公社回归乳源县，曲江县江湾公社红山、白石、梁屋三个大队划归乳源县。仍隶韶关专区。1970年韶关专区改称韶关地区，辖曲江等15县1市。1975年6月，曲江县大塘公社的石山、陈江大队，长坝公社的黄浪、湾头大队，犁市公社的腊石大队，龙归公社的甘棠大队划归韶关市管辖。1977年1月，韶关市改由省府直辖，曲江县划归韶关市领导。1983年，撤销韶关地区，成立韶关市，曲江等12县属之。2004年5月29日，国务院批准调整韶关市行政区划，撤销曲江县，设立韶关市曲江区，将原曲江县的花坪镇、犁市镇划归浈江区管辖；将原曲江县的重阳镇、龙归镇、江湾镇划归武江区管辖；将原曲江县的黄坑镇、周田镇、大桥镇划归仁化县管辖；新设立的曲江区管辖原曲江县的马坝镇、罗坑镇、樟市镇、大坑口镇、乌石镇、沙溪镇、大塘镇、小坑镇、枫湾镇、白土镇，区人民政府驻马坝镇。同年8月3日，举行撤县设区挂牌仪式。2006年3月，经省人民政府同意，撤销曲江区大坑口镇，将其行政区域并入乌石镇。2012年7月31日，广东省民政厅下发《广东省民政厅关于同意设立韶关市曲江区松山街道办事处的批复》。2013年8月20日，广东韶关钢铁有限公司与韶关市曲江区政府签订韶钢街道办事处与居委会移交协议书。2014年3月19日，松山街道办事处正式挂牌成立。

自然地理

【地理位置】 曲江区地处粤北中部、北江上游，傍依五岭南麓、汇集浈武二水，东临始兴，西至乳源，南接翁源、英德，北毗浈江、武江、仁化。区境位于北纬24°27′~24°52′和东经113°11′~113°58′之间。全区土地总面积1620.77平方公里（曲江区第二次土地调查统计数据）。铁路纵贯南北，公路四通八达，工厂矿山密布，地理位置和自然环境都十分优越，向有“入粤之咽喉、百粤之雄都而五岭之奥区”以及“欲治粤之北境必先治韶、欲治韶必先治曲江”之说。新中国成立后，曲江更加发挥其“五岭南北经济文化交流之枢纽，湘、赣、粤交通之咽喉”的重要作用。

【地形】 曲江属山地、丘陵、盆地地貌。西南部和东部中山环抱；中部丘陵、盆地交错，海拔多在200米以下，谷底的冲积平原海拔多在80~100米之间。位于境西南部的山峰船底顶海拔1587米，是韶关市属三区最高峰。

【气候】 所处的地理位置和复杂地形，造成曲江气候环境多样化。南北气流交汇频繁，冬季以吹偏北风为主，夏季以吹偏南风为主，春秋偏北风和偏南风互为交替，属中亚热带季风性气候区，有明显的湿热和干冷季。

2016年全区年平均气温为

20.8℃，偏高0.3℃；平均降水量为2424.7毫米，属偏多约51%；各地平均总日照时数为1347.5小时，略偏少约16%。全年气候总体特点是年平均气温偏高、年降水量偏多、年日照偏少；气候复杂多变，阶段性、局地性的异常气候事件频发，特别是1月下旬前中期的寒潮天气、前汛期暴雨和强对流天气频发，产生灾害影响。

曲江既具有气温高、热量足、雨量丰，受海洋气候影响的热带性气候特征；又表现为大陆性气候明显，冬夏温差大，冬季降雨少，在南下的西伯利亚极地大陆气团影响下有短期暴冷和霜冻，春季多低温阴雨天气。

物产资源

【水资源】 曲江水资源丰富，据勘查，全区水力资源理论蕴藏量14.1万千瓦，已开发兴建小水电站143宗，年水电发电量达4.3亿千瓦时，“十五”时期曾经是全国400个水电农村电气化县之一。曲江境内河网密布，所有河流均发源于山区，向中部汇合后注入北江，呈辐射状分布。地下水资源有碳酸盐岩裂隙溶洞水和松散岩潜水等类型，水位深埋1.20~7.75米，单位涌水量16升/秒米以上。曲江地热资源也较丰富，出水点围岩多为石灰岩，次为花岗岩或砂岩，水温一般为30°C~60°C，水质类型多样，可用于沐浴、医疗和饮用。

【矿产资源】 曲江处于著名的南岭成矿带内，蕴藏有比较丰富的矿产资源，迄今共发现各类矿48种之多。已发现的黑色金属矿产有铁；有色金属及贵金属矿产11种，包括铜、铅、锌、钨、锡、铋、钼、锑、汞、金、银；稀有及分散元素矿产14种，有铌、钽、铍、锂、铷、铯、稀土、镓、铟、镉、铊、铼、硒、碲；放射性矿产有铀；燃料矿产有煤和泥炭土；冶金辅助原料矿产有：耐火黏土、溶剂灰岩、白云岩、硅石、萤石；特种非金属矿产有水晶；化工原料非金属矿产有：黄铁矿、磷、砷、钾长石；建材及其他非金属矿产8种，有水泥灰岩、水泥配料黏土、水泥配料砂岩、高岭土、大理岩、花岗岩、矽卡岩、彩石。其中铁矿储量在1亿吨以上、占广东省总储量的1/8，铜矿储量名列全省第一，锑矿储量居全省第二，钨矿的储量居全省第三位，被誉为“黑色金属之乡”和“有色金属之乡”。

【植被和生物资源】 曲江动植物种类繁多，蕴藏着丰富的野生动植物资源。全区森林覆盖率达到73.7%，共有木本植物204科，1563种以上，其中：裸子植物9科，25种以上；双子叶植物139科，1183种以上；单子叶植物19科，208种以上；蕨类植物37科，147种以上；仅乔木一类就有40科，120种以上。植物种类中，属于国家一级保护植物的有桫椤树，属于国家二级、三级和四级保护的有伯乐树、水松、南方铁杉、银钟花、秀丽锥等17种，还有省级保护的有黑桫椤，属于珍稀植物的有深山含笑、野含笑、中华锥、南岭锥。曲江野生生物物种丰富，种类齐全，其中兽类有豪猪、獐、石羊、果子狸、九节狸、水獭等；鸟类有鹌鹑、鹧鸪、麻鹛、猴面鸟、长尾雉、鹤、竹鸡等；鱼类有赤眼鳟、团头鲂、长春鳊、鲥鱼、鳗鲡、大眼鳜、斑鳢、大刺鳅等；其他的还有金环蛇、眼镜蛇、百步金钱、石蛤、蚬、蝼蛄、牛虻、天牛等。除此之外，动物种类中，被列入国家一级保护的有云豹、黑麂、黄腹角雉，被列入国家二级保护的有穿山甲、白鹇、短尾猴、虎纹蛙等12种。

【旅游资源】 曲江旅游资源丰富，境内有被誉为佛教“南宗祖庭”的千年古刹南华禅寺，有史前期古人类“马坝人”遗址和“石峡文化”遗址，有返璞归真、山光水色交融的小坑国家森林公园、罗坑国家级自然保护区和沙溪省级自然保护区，有“广东十佳温泉”之一的曹溪温泉假日度假村以及枫湾生态温泉度假村、小坑大森林温泉度假村等多个休闲度假基地。

历史文化

【历史文化】 曲江区是广东省文明古县之一。汉武帝元鼎六年（公元前111年）设置曲江县，距今已有2000多年的历史。而“马坝人”化石的发现，又将其人类活动的历史上溯到10万年前的旧石器时代中期；“石峡文化”遗址的大量出土文物表明，在距今4500年前的新石器时代晚期，先民们已在开发这块沃土。“美丽而古老的曲江，物华天宝、人杰地灵”，养育了许多出类拔萃的英才，其中在全国范围内有一定知名度的曲江籍杰出人物有：南朝“工隶书、能鼓琴”、习诗文、善骑射，为陈霸先打得天下的陈朝开国大将军侯安都；盛唐开元之治的功臣，道德、文章、才识俱佳，著有《曲江集》的“岭南第一相”和“岭南第一诗人”张九龄；中唐“文章与韩（愈）柳（宗元）齐名”、游学交友做学问、著述甚丰的大学者刘轲；北宋学识渊博、文才武略双全的大学者、大将军、政治家、外交家余靖；清初以十卷《二十七松堂集》名扬天下的“明代文坛大殿军”和“明清文坛八大家之一”的布衣大学者廖燕。其中张九龄、余靖、廖燕三人被学者誉为“粤北三杰”，列入粤北“精品文化”之中。唐仪凤二年（677年）始，中国佛教南派禅宗创始人六祖慧能在曲江宣扬佛法37载，使南宗禅法大播于天下，故曲江南华寺素有禅宗祖庭之称，在东南亚佛教国家有重要影响；明万历年间(1573—1620年，意大利耶稣会传教士利玛窦在曲江传播天主教和西方科学技术长达6年，曲江又成为天主教在中国的传教中心和中西文化交流的中转站。

【张九龄】 张九龄（678—740）唐玄宗时大臣，诗人。字子寿，一名博物。韶州曲江（今属广东）人。长安进士，任右拾遗，迁左补阙。当时吏部考试拔萃选人与应举者，常由他和赵冬曦评定等第，时称平允。开元二十一年(733年)，任中书侍郎同中书门下平章事，主张不循资格用人，又建议设十道采访使。玄宗怠于政治，他常评论得失。开元二十四年，为李林甫所谮，罢相。所作《感遇诗》，述怀感事，以格调刚健著称。著有《曲江集》。

【余靖】 余靖（1000—1064）北宋韶州曲江人，本名希古，字安道。天圣进士。仁宗景祐三年(1036年）范仲淹被贬时，谏官御史都不敢言，他上书反对，也被贬逐，由此知名。庆历三年（1043年），为右正言，多次上书，建议严赏罚，节开支，反对多给西夏岁币。他三次使辽，通晓契丹语。以作“蕃语诗”，被劾贬官。皇祐年间（1049—1054）复被起用，知桂州，后加集贤院学士，官至尚书左丞相知广州。

重点文物保护单位

名称	时代	地点	公布时间	备注
石峡遗址	新石器时代	曲江县马坝镇	2001.6.25	国务院公布（第五批）
南华寺	明、清	曲江县马坝镇	2001.6.25	国务院公布（第五批）
马坝人遗址	旧石器时代	曲江区马坝镇	2006.5.25	国务院公布并入石峡遗址（第六批）
仙人塔	宋代	曲江县大塘镇	1994.3.28	省政府公布
韶州府学宫	明代	韶关市风采路	2008.11.18	省政府公布
桂龙岩古脊椎动物化石遗址	旧石器时代	曲江区罗坑镇	2006.6.28	市政府公布
骑马石旧石器遗址	旧石器时代	曲江区枫湾镇	2006.6.28	市政府公布
梅花寨遗址	新石器时代	曲江区大塘镇	2006.6.28	市政府公布
拱桥岭遗址	新石器时代	曲江区樟市镇	2006.6.28	市政府公布
阴阳墟遗址	宋代	曲江区白土镇	2006.6.28	市政府公布
大涌泉遗址	宋–清	曲江区马坝镇	2006.6.28	市政府公布
梅花桥	清代	曲江区大塘镇	2006.6.28	市政府公布
苏拱门楼	清代	曲江区白土镇	2006.6.28	市政府公布
紫微岩石刻	宋–清	曲江区马坝镇	2006.6.28	市政府公布
禅关摩崖石刻	清代	曲江区马坝镇	2007.5.29	市政府公布
六祖避难石	唐代	曲江区马坝镇	2007.5.29	市政府公布

【名人名诗】

《早发韶州》

〔唐〕宋之问

炎徼行应尽，回瞻乡路遥。
珠崖天外郡，铜柱海南标。
日夜清明少，春冬雾雨饶。
身经大火热，颜入瘴江消。
触影含沙怒，逢人女草摇。
露浓看菌湿，风飓觉船飘。
直御魑将魅，宁论鸱与鸮。
虞翻思报国，许靖愿归朝。
绿树秦京道，青云洛水桥。
故园长在目，魂去不须招。

《偈语四首》

〔唐〕慧　能

菩提本无树，明镜亦非台。佛性常清静，何处有尘埃！
心是菩提树，身为明镜台。明镜本清净，何处染尘埃！
菩提本无树，明镜亦非台。本来无一物，何处惹尘埃！
菩提只向心觅，何劳向外求玄？听说依此修行，西方只在目前！

《望月怀古》

〔唐〕张九龄

海上生明月，天涯共此时。
情人怨遥夜，竟夕起相思。
灭烛怜光满，披衣觉露滋。
不堪盈手赠，还寝梦佳期。

《湖口望庐山瀑布泉》

〔唐〕张九龄

万丈洪泉落，迢迢半紫氛。
奔飞流杂树，洒落出重云。
日照虹霓似，天清风雨闻。
灵山多秀色，空水共氤氲。

《赋得自君之出矣》

〔唐〕张九龄

自君之出矣，不复理残机。
思君如满月，夜夜减清辉。

《感遇》

其四

〔唐〕张九龄

孤鸿海上来，池潢不敢顾。
侧见双翠鸟，巢在三珠树。
矫矫珍木巅，得无金丸惧？
美服患人指，高明逼神恶。
今我游冥冥，弋者何所慕！

《初发曲江溪中》

〔唐〕张九龄

溪流清且深，松石复阴临。
正尔可嘉处，胡为无赏心？

《八哀诗·故右仆射相国曲江张公九龄》

〔唐〕杜　甫

相国生南纪，金璞无留矿。
仙鹤下人间，独立霜毛整。
矫然江海思，复与云路永。
寂寞想土阶，未遑等箕颍。
上君白玉堂，倚君金华省。
碣石岁峥嵘，天地日蛙黾。
退食吟大庭，何心记榛梗。
骨惊畏曩哲，鬒变负人境。
虽蒙换蝉冠，右地恧多幸。
敢忘二疏归，痛迫苏耽井。
紫绶映暮年，荆州谢所领。
庾公兴不浅，黄霸镇每静。
宾客引调同，讽咏在务屏。
诗罢地有馀，篇终语清省。
一阳发阴管，淑气含公鼎。
乃知君子心，用才文章境。
散帙起翠螭，倚薄巫庐并。
绮丽玄晖拥，笺诔任昉骋。
自我一家则，未缺只字警。
千秋沧海南，名系朱鸟影。
归老守故林，恋阙悄延颈。
波涛良史笔，芜绝大庾岭。
向时礼数隔，制作难上请。
再读徐孺碑，犹思理烟艇。

《又望洞庭湖张丞相诗》

〔唐〕孟浩然

八月湖水平，涵虚混太清。
气蒸云梦泽，波撼岳阳城。
欲济无舟楫，端居耻圣明。
坐观垂钓者，徒有羡鱼情。

《将至韶州先寄张端公使君借图经》

〔唐〕韩　愈

曲江山水闻来久，
恐不知名访倍难。
愿借图经将入界，
每逢佳处便开看。

《玉声如乐》

〔唐〕刘　轲

玉叩能旋止，人言与乐并。
繁音忽已阕，雅韵诎然清。
佩想停仙步，泉疑咽夜声。
曲终无异听，响极有余情。
特达知难拟，玲珑岂易名！
昆山如可得，一片伫为荣。

《赠仰山禅师归曹溪》

〔唐〕张　乔

曹溪松下路，猿鸟重相亲。
四海求玄理，千峰绕定身。
异花天上坠，灵草雪中春。
自惜经行处，焚香礼旧真。

《宝林道场》

〔唐〕余　靖

祖堂留胜迹，再宿此登临。
云月自明暗，山川无古今。
谷声猿啸远，泉脉虎跑深。
共到忘言处，休论佛与心。

注：此为余靖谒南华寺慈济禅师诗

《塞上》

〔唐〕余　靖

汉使重颁朔，边臣旧乞盟。
烽烟虚昼望，刁斗绝宵惊。
虎落云空锁，龙堆月自明。
祁连山更北，新筑受降城。

《和王子元同归曲江有感》

〔唐〕余　靖

年少登科今白头，
不才多病分归休。
深恩未报云天施，
弱质易惊蒲柳秋。
进退无机常蹭蹬，
穷通知命自夷犹。
相逢莫问市朝事，
绿水青山是胜游。

《山馆》

〔唐〕余　靖

野馆萧条晚，凭轩对竹扉。
树藏秋色老，禽带夕阳归。
远岫穿云翠，畲田得雨肥。
渊明谁送酒？残菊绕墙飞。

《南华寺》

〔宋〕苏　轼

云何见祖师？要识真来面。
亭亭塔中人，问我何所见？
可怜明上座，万法了一电。
饮水既自知，指月无复眩。
我本修行人，三世积精练。
中间一念失，受此百年谴。
抠衣礼真相，感动泪雨霰。
借师锡端泉，洗我绮语砚。

《南华山》

〔宋〕文天祥

北行近千里，迷复忘西东。
行行至南华，忽忽如梦中。
佛化知几尘，患乃与我同。
有形终归灭，不灭惟真空。
笑看曹溪水，门前坐松风。

《游曹溪参六祖》

〔明〕袁崇焕

虞帝南游时，此地几陵谷。
黄梅证道归，此事非变局。
即今南华源，已接西天竺。
顿门从此开，信衣不必续。
在俗已成僧，宁择菜与肉。
风幡未足疑，在猎心无逐。
何须转法华，自性无不足。
我来礼金身，恍惚旧眷属。
四十未有期，已失初面目。
剑树狎如家，爱河湛且浴。
非尽还是非，愈解愈桎梏。
骑驴更觅驴，失鹿还梦鹿。
无边是苦海，有底非黑狱。
我性自贪顽，他尘岂淫酷？
以兹烦恼因，电光空仆仆。
如控恶毒龙，岂但难把捉。
愿师善知识，为我从头烛。
愿师大慈悲，更与同人勖。

《登风度楼》

〔清〕廖　燕

楼为邑人文献公创

独此危楼在，遗风想象中。
功标庾岭胜，诗起盛唐雄。
高置身千尺，遥开眼一空。
由来经济士，旷世许相同。

《辛巳秋日重游曹溪祖亭》

〔清〕廖　燕

曾掬曹溪洞口泉，
重来已隔廿余年。
苔侵破壁题痕旧，
景入新秋画谱妍。
夜静风翻千树月，
晓寒雨洗一潭烟。
此身岂是维摩后？
欲结青山世外缘。

【人口　语言】　2016年全区常住人口31.68万人，户籍人口31.66万人，其中非农业人口17.04万人。全区总人口性别比例中，男性人口16.29万人，女性人口15.37万人，性别比为106:100，全年全区出生率为10.55‰，人口自然增长率为6.22‰。

曲江语言状况复杂，有客家话、粤方言（白话）、虱婆声、连滩话、瑶族勉语等方言。其中客家话区面积占全区的绝大部分。

【民族　宗教】　曲江区除汉族外，还有瑶族、蒙古族、回族、藏族、苗族、布依族、朝鲜族、满族、侗族、土家族、黎族、京族、彝族13个少数民族，约占全区总人口数的1%，其中世代定居曲江的少数民族主要是瑶族。

曲江宗教主要有佛教和基督教两大教派。宗教活动场所3个，佛教寺院有南华禅寺和月华寺2处，有基督教聚会点1处，共有信教群众173人。宗教场所主要以南华禅寺为主，南华禅寺是中国佛教著名寺院，六祖惠能禅师弘扬“禅宗”的道场，全国重点文物保护单位。南华禅寺始建于南北朝梁武帝天监元年（502年）至今已有1500多年历史。多次被省、市、区评为“广东省民族团结进步先进集体”、省民族宗教委模范宗教活动场所、“市文明单位”、先进集体等。2016年南华禅寺有僧人237人，其中寺院常住僧人86人、比丘尼29人、佛学院有法师27人、学僧95人。

【行政区划】　2016年，曲江区辖马坝镇、樟市镇、乌石镇、沙溪镇、大塘镇、枫湾镇、小坑镇、白土镇、罗坑镇共9个镇和1个松山街道办事处。全区共设置村（居）委会共107个，其中村委会85个、居委会22个。（刘 静）

经济社会发展

【县域经济稳中有进】 2016年，全区实现地区生产总值133.95亿元，同比增长3.6%。人均生产总值达4.24万元，同比增长2.8%。三次产业结构由上年的12.7:47.8:39.5调整为13.6:46.0:40.4。完成一般公共预算收入8.07亿元，同比增长6.4%。规模以上工业产品出口交货值11.16亿元，比上年增长10.0%。固定资产投资56.17亿元。金融机构本、外币存贷款余额为133.1亿元和74.6亿元，分别增长11%和19.5%。

【农业和农村经济全面发展】 农业完成增加值18.1亿元，同比增长4.1%。不断改善农业生产条件，规划建成高标准基本农田3.87万亩，治理中小河流39.28公里，改善灌溉面积5.89万亩。初步形成“公司+基地（合作社）+农户”格局，新增市级农业龙头企业1家，农业合作社9家，家庭农场38家。工业经济运行质量稳步提高。新增规模以上企业2家，规模以上工业完成增加值52.5亿元，同比增长5.5%。民营经济快速发展，全区民营企业达1675家，注册资本总额52.32亿元，分别同比增长17.96%和19.62%。第三产业发展步伐不断加快。第三产业完成增加值54.11亿元，增长6.3%。成功举办广东韶关曲江“中国温泉之乡”文化旅游节等文化旅游推介活动，生态镇旅游设施不断完善，经律论文化旅游小镇被评为国家AAAA级旅游景区，曲江的知名度和美誉度明显提升。交通运输、商贸、餐饮、信息、物流、金融、房地产等行业也实现长足发展。

【项目建设扎实开展】 全力打造项目建设和产业集聚发展载体。曲江经济开发区基础设施不断完善，投资1亿多元，进一步完善路、网、气、电及排水、排污等基础设施，绿化、美化、亮化水平有效提升，园区吸引力进一步增强。2016年园区完成工业增加值17.83亿元，同比增长2%。华南先进装备产业园已纳入珠江西岸先进装备制造产业带韶关配套区建设，明确由东莞韶关对口帮扶指挥部主导开发建设管理。目前，装备园完成征地5000多亩，园中路等4条园区主干道路基本建成。以举办招商引资推介会为契机，2016年招商引资1000万元以上项目共34个，签约投资总额达337亿元；新登记注册项目16个，注册资本7.07亿元；新动工项目23个，实际到位资金11.01亿元。积极拓宽项目融资渠道，组建城投公司等6家融资公司，通过政府项目融资与社会资本合作（PPP）建设模式成功实施政府购买服务项目7个，总额达11亿元。深入实施“项目攻坚三年行动计划”，2016年全区新开工重点项目19个，完成投资26.85亿元。韶钢转型升级工程、大宝山铜硫资源综合利用项目、北江航道（曲江段）扩能升级工程、方园现代农业项目、台泥（韶关）水泥生产协同生活垃圾处理等项目进展顺利。

【城市提升有序推进】 城乡规划高点定位。由广东省城乡规划设计研究院编制的曲江新城控规已基本完成，启动乡村规划编制工作。严格落实城市规划委员会会议制度，审议有关城市规划建设议题30多宗。实施“城市提升三年行动计划”，城区基础设施不断完善。积极主动融入韶关主城区，曲江大道已开工建设，预计2019年可建成通车；莲花大道二期也已进场施工；新白线（曲江段）正进行招标前期工作；营顶至邓屋公路已完成招标，即将开工建设。狮岩路、环山北路、建设北路、环城路、梅花中路等城市主干道改扩建工程顺利推进，上门路建成通车。上门村安置房建设工程、马坝人—石峡遗址环境风貌整治项目一期工程已进场施工，启动马坝河、梅花河“两河四岸”景观改造提升工程的规划设计工作，马坝河清淤工程完工并蓄水，完成城区中心贸易市场和江畔农贸市场改造升级工程，建成幸福社区综合服务中心，实施马鞍山田径运动场改造工程，启动城区公共绿化升级改造项目，对城区主要市政道路实施绿化升级改造。新增路灯526盏，敷设供水管道约6公里，治理城区内涝点7处，城市配套设施不断完善，城区形象大幅提升。城市建设与管理同步推进，正式启动“数字城管”平台，全面提升城市综合管理能力。大力开展“两违”查处工作，拆除违建面积4万多平方米。

【生态环境持续改善】 节能减排扎实推进。做好水、大气、重金属、土壤污染综合防治工作，顺利通过第一阶段中央环保督查，全面完成省、市下达的主要污染物减排指标任务，区域空气环境质量达到国家二级标准。生态保护卓有成效。深入开展新一轮绿化广东大行动和“大种树、种大树”活动，全面完成生态红线划定工作，全区森林覆盖率达74.9%。完成9个地质灾害隐患点的治理，垦复灾毁农田1016亩。城区饮用水源水质达标率达100%，城镇生活污水处理率达90%。农村面貌明显改善。完成农村公路硬底化40公里，在连接镇村的主要路网安装太阳能路灯7276盏。完成农村饮水安全工程18宗，农村饮水安全覆盖率达87.8%。做好农村环境综合整治，扎实推进“大清洁·乡村美”工作，建成“户投放、村集中、镇运转、区处理”的四级农村生活垃圾运营管理模式。

【社会事业协调发展】 民生民计明显改善。2016年全区民生支出13.11亿元，占公共财政预算支出的79.3%。城镇新增就业人数2922人，城镇登记失业率2.37%。提高城乡低保标准，基本实现城乡居民养老保险全覆盖。发放城乡低保、“五保”和残疾人两项补贴等资金2726万元，发放各类惠农补贴1.69亿元。深入开展精准扶贫，筹集帮扶资金1306万元，启动产业帮扶项目63个，基础设施项目6个，危房改造51户。各项事业协调共进。稳步推进“广东省推进教育现代化先进区”创建工作，全面启动教育综合改革筹备工作，高考成绩位居全市前列。扎实开展“卫生强区”工作，新建罗坑卫生院，提高了基层医务人员工资待遇。加大服务力度，积极做好全面两孩政策实施工作。深入开展文化惠民工程，群众文化生活日益丰富。统筹竞技体育和群众体育协调发展，稳步推进大塘中学等3所中小学校运动场改造，免费开放体育运动场（馆）5处共3万平方米，青少年竞技体育在全市始终名列前茅。大力培育和践行社会主义核心价值观，深入推进巩卫创文工作，顺利通过国家和省的巩卫复审与文明城市年度测评。继续加强双拥工作，连续被省评为“双拥模范（县）区”。荣获“全国第三届国土资源节约集约模范县（市）”和“中国温泉之乡”称号。深入推进平安建设，加强专项整治和社会治安管控，不断完善治安防控体系，狠抓矛盾纠纷排查化解，综治创平工作考核名列全市第一。强化应急管理、食品药品监管和安全生产监管，社会保持和谐稳定。人民武装、国防动员、人民防空、民族宗教、外事侨务、广播电视、新闻出版、工商、审计、统计、对台、残联、史志、档案、气象等工作也取得新成绩。

（杨文捷）

中共韶关市曲江区委员会

综　述

【概况】 2016年是“十三五”规划的开局之年，也是推进供给侧结构性改革的深化之年。一年来，在市委、市政府的正确领导下，中共韶关市曲江区委深入贯彻落实中共十八届三中、四中、五中、六中全会和习近平总书记系列重要讲话，以及省市相关会议精神，团结带领全区广大党员干部群众，紧紧围绕主动融入珠三角总战略，坚持加快发展不动摇，积极应对各种风险挑战，强力推进，重点突破，全区经济社会各项事业呈现出持续向好的发展态势，实现“十三五”平稳开局。

【经济发展】 2016年全区地区生产总值达133.95亿元，人均地区生产总值达4.24万元，一般公共预算收入达8.07亿元。农业和农村经济全面发展，农业完成增加值18.1亿元，同比增长4.1%。新型农业经营组织建设取得新进展，全区农民专业合作社达173家，家庭农场达103家，成功培育重点农业龙头企业12家，其中省级重点农业龙头企业4家；农业品牌建设进一步加强，全区获有机食品认证3个，无公害农产品认证21个。农村土地承包经营权确权登记颁证工作有序推进，并率先在全市范围内完成农村“三资”交易平台系统调试上线。工业经济运行质量稳步提高，新增规模以上企业2家，规模以上工业完成增加值52.5亿元，增长5.5%。园区建设稳步推进，园区吸引力和承载力进一步增强。其中，华南先进装备产业园被纳入珠江西岸先进装备制造产业带韶关配套区建设，并作为市级园区由东莞对口帮扶指挥部主导园区开发建设。项目攻坚扎实推进，发展后劲不断夯实，韶钢转型升级工程、大宝山铜硫资源综合利用项目、北江航道(曲江段)扩能升级工程、台泥(韶关)水泥生产协同生活垃圾处理等重点项目进展顺利。以旅游业为龙头的第三产业稳步发展，成功举办了南华诞祈福文化节、广东韶关曲江“中国温泉之乡”文化旅游节等文化旅游推介活动，2016年全区共接待游客434万人次，实现旅游收入30.6亿元。交通运输、商贸、物流、金融保险、房地产等行业实现长足发展。

【城乡发展】 曲江新城控规已基本完成，征地拆迁和安置房建设工作有序进行。稳步实施一批城中村改造项目，十六冶棚户区改造、玥珑山、凯旋城等重大城市项目进展顺利，完成城区中心贸易市场和江畔农贸市场改造升级工程、狮岩路等城市主干道改扩建工程等市政项目。上门路建成通车。上门村安置房建设工程、马坝人—石峡遗址环境风貌整治项目一期工程、马坝河和梅花河“两河四岸”景观改造提升工程等稳步推进。建成幸福社区综合服务中心，实施马鞍山田径运动场改造工程。大力整治“两违”，城乡建设进一步规范；深入开展创文巩卫工作，城区市容市貌进一步改善。加快推进镇村建设，启动乡村规划编制工作。积极推进镇区硬化、绿化、美化、亮化工程，重点实施“路灯到村”农村光明工程，扎实开展农村人居环境整治，全区农村保洁覆盖率达100%，镇村环境不断改善。

【环境优化】 深入实施分区发展战略，进一步完善分区发展政策机制，全区生态环境进一步优化，森林覆盖率达到74.9%，空气环境质量达到国家二级标准，城区饮用水质量全面达标，城镇生活污水处理率达到90%，城镇生活垃圾无害化处理率达到100%，顺利通过第一阶段中央环保督查，全面完成省、市下达的主要污染物减排指标任务。深化行政审批制度改革，进一步压减前置审批事项，精简审批流程，2016年全区共取消行政审批事项75项，清理规范政府部门行政审批中介服务事项31项。深化商事制度改革，2016年共办理“五证合一、一照一码”营业执照326户，政务环境不断优化。

【民生福祉】 实施一批义务教育薄弱学校升级改造工程、城区学校扩容提质改造工程和村级教学点标准化建设工程，稳步推进“广东省推进教育现代化先进区”创建工作，全面启动教育综合改革筹备工作，办学条件不断改善。扎实开展创建“卫生强区”工作，新建罗坑卫生院，区妇幼保健院整体搬迁、镇级卫生院改扩建等9个卫生创强基础设施重点建设项目加快建设，医疗卫生基础设施进一步完善；启动了区级医院托管乡镇卫生院医疗业务试点等工作，基层医疗卫生机构服务能力不断提升。深入推进巩卫创文工作，顺利通过国家和省的巩卫复审与文明城市年度测评。积极开展就业援助等活动，城镇登记失业率为2.37%。提高了城乡低保标准，基本实现城乡居民养老保险全覆盖。“全面两孩”政策平稳落实，各项计生指标运行良好。深入开展精准扶贫，筹集帮扶资金启动一批产业帮扶项目和基础设施项目，顺利完成2016年度脱贫目标。深入推进平安建设，加强专项整治和社会治安管控，不断完善治安防控体系，狠抓矛盾纠纷排查化解，综治创平工作考核全市第一。全面落实安全生产“一岗双责”，强化食品药品安全日常监管，全区安全生产和食品药品安全形势保持稳定。加强“双拥”工作，连续被省评为“双拥模范（县）区”。荣获“全国第三届国土资源节约集约模范县（市）”和“中国温泉之乡”称号。

【党建成效】 严格执行中央“八项规定”，认真开展“两学一做”学习教育，作风建设常态化、长效化机制进一步健全。严格执行干部选拔任用相关制度，健全选人用人专项检查和责任追究机制，选人用人机制进一步完善。按照换届选举工作要求和标准，严格落实“九严禁”“九不准”，确保换届风清气正，圆满完成区镇换届工作。积极推进党员组织关系排查等工作，严格党员日常教育管理监督。切实抓好镇（街）领导干部驻点普遍直接联系群众、“书记项目”、“强村固组”工程、软弱涣散基层党组织整顿转化等工作，基层党组织引领发展、服务社会的能力明显增强。全面落实党风廉政建设责任制，认真落实中央和省委提出的“三个区分”“三个重点”“四种形态”，突出关口前移，把纪律和规矩挺在前面，坚持有案必查、有腐必惩，切实加大反腐工作力度，惩治和预防腐败体系进一步完善，大力营造风清气正、勤政为民的干事创业氛围。

重要会议

【区委十二届五次全会】 2016年1月12日，区委召开中共韶关市曲江区第十二届委员会第五次全体会议。会议的主题：深入贯彻中共十八届五中全会、中央经济工作会议和习近平总书记系列重要讲话及省市相关会议精神，全面总结曲江区2015年工作，研究部署2016年工作任务，审议并通过《中共韶关市曲江区委关于制定国民经济和社会发展第十三个五年规划的建议》，进一步动员全区广大党员干部群众，坚定信心、攻坚克难，强化措施、狠抓落实，努力开创曲江经济社会发展新局面。出席全会的区委委员40人，候补委员7人。列席人员有：不是十二届区委委员、候补委员的区四套班子领导同志，区委办、区人大办、区政府办、区政协办副主任，不是十二届区委委员、候补委员的区纪委常委、委员，各派驻纪检监察组组长，不是十二届区委委员、候补委员的各镇党委书记、镇长，松山街道办主任，区人大常委会各工作委员会党员主要负责同志，区政协组联科、宣传科、提案科党员主要负责同志，不是十二届区委委员、候补委员的区属机关局以上单位（含垂直管理单位）党员正职领导，区属副科级企事业单位的党员正职领导。会议审议通过《中共韶关市曲江区委关于制定国民经济和社会发展第十三个五年规划的建议》和《中国共产党韶关市曲江区第十二届委员会第五次全体会议决议》。市委常委、区委书记、区人大常委会主任黄劲东代表区委常委会向全会作工作报告，并作总结讲话。

全会认为，2015年是“十二

五”的收官之年，也是曲江区面临压力大、遇到困难多、接受挑战严峻的一年。一年来，在市委、市政府的正确领导下，区委深入贯彻落实中共十八届三中、四中全会和习近平总书记系列重要讲话，以及省市相关会议精神，团结带领广大党员干部群众，积极应对各种风险挑战，狠抓各项工作落实，全区经济社会发展在逆境中前行。

全会指出，2016年是“十三五”开局之年，做好2016年工作，对于“十三五”规划的有效实施至关重要。全区上下要高举中国特色社会主义伟大旗帜，以邓小平理论、“三个代表”重要思想和科学发展观为指导，全面贯彻党的十八大和十八届三中、四中、五中全会以及省委、市委全会和习近平总书记系列重要讲话精神，围绕“比全国提前一年全面建成小康社会”这一总目标，在加快发展的主旋律下，继续深入实施分区发展和创建绿色宜居城市战略，以重大战略性发展平台建设引领产业转型升级，以曲江新城开发建设引领新型城镇化，以深化改革创新引领发展环境的优化，更加突出发展第一要务，更加突出绿色生态环保，更加突出为民惠民宗旨，更加突出坚持党的领导，力促全区经济建设、政治建设、文化建设、社会建设、生态文明建设和党的建设取得新进展，努力开创曲江经济社会发展新局面。具体是：坚持发展优先，全力做大做强县域经济；坚持统筹城乡，全力打造韶关南部智慧生态新城；坚持改革创新，全力凝聚经济社会发展新动力；坚持绿色发展，全力构筑绿色生态屏障；坚持改善民生，全力提升群众幸福指数；坚持从严治党，全力夯实加快发展的政治基础。

【中国共产党韶关市曲江区第十三次代表大会】 2016年9月26日至28日，区委召开中国共产党韶关市曲江区第十三次代表大会。大会的主要任务是，全面总结区第十二次党代会以来的工作，研究部署未来五年全区经济社会发展的奋斗目标和主要任务，团结带领全区广大党员和干部群众，不忘初心、继续前进，努力开创曲江经济社会发展新局面。大会听取和审议高冬瑞代表十二届区委所作的工作报告，通过《中国共产党韶关市曲江区第十三次代表大会关于十二届区委工作报告的决议》，并经过民主选举产生中国共产党韶关市曲江区第十三届委员会和中国共产党韶关市曲江区第十三届纪律检查委员会。

会议认为，今后五年是曲江全面建成小康社会的决胜时期。纵观新阶段新形势，虽然曲江处于各种挑战交织的矛盾攻坚期，但同时也处于大有可为的战略机遇期，且机遇大于挑战。世界经济将在深度调整中曲折复苏。国内经济发展进入新常态，“一带一路”、“中国制造2025”、“互联网+”行动计划等一系列重大战略的提出，为曲江区实现更好更快的发展提供良好的政策环境；省委、省政府把供给侧结构性改革作为经济发展的根本性战略，全面推进粤东西北地区振兴发展，深化珠三角地区对粤东西北地区的对口帮扶。市委、市政府把主动融入珠三角作为发展的总战略，接连出台关于项目攻坚、城市提升、县域发展、农村改革发展等方面的三年行动计划；将曲江区纳入韶关市区发展总体规划，与主城区融合发展；将装备园纳入珠江西岸先进装备产业带韶关配套区建设，升级为市级园区，这为加快发展提供难得的机遇。必须增强机遇意识、责任意识，坚定发展信心，保持发展定力，努力谱写曲江经济社会发展新篇章。

会议确定今后五年全区经济社会发展的指导思想是：以邓小平理论、“三个代表”重要思想和科学发展观为指导，深入贯彻落实中共十八大以来中央、省委、市委各项决策部署和习近平总书记系列重要讲话精神，牢固树立五大发展理念，以全面建成小康社会为总目标，坚持分区发展战略，积极融入主城区、对接珠三角，重点打造“一城五地”，着力实施县域经济加速发展、园区建设提速增效、中心城区扩容提质、特色旅游提档升级、农村改革深入推进等“五大工程”，推动经济、政治、文化、社会、生态文明建设和党的建设协调发展，奋力开创曲江经济社会发展新局面。

会议确定今后五年全区经济社会发展的总体目标是：地区生产总值年均增长10%左右，比全国提前一年全面建成小康社会，全面完成“十三五”目标任务。到 2021 年，全区经济实力进一步增强，区属经济成为县域经济发展的主力军；装备园初具规模，曲江经济开发区建设水平大幅提升，园区发展取得长足进步；以旅游业、现代物流业等为重点的第三产业不断发展，经济结构不断优化；融入主城区的路网更加完善，曲江新城初具雏形，城市发展框架进一步拉大，城市建设和管理水平明显提升；农村改革深入推进，精准扶贫圆满完成；民主法治不断完善，社会事业不断进步，群众的幸福感进一步增强。

会议指出，要实现今后五年的奋斗目标，必须以对接珠三角为抓手，推进区域竞争力再上新台阶；以“两大园区”为平台，推进工业经济发展再上新台阶；以融入主城区为目标，推进城市扩容提质再上新台阶；以分区发展战略为支撑，推进特色发展再上新台阶；以深化农村改革为契机，推进农业农村工作再上新台阶；以共建共享为根本，推进和谐社会建设再上新台阶。

会议强调，开创曲江经济社会发展新局面，党的领导是根本保证，干部队伍是关键因素。要始终坚持把加强党的建设作为各级党组织的首要任务，不断提高党的建设科学化水平，为推动曲江经济社会加快发展提供坚强的政治保证。为此，要加强思想政治建设，提升领导干部的整体素质；加强干部队伍建设，提供加快发展的组织保障；加强基层组织建设，夯实加快发展的执政基石；加强党风廉政建设，营造风清气正的发展环境；加强执政能力建设，汇聚推动发展的强大合力。

重要活动

【曲江获“中国温泉之乡”称号】 2016 年 12 月 27 日，中国矿业联合会下发《中国矿业联合会关于命名广东省韶关市曲江区“中国温泉之乡”的通知》文件，正式命名曲江区为“中国温泉之乡”，成为韶关市首个被评为“中国温泉之乡”的县（市、区）。

【举办温泉之乡文化旅游节】 曲江区以获评“中国温泉之乡”为契机，于 2016 年 12 月 23 日至 30 日期间举办“中国温泉之乡文化旅游节暨经贸洽谈会”，系列活动包括罗坑茶文化节、温泉休闲与养生论坛、农特产品和特色美食展销等，并以此为平台邀请八方客商开展商贸洽谈和投资项目签约。洽谈会上，共有 20 个投资项目成功签约，总投资额达 193.6 亿元。（尤　其）

中共韶关市曲江区委员会领导班子成员名单（2016 年）

书　记：黄劲东（任至 6 月）
　　　　高冬瑞（6 月起任）
副书记：高冬瑞（任至 6 月）
　　　　伍　文（8 月起任）
　　　　黄健庭（任至 9 月）
　　　　刘小文（9 月起任）
常　委：黄劲东（任至 6 月）
　　　　高冬瑞
　　　　伍　文（8 月起任）
　　　　黄健庭（任至 9 月）
　　　　刘小文
　　　　伍海艳
　　　　林应良
　　　　罗永东（任至 8 月）
　　　　唐继华
　　　　文浩培
　　　　王献军（8 月起任）
　　　　肖绍托
　　　　陈夏广（8 月起任）

区委办领导班子成员名单（2016 年）

主　任：伍海艳（任至 8 月）
　　　　肖绍托（9 月起任）
常务副主任：廖　琳
副主任：邓国柱
　　　　钟松德
　　　　方　勇(任至 4 月)
　　　　孙志强（4 月起任）

组织工作

【概况】 中共韶关市曲江区委组织部是负责全区领导班子、干部队伍、人才队伍建设和党的基层组织、党员队伍建设的综合职能部门。内设办公室、调查研究股、干部股、组织股、干部教育监督培训股、人才工作股、党员电化教育办公室、区非公有制经济组织和社会组织工作委员会办公室、区公开选拔领导干部办公室等 9 个职能股室，下设区农村党员干部现代远程教育中心。2016 年，曲江区委组织部深入贯彻落实中共十八大及十八届三中、四中、五中、六中全会和习近平总书记系列重要讲话精神，以开展“两学一做”学习教育为抓手，以区镇领导班子换届为主线，统筹推进基层组织建设、干部队伍建设、人才队伍建设和组织部门自身建设等各项工作，取得较好成效，为全区社会经济又好又快发展提供坚强的组织保障。

【“两学一做”学习教育】 按照中央、省委、市委的统一部署，结合实际，精心谋划、周密部署，扎实开展“两学一做”学习教育。在抓实规定动作上，印发学习教育实施方案，成立区“两学一做”学习教育协调小组，督促指导全区各单位党组织按要求开展好“两学一做”学习教育，共有14000多名党员参与学习教育。区委中心组先后开展专题学习12次，专题研讨会3次，学习《党委会的工作方法》《中国共产党章程》，贯彻落实习总书记“七一”重要讲话精神，开展“讲纪律、守规矩”、“讲奉献、有作为”等为主题的“两学一做”专题学习研讨会。在自选动作上，注重根据不同领域、行业、单位和党组织性质特点，引导各单位创新学习教育方式和载体。如开展“如何做合格党员”主题征文；举办“我的梦——修身齐家”演讲比赛；创建微信公众号；举办党组织书记专题培训班；组织党员参加考学；“两新”组织党支部与村党支部结对“共建共学”；组织党员到近六十年党龄的老党员张增应家上“特色党课”；组建“两学一做”讲师团“送学上门”等，在全区掀起学习教育的高潮。同时，成立区学习教育督导组，加强督导工作，通过随机抽查、现场观摩、查阅资料、听取汇报、个别谈话了解和座谈交流等形式，全面了解各党支部学习教育开展情况，总结好经验好做法、先进典型。

【区镇领导班子换届】 按照中央、省委、市委和区委的部署要求，围绕“换强班子、换好风气、换清思路”的总体目标，圆满完成全区9个乡镇换届工作，全区111名乡镇领导班子职数全部配备完毕。新班子成员中，无论是年龄结构、文化结构，还是“四类干部”的配备结构，都比较科学合理。区党代会、人代会、政协会顺利召开，选出新一届区委、区人大、区政府、区政协、区纪委领导班子。

一是加强调研，提前谋划换届工作。提前开展乡镇领导班子专题调研，提前做好乡镇“三类”人员摸底调查和建档立册、乡镇党政正职和区直机关“一把手”经济责任审计、拟提名干部档案审查和拟调整干部教育引导等换届前期准备工作。

二是严格程序，确保换届工作科学规范。严格按照上级的部署要求，严把换届考察部署、制定考察方案、组织业务培训、个别谈话推荐、确定初步人选、组织会议推荐等换届程序，做好换届选举宣传动员工作，规范推进换届工作。

三是加强监督，确保换届风清气正。在区镇换届各种会议上组织参会人员集中观看专题警示教育片《镜鉴》，深刻吸取“两案”教训，并通过发放《换届工作纪律须知》、“换届纪律明白卡”，悬挂宣传横幅，张贴公告，公布“12380”举报电话，在区广电台、“村村通”广播滚动播放选举公告和“九严禁、九个一律”纪律要求，电话抽查，落实“四必谈”、“四个凡提”要求等方式，着力加强换届风气监督，确保换届风清气正。曲江区区镇两级换届选举期间，均呈现“两无”良好局面，即无拉票贿选等违反换届纪律行为、无反映换届纪律的信访件。

【干部管理监督】 着眼于优化班子结构，分期分批对空缺的班子和任现职时间较长的干部及时进行了调整补缺。统筹全区人事安排，调整了一批年纪较大、在乡镇工作较长的乡镇干部到区直机关工作，选派一批年轻、工作能力较强的机关干部到乡镇任职。同时，严把干部选拔任用动议关、民主推荐关、考察关、讨论决定关和任职关五个关口，确保履行干部选拔任用工作程序不走样。认真贯彻执行经济责任监督相关制度，组织做好经济责任审计、离任责任交接等工作，先后对20名科级正职领导干部进行任中或离任经济责任审计，对5个乡镇党政正职进行经济责任异地同步审计，办理离任交接手续32例。认真做好领导干部个人事项报告及拟提拔科级干部人选个人财产等申报公示、科级干部因私出国（境）审批与证件检查清理等工作。还按照市委组织部有关文件要求，全面完成科级干部档案专项审核工作。

【干部教育培训】 以提高党员

干部综合素质和工作能力为目的，从严从实抓好干部教育培训工作。组织全区1579名在职干部参加省委组织部网络培训平台的学习。组织部分区四套班子领导、区直单位正职和乡镇党政正职共97人分两批到苏州市新加坡国立大学苏州研究院参加“领导干部综合能力提升”专题培训班。依托区委党校培训主阵地，举办科级干部培训班、股级干部培训班、一般干部培训班各1期，培训党政干部194人次；举办村（社区）、“两新”组织党组织书记培训班和村（社区）党总支书记后备干部培训班各1期，参训人数350多人次。同时，选派4名处级干部、9名科级干部到市委党校参加培训，选派2名区领导参加省“市长（书记）城建专题研究班”学习、1名乡镇镇长参加省第二期中青年女干部培训班学习、1名处级干部参加省党外县处级领导干部培训班学习、8名组工干部参加全市组工干部清华大学高级研修班学习。

【人才队伍建设】 坚持党管人才原则，围绕曲江区人才工作实际和发展需求，突出抓好“春苗计划”“扬帆计划”等人才项目实施。全年共有3名选调生被选调到市直单位工作，1名选调生被选调到市直单位跟班学习，1名选调生被借调到区直单位跟班学习，2名选调生被提拔为科级干部，2名选调生被选调到区直单位工作。共录用公务员76名（其中党群线公务员12名）；招聘事业人才130名（含11名面向大学生村干部招录的基层事业单位工作人员），其中：卫生类人才60名，综合类人才18名，教育类52名（其中研究生8名）。通过项目引进方式成功引进1名中央“千人计划”国家特聘专家到曲江区投资创业。依托省内环保龙头企业——韶关市雅鲁环保实业有限公司工程技术研发中心及其产学研创新创业实践基地等科研平台，积极组织申报2016年省“扬帆计划”项目——“曲江区环保产业专业技术人才培养工程”，推动曲江区环保产业发展。同时，按要求督促做好2015年省“扬帆计划”项目（曲江区“十百千”特色农业人才引育计划）资金管理使用和项目推进运行工作，项目资金50万元已于2016年4月下拨到位。

【基层党建“书记项目”】 落实市委“书记项目”。组织全区农村基层党组织和党员开展以“强堡垒促发展、强队伍促服务、强基层促和谐”为主题的“三强三促”活动；组织开展农村党员教育培训89次；实施产业带富项目85项，带动脱贫人数2948人；建立工作服务项目110项，服务人数41418人次；实施村（社区）“两委”干部学历提升工程，分批投入专项经费近100万元，对156名50周岁以下的村（社区）“两委”干部进行免费学历教育培训。大力实施区委“书记项目”——“强村固组”工程。针对村小组党建薄弱环节的现实问题，把在全区农村实施“强村固组”工程作为区委“书记项目”，将党建工作重心下移到村民小组。通过优选“三有”组级班子，加强村民小组干部教育培训，制定村民小组干部管理考核办法，建设和完善农村集体“三资”监管体系及农村集体资产资源交易中心“两个平台”，制定完善任期内村民小组发展的近期目标和中长期规划，规范村民小组民主决策，全面推行“组账镇代记”制度和财务定期公开制度等措施，推进村民小组日常管理运作制度化，提高村民小组自我管理、自我服务的能力。2016年，全区共确定22个村作为“书记项目”的推进工作示范点。

【联系群众工作】 全区107个驻点团队、548名驻点团队成员和619名辅助团队成员，统一以每周四作为固定驻点日，上午驻点接访，下午进村入户走访，认真落实政策宣传、驻点登记、走访慰问、意见收集、问题登记及化解等各项工作任务，联系群众工作常态化、制度化和便民化。2016年，累计走访入户87146户次，召开团队会议5136次，乡镇党委会议120次，区委常委会议4次。共收集国土城建、医疗社保、医疗卫生等各类问题4104条，解决问题4062条，其中，区、镇协调解决221条，团队（社区）自行解决3841条，解决率达99%。

【基层治理】 印发《区委基层治理领导小组2016年工作要点》，明确各牵头单位任务，实行“一对一”每月督办。建立区镇两级推进基层治理工作例会制度，有效推进全区基层治理工作。一是着力解决各项突出问题。已落实历史留用地281.6亩，提前且超额完成市下达任务；查处农村土地“三乱”45宗，圆满完成全年任务；落实被征地农村养老保障滞留金4462.5万元；完成农村土地承包经营确权登记145103亩。二是规范农村三资“管理”。投入财政资金160多万元，完成9个乡镇“三资”管理服务平台建设，1276个农村经济组织“三资”管理平台正式投入使用，率先在全市完成“三资”交易平台系统调试上线。三是推进基层公共服务平台建设。制定《曲江区推进基层公共服务综合平台建设工作方案》，落实500万元财政预算，完成10个镇（街）公共服务平台选址，确定村级服务平台场所，按程序开展设备采购，待全省公共服务平台建设的统一标准出台后，即可全面实施建设使用。四是加快信访积案化解力度。全区共排查出矛盾纠纷408宗，化解373宗，化解率91.42%。其中区级矛盾纠纷52宗，全部纳入区四套班子领导及法检两长包案，已化解41宗，化解率78.85%。五是加强村务监督委员会建设。在全区85个行政村、22个社区建立村（居）务监督委员会，对321名村（居）委监督委员会成员实行每人每月补助550元，建立村务情况分析、村务监督工作报告、评议考核等制度，进一步规范村务监督委员会工作的运行。

【整顿转化软弱涣散党组织】 全区共排查确定12个软弱涣散基层党组织。主要存在两大类的问题：一类是征地补偿款、留用地、土地“三乱”问题较突出，信访矛盾纠纷较集中的有4个村；另一类是班子不团结，或者有违纪违法行为，在群众中威信较低的有8个村（社区）。坚持问题导向，重点从加强班子建设、发展经济、完善制度、整治办公场所建设、谋划民生项目等方面入手，明确整顿方案，选派12个区直单位进行帮扶整顿，派出12名整顿工作第一书记驻村整顿。

【农村基层组织工作经费保障】 实施《韶关市曲江区关于进一步加大农村基层组织工作经费保障力度的实施办法》，建立由区财政全额负担的村干部补贴和村级办公经费制度，多渠道筹集资金，在省、市配套补助资金的基础上，统筹解决全区各村办公经费。落实离任村（社区）“两委”干部生活补助待遇，对离任村干部待遇进行较大幅度的提高，从原来的每人每月200元，提高到每人每月最高450元。

【党员组织关系集中排查和党费核查补交工作】 开展党员组织关系集中排查，从3月开始，采取网格化、全覆盖的方式，对全区14506名党员的组织关系进行全面的排查，经排查，有70名党员重新取得联系，仍有231名党员处于失联状态。严格执行中央和省市关于认真做好党费收缴工作的通知要求，以党支部为基本单位，以自查自改为主要形式，深入开展党费核查补交工作。全区508个党支部开展自查自改，完成补交党费的党员6438人，合计补交党费334.16万元。

【“两新”组织党建工作】 集中推进非公有制企业和社会组织“两个覆盖”，选派66名党建指导员加强对全区“两新”组织“两个覆盖”工作的指导，覆盖率均达到100%，全区57个非公有制企业经济组织，建立党组织50个，其中单独建立36个、联合组建14个，党组织覆盖非公有制企业57家；全区9个社会组织，建立党组织3个，其中单独建立2个、联合建立1个，党组织覆盖社会组织9家。

【党建促脱贫攻坚工作】 按照省委、市委的统一部署，2016年5月，从区直单位选派23名年轻、有干劲、有潜力的优秀党员干部到东莞市对口帮扶的23个新一轮贫困村担任副队长兼第一书记，全力配合东莞市开展帮扶工作。曲江区从扶贫资金中专项安排帮扶经费870万元，29个派出单位（含6个市挂钩单位）均落实了对贫困村的项目、资金、责任“三个捆绑”。

【组织部门自身建设】 以“两学一做”学习教育为抓手，制定学习教育计划表，采用集中学习、党小组学习、自主学习、观摩学习和专题研讨、讲党课相结合的方式，加强党性教育、作风教育、意识形态教育，切实提高部门机关党员干部理论学习的质量和效果。开展纪律教育学习月活动，组织观看反腐、保密等题材影片，提升部机关党员干部的廉洁自律意识。共开展党员干部集中学习12次、上党课5次，专题研讨5次，户外体验教育1次。开展以“争做推动发展战斗堡垒，争当干事敬业落实先锋，促进执行力提高，促进机关效能整体提升”为主要内容的“双争双促”主题实践活动，组织党员干部积极参与技能大赛，其中《创新基层人才柔性引进的路径与策略研究》被选入团队工作创新类参加市级评比。坚持以人为本，发挥工会组织人文关怀作用，建立组工干部生日慰问、伤病探望等制度。积极开展工会活动，丰富组工干部业余生活。2016年，累计慰问工会会员15人次，组织干部职工开展户外徒步、参加区体彩杯重阳节登山活动和区职工运动会等活动，区职工运动会还取得女子三人篮球比赛第四名、男子乒乓球团体比赛第五名的佳绩。实行党务政务公开，在部机关显著位置公开领导分工，人员岗位、工作职责、工作纪律等政务信息，方便干部群众办事与监督。加快信息化办公建设，启用移动OA办公系统。狠抓挂钩扶贫、创文巩卫、保密、计生等各项工作的落实。

（廖聪贵、黄远明）

曲江区委组织部领导班子成员名单（2016年）

区委常委、组织部部长：林应良
常务副部长：潘道明
副部长：杨振威
　　　　侯先明

宣传思想文化工作

【概况】 中共韶关市曲江区委宣传部是负责全区宣传思想文化工作的综合职能部门。2016年，区委宣传部以邓小平理论、“三个代表”重要思想和科学发展观为指导，以“两学一做”学习教育为契机，全面宣传贯彻中共十八届历次全会精神，深入学习贯彻习近平总书记系列重要讲话精神，围绕中心，服务大局，突出重点，积极推动曲江区经济、政治、文化、社会、生态文明建设和党的建设协调发展，为努力开创曲江经济社会发展新局面提供了强有力的舆论支持和思想保证。

【理论武装工作】 做好意识形态工作，先后组织制定曲江区《党委（党组）意识形态责任制实施方案》《中共韶关市曲江区委意识形态工作联席会议制度》《曲江区重大紧急舆情信息收集和报送制度》等系列方案制度，指导协调有关部门加强对各类意识形态阵地的管理。按计划每季度组织召开意识形态工作联席会议，开展意识形态舆情研判，并将有关情况向区委和上级党委汇报。抓好党委中心组理论学习。组织区委中心组集中理论学习11次，重点学习习近平总书记系列重要讲话精神及党中央治国理政新理念新思想新战略。组织“两学一做”学习教育专题党课4次、专题研讨会3次。做好社科理论研究工作。创新形式，加强与区委党校合作联办《曲江论坛》，出版2期《曲江论坛》。深入基层，突出本地人文特色，整理编辑出版《好人故事会》，刊登22篇曲江好人故事。

【舆论宣传引导】 紧扣“两学一做”学习教育主题，充分发挥广电台·曲江新闻、村村通广播、《韶关日报·今日曲江》和“韶关曲江发布”微信公众号的宣传引导作用。紧紧围绕区委、区政府中心工作，深入挖掘加快转型跨越式发展、重大项目建设、社会民生事业等领域的成功经验和先进典型开展宣传报道。2016年，全区各单位在省级以上媒体刊发稿件1669篇，市级媒体刊发稿件4424篇，全区总用稿量13072篇。在全市首创开设《韶关日报·今日曲江》专版，组织筹划好编辑组稿工作，重点策划一批反映曲江区亮点工作的对外宣传。2016年共出版1期“两会”特刊，1期“市第十二次党代会特别报道·曲江篇”，出版《韶关日报·曲江重点》12期、《韶关日报·今日曲江》20期；在《南方日报》刊登曲江区《筑牢生态屏障，谋求精准对接》专版报道；精心组织策划曲江区《祈福圣地·生态小城》宣传片的拍摄制作。加大对舆情的监控和应对力度，完善部门联动机制，及时发布相关信息，加强舆情正面引导。成功处置“6·14”樟市镇芦溪天池山驴友失踪死亡事件，积极向市委宣传部报告协调枫湾石场群众上访及亿华时代广场楼盘违规销售等舆情事件。不断完善“活力曲江”客户端、“韶关曲江发布”微信公众号建设，指导完善各镇（街）、各单位政务微博、微信平台建设，把新媒体运营情况纳入宣传思想绩效考核，全区9个乡镇全部开通微信公众号，26个机关单位开通微信公众号。配合区委分区发展战略，大力宣传曲江文化生态旅游，把生态旅游与当地的特色文化结合起来宣传，逐步打造曲江文化旅游新品牌。12月16日召开“温泉之乡”文化旅游节暨经贸洽谈会新闻发布会，邀请省、市等主流新闻媒体对曲江区旅游文化及招商引资进行宣传报道。

【公共文化服务】 认真策划“风度曲江”群众性文化系列活动，组织“风度曲江·欢乐新春”“情浓中秋 和谐园区一家亲”“弘扬长征精神 唱响革命歌曲”等17场广场文艺活动。组织承办“高雅艺术走进曲江音乐会”，邀请华南地区的专业音乐团体——广东珠江交响乐团出演，丰富人民群众的艺术生活，带来极美的音乐享受与艺术熏陶。与仁化县联合在曲江图书馆举办主题为“传承红色基因，弘扬长征精神——纪念红军长征胜利80周年”书法展，共展出120幅书法作品，特邀请知名书法家中国书法家协会会员王宪荣、龙昌第等书法名家的作品参展，受到群众一致好评。坚持开展文化“三送”活动，2016年以来，送电影881场、图书馆送书到各乡镇、举办相关文化活动共169场，文化馆业余团队演出共97场，举办专场文艺演出18场，观看人数上万人，有力促进了农村精神文明建设，丰富了农村文化文娱生活。新华书店作为党的宣传思想阵地之一，在宣传思路创新上下功夫，通过“广东新华发行集团”“广东新华悦读会”微信平台推送新书资讯、名家讲座、好书分享、读书体会、行业动态等信息，为广大读者提供专业翔实的阅读资讯。同时，将惠民好事做实做好，向全区2354户低保家庭4963人配送文化消费产品，做到精准配送，确保让受惠群众满意。

【文化品牌建设】 精心组织，构思筹划文艺节目，参加省市各类比赛，取得优异的成绩。区音乐舞蹈家协会、区教育女子合唱团代表曲江参加市“百歌颂中华”合唱比赛荣获二等奖，并代表韶关市参加广东省“百歌颂中华”合唱比赛荣获铜奖。区文化馆精心选送的节目《山花花》《摘橘子》参加市首届音乐舞蹈花会分别荣获金奖和银奖。组织成立曲江区客家山歌协会，致力于发展打造曲江区客家山歌文化品牌。深入各乡镇农村走访，广泛收集客家山歌民歌，编印《曲江客家情歌》《曲江民歌》作品集，固定了散落在民间的优秀文化艺术，成为传承和发展客家山歌的重要文献资料。持续开展“风度曲江·客家情”山歌节系列活动，在全区各中小学校、各镇进行12场巡演，使曲江区中小学生和广大民众对传承和发展曲江区客家山歌文化有更深刻的认识。组织开展第二届山歌节山歌演唱比赛活动。组织全区“民乐大会演”，活跃基层文化。持续推进“一镇一品”“一社区一特色”活动，继续引导和帮助各镇（街、社区）挖掘传统、乡土文化资源，做好特色文化的传承与保护。

【文化产业发展】 马坝人—石峡遗址公园完成勘察设计、施工单位和监理单位的招投标工作。特邀北京建工建筑设计研究院文化遗产保护研究所、国家文物局文化遗产保护评估专家、贝聿铭建筑设计团队等先后前往马坝人遗址，对新建博物馆进行实地勘察，做进一步评估、选定工作，力争把马坝人遗址打造成“国家考古遗址公园”、国家AAAA级旅游景区。完成编制重点项目《马坝人遗址环境风貌整治方案》政府采购，设计单位按照国家文物局的要求，完善方案上报省文物局，省文物局专家组评审已通过。完成《马坝人—石峡遗址环境风貌整治施工设计图（初稿）》4册的初审工作，积极与国家文物局、省文物局进行沟通协调，为下一步申报“国家考古遗址公园”做好前期工作。马坝人遗址及博物馆建设项目建成后，将会成为拉动曲江城市经济的新引擎，也是韶关乃至广东的一张文化名片，有效助推曲江经济社会跨越式发展。

【宣传队伍建设】 进一步充实新闻报道、网络评论、舆情处置、政务微信、微博管理、基层文化文艺工作等岗位人员，做好名册的建设与管理。新招录2名研究生到部机关工作，新任3名中层干部，进一步充实宣传队伍。成功推荐彭小燕成为广东省“宣传文化能人”，推荐杨万新、赖学友、刘欢3位同志为韶关市“育鹰”工程培养对象，着力打造一支政治强、业务精、作风硬的宣传思想工作队伍。策划组织120人参加2016新闻宣传骨干培训班，特邀多位韶关日报和韶关电视台的专家前来授课，创新形式，精心设计课程内容，通过培训，切实提高新闻宣传干部的综合素质和业务能力。乡镇委员换届后，区委宣传部及时召开镇（街）宣传思想工作会议，对新任的宣传委员、宣传干事进行培训，进一步提升新形势下基层宣传队伍的工作水平和业务能力。切实加强宣传思想工作部门和单位党的建设，深刻领会习近平总书记在党的新闻舆论工作座谈会、网络安全和信息化工作座谈会和哲学社会科学工作座谈会上的重要讲话精神，牢记新闻舆论工作“48字”职责和使命，切实提高自身的政治素质和业务水平。（侯　莉）

曲江区委宣传部领导班子成员名单（2016年）

区委常委、宣传部部长：唐继华

常务副部长、区文明办主任：付发林

副部长、讲师团团长：吴荣兰

副部长：林国雄

精神文明建设工作

【综述】 2016年，曲江区精神文明建设工作深入贯彻落实中共十八大和十八届三中、四中、五中、六中全会精神，以习近平总书记系列重要讲话精神特别是关于精神文明建设的重要论述为指引，以培育和践行社会主义核心价值观为主线，坚持以人民为中心，着力提升社会文明程度和公民文明素养，扎实推进城乡面貌、人的精神风貌、社会道德风尚和未成年人思想道德向善向上，为曲江区创新发展提供精神动力和智力支持。

【社会主义核心价值观建设】 一是在曲江人民公园建成“曲江德苑”主题公园，完成沙溪镇、小坑镇、马坝圳背村和小坑曹角湾村的镇村主题公园（广场）建设。二是价值观主题活动扎实开展。府前社区、大塘社区开展“社区里的价值观”；金亿合金制品有限公司等企业开展“车间里的价值观”；沙溪中心村、马坝南华村、大塘汤溪村等7个村开展“乡村里的价值观”；曲江经济开发区各大企业开展“图说我们的价值观”“传承文明·圆梦曲江”大型图片巡回展览，成效明显。三是“我们的节日”主题活动不断深化。举办12场“圆梦中华·福送万家”新春送春联下乡和游园、猜灯谜等民俗活动，送出春联1万多幅；端午、中秋和重阳节期间，开展粽香献爱心、赛龙舟、登山等各种活动；小坑举办“扛阿公”民俗活动；大塘开展“情浓元社·幸福大塘”主题文艺晚会活动，营造浓厚的节日氛围。四是积极开展市级爱国主义教育基地申报，选送曲江区档案馆、小坑曹角湾古村等6个单位参评。五是编印《与文明携手　与道德同行——2007—2016年度韶关市曲江区精神文明建设成果汇编》《韶关市曲江区2016年创建全国文明城市工作剪影》，加强社会主义核心价值观宣传。

【全国文明城市创建】 一是成立曲江区文明委城市提升、巩卫、巩园、申名、创平、志愿服务6个专责小组，全面统筹负责城市专项创建工作。顺利通过巩卫国家复检、夯实曲江区创文基础工作。二是加强基础设施建设。加快六祖大道（环城路）升级改造，新建教育路（上门路）；完成中心市场和江畔市场的升级改造；完成马坝河城区段清淤工程，推进社区、公共文化设施等民生设施建设。三是推进城市管理。加大对交通路口、商业大街、“五小行业”、建筑工地、城乡接合部等重点区域的城市“六乱”综合整治力度。四是强化以核心价值观、中国梦和“讲文明树新风”为内容的公益广告宣传。在主次干道、商业街区、公园广场、桥梁、公交站亭等地方，大量设置宣传画、墙绘及艺术牌架，促使公益广告比例超过30%，创建氛围显著增强。

【基层文明创建】 一是有序推进基层文明创建工作。开展文明镇街创建“八大行动”和文明村居创建，加强对各镇（街道）、各单位创建市级以上文明村镇、文明单位的指导，支持有条件的镇（街）、单位申报全国、省、市文明村镇（单位），同时以启动2016—2017年度区级精神文明创建申报工作为契机，深化文明单位、文明窗口创建，督促各文明单位按“五个一”要求开展好各项文明创建活动，巩固创建成果。二是坚持以城带乡、城乡共建。在全区10个村庄开展“崇德向上·敦风化俗——乡村里的价值观”实践活动的试点，不断提升广大农村地区的文明程度。三是启动“美丽乡村”示范片的试点建设。以点带面，打造一批道德风尚村、特色文化村、特色产业村、生态文明村、优良秩序村，推动全区在“十三五”时期实现50%以上的村镇达到区级以上文明村镇标准。

【公民道德建设】 一是做好道德模范选树。坚持每季度开展“身边好人”“最美家庭”等推荐，在全区发掘一批先进典型，2016年共有12人成为市级好人推荐人选，其中有6人被评为“韶关好人”，马国权又被评为“广东好人”；9户家庭参加省、市“最美家庭”的评选；赖葵凤被评为“韶关好医生”；刘铭被评为“韶关好警察”。二是开展“百善孝为先·亲情暖曲江”专题文艺会演活动，寻访曲江百岁老人，制作电视特辑，弘扬中华孝道文化，倡导孝老爱亲的良好风尚。三是开展第14个全国公民道德宣传日活动，举办身边好人座谈会、关爱道德模范（身边好人）等活动，营造好人好报的良好导向。四是扎实推进道德讲堂活动。全区开展各类道德讲堂250多场次，深入宣传道德模范、身边好人事迹。

【文明风尚培育】 一是结合“两学一做”开展“党员争做星级志愿者”活动，全区注册志愿者达1.6万余人，星级志愿者人数增长到300多人，有部分志愿者服务时长达到3000小时。二是承办韶关市推广志愿服务激励回馈制度工作现场会，向韶关市其他县（市、区）推广曲江的先进经验。三是继续推进诚信建设制度化，坚持每季度发布诚信“红黑榜”，营造“守信光荣、失信可耻”的社会环境。四是通过10场文明交通巡回宣讲，不断推动文明交通宣传教育活动进乡镇、进村（居）、进学校、进企事业单位，不断提升广大人民群众文明出行素质，营造人人遵守交通法规、自觉文明出行的良好社会氛围。五是继续实施文明旅游、文明餐桌、网络文明、文明公厕等系列活动，引导形成健康文明的生活新方式。

【未成年人思想道德建设】 一是制定下发《韶关市曲江区2016年未成年人思想道德建设工作重点》方案并召开未成年人思想道德建设工作联席会，针对在未成年人思想道德建设工作测评中存在的薄弱环节，认真总结经验、查漏补缺。二是推动社会主义核心价值观进校园，深化“扣好人生第一粒扣子”“做一个有道德的人”等系列主题活动，开展“童心向党”优秀童谣评选传唱，区实验小学编排的客家童谣《荷花戏雨》代表韶关市参加梅州首届客家童谣节。三是全面启动文明校园创建活动，有6间学校被评为区级文明校园。大力推进法治进校园行动，聘请10名青年检察官为曲江区中小学的法制副校长。加强未成年人心理疏导教育，近30个校内外心理辅导室规范运作，学生心理问题得到有效疏导。四是完善学校、家庭、社会三结合教育网络，加强青少宫、科技馆、文化场馆等校外活动场所的管理，集中开展校园周边环境整治行动，营造未成年人健康成长的良好环境。五是积极推荐参评“最美南粤少年”，涌现出一大批优秀学生典范，杨庆良等41名学生分别被评选为省、市、区“最美少年”。

（游晓青）

统一战线工作

【概况】 区委统战部是区委主管全区统一战线工作的职能部门。主要职责是贯彻落实党的统战工作方针政策，传达贯彻各级统战工作会议精神，协调统一战线各方面成员的关系，了解反映统一战线各界人士的思想动态和意见建议；了解和培养推荐党外代表性人物，协助党委及有关部门做好人大、政府、政协、司法机关中党外人士的推荐安排工作；负责与各民主党派、无党派人士的沟通联系工作；协助做好少数民族和宗教界人士工作、非公有制经济代表人士工作，以及港澳台侨等海外联谊工作。

【学习教育活动】 一是健全组织，强化领导。成立以区委常委、统战部部长伍海艳同志为组长的活动领导小组，并下设领导小组办公室，具体负责活动日常工作。二是结合实际，制定方案。结合本系统实际，组织制定《统战部学党章党规、学系列讲话，做合格党员”学习教育活动实施方案》，确定活动的指导思想、工作原则、总体目标及时间要求，不搞变通，不降标准。三是搞好动员，广泛发动。本系统召开开展“学党章党规、学系列讲话，做合格党员”学习教育活动动员会，系统全体党员参加了会议。

【参政议政工作】 一是认真抓好区第十届政协委员的推荐提名工作。积极支持无党派人士、少数民族代表人士、宗教界代表人士、非公有制经济代表人士、港澳台海外代表人士积极履行职能，参政议政，在多党合作事业中发挥重要作用。在调查摸底，充分协商的基础上，制定《关于政协韶关市曲江区第十届委员会人事安排方案》，区委批复后，下发《关于推荐政协曲江区第十届委员的通知》。二是严格推荐提名程序和条件。各单位、各民主党派、工商联、各人民团体和各有关方面，根据《通知》的有关要求，进行民主推荐和考察，统战部对推荐人选进行综合汇总，并征求区纪检、组织、法院、检察院、公安、计生、环保等 15 个部门的意见，还对非公有制经济人选进行综合评价。三是充分协商。推荐程序完成后，在征求相关部门没意见和综合评价合格后，与区政协党组进行充分协商。并与区人大党组沟通后，形成《政协韶关市曲江区第十届委员会委员提名人选建议名单》，提请区委常委会会议审议。四是正式提名。区委常委会会议审议后，是中共党员的，由区委组织部提名，非中共党员由区委统战部提名，最后提交区政协常委会会议讨论通过。

【涉港澳台统战工作】 将广交朋友、联络感情、增进友谊、扩大影响作为工作的出发点。根据港澳工作面临的新形势新任务，与港澳委员、港澳乡亲不定期的联系沟通，向他们通报内地经济社会发展情况，努力做好港澳人心回归工作，鼓励新一代港澳同胞爱国爱港爱澳，支持特区政府施政，维护港澳的繁荣与稳定，促进旅港乡亲与家乡之间的友谊和共同发展。一是做好香港地区专项统战工作。为香港的稳定和谐做出努力。二是联系香港韶关同乡联谊总会义工团开展助学到曲江扶贫助学活动。发放 10 万元助学资金，帮扶 60 名贫困学生。在区委、区政府的答谢晚宴上，现场为曲江区贫困学子募捐 22 多万元助学资金。三是接待台湾海峡两岸农业协会参观团到曲江区交流。区主要领导参加交流。

【党外代表人士队伍建设工作】 一是加强民主党派班子思想政治建设。引导和组织民主党派班子成员加强政治理论学习，坚持中国共产党的领导，与中国共产党在政治上保持高度一致，在思想上同心同德。二是积极发挥各民主党派、无党派代表人士参政议政作用。每年区政协例会议上，各民主党派和无党派代表人士积极发言和提案，起到很好的参政议政作用。全区 5 个民主党派支部与区 10 个政府部门开展对口联系工作，提高民主党派的议事和参与程度。三是协助各民主党派切实加强基层组织建设。把好政治关，推进组织建设有序进行。帮助各民主党派解决实际问题，为他们履行职能创造条件。四是加强党外后备干部的培训储备工作。协助省市统战部做好对曲江区民主党派副处及科级干部推荐考察工作，为市、区领导班子换届及市民主党派换届奠定基础。

【非公有制经济领域统战工作】 努力搭建非公有制经济人士之间、非公有制企业与银行之间的交流、合作的良好平台，加大招商引资工作力度，充分利用非公有制经济人士联系广泛的作用，以情招商，以良好服务招商。组织非公有制企业开展感恩行动、扶贫帮困、捐资助学等公益活动，引导企业踊跃投身到全区扶贫帮困公益事业和光彩事业中，参与社会管理和公共服务。加强民营经济年轻一代的统战工作，指导成立新生代民营企业家联合会，加强他们的爱国主义教育，引导他们尽心尽力为发展地方经济服务，抵制歪风邪气，传播正能量，同时为新生代民营企业家参政议政搭建平台。

【民族宗教工作】 深入贯彻全国、省、市民族宗教工作会议精神，落实党的民族宗教工作基本方针，制止非法，抵御渗透。按照上级部门要求，部署全区民间信仰活动场所管理情况调研和贯彻落实宗教工作责任制情况自查。组织人员开展全区宗教团体、宗教活动场所管委会成员、财务管理人员以及宗教教职人员情况调查，建立档案实行规范化管理。布置全区宗教活动场所“五一”等重大节日期间安全工作，确保群众生命财产安全。加强爱国宗教团体自身建设，积极引导宗教与社会主义相适应，参与社会公益事业，为构建社会主义和谐社会服务。开展反境外宗教势力及邪教势力渗透专项整治工作，确保曲江区宗教界的和谐稳定。协助南华寺做好大南华建设的征地及项目管理工作。

（沈鸿莲）

曲江区委统战部领导班子成员名单（2016年）

区政协副主席、区委统战部部长：王锡穗（任至4月）

区委常委、区委统战部部长兼对台办主任：伍海艳（4月起任）

常务副部长：赖德明

副部长：沈建华（兼区对台办副主任）

徐群宝（兼区民宗局局长）

区直属机关工委工作

【概况】 2016年，曲江区直机关工委在曲江区委的正确领导下，在韶关市直机关工委指导下，按照全面从严治党新要求，紧紧围绕区委“比全国提前一年全面建成小康社会”的总目标，为曲江“十三五”规划的良好开局和开创曲江经济社会发展新局面提供了有力的组织保障。

【“两学一做”学习教育】 工委要求全体党员每周安排2个晚上进行自学并制订学习计划，每月至少一次以中心组理论学习的形式组织集中学习。活动开展以来，区直机关各党（总）支部主要负责人及班子成员带头上党课165人次，开展集中学习研讨350多次，指导各党支部开展“两学一做”180多次，向所属党（总）支部发放“两学一做”学习教育明白卡和《习近平总书记系列重要讲话读本（2016年版）》各2800多份。

【“双争双促”实践活动】 深入开展以“争做推动发展战斗堡垒，争当干事敬业落实先锋，促进执行力提高”为主要内容的“双争双促”活动。工委和区委组织部共同制定了全区机关事业单位开展“双争双促”主题实践活动的实施方案，组织全区机关党员开展整改行动，明确改进措施。区国税局为解决纳税人“两头跑”、资料“多头报”的问题，开展“携手为纳税人打造服务新高地”活动；区地税局为便民办税，主动拥抱“互联网+税务”，建设电子税务新生态；区城管局党总支向群众发放调查问卷，以群众评议倒逼执行力和效能提升。其中区发改局党总支和区地税局马坝分局卢刚分别荣获韶关市“双争双促”主题实践活动的“先进集体”和“岗位标兵”称号。

【“凝聚党员心，点亮微梦想”微信平台创建活动】 创建“曲江区直机关党建”微信订阅号，并号召区直机关党员关注，利用微信公众平台组织广大党员干部深入践行“两学一做”学习教育。利用微信公众号定期推送学习内容、发布学习资料，使“两学一做”学习教育的新政策、新理论、新思想在第一时间能够贯彻到位、落实到位、执行到位。此外，还及时发布各党（总）支部在“两学一做”学习教育中的好经验、好做法。如区司法局抓“三重点”确保学习教育取得实效；区委组织部开展主题党日活动；区食药监局创新学习方式，充分利用LED显示屏，加大学习宣传力度等。形成“全体党员共同学，群众跟着党员学”的良好氛围。已推送各类党建信息113条，还开设党建知识、学习园地“两学一做”知识问答、专题视频、党员之家等专栏。

【党的组织建设】 抓规范，严格党内政治生活。扎实抓好“三会一课”、主题党日、民主评议党员、党性定期分析等制度的落实，努力克服党组织活动的随意化、平淡化、娱乐化和庸俗化。召开党员代表大会，选举产生了61名区第十三次党代会党员代表。开展工委下属各党（总）支部书记述职活动，并进行考核评议。抓好党组织班子建设。严格按照程序做好基层党组织改（补）选、换届工作，选优配强班子。督促指导131个党(总)支部进行改（补）选和换届选举工作。建立工委各党(总）支部改（补）选、换届工作台账。丰富党内组织生活。为纪念建党95周年举办“七一”文艺晚会和韶关市纪念建党95周年图片巡回展。联合区委宣传部在全区开展“爱岗敬业　梦圆南粤”——“车间里的价值观”主题教育实践活动。推动党员管理科学化。认真落实开展党员组织关系集中排查工作，把集中排查党员组织关系作为从严管理党员队伍的一项重要基础性工作，排查后认真完善党员台账管理。

【党员队伍建设】 加强党员发展和教育管理。按照要求有计划地发展党员，2016年，共发展党员21名。抓好教育培训。举办了区直机关党组织书记培训班，邀请省级专家、教授前来授课。来自区直机关各党（总）支部和其他党（工）委共110多人参加培训班。抓提升，深化机关党建工作品牌建设。着力培育和打造区直机关党建品牌，不断鼓励和引导各党（总）支部在党建工作实践中抓特色、出精品、创品牌。如区地税局“三举措”抓好党建工作；区人社局“以学促做，知行合一”推进“两学一做”学习教育。抓好党代表工作室日常工作。积极畅通党员群众信访渠道，完善党代表工作室接访制度。党代表工作室共接待、走访党员群众52人次，收集的意见建议53条，处理反馈53条。加强党费收缴工作和党内互助工作。督促各党（总）支部党费严格按照党章规定执行党费收缴制度。基本完成2008—2016年度的党费收缴工作。“七一”期间，组织党员干部积极捐赠党员互助金10万多元。工委还为12名患重病困难党员申请困难补助。组织党员积极参加志愿服务活动。组织各党（总）支部开展经常性志愿服务活动，组织300多名志愿者参与志愿活动，累计服务近千次，充分发挥党员的先锋模范作用。深入推进扶贫开发和计生帮扶工作。认真按照区委、政府工作部署，积极协助挂点大塘镇汤溪村委会做好扶贫计生工作，为计生困难家庭联系相关部门解决实际困难。

【党员思想建设】 加强“两学一做”学习教育。9月工委开展“两学一做”学习教育党课巡回宣讲活动，通过宣讲活动，增强了全体党员干部的党性觉悟。积极参加“两学一做”学习教育竞答赛。组织全体党员积极参加竞答赛，共有1000多名党员参加竞答赛。认真组织技能大赛。区直机关工委与区委组织部联合发文，认真做好技能大赛的宣传、发动和组织工作，全区共收集18个项目，经初选后上报市直工委。其中有5个项目被选上代表韶关市参加省直比赛。注重严督实导。工委采取随机抽查等方式到各党（总）支部督查“两学一做”学习教育工作开展情况。

【服务发展工作】 完善政风行风评价机制。认真做好民主评议政风行风和民声热线工作，要求各单位认真做好政风行风实施方案，并定期向工委汇报工作开展情况。结合“双争双促”活动，组织区直机关党员干部围绕工作效率、工作作风、工作方式、大局观念、服务意识、进取意识、担当意识等七个方面，开展整改行动，逐条查找存在的差距，及时发现和解决各类问题。区国税局优化服务窗口，服务时限上，开展岗位竞赛，实行限时办结制;在服务礼仪上，实行统一着装，倡导文明用语，提供导税咨询;在工作纪律上，实行打卡考勤;在工作质量上，对窗口人员实行绩效考核，提高服务效率。区邮政局各岗位开展“党员示范岗”活动。做好“民声热线”的日常跟进回访和上线准备。根据市“民声热线”反映被评议单位存在的问题，督促各评议单位及时进行答复，并进行跟踪回访，开展满意度测评。工委在2016年12月1日，韶关“民声热线”走进曲江大型户外上线活动在马鞍山公园广场顺利进行，为32名上线群众解决实际问题，受到群众一致好评。抓好效能督查。工委制定并下发《曲江区2016年民主评议政风行风工作实施方案》。采用“民声热线”问题群众满意度回访评议、明察暗访评议、群众评议、“两代表一委员”和监督员评议、综合评价评议五种评议办法开展评议工作。对明察暗访中出现的问题及时上报，对不作为、慢作为等突出问题，严格实行效能问责。

【党风廉政建设】 领导重视，狠抓落实。为使党风廉政建设工作落到实处，区直机关工委领导要求从源头上加强预防，在制度上不断完善，在监督上强化落实，严格执行各项制度。积极协助区纪委严查各类违纪案件，查处1名违纪党员并给予党纪处分。加强学习。通过组织集中学习、参加培训等形式，学习《廉政准则》具体内容，结合区纪委工作部署，充分认识贯彻落实《廉政准则》对于加强和改进机关工作作风建设重要意义。强化监管问责。全面贯彻落实第一责任人的主体责任，建立执行主体责任清单制度，明确一把手担负反腐倡廉建设工作第一责任人，负总责，坚持“一岗双责”，同时进一步畅通群众投诉渠道，随时了解干部思想动态，加强监管，自觉接受群众和社会监督。

（蓝　敏）

曲江区直属机关工委领导班子成员名单（2016年）

区直属机关工委书记：蓝启明

区直属机关工委副书记、纪工委书记：蓝　敏

老干部工作

【概况】 2016年，在区委、区政府的正确领导下，曲江区委老干部局坚持以邓小平理论、“三个代表”重要思想和科学发展观为指导，深入贯彻中共十八大、十八届三中、四中、五中全会精神和全国离退休干部先进集体和先进个人表彰大会会议精神，按照全国、全省老干部工作的有关会议精神和市委对老干部工作的部署，坚持以人为本、服务为先，尽心尽力做好老干部服务管理工作。切实执行相关制度，全面落实老干部政治待遇；切实抓好老干部服务管理工作，全面保障老干部生活待遇；切实抓好“两个阵地”建设，丰富老干部精神文化生活；切实发挥老干部作用，不断为党的事业增添正能量；切实加强老干部工作队伍建设，为做好老干部工作提供坚强保障，推动老干部工作为建设幸福美好新曲江做出积极贡献。

【老干部思想政治建设】 坚持每月学习制度。组织老干部学习党的路线方针政策、党和国家重大会议精神、国家领导人的重要讲话精神、时事政论，及时通报国内外的重大事件，市委市政府、区委区政府的重大决策和本地社会经济发展情况等重要信息。为老干部订阅《秋光》《中国老年报》等一批报纸杂志，为他们提供丰富的精神食粮。1月29日，配合区委、区政府召开老干部通报会，向离退休干部以及各单位老干部党支部书记通报曲江区2015年的经济社会发展情况。

【慰问、助困工作】 春节前夕，由曲江区领导带队慰问部分离退休老领导，老干局对所有的离休干部和部分退休干部进行走访慰问。做好关爱、抚恤离休干部及其家属工作。及时探望生病住院的离休干部，协助相关单位和家属办好已故的离休干部善后工作。按时发放离休干部遗属困难补助。

【老干部生活待遇】 为使老干部的生活待遇与经济社会发展水平相适应，共享改革开放成果，把用心用情为老干部办实事，做好事，解难事，改善老干部晚年生活，作为开展工作的切入点，加大工作力度，做好服务工作，让离退休干部满意。贯彻好《关于对建国初期参加革命工作的部分退休干部在生活上给予适当照顾的通知》（粤组通〔2016〕28号），及时向区直单位发出通知，认真审核各单位上报的资料、档案，确保不出现错报、漏报，按时、按质完成所负责的初审工作，受到市局表扬，经上级完成审批工作之后，迅速请示、汇报，及时落实9名符合照顾条件老干部的增发生活补助及发放医疗补助工作。认真落实接管的符合房补发放条件的参保企业离退休干部31人的住房维修和物业管理补贴的计发工作，联合金融部门，采取上门服务办法，为老干部申办了银行卡，及时将补贴发到他们手上。继续实行有效的激励机制，提高健康幸福奖励标准，鼓励离退休老干部、老领导在保证身体健康的前提下，厉行节约，并取得明显成效，为区财政节约开支。

【改善服务环境】 投入自筹资金近10万元，为乒乓球室铺设高档地胶，通过调配场所为老干大学修缮和布置书法研习陈列（展览）室并安装空调，进一步改善老干部学习、活动场所的条件。

【关心下一代工作】 积极协助配合区关工委开展工作。各级关工组织结合实际，采取多种形式，广泛开展青少年尤其是中小学生社会主义核心价值观教育和各种关爱活动，取得可喜的效果；区关工委与区教育局积极配合，多措并举，有力推动全区各中小学“朝阳读书”活动和“书香校园”建设；在枫湾和罗坑举办为期4天的第13期农村青年创业培训班，参训学员142人，并做好创

业青年跟踪服务工作；继续做好扶贫助学，推荐6名山区贫困家庭学生到德昌电机技术学院免费就读，积极筹措助学资金83.6万元，资助困难家庭大、中小学生，其中68万多元资助150名大学生；开展了关于农村留守儿童情况、“三教结合”教育工作等6个专题调研，向有关部门和上级领导提出合理化建议，其中有3篇调查报告被市关工委采用，有2篇被“三教结合”工作经验交流会采用；认真抓好留守儿童教育管理，各级关工组织，尤其是各中小学校关工组织，通过开展各种形式的“亲情集体”活动，以及采取切实有效措施，着力解决好留守儿童在学习、生活和权益保护等问题，促进留守儿童健康成长。开展“大家讲、大家谈、大家论”行动。通过组织老干部开展讲好“八类故事”、畅谈“八方变化”、开展“八项讨论”活动5次，参与老干部265人次，开展其他座谈讨论会3次，参与老干部143人次，引导老同志用历史说话，启发自己也教育他人，共同感受改革开放以来特别是中共十八大以来中国全方位发生的深刻变化，努力增强大家的获得感、幸福感、责任感、使命感。开展“唱响百首红歌，传承红色基因”等行动。结合纪念中国共产党成立95周年、红军长征胜利80周年，老干歌舞协会、老干大学歌舞队开展以离退休干部为主体，带动其他老同志和青少年共同参与的文艺演出活动共15场次，深受群众欢迎。

【老干部活动】 歌舞协会（关爱艺术团）积极开展文艺宣传。2016年，组织举办“庆新春文艺演出”“唱红歌文艺晚会”及参加市文化艺术节会演、市曲艺协会文艺会演、区文化馆诗书节文艺演出等8场演出，观众近3万人，创作排练新节目20个，深受群众欢迎。老年体协举办曲江区第7届老年人运动会，设象棋、乒乓球、门球、篮球投准、射击、麻将、桥牌、柔力球、木兰拳（剑）、太极拳（剑）、飞镖等11个项目，560名离退休老同志参赛，老干部活动中心各协会会员表现最为活跃，不仅组织比赛，绝大多数还参加比赛。乒乓球协会积极开展工作，2016年共组织4场比赛，参加的会员达360多人次。

【老干大学办学】 老干大学办学规模（包括班次设置、学员数量和场地）扩大，教学管理水平提升，向心力和社会影响力明显增强，标志着曲江老年教育事业又前进一大步。

【接管干部服务工作】 高度重视接管的国有改制和破产企业离退休干部的管理服务工作，除了按照政策落实离休干部“两个待遇”之外，对接管的退休干部也同样尽心尽力做好服务工作，解决他们的后顾之忧。展开送温暖活动。春节前夕，慰问接管的原煤炭、开发区、二轻等破产企业的离退休干部。加强接管转制单位老干支部建设。组织3个老干支部的支委开展学习教育；按要求完成全部党员信息排查工作；按时完成3个老干支部的支委换届工作；及时按照规定落实接管离退休干部工资待遇。

【计生挂钩帮扶和精准扶贫任务】 继续深入计生挂钩帮扶点、计生困难家庭，开展挂钩帮扶对象开展工作，针对村委及困难户的生产生活状况和遇到的实际困难，想方设法帮助解决。支持马坝镇炉头村委和龙岗村委工作经费各3000元，慰问计生困难家庭帮扶对象粮油一批，价值500元。抽调一名副局长到乌石镇担任精准扶贫工作队队长，扎实开展工作。（廖功伟）

曲江区老干局领导班子成员名单（2016年）

局　长：许桂芹

副局长：冯福厚

　　　　张国汉

机构编制工作

【概况】 区机构编制委员办公室是区机构编制委员会的常设办事机构，负责全区行政管理体制改革和机构编制日常管理工作，其前身为曲江县编制委员会办公室，成立于1981年10月，设在县人事局。2001年12月，更名为曲江县机构编制委员会办公室，与县人事局合署办公。2010年5月，区机构编制委员会办公室调整为单独设置，列区委机构序列。

2016年，区编办在区委、区政府的正确领导及市编办的具体指导下，认真领会中共十八届五中、六中全会及习近平总书记一系列重要讲话精神，坚持“以科学发展观为统领，编制工作为经济社会发展服务”的指导方针，以深入推进行政审批制度改革、政府职能转变和机构编制管理工作等任务为重点，强化部门自身建设，积极适应改革新常态，全面完成各项既定目标任务，为全区经济发展和社会进步提供有力的机构和编制保障。

【行政审批事项】 认真做好国务院和省、市取消和下放的行政审批事项的承接和贯彻落实工作。根据上级有关文件要求，对上级下放的审批事项在承接方面存在的问题和困难进行摸底调查，为进一步规范行政审批，推进行政审批标准化建设奠定基础。为对非行政审批事项进行分级清理，区编办对中央设定地方实施的非行政审批事项及市级文件设定的审批事项进行认真梳理，对审批事项的保留与否提出意见，并及时将情况上报。严格按“两集中两到位”的要求推进网上办事大厅建设。在做好行政审批制度改革工作的同时，继续加强与区监察局、行政服务中心和区信息中心等部门的沟通协调，并要求各进驻单位，充分授权行政服务中心窗口审批权限，落实“一门式、一网式”服务，积极宣传和推进行政审批网络办理，提升网上办事率。

【政府部门权责清单工作】 推行权力清单和责任清单制度，旨在将政府工作部门行使的各项行政职权及其设定依据、行使主体、运行流程、对应的责任等，以清单的形式明确列示出来，向社会公布权力清单和责任清单，接受社会监督。为加快推行曲江区政府工作部门权责清单工作，根据《中共广东省委办公厅 广东省人民政府办公厅关于印发〈广东省推行市、县政府工作部门权责清单制度工作方案〉的通知》精神，区编办已圆满完成编制政府部门权责清单工作，于2016年年初印发《韶关市曲江区人民政府关于公布区直部门权责清单的决定》。曲江区纳入编制权责清单范围的有39个部门，共保留各类职权6379项，其中行政许可197项、行政处罚3647项、行政强制246项、行政征收26项、行政给付47项、行政检查505项、行政确认82项、行政奖励31项、行政裁决5项、其他1593项。进一步理顺部门权责关系，强化对权力运行的监督和责任的追究，积极推进政务公开和各领域办事公开。

【行政审批监督】 根据省编委印发《广东省行政许可事项通用目录(2016年版)》和《韶关市县级行政许可事项通用目录(2016年参考版)》，进一步梳理调整区政府部门的许可事项。凡是省通用目录没有的审批事项，一律不列入本级部门许可事项目录；凡是上级调整取消的审批事项，一律取消。结合本区实际，区编办制定《韶关市曲江区行政许可事项目录(2016年版)》，经区政府讨论通过后已向社会公布。本次纳入曲江区目录的包括32个单位共278项许可事项，其中2个垂直管理单位7项、30个区直单位271项。

【各项机构改革工作】 全面完成不动产登记改革工作。在2015年设立不动产登记机构基础上，继续完成编制调整、人员划转，以及职责调整、相关机构更名等事宜。

完成公共资源交易机构改革工作。根据《韶关市机构编制委员会关于调整市公共资源交易管理体制有关问题的通知》精神，按照“强化服务、改进管理、提高效能”的要求，将韶关市曲江区公共资源交易管理委员会更名为韶关市曲江区公共资源交易工作委员会，为公共资源交易工作的议事协调机构，重点推进公共资源交易体制改革。韶关市曲江区公共资源交易管理办公室更名为韶关市曲江区公共资源交易工作委员会办公室，由区政府办公室管理调整为区发展和改革局管理，公益一类副科级事业单位保持不变。

完成劳动保障监察综合执法改革工作。根据省、市的部署安排，将区人社部门的有关内设机构、行政执法机构、事业单位中的劳动用工、劳动标准、就业、社会保险、人力资源市场管理、职业技能培训、劳务派遣等方面的监督检查、行政处罚职能整合，设立韶关市曲江区劳动保障监察综合执法大队。

完成农业局综合行政执法改革工作。根据《韶关市曲江区农业综合行政执法体制改革方案》，将区农业局机关及所属事业单位的行政执法职能整合，组建曲江区农业局综合行政执法股。

完成公安管理体制改革工作。根据《韶关市机构编制委员会关于调整市区公安分局及市区交警大队机构编制的通知》，将韶关市公安局曲江区分局更名为韶关市公安局曲江分局,随交警三大队下放曲江管理的有关交警工作职责，已按要求列入区公安分局职责。

【政府部门行政许可中介服务】 为贯彻落实《广东省人民政府关于第一批清理规范58项省政府部门行政审批中介服务事项的决定》、《广东省人民政府关于第二批清理规范68项省政府部门行政审批中介服务事项的决定》、《韶关市人民政府关于第一批清理规范48项市政府部门行政审批中介服务事项的决定》精神，进一步推进曲江区政府职能转变和深化行政审批制度改革，制定了《韶关市曲江区第一批清理规范的区政府部门行政审批中介服务事项目录》。此次公布清理的事项涉及8个部门共31项，其中：直接取消的8项；申请人不再提交报告，改由审批部门自行委托中介机构检测评估或由审批部门完善标准、加强监管等方式进行管理的11项；申请人可按要求自行编制，也可委托有关机构编制，审批部门不得指定特定中介机构的12项。清理后这31项行政审批中介服务事项，不再作为行政审批的受理条件。

【规范管理机构编制】 严格把好编制使用关。为切实加强新形势下编制管理工作，进一步规范编制使用操作流程，提高编制使用效益。在继续执行《韶关市曲江区机构编制管理工作制度》基础上，曲江编办积极构建控编减编长效机制，强化“编制就是法规”意识，按照“控制总量、盘活存量、优化结构、有减有增”的原则，明确编制使用核准范围、原则、程序及编制使用核准工作纪律，规范编制使用操作流程。至年底曲江区行政编制和事业编制都没有突破省、市核定的基数。扎实推进机构编制实名制管理。依托机构编制实名制管理系统，严格办理机关事业单位列编和减员手续，以实际行动实现“财政供养人员只减不增”的工作目标。

【事业单位法人登记和监管】 推行法人登记网上办结服务，做好取消事业单位年检后续监督管理工作。按照严格政策规定、严格工作程序、严格责任落实的原则，精心组织、统筹推进。截至11月22日，共办理事业单位法人初次登记3个，注销法人登记证书2个，办理变更96个。根据省编办文件精神，区编办切实做好取消事业单位年检后续监督管理工作。同时区编办承担全区机关群团、事业单位统一社会信用代码赋码发证工作。

【政务和公益中文域名注册工作】 为进一步规范机关事业单位网上名称管理，做好党政机关网站开办资格复核与事业单位网上名称规范、加挂网站标识等工作。加强域名注册工作的后续跟踪及党政群机关和事业单位网上名称的管理，有效提高党政群机关和事业单位网站的权威性、可信度和认知度。

【队伍建设】 强化理论知识学习。加强对《广东省行政许可监督管理条例》等法律法规的学习，提升业务工作能力。以广东省干部培训网络学院为平台，以理论中心组为载体，组织党员干部系统学习政治、经济、文化等知识，努力夯实理论业务知识。加强党风廉政建设。认真学习领会区2016年党风廉政建设工作会议精神，落实从严治党要求，严守党的政治纪律。认真执行廉洁从政准则，贯彻落实《国家公务员行为规范》,全面落实从严治党主体责任，履行“一岗双责”，组织开展党员干部谈话提醒等抓早抓小工作机制，通过宣传教育，要求党员干部严格执行《廉洁自律准则》和《纪律处分条例》，把纪律意识牢牢地树立起来，真正把纪律建设摆在各项工作的最前沿。遵循“两学一做”，争做“双争双促”表率。积极参与认真学习领会“学党章党规、学系列讲话、做合格党员”学习教育活动，解决全办党员干部队伍在思想、组织、作风、纪律等方面存在的问题，保持党的先进性和纯洁性。加强党员教育管理，推动党内教育向经常性教育延伸，突出正常教育，区分层次，真正把党的思想政治建设抓在日常、严在经常，把党章党规刻在心头、印在脑中，把习近平总书记系列讲话精神和要求落在实处、贯彻始终。

（曹利华）

曲江区机构编制委员办公室领导班子成员名单（2016年）

主　任：陈经良

副主任：周彩英　黄得宝

信访工作

【概况】 2016年，全区综治信访维稳部门认真贯彻落实中央、省委、市委和区委的决策部署，扎实做好信访维稳各项工作，取得一定的成绩。

【信访情况】 国家、省、市、区四级信访总量（包含来访、来信、网信）共268批742人次，同比2015年288批804人次分别下降6.94%和7.71%，其中：来访198批622人次，同比2015年222批568人次分别下降10.81%和上升9.51%；来信25批59人次，同比2015年23批193人次分别上升8.7%和下降69.43%；网上信访45批61人次，同比2015年43批43人次分别上升4.65%和41.86%。进京上访10批14人次（不包括收回车票和劝返的14批26人次），同比分别上升66.67%和75%，其中：正常访8批11人次，同比分别上升100%和120%；非访2批3人次，与2015年持平。到省上访15批27人次，同比分别下降40%和78.05%，其中，到省集体上访2批11人次，同比分别下降33.33%和84.72%。到市上访20批147人次，同比分别上升25%和206.25%，其中，到市集体上访6批122人次，同比分别上升100%和510%。到区上访153批434人次，同比分别下降10.04%和上升10.43%。

【信访系统录入办理情况】 2016年，全区共录入信访案件408宗，办结373宗，办结率91.42%。国家、省、市信访局通过信访系统转送交办案件95宗（国家转送交办15宗，省转送交办53宗，市转送交办27宗），办结85宗，办结率89.47%。

【案件化解】 上级交办案件。2016年，上级交办全区案件14宗，化解14宗，化解率100%。其中，国家交办2宗，省交办2宗，市委交办2宗，市信访局交办7宗，省委巡视组交办1宗。本级交办案件。2016年年初，区委、区政府交办给各责任单位案件52宗，化解41宗，化解率达78.85%，超额完成“到12月底前领导包案案件化解率达70%”的年初既定任务。积案化解情况。2016年，全区没有中央和省交办的积案，市交办积案2宗，化解2宗，化解率100%；区镇两级自查积案71宗，化解66宗，化解率达92.96%。初信初访化解情况。2016年，全区共化解初信初访741宗，化解731宗，化解率达98.65%。

【“一个确保”】 “一个确保”是确保在全国、省、市“两会”，G20峰会和对非投资论坛、珠海航展和中共十八届六中全会等重点敏感时期和市、区、镇三级换届期间实现“四个不发生”的目标。分析研判常态化。不定期召开信访维稳分析研判会，听取信访部门和各单位信访维稳工作汇报，分析形势，部署工作，研究措施，调处难题。2016年，共召开全区性信访维稳工作大会3次，专题分析研判会议21次，信访突出问题协调会议15次，有力促进全区信访维稳工作的有序开展。领导接访常态化。每个工作日轮流安排一名区四套班子领导在区综治信访维稳中心接待来访群众，区四套班子领导在每月最后一个星期四到所挂钩镇（街）亲自接待上访群众，并及时在区政府门户网站公布区四套班子及法检“两长”的接访安排。2016年，区领导共接访来访群众75批489人次，交办60宗，办结51宗，解决实际问题123件，成功使复退军人、民办教师等重点人群以及赖常标等重点人员放弃越级上访。领导批示常态化。上级转办案件由区委副书记批示后进行转送交办，日常接访案件由值班领导批示后进行转送交办。2016年，领导批示件达到151宗，大大提高各镇（街）、各单位对信访件的回复率和办结率。领导包案常态化。按照“五个一”和“五包”要求，由四套班子及法检“两长”对全区31宗积案难案进行包案，针对个案情况分别组织召开专题会议，及时解决信访问题。第一期领导包案案件31宗已化解27宗，化解率达87.1%；第二期领导包案案件21宗已化解14宗，化解率达66.67%，亿华房地产等未化解案件均取得新进展。督查指导常态化。成立两个督导组，对全区进行巡回督查，并启动问责机制，对因庸懒散拖、不作为或乱作为而引发信访矛盾纠纷的，严肃追究相关责任人的责任，确保各项工作责任有效落实。

【“两大机制”】 强化信访工作奖励机制。根据国家信访局、省信访局的工作部署和指示，全区完善2016年信访维稳工作考核方案，由奖励优秀单位变为奖励化解案件的同时，并增设奖励“三无”事件的镇（街），以进一步提高各级各单位做好信访维稳工作的积极性。2016年，全区共有2个镇（街）获得“三无”镇（街）的荣誉称号，分别是罗坑镇和松山街道。

严格落实法治信访制度。严格落实诉访分离。坚持诉访分离，依法处理涉法涉诉信访问题，引导当事人通过司法途径解决诉求。2016年，全区依法出具不予（再）受理告知书25份，提高了涉诉信访的办理水平。加强信访法治化建设。按照“法定职责必须为，法无授权不可为”的要求，进一步厘清信访与行政复议、行政裁决、劳动监察、仲裁和技术鉴定等其他法定途径的受理范围，引导群众根据《中华人民共和国行政复议法》等法规依法解决问题。2016年，全区出具各类行政处理决定书41份，确保每份投诉都能及时处理到位。

加大法制宣传力度。引导群众正确认识信访权利和实现权益的途径，必要时给予法律援助。2016年，全区共引导5批12人次走信访复查复核途径，召开1次信访事项依法终结前的公开听证，出具复查意见书4份；此外，对调解不成的沙溪镇胡银娣等12人提出的10件信访事项提供法律援助，切实提高群众法治观念。

坚决打击违法信访行为。严格按照中央、省、市关于打击违法信访行为的规定和要求，对一批非访、缠访、闹访等违法上访的人员坚决依法予以打击。如对在2015年全国“两会”期间进行非访的谭某某，给予其行政拘留10天的处理；对海工一团何某某拟携带横幅进京上访的行为，采取取保候审对其作出训诫处理；对聚众拉横幅、发传单、堵政府门口的大塘镇梅花村委彭屋村民彭某等12人进行行政拘留等。

【“三场硬仗”】 矛盾纠纷源头预防仗。加强对不稳定因素的排查。强化集中排查、滚动排查和专项排查相结合的动态排查机制，落实区领导挂镇包案和镇领导、驻村干部包村包案、包户包人等要求，主动对不稳定因素进行大排查、大调处。2016年，全区共排查矛盾纠纷463件，化解463件，做到早发现、早控制、早化解。加强社会稳定风险评估。全区各有关单位先后开展13次社会稳定风险评估，公安、民政等有关部门还密切关注部分复退军人、原民办教师、煤炭转制人员等重点群体的信访动态，避免发生大规模信访特别是到省进京上访。加大信访突出问题化解力度。各级领导切实发挥带头作用，各相关单位和部门密切配合，形成全区齐抓共管、互联互动的信访工作新格局。2016年发生的39批1079人次群体访事件，在全区相关部门的分工合作下，均在区级得到劝解，没有发生大规模到省进京上访事件。信访积案集中攻坚仗。全面摸清积案底数。经2016年年初摸底排查，全面梳理信访积案71宗，逐案进行任务分解，明确责任单位、责任人和化解时限，集中力量分层分类予以化解。加强实地督查。完善信访部门与相关部门共同参与、密切协作的督查机制，对重要的信访事项实行“一案一督”。2016年，区信访局、维稳办等相关部门实地督查42次，督查重点案件29宗。继续发挥专项资金的重要作用。2016年，全区共申请市级解决特殊疑难信访问题专项资金案件2宗54.25万元，分别是白土镇外来务工人员孙某某意外身亡赔偿案件和枫湾镇刘某某意外身亡赔偿案件。重点人员分类稳控仗。建立重点人员信息数据库。区信访局根据所掌握的重点人员及其社会关系，建立重点人员信息数据库；公安、民政、教育等部门对重点人员充分预警，一旦发现越级上访苗头，及时介入。2016年，成功劝返拟进京上访群众14批26人次，陪访1批1人次。注重做好“牵头人”工作。对在影响社会稳定中起牵头组织作用的带头人，落实专人做思想工作和解释工作，化解矛盾，把人员稳控在当地。

【综合信息工作】 完善信访部门信息工作责任制，及时、客观、准确、详细地向各级党政机关和领导提供高质量的信访材料。全年共编写《曲江信访

动态》52期。（范韶英）

曲江区信访局领导班子成员名单（2016年）

区委办副主任、区信访局局长：钟松德

副局长：廖耀健　冯元富

党校工作

【概况】 2016年,也是“十三五”规划的开局之年。党校在区委的正确领导下，坚持学习贯彻中共十八届三中、四中、五中、六中全会精神；习近平总书记系列讲话；学习贯彻全国党校工作会议和省市区相关会议精神；坚持以马列主义、毛泽东思想、邓小平理论、“三个代表”重要思想、科学发展观为指导。深入开展“两学一做”教育实践活动，全面落实中央“八项规定”，按照《中国共产党党校工作条例》和开放大学对基层电大的教学要求规范办学，较好地完成区委、区政府交办及相关部门协办的各项工作任务，学校的常规工作开展有条不紊。

【队伍建设】 严格按照《党政领导干部选拔任用工作条例》选拔干部。2016年7月，学校根据工作需要，在选拔任用过程中，严格按照《关于印发〈采取“两推一评”方式选拔任用区直单位中层干部暂行办法的通知〉》（韶区委组字〔2011〕131号）要求，履行选拔任用的各项手续、环节和步骤。公开、公正、公平，在符合条件的人选中选拔任用一名教务处主任。

坚持政治学习与业务学习相结合。学校坚持每周进行一次政治学习、一次业务学习。在政治学习中，学习的内容主要有中共十八届三中、四中、五中和六中全会精神；习近平总书记系列讲话；党风廉政建设有关文件资料；学习《关于加强和改进新形势下党校工作的意见》和《中国共产党廉洁自律准则》《中国共产党纪律处分条例》两部党内法规及中央、省、市、区相关会议精神等。在业务学习中，主要围绕提高教师的电脑使用技术的课件制作、网上批改作业等开展培训，还组织学校全体干部参加广东省干部网络培训课程的学习。为更好地加强学校师资队伍建设，培训处积极联系省、市一级党校，选派骨干教师到省、市级党校甚至中央一级的党校去培训学习。2016年度，共派出16人次到外地学习培训。通过学习，教师开阔了视野，教学水平、方式方法均有不同程度的提高。为学校在今后承接各项培训任务打下夯实的理论基础。

【制度建设】 制度建设是做好学校工作的重要保障。学校党总支部始终坚持以制度建设为抓手，以制度落实为保障，逐步形成以制度管人，以制度管校的良好氛围。

《教职工慰问制度》。2016年9月学校出台《教职工慰问制度》。对慰问的对象和内容、慰问的形式和标准、节日及其他慰问等方面作较全面地规范，使慰问活动有章可依，公正行事、公平对待，避免在慰问中出现偏向亲、疏、友、善等不良行为。

问责制度。为了进一步加强上班纪律和强化工作责任感，2016年9月学校制定出台《问责制度》，有三大项17条，对问责的内容、问责的方式、和问责结果的运用作明细具体的规定。着力解决在执行力中存在的“慢、浮、僵、推、梗、懒、怕”等七大顽疾，促进教职工更好履行岗位职责、完成日常工作任务、遵守考勤纪律等。

财经制度。为加强学校的财务管理，根据财政部颁发的《事业单位财务规则》和省财政厅印发的《广东省省直行政单位财务管理暂行办法》、区财政局《关于印发〈韶关市曲江区党政机关、镇政府、街道办和事业单位差旅费管理办法〉的通知》（韶曲财〔2014〕69号）和《关于区直党政机关和事业单位差旅费管理问题的补充通知》（韶曲财〔2016〕27号）等有关规定，结合本校的实际，制定学校财经制度，并于2017年1月1日实施。

对学校的考勤制度进行修改。根据《中华人民共和国公务员法》和作风建设相关规定，为加强学校教职工的纪律管理，学校党总支部结合学校实际，对教职工的《考勤制度》进行修改，并严格执行。

【教研工作】 抓好常规教研工作。以强化教学常规为基础，以教研为抓手，努力提升教师教学水平和教研能力的新境界。强化教学常规主要通过教学活动来提高教师的教学水平。首先是组织教师听课，2016年分别听了韶关学院隋春花讲授的《乡村旅游发展规划》、中央党校副教授张军讲授的《资治通鉴与为政之道》、南京党校教授梁新民讲授的《创新思维和创新方法》等课程；9月本校教研室的邓竹秀老师讲授《调查报告、论文写作辅导》；10月听了中央党校教授陈宇学讲授的《创新发展与创新驱动发展战略》。通过听课，教师的教学观念得到更新，从而促进教学水平的提升。

抓教学技能竞赛。为夯实教师的教学基本功，更新教师课堂教学理念，不断提升课堂教学的质量。2016年12月初，学校教研室组织教师开展教学基本技能竞赛，并邀请市委党校杨斌副校长领队的评委团做评委，教研活动取得预期的效果。

做好联办《曲江论坛》的筹备工作。根据《中共韶关市曲江区委办公室关于印发〈党委（党组）意识形态工作责任制方案〉的通知》“区委党校、区社科联要管好意识形态理论阵地”要求，学校诚挚接受区委宣传部关于联办《曲江论坛》的邀请，并派出专人负责。联办的第一期组稿工作已经完成，实现党校与区委宣传部联办《曲江论坛》的开门红，为发挥党校的“智库”作用提供平台。

【干部培训】 2016年培训班类型与人数。2016年共举办各类培训班26期，培训各类人员6038人。其中：科级干部培训班1期，培训71人；股级干部培训班1期，培训62人；专业技术人员培训班14期，共培训4016人；一般干部培训班1期，培训56人；公务员全员培训班8期，共培训1762人；初任公务员培训班71人。此外，培训处协助区直属机关工委等外单位的培训达3次近500人。

培训工作加强改革创新。在区委组织部等有关部门的密切配合下，在市委党校的指导下，学校着眼“促改革、创品牌、出效果”。创新改革主要体现如下：一是创新管理模式，改革教学方法。二是教学内容注重实务性和操作性。三是促进教学互动，注重知识向自身素质转化。干部教育工作呈现出进度快、服务优、成效显著、评价良好的新气象，初步建立体现时代特点、具有曲江特色、适合干部需求的教学格局。

【教务、招生和后勤保障】 重视抓好教务工作。教务是学校教学管理的重要业务。担负着全校本、专科层次学生近十多个专业900多位学生的学籍管理、考务教学管理任务，工作千头万绪，教务处全体同志扎实工作、团结协作，运作有序，做到合理安排课程。

全力做好招生宣传工作。2016年学校新增设本科小学教育、学前教育、汉语言文学（师范方向）3个专业，专科新增金融学、电子商务、物业管理3个专业。在招生办的同志与全体同仁的努力下，全年招录新生466人。

把好新建教学楼各个环节。新建教学楼严格按照招投标程序进行，施工过程中严格执行项目监理制度，实行全过程监测监控。从6月（按开工令发出时间）开工以来，学校3次组织监理、承建商、质监、建工办等相关部门召开教学楼建设质量、进度工作会议，教学楼建设职能部门也采取相应的措施，确保工程质量和进度。

后勤保障。总务处的全体同志为教学工作顺利开展积极营造舒适的环境，提供后勤保障。特别是2016年完成办公生活用水的供给改造工程，同时，做好巩卫创文工作。

【党风廉政建设】 按照区委、区纪委要求做好“两个责任”的落实。一是年初把党风廉政建设工作和学校的主体工作一同研究、一同规划部署，制订实施《2016年党风廉政建设工作计划》，同时还根据这个计划制定实施《中共曲江区委校党风廉政建设责任制工作任务分解表》，把责任分解到各个处室主任。同时，成立由总支书记邱泽茂任组长的区委党校党风廉政建设工作领导小组和区委党校抓落实提高执行力督导工作领导小组，加强对党廉工作和提高执行力督导工作的领导，利于强化工作的落实。二是根据区党廉办《关于上报党风廉政建设主体责任清单的通知》要求，结合学校实际制定《韶关市曲江区委党校党政领导班子党风廉政建设主体责任清单》（以下简称《清单》）。《清单》共有32条，其中，校领导班子责任12条，党总支部书记、常务副校长责任8条，党总支其他成员、副校长责任的共同责任7条和岗位责任5条。《清单》强调共性要求和突出个性特色，讲究针对性和实效性，把主体责任落到实处。三是严格遵守中央“八项规定”。在公务接待、公务用车、公款支出等方面，严格执行有关规定，严格按照经费支出的办理程序、办理手续进行规范操作。

遵守换届纪律。在2016年进行的换届工作中，经过学校的宣传发动，学校全体教工能严格遵守换届工作的各项纪律要求，各项工作按照程序有条不紊地进行，没有人参与跑风漏气、拉票贿选、买官卖官、拉帮结派、团团伙伙等违法违纪的行为，积极营造换届选举风清气正的局面。

开展纪律教育学习月活动。根据《中共韶关市曲江区纪委关于2016年全区开展纪律教育学习月活动的意见》要求，从学校实际出发制定《曲江区委党校2016年纪律教育学习月活动实施方案》。

抓好“两学一做”学习教育活动。2016年度，区党校根据区委、区纪委的部署积极开展“两学一做”学习教育活动。5月初，学校根据区委“两学一做”学习教育协调小组的通知精神，制定实施《曲江区委党校“两学一做”学习教育实施方案》，并根据《实施方案》分别制定第一支部、第二支部的《“两学一做”学习计划》。多次组织“两学一做”专题学习，例如，集中全体教职工在多媒体课室观看影片《黑瞳》《黄克功案件》，并写1000字以上的观后感。

【做好区委、区政府部署的区中心工作】 扶贫工作方面：2016年5月底开始，按照区委相关部署和要求，学校对大塘镇其田村委开展精准扶贫帮扶工作，挂钩帮扶分散户12户共38口人。学校成立精准扶贫工作领导小组，下乡入户10多次，完成帮扶对象的资料录入、建档立卡、信息录入，危房改造的申报，解决“三保障”、为帮扶对象家庭在校学生购买意外保险等。在中秋佳节和元旦，分别对帮扶分散户进行节日慰问并送上慰问金，完成区委要求的对帮扶分散户人均1000元以上的目标。

创文巩卫工作方面：在保洁方面，区党校通过多次全体或分批派送上路保洁和参加校内劳动、定期上门宣传、按要求定期灭蚊、灭鼠等工作，确保学校能按上级要求完成巩卫创文工作。值得一提的是有10位教职工在暑假期间，为了配合区创文办的创文工作，招之即来，在炎热的包干区进行保洁工作。

【工会工作】 按照《慰问制度》规定做好教职工的慰问工作。积极组织教职工参与区体育局的登山活动和区总工会组织的篮球比赛。重视做好承办工作。2016年秋，韶关市电大组织韶关电大系统第二届“电大杯”男子篮球赛，曲江承办，曲江电大为承办好这次球赛想方设法，承办工作取得圆满成功，得到市电大和兄弟学校的好评。 (潘广晰)

曲江区委党校（电大、教师进修学校）领导班子成员名单（2016年）

党校校长：刘小文

党校副校长：邱泽茂

电大、教师进修学校副校长：

冯致新　张小章

保密工作

【概况】 2016年，区保密局以邓小平理论和“三个代表”重要思想、科学发展观为指导，以学习贯彻习近平总书记关于保密工作的重要讲话精神为统领，以贯彻落实《中共中央关于加强和改进保密工作的意见》和省委、市委实施意见为主线，科学谋划实施《“十三五”时期韶关市曲江区保密事业发展规划》，认真落实省、市保密委员会2016年工作部署，切实加强组织领导，强化保密责任，突出重点，不断创新，打牢基础，实现“十三五”时期全区保密工作良好开局。

【保密会议】 5月12日下午，曲江区委召开常委会议，区委保密委专职副主任叶祖春同志在区委常委会上传达学习习近平总书记、栗战书、胡春华、马兴瑞、江凌领导同志对保密工作作出的重要指示和省、市保密工作会议精神；并就贯彻省、市保密工作会议精神提出意见：一是近期召开区委保密委全体会议暨全区保密工作会议；二是提出2016年工作要点；三是制订全区《“十三五”保密事业发展规划》和《“七五”保密法制宣传教育规划》。

会上，区委副书记黄健庭就全区涉密文件的管理、完善保密设施建设、领导涉密手机使用等情况提出要求。最后，市委常委、区委书记黄劲东就进一步加强全区保密工作强调：一是要党管保密严格治密，保密工作要做好、做实、做细；二是要加强队伍的建设，提高保密人员的素质和要求；三是要提高保密技术防范能力和水平，抓好人防和技防；四是要加强涉密人员的培训和管理。5月16日下午，曲江区委保密委全体会议暨全区保密工作会议在区办公大楼一楼会议中心召开。区委保密委成员、各镇、各单位分管保密工作的领导共115人参加会议。区委常委、区委办主任、区委保密委副主任伍海艳主持会议，区委常委、区政府常务副区长罗永东传达学习习近平总书记、栗战书、胡春华、马兴瑞、江凌领导同志对保密工作作出的重要指示和省、市保密工作会议精神及2015年全市保密严重违规行为事件通报；区委保密委员会专职副主任叶祖春总结全区2015年保密工作并提出2016年保密工作要点意见；区委副书记、区委保密委员会主任黄健庭同志作《在区委保密委全体会议暨全区保密工作会议上的讲话》，提出三点要求：一是认真学习习近平总书记重要讲话和《中共中央关于加强和改进保密工作的意见》精神，切实增强做好保密工作的责任感；二是深刻认识当前保密工作面临的严峻形势，切实增强做好保密工作的紧迫感；三是坚持创新驱动，助推保密工作再上新台阶。

【保密检查】 一是开展《“十二五”时期韶关市保密事业发展规划》贯彻实施情况检查。根据省、市保密工作会议精神及全区“十二五”时期保密事业发展规划的工作部署，区委保密委员会成立由区委办副主任邓国柱为组长，区委保密委专职副主任叶祖春同志及保密员组成的保密工作检查组，3—4月对全区54个涉密重点单位进行保密室建设、涉密计算机管理、普通计算机安全和保密日常管理等四个大的方面全面的验收和检查。一是领导重视。在检查中，大部分单位对做好保密工作十分重视，把保密工作列入重要议事日程，并就落实保密软硬件建设召开会议进行部署，同时还落实专项保密建设经费。各单位能够根据人员变化及时调整保密领导小组，形成机构到位、经费到位、人员到位。二是保密设备配备到位，保密室建设基本完成。从检查情况看，全区54个涉密重点单位均配备涉密计算机，并安装有视频信息干扰器、红黑电源插座、保密“三合一”系统等相关配套。全区的“涉密计算机”这一块建设已圆满完成，已能够从技术上杜绝从涉密计算机泄密的可能性。大部分单位的保密室建设都达到“三铁一器”（铁门、铁窗、铁柜；红外线报警器）基本要求，形成了物理安全的保密环境。截至2016年年底，全区已完成保密硬件标准化配备，保密硬件建设工作走在全市10个县区前列。三是制度比较完善，管理相对规范。大部分单位都认真加强对内部涉密文件、资料使用、清退等重要环节的保密管理，建立健全保密管理制度，并把《保密室管理制度》《保密人员工作守则》《涉密文件资料管理制度》和《保密领导小组》等四项制度上墙。各单位能按照“控制源头，加强检查，明确责任，落实制度”的保密管理原则切实防范，杜绝泄密事件的发生。四是积极做好全区高考、中考期间监督指导的保密工作。根据国家教育局《关于做好2016年普通高等学校招生工作》的有关要求，5月初，区教育部门（招生办）及时下发通知给各级学校，做好考前试卷保密室“三铁四防”自查和准备工作。5月10日，全国召开2016年普通高考招生电视电话会议，5月16日区召开部分单位高考前协调会议，区政府按上级统一部署，做好全区普通高考准备工作。6月5日、18日区保密局派出专人对区教育局做好全区高考、中考试卷的护送、指导、监督考试期间的保密工作，确保各类考试试卷保密安全。

【保密管理】 一是及时转发、传阅上级有关文件、通知。全年共收到35份密级文件、通知，按要求及时呈送区委、区政府及区委保密委员会领导、成员传阅，按照领导的批示，将文件、通知精神落实到实处，确保国家秘密信息的安全。二是认真做好互联网涉密信息监查工作。按照市保密工作要求，每季度区保密局利用互联网信息保密检查工具和人工搜索检查，定时对全区配置区域网站的单位进行监督搜索，及时上报检查结果。三是做好规范定密工作。全区严格按照韶关市国家保密局《关于做好县（市、区）党委和政府申报定密授权工作的通知》（韶密局函〔2015〕18号）的要求，做好定密授权工作。区直局保密组织按照《国家秘密及其密级具体范围的规定》和《广东省确定国家秘密及其密级工作暂行规定》以及《韶关市规范定密工作实施办法》的具体要求，把好关、定好密。四是积极购置保密技术设备，加强防范泄密能力。2016年，区直15个单位购置文件密码柜21个、碎纸机2台以及办公设备一批，进一步加强保密技术防范能力。

【宣传教育】 一是深入开展“六五”普法期间保密法制宣传教育。认真组织实施《中共中央保密办、国家保密局关于“六五”普法期间深入开展保密法制宣传教育的规划》和省、市、区《保密技术工作“十二五”发展规划》及《“六五”保密法制宣传教育规划》，进一步明确了指导思想、主要任务和基本要求，提出了具体实施的方法及措施，同时下发区委保密委员会2016年保密工作要点，使基层保密组织紧紧围绕工作要点，有的放矢地做好本单位保密工作。二是开展纪律教育学习月活动。根据中共韶关市委办公室《转发〈中共韶关市纪委关于2016年全市开展纪律教育学习月活动的意见〉的通知》（韶委办〔2016〕20号）关于“强化保密责任教育”的要求和市纪委、市委保密委员会《转发省纪委、省委保密委员会关于在“纪律教育学习月”活动中开展保密法纪宣传教育的通知》（韶密〔2016〕2号）精神，注重开展保密教育。一是认真组织学习传达中央、省委领导同志对保密工作的重要指示精神。8月30日，区委召开中心组理论学习（扩大）会议，会上，区委副书记黄健庭传达学习习近平总书记重要讲话、《中共中央关于加强和改进保密工作的意见》和胡春华、朱小丹同志批示、指示精神，按照《党政领导干部保密工作责任制规定》和《广东省领导干部保密工作责任制实施办法》，对股级以上干部提出要求，明确职责分工，强化责任落实，确保中央和省、市、区各项决策部署落到实处，全区435人参加会议学习。二是组织观看广东省保密技术巡回演示。结合开展纪律教育月学习活动，9月1日，根据市委保密办《关于组织观看广东省保密技术巡回演示（韶关专场）》的通知，组织全区区直局（含垂直单位）单位分管保密的领导、保密员及区委保委成员132人前往市委会议中心五楼会议厅观看演示，深受教育。三是征订学习资料。各单位采取多种形式搞好纪律教育月活动，全区62个单位积极征订国家保密局金城出版社编写出版的保密宣传教育图文视频资料《红色往事：镌刻在党旗上的保密故事》《机关、单位保密自查自评工作指导手册》《涉密人员保密管理须知（挂图）》《保密宣传教育多媒体资料（光盘）》等9类325份资料，努力营造保密宣传教育良好氛围，自觉做到保密教育常抓不懈。三是举办涉密人员岗位确定与管理工作培训。根据市委组织部、市国家保密局、市公安局、市国家安全局、市财政局、市人力资源和社会保障局联合印发的《转发国家保密局等8部门〈关于进一步加强涉密人员保密管理工作的意见〉的通知（韶密局〔2016〕2号）的有关要求和全省的统一部署，2016年5月25日，举办全区涉密人员岗位确定与管理工作培训会议，各镇（街道）党政办主任、区直局以上单位（含垂直管理单位）办公室主任、85个单位参加培训，会上，区委办副主任邓国柱作培训动员，区委保密委专职副主任叶祖春同志提出三点要求：1. 理好涉密人员的确定和分类；2. 认真细致填写好有关各类表格；3. 按时完成上报任务。刘伟发作培训辅导。全区确定各类涉密人员396人（其中处级以上33人，科级人员75人，普通干部288人），为今后加强涉密人员管理奠定基础。4. 开展“保密工作荣誉纪念章”评审活动。为表彰长期从事保密工作并做出积极贡献的保密干部，激励广大保密干部坚定理想、恪守职责、开拓创新、奋发有为，不断开创全区保密工作新局面。根据省委保密办、省国家保密局《关于开展“保密工作荣誉纪念章”评审活动的通知》（粤密办〔2016〕19号）要求，经过审查，全区已有4名同志（审计局：李志巧，政法委谭耀平、姚佩伶，统战部：沈鸿莲）符合评审条件，这是全区保密队伍的殊荣，值得表彰和祝贺。5. 抓好地方党校保密教育培训。充分利用党校条件，把保密教育纳入党校主体班次的培训，由党校教员和局领导授课，做到每期、每班必有保密教育课，从而使保密教育规范化、制度化列入党校课程。六是抓好《保密工作》杂志征订工作。截至2016年12月23日，已征订2017年《保密工作》杂志97份、《保密科学技术》杂志20份，为“七五”普法期间开展保密法制教育夯实基础。连续十年被《保密工作》杂志社评为先进单位。

【队伍建设】 一是调整机构。12月19日，经区委批准，重新调整区委保密委员会成员，由刘小文（区委副书记）担任区委保密委员会主任，肖绍托（区委常委、区委办主任）、陈夏广（区委常委、区政府常务副区长）、邓国柱（区委办副主任）、叶祖春（区国家保密局主任科员）任副主任，成员由区直局领导25人组成（详见韶曲委办〔2016〕14号），保持原有规格。区直局11个单位保密组织机构也作相应的调整。二是加强保密队伍建设。根据《关于做好2013年采用特殊考试方式录用我省机要保密机关公务员工作的通知》要求，全区在韶关学院经过初选、报名、笔试、体验、政审和组织考察等环节，录用裴瑞栋为全区保密局技术人员，为全区开展保密工作奠定基础，实现配好保密技术人才的目标。 （叶祖春）

曲江区保密局领导班子名单（2016年）

负责人：叶祖春

农村工作

【概况】 2016年，曲江区全面贯彻落实中央和省、市农村工作会议精神，以促进农业增效农民增收农村和谐稳定为目标，以精准扶贫和农村综合改革、农村人居环境综合整治等“三农”中心工作为抓手，强化工作措施，有力促进全区“三农”工作，全区农村经济持续稳定发展。2016年全区农村经济总收入达到83.89亿元，同比增长13.99%。农业增加值18.1亿元，同比增长4.1%；全区农民人均纯收入达到16033元，同比增长14%。

【新时期精准扶贫工作】 2016年是新时期精准扶贫工作的开局之年，一年来曲江区按照中央及省、市工作要求，多措并举，精准统筹协调全区扶贫开发工作，突出抓好贫困村基础设施建设、危房改造、培植主导产业等扶贫项目实施，全力推进精准扶贫工作深入开展。2016年全区筹集各级扶贫资金5747.71万元，启动产业帮扶项目一批，通过产业帮扶和教育、医疗帮扶，实现1208户2048人贫困人口脱贫，人均可支配收入达到6986.13元，完成市下达的脱贫任务，通过省级考核验收。

【名镇名村建设】 2016年曲江区按照名村示范村建设总体规划，选定乌石镇展如村委和小坑镇下坪村委为全区第五批名村创建点；选定乌石镇展如村委赖屋村、小坑镇下坪村委山下村、小坑镇下坪村委田心村、大塘镇汤溪村委马头引村和红新村委朱屋村等5个自然村为第五批示范村创建点。一年来共投入资金336.14万元，对选定的名村示范村开展改路、改房、改水、绿化，打造宜居环境，修建文化室或农家书屋7个、休闲广场2个，安装太阳能路灯76盏，修建排污设施建设400米、垃圾屋（池）15个，全面完成第五批2个名村5个示范村建设任务。

【农村人居环境综合整治】 根据省、市关于改善农村人居环境工作要求，制定《曲江区加快农村人居环境综合整治建设美丽乡村实施方案》，明确每年以整治20%自然村的进度，加快推进美丽乡村建设工作，着力改善农村人居环境，到2018年完成80%的自然村村庄整治任务。2016年已建成10座垃圾中转站，实现“一村一点、一镇一站”，形成“户投放、村集中、镇转运、区处理”的四级农村生活垃圾运营管理模式，全区农村保洁覆盖率达100%，农村生活垃圾有效处理率达96%，生活垃圾分类减量率达30%。

【农村综合改革】 2016年曲江区根据省、市工作部署，制订《曲江区农村改革发展三年行动计划（2016—2018）》，根据试点先行原则，选择大塘镇汤溪村作为“两个构建”“两个整合”。在汤溪村委毛屋村小组成立村民理事会，实行村民自治。该村理事会成立后带领群众开展村容村貌整治和健身场所等设施建设，动员全村整合120亩旱地和村口片水田200亩，拟通过土地流转引进外资实施适度规模经营发展特色农业，增加村民收入。理事会在管理村里事务中发挥主导作用，得到群众的支持拥护。农村产权制度改革稳步推进，2016年完成全区9个镇的“三资”管理服务平台建设，解决农村记账难、理财难、监督难等普遍性难题，农村“三资”管理逐步走向规范化。白土镇孟洲坝村利用“三资”交易平台完成一宗丰产林资产经营权发包交易，增收(值)效果明显，村民满意，成为全区首宗利用“三资”平台完成公开交易的成功案例。土地确权全面开展，实测面积15.3万亩。

【申报革命老区工作】 2016年继续完善申报国家级重点革命老区有关材料；组织曲江革命老区“十三五”规划修编及年度计划申报工作；开展革命遗址保护实地调研工作，2016年全区有革命遗址30处，确定需维修的遗址19处，并提出维修维护初步规划。（姚胜养）

曲江区委农办领导班子成员名单(2016年)

主　任：张祥林（任至3月）
邓德胜（3月起任）
副主任：吴伟平
罗锦球（任至7月）
熊兆刚（7月起任）

韶关市曲江区人大常委会

综　述

2016年，区人大常委会坚持以中共十八大和十八届历次全会精神为指导，深入学习贯彻习近平总书记系列重要讲话，认真落实中央18号文和全省人大工作会议精神，按照区委十二届五次全会的部署和要求，围绕深化改革、加快发展主题，更加突出发展第一要务，更加突出为民惠民宗旨，更加突出依法监督实效，更加突出提升履职能力，圆满完成区、镇人大换届任务，推动区、镇两级人大工作再上新台阶，顺利完成区十四届人大六次会议确定的各项目标任务。

全年共举行11次主任会议和11次常委会，依法任免人大机关及"一府两院"国家机关工作人员44人次。

重要会议

【区十四届人大六次会议】 1月26日上午，区第十四届人民代表大会第六次会在区办公大楼七楼会议厅议隆重开幕。本次会议应到会区十四届人大代表177人，实到会代表161人。大会上听取和审议代区长高冬瑞所作的区政府工作报告、常务副区长罗永东所作的区"十三五"规划纲要草案说明。听取和审议区人大常委会常务副主任李小平所作的《曲江区人大常委会工作报告》、区人民法院院长叶伟胜所作的《曲江区人民法院工作报告》、区人民检察院检察长邵林所作的《曲江区人民检察院工作报告》。依照本次大会《选举办法》规定，高冬瑞当选为区人民政府区长，刘文挺当选为区十四届人大常委会副主任，朱永忠当选为区十四届人大常委会委员。

会议对区直单位2015年度履职满意度进行测评。并确定曲江区城市综合管理局、曲江区人民医院、中国电信曲江分公司3个单位为2016年工作评议单位。

【第三十一次常委会】 1月15日，区十四届人大常委会召开第三十一次会议。会议由区人大常委会常务副主任李小平主持。副主任朱福昭、廖年娇、赵玉民、陈实盟、黄云波及其他常委会组成人员共22人出席会议。会议审议通过关于补选区十四届人大代表的代表资格审查报告、区十四届人大六次会议有关事项、区人大常委会工作报告（草案）、工作评议办法修订草案。会议还进行有关人事任免。

【第三十二次常委会】 2月26日上午，区十四届人大常委会召开第三十二次会议。会议由区人大常委会常务副主任李小平主持。副主任朱福昭、廖年娇、赵玉民、陈实盟、黄云波及其他常委会组成人员共22人出席会议。会议接受朱福昭、陈实盟辞去区十四届人大常委会副主任职务的请求，宣读市委和区委关于人事任免的批复和区第十四届人大第六次会议临时党委组成人员名单。

【第三十三次常委会】 3月30日下午，区十四届人大常委会会举行第三十三次会议。韶关市委常委、曲江区委书记、区人大常委会主任黄劲东、常务副主任李小平、副主任廖年娇、赵玉民、黄云波、刘文挺等23名组成人员出席会议，会议由区人大常委会常务副主任李小平主持。会议审议通过《韶关市曲江区人大常委会2016年工作要点》、《韶关市曲江区人大常委会2016年工作评议实施方案》以及新修订的《曲江区人大常委会选举及任命国家机关工作人员就职宣誓办法》。会议表决通过接受个别市十三届人大代表辞职的申请和有关人事任免事项，新任命的区人大机关和区政府组成人员5名同志在全体常委会组成人员的监督下，集体向宪法进行就职宣誓。参加会议的区十四届人大常委会组成人员认真学习新修订的《中华人民共和国地方各级人民代表大会和地方各级人民政府组织法》《中华人民共和国全国人民代表大会和地方各级人民代表大会选举法》《中华人民共和国全国人民代表大会和地方各级人民代表大会代表法》(以下简称“人大三法”)。会议还讨论参加全国人大履职培训相关事宜。

【第三十四次常委会】 5月26日下午，区十四届人大常委会举行第三十四次会议。区人大常委会常务副主任李小平、副主任廖年娇、赵玉民、黄云波、刘文挺等22名组成人员出席会议。会议由区人大常委会常务副主任李小平主持。会议听取和审议区人民政府关于旅游业发展情况和关于民营经济发展情况的汇报。确定2016年区政府组成部门年度述职对象。

【依法治区领导小组成员第二十二次会议】 6月21日上午，曲江区召开区依法治区领导小组成员第22次会议，传达省依法治省第22次会议和市依法治市第21次会议精神，总结曲江区去年依法治区工作，部署2016年依法治区工作任务，并对曲江区2016年依法治区工作要点草案进行审议。会议指出，2015年，曲江区依法治区工作围绕区委中心工作和法治工作目标，积极探索法治建设新路径，扎实推进依法执政、依法行政机制建设，认真开展“阳光司法、法治惠民”活动，努力打造法治曲江文化，“按法治框架解决基层矛盾”工作取得明显成效，《法治广东建设五年规划（2011—2015年）》顺利通过验收，依法治区各项工作目标任务得以顺利完成。2016年，曲江区将抓紧制订“十三五”时期的法治建设规划实施意见，加快法治政府建设进程，认真开展法治镇创建活动，创新方式、加大力度全面推进按法治框架解决基层矛盾工作，稳步推进司法体制改革，加强法治文化建设等工作，全面提升曲江区法治工作水平。市委常委、区委书记、区依法治区领导小组组长黄劲东出席会议并讲话：指出要认清形势，统一思想，明确目标，提高标准，落实责任，以强有力的措施、以更强的紧迫感和责任感、以更好的作风和举措，扎实推进曲江区依法治区工作，确保法治曲江建设工作落到实处。

【第三十五次常委会】 6月22日，区十四届人大常委会举行第三十五次会议，区人大常委会常务副主任李小平、副主任廖年娇、赵玉民、黄云波、刘文挺等20名组成人员出席会议。区人大常委会科教文卫工委主任李伟才及相关委室副主任列席会议。区人大常委会常务副主任李小平主持会议。会议审议通过《关于做好区镇人民代表大会换届选举工作的意见》《韶关市曲江区区镇人大换届选举工作实施方案》《代表名额分配方案》《韶关市曲江区区镇人大换届选举工作日程安排表》、区人大常委会委员配置事宜。会议还任命韶关市曲江区选举委员会成员。

【第三十六次常委会】 7月28日下午，区十四届人大常委会召开第三十六次会议。区人大常委会常务副主任李小平、副主任廖年娇、赵玉民、黄云波、刘文挺等常委会组成人员共19人出席会议，会议由常务副主任李小平主持。会议首先审议《曲江区人民法院2015年上半年工作的报告》《曲江区人民检察院2015年上半年工作的报告》。会议听取和审议《区人民政府关于2015年区本级预算执行及其他财政收支情况的审计工作报告》《区人民政府关于2016年上半年财政预算执行情况的汇报》《区人民政府关于2015年区本级财政决算的报告》。经过表决，会议决定批准韶关市曲江区2015年区本级财政决算。会议还任命各镇选举委员会成员，审议通过关于调整曲江区区镇人大换届选举时间安排的有关议案及有关人事任免事项。

【第三十七次常委会】 8月24日下午，区十四届人大常委会举行第三十七次会议，区人大常委会常务副主任李小平、副主任廖年娇、黄云波、刘文挺等19名组成人员出席会议。会议通过有关人事任免事项，决定任命伍文为韶关市曲江区人民政府副区长、代区长，任命包玉兰为韶关市曲江区人民政府副区长，任命袁瑞刚为韶关市曲江区人民检察院副检察长、代理检察长、检察委员会委员。

【第三十八次常委会】 9月20日下午，区十四届人大常委会举行第三十八次会议。区人大常委会常务副主任李小平主持会议，常委会副主任廖年娇、赵玉民、黄云波等组成人员共17人参加会议。会议听取和审议区人民政府关于“七五”普法工作启动情况的汇报。审议通过区人大常委会代表资格审查委员会关于区十五届人大代表的代表资格审查报告，会议任命曾烈省为韶关市曲江区人民政府副区长。

【第三十九次常委会】 10月14日下午，区十四届人大常委会举行第三十九次会议。区人大常委会常务副主任李小平主持会议，常委会副主任廖年娇、赵玉民、刘文挺等组成人员共19人参加会议。会议审议通过区人大常委会工作报告，审议通过区十五届人大一次会议的有关事项，听取和审议区政府关于区十四届人大六次会议代表建议办理情况的汇报，审议通过设立财经委员会的相关事宜。

【区十五届人大一次会议】 10月26日—28日，曲江区第十五届人民代表大会第一次会议隆重召开。会议听取和审议代区长伍文作《韶关市曲江区人民政府工作报告》、区十四届人大常委会常务副主任李小平作《韶关市曲江区人大常委会工作报告》、区人民法院院长叶伟胜作《韶关市曲江区人民法院工作报告》、区人民检察院代检察长袁瑞刚作《曲江区人民检察院工作报告》，书面审查《韶关市曲江区2012—2016年国民经济和社会发展计划执行情况的报告》《韶关市曲江区2012—2016年预算执行情况的报告》，审议通过关于设立韶关市曲江区第十五届人民代表大会财经委员会的决定。

本次大会应到代表176人。会议依法选举产生区十五届人大常委会主任、副主任、委员，区人民政府区长、副区长，区人民法院院长，区人民检察院检察长和出席韶关市第十四届人民代表大会代表。经大会主席团确认，黄健庭当选为曲江区十五届人大常委会主任，赵玉民、叶伟胜、卜师带、刘文挺、张秀兰、张以荣6位同志当选为曲江区十五届人大常委会副主任，方勇等21位同志当选为曲江区十五届人大常委会委员；伍文当选为区人民政府区长，陈夏广、包玉兰、钟秋华、高瑞坤、蓝振球、曾烈省6位同志当选为曲江区人民政府副区长；谢雄生当选为曲江区人民法院院长，袁瑞刚当选为曲江区人民检察院检察长，高冬瑞等33人当选为韶关市第十四届人民代表大会代表。

重要活动

【首次开展区政府组成人员年度工作述职测评】 12月31日上午，曲江区人大召开区人大常委会任命国家工作人员2015年度工作述职会议。区人大常委会常务副主任李小平、副主任朱福昭、廖年娇、赵玉民、陈实盟、黄云波和区十四届人大常委会组成人员参加会议。区政府分管副区长、法检“两长”及政府办主任、述职单位全体班子成员、部分区人大代表及区人大各委室副主任列席会议。会上，区经信局、文广新局、司法局的负责人围绕个人在遵守和执行宪法、法律、法规、规章及国家方针、政策情况，执行上级和本级人民代表大会及其常委会决议、决定情况，依法行政和依法履职情况，办理人民代表大会代表提出的议案、建议、批评和意见以及落实区人大常委会提出的意见、建议情况等方面的内容分别进行述职。述职之后，由参加会议的区第十四届人大常委会组成人员对三个单位负责人的述职情况进行审议，提出许多很好的意见和建议。经过无记名投票测评，区经信局、文广新局、司法局的负责人获得“满意”票均超过95%以上，测评结果为“满意”等次。

【2015年工作评议】 12月31日下午，曲江区人大在常委会会议室召开2015年工作评议会议。区人大2015年工作评议对象区卫计局、供水管理处、移动曲江分公司3个单位的主要领导就接受区人大常委会的工作评议情况分别作自查报告，区人民政府分管副区长分别作补充说明。经过36名参会的区人大常委会组成人员、工作评议小组成员及区人大代表的无记名投票，三个单位获得“满意”票分别为35票、36票、31票，测评结果均为“满意”。

【贵定县人大考察组到区考察学习】 2016年2月25日，贵州省黔南州贵定县人大常委会副主任商爱平率该县人大考察组一行到曲江区考察学习，就人大信息网络建设和依法治区工作情况与区人大领导进行交流。双方还就如何更好地开展人大信息工作、建立完善依法治县（区）工作机制和考核评价体系等工作进行深入交流探讨。随后，在区人大常委会副主任刘文挺和人大相关委室负责人的陪同下，考察组深入曲江区大塘镇其田村实地参观考察，详细了解该村按法治框架解决基层矛盾以及运用村规民约有效进行村民自治、规范村务治理工作的开展情况。

【市依法治市办到区调研】 为筹备召开依法治市工作领导小组第21次会议，3月2日上午，市依法治市办副主任胡克标、叶安强等一行到曲江区开展会前调研。调研组听取曲江区2015年依法治区工作以及按法治框架解决基层矛盾工作推进情况的介绍，并详细了解曲江区依法治区工作遇到的困难和问题。调研组充分肯定曲江区法治工作取得的成效，认为曲江区依法治区工作扎实、成效显著、亮点突出。要求曲江区要认真总结经验，挖掘特色，认真研究部署新形势下全面推进依法治区工作，为曲江发展提供有力的法治保障。

【建议办理工作】 为严格执行建议办理工作督查联系制度，加强对建议办理进展情况的跟踪督查。3月3日，曲江区人大常委会副主任赵玉民召集区政府办、区财政局、区农信社及区人大相关委室负责人，到罗坑镇现场协调重点建议办理工作。赵玉民一行先后深入到罗坑信用网点、镇财政所及街镇进行实地了解情况，详细了解罗坑信用社租用或新建办公场所的选址情况。在随后召开的协调座谈会上，罗坑镇、区财政局、区农信社等相关负责人就此建议落实办理进行商讨，提出可行的意见和建议。

【党风廉政建设专题学习会议】 3月10日下午，区人大机关在五楼会议室举行党风廉政建设专题学习会议。区人大常委会常务副主任李小平、副主任廖年娇、赵玉民、刘文挺以及机关全体干部职工参加学习。会议首先传达学习中纪委十八届六次全会、省纪委十一届五次全会、市纪委十一届六次全会、全区党风廉政建设工作会议的有关精神以及区人大机关2016年党风廉政建设和反腐败工作要点。全体干部职工还认真学习全国人大常委会委员长张德江在十二届全国人大四次会议上所作的《全国人大常委会工作报告》和市委书记、市人大常委会党组书记江凌在韶关市人大常委会机关调研时的重要讲话精神。学习完后，区人大常委会常务副主任李小平对学习情况进行小结，并就如何贯彻落实会议精神推动人大工作提出六点意见。

【“企业服务月”活动】 根据区委、区政府的统一部署，3月19日，曲江区人大常委会常务副主任李小平深入挂钩联系企业开展“企业服务月”活动。李小平首先来到韶关市雅鲁环保实业有限公司，了解企业的生产经营情况和存在的困难和问题，提出解决企业当前面临问题的办法和对策，并向企业进一步宣传2015年市委、市政府出台的扶持民营经济加快发展和优化投资营商环境的措施。李小平还为韶关市火山粉葛现代农业深加工科技园项目把脉开方，详细了解大塘镇塘口农业生态观光园项目的总体规划和进展情况，对项目的发展提出建设性指导意见。详细了解曲江经济开发区内两家重点培育发展“四上”企业的情况。

【优化代表结构提高履职能力专题调研】 3月25日上午，区人大常委会常务副主任李小平、副主任廖年娇、赵玉民、黄云波率队到樟市镇开展优化代表结构提高代表履职能力专题调研，与樟市镇人大负责人以及驻镇的市、区、镇三级人大代表进行座谈。参加会议的各位代表结合自身实际畅谈履行代表职责的切身体会，提出在今后的人大代表结构中增加本地乡贤、企业负责人、种养致富能手、一线工人比例以及把好代表“入口关”、合理安排好代表团等许多很好的意见和建议。

【组织新修订“人大三法”专题学习】 3月30日，曲江区人大常委会组织全体组成人员专题学习了新修订的《中华人民共和国地方各级人民代表大会和地方各级人民政府组织法》《中华人民共和国全国人民代表大会和地方各级人民代表大会选举法》《中华人民共和国全国人民代表大会和地方各级人民代表大会代表法》。

【历史文化遗产保护工作情况】 4月12日下午，韶关市人大常委会副主任徐紫玲率市人大调研组对曲江区历史文化遗产保护工作情况进行视察。在区人民政府副区长李春城及区人大、区文广新局和白土镇相关单位负责人陪同下，视察组一行先后实地参观马坝人遗址、白土镇老街

(明清古街)，详细了解白土老街的历史、文化遗产保护工作情况以及申报广东省历史文化街区工作情况。

【罗坑河治理工程重点视察】 2016年4月21日上午，曲江区人大组织部分区十四届人大代表对罗坑河流域治理工程再次进行视察。区人大常委会常务副主任李小平、副主任廖年娇、赵玉民以及部分区十四届人大代表参加视察，区政府副区长卜师带及区水务局、罗坑镇有关领导陪同视察。视察组首先到工程的施工现场，实地察看工程建设进展情况，并与区政府、区水务局、罗坑镇政府、工程施工、设计、监理等单位负责人进行座谈。李小平强调了此次视察的目的和重要意义，对视察情况作出总体评价，指出罗坑河治理工程建设推进中存在的问题，提出下一步解决问题的意见。

【新白线（曲江段）建设推进协调会】 2016年4月28日上午，区人大常委会常务副主任、新白线（曲江段）工程建设指挥部常务副总指挥李小平在白土镇政府会议室组织召开新白线（曲江段）建设推进协调会。听取区交通局、国土局、城管局、住建局、土地储备中心、白土镇政府等成员单位负责人的工作进展情况汇报及下一步工作计划。李小平对各成员单位为积极推进新白线（曲江段）建设所做的工作给予充分肯定，同时也指出新白线（曲江段）建设推进中存在的问题。对下一步工作提出具体意见。

【首次实行镇级人代会选举国家机关工作人员就职宣誓制度】 为了深入贯彻落实中共十八届四中全会关于“建立宪法宣誓制度，凡经人大及其常委会选举或者决定任命的国家工作人员正式就职时公开向宪法宣誓”的精神，在《曲江区人大常委会选举及任命国家机关工作人员就职宣誓（试行）办法》试行了一年之后，区人大常委会结合工作实际，于2016年3月对《曲江区人大常委会选举及任命国家机关工作人员就职宣誓（试行）办法》进行修订，增加“镇人民代表大会选举的人民代表大会主席、副主席，镇长、副镇长，在依照法定程序产生后，进行宪法宣誓。宣誓仪式由镇人民代表大会会议主席团组织”等内容，将贯彻落实向宪法宣誓就职制度延伸到镇一级。

【“两学一做”学习教育工作会议】 5月27日，区人大常委会召开“两学一做”学习教育工作会议。区人大常委会常务副主任李小平、区人大常委会副主任廖年娇、赵玉民、黄云波、刘文挺以及区人大机关全体干部职工参加会议。会议传达全区“两学一做”学习教育工作会议精神，并重点学习习近平总书记对在全党开展“两学一做”学习教育作出的重要指示。区人大常委会副主任刘文挺对区人大开展“两学一做”学习教育进行部署。全体党员专题学习《中国共产党章程》。

【指导罗坑镇精准扶贫工作】 6月1日，区人大常委会副主任黄云波一行到罗坑镇就精准扶贫工作进行调研指导。黄云波首先与新塘村委，与村委干部、驻村扶贫工作队员座谈，了解贫困户的基本情况和摸查工作情况，并听取镇党委书记钟佩军关于罗坑镇精准扶贫工作开展情况的汇报。随后，黄云波与扶贫工作组组长、镇村干部一同到新塘庙前村贫困户、房屋倒塌户傅发阳家中走访，了解其家庭经济收入、生产生活情况和住房困难情况，鼓励傅发阳克服困难，拆旧建新，早日解决住房问题。黄云波强调，一要加强领导，有序推进精准扶贫工作。二要进一步加大宣传，提高认识，引起全社会重视。三要继续落实因户施策。四要发挥人大代表参与精准扶贫工作的作用，关注、支持新时期精准扶贫工作，确保精准扶贫工作不漏一户、不落一人。

【依法治区领导小组成员第二十二次会议】 6月21日上午，曲江区召开区依法治区领导小组成员第22次会议，传达省依法治省第22次会议和市依法治市第21次会议精神，总结曲江区去年依法治区工作，部署2016年依法治区工作任务，并对曲江区2016年依法治区工作要点草案进行审议。会议指出，2015年，曲江区依法治区工作围绕区委中心工作和法治工作目标，积极探索法治建设新路径，扎实推进依法执政、依法行政机制建设，认真开展“阳光司法、法治惠民”活动，努力打造法治曲江文化，“按法治框架解决基层矛盾”工作取得明显成效，《法治广东建设五年规划（2011—2015年）》顺利通过验收，依法治区各项工作目标任务得以顺利完成。2016年，曲江区将抓紧制订“十三五”时期的法治建设规划实施意见，加快法治政府建设进程，认真开展法治镇创建活动，创新方式、加大力度全面推进按法治框架解决基层矛盾工作，稳步推进司法体制改革，加强法治文化建设等工作，全面提升曲江区法治工作水平。市委常委、区委书记、区依法治区领导小组组长黄劲东出席会议并讲话，他指出要认清形势，统一思想，明确目标，提高标准，落实责任以强有力的措施、以更强的紧迫感和责任感、以更好的作风和举措，扎实推进曲江区依法治区工作，确保法治曲江建设工作落到实处。

【选举委员会第一次会议】 6月27日上午，曲江区召开曲江区选举委员会第一次会议，区选举委员会主任、副主任、成员和各相关人员参加会议。会议宣读《关于成立韶关市曲江区选举委员会的决定》、审议并通过了曲江区区镇人大换届选举工作实施方案和代表名额分配方案，区选举委员会主任、区人大常委会副主任黄云波对全区换届选举工作提出要求。会议还就选举委员会领导及成员分工、选举委员会职责、办公室及各工作小组工作任务作了部署安排。

【“七一”慰问党员活动】 6月28日及29日上午，区人大常委会副主任黄云波、刘文挺分别带队到罗坑镇、大塘镇开展“七一”慰问党员活动，走访慰问老党员，详细了解他们的生活和身体状况，并送上慰问金和节日的问候和祝福，叮嘱他们要注意保重身体，祝愿他们健康长寿，给老党员和生活困难党员转达组织上的关怀。

【督查指导换届选举工作】 7月5日上午，区人大常委会副主任黄云波带领区人大换届选举工作指导组到白土镇检查指导人大换届选举工作。督查中，指导组认真听取白土镇镇委书记、人大主席邓春鸿关于白土镇人大换届选举工作的情况汇报，详细查看白土镇人大换届选举工作方案、宣传横幅、选区划分、选民登记准备工作等材料，并对该镇当前选区划分、选民登记前期工作中出现的情况和问题进行指导。黄云波要求白土镇继续加强换届选举工作的宣传力度，把握好时间节点，严格履行各项程序，严肃换届纪律，确保换届选举工作有序推进。

【区镇人大换届选举工作会议】 6月30日，曲江区召开区镇人大换届选举工作动员暨骨干培训会议。市委常委、曲江区委书记黄劲东以及该区四套班子成员、各镇（街）党（工）委书记、镇长(街道办主任)，区镇两级选举委员会成员、区直单位分管领导以及村（居）党支部书记共400多人参加会议。会议对下一步区镇人大换届选举工作进行动员部署，分析区镇两级换届选举形势，明确做好换届选举的工作目标要求，就合理划分选区、搞好选民登记、推荐和确定代表候选人、组织投票选举等环节提出阶段性任务。会议就下一步如何开展区镇人大换届选举工作进行相关培训。全体参会人员还观看《镜鉴——衡阳、南充违反换届纪律案件警示录》。

【指导乡镇人大换届选举工作】 7月26日，区人大常委会常务副主任李小平、副主任赵玉民分别率督导组到小坑镇、枫湾镇、白土镇对区镇人大换届选举工作进展情况进行督查指导。督导组认真听取小坑镇、枫湾镇、白土镇负责人关于区镇人大换届选举工作的情况汇报，详细了解区镇人大换届选举工作选民信息登记和区镇人大换届选举工作宣传等情况，实地察看镇政府选区选民名单公告、提名代表候选人公告张贴情况，并对区镇人大换届选举需要把握的重点环节及有关注意事项进行指导。

【调研精准扶贫工作】 7月27日，曲江区人大常委会常务副主任李小平、副主任赵玉民带领区人大机关有关人员到马坝镇乐村坪村调研指导精准扶贫等工作。在听取乐村坪村党支部书记、主任张坤荣对近期开展精准扶贫工作情况汇报后，调研组详细了解乐村坪村精准扶贫工作开展情况及村集体经济收入、基础设施建设、民生工程建设、产业发展等情况，并就加快推进乐村坪村民生工程建设提出意见。

【“两学一做”学习讨论暨纪律教育学习月活动动员会】 8月18日下午，区人大召开“两学一做”学习讨论暨纪律教育学习月活动动员会，区人大常委会常务副主任李小平、副主任廖年娇、赵玉民、刘文挺及区人大机关全体干部职工参加会议。会上，区人大常委会办公室主任何建峰作《坚持全面从严治党，深入推进党风廉政建设和反腐败斗争》党课专题辅导，学习贯彻全区“两学一做”学习教育推进会精神及习近平在庆祝中国共产党成立95周年大会上的讲话精神，对区人大机关2016年纪律教育学习月活动进行部署安排。会上，还集中观看廉政教育专题片《致命的决口》，与会党员干部围绕“解放思想、转变观念”进行专题讨论。最后，李小平对“解放思想、转变观念”专题讨论情况进行综合评价。

【视察重点项目推进工作】 8月31日，区人大常委会组织部分区十四届人大代表对重点项目推进工作情况进行视察。区人大常委会常务副主任李小平，副主任廖年娇、赵玉民、黄云波参加视察活动。代表们先后实地视察金光食品、凯旋城、台泥等3个项目的推进情况，随后召开座谈会，陈夏广代表区政府向代表们汇报曲江区2016年上半年重点建设项目进展情况。座谈会上，代表们认真审议，踊跃发言。对区政府及相关部门前阶段工作表示充分肯定，并结合实地视察的情况对曲江区重点项目推进工作提出意见和建议。

【“讲奉献、有作为”专题讨论】 9月29日，区人大常委会机关在区人大常委会会议室开展“讲奉献、有作为”专题讨论会。区人大常委会常务副主任李小平，副主任赵玉民、黄云波及区人大机关全体干部职工参加会议，会议由黄云波主持。会议首先学习《习近平总书记关于全面深化改革的论述》，围绕“讲奉献，有作为”做合格党员进行了讨论。黄云波对本次讨论情况进行小结。最后与会人员还集中观看党风廉政建设专题片《疯狂抢建背后的贪腐乱象》。

【“两学一做”专题学习会】 11月21日下午，区人大组织机关党员干部开展“两学一做”专题学习会，区人大常委会主任黄健庭，副主任叶伟胜、卜师带、刘文挺、张秀兰、张以荣参加会议。会议认真学习中共十八届六中全会精神、胡春华同志“两学一做”学习教育专题党课精神以及《中国共产党九十年》《胡锦涛文选》《中国共产党地方委员会工作条例》和《中国共产党党组工作条例（试行）》。区人大常委会主任黄健庭结合区人大机关“两学一做”学习教育，就如何加强机关党员干部队伍建设提出“五个强化”要求。最后，与会人员集中观看反腐倡廉教育片《黑瞳》、《黄克功案件》。

【初任市、区人大代表及镇人大主席业务培训班】 12月15—16日，区人大常委会在区委党校举办初任市、区人大代表及镇人大主席业务培训班。区人大常委会主任黄健庭，副主任赵玉民、叶伟胜、卜师带、刘文挺、张秀兰、张以荣及驻区的市十四届人大代表、区十五届人大代表及乡镇人大主席、人大办主任参加培训。黄健庭作开班动员讲话。本次培训班为期两天，主要学习《如何做好议案建议工作》、《人大代表如何履职》《如何审议六大工作报告》《如何做好人大宣传信息工作》《如何抓好乡镇人大工作》以及《选举法》《代表法》等内容。

【2016年工作评议】 12月27日下午，曲江区人大常委会召开2016年工作评议会议，对区城市综合管理局、区人民医院、韶关电信曲江分公司3个单位进行工作评议。会议听取3个被评单位主要领导就接受区人大评议工作所作的自查报告。区人大常委会3个工作评议小组分别在会上作调研报告并进行综合评价。经与会的区人大常委会组成人员、区人大工作评议小组成员及参评区人大代表无记名投票，三个单位测评结果均为满意，各被评单位主要领导就继续抓好今后的工作作表态发言。

【组织年度述职测评】 12月27日上午，曲江区召开区十五届人大常委会第一次会议，对韶关市公安局曲江分局、区教育局、区住建局负责人进行年度述职测评。韶关市公安局曲江分局、区教育局、区住建局的负责人围绕个人在遵守和执行宪法、法律、法规、规章及国家方针、政策情况，执行上级和本级人民代表大会及其常委会决议、决定情况，依法行政和依法履职情况，办理人民代表大会代表提出的议案、建议、批评和意见以及落实区人大常委会提出的意见、建议情况等方面的内容分别进行述职。述职之后，由参加会议的区第十五届人大常委会组成人员对3个单位负责人的述职情况进行审议。经过无记名投票测评，韶关市公安局曲江分局、区教育局、区住建局的负责人获得“满意”票均超过95%以上，测评结果为“满意”等次。

主要工作

【经济社会发展】 以中共十八届五中、六中全会精神为指导，全力助推经济社会发展，自觉在思想上政治上行动上同以习近平同志为核心的党中央保持高度一致，依靠区委的正确领导，围绕中心，服务大局，紧贴全区经济社会发展的现实需要，努力找准依法履职与服务全区改革发展的切入点和着力点，有效助推全区经济社会发展。认真听取审议区政府关于旅游业、民营经济发展、预决算、审计等专项报告，继续推进全口径预算审查监督工作，采取专题调研、专项视察等多种形式，对“两大园区”、重点项目建设等事关全局的重点工作有效跟进和监督。常委会领导班子成员主动参与精准扶贫、包案维稳、重点项目推进等中心工作，挂钩联系的重点项目进展顺利，区人大牵头的马坝镇的精准扶贫工作正稳步推进。

【监督工作】 以民生热点问题为导向，努力增强监督工作实效。常委会继续坚持“抓大事、议要事、督难事、办实事”的原则，把“一府两院”推进工作的难点、群众关注的热点作为人大监督的重点。审议区政府关于精准扶贫工作情况的汇报，开展《城乡居民最低生活保障条例》实施情况检查和创建平安曲江情况调研，组织代表对罗坑河流域治理工作和全区卫生创强工作进行了视察。继续抓好年度述职和工作评议。韶关市公安局曲江分局、区教育局、区住建局负责人向常委会进行年度工作述职，组织开展对区城管局、区人民医院、电信曲江分公司的工作评议。对《曲江区人大常委会选举及任命国家机关工作人员就职宣誓办法》进行修订，将向宪法宣誓就职的制度延伸到镇一级。加大代表议案建议办理的督办力度。采取议案建议交办会、对重点督办议案建议办理情况开展调研和进行现场跟踪督办、联席会议等方式，加强对代表议案建议办理的跟踪落实问效，督促政府加大对代表议案建议的办理力度，确保让代表满意、让人民群众满意。

【法治曲江建设】 以启动“七五”普法为契机，强力推进法治曲江建设。常委会切实履行保证法律法规在曲江区正确执行的重要职责，以启动“七五”普法为契机，强力推进法治曲江建设取得新成效。坚决贯彻落实《区委关于法治曲江建设五年规划》，专题听取区政府关于“七五”普法工作启动情况的汇报。大力实施“阳光法治、法治惠民”主题实践活动，推进司法改革，完善依法治镇考评机制，积极开展法治创建示范镇、示范单位创建，深入推进按法治框架解决基层矛盾试点工作，大力开展法制宣传教育系列活动。加强依法行政和法律法规执行情况的检查，督促和支持区政府大力推进行政管理体制改革，开展阳光政务建设，法治政府建设步伐明显加快。

【创新工作机制】 以创新工作机制为抓手，聚力发挥代表主体作用。常委会坚持以创新工作机制为抓手，不断拓宽代表工作领域，丰富工作内涵，调动代表履职积极性，有效促进代表主体作用的发挥。利用《曲江人大网》、公众微信等方式，及时向代表通报常委会和“一府两院”工作情况。推进代表联络室向村级延伸，建立2个村级人大代表联络站。以开展代表个性化服务为重点，组织代表参加在线培训、走访、调研、视察、慰问等活动。根据区镇人大换届后的工作实际，举办初任市、区人大代表及镇人大主席业务培训班，切实加强法律知识和人大业务的培训，提高代表的综合素质，有效增强代表的履职水平。全区人大代表在促进经济社会发展、化解各类矛盾和维护社会稳定等方面的作用日益明显。

【作风建设】 以加强作风建设为根本，大力提升依法履职水平。常委会按照作风建设永远在路上的要求，大力加强自身建设，始终把思想政治建设摆在首位，扎实开展“两学一做”学习教育，增强在人大工作中坚持党的领导、贯彻党的路线方针政策的自觉性，落实全面从严治党要求，严守党的政治纪律和政治规矩。组织常委会组成人员及人大机关干部分两期参加全国人大履职培训。强化对镇级人大工作的指导，加强基层人大基础工作。

【人大换届选举工作】 以区镇换届工作为重点，着力完成人大换届选举工作。常委会提前谋划，精心组织，将区镇人大换届摆上重要议事日程，切实把坚持党的领导、充分发扬民主和严格依法办事有机结合，制定换届选举工作意见和方案，举办换届选举工作培训班，组织全区换届选举工作人员认真学习新修订的《地方组织法》《选举法》《代表法》等法律法规及中央18号文等相关文件精神，观看《镜鉴》警示片。严格程序，加强检查和指导，严明换届纪律，确保换届选举风清气正、顺利完成。

（胡建华）

韶关市曲江区人大常委会领导班子成员名单（2016年）

主　任：黄劲东（任至7月）
　　　　黄健庭（10月起任）
副主任：李小平（任至10月）
　　　　朱福昭（任至2月）
　　　　廖年娇(女)(任至10月)
　　　　赵玉民
　　　　陈实盟（任至2月）
　　　　黄云波（任至10月）
　　　　卜师带（10月起任）
　　　　叶伟胜（10月起任）
　　　　刘文挺（1月起任）
　　　　张秀兰（10月起任）
　　　　张以荣（10月起任）

区人大办领导班子成员
主　任：何建峰
副主任：朱海英　余少红
　　　　胡建华
经济工委：
主　任：李筱红
副主任：何文明
选联任工委：
主　任：李岸英
副主任：彭流斌
教科文卫工委：
主　任：李伟才
副主任：吴开娣
内务司法工委：
主　任：曾小兵
副主任：朱永忠

依法治区

【概况】 2016年，全区依法治区工作在区委正确领导下，在区人大常委会主导下，认真贯彻中共十八大、十八届五中、六中全会以及区委全会精神，以社会主义法治理念为引领，以规范和约束公共权力、保障和服务民生为主线，紧紧围绕进一步打造法治化新环境新优势的中心任务，着力提升法治工作推动发展服务发展的水平，加快《法治广东建设规划（2016—2020年）》实施细则和《法治政府建设实施纲要（2016—2020年）》的研究制定，深入开展法治镇创建活动，为全区奋力打造韶关幸福美好新城区夯实法治基础，为实现“十三五”良好开局提供有力法治保障。

【依法治区方略】 法治建设融入经济社会发展的全过程，法治真正成为各级党委制定决策、开展工作、落实行动的准则。2016年全区经济社会保持平稳较快发展，经济社会发展取得可喜的成绩也彰显法治建设的潜移默化作用。区委各部门立足本职职能和分工，探索法治建设新路径。区纪委推行镇(街道)、各部门一把手向纪委全会述职述德述廉制度；区委组织部把领导干部法治教育纳入干部教育培训规划统筹安排，并创新选人用人方式，对拟提拔到重要岗位的干部进行心理测试；区委宣传部在报刊、电视、网络上大力宣传区委优化法治环境的理念，营造法治建设良好氛围。依法治区已经成为“一把手”工程，区委书记亲自部署年度工作，领导指挥全区深入开展工作，取得良好成效。

【服务中心工作】 区人大常委会一直把依法治区工作当作一项重要议题，组织区人大常委会议、主任会议研究讨论相关事宜，并组织开展专题调研、专项工作评议、满意度测评工作。区政协认真对待委员议案，对全区重大民生实事项目开展调研视察，促进民生实事的落实。

【依法行政工作】 全区依法行政工作2016年有新起色，行政监察、网络问政、纠风工作力度加大，法治环境不断优化，网上办事大厅实现全方位覆盖。成立转变政府职能决策咨询委员会，印发《关于加快转变政府职能深化行政审批制度改革的实施意见》，着力压减、规范行政审批事项，推进相对集中行政审批权改革，实行“三集中、三到位”，有效地加快政府职能的转变。法治政府建设在全市依法行政考评中获得好成绩。

【“按法治框架解决基层矛盾”工作】 2015年省委决定全面推开“按法治框架解决基层矛盾”工作，区委高度重视此项工作，特别注重机制创新，注重打造工作亮点。2016年全区继续推行了“政法干警进村居”“一村居一法律顾问”“巡回法庭下基层”和开展村民自治工作，通过创新解决基层矛盾工作机制，有力地推进按法治框架解决基层矛盾试点工作的开展，信访工作走在全市前列，为构建和谐曲江和全面建设小康社会营造良好的法治环境，保障和促进全区政治、经济和社会各项事业全面健康发展。

【“阳光法治、法治惠民”活动】 政法各部门立足司法公正开展“阳光法治、法治惠民”活动，适应信息时代变化，阳光警务、阳光检务、阳光审务逐步走向规范化和常态化，律师进村居等基层法律服务实现全覆盖。区人民陪审员和人民监督员制度有效落实。法院实行立案、庭审、执行、听证、文书、审务“六公开”，逐步推动裁判文书上网公布、案件审限对外公开。区法院始终把打击犯罪作为建设“平安曲江”“法治曲江”的首要任务，开展量刑规范化改革，加大刑事附带民事诉讼案件调解力度；强化调解职能，积极开展诉讼调解，实行审限预警，推行民商事案件“繁简分流”，促进审判方式的改革。

区检察院法律监督职能不断强化，对有案不立、有罪不究、判决不公、裁定不当、超期羁押进行重点跟踪；查处职务犯罪，注重惩治与预防相统一；创新检察工作服务基层、服务群众的机制，设立派驻检察室；邀请监督员和特约检察员参与本院各种会议、案件讨论，列席检察委员会议。

“两院”工作报告在人大代表会议上获全票通过，司法公信力不断提高，人民群众的满意度不断提升。

【“法律六进”活动】 为加快全民普法进程，全区深入开展“法律六进”活动，使普法工作更进一步延伸到基层，深入到群众。通过区门户网设立法治创建专题、电视台开办法治报道栏目、村村通广播开设法制天地栏目，开展法律宣传日、国家宪法日、区领导普法电视讲话，形成形式多样、内容丰富的法治曲江大宣传格局。区普法办及时制定下发年度普法工作要点，认真组织公务人员进行法律学习和考试。邀请省知名律师到各乡镇开展法律讲座，普及法律知识，受到基层群众欢迎。

【法治镇创建工作】 扎实推进法治镇创建活动，2016年全区马坝镇、樟市镇、罗坑镇开展法治镇创建活动。三个镇在区委、区政府的领导下，在依法治区办的细心指导下，对照省检查评价标准进行分解细化，根据目标任务和时间要求加强工作落实，迎检工作有条不紊地进行中，达到省检查验收标准指日可待。

【制订《法治广东建设第二个五年规划（2016—2020年）》的实施意见】 在总结全区实施法治广东建设五年规划（2011—2015年）经验与成果的基础上，着手启动制订全区《法治广东建设第二个五年规划（2016—2020年）》的实施意见和全区《法治政府建设实施纲要（2015—2020年）》，提出“十三五”时期全区法治政府建设的总体规划，总体目标、主要任务、具体措施、组织保障以及落实机制。（曾文雄）

韶关市曲江区人民政府

综　述

2016年是实施“十三五”规划的开局之年。一年来，曲江区政府团结和带领全区广大干部群众，认真贯彻落实习近平总书记系列重要讲话精神，坚决执行中央和省、市以及区委的决策部署，紧紧围绕主动融入韶关主城区总战略，坚持以推进供给侧结构性改革为主线，狠抓“三大主题”工作，全力推进经济社会发展，实现“十三五”平稳开局。

政府工作

【经济发展】 2016年全区实现地区生产总值133.95亿元，同比增长3.6%。人均生产总值达4.24万元，同比增长2.8%。完成一般公共预算收入8.07亿元，同比增长6.4%。固定资产投资56.17亿元，完成市下达的任务。金融机构本外币存贷款余额分别为133.1亿元和74.6亿元，分别同比增长11%和19.5%。农业和农村经济全面发展，农业完成增加值18.1亿元，同比增长4.1%。工业经济运行质量稳步提高，规模以上工业完成增加值52.5亿元，同比增长5.5%。民营经济快速发展，全区民营企业达1675家，注册资本总额52.32亿元，分别同比增长18%和19.6%。第三产业发展步伐不断加快，完成增加值54.11亿元，同比增长6.3%。

【项目建设】 曲江经济开发区基础设施不断完善，投资1亿多元提升绿化、美化、亮化水平，增强园区吸引力。2016年园区完成工业增加值17.83亿元，同比增长2%。华南先进装备产业园已纳入珠江西岸先进装备制造产业带韶关配套区建设，明确由东莞韶关对口帮扶指挥部主导开发建设管理，完成征地5000多亩，园中路等4条园区主干道路基本建成。2016年全区招商引资1000万元以上项目共34个，签约投资总额达337亿元；新登记注册项目16个，注册资本7.07亿元；新动工项目23个，实际到位资金11.01亿元。组建城投公司等6家融资公司，通过政府项目融资与社会资本合作（PPP）建设模式成功实施政府购买服务项目7个，总额达11亿元。深入实施“项目攻坚三年行动计划”，2016年全区新开工重点项目19个，完成投资26.85亿元。韶钢转型升级工程、大宝山铜硫资源综合利用项目、北江航道（曲江段）扩能升级工程、方园现代农业项目、台泥（韶关）水泥生产协同生活垃圾处理等项目进展顺利。

【城市提升】 由广东省城乡规划设计研究院编制的曲江新城控规基本完成，启动乡村规划编制工作。实施“城市提升三年行动计划”，积极主动融入韶关主城区，曲江大道已开工建设，预计2019年可建成通车；莲花大道二期也已进场施工；营顶至邓屋公路已完成招标，即将开工建设；新白线（曲江段）正进行招标前期工作。狮岩路、环山北路、建设北路、环城路、梅花中路等城市主干道改扩建工程顺利推进，上门路建成通车。上门村安置房建设工程、马坝人—石峡遗址环境风貌整治项目一期工程已进场施工，启动马坝河、梅花河“两河四岸”景观改造提升工程的规划设计工作，马坝河清淤工程完工并蓄水，完成城区中心贸易市场和江畔农贸市场改造升级工程，建成幸福社区综合服务中心，实施马鞍山田径运动场改造工程，启动城区公共绿化升级改造项目，对城区主要市政道路实施绿化升级改造。城市配套设施不断完善，新增路灯526盏，敷设供水管道约6公里，治理城区内涝点7处。正式启动“数字城管”平台，全面提升城市综合管理能力。大力开展“两违”查处工作，拆除违建面积4万多平方米。

【各项改革】 进一步深化政府机构改革和行政审批制度改革，优化调整部门职能，全面推行政府部门权责清单工作。规范机关单位津补贴和事业单位绩效补贴，落实公务员职务与职级并行制度。顺利完成交警市区三大队移交工作。加快推进“一门式、一网式”政府服务模式改革，建成区、镇(街道)、村(社区) 三级公共服务平台。全面梳理公共服务事项目录，取消行政审批事项 75 项，清理规范政府部门行政审批中介服务事项 31 项。全面推开“营改增”工作，“营改增”企业入库增值税税款 9104 万元。深化商事制度改革，全年共办理“五证合一、一照一码”营业执照 326 户。实施不动产登记改革，发出不动产权证书 763 本。深入推进供给侧结构性改革，化解钢铁行业过剩产能 60 万吨，并顺利通过国家和省、市的验收。着力推进中小学教师职称改革工作，遴选出 800 多名一线教师进入评委库。做好农村土地确权工作，完成土地承包经营权调查面积 16 万亩。

【生态环境】 扎实推进节能减排，做好水、大气、重金属、土壤污染综合防治工作，顺利通过第一阶段中央环保督查，全面完成省、市下达的主要污染物减排指标任务，区域空气环境质量达到国家二级标准。深入开展新一轮绿化广东大行动和“大种树、种大树”活动，全面完成生态红线划定工作，全区森林覆盖率达 74.9%。完成 9 个地质灾害隐患点的治理，垦复灾毁农田 1016 亩。城区饮用水源水质达标率达 100%，城镇生活污水处理率达 90%。完成农村公路硬底化 40 公里，在连接镇村的主要路网安装太阳能路灯 7276 盏。完成农村饮水安全工程 18 宗，农村饮水安全覆盖率达 87.8%。深入开展农村环境综合整治，扎实推进“大清洁·乡村美”工作，建成“户投放、村集中、镇转运、区处理”的四级农村生活垃圾清运管理模式。

【民生福祉】 2016 年全区民生支出 13.11 亿元，占公共财政预算支出的 79.3%。城镇新增就业人数 2922 人，城镇登记失业率为 2.37%。提高城乡低保标准，基本实现城乡居民养老保险全覆盖。发放城乡低保、五保和残疾人补贴等资金 2726 万元，发放各类惠农补贴 1.69 亿元。深入开展精准扶贫，筹集帮扶资金 1306 万元，启动产业帮扶项目 63 个。稳步推进“广东省推进教育现代化先进区”创建工作，全面启动教育综合改革筹备工作，高考成绩位居全市前列。扎实开展创建“卫生强区”工作，新建罗坑卫生院，提高基层医务人员工资待遇。积极做好全面两孩政策实施工作，深入开展文化惠民工程。统筹竞技体育和群众体育协调发展，稳步推进大塘中学等 3 所中小学校运动场改造，免费开放体育运动场（馆）5 处共 3 万平方米，青少年竞技体育在全市始终名列前茅。大力培育和践行社会主义核心价值观，深入推进巩卫创文工作，顺利通过国家和省的巩卫复审与文明城市年度测评。继续加强“双拥”工作，连续被省评为“双拥模范（县）区”。荣获“全国第三届国土资源节约集约模范县（市）”和“中国温泉之乡”称号。深入推进平安建设，加强专项整治和社会治安管控，不断完善治安防控体系，狠抓矛盾纠纷排查化解，综治创平工作考核名列全市第一。强化应急管理、食品药品监管和安全生产监管，社会保持和谐稳定。人民武装、国防动员、人民防空、民族宗教、外事侨务、广播电视、新闻出版、工商、审计、统计、对台、残联、史志、档案、气象等工作也取得新成绩。

【政府建设】 全面落实党风廉政建设责任制，严格落实中央八项规定，坚决贯彻落实《中国共产党廉洁自律准则》《中国共产党纪律处分条例》和《中国共产党问责条例》等党纪党规。自觉接受区人大及其常委会监督，主动加强与区政协的联系，办理区人大代表建议 15 件、政协委员提案 34 件，办复率达 100%。顺利完成“六五”普法规划任务。坚持依法行政、依法决策，落实“四重一大”事项集体决策制度，重大行政决策广泛公开征求社会各界的意见和建议，推进决策的科学化、民主化、法治化、公开化。规范行政执法行为，健全监督和过错追究办法，完善依法行政考核机制，强化行政监察和审计监督。扎实开展政风行风评议和纠风工作，大力推进政务公开、信息公开，发展环境不断优化。深入开展“两学一做”，坚持转变工作作风，密切联系群众。

重要会议

【区政府常务会议】 2016 年，共召开区政府常务会议 10 次。审议《曲江区政府部门职能调整目录》《曲江区政府部门非行政许可审批事项清理决定》《曲江区政府部门权责清单》《韶关市曲江区化工行业安全发展规划(2016—2020年)》《韶关市曲江区农村公路、桥梁建设和维修工程管理办法（试行)》《韶关市曲江区城市露天停车场管理暂行办法》《关于进一步加强我区公共资源交易管理有关事项的通知》《曲江区乡镇卫生院（社区服务中心）绩效工资考核分配方案（试行)》《曲江区区级卫生事业单位绩效分配实施方案》《曲江区乡镇卫生院2016年公开招聘卫生技术人员工作方案》《曲江区妇幼保健院整体搬迁方案》《关于2016年曲江区体育彩票公益金收入及支出预算》《2016年曲江区旅游发展基金使用计划》《韶关市曲江区城市规划区建筑垃圾管理办法（试行)》《曲江区实施农村光明工程工作方案》《韶关市曲江区城市规划委员会章程》等；研究精准扶贫、“三供一业”、区工商局和区质监局职能移交、收回和拆迁广州铁路（集团）公司房地产补偿方案、台泥（韶关）水泥窖协同生活垃圾焚烧处理线项目、军粮供应站建设、小坑镇旅游绿道建设资金、农村财务管理职能设置、不动产登记信息化建设项目、城镇土地使用税征管、区迎宾馆消防安全整改、区人民医院和区妇幼保健院购置医疗设备、数字城管平台一期项目建设、全区镇村污水处理设施建设、马坝人遗址—石峡遗址保护配套建设、马坝河和梅花河景观规划等相关事宜。

【区政府工作会议】 2016年，共召开区政府工作会议33次，研究城南影剧院周边旧城改造、韶钢“三供一业”分离移交、狮岩路环城路桥梁及管道等工程项目、台泥（韶关）水泥项目和韶电港项目、县道317线樟市至罗坑段沿线地质灾害整治、整治三轮摩托车非法营运和大气污染扬尘治理、污水处理设施及管网建设项目、中心市场改造升级项目、项目融资、2016年土地管理重点工作、马坝河（城区段）治理工程、华南先进装备产业园标准厂房及配套工程等有关事宜。

（方咏梅）

韶关市曲江区人民政府领导班子成员名单（2016年）

代区长：高冬瑞(任至1月)
伍　文（8月~10月）
区　长：高冬瑞（1月~8月）
伍　文（10月起任）
常务副区长：
罗永东（任至8月）
陈夏广（9月起任，1月~8月任副区长）
党组副书记：
文浩培（任至11月）
副区长：卢春燕（任至8月）
包玉兰（8月起任）
沈建图（任至7月）
李春城（任至8月，挂职）
钟秋华
高瑞坤（7月起任）
蓝振球（10月起任）
曾烈省（9月起任）

政府办领导班子成员名单（2016年）

党组书记、主任：
张秀兰（任至12月）
刘日夫（12月起任）
党组成员、副主任：
李建春（任至7月）
刘　清
李建宏
宋望波（7月起任）
党组成员：李　烨

机关事务管理

【概况】 2016年，在区委、区政府的正确领导下，区机关事务管理局以开展“两学一做”学习教育和接受区纪委（监察局）第一专项巡察组到区机关事务管理局开展专项巡察工作为契机，紧紧围绕区委、区政府中心工作，以建设节约型机关为主线，坚持管理科学化、服务规范化、保障法制化方向，逐步推进机关事务科学管理，为机关单位高效有序运转提供有力保障，较好完成2016年各项工作任务。

【“两学一做”学习教育】 区机关事务管理局党支部充分认识到开展“两学一做”学习教育活动的重大意义，并将其作为2016年党建工作的首要任务，尽好责、抓到位、见实效。第一时间落实好党支部主体责任和支部书记第一责任人责任，制定学习方案和学习计划，并广泛深入地做好党员思想发动。制定《中共韶关市曲江区机关事务管理局党支部关于在全体党员中开展“学党章党规、学系列讲话，做合格党员”学习教育的实施方案》《区机关事务管理局“两学一做”学习教育学习计划》，对学习活动作出详细安排。在局政务公开栏制作“两学一做”专栏，方便广大党员学习对照。5月25日，区机关事务管理局召开“两学一做”动员大会，及时向全体党员传达“两学一做”学习教育的各项要求。要求全局党员以学促做、知行合一，做“四讲四有”的合格共产党员。在6月17日前，以各党小组为单位开展“专题一：讲政治、重信念”学习讨论，并组织党员观看视频《讲政治、有信念，方为合格党员》。并组织局党支委、班子成员集中观看视频《重温毛泽东同志〈党委会的工作方法〉》”。7月1日，召开党员大会，开展“专题二：讲规矩、守纪律”的学习讨论。新一届党支部委员会书记陈亚雪为全体参会党员上题为《在“两学一做”中自觉做守纪律讲规矩的表率》的党课。10月21日，召开党员大会，开展“专题三：讲奉献、有作为”学习讨论。会议传达学习《关于认真学习贯彻习近平总书记重要批示广泛开展向李保国同志学习活动的通知》和《关于认真学习贯彻胡春华同志“两学一做”学习教育专题党课精神的通知》以及中国共产党韶关市曲江区第十三次代表大会关于十二届区委报告的决议，并组织观看视频《做一个合格的共产党员要讲奉献、有作为》。区机关事务管理局“两学一做”学习教育活动以组织生活为基本形式，以落实党员日常教育管理制度为基本依托，坚持学用结合，确保学习教育抓出特色、学出成效。

同时，致力于履行抓基层党建主体责任。除落实好党员日常教育管理制度外，结合抓好基层党建七项重点任务，逐项落实整改2015年度述职评议考核中查摆出来的问题。

【纪律教育学习月活动】 按照韶曲委办〔2016〕8号“中共韶关市曲江区委办公室转发《中共韶关市曲江区纪委关于2016年曲江区开展纪律教育学习月活动的意见》的通知”精神，结合正在开展的“两学一做”学习教育工作，研究制定出区机关事务管理局2016年开展纪律教育学习月活动实施方案并组织实施。一是抓活动精神的学习传达。二是加强学习教育，抓好党员干部自律工作。三是认真落实纪律教育学习月活动的规定动作。通过教育学习，夯实党员干部和公职人员廉洁从政的思想基础，唤醒党员干部党章党规党纪意识，党员意识明显增强，为推动机关事务管理工作提供坚强有力的纪律保障，促进各项工作全面进步。

【各项重点工作】 自觉接受区纪委（监察局）第一专项巡察组到区机关事务管理局开展专项巡察工作。2016年5月始，根据韶曲纪发〔2016〕32号“关于印发《曲江区纪委（监察局）2016年专项巡察工作方案》的通知”精神，区机关事务管理局自觉地把接受区纪委第一专项巡察组的监督检查当作一次加强党性锻炼的机会，一次检验工作成效的机会，一次加快机关事务工作发展的机会，切实做到把思想和行动统一到区委的工作部署上来，有效地推动区机关事务管理局一把手履行党风廉政建设第一责任人职责、进一步落实中央“八项规定”精神和整治“不作为”问题。通过区纪委（监察局）第一专项巡察组对区机关事务管理局专项巡察，进一步加强区机关事务管理局的党风廉政建设和反腐败工作，进一步压实“两个责任”，对区机关事务管理局各项工作进行“全面检阅”，也是对区机关事务管理局党员领导干部廉洁自律的“政治体检”，更是对区机关事务局党风廉政建设取得成效的“综合会诊”，充分体现区委对区机关事务管理局工作的重视与支持，也是对区机关事务管理局领导班子和全体工作人员的关心与爱护，全体干部职工作风有了很大的改变，工作成效有了明显提升，起到抓早、抓小、抓预防的作用，找出了工作中存在的问题。

【国有资产清查工作】 根据区财政局2016年5月31日安排部署的韶曲财〔2016〕2号《转发省财政厅、市财政局关于印发2016年广东省行政事业单位国有资产清查工作方案的通知》精神，区机关事务管理局认真开展国有资产清查工作。成立清查工作领导小组，指派专人参加业务培训，进行系统操作，认真开展自查。本着实事求是的原则，全力做到数据准确、账实相符，保证清查结果真实、可靠。区机关事务管理局在资产清查的同时，进一步规范资产配置、使用、处置等行为，提高资产管理水平。

【行政事业单位内部控制基础性评价工作】 学习并贯彻执行区财政局2016年1月8日下发的通知要求，即组织学习并贯彻执行《中华人民共和国财政部令第78号》和粤财政厅粤财会〔2015〕51号文“关于进一步推进《行政事业单位内部控制规范（试行）》实施工作的意见”。制定《韶关市曲江区机关事务管理局贯彻韶曲财〔2016〕37号文件实施方案》，成立本局内部控制领导小组并明确分工。至年底，该项工作有序推进中。

【精准脱贫工作】 根据《韶关市曲江区新时期精准扶贫精准脱贫三年攻坚的实施意见》文件精神，区机关事务管理局与枫湾镇白水村分散贫困户结成帮扶对子，局工作人员分别与该村11户贫困户开展一帮一精准对接帮扶。区机关事务管理局工作人员到村入户深入开展调查研究，掌握帮扶村贫困户实际情况，探讨脱贫致富的途径和方法。同时，深入贫困户家庭实地了解其生产生活情况，全面地收集到贫困户家庭基本情况、收入情况、就业情况、致贫原因、脱贫想法等资料，并填写帮扶记录卡。局领导还为贫困户送去慰问金，鼓励他们保重身体、积极生活，共同寻找脱贫致富的办法。同时，按照区委组织部的要求，抽调专人任“第一书记”。

此外，围绕中心工作，认真贯彻落实区计生工作要求，落实挂钩帮扶计生费用1万元。认真落实创文要求，经常组织本局党员志愿者参与到志愿服务进社区活动中。

【队伍建设】 一是组织学习培训，不断提高大家的综合素质。牢固树立服务至上理念，激发干部职工工作热情。一年来，共组织局召开党员大会6次、专题学习2次。二是开展“两学一做”学习教育、纪律教育学习月活动。以此为契机，强化管理到位、保障到家、服务到人的工作意识，进一步完善管理制度，完善服务标准，用制度管人，按标准办事，狠抓工作细节，严肃工作纪律，抓好日常监督，不定期检查督办落实，确保各项工作任务的完成。2016年，制定《韶关市曲江区机关事务管理局一把手“五个不直接分管”工作制度》《曲江区机关车队公务用车使用管理制度（试行）》《曲江区机关车队综合管理制度（试行）》《韶关市曲江区机关事务管理局财务管理制度（试行）》等制度，采取应对上级《各股室上周工作完成情况和本周工作安排》《各股室每月主要工作安排》《各股室每月工作完成情况通报》等措施来推进各项工作的落实。

【公务接待规范化管理】 推进公务接待规范化管理。严格执行中央“八项规定”，认真落实《机关事务管理条例》，切实抓好公务接待中的厉行节约工作。在工作中，严格执行本地区公务接待管理规定及厉行节约的政策措施，按规定标准安排食宿、交通，控制公务接待经费开支。开发本地特色菜肴，加强对公务接待各个环节的管理，坚持从细节上下功夫提升服务水平，简化接待礼仪，规范接待标准，全方位提高公务接待服务水平，确保全区公务接待活动服务规范有序进行。

【服务水平】 推进会务工作规范化管理。根据《会务工作标准（试行）》《会务工作规程及操作细则（试行）》《会务人员行为规范（试行）》和《会务工作检查表》要求，做好各项会务工作。日常加强对会议室环境、设备设施的维护，保持良好的会议环境。2016年，共保障大小会议召开255场次。

推进安保工作的规范化管理。保安队开展加强职业道德严守职业纪律专项教育活动。严格执行来访人员登记制度，对出入行政大院的人员和车辆进行认真检查登记，对群众上访进行及时疏导并通知相关部门。落实每周一报告、每月一考核和每月一点评会的制度。同时抓好区文化中心后续消防整改工作和加强对区委、区政府大院消防设备的管理和养护。分别在区文化中心和区委、区政府所在地建立“微型消防站”并定期做好维护保洁工作。

推进保洁工作规范化管理。根据区机关事务管理局《卫生保洁员保洁标准》，每月按照《卫生保洁员保洁情况评分表》对保洁员进行检查考核。同时，并积极按照区爱卫办、区巩卫创文办的要求，组织做好爱国卫生运动和巩卫创文工作

推进物业管理规范化工作。一是抓好物业公司的监管工作，按照《区文化中心物业服务监督管理办法（试行）》要求，定期和不定期进行检查监督。同时，抓好区委、区政府所在区域的物业巡查工作。二是抓好各项设备采购、修缮或维修、土建工程的质量。

推进财务管理规范化工作。贯彻落实中央“八项规定”、《党政机关厉行节约反对浪费条例》、《机关事务管理条例》和区委、区政府以及相关部门的相关规定或要求，学习并贯彻执行区财政局2016年1月8日下发的通知要求，即组织学习并贯彻执行《中华人民共和国财政部令第78号》和粤财政厅粤财会〔2015〕51号文“关于进一步推进《行政事业单位内部控制规范（试行）》实施工作的意见”。同时，按照2016年2月23日区财政局、区监察局、区审计局韶曲财〔2016〕06号《关于曲江区进一步开展排查清理“小金库”专项工作的实施方案》要求，开展排查清理“小金库”专项工作。根据韶曲财〔2016〕36号《关于尽快完成办公用房管理系统模块初始化登记及行政事业单位资产清查工作的通知》要求，全面按时保质完成区机关事务管理局的办公用房管理系统模块初始化信息登记和行政事业单位资产清查工作。同时，逐项落实韶曲财〔2016〕37号“转发市财政局《转发省财政厅关于开展行政事业单位内部控制基础性评价工作的通知》的通知”要求，修改完善《韶关市曲江区机关事务管理局财务管理制度（试行）》等制度，切实加强财务工作管理。

推进车辆管理规范化工作。逐步规范定向化保障公务用车的使用管理。第一，调整充实区机关车队班子成员。在2015年12月22日下发《关于调整区机关事务管理局车辆服务保障工作小组成员的通知》情况下，在2016年7月，重点以加强区机关车队党风廉政建设和廉政风险防控工作以及机关车队内部管理需要为落脚点，再次重新调整充实了区机关事务管理局车辆服务保障工作小组部分成员即区机关车队班子成员，更进一步细化了分工，明确各自的职责，确保区机关车队安全有序运转。第二，严格执行韶曲财〔2016〕34号《关于韶关市曲江区公务用车实行定点维修服务的通知》要求，规范公务车辆维修行为，提高资金使用效益，促进廉政建设。第三，修改完善《曲江区机关车队公务用车使用管理制度（试行）》《曲江区机关车队综合管理制度（试行）》，进一步明确责任，强化内部管理，确保用车安全，为提高办事效率提供了更强有力的帮助。第四，重点是建立“一车一档案”、健全公务用车油耗和维修保养费用单车核算制度和车辆使用派车制度。抓好公务用车保险、维修、加油定点的监督。第四，做好全区车辆统一喷涂工作。

推进机关食堂的管理工作。一是加强食堂成本核算，认真做好餐饮服务工作。面对物价居高不下的情况，加强成本核算，同时每天将供应的菜品进行公示。二是加强《安全卫生管理制度》，使各项卫生工作落实到位，特别对食品加工过程的安全卫生提出更加严格的要求，确保干部职工就餐安全。

推进区迎宾馆硬件设施的更新工作。重点是抓好区迎宾馆消防整改工程项目的推进。首先，督促本局分管区迎宾馆的副局长与区消防大队联系，催促相关专业公司尽快完成《区迎宾馆迎宾楼和综合楼消防安全整改工程预算报告》编制工作。其次，积极主动与区主要领导、分管领导沟通、汇报，最终得到区政府常务会议和区委常委会会议同意实施区迎宾馆迎宾楼和综合楼消防安全整改工程。之后，及时组织人员到区发改局办理《工程招标核准意见书》，并召开局党支委、班子成员联席会议专题研究落实常委会议要求“区机关事务局要严格按照相关标准，把整改工程组织实施好，加快工程进度；要着眼于区迎宾馆的长远发展，加强区迎宾馆的经营管理，充分调动员工积极性，提高管理水平，提升服务质量，把区迎宾馆经营好、发展好”。到2016年年底，可基本完成区迎宾馆迎宾楼的消防改造工作和相关附属设施建设工作，2017年春节前投入使用。同时，抓好消防工程整改以外其他项目相关工作。

【党风廉政建设责任制】 严格履行党风廉政建设责任制。首先，局班子严格履行主体责任。构建责任体系。把党风廉政建设作为党的建设和日常工作的重要内容，纳入全年工作要点，与业务工作统筹推进。2016年，党支委会、局中心组学习会、党员大会结合“两学一做”学习教育、纪律教育学习月活动等集中学习党章、《廉洁自律准则》《纪律处分条例》《重温毛泽东同志〈党委会的工作方法〉》”、韶党廉发〔2016〕1号《关于加强我市党员干部谈话提醒工作的通知》、韶曲纪发〔2016〕43号《关于建立健全容错免责机制激励党员干部干事创业的通知》、韶曲党廉办发〔2016〕6号“关于转发省党风廉政建设领导小组《关于按新要求和有关解答进一步做好谈话提醒工作的通知》的通知”等，召开4次联席会议（1月、3月、6月、8月）研究部署党风廉政建设有关工作；制定《区机关事务管理局2016年党风廉政建设工作要点》、《韶关市曲江区机关事务管理局党风廉政建设主体责任清单》（2016年），明确责任领导、具体任务，确保工作落实。

做好政务公开，接受群众监督。做好《韶关市党风廉政信息公开平台》的信息公开工作，目前，已发送各类信息共63条。其中，在6月将《区纪委（监察局）第一专项巡察组到区机关事务管理局开展专项巡察工作》在“韶关市党风廉政信息公开平台”主动公开。

坚持依法决策、民主决策、科学决策。区机关事务管理局对涉及“三重一大”的事项一直均实行党支委、局班子成员联席会议集体研究决策，严格按相关政策法规和区的相关规定及本局规章制度执行。如对1万元以上的各类项目（设备采购、修缮或维修、土建工程等），均按照“三重一大”的要求，十分重视决策过程，重点做好过程管理，提升决策的科学性和合规性，降低决策风险。如对由财政拨款进行的区迎宾馆的消防整改工程。在履行好立项批复手续后，局专门成立区迎宾馆的消防整改工程工作小组，对招标、中标、签订合同、施工、验收全程进行跟踪监督，严格执行《韶关市曲江区机关事务管理局单位廉政风险点及防控措施》《韶关市曲江区机关事务管理局工作规则等工作制度》等制度。对由区迎宾馆按财政返还的资金自行按相关规定进行修缮、购置物品等的项目，要求其成立5~7人的工作小组，促其按相关规定程序决策和确保工作质量，并将方案报告到局，由局召开联席会议讨论决定，严格执行了请示报告制度。再如，凡修缮、维修改造工程严格审批程序，做到事前有计划报批，事中监督约束，事后严格复核、验收；凡任免人员或聘用人员均由联席会议研究决定。同时，严格执行“一把手五个不直接分管”制度，有效规范“一把手”权力的运行。

其次，认真履行第一责任人的职责。作为本局党风廉政建设第一责任人，局主要领导始终做到重要工作亲自部署、重大问题亲自过问、重点环节亲自协调、重要案件亲自督办。2016年，局主要领导（含原局主要领导）主持召开平均每月一次的局党支委委员、局班子成员联席会议，研究部署相关重要工作，先后3次在全体干部职工大会或党员大会或中层以上人员会议上就党风廉政建设提要求、作部署和上党课;对涉及群众利益、重点项目建设等群众关注度高的事项都亲自过问、协调、督办。与班子成员交心通气，开展批评和自我批评，严格履行“一岗双责”。对下属履职情况进行督促检查，及时约谈有关股室负责人，督促改进工作，抓好工作落实。同时，局主要领导带头贯彻执行中央和省、市、区党风廉政建设的各项规定，不以权谋私，善待下属，善待群众，没有利用职权为配偶、子女、亲属谋取私利。

【作风建设】 抓制度建设。严格执行本局的规章制度，如《关于加强局党支委班子自身建设的意见》《韶关市曲江区机关事务管理局单位廉政风险点及防控措施》《韶关市曲江区机关事务管理局工作规则等工作制度》《本局岗位责任制》《韶关市曲江区机关事务管理局谈心谈话（约谈）制度》等等制度。2016年，制定《韶关市曲江区机关事务管理局党风廉政建设主体责任清单》《韶关市曲江区机关事务管理局一把手“五个不直接分管”工作制度》《曲江区机关车队公务用车使用管理制度（试行）》《曲江区机关车队综合管理制度（试行）》《韶关市曲江区机关事务管理局财务管理制度（试行）》等制度，建立长效管理机制。

做好谈话提醒工作。突出问题导向，严格执行上级和本局《韶关市曲江区机关事务管理局谈心谈话（约谈）制度》。2016年，按照上级《关于加强我市党员干部谈话提醒工作的通知》的通知”要求，由局主要领导、局分管领导，采用集体谈话、个别谈话方式对相关人员进行4次谈话提醒。通过做好谈话提醒工作，较有效地整治“不作为”的问题。（丘伟廉）

曲江区机关事务管理局领导班子成员名单（2016年）

局　长：罗程伟（任至4月）
　　　　陈亚雪（4月起任）

副局长：丘伟廉 杨远想
徐春梅

行政服务

【概况】 韶关市曲江区行政服务中心为参照公务员法管理的公益一类事业单位，正科级。区行政服务中心事业编制12名，后勤服务人员2名。2016年实有在职在岗10人，其中事业编制9人、后勤服务人员1人。内设机构有4个：办公室、督查股、政务股、协调股。

【办证服务大厅管理】 建立和完善窗口的制度建设，上下班全面实行考勤机制，并强化工作人员的日常管理，对窗口工作人员仪表端庄、文明举止、严禁用语、履行岗位职责、挂牌上岗等提出明确的要求。积极推进行政审批服务工作的提速增效，2016年，办证服务大厅受理业务总量32218件次，办结32114件次，办结率99%；其中：即办件27021件次，按“两个减半”承诺时间办结4074件次，按法定承诺时间办结118件次，“两个减半”审批占比达到96%。促进中心办证服务大厅的效能建设，实现提速增效的工作目标。

【梳理编制公共服务事项目录】 根据省、市、区《推行一门式一网式政府服务模式改革的工作方案》的要求，区行政服务中心在8月正式启动此项工作。开展区直部门和镇（街道）村（居）公共服务事项的梳理编制工作的培训，最终确定为27个成员单位；10月形成《曲江区公共服务事项目录（第一批2016年版）》（送审稿）共27个部门，事项目录421项，其中：24个区直部门211项、3个垂直部门210项；11月10日已经韶关市曲江区人民政府第十五届1次常务会议审议通过，12月15日经韶曲府办〔2016〕50号文予以公布实施。为下一步编制办事指南、业务手册，信息录入提供前提条件。

【一门式一网式的改革建设工作】 按照推行一门式一网式政府服务模式的总体要求，中心结合自身的情况，提出升级改造构想，拟定《曲江区公共服务中心推行一门式一网式政府服务模式改革建设方案》，按照综合服务窗口的基本功能模式设置：咨询区、填表区、等候区、办事区、自助服务区五大功能区，初步构想设置自然人综合服务窗口5个。设置的自助服务区（24小时对外服务），进驻公安户政、出入境、交警业务、社保、税务、水电缴交、银行ATM机自助终端设备。

公共服务中心实体大厅升级改造工作，得到区委、区政府的大力支持，《曲江区公共服务中心推行一门一网式政府服务模式改革建设方案》已经区人民政府领导审核批准，各项工作已有条不紊地推进。11月开展实体大厅改造工作，按功能区建设进行调整拆建、办公设备采购、安装等工作分步进行。拆建维修大厅升级改造工程于12月15日完工，并已通过验收。

【区基层公共服务综合平台建设】 根据《曲江区推进基层公共服务综合平台建设工作方案》（曲财农〔2016〕1号）文件精神，区行政服务中心积极协助区财政局按照“机构人员统一、场所标识统一、流程内容统一、信息系统统一、经费保障统一”的“五统一”原则，有效整合各镇“七站八所”，将镇（街道）公共服务中心办事大厅转型升级为镇（街道）公共服务中心，全力推进曲江区基层公共服务综合平台建设，逐步实现公共服务向基层延伸。至年底，已完成《曲江区镇（街道）、村（社区）公共服务事项目录》，目录涵盖与广大基层群众生产、生活息息相关的45项公共服务事项，该目录已印制完毕并上墙公开；根据《通知》精神，完成2个镇、12个村（社区）的公共服务站的工作制度建设并上墙公开，完成岗位服务等标识的制作。

【政府信息公开】 制定《韶关市曲江区人民政府办公室关于印发〈韶关市曲江区贯彻落实市政府办公室2016年政务公开工作要点分工方案〉的通知》（韶曲府办〔2016〕32号），于7月4日下发到全区各乡镇、各单位，并同步在区政府门户网、政府信息公开平台上进行公开。

加强政务、政府信息公开工作的监督检查。每周对各单位的网页进行检查，对存在问题督促整改。每个季度对公开情况进行通报，促使全区政务、政府信息公开走上经常化、制度化、规范化轨道。2016年，全区各镇、各单位共发布政府信息7097条，在全市各区、县（市）中名列前茅。

加强业务培训。为规范曲江区政府信息依申请公开操作，协同区信息中心于1月12日上午在区委党校举办依申请公开工作业务培训班，于11月25日在区职校举办重点领域信息公开平台操作培训班，各镇、各单位政府信息公开操作人员参加了培训，有效地提高政府信息公开工作的质量和水平。（杨彦欢）

曲江区行政服务中心领导班子成员名单（2016年）

主　任：许忠文

副主任：华永文　叶家斌
　　　　黄雄新

对台工作

【概况】 2016年，区委台湾工作办公室、区人民政府台湾事务办公室坚决贯彻落实中央对台工作大政方针，牢牢把握“两岸一家亲”这一主题，坚持“和平统一、一国两制”的对台方针、政策，认真执行《中华人民共和国台湾同胞投资保护法》及其细则，进一步维护台胞、台商合法权益，拓宽对台招商力度，加强文化经贸交流，真心诚意做好接待接访工作，增进同胞交往的友谊，台务工作跃上新台阶。

【涉台交往交流】 全年共接待接访台湾参访团6批次共186人。较大的参访团有2月3—4日，台湾海峡两岸农业协会秘书长龚世明博士率领的参访团到曲江区考察农业投资意向并参观南华寺。时任市委常委、曲江区委书记黄劲东，时任区长高冬瑞等市、区领导高规格接待参访团。8月9日，台湾云林县北港镇镇民代表参访团一行参观曲江区南华寺、马坝狮子岩博物馆。11月20日，台湾北伐导访之旅参访团一行80余人参观曲江区南华寺。同时，区台务部门还开展了台资台企调查摸底及台籍台胞人员调查核实工作，为今后工作开展奠定基础。

2016年，区台办党员干部积极参加“两学一做”活动，自觉参加公务员培训和干部网络学习。另外，做好台胞合法权利保障工作，增强与台资企业的沟通、了解协调工作，积极为台商、台胞排忧解难。做好各项巩卫创文工作，计生工作和精准扶贫工作，为建设幸福美好曲江助力添彩。（沈建华）

曲江区对台办领导班子成员名单（2016年）

区政协副主席、区委统战部部长兼任区委台办、区政府台湾事务办公室主任：王锡穗（任至4月）

区委常委、区委统战部部长兼任区委台办、区政府台湾事务办公室主任：伍海艳（4月起兼任）

副部长、台办副主任：
　　沈建华（主任科员）

副主任科员：卢萍英（任至7月）

外事侨务

【概况】 曲江区外事侨务局内设办公室、签证股。办公地点在区政府中楼一楼东边。2010年7月，根据曲江区机关机构和公务员改革的要求：曲江区人民政府外事侨务办公室更名为曲江区外事侨务局，核定编制5人，其中公务员4人、工勤人员1人。

2016年区外事侨务局在曲江区委、区政府和上级外事侨务部门的正确领导和指导下，以邓小平理论和“三个代表”重要思想和科学发展观为指导，高举建设中国特色社会主义伟大旗帜，认真学习贯彻中共十八大精神和十八届五中、六中全会精神，围绕着党中央提出的实现中国梦之奋斗目标，区外事侨务局结合自身的工作实际，较好地完成2016年外事侨务工作。

【侨务工作】 认真做好来信来访工作，努力为侨服务。与此同时，认真落实各项侨务政策，热情为归侨和港澳同胞及来曲江投资置业的外商提供优质服务，及时解决他们来信来访反映的问题，2016年来访8宗，解决8宗，来信5宗，解决5宗。结案率100%，为促进社会和谐和稳定做出应有的贡献。

【外事服务】 2016年11月，一名外籍人士来到曲江区人民政府反映问题，因语言不通，无法掌握具体情况。区外事侨务局在接到情况汇报后，马上联系樟市镇消雪岭懂外语的华侨来协助工作。经翻译了解，该外籍男子是因生病和事故住院，在濒临无助的情况下来到区政府寻求帮助。为此，区外事侨务局联系区民政局对其进行救助，安排好晚餐后移交给公安部门，并安排翻译协助公安部门处理后续事项，较好地树立了曲江区的外事服务形象。

【报批工作】 出国（境）审查严格化。强化外事侨务港澳做“统筹、协调、管理、服务”意识，牢固树立“外事无小事”的思想，严格把好因公出访申报关。对因公出国（境）人员的申报实行“四严、四不批和一优质”原则，促进外事活动和招商引资工作。强化报批工作的制度化、规范化，提高办事效率。区外事侨务局实行证照分类管理，跟踪服务，建立联系制度，使管理工作规范化，不断提高办证效率。2016年曲江区共申请办理赴港澳7批17人次，办证工作未出现一宗违规违纪现象。

【挂钩村委的帮扶工作】 继续抓好扶贫工作。按照省委、省政府的部署和要求：用三年的时间使贫困村和贫困户走上脱贫致富的路子。区外事侨务局派出黄良开同志配合区政府办驻樟市镇开展精准扶贫工作，该项工作扎实推进中。同时，2016年区外事侨务局挂钩扶贫户仍是樟市镇北约村委会新叶屋村的叶春阳，经过两年多的帮扶，2016年叶春阳的儿子大学毕业在广州市工作，女儿去年考上大学，区外事侨务局资助6000元为其家里兴建楼房，实现脱贫。另外，区外事侨务局计生帮扶困难家庭松山街道办北区的贫困户，该贫困户属独生子女困难家庭，针对其家庭的实际情况，不仅给予资金支持还详细制定帮扶措施，发展计划和致富目标，使其早日脱贫致富。

(黄良开)

曲江区外事侨务局领导班子成员名单（2016年）

局　长：陈志伟

副局长：邓万正（任至4月）

政协韶关市曲江区委员会

综　述

2016年是实施“十三五”规划的第一年。一年来，区政协常委会在中共曲江区委领导下，坚持以邓小平理论、“三个代表”重要思想和科学发展观为指导，认真践行党的群众路线和习近平总书记“三严三实”要求，牢牢把握团结和民主两大主题，认真履行政治协商、民主监督、参政议政职能，动员组织各党派团体和各族各界人士，团结带领广大政协委员，齐心协力谋发展，尽心竭力惠民生，凝心聚力促和谐，形成党委重视、政府支持、政协主动、各方配合、社会关注的良好格局，各项工作有声有色、有力有效地不断拓展，为全面建成惠及全区人民的小康社会、建设幸福美好新曲江做出重要贡献。

主要会议

【第九届韶关市曲江区委员会第五次会议】 1月25日下午15时，中国人民政治协商会议第九届韶关市曲江区委员会第五次会议在区委办公大楼七楼会议厅开幕。黄劲东、高冬瑞、杨绍凯、李小平、黄健庭、王锡穗、林英、刘求华、钟树梅、梁文华等出席开幕大会。全体区政协常委以及区政协历届主席李航海、叶汉辉、刘灶金等同志出席。会议应到区政协委员191名，因事请假13名，实到178名，符合《政协章程》的规定。会议由区政协副主席刘求华主持。受政协第九届韶关市曲江区委员会常务委员会委托，区政协主席杨绍凯向大会作工作报告。杨绍凯在报告中充分肯定2015年区政协工作取得的成绩。区政协副主席林英受政协第九届韶关市曲江区委员会常务委员会委托，向大会报告区政协九届四次会议以来提案工作情况。区政协九届四次会议期间，共收到委员提案51件，经审查立案31件，并案4件，转为委员来信16件。截至2015年9月底，立案的31件提案均已办复。未立案的16件提案也已作为委员来信转有关部门研究处理。会上，区政协委员代表还就加强领导干部财经知识学习培训、城乡居民医保、推进幼儿园均衡发展、促进民营经济发展、加快旅游经济发展等方面进行参政议政发言。

1月27日下午，区政协第九届委员会第五次会议在圆满完成各项议程后闭幕。黄劲东、高冬瑞、杨绍凯、黄健庭、林英、刘求华、钟树梅、梁文华、王爵承等出席闭幕大会。大会由区政协主席杨绍凯主持。大会首先公布政协第九届韶关市曲江区委员会第五次会议选举大会的选举结果，王爵承当选为政协第九届韶关市曲江区委员会副主席，杨振威、赖德明当选为政协第九届韶关市曲江区委员会常务委员，并由区政协主席杨绍凯为新当选的区政协副主席和常委颁发当选证书；接着大会以举手表决方式全票通过《政协第九届韶关市曲江区委员会第五次会议决议》。

【第九届韶关市曲江区委员会常务委员会议】 2016年，政协第九届韶关市曲江区委员会常务会议共召开3次会议，即九届十三次至十五次常务委员会议。会议协商讨论区政府工作报告（征求意见稿），审议区政协第九届常委会工作报告和提案工作报告，协商通过政协韶关市曲江区九届五次会议委员讨论编组名单，审议通过区政协2016年工作要点；协商通过人事任免有关事项和协商通过2016年区政协各专委会组成人员调整方案及审议政协第九届韶关市曲江区委员会常务委员会关于九届一次会议以来提案工作情况的报告，审议区政协十届一次会议议程（草案），审议通过区政协十届一次会议日程安排。

【第十届韶关市曲江区委员会第一次会议】 2016年10月24—27日，政协第十届韶关市曲江区委员会一次会议在曲江城区马坝隆重召开。10月25日上午举行开幕式，区政协主席杨绍凯，副主席林英、释传正、刘求华、钟树梅、梁文华、王爵承和区政协常委以及历届区政协主席出席。会议应到区政协委员178名，实到174名，符合《政协章程》的规定。受政协第十届韶关市曲江区委员会常务委员会委托，区政协主席杨绍凯致开幕词并向大会作工作报告。区政协副主席林英受政协第九届韶关市曲江区委员会常委会的委托，向大会报告政协九届一次会议以来提案工作情况。2011—2016年共提交提案原案298件，经审查立案180件，并案16件，转来信102件。在立案的提案中，涉及农村农业类的26件,占14.4%；经济建设类的27件，占15%；城建环保类的37件，占20.6%；教、科、文、卫、体方面的37件，占20.6%；政策法规类的31件，占17.2%。其他类型的22件，占12.2%。10月27日下午，政协第十届韶关市曲江区委员会一次会议选举产生新一届常委，杨绍凯当选为政协第十届韶关市曲江区委员会主席，廖年娇、释传正、钟树梅、梁文华、王爵承、张祥林当选为副主席，黄长明当选为秘书长。区委书记高冬瑞向政协第十届韶关市曲江区委员会主席、副主席颁发当选证书。区政协杨绍凯主席向秘书长和政协第十届韶关市曲江区委员会常务委员颁发当选证书。

重要活动和主要工作

【协商议政】 紧扣区委、区政府中心工作，把握履行职能与服务大局的最佳结合点，利用全体会议、常委会议、主席会议、专题协商会议和参加党政重要会议等渠道，开展多层次的政治协商，促进决策的科学化、民主化。通过组织政协委员参加区委召开的座谈会以及政协自身召开的常委会议，对区委全会工作报告、“一府两院”工作报告进行重点协商，提出一些具有代表性的意见建议，发挥议政、咨政、协政的积极作用。

【中心工作】 坚持虚功实做，积极主动地参与区委、区政府中心工作。一是积极参与重点项目建设。班子成员分头召开专题协调会，就征地拆迁、项目审批等问题与相关部门探讨交流，积极协调处理。二是扎实开展扶贫工作。把扶贫工作作为促进社会和谐发展的一项重要内容来抓，区政协机关作为牵头单位，组织10个单位深入枫湾白水村开精准扶贫、精准脱贫工作。完成入户调查，建档立卡，精准识别工作。各帮扶单位已开始落实帮扶措施，定点帮扶工作开局良好，稳步推进。

【与各民主党派团体合作共事】 坚持联系走访民主党派、工商联制度，主动征求对政协年度工作安排和政协机关建设的意见建议。加强沟通协调，帮助解决各民主党派、工商联在参政议政中遇到的困难和问题。邀请民主党派、人民团体和无党派人士参加政协的专题协商和调研活动，鼓励和支持他们通过政协舞台参政议政，努力营造民主平等、团结和谐的共事氛围。

【港澳台侨和对外交往工作】 加强与港澳台同胞、海外侨胞的联系和交往。支持香港韶关同乡联谊总会和曲江同乡分会成立；积极组织香港曲江同乡会人员参加第二届曲江区“农信杯”韶关乒乓球邀请赛，增进两地之间的文化交流和友谊；开展走访香港委员企业活动，深入了解企业生产经营状况，想方设法帮助他们解决实际困难；协助香港韶关同乡联谊总会义工团到曲江开展助学活动，共筹得善款近30万元。

【与全国政协及各地政协的联系协作】 热情接待全国各地政协考察调研组，为他们开展工作提供便利。协助全国政协专题调研组在曲江区开展提案办理协商工作情况调研；协助省政协科教卫体委员会委员在曲江区开展体育场馆设施建设及开放利用情况调研；协助市政协在曲江区开展义务教育阶段闲置学校情况调研。主动与兄弟县（市、区）政协开展联谊交友活动，为引进项目和资金牵线搭桥。通过横向、纵向联系，开阔了视野，启迪了思维，加强了联谊，学到了经验，提高了履行职能的水平和能力。

【政协社团和宗教界人士的重要作用】 支持风度诗书画社、历届委员联谊会在新常态下规范运作。继续支持编撰出版《风度》。积极选送优秀作品参加市政协系统书画作品展。探索做好民族宗教工作的途径和办法，协助南华寺成功举办全国佛教讲经交流会，发挥宗教界人士在促进社会和谐中的积极作用。

【机制创新】 通过协商机制的改

进和创新，推动社会主义民主政治的新发展。完善提案工作机制，创新提案办理协商形式，规范提案办理协商程序，加大提案督办力度，推动建立区委、区政府主要领导领办重点提案制度。政协第九届韶关市曲江区委员会第五次会议共收到提案 53 件，立案 34 件，提案办理答复率 100%，委员满意率达 100%。

【载体创新】 区政协主席会议成员对党政关切、群众关心、社会关注的重点热点问题主动开展专项民主监督活动。参与区委“重点项目挂钩督导”活动，形成专项监督意见报送区委、区政府。创新委员履职形式，打造“委员之家”网络互动平台，组建网络信息员队伍和特约评论员队伍，政协委员参政议政方式得到拓展，政协履职现代化水平得到提高。

【工作创新】 整合课题调研力量，坚持政协调研与民主党派调研、部门调研相结合，与全国政协，省、市政协课题调研相结合，形成协同调研的格局。探索政协工作向基层延伸的有效途径，在枫湾镇设立政协委员联系群众工作站，开展基层政协委员联络群众试点工作。协助区政府建立曲江生态发展区联席会议制度，并以此为协商平台，把发展多功能林业，发展生态农业，发展生态旅游和创新机制体制等方面的对策和建议提交会议讨论协商，对曲江生态发展区的建设和发展起到了积极的促进作用。

【委员工作】 加强与委员的联系沟通，坚持政协领导走访委员和邀请委员参加议政会、座谈会、协商会等制度。强化对委员的服务管理，制定出台《区政协委员履行职责的若干规定》，增强委员履职的责任感和使命感，切实发挥委员在本职工作中的带头作用、政协工作中的主体作用、界别群众中的代表作用。

【界别组织建设与制度建设】 加强界别的组织建设和制度建设。加强对界别小组工作的指导、服务和督促，确定界别小组召集人和联络员，网络平台中的“界别话题”栏目由各界别小组轮流策划，界别委员参与讨论，反映本界别的呼声，维护界别群众利益。

【专委会工作】 建立完善专委会联系界别、委员制度，专委会与政府对口部门定期联系沟通协调机制。积极鼓励专委会发挥专、实、活的优势，围绕常委会工作部署，开展调研、视察、座谈、咨询、反映社情民意等活动。

【机关建设】 深入开展“创先争优”等活动，切实加强“学习型、创新型、和谐型、服务型”机关建设。定期组织集中学习、业务培训和工作交流，不断提高机关干部的综合素养。通过选拔任用优秀干部、加大干部交流力度等方式，加强机关干部队伍建设。组织开展形式多样的文体活动，积极营造团结向上、和谐融洽的工作氛围。（陈慧萍）

政协韶关市曲江区委员会领导班子成员名单(2016 年)

主　席：杨绍凯
副主席：林　英（任至 10 月）
　　　　刘求华（任至 10 月）
　　　　廖年娇（10 月起任）
　　　　释传正
　　　　钟树梅
　　　　梁文华
　　　　王爵承（1 月起任）
　　　　张祥林（10 月起任）

办公室领导班子人员名单

主　任：黄长明
副主任: 付远聪　陈慧萍

宣传科领导班子人员名单

科　长:雷树勋
副科长:卢宽萍

组织联络科领导班子人员名单

科　长：温必忠
副科长：廖佩珍

提案科领导班子人员名单

科　长：丘伯珙
副科长：曾祥团

中共韶关市曲江区纪律检查委员会

综 述

2016年，在市纪委、区委的正确领导下，区纪委监察局认真贯彻落实上级的部署和要求，以落实监督责任为主责，以监督执纪问责为主业，认真探索实践“四种形态”，积极推进全面从严治党，持续加强党风廉政建设和反腐败工作，为促进全区经济社会发展提供坚强的纪律保障。

【换届纪律教育监督】 2016年，区纪委把保障区、镇换届工作顺利开展作为一项重要工作来抓，强化领导，超前谋划，规范工作程序、宣传选举纪律、畅通监督渠道、严格责任追究，切实保障全区换届工作健康平稳有序进行。其间，制定专项工作方案，精选违反换届纪律典型案例作为警示教育材料集中发放到各镇；公布举报电话并安排专人值班，对换届期间群众的来电来信举报坚持“四个必查”；成立4个换届纪律专项巡察组和2个督查组，由区纪委书记带队，深入各镇督查换届风气工作，对换届纪律落实不严、组织工作不力的，现场指出，限时整改。同时，严把廉政意见回复关，对有问题线索反映的提拔对象严格审核把关，严防“带病提拔”。据统计，区纪委共组织换届风气巡察36次，开展提醒谈话18次，对3名有违纪问题线索的拟提拔人员在经过调查核实后，及时将调查情况通报给区委组织部门并建议不予提拔使用。

【巡察工作】 深入推进全区派驻、巡察、执纪审查“三位一体”试点工作，采取纪检组与委局科室捆绑、与基层纪（工）委同步、明察与暗访同步进行等方式开展巡察。把派驻纪检组划分为五个执纪审查协作组，实行分片区协作办案，将“双报告”范围扩大至派驻纪检组，并延伸至镇（街）纪委，紧握纪律戒尺，问题直查到底。在工作中，重点围绕不作为、乱作为，专业技术领域腐败，基层“微腐败”和违反中央“八项规定”精神等内容开展专项巡察。同时，创新暗访工作机制，突出“三个新”，即新设备、新面孔、新内容，进一步校准了监督的“探头”，实现各行业、各领域360度、全天候监控，确保监督无死角。全年共开展常规巡察29次，专项巡察18（项）次，暗访活动21次，发现问题37个，诫勉谈话27人，转立案调查11宗。

【村级财务异地交叉审计】 2016年1—3月，由区纪委组织协调，从区农业局、区财政局、区审计局和各镇各抽调一名审计员，组成3个审计组，在全区9个镇中各选1个村委，采取以查账为主的方式，对选取的村委本届任期内财务收支及资产经营情况进行审计，重点审查2014年、2015年村级财务收支和农村集体资产处置情况，对在审计中发现的问题及时提出有针对性的整改意见和建议。工作中，区纪委还根据审计中发现的问题线索，对1名工作失职、不作为的镇干部和2名违反财经管理纪律的村“两委”干部进行立案调查,并分别给予相应的党纪处分。

【廉洁文化建设】 以“营造廉洁清风、促进曲江和谐”为主题，以“快乐教育”为主线，以“快乐六廉”为内容，推进廉洁文化建设。选取白土镇纪委、白土镇由坪村委、沙溪镇沙溪村委、沙溪镇窝子村委作为廉洁宣传文化长廊的示范点，积极铺开廉洁文化进农村活动。挖掘本地家风祖训亮点，以小坑曹角湾邓氏祖训为切入点，开展党员干部廉洁家风教育。以余靖小学、马坝中学、九龄小学为试点，开展廉洁文化进校园活动，挖掘张九龄、余靖等历史名人的廉洁元素和马坝中学善文化元素。编印曲江区反腐倡廉教育读本《担当》。建设马鞍山绿道旁60米长的廉政长廊，打造曲江社会廉洁教育阵地。积极运用道德讲堂开设廉洁讲座15次。举办廉洁读书征文比赛和演讲比赛，在广大党员干部中营造廉荣贪耻的良好社会氛围。积极组队参加市“守底线、铸党性”党规党纪知识竞赛并荣获二等奖。对3批60人次拟提拔科级领导干部进行任前廉政考试。同时，创新性地开展任前科级领导廉洁宣誓活动，不断增强党员干部抵御腐败风险的能力。

【惩防体系建设】 按照省委提出的“三个区分”和“两个尊重”要求，建立容错免责机制，明确免责减责的情形、程序、运用等事项，最大限度消除党员干部的思想顾虑，营造良好的干事创业环境。对省委巡视组反馈的意见进行认真落实整改，相继建立完善《曲江区领导班子专项经费使用管理办法》等20多项制度。针对镇级审计员既做运动员又做裁判员的实际，对在村级财务异地交叉审计中发现的突出问题出台了整改意见，进一步规范村级财务管理。同时，扎实开展纪委书记与各单位一把手的廉政谈心谈话工作。完善“四必谈”的提醒机制，即苗头性、倾向性问题的党员干部必谈；履行“两个责任”不到位的领导干部必谈；特殊时期或特殊岗位的党员干部必谈；廉政风险较大的岗位干部必谈。一年来，开展廉政谈心谈话450人次。

【高压惩治腐败】 转变纪律审查方式，将监督执纪重心从“盯违法”向“盯违纪”转变、从“管少数”向“管全体”转变。认真落实领导包案工作制度，持续加大镇（街）纪委纪律审查工作支持力度，大力推进全区纪律审查工作，加强惩治腐败的震慑作用。充分发挥反腐败协调小组职能作用及室组联动作用，提高反腐倡廉工作效率。2016年，全区共立案查处各类违纪案件80宗81人。其中，党纪轻处分占38.8%，涉及副科级以上干部20人，追缴违纪金额70万元，为国家和社会挽回经济损失200万元。纪律审查工作有效践行“四种形态”，实现政治效果、经济效果、社会效果和法纪效果的有机统一。充分发挥纪律审查治本功能，严格执行线索处置和执纪审查“两报告”制度，案件查办实现“零事故”。

【纪检监察队伍建设】 以开展“两学一做”专题教育和纪检监察机关“能力建设年”活动为契机，着力提升纪检监察干部讲政治、敢担当的综合素养。深入学习新修订的《廉洁自律准则》和《纪律处分条例》，促进执纪执法依规依矩，做到先学一步、深学一层，全面把握两个法规的精神和要求。分批选送8名委局机关干部及5名乡镇纪委书记（副书记）参加省纪委组织的各类纪检监察业务培训班，选调3名基层纪委书记和10名基层纪（工）委干部到区纪委跟班学习，加强实践锻炼，不断提高纪检监察干部的履职能力，切实承担起监督执纪问责职责，做执行纪律的表率和标兵。编制《关于加强内务监督深化干部队伍作风建设的规定》《曲江区纪委监察局请销假制度补充规定》等8项内部管理制度，并规范信访举报、案件查办等重点岗位业务流程，严格执行个人重大事项报告、外出报备等制度，有效防止“灯下黑”现象的发生。

主要活动

【2016年党风廉政建设工作会议】 2月26日上午，曲江区召开2016年党风廉政建设工作会议，区四套班子成员、区纪委委员、各镇党委书记、镇长、纪委书记，以及区直单位正职领导、纪检组组长等300多人参加会议。会议传达中央和省、市纪委全会精神，总结2015年曲江区的党风廉政建设和反腐败工作，并对2016年全区反腐倡廉工作作出部署安排。

【白土镇由坪腐竹项目及曲江区党风廉政建设和反腐败工作】 4月6日上午，市委常委、市纪委书记郭健生到曲江，就白土镇由坪腐竹项目及曲江区党风廉政建设和反腐败工作进行调研。

【中共韶关市曲江区第十三届纪律检查委员会第一次全体会议】 9月28日，中共韶关市曲江区第十三届纪律检查委员会召开第一次全体会议，会议选出新一届纪委委员、常委、副书记、书记。其中，纪委委员：王星盛、王献军、龙惠平、付发林、冯晓晖、刘志金、许有良、李文标、李尚儒、杨文瑛（女）、杨振威、何中皓、何玉兰（女）、何国新、沈堂增、陈应先、陈珍光、查显豹、侯景美、黄美娣（女）、谢宁军、蓝敏（女）、廖琳。常委：王献军、龙惠平、刘志金、何玉兰（女）、何国新、沈堂增、廖琳。书记：王献军。副书记：龙惠平、廖琳。

【机关党支部换届选举大会】 10月21日，曲江区纪委监察局机关党支部召开换届选举大会，选出新一届机关党支部委员。其中，支部委员：查显豹、张炳坤、谭清华、廖桥纯、谢莉鸿。支部书记：廖琳。支部副书记：何国新。

【农村基层党风廉政建设和反腐败工作】 11月8日上午，市委常委、市纪委书记郭健生到曲江区白土镇，就农村基层党风廉政建设和反腐败工作进行调研。

(谭清华)

中共韶关市曲江区纪律检查委员会领导班子成员名单(2016年)

书　记：刘小文（任至9月）
　　　　王献军（9月起任）
副书记：刘文挺（任至2月）
　　　　龙惠平
　　　　廖　琳（9月起任）
常　委：刘文龙（任至9月）
　　　　何国新
　　　　沈堂增
　　　　何玉兰（9月起任）
　　　　刘志金（9月起任）

曲江区纪委监察局领导班子成员名单（2016年）

监察局局长：刘文挺（任至2月）
　　　　　　龙惠平（7月起任）
监察局副局长：沈堂增　何玉兰
　　　　　　　何冬菊

民主党派　工商联

中国国民党革命委员会韶关市曲江支部委员会

【概况】 中国国民党革命委员会(以下简称民革)是具有政治联盟性质的、致力于建设中国特色社会主义和祖国统一事业的政党，是中国共产党领导的多党合作和政治协商制度中的参政党。民革韶关市曲江区一届支部委员会1987年5月成立。2015年8月21日召开韶关市曲江区第九次党员代表大会，产生第九届委员会，委员5名；钟树梅为主任委员，王智芳、杨竞为副主任委员，徐慧平、陈毅为支委。至2016年年底，民革曲江支部，有党员20人；党员中当选为区政协委员6人，其中区政协副主席1人、区政协常委1人，市政协常委1人。

【学习研究】 民革曲江支部不断发扬民革“爱学习、重调研”的优良传统，始终将提高民革党员素质放在首位。通过学习与调研，民革党员的思想建设得到进一步加强，党员的思想觉悟得到进一步提高。

民革曲江支部坚持每两个月开展一次政治学习和组织支部生活会，做到支部党员订阅《团结报》《粤海同心》《同舟共济》，关注中央、省民革公众号，并定期或不定期地组织党员开展学习讨论。在学习中，支部党员联系思想工作实际，深入讨论，交流体会，收到良好效果，全体党员增强责任感和使命感，为有效履行职能、做好参政议政、民主监督工作奠定扎实基础。

在支部组织生活会上，组织民革党员认真学习贯彻中共十八大、三中、四中、五中、六中、民革中央、省、市区有关会议精神，认真学习领会习近平同志系列重要讲话精神、中共中央一系列关于多党合作制度的文件，学习领会民革中央关于加强自身建设的一系列文件和重要讲话精神。

认真开展坚持和发展中国特色社会主义学习实践活动，学习贯彻中共十八届六中全会精神。按照中共中央统战部《关于在统一战线开展坚持和发展中国特色社会主义学习实践活动的建议》要求，民革全党全面启动坚持和发展中国特色社会主义学习实践活动。转发有关文件和万鄂湘主席在《团结报》发表署名文章，组织党员认真学习。中共十八届六中全会召开后，民革曲江支部迅速掀起学习十八届六中全会精神的热潮，深入领会全会精神，坚定广大党员走中国特色社会主义道路的道路自信、理论自信、制度自信，以改革精神引领民革工作。通过学习，使民革党员进一步认清形势，坚定信念，增强信心，提高政治素质和认识水平，激励全体党员自觉、热情地投入到民革自身建设与工作中去，使每个民革党员充分认识到民革组织是一个接受中国共产党领导的，与中国共产党肝胆相照、通力合作、共同致力于社会主义事业的参政党；充分认识民革组织在建设有中国特色的社会主义宏伟事业中，肩负着重要的历史责任；充分认识到为了更好地坚持和完善中国共产党领导的多党合作和政治协商制度，必须提高思想政治素质，提高参政能力，才能更好地履行参政党的职能和义务，为参政议政夯实良好基础。

【参政议政】 民革作为参政党，参政议政、民主监督是民革的基本职能。民革曲江支部紧紧围绕中共曲江区委、区政府的中心工作，围绕经济、社会发展和人民群众关心的问题，把参政议政工作始终放在重中之重的位置。在支部委员的带领下，全体党员积极调查研究、参政议政，建言献策，发挥参政党应有的作用。民革曲江支部高度重视政治协商，深入开展调查研究，积极参政议政、建言献策，并加大社情民意的反映力度。在区政协九届五次全会上，共提提案11件，来信9

件，大会发言1篇。支部领导积极参加市、区各种协商会、座谈会、情况通报会、征求意见会及调研、视察等各类活动，就韶关市、区经济社会发展重大方针、政策和重要事务发表意见，提出建议，受到市、区领导的肯定。提案有《关于加强乡镇安全生产监管工作的几点建议》《关于加强卫生强镇工作的几点建议》《关于进一步加强住宅小区物业管理的意见与建议》《完善老城区、城中村消防安全设施》《加强对府前西路源河豪庭路段交通管理的建议》和《关于曲江区城乡居民医保现状的思考》的大会发言，提交集体提案11件，其中2件被区政协列为主席重点督办提案。所提建议言之有据，切合实际，操作性较强，许多建议被有关方面采纳落实。其中3件提案被列为区委、区政府主要领导重点督办提案。

【社会服务】 积极开展社会服务工作，组织凝聚力不断增强。支部组织生活内容丰富多彩、形式生动活泼。除不定期召开学习会、座谈会外，还积极参与社会服务。支部的其他党员，有的被评为市、区的先进个人、先进工作者，有的受到所在单位的表彰等。还有，支部退休的老党员，也积极参加支部组织开展的各种活动，关注社会，关注民生，积极撰写提案，反映各方面的问题并提出建议，为建设和谐曲江出谋献策。除此之外，各民革党员还积极调查研究，及时反映群众普遍关心的热点、难点问题，为化解矛盾，提出许多有建设性的意见和建议，这些意见和建议都相继被有关部门采纳，并多次受到区委、区政府领导的表扬，为曲江经济发展、社会和谐做出应有的贡献。 (钟树梅)

中国国民党革命委员会韶关市曲江支部委员会领导班子成员名单(2016年)

主任委员：钟树梅

副主任委员：王智芳　杨　竞

支　委：徐慧平　陈　毅

中国民主同盟韶关市曲江支部委员会

【概况】 2016年，中国民主同盟韶关市曲江支部委员会（以下简称民盟曲江支部）在民盟市委、中共曲江区委的正确领导下，全面贯彻落实中共十八大及十八届五中全会精神，主动适应社会发展的新常态，围绕全区的经济发展战略和精神文明建设开展大量工作。通过全体盟员的共同努力，各项工作取得突破性进展，成效显著。

【组织建设】 2016年，民盟曲江支部认真学习《关于民主党派组织发展若干问题座谈会纪要》和《中国民主同盟组织发展暂行条例》，坚持发展是为了工作、在工作中发展的原则，坚持发展与巩固相结合，积极稳步开展组织工作。支部主委龙仕华在民盟市委第九次代表大会上当选民盟市委副主委。当年支部有市政协常委1人，区政协常委1人、委员6人，区行风监督员3人。在支部组织发展过程中，始终遵循“人才兴盟”“人才强盟”的原则，年初发展刘福信、侯梦军两位盟员，进一步壮大支部力量，拓宽人才渠道，2016年年底又发展谢必晟、冯学曦两位新盟员。

【思想建设】 支部不定期召开支部委员会议6次、全体盟员会议4次，交流思想、工作、学习的心得体会，开展怎样做一个合格盟员的讨论活动，提高盟员的思想政治觉悟。组织全体盟员学习2016年中共中央5号文件，提高参政议政的自觉性，学习中共十八大六中全会精神，深刻领会《决定》的主要内容和精神实质，充分认识到构建社会主义和谐社会的必要性和紧迫性。学习盟中央、盟省委的重要文件，及时了解国际国内形势，配合曲江区委、区政府的各项工作，积极参加党的群众路线教育活动，提高民盟支部的战斗力。

【参政议政】 2016年，民盟曲江支部围绕社会热点，结合曲江实际，认真调查研究，先后就推进曲江区农村电子商务发展、幼儿园教育均衡发展、师资队伍建设、区供销社综合改革等问题向政府建言献策，集体和个人共向区政协提交8件提案。龙仕华主委代表支部在政协韶关市曲江区十届一次会议上作了《关于促进曲江区农村电子商务发展的建议》发言；主委龙仕华的《曲江区供销合作社综合改革试点的实践研究》和副主委罗加民的《曲江区幼儿园教育均衡发展现状、问题及对策研究》发表在2016年《曲江论坛》（第1期）。支部还派员参与对马坝河专项治理行动的监督，并撰写“城区人行道及小街小巷治理”和“饭店周边车辆占道乱停”等多篇社情民意，并收到较好的效果。

【服务社会】 围绕构建和谐社会主题，组织盟员深入基层，体察民情，关心社会民生。支部利用教师与医务人员多的特点，开展送教下乡和送医送药下乡活动，得到当地学生与群众的欢迎与好评。中秋节前夕，支部与区团委、区供销社联合对启智学校进行慰问；11 月，支部为“张澜故居民盟历史陈列馆升级布展”捐款 5000 元。

【盟员工作作风】 做好本职工作，既是盟员的基本要求，也是提升支部在盟员单位影响力的重要因素。2004 年到 2016 年，曲江中学连续做班主任的只有 13 位教师，比例 5%，其中盟员 4 人（成建、邓雄修、易志强、王化定），占曲江中学盟员 50%，充分体现踏实肯干务实的工作作风。2016 年，支部成员继续在各自单位、各自岗位努力工作，获取各级荣誉 38 项，发表、获奖论文 20 多篇。其中，张国柱在地级以上刊物发表论文 4 篇，王化定、范谢艳被评为区第二批名教师，成建、易志强等被评为单位先进教师，邓雄修、范谢艳等老师在高考中大幅度超越目标任务。（王化定）

中国民主同盟韶关市曲江支部委员会领导班子成员名单（2016 年）

主　委：龙仕华
副主委：罗加民　何定鑫
支部委员：王化定　张国柱
　　　　　吴少忠　范谢艳

中国民主建国会韶关市曲江支部委员会

【概况】 中国民主建国会（以下简称民建）是主要由经济界人士组成的、具有政治联盟特点的、致力于建设中国特色社会主义的参政党。民建曲江县支部成立于 1988 年 1 月，2004 年曲江撤县设区，更名为民建韶关市曲江支部，2015 年升格为民建曲江区基层委员会。2016 年，曲江民建会员加强学习，忠实履职，较好地完成各项工作目标。余星、钟建辉和龙欣被评为市民建“优秀会员”。

【组织建设】 因许瑾工作变动辞去会内职务，2016 年 6 月，一支部副主委张志斌转任二支部临时负责人。12 月 23 日，在曲江区景江大酒店会议室召开会员大会。补选张志斌为二支部主委、曲江基层委员会副主委，补选吴志华为一支部支委。

曲江民建坚持积极稳妥的组织发展原则，努力拓宽发现人才的视野，吸收符合条件的优秀分子入会，确保组织发展“源头活水”，实现组织的健康发展。全年吸收联储证券韶关营业部总经理王文胜、曲江区统计局科员谢烨两位同志入会。截至 2016 年年底，民建曲江区基层委员会在编会员共有 35 人。其中，男会员 22 人、女会员 13 人；在职会员 27 人，退休会员 8 人；大专以上学历 28 人；具有中高级职称 13 人。在 2016 年区政协换届工作中，余星、钟建辉、张志斌、胡可良、吴碧霞、吴志华、聂耀聪、刘崇冬当选为区政协委员。

【思想建设】 曲江民建坚持把思想教育放在首位，把学习教育活动贯穿于参政党建设之中。组织会员学习习近平总书记系列重要讲话精神，学习中共十八大和十八大以来历次全会、中央统战工作会议和民建中央文件精神。以民建中央陈昌智主席莅临韶关调研为契机，积极引导会员继续发扬会的光荣传统，巩固多党合作的政治思想基础，提升合作共事的政治责任感和历史使命感，发挥各自优势，把工作做好。

【会务活动】 曲江民建十分重视会务活动，把开展好丰富多彩的组织生活作为推动各项工作迈上新台阶的基础。坚持多形式开展“学会章、学会史、做合格民建会员”学习教育活动，安排会员参加由市民建组织的到广东省爱国主义教育示范点梅关古道、广东省统一战线基地南雄珠玑古巷开展实践活动，到全国著名的红色土地潮汕地区开展革命传统教育和旅游专题调研，到曲江区鸿润生态园开展老会员活动日。张志斌和吴碧霞分别参加民建广东省委举办基层组织主委培训班和参政议政培训班。11 月 18—19 日，陈冰坚、曹志新、张洲、李鑫作为韶关市代表队主力，参加了在东莞举行的广东民建第三届会员运动会（羽毛球团体赛），并荣获第一名。

【参政议政】 2016 年，会员发挥自身特色和优势，深入调查研究，积极参政议政，踊跃反映社情民意。在曲江区政协九届五次和十届一次会议上，作《多管齐下助民营经济走出困境》《做好国有资产清查，创新资产管理模式》《借力供给侧结构性改革 推动曲江区旅游业发展》3篇参政议政发言，引起广泛的关注和好评。特别是区政协十届一次会议上的《做好国有资产清查，创新资产管理模式》发言，区委、区政府高度重视，会后对曲江区国有资产管理情况专门召开常委会讨论和布置清查工作。这一年，曲江民建及会员向韶关市政协和区政协提交《加快韶冶搬迁 助飞韶关发展》《关于加快完善城区马坝河道生态治理的几点建议》《关于建设马坝人遗址公园绿道的建议》《关于增设韶钢路口的道路监控系统和红绿灯控制系统的建议》《在马坝设立物流仓储周转中心的建议》《提升曲江区新农村住宅建设管理的建议》《关于为旅游配套的相关知名酒店提供道路指示牌的建议》《关于改善曲江区马坝人遗址公园公厕卫生环境的建议》《关于改善城区交通状况建议》等19件提案。其中，《关于加快完善城区马坝河道生态治理的几点建议》和《做好国有资产清查，创新资产管理模式》列入重点提案。

【社会服务】 2016年，曲江民建会员一如既往地发扬民建传统美德，踊跃参与志愿者活动，积极投身扶贫济困、一对一帮扶困难学生、送医送药、慰问特殊教育学生等光彩事业。会员企业克服重重压力，相互支持，共同探索转型之路，努力适应新常态，为经济发展、社会稳定做出贡献。在“广东扶贫济困日”活动中，会员及其企业积极捐款，以实际行动支持全区精准扶贫工作，彰显民建会员的社会责任感。 （余 星）

中国民主建国会韶关市曲江区支部委员会领导班子成员名单（2016年）

主 委：余 星

副主委：钟建辉 张志斌

陈冰坚

中国民主促进会韶关市曲江区支部委员会

【概况】 中国民主促进会（以下简称民进）1945年12月30日在上海成立，民进是以从事教育文化出版工作的高中级知识分子为主的、具有政治联盟性质的、致力于建设中国特色社会主义事业的政党，是同中国共产党通力合作的参政党。民进韶关市曲江区支部是其所属的一个基层组织，成立于1986年8月30日。

【思想建设】 2016年，民进韶关市曲江区支部围绕“参政议政”年度工作主题，以纪念南京“下关事件”70周年，庆祝中国共产党成立95周年，庆祝支部成立30周年为契机，以“谦虚学习，提升水平；慎言谨行，主动奉献；务实求效，创优争先”为指导思想，以“深入调研，倾听民意，携手合作，务实参政”为抓手，顺势而为做好支部的自身建设、参政议政、社会服务等工作。

【学习全国两会精神】 3月，在全体会员会议上开展“两会”专题学习。“十三五”规划纲要明确提出今后五年我国经济社会发展的指导思想、基本原则、目标要求、基本理念、重大举措，对指导今后五年我国经济社会持续健康发展意义重大。民进会员要紧密围绕落实“两会”提出的目标任务，着眼“十三五”时期发展，努力把握经济发展新常态的大逻辑，就供给侧结构性改革、脱贫攻坚等经济社会发展的重大问题、全面深化改革的难点问题、推动创新创造的关键问题，深入调查研究，提出真知灼见。

【学习贯彻中共十八届六中全会精神】 11月，在全体会员会议上进行“十八届六中全会精神”专题学习。中共十八届六中全会系统总结近年来尤其是中共十八大以来全面从严治党的理论和实践，就新形势下加强党的建设作出新的重大部署，充分体现中共中央坚定不移推进全面从严治党的坚强决心和历史担当。会议审议通过了《关于新形势下党内政治生活的若干准则》和《中国共产党党内监督条例》，实现党内政治生活和党内监督制度化、规范化、程序化，为推进全面从严治党、提高党的创造力凝聚力战斗力提供更加有力的制度保障。民进要坚持执政党建设和参政党建设相互促进，认真学习借鉴执政党建设的宝贵经验，研究参政党建设的内在规律，以改革创新精神不断加强自身建设。领导班子成员要带头贯彻民主集中制，规范会内组织生活，强化组织观念，切实增强政治意识、大局意识、核心意识、看齐意识，不断提高政治把握能力、参政议政能力、组织领导能力、合作共事能力和解决自身问题能力。

【纪念南京“下关事件”70周年】结合民进中央网站认真学习，回顾民进先辈在追求光明和进步的探索中，选择认同共产党的主张，接受共产党的指导，成为共产党的亲密战友的这段历史。

【“我身边的先进”宣讲活动和学习会章、会史的主题活动】 9月，在庆祝第三十二个教师节活动中，表彰“2016年高考创佳绩”的李冬先老师和“不忘初心，墨笔不辍”的潘志沐老师。每次会员大会上均学习会章和会史，通过学习使大家对弘扬民进优良传统，巩固多党合作和政治协商的政治基础，对坚定“四个自信”有了更深刻的认知。

【组织建设】 2016年新发展会员杨辉煌（韶关启德医院董事长、院长）。至12月，民进韶关市曲江区支部在册会员35人，其中具有高级、中级职称的29人，属于教育系统的23人，属于政府部门及其他行业的12人。

【中国民主促进会韶关市第八次代表大会】 7月，张雪挺当选民进韶关市委委员。

【曲江区政协第十届一次大会】 10月，张雪挺、付宏昌、吴松书、潘明放、李春满等5名同志任政协委员，张雪挺当选政协常委。

【制度建设】 设立《支持会员开展社会公益项目基金的意见（暂行）》，以推进会员积极开展各项有益社会的公益活动，树立民进支部的新形象。

【文化服务建设】 2月，与区文广新局禤细贤副局长到乌石老街实地考察，确定韶关申报历史文化名城保护项目；5月，张雪挺在新成立的曲江区民间文化艺术协会当选副会长；7月，潘明放老师深入贵州山区写生；8月，朱建高教师画室落户金榜教育；9月，曲江作协周伟主席向支部赠送马坝人丛书第3辑（共5本）；11月，启动潘明放老师的钢笔画社区公益项目；12月，张雪挺在曲中工会筹备成立“笛韵太极”协会。

【组织形式多样的专题活动】 2月，开展“猴塞雷”春节慰问活动；3月，到乳源开展“三八”生态旅游调研活动；5月—6月期间，开展民营医院的调研工作；7月，开展“庆祝曲中高考创佳绩主题活动”；8月，与始兴支部到樟市、罗坑开展联合调研活动（考察樟市黑米生产；茶协会会长带队到雪花岩、猴采红参观，了解茶企生产、运营情况；与镇政府座谈了解政府罗坑茶叶发展的状况及遇到的困难；民宿发展状况；到新洞小学赠书）。8月，朱建高老师的工作室在金榜教育落户；9月，教师节庆祝活动；11月，潘明放老师每周二晚，在大益茶庄开办免费学钢笔画的社区公益活动启动；12月，在曲中工会筹备成立“笛韵太极”协会。

【获市委会表彰】 在民进韶关市委会2016年总结表彰大会上，曲江支部被评为“先进基层组织”。

【参政议政】 2016年，民进韶关市曲江区支部担任区政协委员5人，其中1人是政协常委。会员担任各单位政风行风评议员情况：张保星受聘文广新局、食品药品监管局；王育军受聘广播电视台；付宏昌受聘住建局。

支部向区政协九届五次会议提交题为《创新曲江发展模式加快文化旅游产业发展》大会发言，向大会提交集体提案3件，委员提交个人提案8件，立案4件。向区政协十届一次会议，提交题为《促进诊所发展，完善曲江基层医疗服务体系建设》大会发言。

2月，与区文广新局禤细贤副局长到乌石老街实地考察，商定韶关申报历史文化名城保护项目；

3月，到乳源开展“三八”生态旅游调研活动；

5月—6月期间，开展民营医院的调研工作；

8月，在区政协召开重点提案现场视察及督办会议上，《向尘霾宣战，开展曲江扬尘污染综合整治的建议》（张雪挺）、《重视曲江乡村旅游环境卫生的监管》（付宏昌）分获区长和政协副主席督办。

【社会服务】 多方合作是社会服务工作开展的重要模式。以主动创建，吸引广大的群众参与融入其中，更好地与曲江区公益团队携手合作，在社会服务中展现曲江民进的风采。

1. 朱建高教师画室落户金榜教育；

2. 启动潘明放老师的钢笔画社区公益项目；

3. 张雪挺在曲中工会筹备成立“笛韵太极”协会。

4. 陈红在青少年心理咨询室接到40人次心理个案，并举办5次心理健康辅导课；同时在道德讲堂举办3次国学讲座。

（张雪挺）

中国民主促进会韶关市曲江区支部委员会第八届领导班子成员名单（2016年）

主　委：张雪挺

副主委：张保星　付宏昌

支部委员：李春满（女）

赵　丽（女）

吴松书

中国农工民主党韶关市曲江支部委员会

【概况】 农工党曲江支部在农工党韶关市委、中共曲江区委、区政府的关心和领导下，在区统战部的指导帮助及各有关单位的大力支持下，紧紧围绕区发展战略要求，积极履行参政党职能作用，不断加强自身素质，为曲江区的经济平稳较快发展建言谋策做出积极的贡献。

【参政议政】 围绕区委、区政府的中心工作积极履行参政议政、民主监督职能，担任区人大代表和区政协委员党员，认真履行职责，积极建言献策。2016年提案：《关于推进马坝城区“医养结合”型养老服务模式建设的建议》由李桂莲、温必珍执笔，李桂莲大会发言；《关于加快解决曲江区公办幼儿园师资紧缺问题的建议》由温必珍执笔，李桂莲大会发言；《关于在人民医院建立“曲江区医院消毒供应中心”的建议》《纾解困局，使曲江区卫生创强轻装上阵》《重新调整曲江区慢病防治机构，规范慢病防控服务体系建设》由李桂莲执笔；《不可忽视的白色污染》由温必珍执笔；《关于乡镇公交车终点站设在区人民医院门前的建议》由欧志福执笔；2016年区换届，议案《关于设立曲江区文化遗产保护基金建议》由彭小燕执笔。

【2016年区政协、人大换届农工党曲江支部担任人大代表、政协委员人员汇总】

曲江区十五届人大代表：彭小燕

曲江区第十届政协委员：温必珍

李桂莲

曾　凡

林定齐

欧志福

覃水科

（温必珍、李桂莲为区第十届政协常委）

韶关市第十四届人大常委：

卢春燕

韶关市第十四届人大代表：

李桂莲

韶关市政协委员：卢　静

【服务群众】 6月29日，曲江区政协教科卫体委员会、农工党曲江支部部分党员联合组织的“送医送药”医疗队到枫湾镇大笋村委会开展送医送药活动，以实际行动践行“两学一做”学习教育活动。这也是曲江区政协、农工党曲江支部联合组织的连续十多年来开展“送医送药”下乡的活动。

活动当天免费为村民提供诊疗、咨询服务200多人次，发放药品2000多元、宣传单100余份，深受当地群众好评，为医疗队的免费服务纷纷点赞。

【积极履职】 副区长卢春燕在本职岗位认真履行职能，分管教育、文广新、体育、旅游、食品药品监管、质量技术监督、工商管理、打私、民族宗教、史志、对台、外事侨务等，联系政协、工商联、妇联、残联等工作。温必珍担任区人口与计划生育局行风监督员；李桂莲担任林业局行风监督员。这些同志均能以高度的政治责任感，努力发挥自身优势，认真履行职能，紧密围绕中心工作，了解、反映社情民意，为曲江区的政见行风建设积极建言谋策。

【节日慰问】 重阳节前夕温必珍主委、李桂莲副主委到离休老党员黄志高及夫人进行节前慰问座谈。促膝交谈，嘘寒问暖，详细了解老党员的生活及身体状况，同时表达节日的问候并送去慰问金。对生病党员能及时慰问，让党员们感到组织的温暖。希望老同志们保重身体并继续关心支持韶关的发展。

【党员风采】 政府换届，卢春燕现担任韶关市档案局局长一职。农工党市委会换届后由卢春燕担任市农工党主委一职。

【队伍培训】 温必珍于10月10—16日参加全省骨干党员培训班学习。温必珍、李桂莲于11月11—12日参加农工党市委组织到（惠州）邓演达故居的党史教育。李桂莲于2016年12月6—7日在曲江分会场接受市第十四届人大代表初任培训班学习，通过学习进一步了解认识人民代表大会制度；人大代表的作用、地位、权利、义务；人大代表在履职中需要注意和处理好的问题。为今后如何做一名称职、合格的人大代表，增强履职的主动性和自觉性，着力提高依法履职的能力指明方向。

【激励制度】 为更好地调动和激励党员的参政议政积极性，根据韶农字〔2014〕3号文精神，符合以下条件的，给予适当的奖励：（1）担任各级人大代表、政协委员的党员，在各级“两会”上提交的议案、提案、建议撰写一篇奖励100元。被评为优秀或列为重点提案的，省级奖励500元，市级奖励400元，县(市)、区奖励300元。（2）支部党员在开展“一人一议”“一支部一建议”活动中提出的建议，被省委会采用的，奖励200元；被市委会采用的，奖励100元。（3）支部党员写的简讯被市委采用，每篇奖励50元。（李桂莲）

中国农工民主党韶关市曲江支部委员会领导班子成员名单（2016年）

主　委：温必珍

副主委：李桂莲　曾　凡　林定齐

支　委：欧志福　覃水科

韶关市曲江区工商业联合会

【概况】 韶关市曲江区工商业联合会（以下简称曲江区工商联）在职机关干部4人，专职驻会领导有工商联党组书记1人，专职副主席兼秘书长1人，兼职主席1人，兼职副主席22人。设有办公室、经济部、会员部3个部室。区工商联是一个具有统战性、经济性和民间性的人民团体和商会组织。2016年主要的工作任务是：当好党和政府联系非公有制经济人士桥梁纽带,做好党委、政府管理和服务非公有制经济的助手，促进非公有制经济两个健康的成长，推动曲江区民营经济科学发展。

【思想政治建设】 及时组织会员学习中共十八届三中、四中、五中全会精神，举办形式多样的报告会、座谈会，将党的十八届三中全会中关于经济体制改革和非公有制经济定位的论述以及十八届四中全会关于依法治国的理念及时传递给广大民营企业家，教育引导民营企业学法知法，懂法用法，遵纪守法经营，共同推进良好社会风气的形成，优化市场环境，共享公平公正。

积极引导民营企业开展关心下一代工作，与区关工委合作，加强对“新生代”非公有制经济人士的教育，加强对企业青年职工及其子女的关心和教育，组织非公有制经济人士自觉参与助学活动，推动和谐企业的构建工作。

【曲江区县级“五好”工商联建设】 思想上高度重视。区工商业联合会把“五好”县级工商联建设作为重要抓手，摆上议事日程；主要领导亲自部署，分管领导抓好落实，各部门认真负责，4月起，通过购买劳动服务的方式，聘请一位专职文员协助整理资料，更快地完成县级“五好”工商联申报进度，确保县级“五好”工商联建设工作健康有序推进。

【抓好落实】 区工商业联合会按照考评内容和考评细则中所列的有关项目进行分析对比，认真查找问题，一项一项抓好落实。

【自身建设】 认真开展机关作风教育整顿活动，切实提高机关工作质量和效率。注重改善机关办公条件，利用省工商联为区工商联从省财政局争取到的扶持资金，新配置打印、复印、传真一体机及电脑等现代办公设备，大大改善机关办公条件，提高机关工作效率。

【中心工作】 认真开展好精准扶贫工作，2016年6月，区工商业联合会对帮扶对象进行建档立案，并组织全体干部慰问帮扶对象，与罗坑镇中心坝村委及贫困户召开两次座谈会，商订2016

年脱贫措施，7月初开始进行落实，先后发放慰问金1500元，把帮扶措施落到实处。为落实省工商联“千企帮千村”和市工商联“百企帮百村”精准扶贫行动方案以及韶关市脱贫攻坚迎考工作会议精神，区工商业联合会及时开展行动，12月新任主席钟德成与樟市镇西约村委签订帮扶协议书。帮扶资金60万元已经到位。另外，派驻专人参加挂钩村计生工作，每月定时参加计生工作会议，并筹集6000多元资金投入界滩村委计生工作及计生帮扶对象，在2016年的计生工作取得一定的成绩。

【服务会员】 倡导“大众创业、万众创新”新理念。鼓励并支持会员企业接受电商、微商等新营销模式，引导民营企业构建和谐劳动关系，充分发挥民营企业就业主渠道作用。

积极开展法律服务工作，大力引导非公有制企业合法经营依法维权。充分发挥曲江区总商会法律维权部的作用，为区工商联会员提供法律咨询、维权等方面的服务。积极参与创建“平安曲江”，深化“平安企业”创建工作。

应对发展瓶颈，组织“银企对接”针对中小微企业资金短缺问题，区工商业联合会在2016年2月3日召开年会暨银企工作座谈会，市委常委、区委书记黄劲东，区领导高冬瑞、黄健庭、文浩培、肖绍托参加会议。政企银齐聚一堂，共同探讨银企合作，解决中小微企业融资难问题。会上，工农建中、农信、广发等各大银行负责人与区各大企业负责人进行交流探讨。企业方表示将加强管理，增强企业竞争优势，并希望银行能帮助解决企业发展中遇到的融资难等问题。银行方表示将强化金融服务，加大对实体经济支持力度。通过政企银三方的沟通交流，进一步提高办事效率，优化营商环境，为企业提供良好发展条件。

【参政议政】 参政议政是工商联的重要职能之一。2016年来，区工商业联合会积极做好参政议政工作，向区政协推荐22名能力强、有影响力的工商联会员成为政协委员，并在2016年政协换届大会上上交4件提案。从3月开始，先后开展《民营经济情况调研》《年轻一代非公有制经济人士问卷调查》《统战工作向商会组织有效覆盖专题调研》3个调研活动，并将调研结果向市工商联作汇报。工商联还围绕区委、区政府的中心工作，针对经济社会发展中的热点难点问题，开展调研，并综合分析当前曲江区民营企业存在的困难，撰写《关于曲江区民营企业发展现状的调研报告》等报告；为区委、区政府对区非公有制经济发展工作提供参考依据。

【换届会议】 坚持发展会员队伍建设与加强工商联自身建设结合起来，把综合素质强、各方面表现优秀的非公有制经济代表人士选拔到工商联领导班子，充分发挥他们的作用。在2016年11月的换届会议上，推选21名优秀民营企业家担任工商联的正、副主席，44名企业家担任执委，壮大工商联队伍建设。

【公益事业】 2016年6月，区工商业联合会积极响应“广东扶贫济困日”捐款活动，发动会员企业慷慨解囊，共有24家会员企业踊跃捐款，共认捐善款186万元，用于发展曲江区农村经济建设，扶持贫困家庭的创业。同时组织会员到辖区比较贫困的家庭中进行走访慰问，送去慰问金和慰问品，并资助他们进行自主创业。8月“圆梦大学”活动，区工商业联合会作为协办单位，积极动员会员参与，共筹得善款近35万元，解决40多个困难家庭上大学难的问题。 （何林忠）

韶关市曲江区工商业联合会领导班子成员名单（2016年）

党组书记：刘志伟
党组成员：杨　彦
主　席：钟德成
副主席：杨　彦　黄东龙
廖锦仁　叶文安
王学强　张以林
宋韶文　林昌华
张宝柱　黄永东
贺广德　赖大元
肖　云　余柏林
黄育英　李玉恒
张　海　林　星
林尚中　朱珍奇
康建南
秘书长：杨　彦（兼）

社会团体

曲江区总工会

【概况】 2016年，在区委和市总工会的坚强领导下，全区各级工会围绕中心、服务大局，切实发挥工会职能作用，积极服务职工群众，各项工作扎实推进、成效显著。区总工会被韶关市总工会授予“2016年度韶关市工会工作先进单位”称号，并获得固本强基、工资集体协商、调处化解劳资纠纷等工作专项优秀奖和工会经审工作专项先进奖。

【十二届四次全委（扩大）暨总结表彰会议】 根据《中国工会章程》有关规定，4月22日，召开曲江区总工会第十二届四次全委（扩大）暨2015年度工会工作总结表彰会议，总结2015年全区工会工作，布置2016年重点工作任务，对2015年度曲江区工会工作先进单位、优秀工会工作者、优秀女职工工作者、劳动竞赛技术创新先进集体和劳动竞赛技术创新先进个人进行通报表彰。

【劳动竞赛】 积极开展岗位练兵技术比武活动，7月与9月，分别与区罗坑一级水力发电站、区食品药品监管局联合举办以业务技能为主要内容的职工技能竞赛活动。注重发挥劳模引领作用，继续与区教育局深入开展“劳模进校园活动”，组织劳模巡回作报告，进一步弘扬劳模精神，积极营造尊重劳模、关爱劳模、学习劳模的良好社会氛围。开展劳动模范评选表彰活动，“五一”前夕，评选出韶关市曲江顺翔混凝土有限公司品控员谢永科为广东省五一劳动奖章获得者。加强对劳模的各项管理服务工作，及时发放劳模“三金”和劳模荣誉津贴11.12万元，并为12名劳动模范提供免费体检。11月，组织3名全国劳模到庐山休养院休养。开展创建劳模（职工）创新工作室活动，在韶关雅鲁环保有限公司建立劳模创新工作室，作为搭建劳模领军职工积极参与创新的工作平台，以激发广大职工创新热情和创造活力。大力开展职工教育培训工作。积极推进千万职工大培训行动，于11月上旬，免费为农民工创业、就业人员进行为期10天系统培训；鼓励支持职工参加“助力计划”2016年职业技能培训及学历教育，全年共有30名职工参与受惠。进一步打造“职工之家”和加大职工书屋建设力度，全区已建职工书屋31个。10月下旬举办第21届全区职工体育运动会。

【维护职工合法权益】 扎实推进工会法律顾问进企业工作，建立2个工会法律顾问服务站。11月，在曲江经济开发区举办全区工会法律顾问进企业启动仪式，并为曲江经济开发区服务站授牌，同时与广东韶正律师事务所签订《工会法律顾问合同》。继续加大工资集体协商工作力度，全年签订区域性工资集体协议11份，覆盖企业3548家，覆盖职工38873人，签订行业性工资集体协议4份，涵盖企业365家，覆盖职工3351人，已建工会企业集体协商建制率在87.9%以上，建设工资集体协商指导员队伍101人。认真调处各类信访案件。2016年，受理群众反映信访问题的信访事项共有36件次，全部处结，处结率达到100%。大力维护职工安全生产权益。开展“安康杯”竞赛活动，组织企业职工参加全国职工安全卫生消防应急知识普及竞赛和全国“安康杯”竞赛安全文化宣传活动。6月16日上午，在马坝河边公园设咨询点，现场回答群众咨询，向群众发放安全宣传资料1000余份。继续推进厂务公开民主管理工作。在健全职工代表大会制度的同时，不断提高厂务公开建制率，组织有关人员参加市总举办厂务公开工作培训班。大力维护女职工权益。6月25—26日，举办女职工健康知识讲座，并投入1万元资金加强爱心妈妈小屋建设，为处于特殊期的女职工提供更加人性化的温馨服务。发挥职工服务中心的阵地作用。

健全完善服务中心的政策咨询、生活救助、法律援助、医疗救助等工作制度和程序，实现服务中心规范化、制度化运作。

【帮扶工作】 1月对144户困难职工家庭进行慰问，每户发放价值500元的食用油、大米慰问品。筹集“金秋助学”专项资金12.85万余元，共资助困难学生45人，全年共帮扶困难职工群众240人，发放生活、医疗救助金及帮扶金10.25万元。7月，开展夏日送清凉活动。区总工会主要领导带队，带着价值3万多元的矿泉水、饮料、绿豆、黄沙糖等防暑降温慰问品，看望高温工作岗位上的一线职工。加大互助保障计划推广力度。深入推进全区干部职工互助保障计划，截至2016年年底，全年新增53个单位为6900多人在工会系统购买医疗互助保险和综合住院互助保险，为91名住院患者理赔11.23万元。

【基层组织建设】 以民主建会、民主换届工作为抓手，以农民工入会为重点，全面加强工会组织建设。2016年全区共新组建基层工会17家，新增会员1224人，农民工入会1800人，民主换届20家，圆满完成市总下达的组建任务。10人以上企业均建立女职工委员会，建制率100%。建立健全基层工会和工会干部保障激励机制，进一步加大向基层倾斜工会经费力度。为全11个乡镇(街道)、园区工会各下拨1万元工作经费，共支持50.83万元，帮助解决基层工会基础建设、文体活动、职工帮扶等工作上的困难，有效缓解基层工会经费不足的情况。落实300人以上非公有制企业工会主席每月工作津贴制度，增强基层工会干部的积极性及职业荣誉感。突出抓好工会干部培训，进一步提高工会干部的能力和素质。4月下旬，赴省总工会干部培训基地，举办一期区工会领导干部综合能力专题培训班；还分别举办组建、经审等业务培训班，共130多人次参加培训，取得良好效果。

【自身建设】 深入开展“两学一做”活动。5月上旬在全体党员中开展“学党章党规、学系列讲话，做合格党员”学习教育活动，制定《韶关市曲江区总工会开展“两学一做”学习教育活动实施方案》，通过学习教育，政治意识、宗旨意识、作风意识明显增强，取得明显效果。强化各项规章制度落实。健全和加强机关各项制度及作风建设，提高工作效率和服务职工群众水平。广泛推动“企业工会亮牌子、工会主席亮身份”工作，要求全区各级工会组织要亮牌子，公示职责，增强工会的影响力和凝聚力；工会主席亮身份，公开承诺，增强工会干部光荣感和责任感。

【区各项重点工作】 积极做好计生工作。区总工会领导高度重视计生工作，全力落实好计划生育工作的各项部署，切实按照计生挂钩帮扶工作方案，抓好本单位及租房户计生工作的同时，坚持每月一次到挂钩帮扶点协助开展工作，现场解决挂钩帮扶村在计生工作中遇到的实际困难和问题。认真做好精准扶贫工作。区总工会高度重视新时期精准扶贫工作，制订帮扶计划，创新工作方法，加快协调对接，加强跟踪落实，多次入户核实情况，切实提高新时期精准扶贫工作的针对性和实效性，精准扶贫工作正有序开展。全年共投入精准扶贫和计生帮扶资金5.58万元。积极开展创建全国文明城市工作。积极参加志愿者开展创文宣传、公共秩序引导、义务保洁为主要内容的文明引导行动，坚持落实每周五公共卫生日活动，采取多种形式开展创文工作。5月上旬同区司法局、区人社局等部门，开展以构建和谐劳动关系相关的《劳动合同法》《社会保险法》《工伤保险条例》《工会法》《职业病防治法》《安全生产法》等为主要宣传内容的“六五“普法宣传活动，发放宣传资料600多份。为深化“中国梦·劳动美”主题教育活动，在曲江区开展职工摄影展活动和征集职工好歌曲活动，丰富了职工的精神文化生活。

（占国芳）

曲江区总工会领导班子成员名单(2016年)

主　席：廖年娇（女，任至12月）
　　　　张秀兰（女，12月起任）
常务副主席：李赞军
副主席：邹秋香（女）

共青团韶关市曲江区委

【概况】 2016年，在区委、区政府的正确领导和团市委的关心指导下，曲江区共青团以邓小平理论、“三个代表”重要思想和科学发展观为指导纲领，深入学习贯彻中共十八大和十八届三中、四中、五中、六中全会精神，紧紧围绕党政中心任务，充分发挥组织青年、引导青年、服务基层，创新性开展工作，增强了团组织的战斗力和凝聚力，为建设和谐社会贡献共青团的一份力量。

【队伍建设】 不断加强团干部队伍建设，提高整体素质。组织团干部对党章党规、习近平总书记系列重要讲话精神、团情团史和党团关系、共青团重点工作及团的基础知识等内容进行学习，开展“两学一做”学习教育活动、“万名团干讲团课”活动，进一步提高团干部党性修养和业务水平、提升团组织吸引力和凝聚力。加强团员、团干交流培训。团区委重视提高团干部的业务能力和综合素质，提升团组织的服务能力、学习能力、合作能力，加强交流、促进了解。

【主题活动】 “五四”青年节主题活动：“五四”期间，各团组织吸收一批优秀青年入团，通过开展形式丰富的活动庆祝“五四”青年节。5 月 4 日，团区委积极响应团市委号召，组织 108 名青年团干到莞韶园开展“五四”青年节徒步活动。大塘镇团委开展“我眼中的大塘”主题摄影、征文、演讲比赛活动。枫湾镇团委开展登笔架山环保行动。

“六一”儿童节主题活动：5 月 31 日，团区委联合区教育局举办曲江区第六届“志愿者杯”中小学艺术节文艺比赛。各城区、乡镇小学开展丰富多彩的“六一”文艺表演。乌石镇团委组织青年团干走访一批困难家庭儿童，开展留守儿童慰问活动。

青年交友联谊主题活动：8 月 6 日，团区委举办“相约七夕·情定领袖国际”曲江区首届青年交友联谊活动，来自机关、乡镇、学校以及韶钢、农信社、供电、邮政等企业的 100 多名单身青年参加活动。活动还通过开通专属微信平台，为青年搭建公益性、诚信度高、积极向上的交友联谊平台，活跃未婚青年业余文化生活，拓宽青年沟通交流渠道。

少先队主题活动。9 月，团区委举行“红领巾永远跟党走”——少先队“开学第一课”主题教育活动。10 月 13 日，举行“红领巾相约中国梦—听党的话，做好少年”少先队员入队仪式，全区 3000 多名新队员加入中国少年先锋队，为少先队组织增添了新鲜血液。2016 年 10 月，韶钢第四小学获得广东省第三批“广东省红领巾示范校”的荣誉称号。

【助学、助医、助困、敬老活动】 助困方面：积极发动单位党员干部捐赠了党员互助金，同时，按照《曲江区 2016 年“广东扶贫济困日”活动工作方案》的要求，组织党员干部捐款济困。

助学方面：发挥桥梁纽带作用，发动各镇、各校团组织及广大志愿者集体力量，进村入户调查核实曲江区困难学生家庭情况，协助配合香港玉清慈善基金、中国教育基金等慈善机构发放助学金，2016 年发放助学金额超过 201 万元，全区 10 个镇（街）从小学一年级到高中三年级贫困学生 834 人次受资助。

助医方面：积极实施由香港玉清慈善基金会资助的“曲江区白内障复明工程”活动，定期组织志愿者进行了白内障复明工程相关知识的专门培训，并多次组织志愿者下乡宣传，2016 年完成免费白内障复明手术 240 例，资助金额达 27.6 万元。在改善基层医疗卫生设施方面，争取到香港慈善机构约 40 万元，改善乌石镇卫生院和 5 间卫生站基础卫生医疗环境，增添医疗设备，提升乡镇医疗卫生服务环境。

敬老方面：团区委、区志愿者协会定期组织青年志愿者到各镇敬老院开展敬老爱老慰问活动，探访慰问“五保户”老人，一年来，组织志愿者 260 人次，服务慰问老人 70 多名。2016 年上半年，争取到香港宏施慈善基金约 70 万元善款兴建大塘敬老院大楼，至 2016 年年底大楼主体工程正在施工当中。

【植树环保活动】 争取香港慈善机构资金支持，多方协调，开展绿化环保志愿服务活动。2016 年 3 月，团区委、区志愿者协会联合香港晶苑集团在曲江区马坝镇安山村开展绿色希望工程植树行动，区相关领导和香港晶苑集团负责人及 300 多名志愿者参加活动。此次活动共投入基金 27 万元，造林面积 200 亩，植树 17800 株，为曲江区改善生态环境贡献一份力量。

【志愿者注册和培训工作】 严格按照要求，下发通知鼓励和引导各级团组织和志愿者服务队积极参与志愿服务，宣传和引导当地的群众自主上网注册登记，同时组织各单位将志愿者注册表、登记表进行整理归档，组织志愿者骨干进行系统培训，提高志愿服务水平，据统计，全区已在网上登记注册志愿者达14915人，同比2015年增加50%，志愿服务总时长达147600小时，曲江区的志愿服务事业在不断地进步。同时，为进一步完善社会志愿服务体系，健全志愿服务激励保障机制，推动志愿服务活动常态化，与区委宣传部创文办协调，联合制定志愿服务星级评定和优惠回馈激励制度。2016年3月，举办曲江区2016年志愿者培训会，400余志愿者参加培训；10月，举行2016年曲江区星级志愿者优惠商户签约暨星级志愿者证颁发仪式，为星级志愿者颁发证书，截至2016年年底，曲江区已建立26家“爱心联盟”商家，共评定星级志愿者236人，同比2015年新增160人，其中96%以上的星级志愿者都是中共党员或共青团员。

【创文志愿服务工作】 为深入推进全国文明城市工作，落实公共文明行动计划，动员广大市民群众积极参与到曲江区文明交通建设，提高全民交通安全意识和文明素质。2016年3月以来，先后组织志愿者开展多次交通文明劝导志愿服务，组织志愿者每天定时到曲江区人流密集的红绿灯路口、主行道、学校门口进行公共文明引导志愿服务活动；引导市民遵守公共场所秩序，劝导和制止乱扔垃圾、随地吐痰、张贴散发小广告等不文明行为；引导市民文明出行，在主要交通路口引导市民自觉遵守交通规则，劝阻交通违规行为，引导行人，车辆通过斑马线要减速慢行，行人要按指示灯指示通行，不随意横穿马路。

【慰问活动】 在春节期间，团区委、曲江区志愿者协会组织志愿者开展慰问活动，得到社会广大爱心人士的支持，100余位志愿者参加慰问活动，为分布在全区9个镇的“五保户”、困难学生、白内障患者，送去慰问金和慰问品。2016年4月，团区委、区志愿者协会组织志愿者们到福利院、敬老院等地开展敬老爱幼志愿服务活动，送去暖手宝、玩具等慰问品，还陪老人们拉家常、和孤儿们做游戏，让他们感受到关爱和社会的温暖。活动之余，还与香港义工进行了交流沟通，受益匪浅。

【大学生实习活动】 为大学生提供接触社会、增强实现工作体验的机会，团区委积极开展“展翅计划”大学生就业创业能力提升行动。共设置实习岗位58个，根据学生的专业特点，6月13日召开曲江区2016年展翅计划实习生培训动员会，将来自松山学院的58名实习生安排到24个区直有关单位，开展为期1个月的实习生活。

【圆梦大学义卖助学活动】 5月，开展圆梦大学义卖助学系列活动，组织大批志愿者进村入户调查学生困难情况，审核筛查资助对象，动员社会各界捐款捐物，筹集助学资金117万元，资助困难大学新生150人。为答谢广大爱心企业和人士，宣传“一方有难，八方支援”的助人为乐传统美德，也为弘扬“奉献、友爱、互助、进步”的志愿服务精神，8月13日，在曲江剧院举办曲江区第六届“播撒希望·圆梦大学”助学筹款答谢晚会。

【“志愿者杯”中小学生书画比赛】 团区委、区志愿者协会、区教育局于11月12日在余靖小学举行第六届“志愿者杯”中小学生书画比赛活动，来自香港的爱心人士、香港关顾童心行动、区直相关领导嘉宾、区各中小学校学生、老师及志愿者共300余人参加活动，比赛分为小学、初中、高中3个组别，设有绘画和书法两大类，比赛由曲江书画协会的专家担任评委，对参赛选手的作品进行点评和指导，并当场评出奖项，现场展示优秀作品。香港嘉宾、举办单位的领导一一给获奖的同学和指导老师颁发获奖证书，并给予勉励，此次活动也得到广大家长和学生的肯定和支持。

【预防青少年违法犯罪工作】 团区委充分发挥志愿者、团员青年作用，配合协助区直有关单位和部门，开展重点青少年群体排查摸底工作、预防青少年违法犯罪工作、严重精神障碍患者救治救助等工作，保障和改善民生、建设平安曲江出一份力。

【精准扶贫工作】 紧紧围绕区委、区政府精准扶贫工作部署，团区委选派一名基层经验丰富、责任心强的副书记驻贫困村任精准扶贫工作副组长兼第一书记；团委书记、副书记挂点扶贫困难户，参加扶贫工作例会，及时了解挂钩贫困户的情况，做到帮扶思路清晰、方法到位。为发挥农村青年在助力脱贫攻坚战中的力量，2016年9月，团区委开展实施培育“领头雁”农村青年人才助力精准脱贫三年行动计划，在全区贫困村中组建一支由20名农村青年人才组成的“领头雁”队伍。

【计生挂钩工作】 根据区委区政府工作安排，团区委重视计划生育工作，严格抓落实，安排一名素质高责任心强的干部为驻村代表，长期驻扎马坝镇小坑村委（2016年8月后挂钩乌石濛浬村），并确保该名干部的计划津贴发放到位，虽然单位经费十分有限，但仍然投入大量人力物力参与，其中，2016年发放计生兼职人员岗位津贴960元，印发计划生育宣传单1000份，约500元，资助计生困难户助学金等3000元，同时资助小坑村委计生经费3000元，定期总结分析前一阶段单位计划生育工作情况，查找存在的问题，并提出新的工作部署安排。

【表彰情况】 沙溪中学团总支获得韶关市“五四红旗团总支标兵”荣誉称号；曲江区第一中学团委获得韶关市“五四红旗团委”荣誉称号；吴俊杰等2人获得韶关市“优秀共青团员”荣誉称号；刘海勇等3人获得韶关市“优秀团干部”荣誉称号；彭紫芬等3人获得广东省“优秀共青团员”荣誉称号；周欣获得广东省“优秀共青团干部”荣誉称号。

谢谦等31名学生获得韶关市“最美南粤少年”荣誉称号；杨庆良获得广东省“最美南粤少年”之“自强好少年”荣誉称号。韶钢第四小学少先队大队等2个大队获得韶关市少先队“红旗大队”荣誉称号；城南小学四（2）中队等5个中队获得韶关市少先队“先进中队”荣誉称号；巫志强等4名老师获得韶关市“优秀少先队辅导员”荣誉称号；潘琦宇等29名学生获得韶关市“优秀少先队员”荣誉称号。吴丽敏等4名学生获得广东省“优秀少先队员”荣誉称号。

【星级志愿者优惠商户签约暨星级志愿者证颁发仪式】 10月21日，市文明办、团市委在曲江区召开韶关市推广志愿服务激励回馈制度工作现场会，同时举行2016年曲江区星级志愿者优惠商户签约暨星级志愿者证颁发仪式。市委宣传部、市文明办、团市委等领导以及各县（市、区）文明办主任、团委书记出席本次活动，参加活动的还有曲江区各爱心企业商家代表、曲江区2016年全体星级志愿者、党员星级志愿者代表和注册志愿者代表等300多人。现场为星级志愿者颁发证书。曲江区已建立26家“爱心联盟”商家，共评定星级志愿者236人，同比2015年新增加160人，其中96%以上的星级志愿者都是中共党员或共青团员。在全市范围内大力推广曲江模式，促进志愿服务持续健康发展。

【第六届“播撒希望·圆梦大学”活动】 圆梦大学助学活动，是团区委、区志愿者协会每年夏季都要举行的一个资助大学生就学的大型系列活动，从2016年5月开始，团区委、区志愿者协会就开始积极筹划，多批次地组织各级团干、志愿者深入学校、家庭对全区的贫困高中毕业生进行摸底调查，了解学生高考成绩，了解学生家庭情况，将高考成绩达到本科以上、家庭特别困难的学生列入资助的对象范围，全面组织他们申报圆梦大学助学金。团区委领导积极与香港慈善机构沟通联系，争取资助；同时，也积极与本地企业和爱心人士联系，争取他们捐助资金或者是助学拍卖品，得到本地多家企业和多位爱心人士的响应和支持。此外，连续多天组织志愿者到江畔花园、人民公园等人流密集的街头进行义卖。一是通过义卖物品筹集部分助学资金；二是通过现场义卖，对广大市民进行宣传和动员。三是8月13日在曲江剧院举行曲江区第六届“播撒希望·圆梦大学”助学筹款答谢晚会，现场表演爱心节目，为贫困学生进一步筹集助学金；同时也通过演出效果在全社会起到感染作用，让曲江助学品牌深入人心。通过这一系列的筹划，最终筹集助学资金117万元，资助困难大学生新生150人。

【绿色希望工程植树环保活动】 3月5日，团区委、区志愿者协会联合香港晶苑集团在曲江区马坝镇安山村开展绿色希望工程植树行动，区相关领导和香港晶苑集团负责人及300多名志愿者参加活动。此次活动共投入基金27万元，造林面积200亩，植树17800株，为曲江区改善生态环境贡献一份力量。

【首届青年交友联谊活动】 8月6日，团区委举办“相约七夕·情定领袖国际”曲江区首届青年交友联谊活动，来自机关、乡镇、学校以及韶钢、农信社、供电、邮政等企业的100多名单身青年参加活动。活动还通过开通专属微信平台，为青年搭建公益性、诚信度高、积极向上的交友联谊平台，活跃未婚青年业余文化生活，拓宽青年沟通交流渠道。

（黄　旭）

共青团韶关市曲江区委领导班子成员名单（2016年）

团委书记：邝发文（任至4月）
　　　　　方　勇（4月起任）
团委副书记：甘　文
　　　　　　吴　茜（女）

曲江区妇女联合会

【概况】 2016年，曲江区妇女联合会内设办公室、儿童部、宣传部、权益部，区政府妇女儿童工作委员会办公室设在区妇联。在职干部职工5名，其中：主席1名；副主席2名；科员1名；职工1名。

2016年，区妇联紧紧围绕省、市妇联的工作部署和区委、区政府的工作中心，认真贯彻落实中央关于加强和改进党的群团工作的意见,积极发挥党联系妇女的桥梁和纽带作用，多措并举为妇女儿童办好事实事，不断增强妇联组织的凝聚力和影响力,倾力为曲江区社会文明进步与和谐建设搭建平台,在促进经济发展中建功立业，在推进民主政治建设中积极作为，在弘扬社会主义先进文化中凸显优势，在加强和创新社会治理中主动参与，在生态文明建设中彰显风采。为建设幸福美丽曲江发挥“半边天”作用。

【第十一次妇女代表大会】 11月15日,举行曲江区妇女第十一次代表大会,会议选举产生区妇女第十一届执行委员会委员、常务委员和新一届主席、副主席。江燕当选为韶关市曲江区妇联主席，陈双群、魏新连当选为副主席。来自全区各行各业的158名正式代表参加会议，区委副书记刘小文，区人大常委会副主任张秀兰，区政府副区长、区妇儿工委主任包玉兰，区政协副主席廖年娇、钟树梅应邀出席开幕式，区总工会常务副主席李赞军代表群团组织对大会召开表示热烈祝贺。大会还邀请了群团组织负责人；各镇、区直机关单位正职女领导以及区妇联退休老同志出席了大会开幕式。市妇联主席邢丽莅临大会开幕式并作热情洋溢的讲话，对曲江妇女工作给予充分肯定，对今后妇女工作提出殷切希望。区委副书记刘小文代表区委作了讲话，她希望全区各级妇女组织要围绕中心、服务大局，发挥好妇女“半边天”作用，并以此次大会为新起点，进一步振奋精神、凝心聚力、务实进取，不断开创曲江区妇女工作和妇女事业新局面，共同创造曲江更加幸福美好的明天。大会听取和审议通过题为《凝心聚力、开拓创新、团结带领全区妇女为建设幸福美好新曲江而努力奋斗》的工作报告，并选举产生曲江区第十一届执行委员会。在随后召开的曲江区妇女联合会第十一届一次执行委员会全体会议上，执行委会委员共同选举出了区妇联第十一届主席、副主席、常务委员。副区长包玉兰在闭幕式上对区妇联及全区各级妇女组织提出三点要求。一是树立符合科学发展的新理念，实现妇女自身新发展；二是坚持围绕全区工作的大局，创造性地开展妇女儿童工作；三是加强妇联组织的自身建设，不断提高妇联组织的凝聚力、战斗力和影响力。江燕主席代表新当选的区妇联领导班子作表态发言，她表示：新当选的领导班子将在区委、区政府的领导和上级妇联的指导下，贯彻落实中共中央《关于加强和改进党的群团工作的意见》和《全国妇联改革》精神，在新形势下更好地发挥妇联组织作用，把团结带领妇女投身经济社会建设作为工作重点，把代表和维护妇女权益作为根本职责，把推动落实男女平等基本国策作为主要任务，把解决妇女群众最关心、最直接、最现实的利益问题作为工作的出发点和落脚点，努力把妇联建设成为党政信任、妇女拥护、群众认可、求真务实、开拓创新的妇女群众组织。

【“三八”节活动】 开展丰富多彩“三八”节纪念活动。“三八”期间，区妇联联合区电视台大力宣传先进妇女典型。拍摄罗坑镇新塘村创业致富的刘会珍；樟市镇径口村农家女孩残疾作者刘红英的网络文学梦的故事；2016年荣获韶关市三八红旗手的枫湾镇白水村委的黄尤兰种水蜜桃的先进事迹；樟市镇群星村外来媳妇养牛专业户吴秀丽的创业事迹等。将4位创业妇女的风采，在曲江电视台播放。向社会宣传曲江区妇女在政治、经济、文化、社会、生态文明建设做出的新贡献；展示各行各业妇女发扬“四自”精神，勇于创新、敢于拼搏的时代风采。

3月7日上午，区妇联在区政府七楼会议厅召开纪念“三八”国际劳动妇女节暨“最美家庭”命名大会。区委副书记黄健庭；区委常委、区委办主任伍海艳；区政府副区长、区妇儿工委主任卢春燕；区政协副主席钟树梅，区文明办的领导、区直机关正科级女领导、区妇联第十届执委；各镇妇联主席；区直机关妇委会主任等各界优秀妇女代表、受表彰家庭代表400多人参加会议。会上，区文明办、区妇联共同对陈新香等45户家庭命名为2015年韶关市曲江区“最美家庭”；同时，为韶关市五好文明家庭代表；韶关市平安家庭创建活动先进示范村（居）、先进示范户代表；2015年韶关市曲江区“最美家庭”代表颁发证书。

3月8日，曲江区妇联、区体育局联合在区体育馆举办“曲江区‘体彩·大乐透杯’三八妇女节拔河比赛”。来自全区各镇（街道）、企业和区属机关单位共28支代表队以及参赛队员、啦啦队员约600多人欢聚一堂，以拔河比赛的方式共同庆祝第106个“三八”国际劳动妇女节。比赛分组3条绳同时进行决出胜负，经过2个多小时多轮的激烈、精彩的角逐，公路局、马坝镇、人民医院代表队分别获得一、二、三名。本次比赛设1至8名各1个，组织奖20名。拔河比赛的成功举办，凝聚广大妇女的力量，振奋女同胞的精神，突出展现女性多姿多彩、昂扬向上和自尊、自信、自立、自强的巾帼风貌，展现全民健身运动的成果，推动群众性健身运动的广泛开展。为科学发展和社会和谐做出新贡献。

【“六一”节活动】 开展“六一”关爱活动。在六一国际儿童节来临之际，区妇联以关爱农村留守儿童为主题开展庆“六一”关爱留守儿童系列活动，使留守儿童度过一个欢乐而有意义的节日。一是争取上级妇联项目资金在5月30日，市委书记江凌在市委秘书长蓝振云，市委常委、曲江区委书记黄劲东，副市长王青西，市妇联主席邢丽等领导的陪同下，分别来到区机关幼儿园、沙溪镇中心小学看望慰问少年儿童，为少年儿童送去慰问金和慰问品，并送去党和政府的关心和关怀，同时向辛勤工作的教师表示崇高的敬意和亲切的慰问。区委常委、区委办主任、统战部部长伍海艳，区政府副区长、区妇儿工委主任卢春燕，区委办、区妇联、区教育局的主要领导随同慰问。二是为樟市镇流坑村委和北约村委两个留守儿童之家示范点争取到市妇联20000元的项目经费。三是区妇联分别慰问了樟市镇南约村委曾小红姐弟、王佩欣姐妹两户困难儿童家庭，还为孩子们带去文具、水壶等礼物及节日慰问金每户500元。四是区妇联全体干部到区艺术幼儿园，与孩子们共度“六一”儿童节，并送去了3000元慰问金和节日的祝福。活动上，区妇联同志与小朋友们互动跳起欢快的舞蹈。

【维权工作】 2016年，区妇联依托省妇女维权与信息服务站（曲江站）探索出适合自身发展的运作模式，并取得一定的工作成效。（1）开展“三八”维权周活动。区妇联携手广东省妇女维权与信息服务站（曲江站）、司法局等单位，多形式积极推进《中华人民共和国反家庭暴力法》（以下简称《反家庭暴力法）宣传。一是开展《反家庭暴力法》知识讲座，邀请广东中佑律师事务所李一文律师，为曲江区600多名妇女详细介绍《反家庭暴力法》，提高广大市民《反家庭暴力法》的知晓率和预防制止家庭暴力的能力，以家庭和睦促进社会和谐稳定。二是与广东省妇女维权与信息服务站曲江站联合区总工会、平安办、司法局在河边公园开展以“反对家庭暴力、共筑平安家园”为主题的宣传活动。活动通过悬挂横幅、发放宣传资料、普法宣传品、现场讲解等多种形式对如何正确预防和制止家庭暴力、婚姻家庭权益等法律问题进行了广泛宣传。活动中，10多名普法工作人员热心向过往群众宣讲《反家庭暴力法》及相关法律知识，维权律师耐心地解答群众提出的有关家庭暴力、婚姻家庭权益等法律问题。发放普法宣传资料5000余份,宣传品2000份，解答咨询20余起。（2）举办以“倾听妇女心声 关护妇女权益”为主题的妇联主席热线接听日活动。3月8日，开展市、区、镇三级妇联主席热线接听电话，各级妇联主席耐心倾听妇女诉求，共接来电23人次。通过热线接听，对群众进行法律、政策宣传和心理疏导，为妇女群众做好事、解难事。(3)精心组织小组活动。2016年，分别针对留守妇女开展“做懂法妇女　享幸福生活”、针对婚姻困惑妇女开展“让女性的爱绽放于家庭”和“构建和谐家庭、彰显女性魅力”小组活动，由曲江区实验小学母子组成的针对幼升小儿童顺利过渡的“和睦成长 亲情永恒”成长小组活动。(4)做好来信来访工作，积极为妇女儿童提供优质、便捷的免费法律援助。2016年,共接待群众来电、来访103宗220人次，其中个案服务36宗。开展户外宣传活动7场，接受宣传人数达6300人次；举办法律等教育宣传讲座11场，惠及群众1079人次；发放宣传资料达18000余份，基本做到事事有答复、件件有落实，较好地服务了曲江区的妇女群众，为维护曲江区社会的稳定发挥积极的作用。

【“妇女之家”工作】 曲江区6个省级、6个市级“妇女之家”充分发挥资源优势，广泛联系妇女群众，结合当地妇女儿童、家庭发展需求的差异，积极组织开展各项活动，既能丰富妇女文化生活，又促进农村家庭文明和谐。各级“妇女之家”成立妇女互助小组、志愿者队伍、妇女文体活动团队等；充分利用春节、“三八”妇女节、母亲节、“六一”节、“6·26”、“12·4”等节日契机，举办一系形式多样、具有影响力的家庭活动，让妇女感受到“家”的贴心与温馨；通过组织举办活动和培训，为妇女体检、为患病贫困妇女给予治疗救助、帮扶留守儿童、孤儿、帮扶困境妇女及单亲母亲；培养妇女致富带头人、吸收优秀女性作为入党积极分子、开展“五好文明家庭”“最美家庭”“孝老爱亲”“好邻里”“十佳道德模范”等各类先进个人和家庭的评选活动。把“平安家庭”创建活动作为维护社会稳定和精神文明创建的一项重要工作，将家庭的平安与稳定列入首要教育内容，大塘镇其田村、枫湾镇白水村被评为平安家庭创建市级先进示范村(社区)；大塘镇大塘村的谭佩琼等8户家庭被评为“平安家庭”市级先进示范户。截至2016年年末，全区共有省级“妇女之家”6个，其中省第一期“妇女之家”示范点有3个：马坝镇马坝村委、罗坑镇中心坝村、马坝镇府前社区；第二期省级“妇女之家”有3个：白土镇横村村委、小坑镇汤湖村委、樟市镇南约村委,市级“妇女之家”6个，其中市级第一批“妇女之家”是樟市镇南约村、沙溪镇沙溪村；市级第二批“妇女之家”是樟市镇樟市村、枫湾镇白水村委；市级第三批“妇女之家”是马坝镇山子背村、大塘镇汤溪村。

【扶贫助困工作】 2016年，共争取区财政扶持妇女创业小额担保贴息资金3万元。上级妇联留守儿童心灵加油站7000元给马坝镇龙岗村委；“十百帮扶贫困妇女精准脱贫项目”工作经费2万元到马坝龙岗村委。香港励贤会资助困难学生50人，每户600元，共3万元。支持挂钩扶持的马坝镇新村村委3000元、发放挂钩扶贫户慰问金1000元，并为该村发生火灾的张玉凤家庭送去2000元的慰问金和慰问品。区妇联在职干部职工只有5人，一名副主席被派到马坝镇转溪村委担任第一书记，办公室主任抽到马坝镇驻村工作组，充分发挥妇联组织在社会扶贫中的积极作用。为把党和政府的关怀送到贫困妇女儿童的心坎上，春节期间，区妇联领导班子带着对全区妇女儿童的关爱之情，在全区范围内开展节前走访慰问活动，看望和慰问部分家庭生活困难的妇女儿童。通过前期的摸底筛选，区妇联在经费少的情况下还加大慰问金发放范围和慰问金金额，共慰问19户特困家庭，发放慰问金1万余元，让这些特殊家庭深受党和政府的关怀。她们中有年龄大的孤寡老人、有家庭成员中患重大疾病的妇女、有家庭困难的单亲母亲和孤儿。同时，区妇联还通过社会力量联系南华寺，在春节期间为曲江区50户特殊家庭每户捐赠25公斤大米和5公斤花生油；并报给区民政局10户特困母亲家庭，由区四套班子领导分组给这10户家庭分别送去大米、花生油和慰问金。

【妇女儿童发展规划】 2016年区妇联扎实开展《妇女儿童发展规划》(2011—2020年)中期评估督导工作。下发《关于迎接妇女儿童发展规划中期评估“回头看”检查的通知》，督促各成员单位按国家两纲检查流程做好相关迎检工作，做好资料的整理归档、调查问卷、考察点的选点、汇报材料、宣传展板策划等。为迎接国家、省、市中期评估督导检查，区妇儿工委办多次牵头召开妇儿工委各成员单位会议，传达布置省、市妇儿工委的文件精神，指导各成员单位及时做好查漏补缺工作，并多次到村委、社区及妇女之家、儿童友好社区调查、指导、入户访谈等。同时，将监测统计数据报表下发到相关责任单位，如实填报有关数据，掌握各项指标完成情况，从2016年起两纲数据统一由各成员单位在网上填报，为认真做好2016年度规划统计监测工作明确责任和义务，确保规划目标如期完成。2016年年末，已顺利通过省、市的评估督导，两个规划推进落实工作受到评估督导组的好评。 （潘玉艳）

曲江区妇女联合会领导班子成员名单（2016年）

主　席：江　燕

副主席：陈双群　魏新连

曲江区科学技术协会

【概况】 2016年，曲江区科协在区委、区政府的正确领导下，在上级科协的指导下，坚持以邓小平理论和“三个代表”重要思想为指导，认真贯彻落实科学发展观，以巩固“全国科普示范区”为抓手，紧紧围绕“四大”重点人群，广泛深入地开展科普宣传、科技培训、科技为经济服务等科协职能的综合性活动，努力提高曲江区全民科学文化素质。

【“科普进校园”活动】 3月28日，联合市科协在区九龄小学联合举办“2016年中科院老科学家科普讲座韶关行”科普巡讲活动。活动中，来自中国科学院老科学家科普演讲团成员周家汉教授为九龄小学200多名学生上了一堂《神奇的爆破》专题科普讲座。讲座以一些典型爆破工程案例，介绍城市旧建筑楼房、烟囱、水工围堰拆除爆破的壮观景象;以大量声像图片展示爆破力学的基础知识，揭示爆破成功的奥秘，分析爆破事故的原因，认识和感受爆破工程师的格言“成功在于一丝不苟”的科学态度和敬业精神。此次活动，使聆听讲座的学生深深地感受科学的魅力，激发学科学的兴趣。

5月12日，在区余靖小学举行科普宣传活动，展出“防灾减灾”科普图片40幅，全校400多名师生观看科普图片展览。

5月23日和9月23日，联合市科协、韶关市纲要办分别在区三小和沙溪中心小学举行“2016年科技进步活动月科普进校园系列科普活动”和“2016年韶关市‘全国科普日’系列科普活动”。内容包括科普图片展、3D画展、3D电影、机器人表演，益智玩具体验，赠送科普图书等活动。此次活动，既展示科学技术的趣味和活力，使该校师生近距离亲密接触先进的科学知识，又使学生从科普活动中认识科学技术的力量，从小培养学生爱科学学科学的意识。

6月24日，联合市科协、省青少年科技中心在区实验小学举行“2016年广东省青少年科技传播进校园活动”，内容包括模型表演、小型科技竞技、体验科学实验、机器人体验活动和青少年科技创新培训班等活动。该校2000多名师生参加此次活动，深深地感受科学的魅力。

10—12月期间，区科技馆深入到罗坑学校、樟市中心小学、樟市中学、乌石学校、沙溪中心小学、沙溪中学6所学校开展“科普进校园”活动，巡展40幅科普图片，发放一批科普图书，共有5000多名师生参加此次活动。

【“科普进社区”活动】 5月12日（“全国防灾减灾日”）和9月21日（全国科普日），联合马坝镇城东社区居委会分别在城区河边公园举行科普宣传活动。活动内容包含“防灾减灾”科普图片展览及科普咨询。活动中，共展出“防灾减灾科普知识”等主题挂图40幅，发放图书资料1000多份，群众观看展览2000多人次。

7月11日，联合区志愿者协会在区幸福社会工作服务中心举行社区防暑知识普及咨询会，广东工业大学的大学生为30多名社区居民讲解了防暑知识，并发放一批科普图书。

9月5日，联合韶关市启德医院在马坝镇城东社区开展义诊活动，为居民量血压、测血糖，宣传健康知识，并发放一批健康生活知识宣传资料。

【青少年科技教育工作】 12月在区科技馆举办曲江区中小学“小发明、小制作”比赛，80余件学生作品参加比赛，共评出优秀作品44件。同时，组织学生参加省市青少年科技竞赛，共获得市一等奖14项、二等奖13项、三等奖25项。

【科普项目】 组织做好科普项目申报工作组织指导曲江区方园生态农业有限公司成功申报为“韶关市科普教育基地”。组织实施“基层科普行动计划”项目根据国家、省、市科协有关科普项目的文件要求，继续组织指导韶关市曲江区马坝镇城东社区居委会实施“社区科普益民计划”科普项目。购置一批科普设备和科普宣传资料；开展科普巡展3场次，受众2000多人次；举办科普讲座2场次，受众100多人次。组织实施曲江区科普基地项目为推进曲江区科普工作，区科协与区科技局积极争取区科普经费，2016年共获批科普基地建设资金11万元，主要用于区科技馆等10个科普基地建设。 (邓有辉)

曲江区科学技术协会领导班子成员名单（2016年）

副主席：伍绍文（兼职）
王锡钦（兼职）
李忠辉（兼职）
秘书长：邓有辉

曲江区社会科学联合会

【概况】 2016年，曲江区社会科学联合会（以下简称社科联）深入贯彻落实习近平总书记在全国哲学社会科学工作座谈会上的讲话精神，紧紧围绕区委、区政府的中心工作，团结广大社科工作者，着力做好社科知识普及、社科课题研究、学会学术活动、挖掘地方文化特色，推进社科成果转化工作，大力繁荣发展哲学社会科学事业和建设幸福美好新曲江。

【出版社科理论刊物】 紧紧围绕区委、区政府中心工作，切实抓好理论学术性刊物《曲江论坛》的组稿编辑工作，出版2期《曲江论坛》，刊登曲江区哲学社会科学研究的优秀课题论文，丰富理论创新研究和曲江经济、文化、教育以及特色产业方面的研究，为推动各项工作提供强有力的理论指导。出版《好人故事会》，刊登22篇曲江好人故事，汇聚正能量，营造人人做好事的良好氛围。

【创新机制拓展平台】 加强与区委党校合作，积极发动各方面尤其是基层社科人才开展科研工作，构建本地跨界合作研究机制，形成成果质量由高水平专家鉴定保障，推动顶层和基层探索良性互动，汇聚各方人才，促进文化交流，为推动曲江区各项工作提供强有力的理论指导，充分发挥社科联“思想库”“智囊团”的职能作用。不断建立和完善高效的社科文艺精品创作工作机制，为主动融入珠三角、加快振兴发展，推动曲江文化事业的发展繁荣做出积极贡献。按照区委、区政府招贤纳士的指示，创新引进人才方法，进一步扩大全区社科联研究队伍。深入基层，深入民间，挖掘本土优秀人才，使社科联科研队伍能够挖掘更多的曲江特色。加大对精品创作的资金支持，并运用现代信息技术手段为科研项目的申报、立项、研究和结题等提供便利，利用互联网进行项目成果的推广，为社科科研提供崭新、宽广的平台。

【社科研究】 立足曲江，积极发动各方面尤其是基层的社科人才开展科研工作，深入基层，挖掘本地特色文化，针对目前曲江发展的问题开展课题研究，有的放矢，使科研成果竭力打造曲江品牌，塑造曲江形象。认真组织，大力发掘全区社科人才，开展课题研究并形成研究成果，助推曲江经济社会事业的发展。推进社科研究，主动对接珠三角，学习珠三角的先进理论和方法，开展与兄弟单位的交流互动，取长补短，为主动融入珠三角和争做社科研究的排头兵做足功课。

【社科文艺创作】 为进一步提高曲江区社科和文艺创作精品质量，总结经验、巩固成果，以更大的努力、更有效的举措，推动曲江区社科文艺创作较快发展，按照省、市、区有关文件要求，着力提高原创能力，从基础环节扶持原创，多措并举引导原创；着力聚焦现实题材，突出主题，推出更多震撼人心的优秀作品；着力提高作品质量，不断提升作品的精神高度、文化内涵、艺术价值；着力加强人才和团队培养，造就一支高素质文艺人才队伍。 (侯 莉)

曲江区文学艺术界联合会

【概况】 曲江区（县）文学艺术界联合会于1986年11月成立，属参照公务员管理的群团机关事业单位，内设3个管理机构，分别是办公室、组织联络部和编辑部。2016年，为进一步贯彻落实习近平总书记在北京文艺工作座谈会和《关于繁荣发展社会主义文艺的意见》文件精神，深入开展“两学一做”学习教育实践活动，在区委、区政府和区委宣传部的领导下，区文联坚持“二为”方向，贯彻“双百”方针，按照“抓学习、抓阵地、抓创作、抓活动、抓建设”的总体工作思路，认真办好《马坝人》文艺杂志，抓好曲江文联微信订阅号和曲江文联艺术之窗的文艺阵地建设，积极开展各种丰富多彩的文艺活动，为弘扬民族精神和时代精神、满足人民群众的文化需求做出积极的努力。

【“两学一做”学习教育活动】 文联党支部召开“两学一做”学习教育工作座谈会精神，支部书记蓝海容传达中央、省委、市委、区委文件精神，要求区文联全体党员干部务必提高认识、加深理解，必须突出抓好学习，必须自觉践行“四讲四有”，坚持高标准严要求，确保学习教育抓到实处、见到实效。要结合区文联特点，实施“123”项目，即“坚持每月1次专题学习辅导、每个党员每年2篇学习体会文章、每个党员一年计划做3件符合党员身份的先进实事”。真正做到基础在学，关键在做，起到很好的学习作用，工作效率有效提高。

【学习《中共中央关于繁荣发展社会主义文艺的意见》】 积极提高业务知识水平。4月11日，区文联全体干部职工和下属9个协会班子成员共同学习《中共中央关于繁荣发展社会主义文艺的意见》（以下简称《意见》）。蓝海容主席要求，全区文艺界、各文艺团体要高度重视，认真学习贯彻《意见》精神，坚持以人民为中心的创作导向，准确把握时代主题，深入群众、扎根生活，创作出更多的优秀作品；认真履行文艺工作者职责，做到德艺双馨，做廉洁自律的表率。加大创新力度，拓展曲江形象宣传，通过主题创作、新媒体和文化节等诸多模式，讲好曲江故事，弘扬曲江精神，传播曲江声音，为曲江文化繁荣发展做出新贡献。

【精准扶贫工作】 文联派出4名干部职工负责贫困户精准脱贫工作，工作组深入了解帮扶家庭的详细情况，包括家庭成员构成，种植、养殖、生产发展情况，因病因残或其他原因致贫情况等，并根据实际情况，为每户贫困户量身研究定制了具体的脱贫措施，并按“一户一档”建立了工作档案。

【本职工作】 1月，区文联开通“韶关曲江文联”微信订阅号，进一步及时宣传本单位的相关工作及各协会开展的各项活动。

1月25日，区文联组织开展“圆梦中华·福送万家”2016新春送春联下乡活动，在区各乡镇开展12场，群众按照自己的新年愿望，要求书法家们为自己书写春联，整个活动为群众书写春联1万多幅，得到群众的热烈欢迎。

韶关“中国梦·韶韵风·东街汇”文化活动文联荣获古村落优秀组织奖，曲江区此次参加的活动有：客家婚俗、粤北采茶，广东十大古村落“曹角湾村”图片展览等。

3月4日下午，在中共韶关市曲江区委宣传部会议室，召开“首届客家山歌座谈会暨山歌协会成立会议”，并选出首届区山歌协会的领导班子。

3月16日，在区文联会议室召开2016年协会工作会议，参加会议的有区属9个协会的会长以及即将成立的区民协代表，布置各协会结合自己的工作内容，开展好采风活动，做到多出作品精品。

5月29日，曲江区民间文化艺术协会正式成立。

6月17日，区文联等单位协办的“百善孝为先·亲情暖曲江"专题文艺汇演活动在曲江影剧院举行。大力宣传孝老爱亲的浓厚氛围。

6月28日上午，区文联党支部一齐慰问共产党员周成祥、晏保权代表文联党支部询问他们的生活状况，送上慰问金，还帮助他们解决生活上的问题，并代表省委为老共产党员周成祥颁发象征荣誉的“南粤七一”纪念奖章。

6月30日，2016年是中国共产党建党95周年，也是实施“十三五”规划的开局之年。为隆重纪念党的95华诞，进一步体现党组织对党员的关心和爱护，促进广大党员干部作风的切实转变，帮助党员解决实际困难，切实增强党员对党组织的归属感，增强党组织的凝聚力、战斗力，夯实党的组织基础。区委决定在“七一”前夕开展走访慰问老党员和生活困难党员活动。

11月，完成全年《马坝人》文艺杂志编辑出版任务；同时，由区作协主席周伟主编的马坝人丛书第三辑出版发行。马坝人丛书第三辑共5本，有小说、散文、诗歌，它们是：《一路芬芳》（夏治良著）、《爱的水晶鞋》（张仙群著）、《茶禅天井梦里芦溪》(杨振林编)、《品读时光》(候永红著)、《无序的树》(周曦著)。这辑丛书由羊城出版社出版,设计装帧精美,纸质上乘,内容丰富。

【文艺采风、创作、演出活动】 1月9日,区文联组织音乐舞蹈家协会到中国人民解放军驻韶关某部举行“2016年军民共‘种文化’暨联欢活动”。

1月26日,在区委举办的首届“风度曲江客家情”山歌节,区音乐舞蹈家协会喜获山歌原唱比赛一等奖。

2月1日,曲江区“国土杯”2016年迎春书法作品展在图书馆4楼展厅展出,展览的作品是从众多征稿作品中评选出的60幅佳作,很好地宣传国土资源的相关知识。

2月3日,由区委常委、宣传部部长唐继华带队,区文联、区文广新局、区属文艺界协会一行人走访慰问曲江各界有杰出贡献和领航作用的文艺家们。感谢他们为曲江文艺事业做出的贡献,并代表区委、区政府对他们致以新春问候。把党和政府的温暖带给他们。

慰问团一行先后慰问省作协会员、区作家协会主席、韶关著名诗人周伟、省书法家会员、市书法家协会理事和区书法家协会资深书法家潘志沐、韶关著名的剧作家、区音乐舞蹈家协会理事、名誉主席黄铁成。

2月4日,区摄影家协会联合主办的《“魅力曲江”迎春摄影展》在美丽的马鞍山下山门广场和马坝河沿堤路宣传栏展出。

3月中旬,区美术家们也随着春天的脚步,走出市区到乐昌市九峰镇小坪石村和各区的美术家一起进行“结对子、种文化”下基层送文化活动。

4月16日上午,韶关市曲江区摄影家协会全体会员驱车赶往曲江樟市芦溪,举行一年一度的年会以及“茶禅天井·梦里芦溪”摄影采风活动。

4月23日,曲江区美术家协会组织12名会员代表跟随韶关市美术家协会走进如诗如画的仁化县丹霞镇夏富村开展“送文化”活动。

4月29日,农民书法家曹章源书法作品展在区图书馆四楼展厅展出。

5月18日上午,《传承文明圆梦曲江》大型图片巡展启动仪式暨“5·18”国际博物馆日“宣传活动在曲江经济开发区白土工业园金亿合金制品有限公司厂区举行。

5月21日,广东省“百家千场艺术讲座下基层”活动在区文化中心大楼四楼道德讲堂举行,区演讲与朗诵协会邀请著名作家徯晗主讲《网络时代的文学写作》。

6月,区文联组织探望一名残疾女孩,她被人称为“曲江的海伦·凯勒”。1989年刘红英(浪漫樱)出生在曲江区樟市镇径口的一个小山村里,只因腿疾与家贫,就让一条小河阻隔了她读书的梦想。她没上过一天学,却在小伙伴的诵读声中,默默地开始走上自学之路。自学陪伴着她的日日夜夜,她要花费比别人更长更多的时间与毅力,知识像鲜花一样吸引着她这只“小蜜蜂”,不停地吸吮花粉,传播花粉。一个偶然的机会,让她进入多姿多彩的网络世界,在这纷繁的世界中找到自己的位置,她用手机开始学电脑打字,成为真正的网络写手。打开“云起书院”,就能找到她的小说《你追我逃:男神的呆萌助理》《兽舞无双》《蛋定情缘:误推蛇王要当夫》。

7月2日上午,由广东省作协、韶关作协主办,五月诗社、曲江作协、韶关评协协办的新生代5位女诗人作品研讨会在韶关市举行,唐学莲、吴文素、周曦、张春玲、余玉英5位女诗人的诗集是从区作协主席周伟主编的马坝人丛书的第二、三辑中选出,分别是《此生为莲》《春天的渡口》《无序的树》《逆流的河》《乘月光走来》。来自清远、阳江、湖北等兄弟市地的作家、诗人和评论家以及韶关文联、五月诗社诗人、诗友近百人参加此次活动。在研讨会上,专家们对她们的诗歌创作作出肯定,并提出存在的问题及今后努力的方向、意见和建议,对韶关诗歌创作的发展给予厚望。

为繁荣曲江旅游事业,宣传枫湾生态农业和自然风光,枫湾镇人民政府、曲江摄影协会联合举办2016“醉”美枫湾摄影大赛活动。

7月15日,瑶池养生·“桃”醉枫湾——2016年韶关市曲江区枫湾镇第三届花果节在枫湾镇枫日泉温泉度假村正式拉开帷幕。开幕式上,韶关市曲江区音乐舞蹈家协会为此届花果节会呈献了一场富有创意、令人如入仙阁的主题文艺展演。

在瑶池养生·“桃”醉枫湾——2016年韶关市曲江区枫湾镇第三届花果节上,区摄影家协会组织会员为本届花果节摄影一批摄影作品制作一本画册，作品充分反映了枫湾的旅游资源、风土人情、人文历史等相片，全面宣传枫湾经济社会各方面取得的成果。

7月25日，区客家山歌协会和音乐舞蹈家协会走出粤北到粤东兴宁市交流学习客家山歌发展经验。

7月28日，区艺术家还到兴宁某驻地部队联欢庆祝“八一建军节”。曲江区艺术家走出本土也不忘文艺为基层为部队服务的宗旨，他们和兴宁的艺术家一起把文化的“种子”“种”入部队基层，让它生根、发芽、开花、结果。这一活动展现曲江区艺术家的风采，也充分体现军民鱼水情深。

9月，曲江区音乐舞蹈家协会的会员们在刘欢主席带领下，深入基层部队为部队送老兵晚会指导排舞编舞并参与演出，用专业的歌舞以及对子弟兵的热爱践行军民鱼水情。翌日，她们又不怕辛劳，继续赶往下一站，为另一驻地部队的老兵送去一台精彩的晚会。

9月12日，曲江余靖小学曲江区举办廉洁文化进校园启动仪式。区文联属下的书法家协会、美术家协会协办的《曲江区廉洁文化进校园书画展》是曲江区廉洁文化进校园活动的主要形式之一。这次廉洁文化进校园书画作品展共展出近200件书画作品，全方位多角度诠释廉洁的含义。

9月28日，东莞市凤冈镇文联副主席陈的明一行人到韶关市曲江区文联交流文艺创作经验。区文联主席蓝海容和陈的明副主席一行人在区文联办公室交流两地文联的工作情况以及文艺创作经验，谈到客家原生态歌曲的收集与客家风情的创作歌曲的时候，现场非常热烈和风趣。一起座谈的有曲江区资深音乐创作人黄铁成老师、区文化馆赖全胜馆长和区客家山歌协会会长刘欢，还有我区客家山歌协会会员谭冬娣以及饶长鹏，他们俩是区客家山歌原生态唱法的优秀歌手。陈的明一行人还到区音乐舞蹈家协会以及客家山歌协会指导工作，并到区客家山歌的集散地曹溪河畔了解曲江的山歌传唱的情况。

10月1日上午10时，“师法自然”——曲江谢志伟、释常乐、宋韶星、杨霁莹、李传英等5人写生作品联展在韶关市图书馆隆重开幕。参加本次展览的5位画家均来自曲江区美术家协会，均是热爱自然之人。他们在繁忙的工作之余，踏足自然，忠于自然，师法自然，用手中画笔抒发家国情怀。此次作品展览，共展出5位画家写生作品60多幅。山水画、水彩画、油画形神兼备，传统临摹与现代技法相得益彰。驻足其间，或墨香四溢，或色彩斑斓，宛如置身于艺术长廊，赏心悦目之余，使人感知他们别具魅力的艺术修养与审美气质。本次的展览受到曲江区文联领导和韶关市美术家协会领导的高度重视，在对参展画家表示祝贺的同时，也对画家和曲江美协未来的发展指明道路。

10月，为响应习近平总书记对文艺工作的指示精神，提高本土文艺创作的数量和质量。曲江区文联组织区作协、区书协、区美协、区摄协、区民艺、区音舞、区客家山歌、区赏石文化协会骨干会员23人，到沙溪镇东华村桃源驿站进行采风活动。

10月23—29日，为纪念中国红军长征胜利80周年，“传承红色基因，弘扬长征精神”，曲江区文联，曲江区书法家协会联合仁化县文联、仁化县书法家协会在曲江图书馆举办“纪念红军长征胜利80周年”书法展。本次展览展出120幅书法作品，特别邀请中国书法家协会会员王宪荣、龙昌第等书法名家的作品参展，以烽火翰墨再现红军长征的光辉历程，将中华民族艰苦卓绝，自强不息的优秀作品世代相传。（黄新炳）

曲江区文学艺术界联合会领导班子成员名单（2016年）

主　席：蓝海容

副主席：晏保权

曲江区归国华侨联合会

【概况】 韶关市曲江区归国华侨联合会为正科级参照公务员管理的党群单位。归国华侨联合会是党和政府联系归侨侨眷的桥梁和纽带。维护侨益,参政议政,群众工作，海外联谊是侨联的四大职能。

【参政议政】 曲江有侨界的市政协常委1名，区人大代表1名，区政协副主席1名，常委1名，委员2名。参政议政是侨联工作的一项重要内容，也是党和政府了解和掌握侨界呼声和愿望的重要渠道。参政议政是侨联工作的一项重要内容，也是党和政府了解和掌握侨界呼声和愿望的重要渠道。在政协韶关市曲江区九届五次会议和区政协十届一次会议上，区侨界政协委员们积极参政议政，撰写提案，反映各方面的问题和提出建议，为建设和谐曲江，搞好曲江经济建设出谋献策。提出《改进全区垃圾管理工作》《做大做强全区电商产业》《加强二次供水设施管理改善居民用水》和《完善老城区、城中村消防安全设施》等8件提案。

【宣传联谊】 每年区侨联都积极参加市侨联组织丰富多彩的集体活动，深受广大归侨侨眷的欢迎和喜爱，起到凝聚侨心、团结侨力的作用。多年来侨联始终坚持把贯彻《中华人民共和国归侨侨眷权益保护法》作为一项政治任务，努力为侨服务办实事，进一步营造知“侨法”、懂“侨法”、贯彻“侨法”的良好氛围。区侨联热情接待来信来访的归侨侨眷，为他们解答各类有关的问题，并按国家及省、市、区的相关法规给予办理及耐心解释，有效地维护和促进全区侨界的稳定和发展。按照省、市侨联的部署和要求，及时、准确、全面地向省侨联网站报送信息，使其及时了解基础侨联的动态。通过各种各样的联谊活动，区侨联与广大侨界人士建立了联系，学习了经验，为下一步工作的开展打下了基础，为拓宽联谊渠道，扩大交往创造了条件。侨联在工作中结合实际科学谋划，精心安排工作和学习，学习中共十八大、十八届三中、四中、五中、六中全会、习近平总书记的一系列重要讲话和省委胡春华书记在韶关调研时的讲话精神、省市侨联有关会议精神和《反腐倡廉》等重要文件，统一干部职工和广大归侨侨眷的思想，提出新一年的工作思路，确定工作的着力点和努力方向。通过学习进一步加强机关工作人员政治理论水平，提高机关人员的思想水准，保证机关人员严格按照规章制度进行规范运作，克服人员少、任务重的困难，齐心协力把侨联工作做好。

【为侨服务】 为广大归侨、侨眷服务，维护归侨侨眷权益是侨联的工作重心。多年来，侨联通过各种渠道以多种形式认真做好群众工作，深入贯彻《中华人民共和国归侨侨眷权益保护法》和国务院《信访条例》等法律法规，切实解决归侨侨眷中普遍关心的热点难点问题。4月开展关于自闭症儿童情况摸查工作的活动；5月开展由中国侨联、中国华侨公益基金会主办的“侨爱心光明行”活动走进曲江，联合韶关爱尔眼科医院为符合条件的眼疾患者进行免费义诊。11月开展对7岁以下脑瘫儿童的调查摸底工作。在区委、区政府的重视下，把慰问困难归侨侨眷的作为一项重要工作。积极开展扶贫济困捐款活动，认真做好精准扶贫工作，进村入户，一家一户排查摸底，登记造册，确保情况精准，并根据他们的实际情况进行扶贫、脱贫帮助。积极参加区的创文巩卫工作，认真做好包干区的卫生及保洁工作。积极做好挂钩扶贫计划生育工作，对计生纯女户进行慰问，并送上慰问金。并走访接待回乡寻亲的侨胞和来自各地的客人。 (钟树梅)

曲江区归国华侨联合会领导班子成员名单（2016年）

主　席：钟树梅

副主席：陈文清　陈根深

办公室主任、秘书长：

陈文清（兼）

曲江区残疾人联合会

【概况】 2016年，在区委、区政府的正确领导及上级残联的业务指导下，曲江区残联认真学习和贯彻中共十八届五中、六中全会精神，紧紧围绕残疾人的基本需求，立足基层，面向社会，切实加强残联的组织建设、残疾人的康复治疗、就业培训，扶贫帮困和社会保障工作，一心一意为残疾人做好事、办实事、解难事，全面完成全年的工作目标。

【残疾人康复治疗】 2016年，区残联继续做好残疾儿童的免费筛查。组织市相关医疗专家为疑似残疾儿童进行免费筛查。共有15名疑似残疾儿童进行听力、肢体、智力、视力等康复项目筛查，对筛查确诊为残疾儿童的，纳入残疾人康复中心进行免费康复训练和治疗。

采用政府购买服务的方式，聘请定点康复机构“曲江区华力展能服务中心”常驻区残疾人康复中心，为残疾人提供一对一的康复训练、日常康复护理知识培训等康复服务。2016年，共有16名肢残（脑瘫）儿童在康复中心接受免费康复治疗服务，服务费用19.2万元，由上级残联下拨。免费为20名贫困肢体残疾人安装家居无障碍设施；免费配送轮椅30台，助听器、拐杖等其他残疾人用品用具一批；有20名中风偏瘫患者长期接受免费上门康复训练；有100多名贫困白内障患者通过各部门的扶持救助得到免费手术，重见光明；免费为5名肢残儿童配装矫正鞋。

配合区有关部门做好精神障碍患者的救治救助工作。通过组织筛查精神病防治工作，对260名精神障碍患者办理残疾人证。为15名精神障碍患者发放住院补贴共3万元，为40名精神障碍患者发放服药补贴共2万元。

【残疾人就业】 2016年，曲江区残疾人就业工作得到稳步推进。推荐30多名残疾人走向就业岗位。加强残疾人就业技能培训，共为全区50多名残疾人提供免费就业培训，创办“巧家园”残疾人工疗站和2个康园中心，培育了一批创业带头人，建成残疾人农村培训基地，举办1期农村贫困残疾人养殖技术培训班，30多名残疾人参加培训，进一步提高农村残疾人生存技能。

【残疾人脱贫】 根据国家和省、市关于新时期精准扶贫精准脱贫三年攻坚目标，为做好农村残疾人脱贫攻坚工作，推进残疾人小康进程，区残联制定印发《韶关市曲江区关于扶持农村贫困残疾人精准扶贫工作措施意见(2016—2018年)》，按照“保基本、兜底线、促公平、可持续”的要求，将全区农村690户残疾人户、888名农村贫困残疾人纳入精准扶贫对象，集中力量对曲江区农村贫困残疾人实施精准扶贫和救助。落实国家有关政策，对农村残疾人危房改造给予资金补助，2016年，共受理农村贫困残疾人危房改造申请3户，补助资金1.8万元。此外，区残联还按照区委和扶贫办的安排，对2名农村贫困户进行建档立卡和精准扶贫。

【残疾儿童教育】 认真开展7~15岁适龄儿童少年入学统计工作，做好跟踪失学残疾儿童的状况调查，确保每一名适龄残疾儿童均可享受国家义务教育。认真开展扶残助学和“南粤扶残助学工程”，对2016年新考入大、中专院校的4名残疾高考生发放一次性助学补贴5万元，对在校就读的12名残疾学生发放扶残助学金0.92万元，支助贫困残疾人家庭子女读书4人，支助金额1万元。

【残疾人保障救助】 全面落实重度残疾人免费参加城乡养老保险政策，2016年全区共有45名重度残疾人享受该政策；实行农村残疾人、重度残疾人、精神残疾人三类残疾人享受免费参加城乡医疗保险政策，全区共有3906名残疾人享受该政策；落实低收入残疾人生活津贴和重度残疾人护理补贴政策，向1006名低收入残疾人按每人1200元/年的标准发放残疾人生活津贴120.7万元，向1677名重度残疾人按每人1800元/年标准发放残疾人重度护理费301.8万元。

【志愿者助残】 制定《曲江区残联2016年关爱残疾人志愿者服务活动方案》，联合团区委志愿者协会，在“全国助残日”“国际残疾人日”“国际志愿者日”等节日期间开展慰问、义务劳动、义务诊治等扶残助残活动。11月17—20日，香港志愿者张海、廖巧琼两位医生不远千里，到曲江区残疾人康复中心进行义诊助残活动，对康复中心的残疾儿童免费开展康复治疗。区残联还利用中秋、春节等中国传统节日，探访慰问残疾儿童和困难残疾人家庭，为曲江区残疾人送去节日的温暖和残联组织的关爱。

【残疾人文体活动】 2016年残疾人文体活动开展得有声有色。在“国际盲人日”，联合区图书馆举办“同在蓝天下 共享阅读情——协助共进 关爱盲人”活动，8位盲人朋友踊跃参与歌舞、游戏、有奖问答及盲文阅读等活动，一位盲人朋友还上台为大家演唱《朋友》《顺流逆流》等歌曲；组织10位盲人参加全区纪念红军长征胜利80周年朗诵会活动。在省残疾人文体活动上，曲江区的潘志沐老师获得省书法优秀奖。

【残疾人维权工作】 认真开展残疾人维权工作，积极维护残疾人合法权益。残疾人是特别需要关怀的群体，也是社会的弱势群体。区残联认真对待每一名信访残疾人，及时解决他们的信访诉求。2016年共接到残疾人信访案件4宗4人次，均得到及时回复和处理。认真做好残疾人机动车轮椅车燃油补贴工作，切实保障残疾人的合法权益。2016年共补贴65户残疾人燃油补贴1.69万元。

【残联队伍建设】 加强组织建设。2016年，区残联完善配齐残联机关内设机构人员，联合区人社局选聘10名镇（街道）残疾人专职委员，进一步充实残联基层组织；加强机关干部公务员知识更新培训，全体干部分批参加全区公务员“创新、协调、绿色、开放、共享”五大发展理念学习培训；举办1期镇（街道）残疾人专职委员培训班，进一步增强和提高基层为残疾人服务的能力和水平。

加强党员教育。2016年，根据上级要求，以党支部为单位，认真组织党员干部开展“两学一做”学习教育活动，制定《区残联“两学一做”学习教育活动方案》，组织党员认真学习《中国共产党章程》《中国共产党廉洁自律准则》《中国共产党纪律处分条例》《中国共产党党员权利保障条例》以及习近平总书记系列讲话，通过“两学一做”教育活动，确保每一名党员都能做到“四讲四有”。同时根据要求，开展党费补缴工作，全体党员均按要求和标准足额补缴2008年至2016年党费。

加强党风廉政建设。组织干部职工观看《黑瞳》、《黄克功案件》等反腐题材的影片，进一步增强干部职工的廉洁自律意识。制定《区残联党风廉政建设主体责任清单》，明确班子及成员“一岗双责”，进一步推动残联机关党风廉政建设规范化、制度化。

【残联巩卫创文】 组织干部到责任区进行卫生保洁，清扫垃圾、清理牛皮癣，积极迎接国家及省市卫生专家的明察暗访。配合挂钩镇村开展计生工作，对挂钩计生户定期探访慰问。（杨静雯）

曲江区残疾人联合会领导班子成员名单（2016年）

理事长：邓有强

副理事长：邓全娣

法　治

政法委及综治

【概况】 2016年，全区政法机关认真贯彻落实中央和省委、市委、区委的工作部署，以提升群众安全感为目标，以平安创建为载体，以基层基础工作为抓手，以服务发展为重点，全面落实社会治安综合治理各项措施，深入推进平安曲江、法治曲江和过硬队伍建设，有效提升群众安全感和对政法工作的满意度，确保全区社会政治稳定。据省委政法委委托第三方专业机构对全省各市、县（市、区）群众安全感指数、政法工作满意度和创平知晓率的测评结果通报，曲江区群众安全感为80.22分，政法工作满意度为77.62分，创平知晓率为37.33分，分别全市排名第三、第二和第一，综合排名居全市第一。

【社会稳定】 2016年，区政法委紧紧围绕全国“两会”、中共十八届六中全会、杭州G20峰会等重大活动这条工作主线，强化“一岗双责”责任制，开展维护政治安全“5+2”等专项行动。成功处置正星车轮有限公司、亿华时代广场、理想家园房地产项目建筑工人欠薪纠纷，枫湾镇石峰村委会大竹山村民石场村企纠纷，大塘镇梅花村委彭屋村村民山林纠纷，涉军退人员、民师人员等重点群体上访等涉稳事件。防邪部门侦破投放“法轮功”邪教组织宣传品刑事案件1宗，查处涉诬告滥诉行政案件2宗，有力打击“法轮功”邪教组织，有效防范境外宗教势力渗透。同时，积极配合上级国安部门开展工作，组织全区干部、群众参观国家安全教育图片展。2016年，曲江区国安办继2014年之后再次获广东省国家安全厅通令嘉奖，并被国家安全部门评定为一级基层国安办。全年各镇（街）综治信访维稳中心排查矛盾纠纷395宗，成功调处480宗（含年前积案）。完成交办案件国家级12宗，省级52宗，市级31宗。群众到市集体访5批112人次，同比批次和人次分别上升66.67%和460%，到省集体访2批11人次，同比分别下降33.33%和84.72%，到京非访3批3人次，同比持平。

【严打严防】 在严打方面，扎实开展“飓风2016”专项打击整治行动，重拳打击涉“两抢一盗”、涉毒、涉电信诈骗、涉金融领域犯罪。公安机关共立刑事案件1158宗，同比下降9.46%，破获各类案件833宗，同比上升11.51%，命案发1宗，破1宗，刑事拘留537人，提请逮捕390人；区检察院共批捕各类刑事犯罪嫌疑人222件413人，提起公诉238件423人；区法院审结刑事案件282件549人。在严防方面，重点织密社会治安防控网，夯实治安防控基础。截至2016年年末，在城区重点部位安装217个视频监控点，建立11个治安卡口和1个市际公安检查站，完成2016年WiFi无线上网管控任务。全面实施“实有人口”和“实有房屋”“双实”管理，推进居民小区安装“门禁+视频”系统，安装完成900套（市下达任务为600套），实现重点人员聚居等治安复杂出租屋门禁视频系统安装全覆盖。推动重点单位落实内部防范措施，加强对危爆物品的日常管理，坚决消除各类涉爆安全隐患。

【平安建设】 扎实推进平安村居、平安社区、平安校园、平安文化市场、平安医院、平安企业、平安家庭、平安景区、重点行业、重点领域平安细胞创建工作，全力消除治安死角。加大宣传力度，举办警民互动大型现场宣传活动，动员全区上下掀起平安创建宣传工作热潮。在平安系列图书捐赠活动中，各机关单位、企事业团体共向区内29所中小学捐赠图书2847套。区平安办投入4.5万元制作300块高规格的社区宣传广告牌，镶嵌在城区大中型小区建筑物内，今后还将逐年追加，覆盖至所有成规模的住宅小区。通过各单位 LED 电子显示屏幕、平安宣传微博和微信公众平台，传送平安创建相关信息，有效提升群众创平知晓率和参与度。培育“平安餐饮”亮点工程。重点开展平安校园和平安小区创建活动，对 16 间中小学校进行达标检查验收。

【严重精神障碍患者管控、救治救助措施】 2016 年，曲江区将严重精神障碍患者救治救助工作纳入综治（平安建设）工作考评内容，以区两办的名义印发《曲江区加强严重精神障碍患者防控管理实施意见（试行）》，将专项排查工作经费 48 万元落实至各镇（街道）。区综治办组织公安、卫计等部门开展全区精神障碍患者大排查工作，有效预防和减少严重患者肇事肇祸案（事）件的发生，为平安曲江建设营造良好的环境。

【司法体制改革】 司法责任制四项改革有序推进，司法人员分类管理逐步铺开，法检两院人财物收归省级统一管理工作已基本完成，启动聘用制辅助人员过渡招录工作。新型办案模式和监督管理机制正在形成，办案质量和效率实现“三升一降”。区法院一审结案率 98.75%，同比上升 0.7%；服判息诉率 90.08%，同比上升 11.38%；调撤率 44.79%，同比分别上升 2.78 %；上诉案件发回改判案件 46 件，发回改判率 4.01%，同比下降 0.55%。

【破解执法司法难题】 扎实开展食药、环保、安全生产等领域打击违法犯罪专项行动，公安机关接收移送案件和自侦立案 2 件，移送检察机关审查起诉 1 件，判决 1 件，行政执法与刑事司法衔接中有案不立、有案不移、移案不接、以罚代刑等问题得到有效破解。落实诉访分离，推动涉法涉诉积案化解。全年，政法部门共接收群众来信来访 102 件，同比下降 35.85%。分级受理案件共 54 件，同比下降 34.94%。其中法院受理 41 件，检察院受理 11 件，公安分局受理 2 件，司法局无受理案件。全区连续四年无发生纠正错误和补正瑕疵案件。

【政法队伍建设】 深入开展“两学一做”学习教育，开展“一村一警”联系走访、“大练兵、大比武、大培训”、“把纪律挺在前面”等专项活动，加强政法队伍思想政治建设、履职能力建设、纪律作风建设，全区政法队伍战斗力明显增强。（胡艳玲）

中共曲江区委政法委员会领导班子成员名单（2016 年）

区委常委、政法委书记：文浩培
常务副书记、区委防范办主任：
　　孙曲平
副书记、综治办主任：
　　唐玲君（任至 4 月）
副书记、综治办主任：
　　廖伟忠（4 月起任）
副书记：谭柏强

法治政府建设

【概况】 2016 年，区法制局在市法制局、区委和区政府的正确领导下，在有关部门的大力支持配合下，围绕区委、区政府的中心工作，认真履行行政府法制工作职责，积极推进依法行政，在规范性文件审查备案、行政执法监督、行政复议与应诉、人大代表建议和政协委员提案办理等方面工作取得较好成绩。

【规范性文件审查和备案工作】 2016 年，区法制局严格按照上级规定制定合符曲江实情的规范性文件，使全区经济、文化和社会各方面建设和管理有章可循。在审核规范性文件中，严格做到有件必备、有备必审、有错必纠，积极探索备案审查工作的新方法、新方式，进一步提高备案工作质量。2016 年，经过审核以区政府名义颁布实施的规范性文件 3 件，对上级转来的法规性草案以及政府规范性文件、部门规范性文件草案提供法律意见 23 件（次）。同时抓好政府规范性文件备案工作，上报市法制局备案规范性文件 3 件。

【行政复议案件和行政应诉工作】 2016 年，区法制局受理单位和个人提起的行政复议案件共 8 宗。对于受理的复议案件，在认真审查书面材料的同时，及时开展案情调查，做到事实清楚、证据充分，适用法律法规准确，处理程序合法，切实维护人民群众的合法权益，增强行政复议制度在群众中的认可度与信任度。2016 年，区法制局代表区政府出庭应诉行政案件 4 宗、民事案件 2 宗。

【人大代表建议和政协委员提案交督办工作】 2016 年，区第十四届人大六次会议和政协九届委员会五次会议结束后，移交给区政府办理的人大代表建议15件，政协委员提案34件，委员来信17件。按照部门职责，区政府确定将建议、提案交给相关单位具体办理。区法制局采取电话跟踪、沟通交流、上门督办等方法，认真督促承办单位做好办理工作。

【其他工作】 一是依法处理各类信访问题，为民排忧解难。2016年，区法制局共接待来信来访200多人次，对每位来访人员，都能做到热情接待、尽心服务，能够解决的问题尽快解决，难以解决的问题认真解释清楚，不属区法制局职能职责范围予以正确引导，努力使来访人员满意而归。二是认真做好行政执法证的核发工作，对各执法单位上报的办证材料进行认真的核对，防止弄虚作假行为的发生。2016年，区法制局共为5个执法单位报送相关手续材料，办理23个行政执法证。三是积极配合和参与重点项目建设、旧城改造征地拆迁、整治“两违”、山林土地纠纷调处、创文巩卫等项工作，均较好地完成任务。 （梁耀升）

曲江区法制局领导班子成员名单（2016年）

局　长：李广华

副局长：黄伟芳　蒋德寿

公　安

【概况】 韶关市公安局曲江分局位于韶关市曲江区马坝镇马坝大道中23号。2016年，在区委、区政府和市公安局的领导下，曲江分局认真贯彻落实中共十八届三中、四中、五中、六中全会精神，紧紧围绕打造平安曲江这一目标，全力开展“4+1”专项打击行动，深入推进社会治安防控体系建设，大力开展重点地区和突出治安问题整治，不断深化公安改革创新，全面推进“四项建设”，着力提升打击犯罪能力、治安管控能力、服务群众能力和应急处突能力，提升队伍整体形象和战斗力，为维护全区社会平安稳定做出积极贡献。

【机构沿革】 韶关市公安局曲江分局，前身是韶关市曲江县公安局，属正科级单位。1949年10月，曲江解放，14日，曲江县人民政府公安局成立。1967年1月，曲江县军事管制委员会成立，次年1月，曲江县军管会宣布成立政法军管小组，对县公、检、法实行军事管制。1973年6月，恢复曲江县公安局。2004年，曲江县划为韶关市属区，更名为韶关市曲江区，曲江县公安局也随之更名为韶关市公安局曲江区分局。2016年9月，更名为韶关市公安局曲江分局。在机构设置上，曲江分局设指挥中心、政工室等13个内设机构，14个派出所，除网警大队为正股级外，其余26个部门均为副科级建制单位；共有在职民警349人，职工1人，非警公务员2人，另有各类警务辅助人员241人。

【综治维稳】 2016年，曲江分局始终把维护国家安全和政治稳定置于首位，主动作为，主动创稳，坚持实行常态化信息研判机制，圆满完成全国“两会”、中共十八届六中全会、G20峰会等重要会议，以及“六四”、“文化大革命50年”等重大敏感时期的安全保卫任务，切实打好维稳工作主动战，确保社会政治稳定。积极推进“清源断腿2016”专项行动，在全市各县区“清源断腿2016”专项行动考核工作排名第一。

积极做好省厅、市局交办的各项专项调查工作，积极落实“平安校园”建设工作措施，按时保质完成韶关松山职业技术学院、曲江中学等大学、中学的专题调研工作，充分掌握全区师生意识形态。认真做好防范境外非政府组织向曲江区渗透工作，全区没有发现非法出版物以及学术研讨报告。

坚持完善风险评估研判机制，落实重大敏感时期和重点问题会商研判制度，做到“一线索一研判，一周一研判”，切实做好风险评估工作，提高分析研判和主动应对水平。2016年，共收集各类情报信息200余条，上报要情信息266期，被市局采用215条，被区委、区政府采用265条，为党委和政府科学决策提供可靠依据。

针对涉农涉土、涉劳资纠纷、涉环境污染、涉棚户区改造和军队退役人员闹访等不稳定因素，实行动态排查，主动化解处置，突出做好上访老户、个人极端、肇事肇祸精神病人等重点群体的化解稳控工作，做到“早发现、早报告、早控制、早化解”，切实将矛盾解决在基层和萌芽状态。其间，成功处置正星车轮有限公司工人讨薪、亿华时代广场建筑工人讨薪等涉稳事件。

深入推进“安网 2016”专项工作，发挥网络侦察技术手段优势，有效惩治各类违法犯罪活动。在“互联网+”时代，加强网上常态化巡查和打击力度，提升网上“见警率、管事率”，健全完善打击网络犯罪长效机制，及时发现制止各类违法犯罪活动。严厉惩治窃取网民个人信息、网络诈骗和制造传播网络谣言等多发性网络违法犯罪，全面清理整治网上暴恐、涉枪涉爆和涉黄赌毒等违法信息，净化网络环境。2016 年，全区网络舆情平稳，未发生重大负面舆情事件。

【严打整治】 2016 年，曲江分局全力推进“4+1”专项打击行动，组织各办案部门全面落实打击整治各项措施，查破一批涉“两抢一盗”、涉毒、涉电信诈骗、涉金融领域、涉传销等犯罪案件。2016 年共立刑事案件 1158 宗，同比 2015 年 1279 宗下降 9.46%；破获 833 宗，同比 2015 年 747 宗上升 11.51%；打掉犯罪团伙 17 个，同比 2015 年 19 个下降 11%；刑事拘留 537 人，同比 2015 年 602 人下降 10.8%，提请逮捕 390 人，同比 2015 年 410 人下降 4.9%，确保全区的社会政治稳定和治安大局平稳。其中，破获涉盗抢案件 658 起，提请逮捕 92 人，起诉 88 人；查破涉毒案件 391 宗（刑事案件 74 宗），刑事拘留 88 人，提请逮捕 80 人，强制隔离戒毒 109 人，查处 514 人，社区戒毒 122 人；破获涉电信诈骗系列案件 24 起，提请逮捕 7 人，起诉 7 人；破获涉金融领域犯罪案件 4 起，提请逮捕 25 人，起诉 24 人。

2016 年 4 月 20 日，分局刑侦大队在清远市东城区抓获贩毒人员何某东，成功破获一宗省目标特大涉枪贩毒案件。此案先后抓获犯罪嫌疑人 7 人，摧毁以贩毒人员冯某成、黎某安和何某东为首的三级贩毒链条，起获毒品冰毒 2520 克、麻古 600 粒、K 粉 150 克，缴获仿美式雷明顿霰弹枪和“六四”式仿制手枪各 1 把、子弹 50 余发以及枪管、弹夹等枪支零配件一批，扣押作案车辆 1 台，摧毁一个盘踞在韶关地区的涉枪贩毒团伙；11 月 5 日，曲江区马坝镇阳岗南路某大排档发生一起故意伤害致死案。案发后，分局第一时间启动命案侦破工作机制，及时锁定犯罪嫌疑人，仅用 8 小时便成功破获该起发生在曲江辖区的首宗命案，有效消除社会不良影响。

2016 年，曲江区被列为全市社会治安重点整治地区，其中突出治安问题是涉传销违法犯罪。为实现成功“摘帽”，分局紧紧抓住本辖区、本警种整治的重点领域、重点问题，围绕各项考核指标，迅速掀起整治工作高潮。2016 年，共破涉传销类案件 49 宗，捣毁涉窝点 41 个，刑事拘留 184 人，提请逮捕 180 人。通过打击整治，有效遏制辖区涉传销违法犯罪高发态势，2016 年共接到涉传销警情数 58 起，同比 2015 年 139 起下降 58%。

【治安防控与管理】 加快推进智能感知采集网、情报预警处置和公路治安站点查控等项目的建设，在小区、城区主要道路、车站等重点部位安装 217 个视频监控，已全部接入市视频图像信息联网平台；建立治安卡口 11 个，建成市际公安检查站 1 个。通过开展武装巡逻和 24 小时备勤相结合的方式，形成严密防控网和强大震慑力。

积极开展“百日交通整治活动”“曲江区整治无牌无证三轮摩托车载客营运和治理泥头车扬尘等行动”，认真做好春运、“五一小长假”、高考等节假日及重大时期道路交通安保工作，确保辖区道路安全畅通。2016 年，全区共发生统计内上报交通事故 18 起，死亡 10 人，受伤 15 人，财产经济损失 61100 元，与 2015 年同期相比，事故宗数持平，死亡人数下降 9%，受伤人数上升 66.7%，财产损失上升 362%，辖区未发生一次性死亡 3 人以上交通事故。

继续发挥社区民警在密切联系群众、掌握社情民意、调解矛盾纠纷、组织平安共建方面的积极作用，在辖区内定期开展电信诈骗防范宣传、消防、禁毒安全防范教育等主题活动，为巩固平安曲江的建设贡献力量。2016 年，分局社区民警共登记走访出租屋 800 多间，为流动人员办理居住证 1300 余人次，加快建筑物、房屋等地址信息采集工作，面向城区、各村镇开展门楼牌登记摸排，确保人口房屋“双实”管理到位。

优化公安管理服务，坚持“警企联系”制度，深入企业调查研究，减少审批事项，简化审批程序，完善上门服务，网络服务，积极主动为企业发展服务解难。加大打击涉企违法犯罪，尤其是重点打击组织煽动群众堵门堵路、阻挠企业落地施工、扰乱企业正常生产的骨干分子，着力解决干扰企业生产经营和发展的强装强卸、强揽工程、敲诈勒索、寻衅滋事等突出问题。2016年，成功处置包括村民到大宝山矿堵路、竹园村委温屋村村民到广夏砖厂阻工等事件10多起，有效维护企业的合法利益。

【公共关系建设】 分局认真贯彻警力保障向基层倾斜的指导思想，大力精简机关、立足基层，通过继续将警力下沉到基层，充实执法办案部门力量，充实社区专职民警队伍。至2016年年底，分局执法办案部门民警已占全局民警总数80%以上，全区专职化社区民警负责的社区已达到27个，各种可防性案件有效下降，对社会面的管控能力大大增强。同时，为应对“大数据”时代要求，分局借助科技信息化手段不断开辟便民服务新路子，在全市各县区中率先建设启用24小时自助服务区，实现了港澳再签、交通违法处理等业务全天候、全方位“一站式”服务，最大限度方便办证群众，提升办证效率。

紧紧围绕公安工作的大局，分局始终坚持舆论导向，全面落实新闻宣传目标责任，积极开展公安新闻宣传，积极推进网络问政工作，积极举办“平安创建”、“禁毒入校园”等主题宣传活动，促进了和谐警民关系的建设。2016年，分局共对外发表宣传稿件400余篇，其中中央电视台、《中国日报》、人民网、中国新闻网等国家级新闻媒体182篇次，南方日报、广东电视台等省级新闻媒体384篇次，《韶关日报》、韶关电视台、韶关电台等市级新闻媒体260多篇次，2016年分局宣传工作考核排名全市各县区第一。同时，充分利用“曲江公安”微信公众号、新浪官方微博等平台，实现“键对键”与网民保持沟通联系，形成民生网上听、民情网上察、民意网上访、民疑网上解的警民互动模式，从而赢得群众和网民的理解和支持。

【警员训练】 分局深入推进“领导干部大轮训、民警岗位大练兵、警种专业大比武”活动，分批组织领导干部开展干部大轮训活动，组织户政、治安管理等部门进行大比武。广泛推行“微课程”建设，打造教育培训新平台，提高训练成效。2016年，共组织开展战训合一、武器警械训练等各类培训244人次，举办知识讲座、道德讲堂12期。组织民警参加公安机关人民警察基本级、中级和高级执法资格考试，进一步增强法治意识和法律素养，提升运用法治思维和法治方式解决问题的能力。

【警队建设】 坚持政治建警，组织全体民警认真学习习近平总书记系列重要讲话精神，开展“学党章党规、学系列讲话，做合格党员”学习教育活动，引导民警牢固树立党性原则和理想信念，将“两学一做”精髓与实际工作相结合，全面提升业务知识理论水平。

坚持从严治警，组织各部门深入学习贯彻《廉洁自律准则》和《纪律处分条例》，召开纪律学习月专题学习会，狠抓党委主体责任和纪委监督责任落实，不断强化纪检监察、督察、审计的监督管理作用。2016年，分局开展“加强党风廉政建设，落实两个责任”的专项督察行动，加大纪律作风的明察暗访和专项督察，重点督察违反中央“八项规定”、“四风”，公安部“三项纪律”等情况，严肃警风警纪警规，认真践行“两学一做”精神要领。积极推进“鞭策庸懒散、提升执行力”专项教育整治活动，认真扎实地抓好各阶段工作，坚决避免形式主义和走过场；组织党委班子成员、科所队党支部班子成员参加《党内监督条例》《党组工作条例》专题辅导讲座，进一步夯实从严治党、从严治警根基。2016年，分局警务督察部门共受理上级交办、“110”接收及自办投诉37起，已按时限全部办结，其中经查属实的1起，对涉及部门进行批评并责令立即整改。2016年，共发生民警重大违法违纪的自查案件4起，处理4人，全年未发生执法过程中的非正常死亡事件，未发生民警负主要责任的涉警交通死亡事故。

坚持从优待警，继续落实民警体检、休假、保险、救助措施，依托民警救助会平台，认真做好抚恤优待工作，积极配合省公安厅、市公安局做好“解警困·暖警心”慰问活动。2016年，慰问在职困难民警、退休患重病、在职患重病民警等88人次，发放慰问金17万元。

【表彰先进典型】 严格执行《广东省公安机关人民警察奖励工作暂行规定》，2016年分局有13人荣立个人三等功，集体嘉奖3个，个人嘉奖52人次。在市委宣传部、市文明办、市公安局联合组织开展的“韶关好警察”评选活动中，分局刑侦大队民警刘铭被评为“韶关好警察”。

（黄凯辉 朱芷慧）

曲江公安分局领导班子成员名单(2016年)

副区长、局长：沈建图（任至7月）
高瑞坤（7月起任）
政治委员：谢宁军（1月起任）
纪委书记：杨国平
政工室主任：林其华
副局长：刘自龙
曾庭庭
卜韶峰（1月起任）

检 察

【概况】 2016年，在上级人民检察院和区委的正确领导下，区检察院认真贯彻落实中共十八大和十八届五中、六中全会精神，以开展“两学一做”教育活动为抓手，狠抓队伍建设和执法规范化建设，全面履行法律监督职能，维护社会公平正义，促进各项检察业务工作平稳有序发展，取得较好成绩。2016年5月，荣获“第六届全国先进基层检察院”称号。

【服务民生 维护稳定】 紧紧围绕全区中心工作大局，抓住服务民生和维护稳定两条主线，围绕“平安曲江”“幸福曲江”建设，充分履行检察职责。

【依法打击刑事犯罪】 2016年，批准逮捕各类刑事犯罪嫌疑人507人，提起公诉622人，相比2015年同期分别上升16%和25%。主动配合公安机关开展的“4+2”专项整治行动，从严打击涉毒、涉黑恶、涉“两抢一盗”、涉赌、涉非法集资刑事犯罪，做到快捕快诉，共批准逮捕上述类嫌疑犯326人，提起公诉295人。对呈捕案件，坚持少捕慎捕，自觉落实逮捕必要性审查机制，充分发挥提前介入引导侦查作用，确保不误捕错捕；对公诉案件，坚持严把案件证据关、事实关和法律适用关，确保精准起诉；对不捕不诉案件，坚持信访风险评估先行，认真做好相关当事人息诉工作，尽量避免引发涉法涉检信访；对犯罪情节轻微、悔罪态度诚恳，积极退赃赔偿或者未成年人、在校学生实施的较轻犯罪，坚持贯彻宽严相济的刑事政策，依法作出不捕不诉决定，作出不捕46人，不诉42人，力争化解和减少社会矛盾。

【信访维稳工作】 创新综治载体，加快推进“群众诉求表达渠道建设项目”和“司法执法监督机制建设项目”建设，做好信访维稳工作；按照依法治区工作部署，认真落实政法干警联系村、居（社区）工作，为群众提供法律咨询，增强群众法律意识；进一步规范“检察长接待日”和“下访”“巡访”工作；高标准完成检察机关远程视频接访系统建设，实现与上级院互联互通；积极开展司法救助工作，正确使用刑事和解手段，全面清理涉检信访矛盾，尽最大可能把矛盾解决在基层，化解在萌芽状态。

【反腐倡廉建设】 顺应人民群众的新期待，充分发挥检察机关的职能作用，把查办和预防职务犯罪工作放在突出位置，推进反腐倡廉建设。

【查办职务犯罪大要案】 坚持有腐必反，有贪必肃，把查办职务犯罪作为反腐倡廉工作的切入点。加强与纪委的联系和协作，对人民群众反映强烈的贪腐案件及时进行查处，利用侦查一体化机制，集中优势力量，立案查办职务犯罪案件15件15人。如在生态领域内，立案侦查区林业局和森林派出所腐败窝案、串案12件12人，其中行贿案件5件5人；在生态领域和涉农领域内，立案侦查了渎职犯罪案件3件3人。通过查办职务犯罪案件，及时回应人民群众的要求，保护了全区森林资源免遭进一步破坏，保证人民群众饮用水安全，维护人民群众的切身利益。

【职务犯罪预防工作】 结合职务犯罪案件和全区实际，不断推进职务犯罪预防工作纵深发展。开展预防调查7次、开展案例分析6次、开展预防宣传和警示教育41次、开展行贿档案查询566次。以创新宣传形式，扩大预防范围重点，联合区纪委举办以“吹好枕边风，当好廉内助”为主题的廉政专题讲座；为保障地方换届选举顺利进行，营造风清气正的选举环境，按照工作方案有重点、分阶段地推进专项预防工作；5月，区检察院受邀为全区精准扶贫驻村干部开展预防惠民扶贫领域职务犯罪讲座；为有效预防未成年人犯罪，提高未成年人自我保护意识，区检察院开展“送法进校园”活动，在曲江区马坝中学和曲江职校取得良好效果。

【两个专项监督活动】 切实开展破坏环境资源和危害食品药品安全专项立案监督活动。通过与行政执法机关、公安机关沟通交流、调阅案卷材料及走访有关单位，对全区破坏环境资源和危害食品药品安全的行政处罚案件进行排查；对已经立案侦查的案件，通过不定期召开会议对案件定性、调查方向、取证技巧、证据标准、程序规范等方面进行讨论，严防以罚代刑、降格处理甚至充当“保护伞”等问题发生。如全区2016年发生食用油内黄曲霉素超标案件，区检察院联合区公安局、区食药监局召开“两法衔接”联席会议，对移送涉嫌犯罪案件的具体标准、检验报告材料出具、强化检察机关法律监督等问题进行讨论研究。

【维护司法公正】 认真履行对诉讼活动的法律监督职责，加大监督力度，努力让人民群众在每个司法案件中都感受到公平正义。

【刑事诉讼法律监督】 严把案件证据关、适用法律关和程序公正关，加强对侦查机关侦查活动的监督，依法监督纠正侦查活动中存在的有法不依、执法不严、违法不究、司法不公等问题，发出侦查活动监督通知书28份，纠正违法通知书11份，纠正漏捕人数15人；审查卷宗，寻找证据之间的矛盾，发现漏罪漏犯线索，追诉漏罪漏犯；对刑事裁判认为确有错误的依法提出抗诉3件29人；贯彻落实非法证据排除规则，在审查起诉中对非法证据坚决予以排除。

【刑事执行和监管活动监督】 开展羁押必要性审查案件16件16人，提出变更强制措施建议16件16人（均已采纳）；审查法院、监狱交付监外执行罪犯71件71人，提出书面检察建议1件，已纠正1件；监管活动检察监外（社区矫正）执行监督考察167人，对监外执行检察监督管理、矫治活动中提出口头检察建议；对乡镇的监外罪犯帮教和法制教育。

【民事行政审判监督】 强化依法监督理念，认真学习贯彻新修订的民事诉讼法，积极探索公益诉讼试点工作。受理不服人民法院生效的民事判决申诉案件3件，1宗作出不支持监督申请决定；自办案件14宗，督促相关部门履行职责10件。

【阳光检务】 深入推进检务公开工作，保证检察权在阳光下运行，提升检察机关执法公信力。

【案件流程监控】 严格按照《全国检察机关统一业务应用系统使用管理办法（试行）的要求》加强对案件流程管理，对受理的每一起案件全程进行跟踪、预警和监控，努力做到“全员、全面、全程、规范”。

【检务宣传工作】 加强“两微一端”新媒体平台建设，开通官方微信、微博和今日头条，努力提高检务公开的力度。利用案件信息公开系统，重点推进案件信息公开。

【监督员制度】 认真落实人民监督员和特约检察员制度，主动接受内外部监督。主动邀请特约检察员、人民监督员参与区检察院的执法办案活动，严格依法监督案件，充分保障人民群众对检察工作的知情权、参与权和监督权。

【打造活力检察】 积极抓好高检院、省院部署的检察改革重点任务，创新工作机制，增进争创活力，不断推进检察工作务实创新发展，为争创全国先进基层检察院夯实基础。

【检察文化建设】 通过丰富文化载体，满足精神需求。举行检察官集体宣誓仪式、“重温入党誓词”活动，一是组织开展检察职业道德演讲、红色教育等活动，为干警营造积极向上的氛围。二是开展经典天天读、道德讲堂等活动，健全和规范先进典型工作制度，及时发现、培育、树立广大干警认可的先进典型，加大先进典型宣传力度，健全先进典型常态化管理机制，营造先进光荣的浓厚氛围。三是建立荣誉室、电子阅览室、图书室、健身活动中心，及时换届工会，适时开展文体活动，如篮球赛、乒乓球赛等，打造快乐检察。

【创新激励机制】 坚持以“强班子、抓队伍、强素质、促工作”的工作思路，努力营造一个“团结、奋进、务实、高效、创优”的良好氛围，检察队伍整体素质明显提高，各项检察业务工作不断向前发展，执法水平和执法效果不断加强，检察机关的公众形象不断增强，干部队伍建设和业务工作先后多次受到各级党委和省、市检察机关的表彰。

【深化科技强检】 加强检察网络技术升级改造和完善检察装备，推动检察工作科学发展。为每名干警配备电脑，实现网上办公、办案以及网上督导和培训，促进执法水平和工作效率的提高；推进基础建设，更新一批老旧办公设施、装备，全面升级改造办案工作区、同步录音录像系统，完成分级保护建设，提高网络安全，为检察工作的持续协调发展奠定坚实基础。

【队伍建设】 积极开展专项整治教育活动，以规范司法行为和“两学一做”专题教育为主线，狠抓队伍建设，努力建设素质过硬的检察队伍。

【理论学习】 深化党内教育、开展“两学一做”学习教育工作。一是充分宣传，营造良好的氛围。院党组抓好示范带动，通过带头学习相关会议和讲话精神、交流研讨等形式，把精神吃透悟准，示范带动全院党员干部群众抓好学习；充分利用电子显示屏、横幅等形式和载体进行宣传“两学一做”，并利用微信、社交网络等新媒体平台进行研讨交流，在全院上下营造浓厚的学习宣传氛围。二是加强领导，精心谋划开局。成立“两学一做”学习教育协调小组，以检察长为组长、3名副检察长为副组长，其他科室负责人为成员的学习教育协调小组，协调小组下设办公室，日常工作由政工科牵头负责，做到人员到位、工作到位、措施到位。三是明确责任目标。各支部书记带头学深学透相关文件精神，扎实开展“查找问题”的相关指导工作，全体党员认真学习贯彻习近平总书记系列重要讲话精神，按照“四讲四有”的标准，严查实找。

【落实司改举措，推进改革工作】 开展选任入额检察官工作，促进检察官队伍正规化、专业化、职业化。根据上级检察机关的工作部署，区检察院依据《广东省检察机关检察官员额管理暂行规定》（征求意见稿）、《广东省市县两级检察院首批检察官员额分配办法》和《试点检察院主任检察官选任办法（试行)》，制定了《韶关市曲江区人民检察院首批拟入额检察官选任工作方案》，按照方案组织全院干警报名，对报考人员进行面试、考核，选任第一、二批入额的检察官。

（张德明）

曲江区人民检察院领导班子成员名单（2016年）

党组书记、检察长：
　　邵　林（任至8月）
　　袁瑞刚（8月代，10月任）
副检察长：李耀荣　李文标
　　　　　沈　晖（任至8月）
党组成员、反渎局局长：赵勤甫
党组成员、政工科科长：李　薏

法　院

【概况】 2016年，曲江区人民法院在区委的领导、区人大的监督以及区政府、区政协的关心支持下，紧紧围绕全区工作大局，深入贯彻落实中共十八大和十八届三中、四中、五中、六中全会精神以及习近平总书记系列重要讲话精神，紧紧围绕“努力让人民群众在每一个司法案件中都感受到公平正义”的目标，认真履行司法审判职能，坚持司法为民、公正司法，坚持深化司法改革，坚持从严管理队伍，努力提升司法公信力和人民群众的满意度，不断推动区人民法院各项工作的科学发展。2016年，曲江法院受理各类案件3878件，收案同比上升27.40%；审结3289件，结案同比上升19.08%，结案率为84.81%。

【刑事审判】 依法打击刑事犯罪。受理刑事案件293件共549人。审结282件，结案率为96.25%，同比增长10.59%。

依法惩治侵犯公民人身权利、民主权利和财产的暴力犯罪和多发犯罪，审结故意伤害、强奸、猥亵儿童、非法拘禁、网络诈骗、抢劫、盗窃等案件105件，判处罪犯310人；始终保持对毒品犯罪的高压态势，不断加大力度打击毒品犯罪活动，全年共审结毒品犯罪案件49件，判处罪犯55人，与此同时，区人民法院大力加强禁毒宣传，采取公开开庭审理、公开宣判等多种有效方式向社会公众宣传毒品犯罪的危害，通过法院门户网站、新闻媒体等传播平台，深入开展禁毒宣传教育活动，巩固并扩大案件审判的社会效果，增强人民群众自觉抵御毒品的意识，维护社会和谐稳定。区人民法院还进一步推进量刑规范化改革，坚持宽严相济，依法惩处各类犯罪行为。

【民商事审判】 依法化解矛盾纠纷。受理民商事案件 2196 件，同比上升 38.99%；审结 1825 件，其中撤诉 213 件，调解 339 件，调撤率达 30.25%；结案诉讼总金额达到 7.36 亿元。

坚持“调解优先，调判结合”的原则，耐心做好矛盾化解工作。对劳动争议等涉及民生问题的案件及群体性案件加大调解力度，立足化解和疏导矛盾。做好判后法律释明工作，引导当事人寻找合法途径解决矛盾。

【行政审判】 依法履行行政审判职责。受理行政案件 50 件，收案同比上升 28.21%；审结 47 件，同比上升 20.51%。应行政机关申请，依法执结非诉行政执行案件 89 件。

区人民法院以庭审为核心，积极推进行政审判方式改革，坚持公开审判，实行庭前交换证据保障司法公正。积极探索行政诉讼案件协调工作机制，发挥行政调解中心的作用，促进行政相对人与行政机关相互沟通、理解，妥善化解行政争议，促进社会和谐。

【执行工作】 大力破解执行难问题。受理执行案件 1339 件，同比上升 19.55%；执结 1135 件，同比上升 7.99%；执行到位率达 84.76%，执行到位金额超过 2.09 亿元。

以周强院长提出的“用两到三年时间基本解决执行难问题”的要求为指导，全力推进执行工作，严厉惩处不履行义务的被执行人，并将其纳入失信人名单，使其高消费、出入境、银行贷款及经商置业等行为受限；2016 年，区人民法院对有履行能力而拒不履行义务的 39 名被执行人实施了司法拘留；同时通过与公安机关联合布控，成功抓获 3 名潜藏多年的“老赖”；借助信息化手段推动执行工作提质升级，充分运用最高人民法院执行网络“总对总”查控系统，强化对执行财产的查控；积极开展“双清双战”行动，基本将积存多年的数额较大的执行案款清理完毕，同时不断完善清理手续，保障债权人的合法利益。

【司法为民】 深入推进案件繁简分流工作，提升审判质效。第一，加大庭前调解力度，努力促进司法便民。在案件数量大幅增加、案多人少矛盾日益突出的现实情况下，区人民法院立案庭积极对所立民商事案件进行繁简分流，将部分有调解基础的案件采用庭前调解的方式，成功调解、撤诉 343 宗案件，大大加快案件审结速度，减轻法官审判压力，极大方便群众，促进司法便民，提升人民群众的满意度，真正实现办案效果和社会效果的和谐统一。2016 年，区人民法院庭前调解工作在全市各基层法院中名列前茅，得到市中院的高度肯定。第二，落实小额诉讼制度，保障当事人合法权益。区人民法院立案庭和民事审判庭将小额诉讼制度纳入“速裁”机制，同时坚持“调解优先，调判结合”的原则，以便快速定分止争。对一些符合小额速裁标准的民间借贷、买卖合同、借款合同、租赁合同、物业费、交通事故纠纷等案件，依法采用小额诉讼程序进行审理。全年共审结适用小额诉讼程序的民事案件 256 件，同比增长 276.47%。

落实司法救助制度，保障困难群体利益。在大量受理诉讼案件的同时，区人民法院对确有经济困难的当事人，尤其是农民工、老年人、未成年人、残疾人等社会弱势群体，开通绿色诉讼通道，使人民群众切实感受到司法的人文关怀。2016 年区人民法院共对 86 件民商事案件减、免、缓交诉讼费超过 60 万元；对偏远或行动不便的群众实行上门立案 16 件，解决部分困难群众打官司难的问题；在执行方面对困难群众进行司法救助共计 15 件，救助人数 16 人，救助金额达 17.2 万元。

重视基层法庭建设，完善多元化解决纠纷机制。基层人民法庭根植于人民群众中间，是人民法院联系群众的纽带，处在促进和保障农村社会和谐的第一线，是化解矛盾纠纷的最前沿。区人民法院高度重视乌石法庭的建设，不断完善法庭内的基础设施和队伍建设。充分发挥人民调解在解决纠纷中第一道防线的作用，对依法应当公开审理或对人民调解员工作有指导作用的案件，乌石法庭主动邀请人民调解员到庭旁听；在巡回审理时，法庭亦邀请当地的人民调解员旁听案件审理，使人民调解员学习到更多的法律知识和调解技巧，提高其业务能力。近年来，乌石法庭平均每年直接参与或指导各镇综治办调解的案件约120宗，避免纠纷过多进入诉讼程序，减轻法官的审判压力。2016年，区人民法院乌石法庭作为全市基层法庭的典范，被市中院推荐到省高院，最高人民法院景汉朝副院长到乌石法庭调研和指导工作，对乌石法庭的各项工作给予高度的表扬和肯定。

完善诉讼服务中心。区人民法院落实最高人民法院关于全面推进人民法院诉讼服务中心建设的指导意见，进一步完善司法便民、利民措施。2016年，区人民法院诉讼服务中心建成并投入使用，提升司法服务群众的能力和水平。12月，省高级人民法院院长龚稼立专程到区人民法院诉讼服务中心调研和指导工作，对区人民法院诉讼服务中心的工作成效表示满意。

【审判监督】 加强监督管理，提升审判质效。区人民法院自觉接受人大及其常委会的监督，及时向人大及其常委会报告重大工作事项，认真落实人大及其常委会的各项工作要求。进一步加强与人大代表的沟通联系，定期举办庭审观摩活动，邀请人大代表、政协委员参加庭审评议、听证。及时向人大常委会报送法院工作简报，通报人民法院的各项工作情况，为人大代表履行监督职责提供便利。

【司法公正】 加强监督管理，提升司法公信力。一是强化人民陪审员工作。人民陪审员参与到案件审判当中，增强审判活动的法律效果和社会效果，更易于了解社情民意，在弘扬司法民主、促进司法公正、保障司法廉洁、增强司法权威方面起到积极作用。2016年区人民法院人民陪审员参与审理各类案件873件，同比上升55.06%，参与案件审理1400人次，依法保障人民陪审员参审和监督的权利，大大提高审判效率。

二是拓宽司法公开渠道。曲江法院加强审判流程、裁判文书和执行信息三大公开平台建设，深入落实庭审公开、裁判文书公开、执行公开。同时进一步完善法院门户网站的建设和管理，要求各科室及时更新信息，为人民群众监督法院工作提供一个便利的平台，鼓励人民群众有序参与司法监督，保障群众的知情权、参与权、表达权与监督权，增强人民群众对司法的认同，着力提高司法公信力。

【队伍建设】 加强队伍建设，提升整体素质。扎实开展党员学习教育活动，提升队伍政治素养。深入开展“两学一做”和群众路线教育实践活动，把学习教育活动与法院工作紧密结合起来，以党小组为单位，在学习教育的基础上，联系干警本人的实际情况，开展批评和自我批评，认真查找影响区人民法院提高司法公信力和人民满意度等方面存在的突出问题，切实增强党员干部为民司法的意识和责任意识、忧患意识，使党员干部树立全局观念，确保办案的社会效果与法律效果有机统一。

加强法官廉政建设，确保廉洁公正司法。始终把廉政建设作为区人民法院的第一项重要工作，加强法官廉政教育，提高法官的自我约束能力，做到警钟长鸣，筑牢拒腐防变的思想防线。坚持正风肃纪、惩防并举，以落实党风廉政建设主体责任与监督责任为抓手，以健全惩治和预防司法腐败体系为主线，做到从严教育、从严管理、从严监督、从严查处。2016年未出现任何违法违纪情况。

加强业务技能培训，提高队伍专业素质。组织法院干警参加各类学习培训156人次。以新法律法规、新司法解释、司法政策的应用以及新类型疑难复杂问题的解决为重点，加强法官驾驭庭审、适用法律、制作文书的业务培训，推动干警培训由知识型培养向能力型培养转变，打造政治素质过硬、业务水平精湛、敢于担当责任的法官队伍。同时不断加强人民陪审员的作风建设和队伍建设，组织人民陪审员参加培训23人次，提高人民陪审员的法律素养和履职能力。

(吴志明)

曲江区人民法院领导班子成员名单（2016年）

院　长：叶伟胜（任至10月）
　　　　谢雄生（10月起任）
副院长：刘文正　杨　健
纪检组组长：陈建中
政工科长：侯景美
执行局长：郑胜芳

司法行政

【概况】 2016年，全区司法行政工作以中共十八大、十八届四中、五中全会精神为指导，深入学习贯彻习近平总书记系列讲话精神，按照“四个全面”战略布局和“创新、协调、绿色、开放、共享”五大发展理念要求，以“加快发展、民生为先、改革创新、绿色生态、依法治区、从严治党”为基本原则，充分发挥司法行政工作职能，深入开展平安曲江、法治曲江创建，为争当韶关经济发展先行区、实现“比全国提前一年全面建成小康社会”总目标营造和谐的法治环境。

【法治宣传工作】 2016年是“七五”普法规划开局之年，曲江区“七五”普法规划启动情况报告已经曲江区人大常委会第十四届人大常委会第三十八次专题会议审议通过。区司法局坚持“服务大局、需求导向、创新方式、普治并举”基本原则，进一步落实“谁执法谁普法”责任机制，创新“互联网+法治宣传”工作方式，实现普法全天候全覆盖，不断提高社会法治化水平。2016年的普法工作呈现行动早、主题多、重点突出、针对性强等几个特点。主要表现在新春伊始开展送法下乡活动；联合相关职能部门开展《中华人民共和国反家庭暴力法》、《中华人民共和国人民调解法》、“中国水周”、国家安全教育日、安全生产、铁路交通安全等主题宣传活动；抓住领导干部、青少年以及外来务工人员等重点人群，启动曲江区人民检察院青少年法治教育示范基地，加强青少年法制教育阵地建设，同时开展领导干部学法考试，深化送法进机关活动。据统计，全区共开展各种法律宣传活动35场次，制作法制宣传栏40期，发放普法宣传资料3.5万余份，赠送宣传伞、环保袋等实用物品4500件。

【特殊人群管理】 坚持监管、教育、帮扶和服务并重的原则开展社区矫正对象、刑释解教人员等特殊人群的管理服务工作，推广GPS卫星定位手机等先进信息化技术在管理工作中的运用，提高监管实效。工作中坚持以人为本，协调相关部门帮助管教对象解决就业、生活、家庭等方面的困难和问题。几年来各类管理服务对象没有出现重大的重新犯罪现象。截至2016年，区司法局累计接收社区矫正人员425名，解矫286名，在册139名，无一例脱管、漏管。累计接收刑释解教人员430人，新接收167人，帮教率达100%，安置率98%。

【人民调解工作】 全区镇（街道）、村（居）调委会等传统人民调解组织建设进一步巩固和完善，区域性、行业性和企业等人民调解组织长足发展。大力加强人民调解员教育培训力度，不断提高矛盾纠纷调解质量，推进人民调解服务规范化，标准化。加强与有关部门协调沟通，健全完善人民调解与行政调解、司法调解联动体系，发挥好人民调解在矛盾纠纷多元化解机制中的基础性作用。据统计，全区各级人民调解委员会共调处各类矛盾纠纷1784宗，调解率达100%，调解成功率达99%，防止民间纠纷激化15宗，民间纠纷自杀、民间纠纷转为刑事均为零。

【法律援助工作】 坚持把维护困难群众合法权益，保障社会公平正义作为法律援助工作的根本职责，为弱势群体提供法律服务，努力做到“应援尽援、应援优援”。不断深化法律援助便民服务，积极组织法援律师参与“法律六进”等普法宣传，参加公益性法律服务活动，提高法律援助质量和效率。2016年共办理法律援助案件252件，接待群众来电、来访咨询300人次，有效维护困难群体的合法权益。

【法律服务工作】 全面推进覆盖城乡的公共法律服务体系建设，推动公共法律服务均等化发展。建成曲江区公共法律服务中心，建立镇（街）、村公共法律服务中心（站）117个，实现三级全覆盖。“一村（社区）一法律顾问”工作全面推进，全区所有村（社区）实现法律顾问全覆盖。据统计，共提供法律服务1856件次，其中接访咨询1276件次，出具法律意见书27份，调解纠纷61宗，提供法律援助18宗，法治宣传389场次，其他法律服务85件次。抓紧公证体制改革，落实公证处定编定制工作，积极向社会公开招录公证员，努力保障公证处的正常运作。

【党建工作】 一是加强党风廉政建设。严格遵守政治纪律和政治规矩，深入开展党风党纪廉政法规和廉洁从政教育，切实筑牢思想防线，始终做到作风优良，行为规范，效能提升。严格贯彻执行《中国共产党廉洁自律准则》和《中国共产党纪律处分条例》，持之以恒抓好中央“八项规定”精神的落实，坚持纪在法前，纪严于法，严防“四风”问题反弹。二是扎实开展“两学一做”学习教育活动。扎实做到安排部署到位、舆论宣传到位、学习教育到位“三到位”。坚持以党支部为基本单位、“三会一课”等组织生活为基本形式，要求全体党员“学”要带着问题学，“做”要针对问题改，对照合格党员标准认真检视、及时改进，把查找解决问题贯穿学习教育全过程，让广大群众真正看到党员队伍的新变化、新气象。

【司法所规范化建设】 加强司法所规范化建设，标准化管理，健全完善各项内部管理制度，并抓好落实，不断改善司法所办公条件和设施装备，积极通过培训班等方式，提高司法所人员的素质能力。先后举办法律援助、人民调解、社区矫正业务培训班，有效提高工作人员的业务水平和工作能力。同时配齐配强基层司法办公设备，大大改善办公条件和办公装备。 (叶鸿菲)

曲江区司法局领导班子成员名单(2016年)

局党组书记、局　长：陈国文
副局长：黄艳霞
局党组成员、副局长：李　鹏
局党组成员、政工科长：何秀珍

武 装

人民武装

【机构沿革及概况】 中国人民解放军韶关市曲江区人民武装部隶属韶关军分区，受韶关军分区和曲江区委、区政府双重领导。前身为曲江县警备司令部，于1949年10月12日曲江县全境解放第三天成立，驻韶关；1951年2月，成立曲江县人民武装部，隶属北江军分区领导，下辖7个武装部；1952年，曲江县和乳源县合并，成立曲乳县人民武装部；1953年5月，曲乳县人民武装部分开各自建制；1954年8月进行一次较大整编，撤销人民武装部，改编为曲江县兵役局，隶属粤北军分区领导；1956年9月，粤北军分区改称韶关军分区，曲江县兵役局隶属韶关军分区领导；1958年12月撤销兵役局，恢复曲江县武装部建制，接着曲江县、乳源县、仁化县和韶关市合并，曲江县人民武装部自然撤编；1961年3月，县市分开后，恢复曲江县人民武装部，隶属韶关军分区领导，下辖10个公社武装部，1966年春，随县城变迁驻马坝；1986年6月，县武装部改归地方行政编制，现役编制人员集体转业移交地方管理，改为地方人武干部，级别为副县级；1996年4月，县人民武装部收归军队建制，为正团级；2004年8月，曲江县撤县设区，县武装部改为韶关市曲江区人民武装部，下辖9个镇武装部、3个企业武装部，人员编制不变，为正团级；2013年，曲江区人民武装部机关由军事科、政工科、后勤科组成，下辖10个镇（街道）武装部、3个企业武装部、1个院校武装部。2016年1月转隶归属中央军委国防动员部。

曲江区人民武装部是应急应战的指挥部、地方党委的军事部、后备力量的建设部、同级政府的兵役部、军民融合的协调部。平时担负兵役登记、征兵，组织民兵和预备役人员协助公安机关维护社会治安和抓好全区国防后备力量建设及兵役工作等重大任务，战时指挥民兵和预备役人员配合野战部队作战，组织实施辖区内的战争动员、参战支前、保卫后方等重大任务。

2016年，曲江区武装工作在军分区党委和区委、区政府的正确领导下，按照军委国防动员部关于建设“四铁部队”要求，认真贯彻落实军委国防动员部、省军区、军分区三级党委全会精神，充分发挥“五部”作用，按照“凝魂聚气强班子，强基固本谋发展，真抓实干求突破”的思路，在全体干部职工的共同努力下，全面建设持续推进稳步发展。人武部被省军区评为“先进人武部”，胡木雄部长被省军区评为“优秀团主官”。

【思想政治建设】 注重举旗铸魂，大力加强思想政治建设。深入学习习主席系列重要讲话，结合第一季度党委中心组理论学习，扎实开展改革强军主题教育，强化干部职工政治意识、服从意识、规矩意识。结合第二、第三季度党委中心组理论学习开展“两学一做”专题教育，着力解决党员存在的五个方面的问题。结合第四季度党委中心组理论学习，开展肃清郭伯雄、徐才厚流毒影响，全面推进党风廉政建设专题教育，进行党委专题分析部署、支部是非讨论、个人重点剖析，做到在重大问题上站稳立场，在是非问题上划清界限，在根本问题上立起遵循。

【战备训练】 聚焦备战打仗，着力加强战斗力建设。严格落实党委议训制度，扎实抓好战备教育和制度落实，修订完善各类作战、应急处突、日常战备方案，补充战备物资。突出抓好干部基础训练，加强各级各类人员专业基础、实战技能训练。3月参加军分区组织的军官军事理论集训；4月组织1期防汛骨干集训演练；5月初，组织人员参加分区轻舟分队集训，高标准做好支援地方抗洪抢险准备；8月参加省军区组织的防化骨干培训；10月，1名干部参加省军区参谋比武竞赛被评为“参谋尖子”；11

月，组织1期专武干部和民兵营长集训。

【国防动员】 紧贴使命任务，深入推进国防后备力量建设。认真筹划组织召开全区武装工作会议，加强国防动员潜力调查，提高辖区内国防教育意识。2月下旬，以军分区在曲江区召开全市兵役登记试点观摩会为契机，投入34万元完善全区兵役登记站（点）建设，全区兵役登记人数2.6万人，18岁兵役登记率达到98.5%。全面开展2016年度后备力量组织整顿，4月抓了民兵独立应急连和应急排人员编组，并对兵役登记和民兵整组工作进行检查验收，5月上旬高标准迎接军分区对民兵应急连的点验。为提高重点防卫目标自我防护能力，6月组织区政府保安队，进行2天军事技能强化训练。结合新生入学，9月协调驻军单位，为全区5所学校2000余人进行军事化培训。结合动员潜力调查，10月对各专业办公室进行国防动员潜力调查培训，汇总上报相关数据。

【双拥共建】 发挥军民融合，合力抓好双拥共建工作。一是充分发挥好桥梁纽带作用。积极发挥作用，协调驻军参与“四个文明”建设，同时，积极协调区委、区政府落实各项优抚政策，协调解决4名驻军随军家属、4名转业军人安置就业问题。二是积极参与扶贫帮建。2016年，人武部挂钩罗坑镇瑶族村委6户贫困户、1所学校、2名贫困学生。区人武部按照省委、省政府和省军区《关于扶贫开发“规划到户、责任到人”工作的实施意见》，积极主动作为，加大参建力度，2016年，6名干部与6个贫困家庭结为扶贫对子，与村干部一道研究制定具体帮扶计划，每月下到贫困家庭了解情况、帮助劳动，给村委、学校、贫困户、贫困学生共解决经费6万余元，地方反响比较好。三是积极参与抢险救灾和维稳。认真完善支援地方反恐维稳和抢险救灾方案，主动加强与地方公安、安全和政法部门的协调联系，积极做好退役人员稳控、涉军纠纷处理等工作，2016年共处理涉军纠纷3起。

【后备力量组织整顿】 根据上级要求，3月，开展基干民兵整组工作，重组应急队伍、支援队伍、储备队伍25个分队共1300人，分组对基层应急连、排整组工作进行检查和拉动点验，5月份迎接分区的拉动点验，受到上级的肯定。

【完善国防动员各类方案】 按上级要求，结合辖区实际，组织人员进一步对国防动员各类方案进行修订和完善。

【预备役登记统计工作】 全区退伍军人服预备役总数为××人，2016年度退伍军人服预备役登记现报到人数为××人。全区地方与军事专业对口人员预备役登统计××人，预编兵员××人。

【年度兵役登记工作】 2月下旬，以军分区在曲江区召开全市兵役登记试点观摩会为契机，投入34万元完善全区兵役登记站（点）建设，全区兵役登记人数××人，18岁兵役登记率达到98.5%。

【征兵工作】 紧跟军事变革，精细抓实阳光化征兵。2016年区征兵办继续深化阳光征兵”政策，积极探索“体检信息化改革”，依托区人民医院体检中心，成立区征兵体检站，先后投入10万余元对征兵体检站进行信息化升级改造，为350名应征青年进行体格检查。9月4日，在松山学院公开召开审批定兵大会，对体格检查、政治考核“双合格”的男预征青年进行电脑摇号定兵，做到征兵全程标准化、网络化、透明化，确保征兵廉洁、公平、公正、公开，没有出现一名退兵，高标准完成征兵任务。

【营院管理】 深入推进营区正规化建设，投入87万元重新整治国防教育训练基地，完善教学、训练、食宿等保障设施设备，保障作用明显；铺设营区沥青路面，增设照明路灯，使营区环境焕然一新。根据军委全面停止有偿服务的指示要求，党委统一思想，加强沟通协调，已全部收回5个承租项目。

【党委班子和干部队伍建设】 强化使命担当，抓建队伍成效明显。一是班子建得强，坚持把“建过硬班子、带一流队伍”作为加强自身建设的重要环节紧抓不放。根据班子成员流动性快的特点，党委以改进作风、提高能力为重点，注重大局观念，坚持集体领导，做到大事讲原则、小事讲风格，努力提升班子成员思维层次和执行能力，各项工作落实有力。二是干部队伍管得严，严格落实党管干部的制度规定，坚持抓教育管思想强素质，多个方面教育引导全体干部以苦为乐、以部为家、以身作则，经常组织干部开展军事技能比武竞赛，不断提高干部工作能力素质。三是职工队伍抓得紧，大力推进职工工作考评制度，突出抓好一日生活制度、办公秩序、个人言行和履职尽责，坚决纠治工作中的“庸懒散”现象，不断增强职工工作积极性和主动性。

【安全管理】 坚持依法治军，全面提升正规化建设。紧紧扭住安全底线不放松，落实每月安全形势分析会制度和每周安全工作讲评制度。第一季度，认真开展“学法规、严法纪、正秩序、促稳定”活动，确保部队转隶期间秩序正规。重点围绕人车枪弹密网院等15个方面问题，对旧杂式武器进行清查上报，定期开展安全隐患排查治理；4月接受军分区杨副司令员带工作组安全工作大检查。严格落实“湛江会议”和省军区反恐工作会议精神，在大门处设置拒马、指纹门禁系统等反恐设施，定期组织反恐演练。下半年，先后5次迎接省军区以上单位组织的安全、保密、武器装备等检查，均获得好评，确保从严治军落到实处。 （张锦堂）

曲江区人民武装部领导班子成员名录（2016年）

部　长：胡木雄
政治委员：文建勇（任至5月）
副部长兼军事科科长：文志昌
政工科科长：汪　锋（任至5月）
　　　　　　谌　念（5月起任）
后勤科科长：张锦堂

人民防空

【概况】 2016年，曲江区人防工作贯彻落实省、市人防工作会议的工作部署，紧紧围绕区委、区政府的中心工作，以建设“战备人防、效益人防、和谐人防”为工作总目标，积极抓好人民防空应战应急准备，着力提升曲江人民防空应战应急能力，切实推进曲江区人防工作。

2016年，曲江区人防办努力构建人防通信指挥、应战应急指挥救援体系；狠抓人防“结建”工作，依法依规征收人民防空易地建设费和保质按量修建防空地下室；加强人防知识的宣传教育工作，不断推进人民防空应战应急知识普及工作；加强人防财物管理及其他工作。积极做好区委、区政府部署的“扶贫双到”“创文巩卫”等中心工作。

【理论学习】 区人防办积极开展“两学一做”教育活动。全体人防干部坚决执行中央“八项规定”，坚定反对“四风”，更加密切联系群众，自觉整改不良风气，不断改进工作作风，坚守“为民务实清廉”的基本要求，履职尽责做好人民防空工作。

组织开展学习《中国共产党处分条例》中共十八届五中全会精神等教育活动；人民防空职业道德学习教育活动；批评与自我批评的民主生活会等活动。全办人员以清廉作风抓好人民防空工作，没有出现违法违纪现象。

加强人防干部法律法规和人防业务知识学习，不断提升人防干部业务水平和增强人民防空的工作能力。根据业务工作需要，组织人防干部到外地参观学习，充实知识，掌握技能。同时，学习韶关市人民防空办公室下达的《韶关市人民防空工作要点》，按照上级人防主管部门的工作部署，结合区人防办工作实际，扎实高效推进曲江区人民防空工作。

【人防通信指挥体系建设】 继续抓好人防移动指挥平台的建设。区人防办积极主动向区主要领导作工作汇报，阐明人防移动指挥平台建设的重要性和实用性，取得领导的高度重视；同时，争取区人大办、车改办等部门的支持，经过反复协调，三次换车，最后区政府调拨比较适用的车辆作为人防移动指挥车。此外，在区政府领导的关心支持下，调入区人防办一名工作人员，作为人防移动指挥车设备设施操作员兼专职司机。按照市办的工作安排，上半年，区人防办派员两次驾车往返安徽合肥，安装移动指挥车上的设备；参加38所举办的移动指挥设备设施学习操作培训；并在当地进行基本的实操拉练活动。经过数月的测试，市办组织专家论证和工程验收，区人防办把最后一批保证金支付乙方。至此，曲江区全面完成人民防空机动指挥信息系统第一期建设项目。

积极参加全市人防系统首次举行的跨区域人防机动指挥所野外拉练。10月26—28日，韶关市人防办组织各县（市、区）

人防办开展为期3天的跨区域人防机动指挥所野外拉练。此次拉练是曲江区人防机动指挥所建成使用后的首次跨区域野外拉练，与全市近40名参训人员乘坐人防机动指挥通信车，开赴河源市和赣州市，拉练行程达到700多公里。拉练途中，区人防办参训人员根据拉练计划和要求，按照职责分工，进行人防机动指挥所的开设、通信、撤收等多个科目的训练，实现市、县两级人防机动指挥所的互联互通。通过拉练，检验曲江区人防机动指挥所的设备设施性能，提高全体参训人员执行任务的能力，为跨区域、长距离执行人防机动指挥通信支援任务积累实战经验。

做好曲江区防空袭方案的修订工作。根据市办的工作部署，市内三区防空袭方案统一由市办牵头修订。为配合市办修订工作，区人防办积极组织人员，实地调查，协调区属部门，掌握可靠资料，为科学合理修订曲江区防空袭方案提供基础材料。同时，区人防办主动配合中标单位的修订工作，对方案的修订提出切合曲江区实际情况的建议，使重新修订的方案更科学合理、实操性更强。12月15日，市办组织了专家评审会，曲江区的防空方案获得通过。

开展防空警报设施设备和曲江区“101”工程的维护保养工作。2016年，区人防办对全区防空警报器和信号中继站进行维护保养。按工作计划和区财政预算拨款，区人防办合理安排全区防空警报设备设施的维护保养工作，区人防办领导带领工程技术人员到每个警报点进行维护。全区共维护12个警报点。加固固定支架，重新检修安装电源，消除安全隐患；给设施补漆上漆，美化设备设施。同时，对曲江区“101”工程进行加固和清理，并维护保养洞内通风设施。

组织开展“9·18”防空警报试鸣活动。试鸣前，区人防办组织相关技术人员对警报信号进行调试，确保人防通讯法定频道安全畅通。圆满完成一年一度的防空警报试鸣活动。

自觉接受军事部门的领导。完成区人武部下达各项任务，积极参加国防教育，坑道防空洞维护，防空地下室和指挥所资料填报等工作。

【人防“结建”工作】 人防“结建”工作取得了较好的成绩，主要措施有：加强人防法律法规的学习，依法依规办理相关“结建”审批工作。区人防办严格执行《关于贯彻落实省人防办等五部门〈关于明确新建民用建筑修建防空地下室标准的通知〉的实施意见》等规范性文件规定，准确把握省级产业转移园企业缓交人防易地建设费的政策。依法依规办理曲江区“结建”审批工作，对法律法规把握不确定的，及时向上级请示，按上级批复意见办理。一年来，共向市办请示5件，市办书面批复3件。

加强部门协调沟通，确保人防“结建”审批后续监管到位。针对曲江区成立固定资产登记中心的实际情况，区人防办主动及时与区国土局及其下属区固定资产登记中心协调，双方分别向区政府领导汇报，取得区领导的高度重视，形成统一意见，由区政府办公室向区国土国土资源分局下达《韶关市曲江区人民政府办公室关于配合区人防审批监管的通知》，通知要求区国土资源分局凭曲江区人民防空办公室核准意见，登记办理不动产产权证书。

贯彻执行《实行人防工程监理工作的通知》，做好曲江区实行人防工程监理的各项前期工作，审核监理资质，撰写施工现场监管手册（试行版），第一时间在区人防办网站公开相关监理工作的法律法规。

全面完成曲江区人防工程规划工作，区政府于2016年5月下发《韶关市曲江区人民政府关于同意实施曲江区人民防空工程规划的批复》，同意《韶关市曲江区人民防空工程规划（2015—2020）》，并要求区人防办按规划认真组织设施。

规范人防“结建”行政审批程序。为准确把握各类报建数据，区人防办制定“应缴人防易地建设费核定单”，要求数据提供、计算收费、复核人、核准人都在该核定单上签名。层层把关，确保依法依规收缴人防易地建设费。

全程监管，抓好在建人防工程的质量管理工作。为了避免发生防空地下室工程质量问题，区人防办全面跟进人防工程建设，适时派员实地验收隐蔽工程，做好人防工程的监管工作；经常派员深入施工工地，发现问题，及时提出书面整改通知。对个别项目存在较大的工程缺陷，区人防办及时召集相关建设单位召开整改会议，形成工程整改方案，并由建设单位书面承诺保证完成整改工作。一年来，发出整改通知12份，召开工程质量整改会议3次。

【宣传教育工作】 社区教育。继续组织开展人防应急知识教育进社区工作。“世纪皇庭”社区作为韶关市人防知识教育进社区的试点，2016年，区人防办更新人防知识宣传视频；更新宣传栏的宣传内容；更换人防知识教育进社区工作办公室。在年初，区人防办牵头组织马坝镇东风居委、世纪皇庭物业管理公司和曲江华视传媒公司有关负责人，就世纪皇庭社区人防教育的相关工作召开座谈会，各方畅所欲言，献言献策，就如何搞好人防知识教育进社区工作提出许多建设性的意见。2016年社区人防教育工作开展有声有色。10月17日，省、市人防办领导到曲江区检查人防教育进社区工作，对曲江区人防知识教育进社区工作取得的成绩给予充分肯定。

广场宣传。联合区人大依法治区办、司法局等单位，利用“12·4”普法日平台加大普法宣传力度，普法日现场专设人防知识宣传点。市办和区人防办工作人员在宣传点耐心仔细向群众介绍人民防空应战应急知识，并现场发放由市人防办印发的《人民防空应急知识》小册子800多份。

学校教育。和平年代的学生人防意识较淡薄，在抓好干部群众的人防知识宣传外，区人防办更注重增强学生的国防意识和人防意识，区人防办认真贯彻落实《关于2016年在全市中学初中二年级开展人民防空知识教育的通知》（韶人防联〔2016〕1号文）精神，精心组织曲江初级中学、曲江二中、曲江马坝中学、韶钢一中、韶钢东区实验学校等城区5间学校的初二级全体学生参加人民防空知识教育，并进行人民防空知识考试。5间学校共44个班级近2000名学生参加考试。

基地教育。区人防办在区人防教育基地（韶关市示范性综合实践基地）开设人民防空教育课程；开设军事历史故事讲座；组织学生参观人民防空展览；举办人防知识竞赛等多种形式。充分利用已建成的人防训练基地和安装好的防空警报器，对前来参加军训的全市学生进行防空袭基本动作训练，使学生能识别防空音响，掌握基本的防空袭应急技巧。2016年，共举办培训班32期，参加培训的学生达17500多人次。通过丰富多样的人民防空知识教育，增强学生人防观念，使学生掌握人防知识，提高防空袭技能。

户外宣传。区人防办与曲江区华视文化传媒中心签订《媒体广告发布合同》，在曲江区城区中心地带公园门口的LED屏播放人民防空知识宣传教育的视频音频。2016年8月，为配合“9·18”防空警报试鸣工作，区人防办制作3个宣传人民防空知识的视频，丰富宣传内容和形式，提高人防知识宣传效果。

【财务管理】 区人防办严格执行《人民防空财务管理规定》等有关财务的法律法规，按时报送人防会计报表和人防国有资产年度报表，做到账表相符。根据《关于上解人防易地建设费省级收入的通知》精神，区人防办清理2014年4月前后收取的人防易地建设费，之前收取的人防易地建设费按全额8%上解省财政；以后收取的建设费非涉企部分均按8%比例及时上解省、市级财政，按要求书面报送市办，没有出现跨年度和欠账的现象。

【其他相关工作】 2016年，按照区的工作安排，区人防办积极主动做好人防行政审批的清理工作，划定人防行政审批权责清单，并按时提交区编办；做好政务公开工作。每半个月更新公开内容，及时公开可以公开的人防法律法规，工作动态等内容，做得及时准确，图文并茂，政务公开工作得到充分肯定；做好本办的档案的归档工作。

【全区中心工作】 区人防办还积极参加区里部署的扶贫双到、计生扶贫、创文巩卫、社会维稳、社会治安和交通秩序整治专项督导等等工作。2016年，区人防办的扶贫工作在区政府办的统一安排下，区人防办多次走访扶贫对象，对他们进行慰问及帮扶。

（陈瑞祥）

曲江区人防办领导班子成员名单（2016年）

主　任：李　烨

副主任：陈瑞祥

武警曲江中队

【概况】 中国人民武装警察部队广东省总队韶关市支队曲江区中

队（以下简称曲江区中队）驻守在韶关市曲江区马坝镇，主要担负曲江区处突维稳和韶关武广高铁站武装巡逻等任务。2016 年，中队认真学习贯彻三级党委扩大会议和中共十八届三中、四中、五中、六中全会精神，以任务为牵引，按照“固本强基、提升内涵、全面过硬、争创先进”的工作思路，坚持软件主导，狠抓规范养成，下大力度培养官兵争先创优意识；围绕任务实际大抓军事训练；紧贴官兵思想实际做好经常性思想教育工作；着眼提高综合保障能力抓好后勤工作。严格管理，正规秩序，圆满完成以执勤、“处突”为中心的各项任务。

【党支部建设】 强化战斗堡垒作用，加强以党支部为核心的组织建设。年初中队改选新一届党支部委员会，加强组织核心建设。党支部“一班人”能始终从大局出发，做到团结一致、齐心协力。工作中能互相配合，做到大事讲原则，小事讲风格，较大地发挥党支部作用，把党支部建成了坚强的战斗堡垒。大力开展“争先创优”活动，提高党员队伍能力素质。党支部紧紧围绕“五个好”、党员围绕“五个带好尖”开展好各项工作，为中队建设谋先机，为中队官兵谋福利，得到了广大官兵的一致肯定，党员先锋模范作用发挥明显。经过党支部一班人共同努力，年内一名士官被表彰为优带兵班长，中队选晋士官 6 人、入党 4 人、参加预提指挥士官集训 4 人。

【思想政治建设】 大力培养“听党指挥、能打胜仗、作风优良”精神，从思想上打牢官兵永远做党和人民的忠诚卫士的精神烙印。中队党支部始终坚持用党的创新理念建设的理念，加强对思想政治工作的指导力度，确保中队官兵思想纯洁、信念坚定。深入开展“坚决听从指挥、坚定维护核心”主题教育，抓好月课辅导，巩固教育效果，发挥“传播真理、讲授知识、引导行为、益智育人”的功能作用。开展形势任务、历史使命、社会主义荣辱观、优良传统、人生价值观等教育，正确引导官兵，争做党和人民的忠诚卫士。大力开展形势任务教育，教育全体官兵要以高度的政治责任感和敏感性听从党中央、中央军委和习主席的指挥，以高度警惕性和坚定的决心，随时准备上一线、打头阵，坚决完成上级赋予的各项急难险重任务，忠实履行武警部队职责使命。

【军事训练工作】 坚持严格按纲施训，不断提高部队军事训练水平。根据中队年度训练计划以及军事训练“大纲”要求，按照“打基础、强素质、上质量”的总体思路，以强化基础训练的体能训练为重点，坚持按纲施训、依法治训，开展基础训练、应用训练和抗性训练，掀起中队训练热潮，推进中队军事训练水平，不断提高部队遂行以执勤、处突为核心的多样化任务的能力，为有效履行武警部队职责和使命打牢坚实的能力基础。针对部队实际形势，中队组织全体官兵紧贴任务要求，突出重难点科目，严格依据集训内容，利用点滴时间，采取各种方式，不断强化训练效果，提高中队遂行多样化任务的能力；充分发扬军事民主，主动听取建议，科学计划、严密组织、注重实效。训练中，中队积极以各种比竞赛的方式，调动官兵训练积极性，提高官兵训练热情，培养官兵能吃苦、不怕累的战斗精神和战斗作风，不断提高中队训练工作水平。结合当前国内形势，中队着重强化应急班建设，提高应急能力，为下部维稳处突打下扎实基础。

【执勤战备工作】 坚持“+心”居中，圆满完成以“+心”工作为主的各项任务。一是突出抓好敏感时期的“+心”工作。在春节、清明、“五一”假期敏感期期间。为确保这一系列中心任务的圆满完成，中队按照文队下发的指示精神，开展战备教育、形势任务教育 12 次，组织战备演练 16 次；严格落实值班“四全”要求，加大查勤力度，开展处突训练，做好处突准备，严密组勤，正规执勤，确保驻地及营区的安全。二是突出抓好临时勤务。年初以来中队担负武装巡逻临时勤务，出动兵力 1000 余人次，均安全无事故。

【安全工作】 坚持“抓干部带士兵、抓典型带全面、抓专项治理带工作深化”的基本思路，以“摸规律、抓养成、强管理、求正规、保安全、促稳定”为主线，突出干部、士官管理，狠抓“思想经常性工作”的落实，确保部队正规秩序，安全稳定。年内敏感期相对集中，给部队的管理教育和安全稳定工作提出更高的考验。中队严格落实支队有关工作指示精神，按照“要求严于平时、标准高于平时、措施强于平时”加强教育引导，实行全封闭管理，确保特殊时期部队秩序正规、管理严格，高标准实现安全稳定。年初中队组织官兵对条例、基层正规化管理实施细则及标准，以及相关的法规制度进行系统的学习，同时还开展“深知兵、真爱兵”“学规范、用规范、保安全”“主题教育”等配合活动，进一步强化官兵条令意识、法纪观念、安全意识，促进官兵日常行为养成，规范部队“四个秩序”确保部队安全稳定。

（黎炳林）

武警曲江区中队领导班子成员名单（2016 年）

中队长：林　洲

政治指导员：黎炳林

曲江区公安消防大队

【概况】 2016 年度，曲江区消防工作在区政府的高度重视和各职能部门的共同努力下，采取有力措施，通过开展“夏季消防安全检查专项行动”、“出租屋和‘三小’场所专项整治行动”、“在建建筑工地专项行动”以及“今冬明春防火工作专项行动”等，重点推进易燃易爆、文物古建筑、在建建筑工地、出租屋和“三小”场所、火灾隐患重点地区整治等社会面火灾防控工作，整改消除一大批火灾隐患，确保消防安全形势保持相对稳定。

【火灾四项指数】 2016 年以来消防队伍共接警出动 293 起，抢救被困人员 38 人，疏散人员 15 人，抢救财产价值约 721.6 万元。其中火灾出动 119 起，火灾事故共造成 1 人死亡、4 人受伤，直接经济损失约 501 万元，未发生较大以上火灾事故。

【重大节日和活动期间安全保障】 曲江区在春节、全国“两会”、国庆、禅宗六祖文化节等重大节日和各项统一部署的大型安保活动期间，都没有出现较大以上及有影响的火灾安全事故。

【消防队伍及公共消防设施建设】 顺利完成白土镇专职消防队和大塘镇专职消防队一类公益事业法人单位登记工作。白土镇专职消防队已完成基本建设和内部装修工作。区政府还划拨 49.7 万元专项经费完成 7 个社区微型消防站建设工作。

【消防安全责任体系】 在全区消防安全工作中，曲江公安消防大队着力建立以消防安全责任制为主的消防监管体系。区委、区政府对消防工作普遍高度重视、大力支持，区政府常务会议在 2016 年召开 3 次会议专题研究消防工作，解决诸多消防工作困难问题。同时，区政府多次开会研究部署涉及社会面火灾防控的各项消防专项行动，并由区领导带队督导检查。政府各相关部门加强联动，各司其职，严格责任落实，社会面火灾防控力度进一步加强。安监、住建、文广新、科教、卫计、民政、供水、供电等行业部门能够履行本行业的消防管理和自查工作，建设消防工作档案，做好职能范围的公共消防设施的建设和维保工作，一定程度上改变消防部门单打独斗局面，消防工作的社会环境得到进一步优化。

【社会火灾防控体系】 细监督，频检查，加强火灾隐患治理。围绕消防安全重点单位专项治理行动，深化“网格化”“户籍化”管理和社会单位“四个能力”建设。民政部门完成福利院、敬老院场所的排查工作，累计投入 100 多万元整改火灾隐患；安监、科教、卫计、住建局等部门均部署开展本系统、本行业消防安全大检查工作，相继开展小坑卫生院、小坑中心小学的火灾隐患整改工作。2016 年，区消防大队共检查单位 1622 家，发现和整改火灾隐患 1271 处，下发行政处罚决定书 24 份，临时查封单位 14 家，责令停产停业 14 家，立案重大火灾隐患单位 2 家，拘留 2 人。

严执法，强防控，综合治理消除隐患。通过开展夏季消防检查、今冬明春防火工作专项等行动，推进易燃易爆、文物古建筑、在建建筑工地、出租屋和“三小”场所、消防产品等专项整治；小坑镇火灾隐患重点地区整治方面，区政府 3 次组织消安委成员单位进行自评验收，并发文通报督促整改，并于 2016 年年底顺利摘牌；针对商场、宾馆、歌舞厅、医院等人员密集场所夜间营业和群死群伤火灾夜间多发的规律，区政府组织相关单位落实“错时”工作制，加大夜间消防监督力度，把警力重点部署到火灾高发时段和高发部位，部署到易发生群死群伤火灾的重点区域和重点场所，保持消防监督检查的高压态势，消除、整改一大批火灾隐患和违法行为，有效净化消防安全环境。

多措举，重落实，强化消防应急救援管理。由政府统一领导，各职能部门协调建立灭火救援网络体系，制定联合应急救援预案。定期在各重点单位和重点部位组织应急演练，由政府牵头，组织多部门分别在中石化城郊加油站、韶钢生产区、东海气站以及广东五联木业集团等企业举行大型联防演练，有效提高曲江区的应急救援能力。

【宣传教育工作】 区委宣传部和区消防大队联合印发《关于开展消防宣传“七进”工作的通知》，构建全区消防宣传平台，拓展建立德育基地消防科普教育馆，发挥区政府网站、电视台、微博微信平台作用，实现立体化宣传格局。组织大型群众性宣传活动4场，组织曲江区“119”消防宣传活动启动仪式暨社区微型消防站摩托车发放活动；开放消防站30余次，发放消防宣传资料3万余份，提升群众参与消防积极性，接待企业单位、地方群众及学校师生到营区参观交流。根据不同受众开展针对性培训5000余人。

【公共消防设施及装备建设】 区政府大力推动公共消防设施及装备建设，加大经费投入市政消火栓增设，并出台《韶关市曲江区市政消火栓管理办法》，明确细化维护保养单位及职责分工，将市政消防基础设施建设纳入城市发展规划同步建设；划拨专项资金用于中心镇、重点镇及建制镇的消防专项规划编制，全区沙溪镇、白土镇、大塘镇、乌石镇、樟市镇、小坑镇已完成消防专项规划，完成2016年度目标任务；统一采购7辆消防摩托车，有力推动曲江区社区微型消防站建设工作。（魏亚飞）

曲江区公安消防大队领导班子成员名单（2016年）

大队长：洪伟波

教导员：魏湘南

综合经济管理

发展与改革管理

【概况】 曲江区发展和改革局位于曲江区马坝镇府前中路5号区政府办公楼内。曲江县计划委员会于1956年3月成立，1997年改称曲江县计划局，2001年成立曲江县发展计划局，2004年曲江撤县设区后改名为曲江区发展计划局，2006年3月更名为曲江区发展和改革局，对外加挂曲江区粮食局牌子。2014年9月，原区物价局、原区粮食局与原区发改局整合组建新的发展和改革局，为区政府主管全区国民经济和社会发展计划工作的综合经济部门。2014年9月，机关行政编制22名、后勤服务人员数3名。机关事业单位3个（韶关市曲江区政府重点建设项目办公室、韶关市曲江区公共资源交易工作委员会办公室、韶关市曲江区价格认证中心）总编制13名。曲江区发展和改革局，原名曲江县计划委员会、曲江县计划局、曲江县发展计划局、曲江区发展计划局、曲江区物价局、曲江区粮食局。

2016年，区发改局在区委、区政府的正确领导和区人大的监督支持下，在上级发改部门的热心指导下，认真落实经济工作会议精神和上级发改工作会议精神，以开展“新常态、新作为、新业绩”主题活动为契机，严格履行部门职能，不断开拓进取、勇于实践、狠抓落实，如期完成了各项工作任务，为“十三五”规划的顺利开局和曲江经济社会的发展做出一定成效。

【经济社会发展概况】 2016年是实施“十三五”规划的开局之年。面对持续下行的宏观经济环境，全区认真贯彻落实中共十八大、十八届四中、五中、六中全会精神和“四个全面”布局，紧紧围绕全面建成小康社会的总目标，以主动融入珠三角为总战略，以工业化和城镇化为主战场，以完善交通基础设施、曲江新城区规划建设、产业园区扩园增效为抓手，坚持走生态发展道路，着力打造“一城五地”。按照供给侧结构性改革和“三去一降一补”的总体部署，全面推进重点项目建设、城区整体提升、特色小镇建设等各项工作，全区经济社会发展总体稳定，确保“十三五”的平稳开局。

【国民经济主要经济指标】 据统计，2016年全区生产总值133.95亿元，完成年计划的87.2%，同比增长3.6%，其中一、二、三产业增加值分别为18.2亿元、61.64亿元和54.1亿元，分别同比增长4.1%、1.2%和6.3%。地方财政一般预算收入8.07亿元，完成年计划的97.22%，同比增长6.4%。社会消费品零售总额62.72亿元，同比增长9.9%。万元GDP耗能下降6.8%，在全市节能降耗考核中获得91分,位居全市第三，全面完成市下达目标。

【产业发展质量】 2016年全区农村经济总收入79.48亿元，农民人均纯收入1.51万元，比2015年同期增长8%。主要农作物种植实现双增，畜牧水产养殖略有增长。现代农业和特色产业稳步发展。不断推进现代农业示范园区产业化、规模化发展，新型生产经营组织初具规模，全区农业合作社达167家,新增9家，家庭农场81家，新增38家，木竹加工企业68家，四个现代农业示范园蔬菜大棚共800多个，小拱棚蔬菜1200多亩，连片形成西林—东岗岭—石峰蔬菜生产基地，并获得良好的经济效益。曲江区省级农业龙头企业4家，有机食品认证3个，无公害农产品认证4个，无公害产地认定面积达3.1万亩。巩固区绿色农业品牌基础，保障居民餐桌上的安全。

【工业发展质量】 全区工业增加值56.79亿元，同比增长8.7%，其中规模以上工业增加值52.48亿元，同比增长5.5%，中省工业增加值30.67亿元，同比增长

10.5%，中省工业成为拉动全区工业增长的主要力量。曲江经济开发区工业增加值17.83亿元，同比增长2%；实现税收1.45亿元，同比增长3%。深入推进供给侧结构性改革，化解钢铁行业过剩产能60万吨，并顺利通过国家和省、市的验收。

【服务业发展】 全力推动以旅游为龙头的服务业发展，狠抓大南华文化旅游创意产业园、经律论小镇三期、马坝人遗址公园等旅游龙头项目建设。成功举办南华诞祈福文化节等8大节庆活动。积极评优创品牌，荣获“中国温泉之乡”称号，经律论文化旅游小镇被评为国家AAAA级景区，小坑曹角湾古村落申报国家级历史文化名村有序进行，完成7家农家乐星级评定工作。大力发展乡村生态旅游。推动“互联网+”旅游发展，优化微信平台建设，开展旅游展会、推介会、摄影大赛等形式丰富的活动，扩大曲江旅游的知名度和美誉度，带动餐饮、商贸、交通、金融等其他产业发展。2016年，全区共接待游客434.11万人次，实现旅游总收入30.6亿元，分别同比增长9.9%和22%。

【固定资产投资】 全年完成固定资产投资56.17亿元，完成市下达曲江区任务。全年安排重点建设项目30个，计划投资46.32亿元，实际动工19个，完成投资26.85亿元。韶钢转型升级、北江航道扩能升级工程、十六冶三村棚户区改造、亿华时代广场、玥珑山项目进展顺利，大宝山铜硫资源综合利用示范基地建设、台泥水泥生产协同生活垃圾处理项目、山区五市中小河流治理工程、南水河治理项目、曲江大森林温泉世界度假村三期工程、方园现代农业生态园、曲江电网建设与改造项目完成年度投资计划。重点推进食品和装备两大园区建设，产业集聚能力进一步提升。2016年招商引资1000万元以上项目34个，签约投资额达337亿元；通过PPP建设模式成功实施政府购买服务项目7个，总额达11亿元；曲江经济开发区引进项目7宗，总投资9.45亿元，超亿元项目5宗。新引进大健康保健食品、唐毅实业、韶关市开昂绿农光伏科技有限公司等一批发展潜力大、辐射能力强、税收贡献多的项目。

【财政金融运作】 强化组织财政收入，优化财政支出，充分发挥财政杠杆作用，大力支持地方经济建设，确保民生保障支出。全年完成地方财政一般预算收入8.07亿元，占年度计划的97.22%，同比增长6.4%。其中税收收入4.64亿元，同比下降2.6%；非税收入3.43亿元，同比增长9.2%。全年地方财政一般预算支出16.54亿元，同比下降17.9%，其中财政八项支出11.61亿元，占公共财政支出的70.19%，同比增长12.3%。全区年末金融机构各项存款余额129.19亿元，同比增长7.7%。其中住户存款余额95.74亿元，同比增长8.9%；贷款余额71.03亿元，同比增长13.3%。

【科技创新和转型升级】 自主创新取得新成效。依托顺昌布厂组建新型纺织面料市级工程技术研究开发中心，推荐7个项目列入韶关市“互联网+”协同制造三年行动储备方案。积极创建“曲江区知识产权强区工程试点”，全区共申请专利433件，授权320件。强化技术改造，区属工业企业技改投资8.77亿元，技改项目备案36个。狠抓转型升级补助兑现，提升企业积极性，年度帮助企业申请设备更新补助、企业机器人应用、中小企业专项资金补助分别为777.3万元、85.96万元、145万元，推荐韶关市强龙重工公司和韶关市起重机厂有限责任公司两家企业获得省级技术改造股权投资分别1000万元和2000万元融资。

【城区整体提升和特色小镇建设】 落实“135”城镇规划体系，以融入韶关主城区和莞韶对接帮扶为契机，统筹推进城乡协调发展，加快城乡一体化。曲江连接主城区的四条线路中，曲江大道（曲江段）、东环线二期已开工建设，营顶至邓屋已完成招标，新白线路网改造正进行施工招标前期工作。北江航道（曲江段）扩能升级工程征地拆迁工作基本完成。抓好城区改造扩容提质工程建设，新城建设与旧城改造同步进行，凯旋城小区、状元府邸、玥胧山项目均有序进行，府前中旧城改造完成年度投资的94.44%，旧城改造拆迁工作已基本完成，配套5条道路迁改项目中建设北路、狮岩路已基本完成扩建任务，国有工矿棚户区改造曲江马坝十六冶三村项目已开工9栋，完成投资2.61亿元。不断完善市政管理，推进数字城管平台建设，成立区渣土办，安排洒水车队城区道路扬尘进行整治，强化全区11座垃圾中转站日常管理，优化城区道路功能设施，及时对城区路灯、垃圾桶等市政设施进行改造维修，推进城区公共绿化升级改造，绿地管护面积达98万平方米。

加快推进特色小镇建设，以现有人文、历史、自然资源为基础，启动以马坝、小坑、罗坑、大塘为示范的特色小镇建设，争创省级、市级特色小镇，以特色小镇建设为契机，带动曲江旅游、消费、商贸的发展，打响曲江特色旅游大会战。

【生态环境】 科学发展，绿色先行。在保持稳增长的前提下，曲江区实现环境质量总体稳定，局部情况有所改善的良好局面，饮用水质稳定达标，空气质量总体良好。一是形成事前“三同时”审批，事中监管、综合防治，事后督察的全流程环保监管体系，重点推进大气、水、土壤、重金属的防治工作，启动环境网格化监管。二是强化重点项目的污染整治，投入8339万元对包括马坝河、樟市河在内的山区五市中小河流进行治理，投入4400万元对沙溪尾矿重金属污染进行整治。三是发展绿色无污染新增长，持续推动生态农业、农业观光产业园建设，启动特色小镇等一系列旅游发展项目，设立300万元生态发展基金，推动全区生态产业建设。全区全年新增森林面积0.31万亩，新增森林蓄积量20万立方米，完成林业“四大”重点工程和沙溪凤凰山镇级森林公园规划工作，林业保护红线四级划定全面完成，有效促进曲江区生态和人居环境、生物多样性发展、生态用地安全和确保物种数量底线。

【社会事业和民生保障】 全区就业形势平稳，实现城镇新增就业、下岗再就业人数4952人，城镇登记失业率控制在2.49%以内。

【教育发展】 巩固提升“全国义务教育发展基本均衡区”和“广东省教育强区”的创建成果，实现全区广东省教育强镇全覆盖，稳步推进广东省教育现代化先进区的创建工作。投入1039万元推进教育信息化建设，投入391万元改造义务教育薄弱学校办学条件，曲江中学、曲江初级中学、曲江二中运动场改造建成投入使用。落实教育惠民政策，全年义务教育和职业教育共免收32473人次，合计4733.22万元。教育质量稳步提升，义务教育入学率达100%，全区高考第一、二批次本科上线人数分别超市下达指标的62%与20%。

【医疗卫生事业】 医药卫生体制改革取得阶段成效，区人民医院和区妇幼保健院已取消药品加成制度。樟市镇和罗坑镇代表全市在全省基本公共卫生服务项目绩效考核中获得第四名的好成绩。罗坑镇卫生院已正式投入使用，全区85个行政村的70间卫生站标准化规范化建设有序推进。居民健康档案建档率85.5%。执行登记制度和再生育审批制度，落实全面二孩政策。

【社会保障水平】 城镇、农村居民低保实现应保尽保，城乡居民基本养老、医疗、失业、工伤和生育五项保险参保人数分别为3.94万人、4.28万人、1.66万人、2.42万人、1.21万人，实施城乡居民大病保险，实现社会保险全覆盖。积极推进机关事业单位养老保险制度改革。

【保障性住房建设】 国有工矿棚户区改造曲江马坝十六冶三村项目已开工9栋，完成年度投资额的65.38%，农村危房改造开工率100%，完成市下达任务，对空置的36套公租房（廉租房）实行抽签分配，渔民上岸安居统建自建房已进入收尾阶段。

【精准扶贫工程】 按照“一户一策、精准扶贫”方针，实施“输血式”与“造血式”相结合的扶贫模式，由区属机关开展全方位定点帮扶工作，实施产业帮扶、道路改造、乡村旅游、医疗救助等扶贫工程，全区共筹集到位各级扶贫开发资金4880.51万元，实现1208户2044贫困人口脱贫，打响新时期精准扶贫精准脱贫三年攻坚战。

【平安曲江创建工作】 保障食品药品安全，定期核查特种设备安全性，全面完成生产经营单位“一企一档”工作，落实安全生产主体责任制，提高安全生产水平，安全生产意识深入人心。实现法律顾问村（社区）全覆盖。

【文化出版传媒事业和社会各项事业】 完成第一次全国可移动文物数据采集登记工作，马坝人—石峡遗址环境风貌整治首批国家资金4396万元已经落实到区财政，环境风貌整治一期工程已进场施工。文化惠民工程蓬勃发展，全年送书、送电影、送演出下乡场次分别达到212场、1074场、97场（已包括12场“山歌巡演”）。图书馆、文化馆、博物馆、乡镇文化站及农家书屋全年免费接待群众约36万人次。部分城区体育场馆设施免费对外开放，全民健身运动蓬勃开展。民族、宗教、妇女儿童、残联、档案以及社会公益、志愿者服务等各项事业均得到全面发展。

【体制机制改革】 大力推进行政体制和其他重点领域改革。推行政府工作部门权责清单制度，统筹推进“互联网+”政务，全面落实网上办事大厅及一门式一网式政府服务模式改革。深化商事制度改革，落实“先证后照”，降低工商登记准入门槛。实施“五证一码”登记制度改革并加快推进电子营业执照改革，推进营业税改增值税，降低企业税负。实现土地、房产和林权统一登记。不断推进财税、金融、价格、国有企业等领域改革，完善现代市场体系。大力实施社会信用体系建设，推进行业、部门和个人信用建设，建立“红黑榜”信息发布制度，进一步提高了政务诚信、商务诚信、社会诚信和司法公信管理水平。大力推进供给侧结构性改革，遵照《韶关市供给侧结构性改革总体方案(2016—2018)及五个行动计划》的指示，完成省、市下达的钢铁行业去产能、去库存任务。进一步协调区域内产业结构。

（周朝云）

曲江区发展和改革局领导班子成员名单（2016年）

党组书记、局长：

雷新发（1月起任）

党组成员、副局长：张锦福

党组成员、副局长：曾韶庆

党组成员、副局长：全燕义

统　计

【领导干部勤政建设】 区统计局领导班子成员带头遵守各项廉政准则和制度，严格执行中央、省、市有关制止奢侈浪费行为规定，在经济条件有限的情况下，处处精打细算，节约开支，压缩经费，严禁大吃大喝，不进行高档娱乐消费。坚持拒腐防变，做廉政干部，每一位领导干部都恪守从政道德，做到清正廉洁，认真抓好自己分管的工作，自觉发挥表率作用，班子团结，形成合力，有力地保证各项工作的开展。通过开展“两学一做”教育活动，切实抓好党员干部的政治思想和反腐倡廉教育，坚持利用局务会进行政治理论学习，组织干部职工学习党的理论知识和新的统计业务知识，着力提高党员干部的整体素质。

【经济发展核算工作】 2016年，区统计局围绕区委、区政府年初预定的社会经济发展目标，结合曲江区社会经济发展实际情况，加强对“四上”企业的调研，挖掘曲江区经济增长潜力，提升曲江区经济综合实力。初步测算，2016年全区地区生产总值(GDP)实现133.95亿元，同比增长3.6%，其中：第一产业18.21亿元，同比增长4.1%；第二产业61.64亿元，同比增长1.2%；第三产业54.1亿元，同比增长6.3%。固定资产投资完成56.17亿元，同比下降39.1%。

【精准扶贫工作】 按照区委精准扶贫工作的安排，区统计局选派符合相关条件的一名副局长到大塘镇侧田村委会担任精准扶贫第一书记，现已经落实到位并已展开相关工作。区统计局还积极响应全区新时期精准扶贫工作要求，及时与枫湾镇小笋村委的7户贫困户进行对接，已经完成入户调查并收集、核实相关的资料，并按照不同的家庭情况讨论研究制定相适应的扶贫方案，以确保能帮助其脱贫。

【普查准备及其他专项调查工作】 开展曲江区全国第三次农业普查的前期工作。2016年2月成立韶关市曲江区第三次全国农业普查领导小组以来，小区划分、普查地图绘制等各项普查筹备工作有序开展。10月在全市率先召开动员会，12月全面启动入户登记。在做好农业普查前期工作的同时，认真做好人口变动抽样调查等专项性调查工作，按时按质完成2个省点和1个国家调查点的人口变动调查工作任务。

【经济运行监测、预测和分析工作】 上年度末全区经济发展形势已经出现增速放缓的趋势，因此，区统计局年初就进入紧张工作状态，深入企业加强调研，加强对全区经济形势进行监测预警。为统筹做好全年的统计工作，主要采取以下措施：一是及时向区领导报告经济发展进度和状况；二是加强与区各统计工作联席会议成员单位沟通，及时反馈相关数据，做好预警工作；三是做好全区全面经济发展监测和预测，及时提交分析报告。全年共出版12期《曲江统计月报》，实时按月度通报各类经济数据情况和简要评估分析；全年编印15期统计分析和23篇政务信息，其中《一季度经济开局良好，增长基础有待夯实》《1—8月全区规上工业运行情况分析》《关于抓好"四上企业"工作的建议》等多篇分析得到黄劲东书记及伍文区长等区领导批阅并转发。

【沟通协调工作】 为及时、准确监测企业发展状况，准确反映曲江经济发展变化，区统计局加强与税务、工商等部门的沟通协调，通过数据比对，认真做好基本单位监测工作，及时做好"四上"企业的入库，通过各部门的共同努力，全年新入库"四上"企业12家，其中当年新投产企业7家。

【小康进程监测】 在做好全区经济发展动态监测的同时，加强对小康指标跟踪监测，及时对各项指标进行全面评估分析，并汇报区相关领导，向各责任部门实时通报，督促责任部门及时跟进。据监测显示，2015年，曲江区全面建成小康社会实现程度79%，比上年低2.85个百分点。其中：经济发展类86.1%，民主法制类60.7%，文化建设类70.3%，人民生活类91.7%，资源环境类72.4%。参与评价全面建成小康社会的35个指标中，2015年达标（100%）的15个，实现程度90%~100%的7个、80%~90%的有2个、小于80%的11个。

【统计"双基"建设】 从机构建设、队伍建设和统计工作建设等8个方面着手，继续加强乡镇（街道）的统计基础建设。通过分类指导、督导、检查等方式，全面建立健全"四上"企业统计台账，强化基层的统计工作，从而有效巩固统计"双基"建设。深入开展"数据造假、以数谋私"专项整治及统计执法工作。2016年全区随机抽选51家"四上"企业开展统计执法大检查，对检查发现的问题及时提出处理建议，要求专业人员协助企业及时按要求做好整改。在执法检查的同时，还通过发放宣传手册等方式加强统计法的宣传。

（刘启厚）

曲江区统计局领导班子成员名单（2016年）

局　长：谢志强

副局长：罗文华　刘启厚

国家统计局曲江调查队

【概况】 2016年，国家统计局曲江调查队在广东调查总队的正确领导下，在区委、区政府的关心支持下，以中共十八大、十八届五、六中全会和习近平总书记系列重要讲话精神为指针，紧紧围绕各项工作部署，以提高数据质量为工作中心，牢固树立国家统计调查的宗旨，不断推进优质服务型统计工作，努力提供优质统计调查服务，顺利完成全年的各项统计调查工作任务。

【党风廉政建设】 深入开展"两学一做"学习教育活动。一是及时部署，积极动员。曲江队及时成立活动领导小组办公室，制订了学习教育活动方案及计划安排表，召开学习动员会，确保党员干部自始至终都有饱满的学习热情。二是学习形式多样，内容丰富。采取召开学习会议、专题党课、观看国家局及总队专项学习网页视频、干部自学及实地情景教育学习等多种形式开展集中学习，召开专题党课讨论会，并组织全体党员走进中共广东省委瑶坑旧址，接受情景式党性锤炼。全面落实党风廉政建设主体责任，年初制定党风廉政建设工作要点，并与中层干部签订党风廉政建设责任书，召开党风廉政建设专题会议,切实落实党风廉政监督责任。对财经管理、制度执行干部纪律作风进一步加强监督的力度，严格执行"三重一大"决策制度，开展对财经管理的专项检查。

【主要工作】 精心组织、周密部署，高效推进第三次农业普查农作物面积遥感测量工作。提高认识，加强组织领导。曲江队高度重视农业普查遥感测量调查工作，切实加强组织领导，把这项工作摆在重要位置，队长负总责、亲自抓，分管领导具体抓，担当起组织与协调责任，全队参与，责任落实到个人，确保工作落到实处。

强化培训，掌握实操技巧。组织全队人员进行调查方案、PDA操作和相关业务知识的培训，对遥感测量的工作目标要求、注意事项以及测量流程等各方面内容进行专门的培训，同时还组织人员到调查点进行实地操作培训。

提高测量调查工作实效,加强审核，保证数据质量。在现场测量过程中，采用“S”形行走记录的方式，保证每个自然地块真实客观、不错不漏，经过多天集中全体干部职工下乡到点实地测量，圆满完成4个调查点20个样方的实测调查工作。

严格数据审核，严把数据质量关。曲江队队领导亲自把关，组织专业人员严格审核实地PDA采集数据与报表数据的完整性、准确性与逻辑性，采取交叉审核的方式，对每项数据进行详细的审查，确保数据质量。

【分市县城乡一体化住户调查工作】 严格按照分市县城乡一体化住户调查实施方案，扎实开展好分市县住户调查工作。

严抓数据质量不放松。一方面对记账户记账情况从月初、月中、月底3个阶段进行监控，发现漏记、错记情况及时提醒，避免月底集中核查时记账户因时间太久而记不清实际消费情况的现象发生。另一方面，账页收齐后，仔细核对每笔收入和支出，同该户的基本家庭情况进行比对，发现问题及时通过电话或上门的方式核实、改正。

细化对铺调员的管理、培训和考核。把辅调员参加培训及入户情况加入考核标准，一方面通过培训提升其业务能力，另一方面以考核为激励措施，促使其提升调查业务水平。对连续两年考核不合格的辅助调查员及时解聘和更换。2016年共3次召集住户辅助调查员集中开展业务学习培训，1次对记账户大规模培训。

加强入户检查指导和增进与调查对象的感情沟通。结合曲江调查队干部包片挂点制度，要求每个住户点的负责人每月定期定次入户开展调查，每户记账户每年至少入户1次，抽查记账情况，及时指正记账错误，做好访户台账记录跟踪，以提高记账质量。此外，注重对家庭困难的记账户进行慰问走访，增进与调查对象的感情，进一步提高调查户的配合支持程度。

【专项调查工作】 2016年，根据上级的部署和有关部门的委托，曲江队完成2015年度广东群众幸福感满意度调查、广东基本公共服务均等化群众满意度调查等专项调查工作，共完成调查问卷100份。调查中严格按照总队调查方案，事前对参与调查的辅助调查员开展培训，调查过程中严抓监督检查，对样本的抽选全程监控，对调查问卷抽样回访，严把数据关。

【常规调查工作】 深入推进劳动力调查工作。高质量完成劳动力调查样本框摸底工作。5月份，对辖区内12个调查点扩充劳动力调查样本框，共扩充样本4544个。一方面加强组织部署，队领导全程参与劳动力调查样本框摸底工作，亲自带队与村级单位负责统计工作的人员进行对接和现场培训，为顺利完成摸底工作夯实基础。另一方面及时做好宣传工作，采取拉宣传横幅、发宣传短信和宣传小册子的方式，提高劳动力调查的知晓率，为辅调员入户调查工作的顺利开展拉开序幕。

主要畜禽监测、农产量及播种面积、农民工监测、中间消耗和生产者价格等各项调查业务工作任务得到较好完成。开展畜禽监测调查新样本启用工作，完成辖区内新增中小型养殖户（46户）地理坐标信息采集工作，对总队反馈的24户生猪养殖户、64户家禽养殖户、1户牛养殖户进行数据质量核实工作。

【各项工作】 曲江队切实按照区科学发展观考核及绩效考核各项要求，认真做好科学发展观考核中涉及曲江队工作任务的城乡居民收入、城镇居民住房面积、农村家庭住房面积等调查工作。同时曲江队认真做好挂钩枫湾镇茶园山村村委的计生工作，枫湾镇浪石村4户贫困户的扶贫工作，在单位经费较为困难的情况下，尽力挤出资金3000元帮助横村村委解决部分计生工作经费，并对计生困难户进行慰问及帮扶。同时采取给贫困户送鸡苗（每户30只）、节日慰问等方式开展扶贫工作，截至年底扶贫资金约14000元。此外曲江队还认真做好保密、宣传、组织、信访维稳及统计法制等工作。

【统计服务质量】 2016年，曲江队加大调查数据的开发利用，进一步推进统计分析和调查信息工作,提升统计服务水平，围绕政府和群众关注的民生和社会热点问题，积极开展调研，撰写出有价值的信息与分析，服务经济社会发展，为政府决策做好参谋助手作用。全年上报调查调查分析报告10篇，被广东调查总队采用6篇。

【内部管理】 加强内部管理，抓好各项制度的建设，严格执行考勤制度，进一步强化干部的组织纪律性；加强干部职工的学习培训，不断提高干部职工的理论与业务知识水平；进一步加强了组织建设、党风廉政及反腐败等建设。（韩　静）

曲江区统计局曲江调查队领导班子名单（2016年）

队　长：张献明

副队长：胡　蓉（挂职）

纪检员：吕功福

审　计

【概况】 区审计局为区人民政府工作部门。2016年完成审计项目27个，查出违规金额162.61万元，管理不规范金额1509.34万元，发现非金额计量问题33个，审计提出建议51条，指导和督促被审计单位整改问题38个，健全完善制度2项。

【预算执行审计】 深化财政审计，促进完善财政资金的“全口径”预算。重点关注财政的一般公共预算、政府性基金、国有资本经营和社会保险基金是否按照新修订《中华人民共和国预算法》的要求全部纳入预算，有效促进和完善“全口径”预算的执行。通过关注绩效、积极财政政策贯彻落实、存量资金盘活、专项资金整合和统筹安排使用情况，促进减少财政资金沉淀，推动财政资金合理配置、高效使用。围绕贯彻落实中央“八项规定”精神和国务院“约法三章”要求，加强“三公”经费、会议费使用和楼堂馆所建设等方面的审计，促进厉行节约和规范管理。同时还关注地方财政收入增减变化情况和政府性债务情况，促进防范财政风险。完成对区发改局、旅游局、水务局、国土资源分局4个单位的部门预算执行审计。

【经济责任审计】 强化权力监督，深入开展领导干部经济责任审计。紧紧围绕反腐、改革、发展和民生，科学制订经济责任审计计划。在审计中，继续强化对权力运行的监督制约，坚持审计公示、进点会议、廉政反馈、审计回访等制度；突出强化对权力运行的监督制约，促进领导干部守法守规守纪尽责；围绕领导干部“权力运行”和“责任落实”两条主线，坚持查实情、说实话，出实招、办实事；坚持党政同责、同责同审，全面推行乡镇党政主要领导干部任期经济责任同步审计；强化审计结果运用，坚持审建并举，积极促进审计成果的转化和运用，把查问题、提建议、抓整改与完善制度、强化管理、深化改革有机结合起来，不断提升审计工作成效和水平。全年完成经济责任审计项目17个，审计查出违规金额162.61万元，管理不规范金额682.57万元，提出审计建议28条。

【民生资金和项目审计】 关注民生民利，重视专项资金审计和审计调查。先后开展公务用车改革、环境保护执法情况和国有资产变动情况专项审计调查，并结合重大政策措施贯彻落实跟踪审计要求，重点组织开展全区精准扶贫精准脱贫跟踪审计，关注和反映精准识别中弄虚作假、优亲厚友问题和线索，切实维护群众利益。

【跟踪审计】 认真做好重大政策措施落实跟踪审计，促进政令畅通。围绕项目落地、资金保障、简政放权、政策落实、风险防范“五个抓手”，先后对政府债务风险、重点建设工程项目推进、供给侧结构性改革、村镇生活污水处理设施项目等情况进行跟踪审计，涉及财政资金近20亿元。

【审计整改情况】 重视审计整改落实。持续加强对审计整改情况的督促检查和指导，对上年度审计建议提出的38项整改事项进行跟踪检查，将查处问题与推动整改相结合，加大对审计发现问题的处理、审计意见建议落实情况的跟踪检查力度，完善并落实审计整改回访和报告制度，进一步细化审计整改措施和流程，对审计查出问题明确责任，落实整改主体，提出整改期限，促进存在问题的整改落实。同时加强督查，对于整改不够到位的问题，组织人员进行专项跟踪督查，促进问题的整改落实。整改情况已向区政府作出专题报告。（首云敏）

曲江区审计局领导班子成员名单(2016年)

局　长：蓝穗初

副局长：江满英　冯晓晖

国土资源管理

【概况】 曲江区土地总面积1620.77平方公里。区内地形复杂，山地丘陵面积众多，海拔500米以下山地丘陵占土地总面积的17.8%。全区发现的矿产地有70多处，其中探明储量的上表矿区23处，主要矿种有煤、铜、钨、铅、锌、钼、硫铁矿、铸型用砂岩、冶金用白云石、陶瓷土、地热水、矿泉水等。铁矿储量在1亿吨以上，占广东省总储量的1/8，铅、锌、铜矿储量居全省第一位，钨矿储量居全省第三位，被誉为“有色金属之乡”。曲江拥有丰富的温泉资源，目前已发现地热(温泉)资源产地7处，2016年被中国矿业联合会命名为“中国温泉之乡”。

韶关市曲江区国土资源分局内设办公室、执法监察大队、土地利用股、不动产登记局(地籍股)、规保股、矿管股、地环股、纪检监察室8个职能股室。派出机构有马坝、白土、沙溪、大塘、乌石、樟市、罗坑、枫湾、小坑9个国土资源所。下属事业单位有曲江区不动产登记中心、曲江区土地储备中心、区国土资源信息中心、区土地开发整理中心、区征地服务中心。

【土地调规】 2016年，备案成功规划修改方案1宗为台泥项目(24.0647公顷)，正在备案1宗为莞韶园(155.8294公顷)。完成台泥、梦幻丹霞、曲江大道的多划基本农田备案，总面积14.82公顷。正在办理韶关电厂“上大压小”、罗坑瑶族村、消雪岭棚户区改造的规划修改方案3宗。正在办理新白线、北江航道和省道251线黄岭亭至汤湖段公路改建工程多划基本农田占用方案3宗。完成曲江大道项目建设项目用地预审1宗，面积42.4285公顷。扎实推进土地利用规划中期修编工作。从市辖浈江区、武江区调出4000亩新增建设用地规模用于曲江莞韶产业装备科技园建设后，全区共追加规模5573亩。

【土地市场】 完成建设用地审批手续12宗，面积为42.532公顷，收取土地出让金23602.1743万元。其中挂牌出让7宗，面积共21.0422公顷，收缴土地出让金22006.9910万元。“三旧改造”2宗，面积5.1944公顷，收取土地出让金1593.2581万元；转让2宗，面积261.33平方米，收取土地出让金1.9252万元；划拨土地1宗，面积3.4177公顷。

【用地报批】 获取2016年下达新增建设用地指标600亩，其中农用地530亩，耕地350亩。目前2016年第一批次(曲江经济开发区规划用地)43.1745亩，已取得批文；2016年第三批次(台湾项目用地)，面积共548.292亩，已取得批文。2016年第三批次(主要为曲江新城项目)，计划报批面积217亩，现正在积极组卷中。

【征地服务】 坚持依法依规征地，共征地1100.32亩，其中莞韶园区(大塘片)463.89亩、北江航道扩能升级项目421.8亩、城南片区整治86.03亩、解决东华围土地遗留问题42.62亩、台泥30.89亩、区儿童康复中心24.1亩、大宝山11.14亩、东环线9.22亩、环城路6.82亩、新白线项目3.3亩、马坝河(转溪段)治理项目0.51亩。

【土地整理】 开展永久性基本农田划定工作。曲江区城镇周边永久基本农田划定工作已初步完成，准备进行区级验收。全域永久基本农田划定工作正在开展，对根据《韶关市土地利用总体规划(2006—2020年)调整方案》，曲江区基本农田保护面积核减22380亩。

加快推进高标准基本农田建设。2014年度高标准基本农田建设项目沙溪镇项目已通过区级验收，市级工程复核并完成工程结算。马坝镇项目已完成工程的75%。2015年度高标准基本农田建设项目现已进入工程施工阶段。2016年度高标准基本农田建设项目已完成测量、规划与设计，现在进入市级专家评审阶段，预计2016年12月前完成项目招投标。

城乡建设用地增减挂钩项目。曲江区大塘镇项目区拆旧区已通过省厅验收，复垦验收面积为1015.66亩。目前，正加紧组织建新区实施方案的编制。

灾毁农田垦复工程。2015年争取省级灾毁基本农田垦复补助资金230万元。下放到由镇级负责实施，安排樟市镇西约村委85.7万元，工程进度完成90%，预计2016年年底完工；罗坑镇瑶族村委19万元，新塘村委74.8万元，此两个项目已完成招标；沙溪镇沙溪村委3.2万元、中心村委45.8万元，项目已竣工验收；枫湾镇石峰村委1.5万元，资金未投入使用。

【执法监察】 扎实开展2015年卫片执法检查工作。2016年1月，经对变更数据再次核查，违法用地图斑82个，违法用地72宗，图斑面积456.2亩（耕地44.9亩）。根据实际测量，违法用地实际占用的土地面积为422.61亩（耕地30.61亩）。经过对卫片执法监测图斑的全面核查，完成3个违法点1123平方米建筑物的拆除工作，复绿土地362.6亩，复耕98.9亩，72宗违法用地已全部立案查处，收取行政处罚款148万元。

做好信访案件、行政应诉和土地纠纷调处工作。全年共受理信访件43宗，其中省级批转8宗，市级批转7宗，区级批转26宗（其中网络问政18宗），局信访室接待来信来访2宗。5宗因未到答复时间，其余全部做出回复处理，办结率为100%。全年排查出社会矛盾3宗，通过领导包案负责，其中2宗已达成解决意向，至今未进行上访，剩余1宗为吕雪梅征地拆迁重建用地安置诉求，现在已安排好安置地点，待安置点实施“三通一平”后，可安排其重建用地。没有因为重访、闹访、上京访等被上级通报批评，并顺利通过6月省信访交叉检查。依法参与行政应诉，全年全区涉及土地领域行政应诉工作13件（一审、二审），积极协助配合律师，积极和区法制局和各个乡镇沟通协调，未出现因区国土分局行政错误导致的败诉案件。

【地籍测绘管理】 积极开展农村宅基地测绘调查和变更调查工作。马坝镇8平方公里1:500农村地籍调查已完成并于2016年8月通过专家的验收。完成曲江区变更调查于遥感监测工作。曲江区2015年度共有229个遥感监测图斑，总面积3103.3亩，其中占用耕地704.1亩，占用基本农田561.8亩。2016年7月1日正式启用最新变更调查数据成果。

【不动产统一登记】 顺利完成不动产登记工作办公场所、硬件设备、平台整合、档案移交和人员过渡，于2016年6月22日实行土地、房产和林权的统一登记，是全市第二个实行统一登记的县区。至年底曲江区已发出各类证书1773本，其中颁发“不动产权证书”763本，颁发“不动产登记证明”950本。房地管理分离造成的漏缴土地出让金等历史遗留问题也在研究处理中，协助区人民政府出台《不动产登记若干问题处理办法》，各类遗留问题正逐步得到妥善解决。

【矿政管理】 完成背户山矿区水泥用石灰岩矿（台泥项目）采矿权挂牌出让，收取采矿权出让价款6120万元。完成大宝山矿区佳兴公司采矿权整合，补缴存矿山地质环境治理恢复保证金93.075万元，已办理采矿权转让登记手续。完成曲江区大坑口建材供应站石场采矿权延续及变更矿区范围登记发证，收取采矿权价款86.46万元、采矿权使用费0.5万元、缴存保证金59.904万元。完成曲江区“中国温泉之乡”申报并顺利通过评审，12月27日已获得中国矿业联合会“中国温泉之乡”命名，授牌后将为曲江区增加一大旅游名片，对曲江区旅游事业发展发挥积极的推动作用。

【地质灾害防治】 积极发挥全区地质灾害防治组织协调作用，健全完善群测群防体系，及时发布地质灾害预警预报，通过手机短信共发布预警信息58次，覆盖范围1953人次，全年共发布信息113274条。实现全年地质灾害0伤亡。争取获得2016年度省级地质灾害防治专项资金308万元，助推曲江区地质灾害治理工程的实施，有效缓解区财政地质灾害治理资金不足的压力。积极推进地质灾害隐患点治理工程的实施。全年共完成9个地质灾害隐患点治理，共投入资金约280万元（尚未完成资金结算），其中利用省级专项资金130万元。

【队伍建设】 强化责任，党风廉政建设主体责任得到落实。分解党风廉政建设任务，制定局领导班子和班子成员主体责任清单，使领导班子和班子成员主体责任得到了很好落实。对照党政一把手“五个不直接分管”和“一名副职原则上不能同时分管该五项工作”的要求，局党组对班子成员分工进行调整，同时班子分工也符合“一名副职原则上不能同时分管该五项工作”的要求。根据中央、省、市和区委的部署要求，扎实推进“两学一做”学习教育活动，组织开展专题党课，专题学习讨论、专题警示教育，学习教育活动稳步推进，取得一定的教育成效，净化党员队伍的思想认识，带动业务工作的开展。

在做好职能工作的同时，按照区委、区政府的统一部署，区国土分局认真做好创文、精准扶贫、政务公开、保密、计划生育、安全生产、社会治安综合治理、依法行政、“六五”普法、人事培训等各项工作。（陈　霖）

曲江区国土资源分局领导班子成员名单（2016年）

局　长、党组书记：杨海兵

副局长、党组成员：蓝振宇

刘人勇

丘健英

执法监察大队大队长、党组成员：陈辉烈

工商行政管理

【概况】 2016年,区工商局在区委、区政府的正确领导和市工商局的热情指导下，顺利完成工商系统机制体制改革，继续深化商事制度改革，加强市场主体执法检查，全力探索事中事后监管，积极服务曲江振兴发展，做了大量工作，各项工作取得新的成绩。

【工商体制改革】 自2016年1月1日起，区工商局的工作经费及125名干部职工、69名离退休人员的工资正式由区财政统发，标志着曲江区工商局从省以下垂直管理改制为地方管理的体制改革工作顺利完成。在人财物交接过程中，区工商局认真做好干部职工的思想教育工作，多次召开干部职工会议，通报体制改革及工资福利的有关情况，确保干部队伍稳定。

【“两学一做”学习教育】 区工商局以开展“两学一做”学习教育活动的契机，共组织系统党员开展19次专题学习。通过学习，教育党员要牢固树立为人民服务的意识，自觉做为民服务的合格党员。通过努力，全体干部职工特别是党员干部的服务意识有了明显提高。

【商事制度改革】 2016年3月1日《广东省商事登记条例》正式实施，区工商局认真抓好贯彻落实，对优化山区营商环境、激发山区经济发展动力、推动商事登记便利化、促进大众创业万众创新发挥重大作用。2016年10月1日起，全省在全面实施工商营业执照、组织机构代码证、税务登记证“三证合一”登记制度改革的基础上，再整合社会保险登记证和统计登记证，实现“五证合一、一照一码”。截至12月底，共办理“五证合一、一照一码”127户；2016年11月1日起，广东省正式开展实施个体工商户营业执照和税务登记证“两证整合、一照一码”，区工商局积极实行“一照一码”登记模式，并切实做好“两证整合”登记制度改革的宣传工作和业务咨询服务。截至12月底，共办理“两证整合、一照一码”310户。通过不断深化改革，进一步提高全民创业的热情，新登记的市场主体数量提升明显。截至12月底，曲江区共有各类市场主体16501户，同比增长6.08%；其中内资非私营企业507户，同比增长6.06%（注册资金331499.52万元，同比增长15.38%）；内资私营企业1640户，同比增长19.44%（注册资金503209.34万元，同比增长17.72%）；农民专业合作社168户，同比增长9.09%（注册资金32337.96万元，同比增长7.07%）、个体工商户14186户，同比增长4.7%（注册资金91264.47万元，同比增长15.86%）。

【市场监管执法】 2016年，区工商局组织开展涉及服装、箱包、汽配、成品油、应节商品走私、安全生产、农资、粮食等各类专项检查及日常监管巡查行动，共出动检查人员2168人次，车辆229车次，共检查个体户12889户次。共查处侵害消费者权益案1宗，商标侵权案件4宗，逾期年报案6宗，共计罚款3.1万元，没收侵权商品43件，责令改正1户。

【创新监管体制】 2016年6月7日，由区工商局牵头起草，区政府办印发实施《韶关市曲江区深化商事制度改革强化事中事后监管实施方案》（韶曲府办〔2016〕27号），进一步理清各相关部门监管职责，加大许可监管部门的事中事后监管力度，推进市场监管的制度化、规范化、程序化。2016年，企业共完成2015年度年报1723户，年报率85.21%；个体工商户完成2015年度年报7629户，年报率58.13%。开展企业年报公示情况的抽查工作，共抽查企业52户，其中实地核查2户、委托审计5户、书面检查45户。经业务系统和全国企业信用信息公示系统查询，比对企业提供的资料，其中正常34户，不予配合情节严重的5户，通过住所无法取得联系的2户，隐瞒真实情况弄虚作假的11户。落实异常经营名录制度，有19户企业因信息隐瞒真实情况、弄虚作假之情形被列入异常经营名录。实施信用修复制度，鼓励企业重塑信用，对16户重新申报年报及更新企业公示信息的，移出经营异常名录。

【开展消费维权工作】 2016年，共受理各类消费投诉58宗，调解57宗，调解成功率98%，为消费者挽回经济损失4.3万元，受到消费者的肯定和好评。

【农贸市场整治工作】 制定《韶关市曲江区工商行政管理局迎接国家卫生城市复审工作方案》以及《韶关市曲江区工商行政管理局整治社会办农贸市场专项行动工作方案》并组织实施。并组织辖区市场开办单位开展广东省2014—2015年度诚信市场创建活动，经过省工商局专家组的现场考评，亿华市场被评为广东省2014—2015年度诚信市场。此外，根据《韶关市城市提升三年行动计划（2016—2018年）》，2016年江畔市场升级改造工程是计划内容之一。作为责任单位，曲江区工商局积极督促市场开办方做好江畔农贸市场的升级改造工作，该工程预算总造价400.98万元，实际投入397.18万元，并于2016年12月30日正式完工。

（罗俊平）

曲江区工商行政管理局领导班子成员名单（2016年）

党组成员、副局长：沈志卫
党组成员、副局长兼纪检组组长：涂智源
党组成员、副局长：杨保红

质量技术监督

【概况】 2016年，曲江区质监局紧紧围绕区委、区政府工作重心，保障特种设备安全的基础上，突出质监特色，助推曲江经济发展着力点，发挥质监工作监督和服务职能，狠抓质监队伍建设，提高依法行政水平，热情服务，严格把关，从质量、计量、标准化、特种设备安全监察等工作的监管，服务曲江区经济发展。

【理论学习】 5月17日召开“两学一做”学习教育动员大会，采取多种形式，促进党员学习热潮，推进“两学一做”向广大党员拓展。局党组书记为党员上党课，全体党员深入学习习近平系列重要讲话精神，提高党员的法律意识，增强法治观念和法律素质，引导党员爱国守法、爱岗敬业。组织党员瞻仰广东省委旧址，开展红色教育，使全体党员加深对广东党史的了解，增强党员干部的责任感和使命感。参观“永远的丰碑，光辉的历程”“学党章党规，学系列讲话，做合格党员——韶关市纪念建党95周年图片巡回展”，提升共产党员的自觉性，增强质监为民服务的责任感和为建设美丽曲江贡献力量的使命感。组织党员观看反腐败题材电影和警示教育片，加深对廉洁从政重要性的认识，自觉的以反面典型为鉴，筑牢拒腐防变的思想道德防线，增强党性修养和拒腐防变的能力。

【党风廉政】 始终坚持“两手抓，两手都要硬”的方针，加大干部廉洁自律、纠正部门和行业不正之风的工作力度，确保反腐倡廉任务落实。落实责任制和责任追究制，加强对党员领导干部的监督，落实领导重大事项报告制度。充分认识颁布实施《中国共产党监督条例》的重大意义，学习条例，严格执行中央“八项规定”。加强行业作风建设，树立良好的质监形象，严格执行国家质检总局制定的“五公开、十不准”“八严禁”等规章制度，规范干部职工的行为，加强对党员和职工的教育，引导共产党员和职工树立正确的世界观、人生观和价值观，解决好行业作风问题。落实“两个责任”即党组负主体责任，监察室负监督责任，制作了曲江区质监局领导班子党风廉政建设主体责任清单，层层签订党风廉政建设和反腐败工作责任书。制定2016年政风行风工作实施方案，树立为民务实清廉的质监良好形象。

【特种设备安全】 坚持“安全第一，预防为主”的方针，抓安全监察工作，以监察为手段，使用环节为重点，遏制事故为目的，确保人民生命财产安全和经济运行安全。开展特种设备安全大检查，共出动检查人员475人次，检查使用单位118家，抽查特种设备437台，排查隐患设备22台，填写《特种设备现场安全监督检查记录》116份，发出《特种设备安全监察指令书》12份，及时消除一批事故隐患；积极做好电梯维保公司驻点基本资源条件备案工作，规范维保市场。目前，全区有10家维保公司驻点配备了维保所需基本资源条件；开展了电梯安全应急救援演练，组织曲江区天宇楼宇设备有限公司、深圳市众佳好物业管理有限公司在半山豪苑小区内开展一次模拟小区电梯发生困人事故的电梯应急救援演练。通过演练，检验维保单位和使用单位对电梯故障的应急处置能力和救援能力，积累电梯应急处置的实践经验。

【质量工作】 鼓励企业做大做强，增强企业对曲江区经济的拉动力，打造质量强区的目的，扎实做好质量管理工作。认真开展质量强区工作，提前做好省质量工作考核的迎检准备，根据上级部门要求，结合实际，制定曲江区产品质量监督抽查计划，对计划内的产品进行质量抽检。共抽样检查产品23批次，合格23批次；为韶关市娃哈哈饮用水有限公司和韶关市强龙重工有限公司、韶关市广宝化工有限公司提供换证或申证咨询服务，协助其做好申报材料的填报、提交工作，现场指导企业做好迎接省审核组实地核查的准备工作。加强对获证企业生产现场和实验室的日常巡查，出动120人次前往23家企业进行检查，提升企业产品质量管理水平。开展企业服务月活动，到韶关市曲江森茂钢材贸易有限公司、韶关市曲江区新益金属制品有限公司，了解企业经营状况，提出解决措施。加强名牌产品培育，服务企业发展，大力实施名牌发展战略，推荐企业申报省名牌，加大帮扶力度，组织业务骨干，邀请专家前往符合申报名牌产品条件的企业进行业务指导，2016年新增流体输送用镀锌钢管、蓄电池（铅酸蓄电池、锂离子蓄电池）、钢筋混凝土用热轧光圆（盘卷）钢筋、拉丝用热轧圆盘条4个名牌产品。

【标准化工作】 协助韶关大森林温泉世界有限公司、广东经律论酒店管理有限公司、广东狂人体育文化有限公司，开展文体休闲旅游服务先进标准体系试点项目工作，成立区领导小组，指导企业成立相应机构、开展全员培训与外出参观学习和安排有关人员到省标院参与培训班学习。协助广东经律论酒店管理有限公司在曲江区小坑镇组织召开经律论文化旅游小镇标准化建设工作启动大会，70多名企业员工参加了大会。此次启动大会的召开，标志着区首个省级“文体休闲旅游服务先进标准体系试点”项目迈出坚实的步伐。鼓励指导韶关市曲江宏创钢管有限公司、广东五联木业集团有限公司、韶关市新田新型节能建材有限公司，申报采用国际标准及标志成功。

【民生计量】 围绕“计量惠民，服务民生”的主题活动，共检定计量器具4388台件，其中加油机459台件、天平61台件、衡器3268台件、水表600只，免费检定计量器具3051台件，免收检定费24.7万元。加强对瓶装液化石油气、商场等企业的定量包装计量监督检查，共抽查9批次，对存在问题企业进行约谈，提出整改要求，对城区主干道的10家加油站46台燃油加油机和162支加油枪进行检查，要求加油站加强对计量器具的管理，组织员工学习计量法规知识，防止计量违法行为的发生，切实维护消费者的权益。围绕“计量是创新发展新动力、转型升级新动能、提质增效新优势”主题，结合“5·20世界计量日”，5月15日参与由区公安分局举办的“5·15打击和防范经济犯罪宣传日活动，张贴宣传画，向群众解答民生关注的计量知识和问题，现场向群众发放宣传资料600余份。积极配合区政府做好2016年度县级政府节能目标责任评价考核工作，顺利通过市政府的考评。对广东韶钢嘉羊新型材料有限公司、韶关市宏德热轧带钢有限公司、广东韶钢普莱克斯实用气体有限公司、至卓飞高线路板（曲江）有限公司4家能源计量企业实施现场检查，检查结果4家企业均合格。

【依法行政】 推进依法行政，切实做好法治宣传教育工作。行政处罚执法主体明确，办事程序规范，促进依法行政的良性循环，作为产品质量、计量、锅容管特执法的主体，依法行使其法定职能作出行政处罚，对案件的处理按程序依法办理；从受理到立案审批，从现场调查取证到案审委员会审理，从下达告知书、决定书到送达、再执行、结案报告，案件归档都按程序规定要求做。规范行政处罚，严格依法行政，行政处罚合法、合理、高效。严格按照合法、合理、高效的要求，坚持五项原则：（1）合法原则，做到执法主体合理、执法内容合法、执法程序合法；（2）依据充分原则，以事实为依据、以法律为准绳；（3）合理原则，作出处罚前充分考虑案件情节、后果等多种因素，给予适当、较为合理的处罚；（4）效率原则，提高工作效率；（5）接受监督原则，公开办事结果，以及申辩、陈述、听证规定，强化人民群众的监督。实行罚缴分离，完善行政处罚制度，全面推行落实《中华人民共和国行政处罚法》。

【稽查打假工作】 2016年，共出动执法人员718人次,检查企业266家次，执法抽样7家次,立案查处各类违法案件4宗，结案4宗，处理群众投诉7宗，网络问政2宗，共计挽回群众损失0.8万元。同时，分别开展液化石油气计量、市场计量器具执法检查，元旦、春节卷烟打假，春季农资打假，地理标志保护产品等专项执法工作，有效遏制制售假冒伪劣产品违法行为的发生，有力地保障消费者的合法权益。

【创文巩卫】 扎实推进巩卫工作，提高责任意识，做好单位节日清洁及责任路段卫生保洁工作。营造良好的宣传氛围，向责任路段商户及周边群众宣传创文巩卫工作细则，提高群众公共卫生责任意识，改善周边环境。引导群众养成文明的生活习惯，具体工作落实到各部门，组织人员对责任包干进行卫生大扫除，检查责任路段的卫生状况及时清理，不留卫生死角，保持道路整洁。

【精准扶贫】 帮扶马坝镇石堡村杨屋、石下两村10户贫困户、全低保户。组织干部多次联系马坝镇石堡村杨屋、石下村，与他们促膝交谈，摸底了解他们的生活状况和生产需要。制订精准扶贫三年规划和2016年扶贫计划、帮扶措施。组织帮扶人员对贫困户进行中秋节的慰问。筹集资金1万元，为他们提高发展种植业、养殖业，使他们早日摘掉贫困户的“帽子”，走上自立自强的发展致富之路。（唐伟斌）

曲江区质监局领导班子成员名单（2016年）

局　长：刘　伟
主任科员：陈　军
副局长：王海玲　姚　杰

食品药品监督管理

【概况】 2016年曲江“四品一械”持证经营单位3680家，其中食品生产经营单位1187家，餐饮食品经营单位929家，药品经营使用单位230家，保健食品经营企业191家，化妆品店935家，医疗器械经营使用单位208家。

2016年，曲江区食品药品监督管理局在区委、区政府的正确领导下，紧紧围绕保障人民群众饮食用药安全这一中心任务，结合巩卫创文迎检工作，践行网格化监管，严厉打击食品药品领域违法犯罪行为，食品药品安全管理进一步规范，在市食品药品安全考核、市局年度重点工作上取得好成绩，监管水平再上新台阶。食品安全指数考核全市第三，药品安全指数考核位居全市前列，基层监管所规范化建设扎实推进，专项整治成果明显，市级快检技术比武荣获全市团体第二名，全年食品药品安全实现“零事故”的好成绩，圆满完成区委、区政府交办的中心工作任务。

【食品药品安全监管体系建设】 2016年，结合省市共建韶关食品药品安全示范区创建工作、“平安餐饮”创建工作和“智慧食药监”试点工作，积极探索市场科学监管体制机制建设，主动适应新常态，创新监管，践行网格化、信息化监管模式。

健全网络，延伸监管触角。为实现食品药品监管无缝衔接，充实基层食品药品监管力量，区食药监局积极探索新机制，积极构建区、镇、村（社区）三级监管网络，配齐配强食品药品安全协管员队伍。至年底已配齐食品药品安全协管员154名，实行“网格化”监管，实现村（社区）全覆盖。同时，积极争取将镇、村（社区）协管员经费纳入财政预算，通过区、镇两级经费保障，有序推进食品药品安全协管员队伍建设工作，确保队伍能干事、干成事。同时按区域特点，将城区及乡镇划分为城东片区、城西片区、城南片区3个三级网格和白土、樟市、沙溪、大塘4个四级网格，各网格以加强现场监管为重点，坚持执法与服务并重，将日常巡查、案件查处、各种台账等各项监管工作直接纳入

"网格"，每个干部都有自己的"责任田"，变被动接受任务为主动开展监管检查，突出实效,真正实现"问题能发现，事态能控制，监管全程化（事前、事中、事后)"的工作目标。

积极探索践行"智慧食药监"工程。作为全省"智慧食药监"的八个试点单位之一，区食品药品监管局启动"智慧食药监"基础平台建设，专门成立信息化建设领导小组制定规划方案，明确任务需求，确定食药监管信息化平台融入省局"1235"的总体架构。至年底曲江区已完成区、镇两级监管网格划分和相关监管对象的数据绑定工作。引进第三方对智慧食药监平台的5000多条数据信息进行排查和补录，尽最大能力解决数据中心数据重复和错误的问题，完善基础数据库的许可、营业执照、人员信息等，实现实时上报和数据查询工作。同时，区食品药品监管局根据省政府民生工程要求，在省市局的指导下，狠抓农贸市场快速检测工作和食品安全追溯体系注册和上报工作，从源头上把好食品安全质量关。根据曲江区农贸市场的分布和发展状况，选取区中心农贸市场、城南亿华农贸市场、沙溪镇农贸市场作为省政府开展1000家农贸市场快速检测工作试点市场。至年底全区包括韶钢市场共6个市场，共完成食用农产品快检7500批次，检测品种达90余种，快速检测合格率达99%；各个市场均在显著位置设置电子视频公示栏，对检测结果每日及时予以公示；深入推进食品追溯体系建设，食品经营企业对食用油、米、酒等大宗原材料100%采取源头管理，全程跟踪，切实保障公众饮食安全。

按照市局对基层所规范化建设要求，2016年区食品药品监管局启动了科普站和快检平台功能室建设项目。至年底，4个基层所科普站和快检平台建设已经完成。11月下旬，大塘、沙溪2个基层所规范化建设工作得到市局较高的评价，并被市局授予"规范化监管所"称号。下步区食品药品监管局将围绕"四个规范"（即"制度管理规范、内务管理规范、日常监管规范、行政执法规范"），进一步提升乡镇食品药品监管所能力建设，做到行政职权、执法流程清楚、要求具体、期限明确，行政执法行为规范，力争做到行政执法程序化、标准化、台账化水平。

【"四品一械"示范创建工程】 2016年，曲江平安餐饮工程被省综治办确定为重点培育的亮点工程之一。区食品药品监管局坚持以示范创建为抓手，以"平安餐饮"创建工程为突破，以点带面，创新监管，不断提升食品药品安全保障水平。为按时保质完成创建任务，局班子领导亲自部署，全程参与创建，根据各自辖区不同特点和风险点，因地制宜采取"集中执法""分层管理""网格化监管"等监管方法，稳步推进创建工程。在创建活动中探索出"阳光厨房""平安学校食堂""健康餐厅""九统一公示"等经验，在开展小坑街"广东省食品安全示范街"创建工作中，按照创建标准采取分步实施、稳步推进的办法，对示范街创建单位按创建标准逐项逐条进行细致严格检查，对不符合要求的食品经营单位加大整改督查力度，确保创建达标。同时遴选辖区13家学校（幼儿园）作为2016年市政府"百所中小学校（幼儿园）示范性平安食堂"民生工程主要创建单位。除强化日常监督检查外，5月联合教育局对13家"平安学校食堂"创建单位进行现场指导，以确保学校食堂的软、硬件设施更加合理、规范。至年底，13家创建单位在硬件方面已全部完成改造。2016年开展省级化妆品市场安全治理示范区、省食品安全示范街和市规范化药房药库创建工作。至年底曲江区成功创建4家规范药房药库，即曲江区人民医院、白土卫生院、启德医院、韶关市第三人民医院。2016年10月，全市规范化药房药库创建工作现场会在曲江区召开，曲江区开展规范化药房药库创建工作在会上作专题发言；11月，省级化妆品市场安全治理示范区创建工作顺利通过考核验收，在全省排名第6位。通过示范创建的示范效应，进一步推动监管水平上迈上新台阶。

【"四品一械"专项整治】 为保障群众饮食用药安全，区食品药品监管局全年开展农村食品安全"扫雷"行动、"巩卫迎检"行动、餐饮食品、保健食品、化妆品安全、"山东非法经营疫苗案"等17个专项整治行动，切实保障公众食品药品安全。

组织元旦、春节、"五一"、中秋、国庆等节日期间开展食品药品打假专项行动。组织执法人员在辖区内开展节日期间打击制假售假专项行动，重点对酒类、粮食制品、乳制品、食用油及各类节日热销食品等行业开展执法检查。

做好“两会”、区党代会、高考、樟市镇“黄金海岸·群星荟萃”黄花风铃木观赏活动、大唐花海、“库区人家”曹角湾祈福节、中国舟钓公开赛（广东曲江站）、枫湾花果节、罗坑露营节等重大活动食品安全保障工作。对活动开展地及周边餐饮服务单位的负责人和从业人员进行食品安全培训，对食品原料采购、索证索票、验收台账、食品加工储存、餐用具消毒保洁，食品添加剂的采购、保管、使用及从业人员是否持有效健康证明，食品处理区“三防”设施、设施设备运转情况等进行检查和指导，开展食品快筛快检工作，做好风险防范，预防食品安全事故的发生，保障各项重大活动的安全、顺利进行。

开展校园周边食品流通市场安全专项整治工作。围绕“四个重点”（重点区域、重点环节、重点时段、重点专项），以米、面、油、肉等大宗食品原材料为重点品种，严格落实食品经营单位主体责任，强化日常监督巡查，严把从业人员健康、食品进货、食品贮存和加工制作关，严防食物中毒事故的发生。

全年共出动执法人员 7447 人次，出动车辆 2038 车次，累计检查“四品一械”持证经营单位 8985 家次，农贸市场 317 家次，发出食品药品《现场检查笔录》8060 份；发出《责令改正通知书》1879 份、《当场处罚决定书》773 份；收集食品药品安全信息 30 条，排查安全隐患 6 处，处理投诉举报咨询 18 起，查处并结案的食品药品案件 52 宗，罚没款 54 万元。年内未发生食品药品安全事故。

【食品药品诚信体系建设】 为深入推进食品药品社会信用体系和市场监管体系建设，2016 年区食品药品监管局以健全完善食品机构改革工作为契机，“点、线、面”相结合深入推进食品药品社会信用体系建设，积极探索市场科学监管新机制：建章立制，全面规范行政行为。对全局行政许可、行政处罚、日常监管等工作制度进行了全面的梳理，重新规范各项行政工作制度，统一许可准入条件、处罚的尺度、监管频次和要求，全面规范行政行为；政务公开，提高行政工作的透明度。在办理许可审批、认证、换证工作中，向社会公开办事依据、标准、程序、时限和结果。通过实行政务公开，畅通监督渠道，切实保障管理相对人和群众的知情权、参与权、监督权，自觉接受社会各界的监督；实施量化分级管理，全面开展餐饮服务食品安全诚信体系建设，引导企业走诚信发展之路。建立餐饮服务企业诚信档案，全面推行餐饮业量化分级管理制度，根据日常检查情况将其分为 A、B、C 三级，全年已完成餐饮服务单位量化分级总数 1105 家，完成量化分级评定率 100%，其中 A 级单位数量 38 家、B 级单位数量 612 家、C 级单位数量 455 家。总体量化分级评定率达 95.3%。同时，按照“试点先行，重点突破，因地制宜，逐步推进”的原则，在全区范围内以大中小型餐馆、学校（托幼机构）食堂为重点，稳步推进“明厨亮灶”工程建设。将餐饮服务单位的操作间、凉菜间、洗消间等关键部位“透明化”，使餐饮服务单位食品加工制作核心部位直接展示给消费者，使“后厨”成为可视、可感、可知的“阳光厨房”“透明厨房”，让消费者可以直观感知厨房的环境卫生和凉菜加工、切配烹饪、面点制作等各环节真实状况。积极做好辖区推进“明厨亮灶”建设和检查、指导工作，及时掌握工作进展情况，至年底，共有 37 家餐饮单位实现“阳光厨房”,606 家餐饮单位实现“透明厨房”，辖区“明厨亮灶”实现率 54.4%。

在药品安全诚信体系建设方面，根据《广东省食品药品监督管理局药品生产经营单位信用分类管理的实施办法》有关要求，2016 年继续突出抓好药品分级分类管理的实施工作：对照评定标准，在全区 111 家药品经营企业中，共评定出 83 家药品经营企业为守信等级，18 家药品经营企业为警示等级，8 家药品经营企业为失信等级，2 家药品经营企业为严重失信等级，客观、公正地反映各企业的经营表现；通过多途径、多渠道、多形式来强化药品从业人员的法律知识、业务知识和岗位技能，不断提高药品从业人员的业务素质和诚信意识，真正做到自觉诚信，讲诚信理念体现于经营的各个环节。加大对诚信体系建设结果的应用力度。严格按照信用等级实行分类监管，对于守信企业，减少对其日常监管的次数，对于警示和失信企业，则加强日常监管的频次和处罚力度，必要时向新闻媒体曝光，并且提高对信用体系建设工作的认识，双管齐下促使警示和失信企业不断增强诚信经营的理念。对于严重失信企业，责令其停业整顿，重新进行“药品经营质量管理规范认证证书”认证。通过进一步加大处罚力度，促使失信企业不断增强诚信经营的理念，确保诚信体系建设更为有效地推进。

【食品、药品检测和不良反应监测】 加大对“四品一械”抽检力度，对存在的安全隐患“早发现、早预防、早整治、早解决”，提高科学监管能力。全年共完成食品抽检 697 批次，药品抽检 113 批次（其中：评价性抽检 10 批次，合格率 100%；监督性抽检 103 批次，靶向命中率 14.6%）。积极开展药械不良反应上报工作，2016 年共上报药品不良反应报告 183 例、医疗器械不良反应报告 71 例，化妆品不良反应报告 10 例，超额完成各项指标任务，及时、有效地控制药械风险发生。

【宣传培训】 为搞好食品药品安全宣传，区食品药品监管局积极应对媒体，把握主动权，充分发挥报纸、电视、网络、公益广告等多种媒体的监督和宣传功能，报送各类信息 155 篇，市、区各级各类媒体刊登食品药品工作信息 344 篇，在全区信息报道工作排名中名列前三；在公园电子显示屏、区电视台流动播放《中华人民共和国食品安全法》等宣传片；结合“3·15”消费者权益保护日、食品安全宣传周等宣传活动，在城区公园电子显示屏、交通路口、各镇交通路灯灯柱、农贸市场制作大型宣传牌 46 块，在局内部制作政务公开栏、党廉建设宣传栏、党建工作宣传栏、宣传牌。在区电视台播放《食药法律法规宣传短片》300 多期，在食药安全微信公众号和《今日头条》发送温馨提示 36 条；编印并免费发放《中华人民共和国食品安全法》、《中华人民共和国药品安全法》和《广东省食品生产加工小作坊和食品摊贩管理条例》等宣传册万余册；制作宣传展板 11 块，开展食品药品安全集中宣传 18 次，举办食品安全知识讲座 9 场次，接受咨询 11000 多人次，发放《食品安全知识宣传手册》《药品安全基本知识》等宣传资料 37000 多份。做到宣传方式多样化、宣传内容通俗化、宣传阵地网络化，形成“人人关注、个个关心”食品药品安全的良好氛围。

【区政府中心工作】 区食品药品监管局按照区委、区政府和区巩卫迎检办统一部署和要求，努力在组织领导、任务细化上下功夫，制定 2016 年巩卫迎检重点工作实施方案，采取拉网式巡查和重点区域针对性检查相结合的形式，实行分管领导分片包联，现场督导，重在落实，确保曲江区食品安全符合巩卫检查要求，以圆满的工作成绩赢得区委、区政府领导的好评。认真抓好安全生产工作，全年无食品药品安全事故发生；继续狠抓扶贫双到工作，落实帮扶资金近 3 万元；积极履行计生兼职单位职责，开展计生帮扶活动，全年帮扶资金 5600 多元。坚持以促进地方经济工作为己任，以服务意识、大局意识、扶商意识为指引，在辖区限上餐饮企业支持、配合下，2016 年 1—11 月曲江区 14 家限上餐饮企业完成营业额 6552.1 万元，增长 9.7%。（徐建广）

曲江区食品药品监督管理局领导班子成员名单（2016 年）

局党组书记、局　长：郭长青
局党组成员、副局长：龙永生
卢如斌
何伟繁

安全生产监督

【概况】 2016 年，曲江区安监局坚持“以人为本、安全发展”的工作理念，深入开展“安全生产执法年”活动，扎实推进“打非治违”工作，不断深化监督管理，严格事故隐患排查治理，各项工作取得良好成效。区安监局荣获 2016 年全省“执法监察标准化建设二级达标单位”称号，在区人大代表对区直单位 2016 年度履职满意度测评中，被评为优秀。

【安全生产工作基本情况】 2016 年，曲江区共发生各类生产安全事故 137 起，未发生较大以上生产安全事故，死亡 12 人（经营性 1 人），受伤 15 人，直接经济损失约 1287.19 万元。与 2015 年同期相比事故起数、受伤人数和直接经济损失都有所增长，死亡人数下降 7.6%。其中：（1）工矿商贸：事故 2 起，死亡 1 人，经济损失 579.7 万元。（2）道路交通：2016 年，共发生安全事故 18 起（经营性 2 起，非经营性 16 起），死亡 10 人（非经营性），受伤 15 人，经济损失 6.61 万元，与2015 年同期相比事故起数、受伤人数和直接经济损失有所上升，死亡人数持平。（3）火灾：2016年，全区火灾（火警）117起（经营性6起，非经营性111起），死亡1人（非经营性），直接经济损失700.88万元。

【安全生产责任】 2016年年初，曲江区召开安全生产工作会议，与各镇、区属有关单位、签订安全生产目标管理责任书，分解下达各项控制指标，与各镇、区属有关部门签订《安全生产责任书》共35份。各部门也迅速把安全生产控制指标层层分解落实，层层签订责任书，形成严格的安全生产责任制，一级抓一级，一级促一级，级级有责任、级级负责任的格局。为认真贯彻上级党委、政府关于安全生产的一系列决策部署，落实安全生产“党政同责、一岗双责、齐抓共管”要求，区安监局起草《进一步完善安全生产责任体系》，报请区政府审定。2016年10月20日下发《关于进一步完善安全生产责任体系的通知》（韶曲委办发〔2016〕52号），进一步厘清负有安全生产管理职责的区直有关单位和部门的责任，以达到“以职定责、依职追责”的效果，确保安全生产监督管理责任落到实处。

【安全生产重点工作】 2016年11月30日，曲江区召开防范和遏制重特大事故工作会议，并成立以区委常委、常务副区长陈夏广为组长、区政府办副主任宋望波、区市场监督管理局局长何宗成为副组长、其他安委会成员单位负责人为成员的曲江区防范和遏制重特大事故工作领导小组，区安监局起草《韶关市曲江区防范和遏制重特大事故工作方案》，方案经征求各安委会成员单位意见，修订完善后正式印发实施。

【安全生产检查及专项整治】 区安监局加大执法检查力度，深入开展“安全生产执法年”活动，联合各部门以安全生产执法检查为突破口，推动安全生产专项整治，强化安全隐患排查治理，努力改进执法方式，提高执法实效，确保曲江区安全生产大局稳定。2016年，区安监局突出非煤矿山、危险化学品、烟花爆竹、工贸企业和职业卫生等专项治理，会同相关部门开展建筑施工、道路交通、农业、消防等重点行业（领域）专项整治。

【安全生产教育培训】 区安监局按照年度安全生产培训计划，积极组织非煤矿山企业、危化品生产经营企业、烟花爆竹、职业卫生、专职安全员等各类安全教育培训班8期，参加培训企业30多家，参加培训人员300多人次，安全生产相关人员切实增强安全生产意识，掌握安全生产知识，提升安全生产业务素质，筑起牢固的安全生产思想防线，从根本上解决安全生产中的各类隐患，有效提升安全生产监管人员的安全素质。

【安全生产宣传】 区安监局围绕全国第十五个“安全生产月”的“强化安全发展观念，提升全民安全素质”主题，认真抓好安全生产月宣传教育活动。一是区安委会制定并下发《韶关市曲江区2016年“安全生产月”和“安全生产万里行”活动方案》，指导部署安排全区安全生产月宣传工作；二是联合交通局、食药局、住建局、气象局、交警大队、消防大队、供电公司等20家单位，在城区河边公园设立宣传咨询台，为广大人民群众提供和生产密切相关的安全咨询服务；三是举办“安全发展，平安曲江”文艺晚会，通过书法展示、小品、歌舞表演、安全生产知识竞赛等方式向群众宣传安全生产知识；四是采取短信、LED动画、电视频道、主街道悬挂横幅、汽车流动宣传等方式，持续推进安全生产知识的宣传和教育，在潜移默化中改变人的思想观念和行为，使“要我安全”向“我要安全”转变。

【安全生产事故】 2016年2月29日15时10分，宝钢集团韶关钢铁广东韶钢松山股份有限公司高炉分厂8号高炉发生一起穿漏事故，导致3人轻微受伤，直接经济损失479.7万元。事故发生后，宝钢集团广东韶关钢铁有限公司、区安监局、区消防大队等相关部门及时组织力量，积极开展应急处置工作。区长高冬瑞、区常务副区长罗永东等主要领导率领相关部门的人员第一时间赶赴现场组织指挥应急救援，截至16时50分，现场明火被扑灭，事故现场人员得到安全疏散，事故现场得到有效控制，未发生次生事故。（赖香敏）

曲江区安监局领导班子成员名单（2016年）

局　长：何宗成

副局长：伍伟平

财政　税务

财　政

【概况】　2016年，曲江区财政局紧紧围绕建设韶关重要经济增长极和幸福美好新城区、争当韶关经济发展先行区的目标，以科学发展观为统领，认真贯彻“五大发展理念”，主动适应经济发展新常态，坚持稳中求进的总基调，积极发挥财政部门职能，助推曲江经济社会平稳持续发展，为“十三五”开局之年取得良好成绩。财政总收入为214346万元，其中一般公共财政预算收入完成80715.02万元，同比增6.35%；财政总支出176099万元，顺应发展需要。局内设办公室、国库股等15个股（室），下属单位有国库支付中心、物业站、政府采购办、公共资产管理中心等6个单位，派出机构有马坝镇财政所等9个乡镇财政所。

【财务工作】　面对经济下行和政策性减免等形势，千方百计组织财政收入。强化协税护税工作。积极会同税务部门开展重点税源纳税分析评估工作，推进协税护税信息共享，建立税收通报制度，加强对重点税源企业易跑漏税种的稽查，依法征管，实行“互联网+”税务征管，优化纳税服务，确保应收尽收。加强非税征收。严格执行“收支两条线”管理，规范非税收入监管，全年完成非税34329.6万元，增长9.21%。积极广集外部资金支持曲江发展。组织实施《曲江区争取上级项目发展资金考核办法》《曲江区金融机构放贷投资考核奖励办法》，积极会同相关部门多渠道广集发展资金。加强国有资产管理。盘活国有资产，资产处置收入6413万元，门店租金收入671万元。加大政府性基金征收力度。积极协调相关部门努力做好基金的收缴工作，全年收入完成达54881万元，同比增长8.68%。

【重点项目建设】　投入2638万元用于装备产业园和白土工业园建设，投入3702万元建设狮岩路、环城路建设北路和梅花中路，投入9652万元建设北江河航道，治理樟市河、罗坑河等中小河流。利用财政政策大力支持韶电、台泥、大宝山铜硫开发等重点项目建设。

支持企业发展。协同相关部门积极开展“企业服务月”活动，设立企业扶持资金鼓励企业做强做大，支持韶关顺昌布厂、广州智光有限公司等企业发展；为15家企业22个项目落实企业技改扶持政策。

推进城区扩容提质。对省道248线和国道106线南华寺路段进行绿化,更换城区CED灯，整治马坝河，加快新白线、新东环线建设，加大影剧院周边旧城和城区中心市场的改造力度，加快与芙蓉新区和市南郊片区的对接融洽。

改善生态环境。设立生态发展基金300万元，推进生态产业建设和生态经济发展。落实资金3276万元加快造林和森林植被及生态公益林建设；投入1460万元处理城区污水、购置垃圾运输车辆和完善垃圾中转站设备；投入1129万元对沙溪尾矿重金属污染进行整治。

助推旅游事业发展。设立旅游发展基金500万元，推进“大南华”、“大马坝”旅游和旅游厕所等项目建设。支持大塘花海、罗坑茶文化节和枫湾花果文化节等地方特色的旅游活动。

促进农村经济发展。全年“三农”投入16.59亿元完善农田基础设施建设，发展现代农业生产，农村饮水工程，推进“一事一议”和农村土地承包经营权确权登记颁证工作等。

大力拓展融资渠道。推广运用PPP模式，加快项目对接，加快融资，用于征地补偿和破解企业发展难题，撬动金融资本支持经济发展。

【民生支出】　全年民生支出达131094万元，占当年公共财政支出的79.25%。推进现代化教育。支出公用经费2.1亿元，学生

31260人接受免费义务教育；提高教师山区补贴标准，由2015年的700元/人·月提高到2016年的800元/人·月；落实5879万元完善余靖小学、德育示范性基地及各中小学基础设施建设。提高社会保障能力。拨付27978万元购买职工养老保险、城乡社会养老保险、失业保险、生育保险、工伤保险；住房保障支出10686万元推进保障房建设；投入214万元支持失业人员再就业。推进医疗卫生计生事业发展。安排2000万元推进“卫生创强”；拨付资金7167万元兑现城乡医疗保险和职工医保，拨付城镇独生子女父母计划生育奖和节育奖220万元，设立二孩专科门诊，实施精准扶贫医疗救助。促进文化体育事业发展。文化与体育传媒支出2854.7万元，推进博物馆、文化馆、图书馆、基层文化站（室）、马坝人遗址免费开放，实行文化“三送”下乡，建设基层综合文化服务中心，支持全区开展各项体育活动。投入资金900万元，扎实推进全区30条贫困村和1992户贫困户的精准扶贫工作。落实住房维修基金和物业补贴、乡镇机关事业单位人员乡镇工作补贴共10386万元，提高机关事业单位人员工资福利。

【部门改革建设】 深化部门预算改革。对全区63个一级行政事业单位（部门）预算安排方案进行细化，并向社会公开。基层公共服务综合平台建设全面建成运行。完成区级1个、镇（街道）10个、村（居）107个的三级服务平台建设，覆盖率达标，达到“五统一”“八个有”，形成便民化、统一化、网络化的三级多功能服务平台。

【政府采购管理】 货物和服务的公开招标数额标准由50万元提高到200万元；政府集中采购目录以外的货物、服务和工程项目，采购限额标准由20万元提高到50万元。全年完成采购项目561宗，采购预算金额51589.9万元，实际采购金额45405.8万元，节约率11.98%。深化国库集中支付管理模式。完善区级部门预算与镇级部门预算统一同步的财政信息系统，区级国库集中支付直接支付额为22.02亿元,授权支付额为2.04亿元;镇级国库集中支付额为1046万元,代管资金专户6683万元。

【政府投资项目监管】 全年共完成评审项目207项，工程预（结）算送审金额70821.8万元，审定金额60432.2万元，评审核减金额103 89.6万元，核减率14.67%。规范税费政策管理。全区清理规范税收政策40项，取消不合理11项；取消、停征和免征行政事业性收费18项。

【财经纪律】 开展对旅游局等4个单位的财政专项资金进行检查和59个区直单位的省级专项资金自查，对全区107个单位进行“小金库”监督检查；推进全区涉农资金整合专项治理；对9个镇的镇、村财会人员开展财政支农政策培训，全区会计人员远程教育达2500人次；完成省、市、县（区）三级财政资金信息实时在线联网监督系统建设。完善财政监管机制。制定出台《关于曲江区开展排查清理“小金库”专项工作实施方案》《曲江区政府采购专项排查整治活动实施方案》《曲江区关于进一步优化专项资金拨付程序》等制度，不断加大财政的监管力度。扎实开展绩效评价工作。完成曲江区资源枯竭城市转移支付资金2980万元和2015年新增地方政府债券资金10600万元以及2015年财政一般性转移支付资金62834万元等3个项目的绩效自评。圆满完成全区158个行政事业单位国有资产清查，进一步规范和强化国有资产管理。盘活存量资金13483万元，提升财政资金的使用效益。

【队伍建设】 强化学习培训教育。组织干部职工参加广东省公务员网络、“七五”普法、会计继续教育及“五大发展理念”等各种学习培训达600人次，提高队伍依法行政、依法理财水平。加强反腐倡廉教育。全面落实廉政建设责任制，贯彻中央“八项规定”和《中国共产党廉洁自律准则》《中国共产党纪律处分条例》等党纪党规，组织党员干部参观反腐倡廉图片展览和教育警示片；支持区、镇、村换届工作，营造出风清气正的换届环境。深入推动“两学一做”学习教育。主要领导上好党课，开设“两学一做”主题宣传栏，在《曲江财政简报》设专刊或专题报道，向全体党员干部发放《中国共产党章程》、《习近平总书记系列重要讲话读书》、“两学一做”教育“明白卡，组织党员每月写2篇“两学一做”读书笔记，健全完善《曲江区财政局治理“庸懒散奢”等不良风气切实改进工作作风制度》。狠抓干部公德教育。捐赠善款21850元开展扶贫帮困送温暖献爱心活动；积极开展本局帮扶对象罗坑镇新塘村委33户贫困户精准扶贫工作；开办“诚信互助”等为主题的6次道德教育讲堂；积极开展巩卫创文和精神文明活动。加强人文教育。编印《曲江财政简报》22期，持续推进财政文化建设与发展。（林劲松）

曲江区财政局领导班子成员名单(2016年)

局　长：张以荣（任至12月）
　　　　吴东华（12月起任）
副局长：吴东华（任至12月）
　　　　林春花
　　　　吴远清
局党总支书记：陈孔明

国家税务

【概况】 韶关市曲江区国家税务局成立于1994年10月。位于韶关市曲江区沿堤三路，为科级全职能局，占地面积15300平方米；机关内设行政股室10个、事业机构1个、直属机构1个、下辖2个税务分局，有干部职工108人；2016年全局所管辖的纳税户共有6611户，其中单位纳税人1856户、个体工商户4755户，一般纳税人960户、小规模纳税人5606户。主要负责增值税、消费税、企业所得税等税收的征收管理。

【税收收入】 2016年区国税局累计完成税收收入64855万元，同比增长16.7%，增收9268万元，其中：增值税收入53434万元，同比增收7808万元；企业所得税收入9212万元，同比减收222万元；消费税收入125万元，同比增收113万元；车辆购置税收入2093万元，同比增收1568万元。同时，完成区级收入15603万元，同比增长6.4%，增收937万元。

【纳税服务】 推进“三证合一、一照一码”工作，积极推广应用移动办税APP平台，扩大“同城通办”“免填单”范围，实现“全市同城通办”；开展纳税人满意度调查，开展纳税人维权暨纳税服务活动；联合曲江地税与金融机构加强“税融通”项目的合作开发，银行可根据企业纳税信用及缴纳税款情况，提供相关的融资产品及金融服务；推行电子税务局，通过微信平台、发送短信、电话通知、在办税服务厅张贴标志、宣传栏等手段，确保纳税人熟悉办理流程，纳税人前来办税服务厅办理实名认证等事项，通过“一对一”的讲解服务，以现场演示、讲解电子税务局的安装方法、操作步骤等，在办税大厅和二楼会议室也配备多组WiFi，以滚动式不间断地培训辅导。

【营改工作】 2016年区国税局共迁移1569户，营改增企业入库增值税税款8742万元，其中纳入四大行业入库5938万元。营改增期间区局做好信息数据分析、比对，失联纳税人核查、迁移平台数据管理，获取税源信息，做好税负分析工作。成立营改增工作办公室、应急工作小组等工作组4个，成立5支营改增服务队，推行“一对一”政策辅导、自印营改增宣传资料2万多份、开展营改增相关培训共12场，并通过增添设备，抽调人员，增设临时办税服务厅窗口，实行一站式便民服务，与相关医院、公安派出所建立紧急联络机制。

【国地税合作】 成立深化征管体制改革工作领导小组，制定改革实施方案，建立征管体制改革推进督办落实工作机制，完善国地税联席会议制度，共建国地税信息共享机制，将征管体制改革7项专项改革试点工作和《国地税合作工作规范2.0》44项合作事项分解到位。国地税两局参与业务对口部门的磋商，编写《区国地税落实合作规范2.0版及自主创新合作事项操作模板》，建立征管体制改革、国地税合作事项推进督办工作机制。将国地税办税服务厅，作为所属地联合办税服务窗口。由国地税分别单设2个服务窗口外，选派人员4人(国税2人、地税2人)，地税韶钢分局在区局设置窗口1个；同时，共同进驻政府服务大厅，共同进驻共2人；推行“ATM+ARM”模式的24小时自助办税服务，实现了纳税人“走进一道门、办完两家事”，联合举办培训辅导纳税人7次，共1640人次，合作节约成本16.1万元。

【税收优惠】 税收优惠政策全面落实，曲江区共有1230名纳税人符合享受小微企业增值税优惠政策，减征销售收入2071万元，减免增值税款 62.13 万元；享受小微企业所得税优惠政策减免税 293 户，政策受惠面 100%，减免税款 89.9 万元，环比增加减免额 20.63 万元。有效减轻了小型微利企业的税收负担，促进小微企业健康、快速地发展。

【税收执法】 2016 年，共推送风险纳税人 240 户。通过风险提醒、企业自查、纳税评估、税务稽查等措施，完成风险应对 134 户，发现有问题的 94 户，查补入库税款 2421 万元，其中增值税 165 万元，消费税 2.39 万元，企业所得税 2253 万元、罚款 12.31 万元、加收滞纳金 33.61 万元。推进依法行政工作，区局保持行政复议和行政诉讼案件零发生。开展行政审批制度“回头看”，对区局近年来的税务行政审批制度改革工作全面归纳整理；落实税收执法说明理由附列说明系统工作，开展文件清理工作，清理出全文失效废止的税收规范性文件共 1 份，并发布公告和向上级备案。

【绩效管理】 2016 年，区局成立绩效管理工作领导小组，负责全局绩效考核管理工作，在干部任用、评先评优、年度考核等几个关键环节搭建横向到边、纵向到底，覆盖全系统、全过程、全人员的绩效考核体系，制定 2016 年考核指标体系，重新修订各种实施细则等制度，制订区局保七争五实施计划，每季度召开绩效讲评会，定期通报落实情况，按月由分管领导到各部门督导绩效，建立台账定期检查，配齐绩效人员。

【党建工作】 制定党建和思想政治工作计划，定期组织中心组理论学习，组织开展“三严三实”专题民主生活会和党支部专题组织生活会，运用党建管理系统，落实各支部主办，做好党员排查登记工作，在工作中践行“两学一做”，运用党建管理系统进行“学知行”教育；推动支部开展微党课、实践教育活动；做好 2016 年度党内捐赠党员互助金工作，筹集互助金共计 4850 元，开展“送温暖、献爱心”党员互助金捐赠和走访慰问困难党员活动。

【精准扶贫】 加强与牵头单位和白土镇的联系沟通，对贫困户进行认真核实摸查。落实申报程序及建档立卡，做好有关数据的录入工作，做到一户一档。通过落实资金管理和社会扶贫，募集到 11.7 万元资金；开展中秋慰问活动；调查登记贫困人口疾病情况；开展危房改造调查。区国税局帮扶的贫困户基本生活得到保障，有安全饮用水、有电用、有电视看。34 户贫困户都参加基本医疗保险。

【精神文明】 举办大型宣传活动 2 次，走访慰问 4 次、无偿献血活动 2 次、扶贫济困日活动（筹集区局及个人捐款 1.7 万元）、植树造林及每周城市卫生保洁等志愿服务、道德讲堂活动 3 次、太极拳表演活动 6 次、税收体验日活动 1 次、文化参观交流 15 次等。做好先进典型的宣传工作，协助市国税局在曲江举办《奋斗的青春最美丽》主题宣讲活动，组织拍摄微电影《钢铁侠刘强》。

【廉政建设】 抓好“两个责任”的推进落实，以任务分解为抓手，把党风廉政建设具体事项落实到相关职能部门，促使主体责任落实到位，与监督责任共同发挥作用。通过多种形式组织开展一系列的宣传教育活动，筑牢廉洁从政的道德防线，持之以恒落实中央“八项规定”精神，聚焦监督执纪问责，加强内控机制信息化和廉政文化建设，结合“两学一做”学习教育活动，推进区国税局党风廉政建设和反腐败工作，保持廉政案件零案发的态势。（邓皓皓）

曲江区国税局领导班子成员名单（2016 年）

党组书记、局长：姚卫华
党组成员、副局长：杜建荣
胡志振
王文胜
饶其首
党组成员、纪检组组长：兰东启

地方税务

【概况】 2016 年是“十三五”开局之年，对地税来说也是变革极其深刻、挑战极其严峻、任务极其艰巨的一年。在区委、区政府和上级局的正确领导下，全区地税系统深入学习贯彻习近平总书记系列重要讲话精神，主动适应经济发展新常态，团结一心，奋力拼搏，扎实做好各项地税工作，实现“十三五”良好开局。

【税费收入】 面对经济下行、税收总量下降、税源下滑的严峻形势，区地税局保持定力，加强组织收入分析预判，合理确定税收预期目标，强化税费管理监控，推进“以地控税”，拓展信息共享深度，加大欠税清缴力度，扩大国地税合作的广度，推行税费“五同”管理，促进税费收入稳定运行。全年组织税费收入8.99亿元，同比增收591万元，增长0.66%。其中：税收收入46229万元，（剔除营改增因素影响）同比增长13.75%，完成市局年度税收预期的104.61%。社保费等8项规费收入4.36亿元，同比增长10.61%。地方公共财政预算收入3.39亿元，完成年度任务的105.17%。

【挖潜增收】 始终把收入分析作为挖潜增收和服务决策的重要抓手，按月分析收入执行情况，按季召开税收分析会议，合理调配征管资源，牢牢掌握组织收入主动权。制定加大组织收入力度方案，强化挖潜增收工作，加强对全区房地产和建筑企业项目管理，大力开展营业税清零；积极推进“以地控税”，建立土地使用税征收管理台账；加大土地增值税清算力度，将符合清算条件的项目作为清算重点，对达到应清算条件和可清算条件的房地产开发项目，及时要求企业进行清算；开展耕地占用税专项核查，进一步核实曲江区耕地占用及用地批复情况，对未缴纳耕地占用税的及时进行清缴。全年累计入库营业税7955万元、土地使用税5038万元、土地增值税4729万元、耕地占用税5128万元。共享欠税纳税人信息，对欠缴税款纳税人实行差别化管理措施，综合运用欠税约谈、催报催缴、欠税公告、税收保全、税收强制等措施，清缴陈欠，防止新欠，共清缴各类欠税7000余万元。认真落实《税收组织收入工作方案》，集全局之力狠抓促收，层层分解落实重点项目、实行重点企业税收局领导挂点负责制，责任到人，落实到户，并把入库率纳入绩效考核，形成人人有任务、层层有压力，一级抓一级、层层抓收入的组织收入工作格局。

【税费征管】 强化税政管理。全面落实“营改增”试点改革，核清纳税人档案，完整准确移交数据，加大营业税清零力度，确保数据迁移与清缴入库“两不误”，向国税移交数据1271户；切实加强财行税“小”税种管理；稳妥推进资源税全面从价计征改革；积极推进以地控税，建立土地使用税征收管理台账，加强与国土和财政等部门的征管衔接，完善信息共享机制，全面实施“先税后证”“先税后审”。加强重点税源监控。完善重点税源分类管理办法，建立区局、分局二级重点税源监控机制，对全区254户重点企业和38项重点税源企业实行台账管理；运用纳税评估、日常检查等措施，加强事前、事中、事后的流程监控，强化重点行业和重点税源管理，通过纳税评估入库税款2805万元，占税收收入比例8.23%。规范规费征管。进一步规范社保费业务流程，完善业务模块，设置文书流转功能，强化社保费内控风险管理；制定业务操作指引和日常管理表证单书，有效规避征收风险。强化税收权力监督。把执法问责作为防范执法风险、规范权力运行的有力抓手，针对省局巡察等发现的问题开展自查自纠，重点对基层税务人员税收执法和征管操作不规范、漏征漏管两个方面11个问题进行整改，制定29条整改措施，进一步健全了税收执法和行政管理体制机制，提高税收征管水平。强化共享信息应用。依托区协税护税组织体系，完善多方数据共享平台，从工商、国土、公安、房管、国税等部门获得涉税信息数量21557条，增加税收收入2320万元；深入推进“五证合一、一照一码、二证整合”，至年底已有418户企业办理“一照一码”证照，199户个体工商户办理“二证整合”业务。

【纳税服务】 严格落实各项税收优惠政策，2016年，共减免税费6464万元，其中：改善民生3185万元、促进小微企业发展235万元、支持节能环保227万元、支持金融资本市场586万元、支持其他各项事业2181万元。全力提升服务质效。优化办税模式，规范办税流程，推广使用智能办税终端、“微信公众号”、电子办税服务厅，积极推行手机办税，进一步简化行政审批流程，21项业务实行“免填单”。全心推出服务举措。推行联系点服务制度，深入基层一线，收集企业建议，解决具体问题；大力推行“银税互动”，协助5户纳税信用良好的企业融资4502万元。

【国地合作】 不断深化国地税合作。开展“共同进驻式”和“派驻式”联合办税服务，与区国税局合作征收税款，“营改增”以来，已为纳税人代开增值税专用发票 233 套，增值税普通发票 1289 套，与区国税局共代征增值税 1138 万元，地税部门互派国税征收窗口累计征收税费 1059 万元；扩大电子办税厅运行的广度和深度，电子办税服务厅上线以来，地税用户已达 1977 户，开户率 88.89%，全市排名第二，进一步提升信息管税水平。

【党廉建设】 严格落实“一岗双责”。深入推进全面从严治党“牛鼻子”工程，加强党风廉政建设，强化党组主体责任、各部门的工作责任和纪检监察的监督责任；将全面从严治党和党风廉政建设责任制与地税各项业务工作有机结合，明确各部门工作任务，形成各股室牵头，各分局协调配合工作格局，确保全面从严治党和党风廉政建设落到实处。牢固树立规矩纪律意识。坚持把纪律和规矩挺在前面，强化廉洁从税、依法从税观念，落实“一案双查”，加强对基层权力运行的监督制约，加大明察暗访力度，不断完善责任追究制度，以严格的问责倒逼责任落实，进一步强化党员干部规矩纪律意识。2016 年，开展谈话提醒 161 人次，组织检查和明察暗访 11 次，发出通报 3 份。持之以恒强化两权监督。严格执行“三重一大”事项集体决策制度，深入开展执法督察和执法监察，加强重点环节、重点岗位、重点事项的制约监督，持续深化“四风”整治，最大限度防范执法和廉政风险，确保队伍平安稳定。

【“两学一做”学习教育】 扎实开展“两学一做”专题教育活动。坚持基础在学，关键在做，重点在改的指导思想，着力规范“三会一课”内容和形式，创新全员学习载体，充分利用“道德讲堂”、“曲江地税工作群”、“党建微信群”、党组成员党建调研，以及总支和支部书记上党课等学习阵地，精心组织全员学习；结合岗位练兵督考党建知识，组织开展扶贫济困、党员互助和“三关爱”等志愿者活动，开展“重温党的誓词”“党员示范岗”“佩戴党徽”“亮身份”等比、学、赶、超活动，营造真做的氛围。加强党员日常管理，开展党员组织关系集中排查，整理和健全党员信息，建立党员管理台账，补缴党员党费，参观党史图片展，完善考勤、请销假、着装管理、提醒谈话等制度，帮助党员干部牢记初心，坚定真改的决心。

【内部管理】 财务管理水平进一步提高。完善财务管理规定，加强经济责任、财务收支和基础审计，开展财务交叉检查、进一步规范津补贴，全面清理银行账户，财务管理水平进一步提高。执法督查进一步强化。加大明察暗访、督查督办力度，扎实推进省局巡察等发现问题的整改，开展税务稽查随机抽查，加强税收执法督察，2016 年对 4 户企业开展入户检查，督导检查 5 大项 16 小项税收执法行为，重点对全面从严治党、税收执法、财务管理三方面 17 个问题进行整改。绩效管理进一步规范。健全绩效组织架构，全面分解、细化落实市局考核指标，开展绩效全员培训，强化个人绩效考评，建立“周督、月报、季评、年考”机制，绩效管理工作得到有效落实。全年开展 3 次绩效全员培训，召开 3 次季度讲评分析会、3 次绩效委员会讨论会，下发绩效整改通知 31 人次。（范　坤）

曲江区地税局领导班子成员名单（2016 年）

党组书记、局　长：廖建明
党组成员、副局长：赖文林
党组成员、纪检组组长：黄志尧
党组成员、副局长：黄铁诚
党组成员、总会计师：欧国强
党组成员、主任科员：
　吴玉珍（任至 5 月）

金融业

中国人民银行曲江支行

【概况】 2016年，曲江区金融机构坚持稳中求进、改革创新，继续实施稳健的货币政策，维护金融稳定，优化金融生态环境，提升金融服务水平，积极服务实体经济，支持经济发展方式和经济结构调整，促进辖区经济持续稳步发展。金融业整体继续保持良好发展态势，经营稳健性进一步增强，效益继续向好，整体竞争实力和抗风险能力不断提高。2016年年末，银行业金融资产规模133.1亿元，同比增长11%。

【货币政策】 人民银行曲江支行、国家外汇管理局曲江支局，认真贯彻执行稳健货币政策，加强与政府部门沟通，疏通货币政策传导渠道，发挥央行“窗口”指导作用，定期召开经济金融形势分析会，引导金融机构根据盘活存量、优化增量和有保有压的要求，积极优化信贷结构。大力支持、“三旧”改造，加大对中小微企业和“三农”的支持，开办定单农业贷款、农户联保贷款、妇女创业贷款、农村青年创业贷款等业务，解决农户的资金需求。围绕经济结构调整和转型升级，加大对重点行业和新兴产业等领域的金融支持。改善和优化融资结构和信贷结构，增强金融运行效率和服务实体经济能力。2016年年末，全区涉各项贷款余额58.5亿元，比年初增加5.02亿元，增长9.38%。

【金融风险管理】 做好对地方法人金融机构风险监测工作，跟踪监测可能发生的风险问题，切实防范金融风险。做好农村信用社改革成效的监测考核工作，巩固农村信用社改革取得的成效。

【金融服务工作】 一是优化支付结算环境，规范账户管理。二是改善农村支付服务环境，提升农村金融服务水平。三是继续推进中小企业和农村信用体系建设，打造辖区良好信用环境。四是深入社区、乡镇开展金融知识宣传活动，提升群众的金融意识和金融风险防范能力。五是积极开展农村普惠金融建设，改善农村金融服务环境。六是确保国库资金安全，强化各岗位和业务环节操作的约束功能，排查国库资金风险隐患，杜绝违规违纪行为和国库案件发生。七是推进辖区反假币工作，开展现金管理监督检查，确保货币合理投放。八是逐步健全金融消费权益保护工作机制，督促金融机构做好服务工作，及时处理群众投诉，维护消费者的正当权益。 (赵来富)

中国人民银行曲江支行领导班子成员名单（2016年）

行　长：张新文

副行长：曾绍祺　陈立峰

主任科员：丘新如

中国工商银行股份有限公司韶关曲江支行

【概况】 到2016年末，中国工商银行韶关曲江支行共有员工61人，辖属营业网点4个，其中城区网点3个、乡镇网点1个。2016年在曲江区委、区政府及市分行党委的领导和大力支持下，按照“行稳致远”“稳中有为”的总体工作要求，面对外部经济环境持续调整的不利形势,紧紧围绕业务中心工作不放松的同时,积极防范和化解风险,深化改革促转型、强化队伍建设凝聚人心，各项工作基本实现预定目标，为曲江区人民及企业提供优质金融服务并实现安全运营。截至2016年12月末，曲江区工行本外币各项存款余额189999万元；各项贷款余额114958万元。

【金融服务】 2016年，工行曲江支行按照上级行关于加强金融服务促进自身发展的要求，一是持续加强与区委、区政府领导及各政府部门的沟通，积极向当地大中型国企、民营企业提供优质高效的金融服务，争取地方政府对曲江区工行服务的认同和支持。二是加大贷款投放，支持企业经营，促进地方经济发展，2016年累计发放贷款72130万元，其中中小企业贷款7168万元,住房按揭贷款14714万元。小企业贷款比年初增加2户。2016年存贷比为59.28%，高于工行韶关分行及曲江金融机构水平。三是继续加强互联网金融服务，根据总行、省市分行e—ICBC发展战略要求，高度重视互联网金融手机银行业务拓展，加快互联网金融业务的拓展服务营销，积极抢占市场份额。2016年曲江支行互联网金融及手机银行业务在韶关分行辖属支行排名均为第一。四是开展送金融知识下乡进企业活动，于4月15日在大宝山矿业有限公司开展金融知识下乡活动，为厂矿职工普及金融知识。

【队伍建设】 2016年曲江支行加强内部管理，以支行员工队伍建设为抓手，进一步激发团队活力。一是将个别原处于“半闲置状态”的员工放在最适合的位置并加以考核，激发他们工作热情，使他们感觉到价值的认可。二是对支行业务比重最大的网点支行营业部的人员合理调整，选配一名具备较强营销能力客户经理任营业部经理，增设副经理加强大堂管理，增加一名青年员工任个人客户经理，加强营业部的服务。三是合理调配对公客户经理，上收支行组建团队，形成合力，为业务的先期拓展起到积极作用。四是建立员工动态档案，了解自己的员工。支行对每一位员工建立档案，汇总员工简历、学历、资格等情况，使班子及时掌握和发现员工，合理使用，同时对老员工调整合适岗位，人尽其才。

【风险防控】 一是做好各项业务的监督检查，努力降低风险暴露水平。支行按照分行要求，加强业务操作环节的管理。支行每周例会对业务风险指标进行通报。二是按照“了解你的员工”原则，开展好员工家访谈心活动，积极掌握员工思想动态。三是做好防范和处置非法集资、非法担保工作，成立专项排查工作领导小组，确保风险排查工作的顺利进行，利用案防分析会、例会、班前班后会等多种形式，组织全体员工学习，使广大员工深刻领会文件精神，充分认识目前要进一步防范和处置非法集资工作的重要性和必要性，在全行员工心中构建起一道坚实的防护墙，确保曲江区工行员工不参与非法集资并能积极打击、防范任何产生非法集资的活动。四是举办《加强合规管理构建合规文化》专题讲座，由支行行长主讲，按照韶关分行内控合规“基础强化年”主题活动要求，坚持行为管控与文化引领相结合，强化合规文化的宣传和推广，引导员工加深对合规文化的理解和认同。五是鼓励员工撰写合规征文，通过学习，写出感悟和体会，并择优向分行网讯投稿分享，形成良好内控案防文化氛围，上报4篇征文，其中3篇已在省行网讯发表。

【党建和企业文化】 不断强化党建工作和家园文化建设，深入开展“两学一做”专题教育活动。一是开展“学党章党规”，支部开展专题党课重点学习中共中央印发的《中国共产党廉洁自律准则》《中国共产党纪律处分条例》，同时支部书记结合课前自身学习的情况，课上进行专题辅导。二是“学系列讲话”活动，组织开展对《习近平总书记系列重要讲话读本》的专题学习，使支部党员明确坚定道理自信、理论自信、制度自信，为实现“两个一百年”、中华民族伟大复兴的中国梦而努力奋斗。三是开展“做合格党员”活动，党员佩戴党徽上岗。四是积极构建“共创共享”企业文化，积极组织员工活动，丰富员工八小时工作外的生活，增强员工的凝聚力和归属感。 （陈运亮）

中国工商银行股份有限公司韶关曲江支行领导班子成员名单（2016年）

行　长：曾韶锋（任至5月）
　　　　杨蔚丽（5月起任）
副行长：鲍志明（任至1月）
行长助理：彭丽萌　何小英
　　　　　李志孟（9月起任）

中国农业银行股份有限公司韶关曲江支行

【概况】 截至2016年年末，农行曲江支行在岗员工60人，内设客户部，综合管理部，辖属4个二级支行。2016年年末，本外币各项存款余额 152315万元，本外币各项贷款余额166793万元，经营效益不断增长。

【金融支持】 2016年，农行曲江支行积极参与曲江区的经济建设和发展，全年累计支持发放贷款4.53亿元。其中2016年共支持当地中小企业贷款3.17亿元;住房贷款 1.10亿元;个体工商户及农户贷款0.26亿元,有力地支持地方经济发展。

【渠道建设】 加大渠道建设,农行曲江支行有5个离行式自助银行,共有自助设备20台(含在行式),为客户提供24小时存、取款、转账服务;辖属网点共设有11台超级柜台,实现大部分个人客户非现金业务的快速处理,大大缩短客户的等待时间;惠农通助农服务点共34个,为边远山区居民取款、转账、代缴电费提供方便。

【业务创新】 个贷业务扩面下沉,逐步推进网点办个贷业务,落实责任,加快业务办理流程。依托中国农业银行曲江支行电子产品、IC借记卡、商惠通卡、粤通信用卡、活利盈和个人大额存单业务等渠道和产品优势,以惠农通助农点为阵地,做好“三农”工作。实行“个人贵宾客户AUM管理”和“对公提质工程”“一大一小”的信贷投放策略等多项发展策略的落地和推进,为中国农业银行曲江支行可持续发展提供了重要支持。

【网点转型】 深化网点综合转型,在渠道、营销、服务3个主要方面,强力推动转型工作,促进传统物理网点向客户体验、产品营销和客户关系维护“三大中心”转型,有效提高网点价值创造和综合效能。

【风险防控】 深化“网格化”管理,组织“案防排雷”专项行动,实施网格包干制,做到业务管理与人员管理两手抓、两手硬、两促进。做好信贷业务不良、逾期压降,抓好信贷风险防控。

【党建工作】 以党建为统领,开展“两学一做”主题教育活动和“每月一学”主题学习,落实“两个责任”,以从严治党推进从严治行,把提升基层党组织服务水平和能力贯穿于基层党建工作中,充分发挥基层党组织的战斗堡垒和率先垂范作用,努力实现抓党建促发展的良好势头。

(罗元香)

中国农业银行股份有限公司韶关曲江支行领导班子成员名单(2016年)

行　长:梁志强

副行长:陈　斌　胡莉娜

中国银行韶关曲江支行

【概况】 2016年,在上级行和区委、区政府的领导下,在支行员工的团结努力拼搏下,各项工作和经营业绩上了一个新台阶。

【主要经营业绩】 截至12月22日预测数据,实现营业净收入1464万元;个贷当年投放约7000万元,当年新增1538万元,同比增长10%;银行卡分期988万元,同比增长3%;资管产品销售1059万元;不良及关注贷款、银行卡逾期大幅下降,清收工作成效显著。

【资金组织工作】 2016年上半年支行对公对私两项存款最高峰下跌合计将近亿元。如何壮大存款总量止住颓势,是摆在支行面前一个亟待解决的问题。为此支行始终把组织资金放在突出的位置来抓。全行加大营销力度,积极培育黄金客户群体。巩固老客户,发展新客户。在同业竞争加剧的情况下,多管齐下,保障存款稳定增长,同时也利用资管、理财、保险等相关产品做大中高端客户的金融资产,提高客户黏性,将支行的中高端客户、财富客户数量扭负为正。

【“双清”工作】 2016年,因经济下行导致不良及关注金额骤然上升,清收成为刻不容缓的工作,支行确立“一般贷户不放过,大额贷户重点清,研究手续找抓手,理清关系全面清”的攻坚战略。专人负责清收,每日汇报进度,严格控制不良率,为资产质量攻坚战保驾护航。

【员工培养】 全面提升员工个人素质和专业技能,加强业务的精细化学习,扩充知识广度,深化服务意识。强化营销,实现全员上下共同营销,保持各项业务稳步快速增长。提升服务,牢固树立客户为中心,提升客户的满意度,共同营造一线为客户、二线为一线、全行以客户为中心的服务格局。继续赢在厅堂,做多做好产品的销售。打造更好的工作氛围,营造积极团结的工作状态,提升员工积极性,把年轻员工的斗志激励出来,重新打造一个活力的曲江支行

【党风廉政建设】 紧跟分行党委的步伐,认真落实党的各项工作

要求，践行“三严三实”，以德修身，以省养性。

【资产业务优化】 根据分行下发的精神要求，改善个人贷款结构，优先支持可拉动存款及收益的优质客户，同时推荐一、二手楼的按揭业务发展，成功营销区域内几个大楼盘的按揭业务，2016年投放约7000万元。大力推动授信业务发展，找准目标行业和目标客户，积极开拓市场。

【银行卡各项业务】 抓住“车改先锋”“爱家分期”“易达钱”“卡户分期”等产品的营销契机，有效提高中间业务收入。切实做好银行卡发卡及各项分期业务，带动中收增长。狠抓核心存款，坚持存款立行，从源头抓客户，做好客户的维护工作。（徐子芳）

中国银行韶关曲江支行领导班子成员名单（2016年）

行　长：罗小凡

副行长：郑媚丰（兼马坝支行行长）

　　　　杨红旭

中级经理：黄丹珠　毛剑红

中国建设银行股份有限公司韶关曲江支行

【概况】 前身为中国人民建设银行韶关市分行曲江县支行成立于1954年10月。1996年3月26日，中国人民建设银行韶关市分行曲江县支行正式更名为中国建设银行韶关市分行曲江支行。作为中国第一批股份制改革试点的国有商业银行，中国建设银行韶关市分行曲江县支行正式更名为中国建设银行股份有限公司韶关曲江支行。截至2016年年底，在曲江区城内支行拥有营业网点3个包括曲江营业部、中华路支行和鸿景支行，ATM附行式自助设备15台，2个自助银行，员工37名。中国建设银行股份有限公司韶关曲江支行从2007年至2016年荣获中国建设银行股份有限公司广东省分行先进集体单位，2009年荣获广东省银行业规范文明服务示范单位。

2016年，中国建设银行股份有限公司韶关曲江支行在分行党委和区委、区政府的正确领导下，认真贯彻落实上级行的各项方针、政策、紧紧围绕上级行的经营思想开展工作，积极开展“三个经营”“三个走进”，推进实施“六个驱动”，加大综合营销力度。树立以“以市场为导向，以客户为中心”的服务理念，全面提升支行的服务水平。曲江支行在业务拓展、公私业务联动和优质服务方面取得较好的成绩；在防范风险的前提下，积极参与和支持地方经济的发展，在全行员工的共同努力下，2016年各项指标稳健运行，取得突出的经营业绩。

【负债业务】 截至2016年12月31日，中国建行曲江支行一般性存款余额214526万元，比年初新增35410万元；其中，企业存款余额126010万元，比年初新增27469万元；个人存款余额88515万元，比年初新增7941万元。

【资产业务】 截至2016年12月31日，中国建行曲江支行各类贷款余额为160547万元，当年新增30667万元。其中对公贷款余额为138509万元，当年新增22354万元；个人贷款余额为22038万元，当年新增8331万元，其中个人住房贷款余额为19623万元。当年新增8182万元。存贷比达74.83%，其中当年新增的存贷比达86.60%。

【中间业务】 截止至2016年12月31日，中国建行曲江支行实现中间业务净收入779万元，新增同比120万元，完成率排名市分行第一。

根据上级有关开展整治银行行业金融机构不规范经营专项活动的精神，中国建设银行股份有限公司韶关曲江支行求真务实，狠抓规范经营工作，公布《建行客户服务价目表》和《建行对公客户服务价目表》。投入1000多万元抓硬件建设，努力提高服务能力。

【服务渠道】 在网点设置15台附行式自助设备，2个自助银行，为广大市民提供更为便捷的服务渠道。同时，高度重视客户的诉求与意见反馈，提升员工服务意识和服务技巧。自2015年开展网点“三综合”建设以来，改变网点功能不全、忙闲不均、柜台利用不充分的问题。2016年，中国建行曲江支行继续深化“三综合”建设，取得较好的成效，具体表现为：客户等待时间明显减少；差别化服务提高客户接受服务的耐心；员工的营销意识逐步加强。

【创新个人住房贷款业务】 作为首家开办住房公积金业务、最早推出个人住房贷款业务的银行,建行2016年推出百姓购买住房的贷款服务新举措,提供“错时服务”“延时服务”“预约服务”“上门服务”“售后服务”等一系列服务措施,发放个人房屋按揭贷款余额1.96亿元,其中公积金贷款2800万元;帮助众多的家庭圆了安居梦。

【开通POS机代收市内非税项目功能】 开通POS机代收韶关市非税项目功能,成功解决传统银行柜台缴款模式下排队时间长、缴款人在执收单位和银行来回奔波的困境,促进财政非税代收业务发展,拓展客户签约渠道,为客户提供更加便捷的签约服务。

【健全便民服务系统】 以社会保障卡综合服务专用系统支撑业务发展,在健全管理制度、规范操作保证业务安全运行的基础上,设置专职人员进行管理,并在所辖网点设立社保业务专窗,方便人民群众享受社会保障待遇和金融服务。

【取得韶关市城镇居民养老保险征收与发放业务主办资格】 该项业务在加快建设覆盖城乡居民的社会保障体系的同时,能解决城镇居民老有所养问题。该项目务实行个人缴费、政府补贴相结合,与家庭养老、社会救助、社会福利等其他社会保障措施相配套,与城镇企业职工基本养老保险相衔接,有力保障城镇居民老年的基本生活,规范新型农村社会养老保险基金财务管理,维护参保人合法权益。

【行风建设】 完善措施,狠抓落实,对服务常态化的行风建设常抓不懈。紧紧围绕建行的服务理念、改善服务态度、提高服务质量,在全行员工中树立爱岗敬业、诚信立业的服务意识。

深入开展行风评议,完善行风监督机制。设立客户意见簿,接受社会各界的意见和建议,召开行风监督征示意见座谈会,大范围、多层面、多层次地开展自查自纠,促进了中国建行曲江支行在服务质量和管理水平的全面提升及提高。

落实全民服务措施,努力提高服务质量。中国建行曲江支行为解决客户等候时间过长,网点人员不足的问题,积极向市分行申请,增设多台智慧柜员机,在智慧柜员机上,客户不仅可以一站式办理传统的“开户、转账”业务,而且还可以购买基金、保险,并完成结售汇、查询、签约电子银行等业务操作,大大减少客户的等候时间。

为了解决中国建行曲江支行在曲江网点较少的问题,通过各部门的努力,于12月下旬成功将乌石支行进行搬迁至曲江马坝镇府前西路(九龄小学斜对面),并更名为韶关鸿景支行,为广大曲江市民提供更好的、便捷高效的服务奠定坚实的基础。

【风险管理与内控制度建设】 扎实开展“平安工程”,深入开展规章制度教育和警示教育活动,做到每季有家访,每月有案防例会,每周有案例一讲,全面开展自查自纠,落实案件防范工作责任制度,强化会计基础管理和监督,提高案防能力。

加强员工风险防范意识,不仅关注银行自身风险,还帮助客户防范外部风险,协助公安部门堵截各类冒名开户、电信诈骗案件多起,得到广大客户及公安部门的一致好评。

履行社会责任方面,继续推进曲江区政府创卫扶贫计划,积极响应当地政府的各项社会责任。中国建设银行股份有限公司韶关市曲江支行与韶关南华禅寺合作成功发行“六祖祈福卡”,实现独特的禅宗六祖文化与快速发展的电子支付工具相结合。

(吴　辉)

中国建设银行股份有限公司韶关曲江支行领导班子成员名单(2016年)

曲江片区行长:尹德贵
曲江片区副行长:黄　静
曲江营业部主任:黄惠琼
中华路支行行长:林天富
鸿景支行行长:张致莹

韶关市曲江区农村信用合作联社

【概况】 韶关市曲江区农村信用合作联社成立于20世纪50年代初,至今已有60余年历史。内设办公室、运营部、授信管理部、合规与风险管理部、安全保卫部、内审监察部、行风办、金融业务部8个部室;全辖区19个营业网点,其中,全功能网点3个,精品网点5个,普通网点11个,从业人员219人,是曲江区从业人员最多、营业网点城乡分布最广泛的金融机构。2016年,曲江农信社主动适应经济发展新常态,稳步提高经济效益,依法诚信经营,积极主动纳税,为全区经济增长做出突出贡献。截至2016年年末，各项存款余额365299万元，各项贷款余额240947万元，存、贷款总量分别位居全区银行业金融机构首位。缴纳营业税金（含增值税）及附加588万元，所得税2189万元。

【区域经济发展】 曲江农信社始终坚持以农为本，立足“三农”，充分发挥联系三农的金融纽带和主力军作用：一是早计划早落实，将支持农民、农村经济组织、农村企业经济发展作为信贷投放的重点，不断改进支农方式，提高支农服务水平。二是积极创新，助力小微企业发展。2016年，曲江农信社为小微企业“量身定做”创新贷款品种，积极推出“流水贷”“租金贷”“商户贷”“银税贷”“订单融资”等金融产品，为小微企业提供更多的融资渠道。三是积极推广省联社鲜特汇、悦享商圈等农业产品销售电商平台，提供农产品线上销售服务。四是积极推进富民惠农金融创新工程，加大对“三农”以及下岗再就业等政策性的信贷投放，积极开展精准扶贫各项工作，并建立第二个金融服务站，进一步扩大农村创业青年服务的金融平台，继续大力支持下岗再就业、妇女创业、红色创业，扶持农业龙头企业及其种养殖业农户。截至12月末，涉农贷款余额74171万元，比年初增长7817万元，增幅11.78%。

【电子银行建设】 曲江农信社紧紧围绕省联社中心工作，积极顺应电子银行发展趋势，不断加大科技投入，全面提升金融服务水平，不断满足客户多元化的金融服务需求。一是加快智慧银行建设，完成易捷通系统、微信公众号、客户系统分析等上线工作，切实提升客户服务体验，实现服务模式和产品体验上的战略性发展。二是对CRS进行系统升级，支持单笔最高5000元取款功能，提升辖内自助设备支付能力，并成功安装易填单机1台，缓解营业厅客户排队等候时间，提高柜台业务办理工作效率。三是推进精品化网点建设，加强网点设施更新和改造工作，2016年完成明珠分社、城南分社、马鞍山分社网点装修升级改造工作。经过进行统一改造，设置现金交易区、VIP服务区、24小时自助银行服务区、客户等候区等，并添置填单台、饮水机等诸多便民设施，形象更加和谐美观，功能更加齐全便民、客户使用舒适满意。

【风险防控长效机制】 曲江农信社早部署、早开展各项案防工作，一是扎实开展“重塑合规年”主题活动，进一步加强合规意识、重塑合规文化，完善合规建设长效机制，有效防范案件风险、操作风险。二是加强案件防控管理工作。开展各网点、部室案防考核工作，针对考核结果奖罚分明，有效地提高案防工作的积极性。三是定期召开案防讨论会，及时梳理存在的风险点，摆问题、查隐患、堵漏洞、防风险。四是加强法律事务管理。通过开展月度法律法规学习，进一步提升全体员工的法律风险防控能力，培育“知法、懂法、守法、用法”的良好氛围。五是深入开展打击治理电信网络新型违法犯罪银行卡业务检查和宣传、加强反洗钱管理和防范打击非法集资工作、反洗钱专项检查、员工个人信用状况专项排查等。

【党组织建设】 一是强化党性教育。全面推进“两学一做”专题教育活动，通过党委书记、专业讲师讲党课、召开“两学一做”专题学习教育讲座、组织党员参加教育知识考试、启动“我是党员我带头”党员亮牌活动等，丰富学习教育方式。二是开展创先争优活动，发掘和树立先进典型，评选表彰先进党支部、党务工作者和优秀党员，形成学先进、比先进、赶先进的局面。三是开展“七一”慰问困难党员活动，充分体现曲江农信社党组织对老党员的关心和爱护，进一步增强了凝聚力和吸引力，发挥基层党组织服务群众、凝聚人心、促进和谐的作用。四是狠抓党风廉政建设，不断加大教育、监督、惩处的工作力度，全面提高对领导干部、重点领域和关键环节权力运行的制约和监督效能，努力实现从源头上防治腐败和全面构建惩治和预防腐败长效机制的目标。五是严格按照省联社文件精神和要求，完成基层党组织换届选举工作，选举产生中共韶关市曲江区农村信用合作联社委员会第一届委员会和纪律检查委员会,进一步加强和完善党组织建设工作。

【企业文化建设】 一是统筹规划，制订曲江农信社企业文化建设三年规划，既布局长远、持之以恒、循序渐进，又立足现实、注重阶段性实效，真正实现文化管理的实效化。二是积极开展集体活动，如组织参加曲江区第二届“农信杯”男子篮球赛、乒乓球团体赛，组建曲江农信社第一支篮球拉拉队；同时，积极在传统节日组织开展各类纪念活动，丰富员工业务生活，营造健康向上的工作氛围。三是积极履行社会责任，持续、深入开展金融知识宣传活动，如开展送金融知识进校园活动，选取当地高等院校作为宣传点，面向当地大学生、高中生进行宣传，送金融知识进校园、进课堂，切实提升在校学生对金融业务的风险防范和识别能力。同时广泛开展“金融知识万里行”、反假币、反洗钱、消费者权益保护等金融知识宣传活动，并组织职工志愿者队伍积极参加各项自愿活动。四是深入贯彻落实扶贫工作要求，全面开展精准扶贫和挂钩帮扶计生工作，通过强化组织领导，制定三年帮扶总规划，切实做到精准扶贫。（何　婷）

韶关市曲江区农村信用合作联社领导班子成员名单（2016年）

理事长、党委书记：凌忠文

主　任：陈亿明

监事长：朱玉霞

副主任：邓树芬　吴伟民

中国邮储银行曲江区支行

【概况】 2016年，中国邮储银行曲江支行认真贯彻省、市分行党委的经营战略决策，坚持效益、质量、规模协调发展的方针，开拓创新，在注重业务发展的同时，强调风险防范和内控管理，倡导合规文化建设。在全行员工的共同努力下，2016年各项工作稳健有序推进。

【储蓄余额】 截至2016年12月31日，曲江区邮储银行一类网点储蓄存款时点余额合计49005万元，较2015年年底的42300万元时点余额新增6705万；2016年12月份日均余额为48278万元，较2015年年底的42575万元新增5703万元。

【公司余额】 截至12月31日公司业务时点余额为19429万元，较2015年年底的22570.86万元时点余额新增-3141.86万元。

【代理保险】 截至12月31日代理保险承保收款1116.73万元，完成年目标的139.60%。

【理财产品】 截至12月31日，支行营业部理财产品保有量为1773.30万元，全年累计保有量新增506.18万元；沙溪支行理财产品保有量为1449.58万元,全年累计新增551.78万元；大塘支行理财保有量为836万元，全年累计新增-19万元。

【收入完成情况】 2016年曲江区支行自营总收入2097万元，其中个金业务总收入792万元；公司业务完成收入386万元；贷款业务累计完成收入约860万元。

【储蓄余额总攻坚】 一季度开展“金猴闹春·开门红”活动，成立攻坚小组，并按照总行“聚焦客户、聚焦产品、聚焦渠道”的发展思路，发动全行员工，利用人脉关系，挖掘与开拓更多的存款资源。

二季度开展“金猴奋夏”活动，通过养老金、代发工资的维护沉淀，以及利用大客户IC卡VIP发卡的重点宣传开展分层营销等措施，带动余额的新增长。

三季度在开展“金猴旺秋”活动，同时，组织客户经理对周边市场进行个金综合业务的“十二进”大走访活动，重点通过商易通、POS业务收单发展储蓄余额、保险、信用卡以及交叉营销信贷业务（小额和综消贷款）。

四季度开展“金猴献瑞”营销竞赛活动。同时，支行还开展“我爱妈妈”等专属礼仪存单营销活动。

【代理保险承保收款】 2016年1月以来，曲江区邮储银行及时响应市分行“月月开讲”保险促销工作部署，督导各网点加快保险业务进度，要求网点前台在对定期存款客户推介的同时根据下发的“定期到期客户明细表”寻找大客户进行营销。同时，积极响应市分行四季度举办的“保险突击”营销竞赛活动方案，组织召开活动宣贯及培训会议。在9月底提前完成中邮保险期缴目标的情况下，保险承保收款节节新增。

【信用卡攻坚小组】 2016年年初，曲江区邮储银行成立以客户经理为主的信用卡攻坚小组，利用“刷邮储信用卡充值中石化加油悦享9.3折优惠”，结合曲江区邮储银行签订的“东明广客隆连锁超市”“炖盅世家”

"李福记酒家"以及"9元洗车"等钜惠活动，做好信用卡的商圈建设活动。

【重点客户维护管理工作】 通过个人营销系统进行深化客户关系管理，通过客户信息收集、档案建立、落实分级维护。熟悉大客户的基本情况，做到准确识别、优质服务，使其享受优先、优质、优惠的差异化服务，增强客户对邮储银行的信赖与忠诚度，使大客户的贡献度大幅提高。

【票据业务与工程项目款拉动公司业务余额增长】 2016年票据贴现业务共计完成0.7亿元；并成功营销棚户区改造承建公司中人集团公司工程项目款在曲江区邮储银行结算，拉动曲江区邮储银行公司业务平均余额的大幅增长。 （骆 艺）

中国邮储银行曲江区支行领导班子成员名单（2016年）

行 长：邓德锋

副行长：肖国新

广发银行韶关曲江支行

【概况】 广发银行韶关曲江支行于2009年成立，2016年下辖1个营业网点，设有营业部、信用卡中心、小企业信贷中心3个部门，有各条线员工14人。2016年在区委、区政府的坚强领导下，在社会各界的关心和支持下，广发银行曲江支行坚持合规经营，突出业务特色，严格防范风险，各项业务都得到长足发展。特别是在服务当地中型小微企业方面，立足本土，结合实际，发挥效能，较好地支持曲江经济的发展。

【国寿入主广发银行】 2016年7月，中国人寿保险股份有限公司以受让方式增持广发银行股份至43%，正式成为广发银行单一最大股东。国寿集团是老牌的大型国企，广发银行是优质的股份制银行，双方在规模、客户等方面契合度较高，必将推动双方在各项业务上的协同发展。

【精准扶贫】 自精准扶贫工作开展以来，广发银行曲江支行主动承担，积极作为，坚决落实好区政府的各项扶贫工作，开展包括产业帮扶、就业帮扶、教育帮扶等各项具有实际成效的工作，累计投入各项扶贫资金15.21万元，扶贫工作初见成效。

【内控合规意识】 严格落实银监会办公厅《关于全面开展银行业"两个加强、两个遏制"回头看工作的通知》，加强对员工的教育，明确各主体的责任，有序推动内控案防各项工作的开展，实现全年零案件和零风险事件的发生。

【普惠金融】 近年来，电信诈骗、理财飞单、P2P平台跑路事件频发，广发银行曲江支行加大宣传力度，丰富活动内容，积极扩大金融知识的普及面，开展诸如金融知识进万家、金融知识进校园等活动，让曲江区百姓让多一份对金融知识的了解，少一份对金融风险的担忧。 （李湘闽）

广发银行韶关曲江支行领导班子成员名单（2016年）

行 长：张恭卫

中国农业发展银行韶关市曲江支行

【概况】 中国农业发展银行韶关市曲江支行是曲江区唯一的一家国有政策性银行，主要职责是按照国家的法律、法规和方针政策，以国家信用为基础，筹集资金，承担国家规定的农业政策性金融业务，代理财政支农资金的拨付，为农业和农村经济发展服务。

【曲江城乡一体化发展】 农发行曲江支行2016年来在区委、区政府的领导下，牢牢抓住政策机遇，紧紧围绕区委区政府提出的"项目攻坚、扩容提质、县域发展"主题开展工作，精准对接项目，不断加大对农业农村基础建设贷款的投放，成绩显著。

【全面战略合作协议】 区政府与农发行曲江支行签订《全面战略合作协议》，拟在2016—2020年期间，向曲江区政府提供50亿元的融资，以最大化信贷优惠政策，支持曲江优质项目和重点客户，促进曲江城乡一体化发展。涉及项目主要有：农村路网、水利工程、农民集中住房、污水处理、农村基础设施建设等县域经济发展项目。2016年共发放农业农村基础设施贷款40155万元。

【粮油收储资金供应与管理工作】 切实做好粮油收储资金供应与管

理工作，全年累计发放粮油贷款4646万元，支持曲江区轮换储备粮2650吨、储备油50吨，增加储备粮6017吨。区农发行严把贷款支付使用关，确保粮油收购专款专用，完成地方储备粮油增储轮换任务。加强贷后监管工作，确保贷款形成的粮油库存物资、账簿、贷款、银行台账相符。（包伟君）

中国农业发展银行韶关市曲江支行领导班子成员名单（2016年）

行　长：陈立雄

副行长：林忠亮

中国人保财险曲江支公司

【概况】 中国人民保险公司曲江支公司于1985年1月15日成立。2003年7月，经中国保险监督管理委员会批准，中国人民财产保险公司曲江支公司正式更名为“中国人民财产保险股份有限公司曲江支公司”。公司主要经营机动车辆险、企业财产险、家庭财产险、责任险、建筑和安装工程保险、货物运输保险、船舶保险、农业保险、信用保证保险、人身意外伤害保险、短期健康保险等多个险种。

【保费收入】 2016年，人保曲江支公司全年保费收入6042万元，同比增长11.14%。其中车险保费3544万元，同比增长21.17%；非车险保费1710万元，同比增长-2.37%；政策性农险788万元，同比增长2.74%。市场份额占曲江财产保险近70%，发挥市场主渠道作用，处理各类赔案4476件，赔款支出2724万元，同比增长17%。

【优质服务】 长期以来，人保曲江支公司以“人民保险、服务人民”为使命，以“做人民满意的保险公司”为共同愿景，充分发挥人才、技术、机构和管理等方面的优势，继续秉承“求实、诚信、拼搏、创新”的企业精神，始终遵循“以市场为导向，以客户为中心”的经营理念和“主动、及时、准确、合理”的理赔原则，明确岗位职责，改进服务质量，为社会各界的各种风险提供及时、广泛和优质的保险服务，为曲江保险市场和社会经济发展做出重大贡献。

【承担社会责任】 在实现自身业务快速发展的同时，公司坚持经济效益和社会效益相统一，勇于承担行业和社会责任，主动作为，积极推进政策性农险、大病保险等惠民保险，让保险发展的政策红利转变为惠及广大群众的现实保障，为和谐社会做贡献。2016年，公司配合曲江区各项经济建设和社会各项事业全面发展的要求，按照区委、区政府有关创文、扶贫、计生等工作部署，强抓各项工作任务的落实，充分发挥保险业在风险保障、社会管理、经济补偿和资金融通等方面的独特优势，在完善社会保障体系、减灾救灾、提高贫困人口风险抵御能力等方面取得良好成效，做出积极贡献。（肖甜甜）

中国人保财险曲江支公司领导班子成员名单（2016年）

党支部书记、经　理：徐维明

经理助理：苏允基

何　为（7月起任）

中国人寿保险曲江区支公司

【概况】 中国人寿保险（集团）公司及其子公司构成中国的商业保险集团，是中国资本市场最大的机构投资者之一。中国人寿保险（集团）公司已连续14年入选《财富》世界500强企业，2016年以近1012.74亿美元的年营业收入跃升至第54位，较上年大幅提升40位。连续13年在《中国500最具价值品牌》保险企业中蝉联第一。其所属寿险股份公司继2003年12月在纽约、香港两地同步上市之后，又于2007年1月回归境内A股市场，成为内地资本市场“保险第一股”和全球第一家在纽约、香港和上海三地上市的保险公司，目前已成为全球市值最大的上市寿险公司。

【构建和谐曲江】 曲江支公司加强与社会公众、政府部门的沟通联系，在政府各部门带领下，努力塑造良好的公司形象；重视社会赋予公司的责任和使命，履行对客户的承诺，保障客户权益，提高服务品质和效率，开展各种各样特设客户服务活动；公司保险服务温暖下乡，为群众得到更大利益，大力拓展农村网点业务、扩大就业，在一定能力上替政府分担就业压力。严格遵守《曲江区金融机构保护金融消费者权益自律公约书》，发挥保险的社会管理功能和“稳定器”作用，提升公司的品牌形象。2016年支公司继续与曲江区政府部门合作，推动“银龄安康行动”，进一步扩大老年人意外伤害保险覆盖面，完善曲江区老年社会保障体系；认真做好各项扶贫工作；响应区政府号召，积极配合开展曲江区创文巩卫系列活动，为构建和谐曲江贡献力量。

【公司经营理念】 中国人寿保险股份有限公司韶关市曲江区支公司的经营范围涵盖寿险、人身意外险、健康险、理财险、年金等人身保险的全部领域，让客户在得到保险保障的同时，还可以分享中国人寿的经营成果，为全区人民群众提供全面的保障服务。一直坚持恪守“以客户为中心、以基层为重心、以价值为核心”的经营理念，积极承担行业和社会责任，努力成为“行业领先、客户青睐、最具价值”的公司，奋力打造国际顶级金融保险集团。中国人寿高度关注公益事业、文化产业，致力于和谐、友爱、安定、团结的社会建设，努力提升中国人寿对社会的企业公民价值。（卞思媚）

中国人寿保险曲江区支公司领导班子成员名单（2016年）

总经理：王为业

副总经理：陈杰文

农 林 水 气象

农业（林业）

【概况】 农业（林业）局机关内设机构10个，具体是：办公室、政策法规股、种植业管理股、市场与经济信息股、科技教育股、财务与审计股、营林股、林政股、林权争议调处办公室、人事监察股。公务员29名，其中局长1名，副局长3名，正股10名，后勤人员7名。

2016年，在区委、区政府的正确领导和上级的正确领导下，深入开展“两学一做”专题活动，有效地促进农业增产、农民增收、农村和谐、森林生态稳定和农林产业化、示范化、规模化发展。农业总产值同比增长8%，达到79.48亿元，农民人均纯收入达到15100元，比2015年同期增长7.4%。

【种植业生产】 种植业实现双增，水稻种植面积23.63万亩，总产9.78万吨；玉米种植面积0.78万亩，总产0.24万吨;豆类种植面积0.81万亩，总产0.13万吨;花生种植面积10.87万亩，总产2.71万吨;蔬菜种植面积14.03万亩，总产17.38万吨；糖料种植面积0.16万亩，总产0.96万吨。

【畜牧业生产】 养殖业稳步发展，生猪饲养量71.2万头，出栏量43.4万头，同比分别增长3%和2.5%；家禽饲养量1160万羽，出栏量900万羽，同比分别增长4%和3.6%；牧业总产值105750万元，同比增长4.5%。

【渔业生产】 水产养殖面积2520公顷，总产量16720吨，总产值19360万元，分别同比增长3.3%和3.8%。

【培育新型农林经营组织】 新增农业合作社9家，新增家庭农场38家，全区农业合作社达到167家,家庭农场81家，木竹加工企业68家。全区市级农业龙头企业12家，省级农业龙头企业4家，新型农林生产经营组织建设取得新的进展。

【现代农业示范园区建设】 继续抓好现代农业示范园区建设，打造现代农业样板，全区四个示范点种植蔬菜的大棚达800多个，小拱棚蔬菜1200多亩，连片形成西林—东岗岭—石峰蔬菜生产基地。方园农业观光生态园项目2016年共投入项目资金18600万元，完成4000亩农业示范园和农业设施建设。火山粉葛科技园项目2016年共完成投资8370万元，完成科研、加工、观光旅游为一体的现代产业园区。

【粮油创高产活动】 大力推广粮油高产创建活动，曲江区2016年遴选4个试验示范基地、16个品种、13个项目，选聘技术指导员56名，科技示范户630户，建立“示范基地+专家组”“技术指导员+科技示范户+辐射带动户”的农技推广模式，进村入户到田间开展技术指导农民8400多人次。为改良土壤耕作条件，投入资金30万元进行200亩土壤重金属修复试验示范。

【高标准农田建设】 高标准抓好农田水利基础设施建设，共投入资金1291万元，整治农田改善灌溉面积0.65万亩，修建硬底化水渠0.48万米，有效改善农业生产条件。

【科技创新驱动】 以实施基层农技推广项目和新型职业农民培训项目为契机，举办各种培训班355期，培训示范户及辐射户6500多人次，举办高产创建技术等培训班16期，培训农户700多人次，发放技术资料2500多份，深入田间解决农民生产中遇到的难题。

【农业品牌建设】 为推动农林产业化、规模化提升，大力实施品牌建设，提高农产品科技含量，增强品牌效应，全区获得2个产品获国家地理保护标志，有机食品认证3个，绿色食品认证3

个，无公害农产品认证21个，无公害农产品产地认定面积2.1万亩。

【森林资源稳步增长】 实现全区森林面积和蓄积“双增”目标，森林面积184.33万亩，森林覆盖率74.96%，同比增长0.23%；森林蓄积量789.86万立方米，同比增加31.86万立方米。

【林业“四大”重点工程建设】 一是完成森林碳汇林、交通主干道、生态景观林抚育2.88万亩；二是全民义务植树活动参加人次17.82万人，植树68.52万株；三是建设“乡村绿化美化”村庄11条，其中3条省级示范村；四是规划沙溪凤凰山镇级森林公园。

【强农惠农政策】 一是发放种粮补贴2972万元；二是发放禁渔补贴13.2万元，确保休渔期渔民生活保障，发放渔船燃油补贴24.72万元；三是发放养殖、防疫、无害化补助资金73万元；四是做好村级公益事业建设“一事一议”财政奖补项目，拨付项目资金190.3万元；五是稳步推进森林生态补偿，落实补偿面积89.19万亩，发放补偿资金2422.4万元，补偿资金惠及10万多林农；六是核发林农造林补贴304.56万元。

【农村管理】 投入资金160万元，完成农村集体“三资”管理服务平台建设，初步实现区、镇、村三级服务平台互联互通，并可在平台开展村集体财务记账、资产交易、财务公开等工作；通过土地确权工作解决耕地纠纷和农村承包经营矛盾83宗；积极调解山林纠纷矛盾，把矛盾和纠纷化解在萌芽阶段，调处山林纠纷案件28宗，调处争议山林面积约9230亩，回复上级相关部门转来的信访件7宗（件），接待来信来访240人次。

【农资打假】 累计出动执法人员860人次，检查农资经营门店82间、兽药店16间、规模种植场217家、养殖场35家、农资经营企业2家、立案查处农资案件4宗，罚没0.58万元，有效维护林农的合法权益。

【渔政执法】 一是开展渔船安全检查，出动人员246人次，对全区120艘渔船进行地毯式调查摸底，发现隐患并限期整治渔船18艘；二是重点打击电、毒、炸鱼违法行为，共执法检查32次，出动执法人员101人次，处理手背包式电捕鱼器6套；三是在北江河投放鱼苗43万尾。

【打击破坏森林资源违法犯罪】 开展代号为“红线行动”等打击破坏森林资源违法犯罪专项行动，全年涉林刑事立案12宗，破10宗，行政处罚案件22宗，处理违法犯罪人员25人，挽回经济损失近15.27万元。加强全区382人护林员管护队伍管理，落实管护面积和管护责任，并严格执行护林巡山制度。

【森林投保和涉农保险】 一是推行政策性森林保险投保制度，共完成森林投保面积97.21万亩，占全区林地面积52.4%，缴纳投保资金194.42万元，2016年因森林火灾获得300多万元赔偿；二是抓好水稻政策性保险，全区29642户农户参加政策性水稻种植保险，投保面积24.354万亩，占全区水稻种植面积100%，实现政策性水稻种植保险全覆盖；三是办理渔业船东入保240人，缴纳投保资金62400元，投保率达100%。

【农村土地确权】 培训工作人员2000人，发放宣传资料55310份，完成土地承包经营权调查面积16万亩，占耕地面积94%，完善土地承包合同971份，确认家庭承包耕地面积5667.3亩，确认家庭承包耕地6663块。

【林业红线划定】 为保障和维护曲江区国土生态安全、人居环境安全、生物多样性安全的生态用地和物种数量底线，全面实现森林双向管控，将全区185.5万亩林地划定Ⅰ级保护27.18万亩，Ⅱ级保护43.91万亩，Ⅲ级保护60.46万亩，Ⅳ级保护53.95万亩。

【文明窗口建设】 坚持依法行政、优质服务为导向，全年窗口共受理、办结各项业务1215宗、咨询228多宗，办结率为100%，群众满意率为100%，实现了零投诉。 （罗超鹏）

曲江区农业局领导班子成员名单（2016年）

局　长：成家强

党委副书记：江谷祥

副局长：潘新雄　肖建爱　卢群忠

畜牧畜医水产局局长：何庆祥
纪检负责人和工会主席：伍路养

畜牧水产业

【畜牧业生产】 2016年全区生猪饲养量71.7万头，出栏量43.9万头，同比分别增长4%和3.6%；母猪存栏3.82万头；家禽饲养量1098万羽，出栏量856万羽，分别同比增长0.7%和0.8%；山羊饲养量8720头,同比增长16.3%；牛饲养量6170头，同比减少3.4%；禽蛋产量534吨，同比增长13.8%；牧业总产值117898万元，同比增长16.5%。

【动物疫病防疫】 2016年全面开展对全区的养殖禽畜进行禽流感、牲畜口蹄疫等重大动物疫病集中强制免疫，共完成免疫注射(温氏、智成两家公司自行免疫，不列入统计)：猪瘟60万头次，猪口蹄疫60.45万头次，牛口蹄疫免疫0.87万头次，羊口蹄疫0.98万头次，高致病性猪蓝耳病60万头次，鸡新城疫647.1万羽次,禽流感675.1万羽次。重大动物疫病免疫率均达到100%，免疫抗体合格率均达到70%以上。2016年曲江区无重大动物疫病发生。

【动物疫情监测】 2016年共完成高致病性禽流感、牲畜口蹄疫、高致病性猪蓝耳病、猪瘟、鸡新城疫等疫病病原学和血清学监测采样1255份，实验室监测2058份；鱼病实验室监测样品30多份。通过加强监测，评估重大动物疫病免疫效果，准确及时地掌握动物疫情情况，科学开展动物疫病防控工作,确保曲江区畜牧水产养殖健康安全生产。

【动物及动物产品检疫】 2016年共实施：(1)畜禽产地检疫：生猪检疫37.3万头,家禽检疫510万羽；(2)生猪屠宰检疫11.8万头，检疫率为100%，上市猪肉合格率为100%；(3)家禽市场检疫182万羽，检疫合格率为88.6%。通过强化检疫，提高了动物食品安全性，确保曲江区广大人民群众吃上“放心肉”。

【禽类H7N9流感防控】 一是完善应急预案，成立禽类H7N9流感防控工作领导小组。二是加强疫情排查和疫情监测，实行动物疫情零报告制度，分片包干，责任到人，及时消除隐患。2016年，全区排查活禽交易集贸市场10家次，排查家禽16万羽次、排查规模家禽养殖户235家次、排查存栏家禽130万羽次。同时制定《韶关市曲江区动物H7N9流感紧急监测方案》，明确工作目标、监测范围、监测任务，共开展H7N9流感血清等样品监测160份，结果均为阴性；三是监督活禽交易集贸市场消毒休市落实情况，严格落实“1110”(一日一清洗、一周一大扫除、一月一休市、活禽零存栏)制度，明确活禽经营市场每周一大扫除时间和每月一休市日期。

【兽药饲料监管】 2016年区畜牧兽医水产局共组织开展6次专项检查，出动执法人员109人次，检查兽药饲料经营店和规模养殖场，未发现有经营假冒、伪劣、违禁产品的行为，被抽查的规模养殖场未发现有使用违禁添加剂的行为。通过加强监管，进一步规范全区兽药饲料经营市场，强化养殖户规范用药意识。

【“瘦肉精”监管】 在屠宰环节中，对待宰生猪实施每批必检，各屠场按每批屠宰量的3%以上进行“瘦肉精”抽样检测；在养殖环节中，对养殖场75公斤左右的生猪随机取样进行检测。2016年共检测“瘦肉精”尿样肉样等样品4580份，未检出“瘦肉精”，检测合格率为100%。同时，全面推行畜产品质量安全承诺制度，共与养殖场(户)签订《无“瘦肉精”等禁用物质承诺书》400多份，建立长效的监管机制。

【养殖场污染减排治理】 2016年曲江区共有7个规模化畜禽养殖场主动申报参与养殖业污染减排治理项目,减排总量为年出栏肉猪7700头。区畜牧部门与区环保部门密切配合,对7个养殖场分类编制减排实施方案，通过大力开展技术指导、培训和督查等工作，7个养殖场的减排工作按要求如期完成，并已全部通过了省环保部门验收，验收合格率达到100%。

【畜禽养殖禁养区划定和“三区”养殖清理整治】 一是制定《曲江区畜禽养殖禁养区、限养区、适养区三区划分实施方案》和《曲江区畜禽养殖污染清理整治工作方案》；二是“三区”划定编制工作已形成初步方案；三是完成禁养区养殖场摸底调查工作，经排查，禁养区内违建的养殖场有7家，2017年将依法完成关闭工作。

【惠农政策】 2016年落实核补能繁母猪保险补贴（区财政补贴）12.89万元、疫苗采购补贴（区财政补贴）15.25万元；落实生猪保险3.5万头，超额完成2016年政策性生猪养殖保险试点工作任务。

【病死畜禽无害化处理监管】 在屠宰环节中，对检出的病害生猪及其产品，全部予以无害化处理，2016年累计无害化处理病害生猪91头，生猪产品8.19吨，确保市场上市肉产品的质量安全。在养殖环节中，2016年累计无害化处理病死大小猪10764头、病死家禽5.6万羽，确保病死畜禽不流入市场，不污染环境。

【渔业生产】 2016年，全区水产养殖面积2520公顷，其中池塘养殖面积1831公顷，水库放养面积689公顷；水产品总产量17276吨，同比增长3.1%，其中养殖产量17173吨，淡水捕捞产量103吨；渔业总产值19725万元，同比增长2.2%；人工孵化鱼苗1.02亿尾；鱼种产量456吨，养殖投放鱼种量497吨。

【特色水产养殖】 （1）曲江区成立养龟专业合作社，有养龟基地1个、养龟户60多户，养殖品种主要有金钱龟、黑颈龟（本地臭龟）、黄缘龟、黄喉拟水龟（石金钱）等，养龟业年总产值近2000万元；（2）广东狂人体育文化有限公司以小坑水库为经营基地，投资1000万元发展休闲观光渔业，基地年接待能力2万人次，休闲渔业收入100万元；（3）曲江区有4个养殖企业（户）发展瘦身鱼养殖，年产量近200吨，产值达600万元。

【水生动物监测、检疫】 2016年共完成：水产苗种产地检疫4900多万尾，合格率100%，出具《动物检疫合格证明》106份；水生动物疫病监测30多份；水产品质量检测114份，合格率100%。 （何庆祥　黄志斌）

曲江区畜牧水产局领导成员名单（2016年）

局　长：何庆祥

副局长：黄剑文　刘思民

农业机械

【概况】 2016年，曲江农机局主动适应农机发展新常态的要求，农机化各项事业成效明显，全区农机总动力达20.1万千瓦，农机固定资产原值达2.26亿元，全区在册各类拖拉机7600台，水稻插秧机178台，联合收割机956台，全年保持农机安全生产零事故。

【引进油菜联合收割机】 2016年5月4日上午，在韶关市曲江区大塘镇塘口村的油菜花基地上，一台油菜收割机正在来回穿梭，尽情地展示着它的雄姿。韶关市曲江区农机推广站站长冯香平和工作人员以及曲江星安农业科技有限公司的技术人员，亲眼见证了油菜收割机的工作效率。据星安农业科技有限公司的技术人员介绍，1亩油菜，人工收割大约要3天时间，而油菜收割机仅用15分钟就可以完成，并且直接将油菜秸秆粉碎，抛洒在田里，改善土壤结构，增加肥力，节约化肥，减少秸秆焚烧对环境的污染。通过对油菜收割机的大力推广，极大地调动广大农民种植油菜的积极性。

【花生生产全程机械化现场演示会】 2016年8月1日上午，在韶关市曲江区樟市镇南约炎热的田野上，花生生产全程机械化现场演示会隆重召开。3台花生播种机和3台花生收获机在田野上来回穿梭，吸引附近近百名农民踊跃观看。500多份宣传农机新技术的宣传资料派发一空。据曲江农机推广站站长冯香平介绍：花生播种机省工省时作业质量高，起垄、开沟、播种、施肥、喷药、覆膜一次性完成。1台花生播种机每小时可以播种花生4~6亩。花生收获机挖掘花生和除土一次性完成，每小时可以收获花生3亩。参加现场会的有韶关市曲江区副区长卜师带、曲江农机局领导和相关工作人员、樟市镇相关领导、农机专业合作社、农机大户、种粮大户以及韶关如意农机有限公司的负责人和员工们近100人。

【举办消防知识讲座】 2016年11月3日下午，农机局举办消防知识讲座。农机局周建民局长邀请曲江消防大队的杨参谋到农机局五楼电教室给全局干部职工授课。杨参谋以视频的方式生动活泼地讲述在生活和工作中应该掌握的消防知识。讲座后，干部职工下到农机局球场，杨参谋教大家怎样操作普通灭火器和干粉灭火器的使用方法，还模拟油类火灾的扑救方法。（杨腾星）

曲江区农业机械管理局领导班子成员名单（2016年）

局　长：周建民
副局长：周子刚
　　　　张帮建
　　　　黄　文
党总支副书记：梁瑞满

水　利

【概况】 2016年，曲江水务工作在区委、区政府的正确领导及上级主管部门的指导支持下，深化水利改革结合新时期治水思路，立足社会发展对水利的需求，加快提高农田水利保障能力、防洪减灾保安能力、城乡供水保障能力、水环境生态能力建设，水利各项工作取得较好成绩。获得“韶关市文明单位”“全省防汛防旱防风防冻先进集体”“曲江区文明示范窗口”“曲江区工会工作先进单位”“曲江区群众性经济技术创新活动先进集体”等荣誉称号。

【项目推进】 2016年，区水务局重点推进中小河流治理、村村通自来水、小型农田水利重点县、中小型灌区改造、小型水库除险加固、电站增效扩容改造等六大类水利项目建设，概算总投资达40069.6万元。村村通自来水工程对地下供水网络进行扩建、新建，形成覆盖全区农村的供水安全保障体系；重点县项目通过对河道、山塘进行清淤整治和除险加固，为受益区农田提供防洪安全保障，提高灌溉能力，确保农业高产、稳产；中、小型灌区改造工程改善灌溉面积5.893万亩，提高农业效益、改善生态环境；电站增效扩容改造进一步提升老旧电站的发电、防洪、灌溉等功能；中小河流治理有效改善河流生态功能和人居环境，充分发挥防灾减灾、岸固河畅等综合效益，使河流防洪标准得到进一步提高。尤其是通过近年来对曲江樟市、枫湾、大塘、罗坑、马坝等镇的河流进行整治，使曲江区经受起几次特大洪水的考验，有效防御洪水灾害，充分突显中小河流治理的显著成效。

【山区五市中小河流治理】 该工程为书记一号工程。2015年度治理项目共3条河流5个河段，主体工程已全面完成，2016年12月底完成验收；2016年度治理项目共3条河流4个河段，共治理河长39.28公里，概算投资8340万元，马坝河（城区段）治理已于2016年12月28日蓄水；2017年度治理项目为樟市河（芦溪河）治理工程，治理河长约8.8公里，规划投资1349万元。

【村村通自来水工程】 该工程规划供水总规模18046.17立方米/日，覆盖曲江区9个镇，63个行政村，规划农村供水人口106961人，已完成第一期1950万元的工程勘测设计，2016年投资700万元主要实施枫湾、马坝、小坑3个乡镇，第一期工程的3个片区已全面开工建设，马坝镇乐村坪已实现通水，枫湾镇6宗工程已完成4宗。准备实施融资6000万元的村村通自来水（第二期）工程已进入设计招标前期工作，按计划完成2016—2018年目标任务。

【小坑水库灌区改造工程】 该工程改造灌区干渠三条共73.031公里，其中工农渠4.506公里、红卫渠44.575公里、大笋渠23.95公里。工程于2015年5月开工，由于是对原有渠道加固改造，而耕作季节农户用水量大，必须采用原有渠道灌溉，造成不能开挖施工，致使施工进度缓慢。已完成红卫渠31公里、大笋渠19公里、工农渠250米，总体形象进度80%以上。

【小型农田水利重点县项目】 已完成37宗山塘和9条河流的主体工程建设，3个年度项目形象进度90%。中央资金支付3186万元，省级资金支付402.314万元，区资金支付138万元。已有部分工程完成分部工程验收。

【农村水电站增效扩容改造】 曲江区第一批6宗农村水电增效扩容改造项目在完成启动验收、完成验收的基础上，准备进行资料验收和竣工验收，至年底基本完成改造任务。第二批5宗增效扩容改造项目初步设计已批复，争取尽快组织实施。

【列入2013—2015年规划的中小河流治理】 马坝河转溪段治理、樟市河治理工程已基本完工，形象进度均达到95%以上。南水河（曲江段）治理工程完成苏拱电站停水协议的签订并于11月初动工建设，力争2017年汛期前完工。

【除险、维修加固工程】 曹岭、南山和乌泥田3宗小型水库除险加固工程已完成形象进度约93%，受雨水天气过多的影响，水库无法腾空库容，导致输水涵管（顶管）无法施工，3宗工程扫尾建设争取汛期前完成。27宗病险山塘除险加固投资408.3万元，为区预算资金，现按方案推进实施，图纸已出，正待设计概算。马坝龙岗村龙圳和鸭麻水圳维修加固工程已完成2.8公里长的渠道三面光加固，剩余2.2公里争取在春节前完成。

【部分已完工项目】 城区防洪工程已完成结算工程款支付，正在做竣工结算相关工作；枫湾河治理工程正在修改补充结算资料；3宗小型灌区工程已完成分部工程验收，其中枫湾镇周岸陂灌区已完成单位工程验收。大塘镇塘口土村圳、丈古岭维修工程已完成分部工程验收，准备组织单位工程验收。大塘小型农田水利示范镇项目准备安排竣工验收工作。

【"三防"工作】 面对2016年频繁降雨的恶劣天气，区级各部门密切配合、积极联动，提早做好防汛备汛各项准备工作，加强洪水台风灾害的监测预警，认真总结防御特大暴雨洪水经验，千方百计保障人民群众生命财产安全，防汛抗灾工作成效显著。一是认真做好防汛备汛准备工作，开展防汛安全大检查工作，确保水利工程的安全度汛。二是3月22日召开全区水利与防汛工作会议，研究部署全年"三防"工作。三是备足防汛物资，落实抢险人员。四是认真做好科学防御各项工作。密切关注天气，及时监测预警；加强隐患排查，提前落实应对措施，排查出山区危房94宗、中小河流及山洪灾害危险区65处，地质灾害隐患点17处，5宗山塘及4宗小（二）型水库存在问题，并对其存在问题限期落实整改和治理措施。五是认真科学研判，优化调度方案，在确保运行安全的同时，使水库、电站在兴利上发挥更大作用。

2016年，曲江区降雨频繁，出现"3·20""4·17""5·20""6·16"等多次强降水过程。据统计，1—7月降水量超过1700毫米，比正常年偏多3~4成，共造成曲江区6702人受灾，转移群众56人，农作物受灾面积1.559万亩，倒塌房屋153间，损坏堤防2处，损坏灌溉设施27处，直接经济损失1369.3万元，其中水利设施直接经济损失149.3万元。在强降雨发生前后区三防指挥部第一时间通过预警平台向各三防成员单位、各镇主要领导、各村小组长、水库山塘管理人员发布防御工作通知，严格按照防御预案要求加强值班，加强辖区水库山塘及山洪、泥石流、低洼易涝区域的监测巡查。同时迅速部署防灾抗灾工作，及时组织人员参加抢险救灾工作，转移受灾人口，将灾害损失降到了最低。

【移民后期扶持工作】 科学编制上报2016年移民后期扶持年度计划和移民直补资金计划，合理安排上报库区基金、滞留基金、结余应急资金，做好直补资金发放，全面改善库区设施建设。2016年下达后扶计划资金337.08万元，2016年度结余资金245.58万元，库区基金26.8万元。2016年度共计发放直补资金193.26万元，受益人口2151人；投入基础设施资金433.399万元，其中投入农田水利建设155.291万元、生产开发鱼塘整治6.46万元、公路硬底化119.448万元、环境整治125.2万元、文化教育事业10.3万元、饮水工程16.7万元。同时加强对结余资金工程验收和监管力度，科学使用好移民经费，着力改善移民村的公共设施，充分发挥移民经费的最大效益。

【水资源和河道管理工作】 一是建立健全最严格水资源管理制度，实行开发与保护相结合，加强水质污染源头治理，加大违法查处力度，有效保障苍村水库、小坑水库水质达标。加大水资源费征收力度，2016年依法依规征收水资源费1352万元，水土保持补偿费2.72万元，为曲江水资源管理、水政执法提供强有力的保障。贯彻落实取水许可制度，共办理取水许可证延续38套，变更法人5套，新发证1套。以"世界水日""中国水周"为契机，开展以"落实五大发展理念，推进最严格水资源管理"为主题的水法规宣传活动。在樟市、枫湾开展水法宣传巡回活动，共出动车辆12次，悬挂横额16条，发放宣传资料5000余份，解答群众咨询40余人次。二是做好堤围费征收及河道日常管理工作。1—9月完成河道堤围防护费征收941.73万元，根据《关于堤围防护费等四种水利规费免收市县级收入的通知》精神，2016年10月1日起实行免征堤围费政策。11月全面完成马坝城区3座翻板闸门的维修养护工作，确保城区正常蓄水和安全度汛。

【水政执法工作】 区水政监察大队开展河道采砂专项整治行动，强化控制面的管理，对船只和沙场展开全面排查摸底，在北江河乌石码头有运沙船8艘、采沙船2艘，辖区内河砂堆砂场有3处，白土段无采砂船，对管理对象逐一建档造册，通过加大打击非法采砂力度，维护各河段正常水事秩序。2016年来共出动执法人员180人次，出动执法车辆120多台次，发出执法文书8份，处理举报投诉6起。同时，深入曲江区9个乡镇对公路、砖厂、矿山、工业园等25个开发建设项目进行水土保持执法，对清查出的项目依法送责令限期改正违法行为通知书，并对水土流失严重项目进行调查取证，要求补办编制水土保持方案。至年底完成审批开发建设项目水土保持方案1宗，征收水土保持补偿费2.72万元，检查18宗水土保持项目并发放检查通知单。

【小水电开发及安全生产管理】 曲江区共拥有建成投产电站152宗，装机容量151075千瓦（含濛浬电站），全年发电量60827.2万千瓦时（含濛浬电站），比2015年增加发电量115798.7万千瓦时，增长率35%。2016年开展农村水电站安全生产标准化建设，经广东省水利水电行业协会评定，曲江区罗坑一级电站、小坑电站为安全生产标准化达标二级单位。

区水务局严格按照水利基本建设管理的有关规定，严格执行工程“四制”管理，强化水利工程项目建设监管，对在建水利工程加强工程质量和工程进度管理，确保工程质量安全。认真履行行业监管职责，做好安全生产信息系统报送工作，建立健全安全生产工作台账；加强水利工程安全生产监督检查，及时消除事故隐患；开展“安全生产月”活动、安全生产大检查、安全应急演练、水利工程建设落实施工方案专项行动及余泥渣土受纳场所灾害隐患排查、溺水事故预防等专项工作，有效防范各类安全事故的发生，促进安全生产与水利的同步协调发展。水利系统安全生产形势稳定，实现安全生产零事故目标。2016年共投入安全生产资金180万元。

【水电资源综合效益】 为充分发挥水库电站综合利用效益，区水利系统各企事业单位通过科学调度与合理配置，实现水资源高效利用，2016年取得较好的经济效益。据统计：小坑水库降雨量21722毫米，蓄水量4700多万立方米，工业供水量4700万立方米，经济收入1546万元；罗坑水库降雨量2852毫米，供水发电农业灌溉28843万立方米，经济收入193万元；苍村水库在抓好防汛抗旱、蓄水、供水工作的同时，确保城区生活正常用水和下游工农业生产用水。罗坑一级站、罗坑三级站、小坑电站、新陂电站生产形势喜人，发电收入创历史新高。全年4个电站发电量合计4674万千瓦时，发电经济收入合计2249万元，充分体现水电站增效扩容改造的显著效果。 （朱彩虹）

曲江区水务局领导班子成员名单（2016年）

局　长：陈开明（任至3月）
　　　　邝发洪（3月起任）
副局长：许明贵　陈奇峰
　　　　刘序禄
党委委员：钟文兴
　　　　　陈月堂
　　　　　刘善云
　　　　　张丹慧（任至10月）

气　象

【概况】 韶关市曲江区气象局为全区的气象主管机构,实行韶关市气象局与曲江区人民政府双重领导的管理体制。2016年，区气象局设局长1名、副局长2名，内设机构为气象灾害防御管理办公室、办公室、预报股、站网管理股、发展改革与财务管理股等5个参照公务员法管理股室；国家气象直属事业单位为气象公共安全技术支持中心、公共气象服务中心、机关服务中心；地方气象事业机构为突发事件预警信息发布中心（防雷减灾管理办公室、人工影响天气办公室）为参照公益一类事业单位；2016年全局共有员工22人，其中参照公务员法管理10人、国家事业编制5人、地方事业编制2人、编外5人。

2016年，区气象局强化基础业务、着力提高预测预报防灾减灾能力、切实抓好气象现代化建设。业务质量和预报准确率稳步提高，气象服务表现出色；完善气象监测业务体系建设，气象现代化建设上取得新成效；防雷安全生产管理工作和气象探测环境保护工作取得新进展，人工影响天气增雨活动取得较好效益。尤其是在寒潮、暴雨、强对流天气过程、重大活动和节日等期间，区气象局全力以赴，气象服务等工作得到社会各界认可。

【气候特点及灾害情况】 2016年全区年平均气温为20.8℃，偏高0.3℃；平均降水量为2424.7毫米，属偏多约51%；各地平均总日照时数为1347.5小时，略偏少约16%。全年气候总体特点是年平均气温偏高、年降水量偏多、年日照偏少；气候复杂多变，阶段性、局地性的异常气候事件频发，特别是1月下旬前中期的寒潮天气、前汛期暴雨和强对流天气频发，产生灾害影响。

【"1·22"寒潮】 1月下旬前中期受寒潮影响，曲江区各地气温大幅下降，其中22日白天普降小到中雨，22日夜到23日凌晨普降雨夹雪，高寒山区有雨夹雪和冰冻；23日夜到24日凌晨局部地区出现分散雨夹雪，高寒山区有雨夹雪和冰冻；24日夜到25日凌晨出现大范围的低温霜（冰）冻，过程持续6天低温天气，1天霜（冰）冻，过程最低气温本站为-1.3℃，沙溪窝子为-5.2℃。此次寒潮天气过程，对春运交通运输、农业、畜牧水产业、通信和供电线路都产生不利影响。据区三防办统计，此次低温雨雪冰冻灾害共造成全区直接经济损失达258万元。

【"3·19—3·23"暴雨和强对流】 3月19日夜至23日，先受高空槽和强盛西南暖湿气流共同影响，后受冷空气和强盛西南暖湿气流共同影响，曲江区各地出现持续性强降水过程，4天总降水量为：罗坑镇188.7毫米，罗坑水库180.7毫米，樟市镇188.8毫米，马坝镇181.8毫米，乌石镇180毫米，乌石镇坑口石角184.1毫米，白土镇203.9毫米，苍村水库190.1毫米，枫湾镇196.9毫米，大塘镇154.4毫米，枫湾镇茶园山144.9毫米，小坑水库182.9毫米，沙溪镇208毫米，沙溪镇窝子169.6毫米，樟市镇西约145.8毫米。平均降雨量约180.0毫米，最大小时雨量达到41.0毫米（20日9时到10时小坑水库）。另外，19日夜受强对流云团影响，曲江区局部地区出现雷雨大风或冰雹等强对流天气，其中19日21时到22时小坑镇空洞子瑶族村民小组空洞子村出现1~3厘米的冰雹，19日22时39分沙溪镇窝子出现瞬时极大风速为28.5米/秒（11级）的雷雨大风。据区三防办统计，此次持续性强降水和局地的强对流天气，导致曲江区各地遭受洪涝灾害，造成全区直接经济损失592.8万元。

【"4·17"暴雨和强对流】 4月17日中午到夜间，受冷空气、高空槽和强盛西南暖湿气流共同影响，曲江区各地普降暴雨，局部大暴雨，17日8时到18日8时各地累积雨量为：罗坑镇77.9毫米，罗坑水库79.2毫米，樟市镇93.1毫米，马坝镇82.0毫米，乌石镇坑口石角127.7毫米，白土镇92.5毫米，枫湾镇茶园山61.5毫米，小坑水库92.2毫米，沙溪镇108.6毫米，沙溪镇窝子100.0毫米，大塘镇汤溪74.2毫米。另外，受强对流云团影响，17日14:14罗坑镇、14:37乌石镇石角、18:36小坑水库分别出现瞬间极大风速为19.3米/秒（8级）、28.1米/秒（10级）、17.5米/秒（8级）的雷雨大风；17日14时到15时罗坑镇新塘村委及蒋公村委部分村小组出现1~3厘米的冰雹。据区三防办统计，受强降雨和强对流天气的影响，造成曲江区各地出现不同程度灾情，全区直接经济损失约358万元。4月19日20时到20日20时，受高空槽和切变线共同影响,曲江区各地大部分地区普降暴雨到大暴雨，局部特大暴雨：罗坑镇区301.7毫米，罗坑水库213.8毫米，樟市镇区177.9毫米，马坝镇区102.9毫米，曲江观测站102.1毫米，乌石电厂101.3毫米，乌石镇坑口石角101.0毫米，白土镇区95.8毫米，苍村水库88.8毫米，枫湾镇区81.1毫米，大塘镇汤溪74.3毫米，大塘镇区65.4毫米，枫湾镇茶园山51.1毫米，小坑水库43.6毫米，花坪镇43.1毫米，沙溪镇区41.2毫米。据区三防办统计，此次强降雨造成曲江区各镇均不同程度受灾，尤其罗坑、樟市受灾严重，全区直接经济损失5430.5万元。

【"6.13—6.16"暴雨和强对流】 6月13—16日受强盛西南暖湿气流、高空槽和切变线持续影响，曲江区各地出现持续强降水天气过程，12日20时到16日20时各地累积雨量为：白土镇188.9毫米,大塘镇166.2毫米，樟市镇227.5毫米，枫湾镇140.5毫米，罗坑水库180.6毫米，乌石电厂249.2毫米，苍村水库148.6毫米,气象局165.6毫米，小坑水库134.0毫米，罗坑镇187.0毫米，沙溪镇278.3毫米，乌石石角220.8毫米,樟市西约203.0毫米，沙溪窝子198.1毫米，大塘汤溪163.0毫米,枫湾茶园山122.5毫米,曲江观测站183.7毫米。另外，受强对流云团影响，14日15:21沙溪镇出现瞬间极大风速为18.4米/秒（8级）的雷雨大风；15日13:46小坑水库出现瞬间极大风速为19.5米/秒（8级）的雷雨大风。据区三防办统计，受持续性强降雨天气的影响，造成曲江区各地出现不同程度灾情，直接经济总损失102万元。

【气象防灾减灾】 一是制定2016年决策气象服务周年方案，紧紧围绕"你的冷暖在我心头，你若安好便是晴天"的服务理念，坚持一年四季不放松，每次过程不放过，科学预报，主动服务。二是抓好日常公众气象服务，每天通过电视、电台、"12121"、短信、气象微博、微信、气象信息电子显示屏等多种方式，对外发布天气预报信息，为每年春运、高考和区重大活动等提供科学准确的气象预报服务。三是一丝不苟地做好寒潮、暴雨和强对流天气的预报服务，及时发布预报预警信息，提醒相关部门和单位注意防御局地强降水及其衍生的城乡积涝、山洪泥石流、滑坡等灾害，暴雨发生后，又及时向区委、区政府和三防办等实时通报雨情和发展趋势，并及时提醒广大公众加强防御，得到广大民众的肯定和好评。四是及时开展人工增雨作业工作，取得较好效果。五是加强气象科普科知识宣传，充分利用"3·23"气象日向社会发放《气象公共服务白皮书》《气象灾害防御手册》、气象知识挂图等宣传资料，举办气象科普读书活动，深入部分中小学校开展气象专题知识讲座,通过曲江区广播电视台、曲江区门户网站、电视节目播出等渠道宣传中国气象局制作的科普视频《厄尔尼诺》，致力提高全民气象防灾减灾科普知识。

【农业气象服务】 2016年，区气象局以气象为农服务需求为牵引，加大农业气象预测预报、诊断分析、监测评估和观测试验等现代化建设力度，强化现代农业气象业务服务的科技支撑能力，不断提升现代农业气象业务服务能力，围绕曲江区农业的各个生产环，建立面向新型农业经营主体的直通式为农服务，在春播春种、夏收夏种等重要农事活动及水稻孕穗、抽穗等各个生育关键期均提出相应的生产建议，为有关部门提供科学的决策依据。

【气象现代化建设】 一是经曲江区政府十四届59次常务会议讨论研究通过《韶关市曲江区气象发展"十三五"规划》，确保曲江区气象事业发展与全区协调发展，同步进行，气象防灾减灾工作切实服务于全区经济社会发展，造福曲江人民，是今后五年韶关市曲江区气象发展的指导性文件与行动纲领。二是建立一支专业技术能力较强的气象人才队伍，至2016年年底，区气象局员工中有本科14人（其中硕士学位1人），高级工程师3人，工程师5人，不断创新工作，提高气象服务水平，更好地为区防灾减灾提供科学决策依据。三是对曲江区突发事件预警信息发布中心进行升级改造，新的办公场所和业务系统投入运行，为曲江区突发事件预警信息发布创建了科学高效的平台，使预警信息发布更加科学、准确、及时、高效和覆盖面广，从而更好地在区防灾减灾中发挥重要作用。四是拓宽发布渠道，着力解决气象信息发布"最后一公里"问题，充分利用在全区各镇、村建设的9个乡镇气象信息服务站、104块电子显示屏、162个大喇叭，收录了1000多名党政及部门领导、中小学校校长、种养大户、在建工地安全责任人等同志的手机号码纳入决策短信平台及时向他们发送气象预报预警信息。五是对小坑水库、罗坑镇和沙溪镇的区域自动气象监测站进行升级改造，对其他站点进行维护，确保其在天气实况实时监测上发挥重要作用。六是进一步开展暴雨洪涝灾害风险普查，充分利用决策辅助支撑系统，为区防灾减灾提供科学决策依据。七是进一步完善气象为农服务"两个体系"建设，加强气象信息员队伍建设，提升全民气象防灾减灾能力。

【**气象探测环境保护**】 2016年，区气象局根据《中华人民共和国气象法》《气象设施和气象探测环境保护条例》和其他相关法律，以及《气象探测环境保护规范——地面气象观测站》（GB 31221-2014）的有关要求，继续做好气象探测环境保护及其备案工作。

【**防雷安全管理工作**】 2016年，防雷装置设计审核一共受理办结24件，防雷装置竣工验收办结20件，共巡查工地87次，并严格按照要求开展防雷安全监督检查工作，在巡查中发现的问题及时督促整改，真正做到从源头上消除雷灾隐患。施工完毕后及时到现场进行竣工验收，真正做到防雷装置与主体工程同时设计、同时施工、同时投入使用。联合区旅游、安监、国土等部门对曲江区旅游景区气象灾害防御及地质灾害防御专项检查工作。对景区气象灾害防御及地质灾害防御制度建设、灾害应急预案与气象灾害应急预案和地质灾害应急预案是否衔接等全面检查，对提高曲江区各景区防灾减灾意识，切实做好气象灾害防御工作具有重大意义。开展学校、医院、危险化学品易燃易爆场所等重点单位的防雷安全生产检查督查专项工作，在排查检查过程中发现问题，提出整改意见。联合区民政局、农业局开展全区农村雷电灾害隐患排查专项工作，进一步对农村雷电防御情况摸底。以上工作有效地促进气象灾害防御和防雷安全生产工作，为曲江经济社会发展保驾护航。 （杨万春）

曲江区气象局领导班子成员名单(2016年)

党组书记、局长：温绿波

党组成员、副局长：

韩 颖

欧冠华（任至11月）

刘艳群（12月起任）

工业　能源

工　业

【概况】 韶关市曲江区经济和信息化局为全区工业、商贸、信息、科技、知识产权和防震工作的业务主管部门。该局内设机构10个，分别为办公室、经济运行股、能源和资源综合利用股、企业改革监督股（区国有企业转制管理办公室）、国内贸易股、外经贸股、科技管理股、信息产业股、区无线电管理办公室、人事监察股、节能监察中心。机关总编制26名（含区节能监察中心3名）。

2016年是“十三五”规划的开局之年，该局坚持以科学发展观为指导，全面贯彻中共十八大和十八届五、六中全会以及习近平总书记系列重要讲话精神，按照区委、区政府的工作要求，把抓“两学一做”学习活动和日常工作紧密结合起来，做到工作、学习两不误，紧紧围绕建设韶关重要经济增长极和争当韶关经济发展先行区的总体目标，以“两大园区”为平台，推进工业、商贸、科技全面发展再上新台阶。

【工业经济发展】 2016年，经信局加强对规模以上工业经济的运行监测，坚持每月对规模以上工业经济的运行情况进行详细的调研分析，特别是加强与韶钢、宝钢特钢、大宝山、韶关发电厂等大型工业企业的沟通联系，及时掌握工业经济运行趋势，增强对工业企业发展的协调、服务，积极培育和发展规模工业企业。2016年，全区规模以上工业企业总数达69家，其中区属62家、省市属7家；全区新增规模以上工业企业2家，培植规模以下转规模以上企业1家。

2016年，全区实现工业增加值52.15亿元，同比增长5.5%；省、市属工业实现增加值30.67亿元，同比增长10.5 %；区属工业实现增加值21.80亿元，同比增长-3.8%。

2016年，全区年产值超亿元的工业企业共31家（区属超亿元产值企业25家），其中：年产值超10亿元的企业5家；年产值5亿元~10亿元的4家；年产值1亿元~5亿元的有22家。

【技术改造】 针对曲江区工业企业的生产规模、设备状况、工艺流程、产品销售等客观因素，经信局积极指导企业进行技改，力争使企业更好地适应市场需求。2016年，工业企业技改备案36个技改项目，同比增长20%；技改项目总投资为8.77亿元。

【民营经济发展】 曲江区进一步优化民营经济发展环境，努力推动“大众创业、万众创新”活动，加快促进曲江区民营经济转型升级、跨越发展。2016年，全区民营经济实现增加值71.34亿元，同比增长0.7%。其中，规上民营工业保持平稳增长态势，全区规模以上民营工业实现工业增加值17.09亿元。

【商贸管理概况】 随着曲江区商贸体系逐步完善，商业网点布局日趋合理，消费品市场繁荣活跃，各类专业市场、综合市场快速发展，拉动全区消费品批发、零售总额的增长，实现全区商贸流通业的持续、快速、健康发展，并成为助推全区经济增长的重要力量。2016年，全区社会消费品零售总额完成62.72亿元，比上年增长9.9%，其中城镇57.16亿元，同比增长10.5%。

【民爆企业监管】 经信局安全生产监管的2家民爆企业是韶关市粤联民用爆破器材销售有限公司曲江分公司和宏大矿业有限公司大宝山生产点。2016年，始终贯彻“安全第一，预防为主”的方针，加大监管力度。完成各项安全生产任务，确保区经信局安全生产形势持续稳定。

【电子商务发展】 曲江区电子商务企业得到快速发展，已有广东昆仑信息科技有限公司、曲江星科电脑网络工程有限公司、曲江区互动网络科技有限公司、韶关市曲江区新供销荣丰商贸有限公司为农综合服务平台项目、韶关市鹏洲电子商务孵化港有限公司等5家有一定规模的电子商务企业。电商直接服务“三农”、服务民生、服务区域新型工业化、新型城镇化和农业现代化，进一步促进曲江区经济发展，激发消费增长潜力。此外，曲江区积极开展农村淘宝工作，于2016年7月与阿里巴巴集团签署合作框架协议，并成立电商工作领导小组并制定工作方案。

【市场监测】 2016年，曲江区有东明广客隆、曲江曹溪温泉假日度假村有限公司、广东粤佳太阳能有限公司、韶关市顺昌钢材贸易有限公司、曲江区百莲凯美容美体馆、曲江区火山江记造型时尚专业烫染、韶关市宜达燃料开发有限公司、韶关市曲江区金华工业材料有限公司等13家企业被商务部选为典型商贸流通统计样本企业，及时督促相关数据的周报、月报、年报的上报工作，为上级决策者提供准确信息来源。

【批发零售业】 2016年，曲江区批发零售业迅猛发展，完成销售额56.32亿元，同比增长9.9%，全区限上批发和零售企业总数达40家，其中新增限上企业5家。限上批发企业主要经营钢材、煤炭、矿产品、建材等产品，限上零售企业主要经营日用百货、生活燃料、电子产品、建材、金属材料、汽油等。

【现代物流业】 广东粤钢松山物流有限公司是曲江区目前唯一具有一定规模的物流企业，2016年有员工478人、车辆及其他运输设备1000多台、经营场地15万平方米，每年货物运输规模将达到2800万吨。

【连锁经营行业】 2016年，曲江区连锁经营行业协调发展。目前，广东东明股份有限公司是韶关地区零售连锁经营网点最多的本土零售连锁龙头企业，在粤北地区具有较高知名度和影响力。截至2016年12月，东明企业的连锁经营网络已覆盖韶关地区3区5县2市，旗下“明乐”“东明广客隆”连锁超市25家，经营面积约8万平方米，创造就业岗位1000多个，2016年实现销售额约2.49亿元，同比增长–0.9%。

【燃料经营业】 2016年，经信局认真做好区内加油站布点审批工作，严把加油站新建、改建、扩建关，全区成品油经营市场规范有序。全年新建1座加油站，并开始正常营业。

【对外贸易】 2016年，全区完成外贸进出口总额16600万美元，同比增长–2.95%，其中：外贸出口12789万美元，同比增长–5.9%；外贸进口3811万美元，同比增长8.3%。

【吸收外来投资】 2016年，全区实际吸收外资1000万美元，同比增长233%；合同吸收外资完成4858万美元，同比增长743%。

【对外招商】 2016年，曲江区与省食品行业协会和省制造业协会密切联系，以食品和先进机械装备两大园区为重要载体，大力推行产业集聚招商模式及“产业链”“客商链”和“企业链”招商，突出抓好钢铁、汽配、机械装备、环保处理、电子电器、食品饮料等产业招商。据统计，2016年引进大健康保健食品项目、唐毅实业项目、广西建工集团星级酒店、韶关市开昂绿农光伏科技有限公司等一批发展潜力大、辐射能力强、税收贡献多的项目。2016年，全区共签订合同23宗，合同投资总额43.97亿元，同比增长24.28%；新旧项目实际到位资金17.48亿元，同比增长–44.75%。

【科技概况】 2016年，曲江区积极推进科技创新发展战略的实施，增强科技服务意识，科技工作围绕为经济建设服务这一中心，积极参与和服务曲江的经济建设。

【科技管理】 曲江区积极推进创新驱动工作，加强科技服务能力建设，引导企业开展技术创新活动。组织省级科技项目的验收鉴定。协助雅鲁环保对《钢铁企业高炉水冷壁在线带负荷清洗工艺技术的研发与应用》的项目开展科技成果鉴定，并指导企业申报市级科技进步奖。对省级科技项目的组织实施和资金发放。罗坑茶叶专业镇创新能力建设项目50万元，高奇能源科技公司、雅鲁环保的科技专项资金各5万元，中塑再生资源有限公司的前沿与关键技术创新专项资金30万元，马坝镇城东社区的科普示范社区建设20万元。加强高新技术企业的管理和培育。重点对五联木业、阳光富源等创新型企业开展高企申报指导和培育；指导和协助粤佳太阳能公司、盛大冶金渣的高企复评。强化宣传引导，提升全民科学素质。组织开展“科技进步活动月”活动和科普进社区、科普进校园、科普进农村系列活动，分期分批地安排“地震安全知识”“节能减排”“知识产权专利保护与应用”等专题科普画图到全区中小学开展科普巡展。

【知识产权】 推进知识产权工作进度，组织引导企业、个人开展专利申报工作。统计上年度全区的专利申报授权情况，落实兑现专利资助奖励政策，发放2015年度全区专利申请资助奖励资金55万元（2015年全区专利申请量609件，专利授权量331件）。2016年，全区专利申请量为433件，授权量320件。

【信息化建设】 一是认真做好工程建设领域项目信息公开和信用信息公开工作，全区2016年共发布工程建设领域项目信息和信用信息558条。二是增强无线电频谱资源设台单位、个人的无线电法律意识，做到依法用频、依法设台。三是全力推进信息化发展。2016年，曲江区信息化水平排名全市第2位。

【地震监测】 曲江区结合科普宣传积极开展系列的地震安全科普教育和宣传活动。做好曲江东安寨地震台的管理维护工作，保证地震台的正常运行。开展地震安全示范社区的创建，推荐符合条件的社区申报“广东省地震安全示范社区”。2016年，东风社区居委会获批为“广东省地震安全示范社区”创建单位。（廖　鹏）

曲江区经济和信息化局领导班子成员名单（2016年）

局党委书记、局　长：徐智伟

局党委副书记：傅耀武

局纪委书记：陈珍光

局党委委员：陈珍光

唐建辉

李小峰

张燕芳（女）

副局长：陈珍光　唐建辉

李小峰

曲江经济开发区

【概况】 曲江区委、区政府为充分把握省委、省政府进一步促进粤东西北地区振兴发展战略和东莞市对口帮扶韶关市的重要机遇，根据曲江的区位优势和产业优势，大力进行招商引资，倡行新型工业化道路，努力推进产业集聚发展。区委、区政府对曲江经济开发区实行“一区两园”的建设和管理，即曲江经济开发区（白土工业园）和莞韶华南钢铁深加工科技产业园（后更名为华南先进装备产业园）。

曲江经济开发区前身为曲江白土工业园，地处韶关市曲江区白土镇。开发区成立于2001年，2006年经国家发改委核准为省级经济开发区，规划总面积为10平方公里，园区产业定位为食品、电子、金属加工业。2010年纳入“莞韶转移产业园”，是目前粤北地区规划面积最大的工业园区之一。

曲江经济开发区地理位置优越，水陆交通便利。距武广高铁韶关站仅10分钟车程，距曲江城区仅6公里，距韶关新的行政中心8公里，省道253线横穿东西，京港澳高速公路、韶赣高速公路出口转瞬即达，广乐高速白土出口在园区范围内。

曲江经济开发区按照“高起点规划、高标准建设、高效能管理”的要求，布局合理，功能齐全，具备供水、供电、通信、供热、供气、道路及场地平整等基础设施条件，按中心城市的配备标准进行市政建设，各项基础设施日趋完善，区内道路的绿化、亮化工程和治安视频监控设施日臻完善。开发区污水处理厂（首期）已投入使用，日处理污水量可达1.5万吨，园区配套有11万伏和22万伏2个变电站，现已成为粤北地区极具吸引力和竞争力的工业园区之一。

截至2016年年底，开发区开发建设，已累计投入各类基础设施建设资金6亿元。开发区已入园企业93宗，已建成投产企业57宗，在建企业10宗，已签合同尚未动工7宗，合同总投资123.54亿元，实际到位资金80.43亿元。

【华南先进装备产业园】 华南先进装备产业园（装备园）创建于2012年，由韶关市政府、东莞市政府和宝钢集团三方签订战略合作共建框架协议，2014年曲江区又与省制造业协会签订战略合作协议，首创以“政府+政府+企业+协会”四方合作建园模式，依托韶钢的普钢和装备产业，以钢铁深加工、粉末冶金等产业为重点，延伸钢铁产业链，培育新型材料和装备产业集群，将该装备园打造成为集汽车零部件、机械装备、粉末冶金、钢铁深加工、循环经济和产研结合、产城融合的珠江西岸先进装备制造产业带配套核心区。

装备园是莞韶园的一个片区，总规划面积32.47平方公里，首期规划面积10000亩，2016年已完成征地5226.69亩，其中符合土地利用规划的有1650亩，已申报调规待批的土地有2337亩。首期规划用地已完成调查、测绘、总规的编制以及土地勘探、环评、控规的编制，园区“三纵一横”4条道路（科技大道、科技六路、科技八路和园中路）及供水、供电、排水、排污管网和绿化等基础设施正在施工中。

【园区经济】 2016年，园区34家规模以上企业完成工业总产值83.5亿元，同比减少8.81%；工业增加值17.83亿元，同比增长2%；完成固定资产6.1亿元，同比减少64.57%；外贸出口(企业自报数)12456万美元，同比减少7.29%；税收1.45亿元，同比增长3%；财政地方留成4300万元，同比增长15.5%。

【招商引资】 2016年，曲江经济开发区围绕承接产业转移，不断创新招商方式，加大招商引资力度，围绕“两大园区”的主导产业，建立委托招商渠道，加强与省食品协会和制造业协会合作，发挥合作共建园区作用，推动招引项目建设取得重大突破。2016年开发区新引进项目7宗，总投资9.45亿元，其中超亿元项目5宗。

【基础设施】 “两大园区”的基础设施主要是道路及管网、市政配套和土方工程等。白土片区完成省道253线园区段的改扩建工程和志锐北路的延伸段的道路及管网工程，完成工业大道延伸段、A5区、预1区的土方工程，完成龙白线、娃哈哈饮用水和长青地段的线路迁移工程。装备园首期建设“三纵一横”四条道路和管网工程中，科技大道和园中路马坝段已完成路面的铺设工程；园中路大塘段和科技八路路基已完成，科技大道和园中路的管网工程正在施工中，科技六路路基的土方正在平整；装备园标准厂房及配套工程施工的前期手续正在实施中。

【园区扩园】 为解决已引进项目及园区基础设施建设的用地，加快推进项目的建设。2016年，开发区协助白土镇、马坝镇、大塘镇征地600多亩，拆迁房屋面积2130平方米，迁坟330座，清表1150多亩。同时，完成白土片区第一批次和第三批次的共707亩的用地报批手续。

【项目建设】 要增加园区经济总量，必须培育新的经济增长点，狠抓项目的开工建设。对新引进项目，加大协调和帮办力度，积极配合企业做好项目前期调研、选址等基础性工作和项目备案、工商注册、规划、用地等前期工作。解决项目在施工过程中的供电、供水等环节存在的问题，重点抓好影响项目建设进度的各类问题的协调和解决，确保项目在建设中取得实质性进展。

【企业服务】 开发区坚持把服务企业、做优环境作为跨越发展的重要保障，通过“保姆式”服务，全面落实项目跟踪联系责任制。对园区新签和续建的14个项目和已建成投产的项目实行挂钩联系制度，为项目在建设和生产中排忧解难，释疑解惑，切实做到深入企业服务制度化，帮助企业解决问题经常化。2016年，为开昂科技、天通药业、娃哈哈饮用水等企业办理工商注册、立项、环评、用地等各项手续150多项；为企业在建设过程中解决用地纠纷、用电、用水等问题70多项，为企业协调处理各项劳动事故、劳资纠纷、企业与村民之间的纠纷30多宗；协助企业解决融资4300多万元；协助星河、北纺、金亿等企业招工100多人次；解决企业中层干部子女入学20多人次。

【内部管理】 加强园区党组织建设。开发区在抓经济建设同时，还注重抓好党组织的建设，特别是园区“两新”党组织的建设。2016年，开发区不断完善“两新”组织党支部的硬件建设。为“两新”党支部配备党建办公用电脑、打印机各5套，办公沙发2套，办公文件柜10个，制作党建宣传栏12个，曲江经济开发区党工委多次组织“两新”党支部开展各项有意义的活动，增强党支部的凝聚力和战斗力。加强党风廉政建设。为进一步提高开发区的建设水平，大力开展党风廉政教育，严格执行廉政风险防控管理制度，加强对权力运行的监督和制约，完善内部管理制度并严格执行；其次是加强单位效能建设，深化治庸、治懒、治散等活动，严格执行区委、区政府各项工作纪律。加强园区安全生产、消防和食品药品安全工作。面对园区内施工企业多、外来人员杂的复杂环境，开发区多次协调安监、消防、食品药品等部门对开发区投产企业和在建工程进行安全隐患排查，并多次组织园区企业进行各项安全培训，及时有效地排除各种安全隐患。加强园区信访维稳。开发区高度重视园区的信访维稳工作，积极协调各项纠纷，及时破解各项矛盾。2016年，开发区协调处理土地历史遗留问题和企业施工中的土地纠纷、用水、用电等问题70多宗，为企业处理劳动事故、劳资纠纷、企业与村民之间的各项纠纷30多宗。积极开展新时期精准扶贫工作。根据安排，开发区挂钩白土龙皇洞村委的7户扶贫户。开发区非常重视，派专人负责扶贫工作，建立好帮扶台账，做好帮扶方案，定期到帮扶贫困户家中了解生产生活情况。2016年，开发区共支持龙皇洞村委道路改造经费6万元，并对7户贫困户给予一定的经济支助。加强园区的绿化、亮化建设和社会治安综合管理。为加强园区的绿化保洁，2016年开发区聘请有资质的公司专门对园区进行绿化保洁，由开发区保安队进行严格监管；为提升园区的品位，开发区对园区的各路段全部安装路灯，设置道路交通标志和视频监控等设施，2016年园区内无发生过刑事案件，治安案件比以前明显下降。

(黄韶珍)

曲江经济开发区党工委、管委会领导班子成员名单（2016年）

区委常委、开发区党工委书记、管委会主任：文浩培

开发区党工委副书记、管委会常务副主任：徐炳东

开发区党工委委员、管委会副主任：邱祖清

开发区党工委委员、纪工委书记、管委会副主任：管乃权

开发区党工委委员、管委会副主任：宋萃文

开发区管委会副主任（韶钢到开发区挂职）：古孟文

电　力

【概况】 2016年，曲江供电局在网、省公司、市局和曲江区委、区政府的正确领导下，紧紧围绕上级各项决策部署，积极践行《南网总纲》，真抓实干、聚力前行，在全局吹响“强基础、补短板，争创南网一流县级供电企业”的冲锋号，奋力推进企业新一轮改革发展， 全面完成了年度各项工作目标和任务。全年完成供电量15.28亿千瓦时；完成售电量14.79亿千瓦时，综合线损率3.21%。2016年，曲江供电局各项指标稳中有进。全局未发生人身事故事件，未发生四级及以上电力安全事件，守稳“四条底线”。客户平均停电时间25.42小时；综合电压合格率99.985%。

【安全生产】 2016年，曲江供电局一是夯实安全生产基础。按照“123”（即一个体制、两书应用、三基工程）安全生产工作思路，着力打造本质安全型企业。二是强化人身风险管控。实施工作节奏管控量化模式，高风险作业、重大操作督查率达到100%。三是加强设备运维管理。一次设备紧急、重大缺陷消缺率100%，年度规范化检修、预试完成率均达到100%。加大树障清理力度，协助地方政府出台《关于对在电力线路保护区内的高秆植物进行清理的通告》，从严从实开展线行清理工作，树障清理按标准在区域内全面铺开，累计清理线行414处。四是加强应急管理。组建6支共108人的应急救援队伍，8月派出发电车支援省公司“妮妲”保供电；前后3次支援大宝山水厂供电，解决当地2万人的用水问题。组织完成了人身事故等8项应急演练，全年出动人员512人次、车辆187台（次）进行应急处置，有力应对年初“霸王级寒潮”和台风汛期等对电网的考验。累计开展保供电特殊巡视585人次，安排巡视车辆248台（次），圆满完成春节、全国“两会”等26项保供电任务，相关工作得到上级的肯定和地方党委、政府的好评。

【供电服务】 2016年，曲江供电局一是全力做好电力供应。加强市场研判，做好电力电量平衡。全年未发生强制性错峰或限电事件，地区最高负荷30.87万千瓦，跟踪做好重点项目供电配套服务，全年实增用户4278户，实增容量13.64万千伏安。二是深入推进客户全方位服务体系建设。加强部门联动，及时解决客户诉求问题，供电服务承诺兑现

率100%；拓宽网上营业厅、微信等远程服务渠道，实现业扩报装“一口受理”。细化客户经理制服务，对工业客户、专变客户100%上门走访，推进业扩投资界面延伸工作，加大客户资产接收力度，2016年完成7个住宅小区用户资产接收和1个水电站自供自管区域接管工作，韶钢“三供一业”供电业务接收工作按期推进。三是加强营销基础管理。集中力量开展线损专项整治，打击偷窃电行为及堵塞“跑冒滴漏”现象，整治异常台区105个，完善84个台区变户关系调整；纠正计量倍率错误、表计故障和估抄、漏抄共126宗，处理窃电、违约用电25宗，追补电费和违约金约70万元。抓好计量管理，计量终端覆盖率达到100%，日平均终端在线率达到98.69%。做好绿色节能，完成电力需求侧节电量486.34万千瓦时。

【电网建设】 2016年，曲江供电局一是抓好政企共建长效机制运作。积极承接上级电网建设协议书工作内容，协调各方力量和资源，成立电网建设协调工作领导小组，协助政府召开曲江区新一轮农网改造升级建设工作会议，与各镇（街道办）签订电网建设协议书。二是科学规划新一轮电网建设。学习运用省公司配网规划技术导则，提升规划整体质量和效益。开展配网“十三五”规划和滚动修编，完成1160个共4.8亿元的中低压配电网项目储备，协助市局开展高压主网规划。完成“一所一册”和18个中心村“一村一方案”的编制。三是全面完成工程项目建设任务。主动服务重大项目用电需求，积极履行主网工程项目建设属地化责任，全面完成8851万元配电网建设投资任务。深化WHS、施工作业指导书和验评标准的现场应用，8项基建KPI指标达到满分值，超额完成转固任务，“安优文”样板工程达到既定目标。四是加强物资精细化管理。“一级仓+急救包”仓储管理模式有效运作。签约及时率、物资需求计划准确率均达到100%。全面清理入库超过3年的“僵尸”物资，库存常规储备物资周转率达到276.62%。

【经营管控措施】 2016年，曲江供电局一是加强经营管控力度。新增有效资产6557万元，超额完成任务。完成“两金”治理年度目标，余额1187.62万元。规范购电管理，小水电购售电合同重签率达到98.71%。加强电费回收风险管控，当年及陈欠电费回收率均达到100%。认真落实增收节支措施，扎实推进“营改增”各项工作。二是加强企业审计工作。制订“七五”普法规划。加强法律风险防控，实施“一决策一意见”、“一案一分析”，重大合同实现“零纠纷”。

【从严治党】 2016年，曲江供电局一是全面推进从严治党。突出抓好“两学一做”，严肃党内政治生活，抓实抓好《准则》《条例》的学习宣贯，“一周一学、一月一课、一季一评、一年一述”工作逐项落实，制定“两学一做”任务清单22条并落实整改。明确党员不能触碰的底线标准库，全体党员“四种意识”明显增强。二是加强党风廉政建设。组织召开“三严三实”和“四风”问题整治情况“回头看”专题民主生活会，抓好问题的整改落实。加强职权监督，加大对重要领域和关键环节及督办事项的监察力度，注重惩防结合，深化廉洁从业教育和廉洁文化活动，持之以恒抓好纪律和作风建设。三是扎实开展精准扶贫工作。及时成立扶贫工作机构，明确职责分工，利用当地资源优势因地制宜发展生产，积极落实扶贫项目，为贫困户购买基本医疗保险，带动贫困户增收致富。

【队伍建设】 2016年，曲江供电局一是强化干部管理与监督。执行中层干部年度考核及个人有关事项报告制度，加大年轻干部培养力度。二是抓好绩效管理和教育培训。建立部门关键指标与月度重点工作任务完成情况考核机制，开展部门（供电所）组织绩效月度考核工作。常态化开展练兵比武，全员培训覆盖率100%。组织新员工和转岗员工参加岗位胜任力评价，合格率达到100%；对新员工采取“模块式”培养，签订职业发展规划，全面提升新员工职业发展能力。三是全力构建和谐幸福企业。及时召开全局职工大会，用《南网总纲》统一全局员工的思想，纠正不良倾向，工作作风得到改善。深入基层开展调研，征求员工的意见建议72条；开展“四送”活动65余人次，解决员工困难11件，帮扶困难员工95人次。投资70多万元推进“暖心工程”建设，全面完成3个班站所食堂配置，完成3处生产场所改造。抓好群团工作，丰富团青活动内涵，引导团员青年奋发向上、立足岗位成才。韶关电视台专题报道区供电局“大手牵小手”创“四型”团组织项目，在社会上引起广泛关注。在企业的改革发展中，涌现一批先进集体和个人，如：曲江供电局员工谭欣儿制作的《客户更名与过户的业务介绍》获网公司2016年技能类精品培训教材一等奖；曾思明制作的《基建项目赢得值管理》课件荣获省公司三等奖；刘琪荣获省公司2016年法律知识竞赛个人三等奖。（谢　宇　杨志群）

曲江供电局领导班子成员名单(2016年)

局　长、党委副书记：
　　朱铁军（任至9月）
　　刘继松（9月起任）
纪委书记、工会主席：钟凤洋
副局长：邓行斌
　　兰汉友
　　高建勋（任至9月）
　　黄振强（9月起任）

交通 邮政 通信

公路建设与管理

【概况】 2016年是“十三五”的开局之年，也是为“十三五”发展奠定坚实基础的关键一年。韶关市曲江公路局按照上级的工作部署和任务要求，以提高路面质量为中心，不断提升公路服务水平，以养护“精细化”为抓手，着力抓好公路日常养护和绿化、美化工作，加快工程建设步伐，着力改善国道、省道路网结构和服务水平，通过全体干部职工的认真履职，主动担当，顺利完成“建、养、管、收”各项工作任务。

韶关市曲江公路局管养公路146.476公里，其中国道87.543公里（G106线、G240线）；省道共53.414公里（S251线、S248线、S344线）；乡道共5.519公里（Y001线、Y043线）。管养一级公路47.669公里；二级公路54.269公里；三级32.033公里；四级公路12.505公里。管养桥梁共31座，其中大桥3座、中桥12座、小桥16座。

【公路改造项目建设】 一是按基建程序做好“迎国检”项目的交、竣工验收：完成省道251线曲江小坑至翁源连新段路面改造工程（曲江段）及省道344线始兴横坑口至曲江小坑段路面改造工程的交工验收、国道106线K2242+100~K2259+500段灾毁路面修复工程的交竣工验收和国道106线K2254+350~K2255+000等5项路面整治工程的交竣工验收。二是精心组织，规范管理，如期完成国道106线沙溪路口至大宝山隧道口段路面改造工程的建设任务；三是配合做好省道251线黄岭亭至汤湖段17.1公里二级公路改建项目、国道240线京港澳高速韶关南出口至乐广高速乌石出口段7.5公里一级公路改建项目和国道106线曲江林场至沙溪段5公里一级公路改建项目的建设前期工作。

【公路日常养护】 贯彻落实“畅通主导、安全至上、服务为本、创新引领”的公路养护管理工作方针和小修保养制度，以路面养护为中心，以桥梁养护为重点，全面加强公路日常养护管理，不断提升公路服务水平。一是强化公路日常养护管理，改善公路通行环境，全年共修补路面坑槽1700平方米，清扫路面55万平方米，清理水沟261公里，清理桥涵160座；二是加强渡口管理，确保安全渡运，全年共安全航行772航次，渡运车辆1294台次，征收渡运费1.3万元，乌石渡口所实现连续41年安全渡运无事故。

【规范管理，依法治路】 在上级的正确领导和当地政府等大力支持下，全面贯彻“人便于行，货畅其流，服务群众，奉献社会”的理念，坚持依法行政，热情服务，路政窗口实行“首问责任制”、“一次性告知制”和“限时办结制”。2016年，累计路政巡查230天/456人次，巡查里程13908公里，清理路障800立方米，清理乱摆卖47处、堆放杂物59处，发现涉路违法行为共78宗，其中制止涉路违法行为40宗，告知综合执法局违法案件38宗，办结路政许可8宗，处理路产索赔案件34宗，收取各类赔（补）偿费40.1万元，切实维护路产路权。

【年票征收工作】 2016年受取消年票的舆论影响，车主对缴交年票普遍持观望和抵触的态度，年票费征收是历年来最困难的一年。在市局的指导下，争取地方政府支持，多措并举，全年共收取年票费735.6万元，其中非韶关籍车辆缴费28.6万元。

【安全生产，防范责任事故】 认真贯彻“安全第一，预防为主，综合治理”的方针，落实“一岗双责”，形成齐抓共管的局面。一是加强领导，完善制度，落实责任；二是深入开展安全生产月活动；三是组织开展安全生产检查和隐患排查；四是及时处置和整治安全隐患。全年安全生产形势稳定，未发生安全责任事故。

【财务管理】 为进一步加强财务管理，严肃财经纪律，建立健全内控机制，严格控制非生产性费用支出，合理调配和使用资金，规范资产管理：一是加强内控制度，提高财务管理水平；二是做好资产管理工作。

【公路养护体制、机制改革与养护中心建设】 一是成立韶关市曲江公路养护中心。根据韶关市机构编制委员会办公室（韶机编办文〔2015〕15号）和韶关市公路局（韶路人〔2016〕116号）的文件精神，成立韶关市曲江公路养护中心，通过公开竞岗，选聘养护中心主任；二是组织技能培训和专业技术人员职称申报工作；三是想方设法自筹资金购买养护机械设备。

【党风廉政建设和党建工作】 按照上级党委的有关工作部署要求，抓好区公路局党风廉政建设和党的建设，发展3名预备党员：一是建章立制，推进党风廉政建设；二是加强作风建设；三是推行“一周工作安排”登记，提升工作执行力；四是扎实开展“两学一做”和纪律教育学习月活动。

【地方性的事务工作】 一是做好新时期精准扶贫工作。全年共投入资金2.78万元帮扶白土镇龙皇洞村民委员会25户贫困户，投入帮扶2.5万元支持计生帮扶对象樟市镇西约村委建设便民服务中心和大塘镇新桥村委修补入村路口路面。二是做好巩卫创文迎检工作。认真落实周五公共卫生日保洁制度，投入大量人力、物力做好责任路段的卫生保洁，对巩卫创文各阶段工作资料分门别类，做好收集、整理、归档。

（谢玉英）

韶关市曲江公路局领导班子成员名单（2016年）

局　长：李宏卫

副局长兼工会主席：梁伟强

副局长：林　生

邱宣来(任至12月)

张富金（12月起任）

交通运输管理

【概况】 曲江区是韶关市的南大门，自古就有“五岭南北经济文化交流之枢纽，湘、粤、赣交通之咽喉”之称，交通地理位置优越，公路交通运输网络日趋完善，形成以“二铁三高”（京广铁路、武广客运专线、京港澳高速公路、韶赣高速公路、广乐高速公路）为骨架，国、省道和县乡道为经络的公路交通运输网络。

全区公路通车里程为1657.628公里。其中京港澳、广乐等高速公路86.1公里，国道87.543公里，省道53.414公里，县道130.323公里，乡道882.472公里，村道417.776公里，公路密度达到102.34公里/百平方公里（曲江区面积1619.78平方千米）。一般公路桥梁153座。85个行政村全部实现公路硬底化,行政村通达率达到100%；人口300人以上的大自然村通达率达到100%。自然村通达率达到90%。

全区有客运企业3家，公交车辆（含出租小汽车）261辆，9个客运站，农村客运候车亭143个；普通货物运输企业76家，危险品货物运输企业2家。营运货车3383辆，总载重吨位21454吨；机动车维修企业286家，其中一类维修业户1家、二类维修业户28家、三类维修及摩托车二类维修企业257家；机动车驾驶员培训学校2家，汽车综合类培训企业1家，摩托车培训企业各1家；水路运输企业2家，港口码头企业4家。全区交通运输从业人员约2.1万人。

【路网建设】 市城投公司承建新白线，曲江段征地拆迁工作基本完成；东环线二期完成施工招标，12月开工建设；曲江大道由市交通运输局立项，曲江段3.2公里11月底进场施工。营顶至邓屋曲江段12月完成项目前期工作，进行公开招标；2016年2月2日，北江航道（曲江段）濛浬枢纽扩能升级工程正式开工建设；X315线马坝至大塘及支线工程建设二期工程6.57公里完成主线和支线的路基工程；X317线沙溪至G4高速公路出口连接线1.8公里路面改造建成交付使用；X317线沙溪至罗坑K26+840~K29+560段公路改建工程启动建设。完成自然村公路路面硬底化工程30公里；完成都陂桥、赖屋桥、社头桥、上刘桥、新中桥、黄冲桥、新排桥、中村桥等8座“5·20”水毁桥梁重建工程的招投标工作，除新排桥因设计变更外，其余桥梁重建工程全部进入施工阶段。

【客货运输】 有客运企业3家，年载客量约1460万人次，旅客周转量约21707万人公里；其中韶关粤运汽车客运南站拥有公交客运车辆共95辆，座位3105个，其中城市公交车辆40辆，城乡公交车辆53辆，县际班车2辆，客运班线16条，年客运量914.5万人次，旅客周转量10975万人公里；市汽运曲江分公司拥有城乡公交车辆48辆，座位1800个，客运班线8条，年客运量约485万人次，旅客周转量约7021万人公里。曲江区路路通汽车客运有限公司从事出租汽车经营业务，拥有出租小汽车100辆。2016年货运量1867万吨，货物周转量28853万吨公里。

【公路养护】 管养县乡公路1425.052公里，其中县道131公里，乡村道1294.729公里；公路的养护水平和养护质量逐年提高，2016年县道年末优良率为76%，年平均优良率为73%。乡村道年末好路率为79%，年平均好路率为80%。

【抗洪抢险】 启动防洪抢险应急预案，及时抢通修复6月16日特大暴雨造成的县、乡道公路水泥路面破损222平方米，涵洞5道，挡土墙12处846立方米，公路坍塌方17处624立方米，水毁路基88平方米，保证公路安全畅通。

【行政许可】 2016年，受理行政许可52宗，行政确认事项“道路运输证”配发审批1008宗，换发审批502宗，转籍、过户审批54宗，注销审批83宗，年审2564宗。

【交通执法】 依法行政，有效开展道路运输市场整治工作，全年出动执法人员3165人次，车辆868辆次，签订治超目标责任书200份，查处各类超限超载车辆54宗，卸货转运货物总共1399吨，车辆超限运输行为得到有效遏制。认真开展普通干线公路路域环境综合整治行动，发出《责令改正通知书》29份，确保公路安全畅通。

【安全生产】 继续推进“平安交通”创建工作，交通系统安全生产态势平稳。全年出动执法人员2670人次，检查182家运输企业，1387辆客货运车辆。排查安全隐患158处，整改率达100%；积极开展危险化学品交通运输专项整治行动，确保危险化学品运输车辆运行安全；认真组织开展公路抢险应急演练，进一步检验和完善应急预案，提高应急处置能力。联合区安监部门、曲江海事处、沿河镇政府开展水上交通安全“打非治违”整治行动，遏制重特大水上交通安全事故的发生。

【宣传工作】 2016年，对新闻宣传成绩显著，为交通运输行业快速发展营造良好的舆论环境。在《中国交通报》《南方日报》《韶关日报》及《广东道路运输》杂志等各类新闻媒体刊发稿件共计88篇。　（赖新冠　钟远强）

曲江区交通运输局领导班子成员名单（2016年）

局　长：邓德胜　（任至3月）
　　　　张祥林（3月起任，任至12月）
副局长：卢建甫　杨芳莲
　　　　曹志新

邮　政

【概况】 2016年，曲江邮政按照区委区政府、邮政集团公司、省、市邮政公司的总体部署，按照市公司党组提出的“一个平台，三驾马车”的发展战略、电商“十百千”工程以及金融“万家商户”项目发展要求，进一步鼓足干劲，扎实工作，推动曲江邮政新发展。全年完成各项业务指标，企业劳动生产率保持稳步增长，全面完成市邮政公司下达的各项通信质量指标，机要通信质量全红，全年未发生资金安全案件和重大安全责任事故，完成和谐企业创建的各项工作，为深化转型发展奠定扎实基础。

【业务发展】 曲江区分公司按照省公司党组、市公司党委的总体部署，紧紧围绕“一个平台三驾马车”目标的总体要求，扎实推进邮政企业平台建设、推进邮政代理金融发展以及邮政传统业务的转型升级，加快转型发展步伐，夯实发展基础，激发企业活力，核心竞争力不断提升，各项业务齐头并进，整体发展态势良好。2016年全区实现业务收入4496.40万元，完成预算进度100.03%，同比增量345.57万元，同比增幅8.33%。2016年全区实现收支差总额1451.84万元，完成预算100.13%，同比增加盈利16.66万元。全年收入保持平稳较快发展，业务结构调整、成本管控、资产投入方面的企业发展策略有效实施，各项指标及经营成果达预期效果。

【邮政普惠大金融】 搭建邮政、商家和邮政客户的“共赢”平台，重点选取与群众日常息息相关的行业作为“邮商联盟”重点合作商户，加强邮商合作联动。2016年实施大金融与农村电商融合发展模式，继续紧抓助农取款点布点与电商加盟店结合建设工作。为满足村民办理日常金融业务的需求，全年一共新增助农取款点17户，全年的助农取款账务类笔数约7.3万笔，交易金额为3505万，实现邮政金融“城市包围农村”的普惠金融。加强网点服务，提升员工服务素质，提高客户的满意度。明确网点服务细则和标准，活动大大改善和提高网点服务质量，获得客户一致好评。

【农村电商建设】 截至2016年末，曲江共建成35户农村电商邮掌柜加盟点，其中叠加助农取款点的14个，叠加寄递加盟点的5个。

【电商创业园招商工作】 曲江电商创业园自年初开园以来，以完善的基础配套设施，良好的管理制度吸引曲江本地5家电商商家入驻，涵盖微商、电子商务公司、茶商等有电商业务的商家。推行农村电商众筹营销模式，开辟农村电商发展新局面。曲江区分公司看准乡镇优秀农产品外销市场，积极联合政府、合作社，搭建网络营销平台，将电子商务作为实施精准扶贫、促进农产品进城、增加农民收入的创新举措。通过农村电商众筹营销的新模式，为曲江本地农村培养电商人才，提高政府、企业精准扶贫的质量，树立电商精准扶贫的示范典型，起到积极的带头作用。2016年成功完成枫湾白水蜜桃众筹营销寄递项目，通过互联网+模式，帮助桃农销售桃子3500公斤。在众筹项目初步尝试取得成功之后，又相继开发罗坑红花莲藕、枫湾紫玉淮山、罗坑番薯干、龙岗马蹄等项目，2016年10月，罗坑红花莲藕项目，为罗坑农户销售近2000斤红花莲藕，累计收寄近400箱红花莲藕。众筹模式加深曲江邮政与当地政府的合作深度，扩大当地农特产品的知名度，为推动当地农村电商发展，为当地政府解决农村地区定点扶贫问题进行一次新的尝试和提供一个新的思路。进一步打响邮政农村电商的知名度，为今后发展农特产品寄递项目打开新渠道。

【企业管理】 2016年曲江邮政进一步完善企业管理，企业运行效率得到有效增强，企业管理能力进一步提升。

【财务管理控本】 细化预算管理，灵活把控预算实施。围绕区分公司发展战略和目标，统筹各单位需求，密切关注预算编制和管控政策、规则变化，合理编制和安排预算计划。积极争取政策性资金，按部就班开展工程项目。优化成本支出结构，满足高效能业务支撑需求。

【人才管理工作】 切实提高员工的薪酬福利。提升员工福利待遇，薪酬支付同比增长12.41%，实现新增效益工资主要向生产一线员工倾斜。特别是直接面向客户服务的一线员工倾斜，重点确保储蓄营业、投递等生产岗位调增额，增加投递员外勤补贴。

【全区投递网络优化增效】 持续优化邮路，形成专人专道的投递模式。截至揽收包裹时间，确保邮件“当日收寄、当日发运”，避免邮件滚存过夜的情况。实行投递队伍改革，建立调度平台。出台城区投递员揽收激励方案，鼓励投递员主动揽收、主动开发协议客户、主动收集电商客户或批量走件客户信息，通过信息反馈实现业务增量。加强投递设备投入。与时俱进，更新投递工具，让投递信息实时反馈。PDA在辖区的广泛使用，使从原来传统投递完成再回单位做信息反馈变成现在的投递完成即可完成反馈，加快投递闭环环节，缩短投递时限。

【案防责任、管控体系】 组织各单位签订2016年各级安全生产责任书，签订率达100%。重新制定和完善相关规章制度文件，为全年安全生产提供切实可行的制度保障。加大安防设施投入。2016年投入安防设施资金15万元，积极推进安防专项设施改造，使全市邮政安全物防和技防能力和水平得到进一步的提升。持续推进案防教育培训。组织开展“安全生产月”专项教育活动，组织金融网点人员、安全管理人员、押钞警等人员深入学习资金安全和操作相关管理规定，提高各相关部门和人员安全责任意识和履职行为。开展安全检查整治工作。2016 年开展安全专项整治活动两次，对全区各金融重点部位、办公楼、邮件处理场地等进行检查，共发现问题约141处，全部整改完毕。开展金融安全大检查专项活动，覆盖个网点，重点检查涉及屡查屡犯、重大违规、“十条禁令”等高风险行为，共发现问题共 44 个，已全部整改完毕。

【和谐企业建设】 加强企业党建工作建设，深入开展“两学一做”专题教育活动，全区党员干部认真深入学习习近平总书记系列重要讲话和《中国共产党党章》《中国共产党廉洁自律准则》《中国共产党纪律处分条例》《中国共产党问责条例》等党章、党规内容，落实全面从严治党要求，健全和完善基层党组织体系建设，推动廉洁型、学习型党组织的建设。做好党组改选工作，2016 年 10 月，按照《中国共产党党组工作条例（试行）》要求，撤销党组并对党支部进行换届改选，严格按照党中央对党组织的管理规范落实，确保党建工作稳步有序推进。做好党风廉政建设工作。全面落实上级反腐倡廉建设工作会议精神，把党风廉政建设融入企业业务发展、领导班子建设、干部队伍建设和党的建设之中；以作风为突破、以教育为基础、以制度为保障、以监督为关键、以纠风为重点，切实加强党风廉政建设，为推动曲江邮政事业实现新跨越提供坚强保障。

【“家”文化建设】 强化建家，优化员工生活条件。2016 年，全面推进小家评星评级工作，同步提升职工小家软硬件管理，城东大学生宿舍被评为二星级小家，樟市支局被评为一星级小家。同时通过“双体验”活动，升级职工小家硬件设施，增加活动经费保障活动需求，确保为一线员工提供了一个温暖舒适的工作生活环境。（袁小玲）

曲江区邮政局领导班子成员名单（2016 年）

党组书记、总经理：朱晓明
党组成员、副总经理：郑伟红
副总经理、工会主席：刘　定

中国电信股份有限公司韶关曲江区分公司

【概况】 中国电信股份有限公司韶关曲江区分公司（简称：中国电信韶关曲江区分公司），隶属中国电信股份有限公司韶关分公司，是韶关市曲江区全业务经营的通信企业。公司设有综合部、销售部、客响维护部、政企客户中心，以及城区、大塘、枫湾、沙溪、乌石、坑口、樟市、白土、龙归、花坪、犁市等 11 个营销服务中心，在小坑、火山、茶山、重阳、白沙、罗坑、梅村、江湾、凤田、南华设有营业网点，服务网络遍及曲江区各乡镇及浈江区、武江区部分乡镇。2016 年年末在职企业员工 150 人、离退休人员 75 人、内退 15 人。

【党建工作】 以习近平总书记系列重要讲话精神为指导，在区委、区政府和上级公司的正确指导下，坚持企业党建和改革发展两手抓、两手都要硬，持续深化企业转型，让客户更加满意，让员工拥有更多的幸福感。主要工作如下：严格落实支部主体责任，坚持民主集中制，严格执行“三重一大”决策制度，落实“一岗双责”要求，强化责任担当意识。制订并落实分公司“两学一做”学习教育实施方案及党支部理论学习计划，组织学习党章党规和习近平总书记系列讲话精神等专题课件 15 个，抄写党章，组织参加“两学一做”专题考试和知识竞赛活动。严肃党内生活，先后组织开展党员组织关系梳理、党费收缴工作专项检查，组织党支委按期换届一次，支委补选一次。夯实党建基础，严格落实“三会一课”制度，全年支部书记讲党课 6 次；召开班子民主生活会，严肃开展批评与自我批评。持续加强作风建设，严格执行中央“八项规定”，开展“四风”整治“回头看”工作，深入推进“倒三角”服务支撑，切实改进工作作风，提升企业服务水平。

【党风廉政建设】 全面落实党风廉政建设责任制，加强党风廉政责任制考核。全面梳理运营风险，每月对 30 个项目、69 个运营风险防控点落实自查和监督，发现问题及时整改并制定防控管理措施。严格执行员工岗位变动事前谈话制度,严格落实党员干部廉洁谈话提醒制度。

按照集团内部巡视要求，以

及市公司“四个专项”治理（即“小金库”治理、选人用人治理、领导及其亲属围绕企业经商治理、采购及业务合作治理）和“三个专项”检查（即加强党的建设和党委主体责任落实情况、落实中央“八项规定”精神情况、三重一大集体决策制度落实执行情况）要求，严格开展自查自纠工作。

通过中国电信广东公司“知识云”应用，“曲江电信党建及纪检监察”易信群，及“廉洁电信”等各种微信公众号，加强党员干部的政治理论学习和廉洁教育。

【市场运营及服务】 全面贯彻集团公司“十三五”发展总体思路与要求，着力推进供给侧结构性改革，优化资源配置，升级产品服务，做大业务规模，做优企业价值。按照省、市公司的各项工作部署，结合区委、区政府工作布置，认真抓好聚焦智能4G，实现4G跨越式突破；聚焦光速宽带，加快光宽平移，光宽用户占比达82.4%。2016年曲江分公司累计完成收入6150多万元。

加强基础管理，提升服务水平。通过培训、实施、检查、整改的方式落实服务质量标准、规范和流程，不断提高营业人员的服务技能。推行用户满意服务活动和诚信教育，增强员工队伍内在动力，从源头上防范行业不良风气。推行“五个一”服务（一张账单，明白消费；一点查询，信息准确；一键接入，便捷服务；一站服务，首问负责；一声提醒，温馨关怀），竭诚为广大客户提供优质服务。建立前后端的客响流程，以客户为中心优化各项业务流程，提升用户感知。严格首问负责制、服务承诺制及工单回访等制度，提高办事效率。多渠道多层面受理业务，开通网上营业厅，方便客户办理。加强业务宣传及覆盖力度，方便用户了解电信需求。广泛收集区、镇人大代表及群众对电信工作的意见和建议并限期整改提升。2016年，曲江区分公司被韶关市消费者委员会授予“2016年度诚信单位”荣誉称号。

【网络建设】 2016年，分公司共投资1000多万元对城区、乡镇及周边农村实施FTTH光纤网络升级改造，新建设FTTH端口28000多个。全区85个行政村1044个自然村中，已通光纤的自然村数量达890个，光网络覆盖率占比85.25%。截至2016年年底建有2G基站193个，2G覆盖率94.83%；建有3G基站187个，3G覆盖率93.65%；建有4G基站146个，4G覆盖率87.63%。2G/3G网络已完成所有行政村覆盖，4G网络城区覆盖率达95.70%，农村区域4G网络正加紧建设和优化中。大力加快网络简化，完成26个TDM交换局退网，30套传输设备及2189条2M电路退网，退铜21377线对公里，累计年节约电费约23万度。

【综合保障】 加强干部队伍梯队建设和人才储备，提升基层管理人员的管理能力。加强员工培训教育，全年支出培训教育经费近9万元，组织近500人次参加省、市、区分公司举办的各类培训，确保员工及时掌握业务知识，提升工作技能和服务水平。加强企业综合管控，认真履行企业社会责任和义务，持续开展节日走访慰问离退休老干部和困难员工活动，做好员工的日常关怀工作。认真落实区精准扶贫挂钩帮扶工作，发动全体员工捐款合计13115元，全部申请用于精准扶贫挂钩工作。认真落实创文巩卫、信访维稳、普法、保密、安全生产等工作，公司全年没有发生越级信访事项，没有发生泄露国家秘密或企业秘密、客户信息事件，没有发生安全生产事故。

（曾育勤）

中国电信股份有限公司韶关曲江区分公司领导班子成员名单(2016年)

总经理：曾烈卫

副总经理：李瑞升　邱伟强

中国移动通信集团广东有限公司曲江分公司

【概况】 2016年，中国移动通信集团广东有限公司曲江分公司（下简称中国移动曲江分公司）有合同制在职员工73人，其中男员工占比34%，女员工占比66%，平均年龄为34岁。员工中有研究生1人，大学本科33人，大学专科39人。其中，中共党员13人，共青团员5人。公司下设综合部、网络部、市场部和政企客户部等4个部门；人民路、鞍山路、沙溪、大塘、樟市、白土等6个服务厅（含4个乡镇加盟服务厅）；1个区域营销中心；网格组、渠道组2个专业拓展组。

2016年，在区委、区政府和

上级公司的正确指导下，中国移动曲江分公司紧紧围绕区委、区政府及上级公司工作思路，重点聚焦区经济增长值、公司扎扎实实开展经营和管理各项工作，为区经济与社会发展做出积极的贡献。

【营造和谐消费环境】 做好客户保有提升，强化营造和谐消费环境。围绕“做势头、保格局、促产能”目标，以“和您在一起，畅享新服务”为主题，做好移动通信服务工作；重要集团单位做好“一对一服务维系”、首席拜访、重要客户延时停机、优惠购机等工作，多举措为客户办好事、办实事等。公司积极配合区工商局、区消费者委员会等单位开展“3·15”国际消费者权益活动，为客户提供免费手机检测、手机贴膜、免费维修等便民服务。结合年度防汛工作实际情况，公司专门对三防指挥部开展专项通信保障服务工作，公司积极配合广东松山职业技术学院举办第四届商务文化节。

【信息安全管理】 做好信息安全管理，净化移动互联网环境。公司结合行业特点，配合市移动开展垃圾短信整治系列活动，发布公司微博、微信运营管理办法，信息安全责任管理办法，客户信息安全保护管理规定等，积极配合政府相关部门做好防范和处理不法分子利用手机网络等媒介进行非法信息传播等。公司联合区公安分局对全区中国移动社会渠道网点开展“黑卡”治理工作，传达国家关于“黑卡”专项整治的政策及相关法律法规，加大打击和治理力度，保障广大群众的切身利益。

【“惠民工程”】 深入落实“惠民工程”，降低市民通信消费成本。开展“一镇一网”活动，以“人人有短号”和“欢乐家庭网”为主题，降低市民通信消费成本。

【客户互动体验】 推进客户互动体验，提高客户服务满意度。在服务厅“窗口”单位开展“总经理接待日”等活动，总经理到一线流程穿越了解客户的真正需求，优化业务办理流程、促进服务短板提升，减少客户业务办理等候时间，为客户办好事、办实事，提高客户满意度。在2016年，公司与区旅游局继续联合开展“魅力曲江”中国移动4G杯手机摄影大赛，通过活动充分展示生态宜居曲江的发展新貌，宣传、推广曲江旅游名片，促进曲江旅游产业发展。同时，也建立“曲江移动”微信公众号，开展微信营销、宽带微信报装便捷服务、关注送流量和优惠活动宣传等，提速业务与互联网融合。

【网络建设】 加大网络建设投入和保障，提高客户网络满意度。落实“网络建设快人一步”的思路和把握“覆盖重点、提前规划”的原则，强化客户与网络的联动、协同管理。常态化开展TD-LTE和家宽等网络建设、规划和测试，圈定重要测试地点、重点测试，对信号弱、覆盖盲点进行优化和改善，在新增站点规划中形成“以客户需求为建设导向”的模式，协同市场发展，加快建设力度。

2016年年末，曲江城区4G信号覆盖率达到98%，其余9个乡镇一级区域的4G覆盖率已达95%，所有行政村的4G覆盖优化在建设中。大力推进“宽带中国”系列工作，覆盖的小区更广、类型更多，连片覆盖将成一定的规模，使客户对产品有了更多和更实惠的选择和体验。

公司全体员工参与网络黑点整治活动，先于客户发现、反馈和优化网络问题，继续针对覆盖弱点、盲点进行补强建设和优化力度。同时，加强重点旅游景区4G信号覆盖和视频监控、专线和WLAN等信息化产品的融合。

此外，还通过加强区“两会”、六祖华诞等重大节日（活动）、汛期通信保障和应急演练等工作，强化与政府单位、村委、重要厂区建立联动机制，对公司网络进行联动监控，高质量保障通信畅通。

【稳固制度】 以固本强基、内强素质为总抓手，以效能提升为切入点，健全公司例会制度，如每周定时召开周例会、每月开展一次经营分析会等，定期召开班组会，通报工作进度、解决实际问题、交流优秀经验等，凝心聚力、营造和谐氛围。

优化考核体系，实行“落实到人、奖罚分明”考核模式，做到公平、公开和公正，做好执行能力提升工作，实行“首问负责、闭环管理、限时办结”工作制度，做到“先解决、不推诿”；手中有表、心中有数，账图清晰、目标明确。

【员工关怀】 做好公司先进工作

者、优秀员工等评选工作，确保做到公开、公正和公平；探望生育女员工、生病住院员工及做好退休员工、在岗员工的节日慰问等；结合公司各班组的实际做好“三八”妇女节系列活动；开展“六一”员工子女活动；开展“每周一小时运动”；已成立员工文体俱乐部，有羽毛球、篮球、健身和登山等，丰富员工文体生活。

【安全管理】 始终把安全生产工作放在首位，落实安全生产责任制和“一岗双责”制度，开展节前安全知识宣贯、注意事项和安全意识教育，有利于将存在问题消除在萌芽状态。至年底，公司无一例安全生产事故发生。在生产安全方面，组织全员100%签订《安全责任书》《岗位安全责任书》和《保密承诺书》等，常态化月度、季度开展生产安全检查和账务安全检查，做好通报整改，及时排除隐患。在信息安全方面，做好账号、数据、第三方事宜和员工意识等规范管理，组织合作单位签订信息安全条款等，对服务界面的客户信息实行严格、有效的保密监管措施，营造公司信息安全环境。此外，还做到监督与合作并存。对物业公司、车辆、司机等实行定期检查制度，定期召开物业联席会议、司机安全会议，监督生产安全工作落地。

【党风廉政建设】 学习实践方面 抓好党风廉政建设，开展系列廉政教育和学习活动，如群众路线教育实践活动、开展走进一线“流程穿越”活动、反腐倡廉教育月专题学习会、纪律教育月系列活动、“三严三实”专题教育系列活动、开展省公司《近期内部违纪违规案件》教育学习等。开展党员干部、经理人员、班组长和业务骨干等开展反腐倡廉集中教育及专题精神学习；开展总经理—员工零距离互动访谈，收集员工疑难问题，坚持真正解决实际问题原则，形成问题跟进表，提高服务客户的能力；公司领导参加各部门、班组例会，收集员工反馈问题，安排专人重点督办跟进，畅通渠道，达到有效沟通。

责任管理方面 开展支部换届选举、严禁公款送节礼等有关规定宣贯、春节期间严格落实中央“八项规定”坚决纠正“四风”问题宣贯、员工廉洁从业谈话、班组长100%签订党风廉政建设责任书、采购等重要项目的廉政监督和监督报备等。

(谭艳萍)

中国移动通信集团广东有限公司曲江分公司领导班子成员名单(2016年)

总经理：张世杰

副总经理：艾　均

中国联合网络通信有限公司韶关曲江分公司

【概况】 联通曲江区分公司隶属中国联合网络通信有限公司韶关分公司，是韶关市曲江区全业务经营的通信企业。2016年，设有公众营服中心、政要营服中心、营业中心、综合支撑四个职能模块，下设中路二路曲江营业厅、鞍山营业厅2个对外服务窗口，代理服务网点遍布曲江区各乡镇。曲江区分公司在有职员工26人，其中本科学历以上人员占全体人员80%。2016年，中国联合网络通信有限公司曲江区分公司紧紧围绕上级公司工作总体战略，各项业务总体保持稳健发展，积极提高政府和企业信息化水平，坚持为行业客户提供以创新科技为核心的全方位、高品质的移动信息化服务。

【卓越沃服务体系】 在服务层面，扎实推进“越用越放心、越用越便捷、越用越实惠”十大服务举措，以感分会为载体，开展“双单”攻坚工作，执行工单倒逼机制，在曲江区范围内，督办解决25个重点感知问题，解决率83%；同时，积极组织参加市公司举行的广东联通2016年一线员工“挑战二十一天”岗位技能大赛，一线员工服务和销售技能得到显著提升。全体一线成员踊跃参与全省服务技能大赛，进一步深化“用户满意，体验卓越”的服务理念。

【“互联网+”助力政府信息化】 2016年年底，韶关市曲江区人民政府与中国联通韶关市分公司与达成“互联网+”战略合作意向，韶关联通曲江分公司积极与曲江区人民政府沟通商讨“互联网+”战略合作事宜，竭诚为双方战略合作营造最佳环境，提供最优服务，积极推进双方合作的项目早落地、快落实、见实效。同时，韶关联通一如既往地支持曲江的发展，为推动曲江全面建成小康社会做出贡献。双方“互联网+”战略合作协议的签署，也必将为曲江区培育经济发展新动力、打造战略性支柱产业提供有力支撑，并为曲江在振兴发展中实现突破提供有力保障。

【规范营销服务】 持续落实工信部“强化电话黑卡的源头防范”、“加大黑卡发现力度”“从严处理黑卡违法违规行为”三方面14项措施要求。规范社会渠道管理。执行《关于社会实体渠道“授权标识”牌工作要求的通知》明确授权牌铺设的工作要求，指导、组织完成授权牌的铺设，并开展对实体渠道的梳理工作，对不符合要求渠道进行关停。根据工信部、集团公司的相关工作要求，配合公安机关严厉打击利用电话黑卡实施违法犯罪行为；设立举报电话、邮箱等，接受社会各界对出售非实名电话卡违法行为进行的举报；发现黑卡销售信息，及时上报。

【综合管理】 加强党建工作学习，积极开展“两学一做”专题学习会，以《扎实开展“两学一做”，自觉践行“五个示范”，做联通企业文化的倡导者、传播者、培育者和实践者》为主题的党课的主要内容和指导精神开展学习，为确保“两学一做”学习教育取得实实在在的成效，全体员工在公司党委的领导下，以“五个坚持”“五个示范”严格要求自己，将学习成果转化为推进工作的强大动力，立足岗位奉献，勇于担当责任，推动各项工作不断迈上新台阶，做合格的联通企业文化的倡导者、传播者、培育者和实践者。结合公司全面实施聚焦战略实际，积极开展“学党章党规、学系列讲话，做合格党员”系列活动学习教育。关心员工身心发展。员工关怀工作以“加大保障关怀、改善组织氛围、助力企业成长、彰显企业文化”四大方面为主线，通过实事助力公司业务发展，实现员工合同企业发展成果，提升员工幸福感。重视安全生产管理，贯彻落实公司安全生产视频会议精神，切实加强安全生产工作，对安全生产工作落实责任、增强意识、加强教育、严格执行,把隐患根治到位，提高安全生产事故的预防和处置能力，2016年期间，公司无一例安全责任事故和案件发生。履行社会责任，积极参与精准扶贫工作。　　（张云玲）

中国联合网络通信有限公司韶关曲江分公司领导班子成员名单(2016年)

总经理：朱惠国

营服经理：康　虹

城乡建设 环保

住房和城乡建设

【概况】 区住房和城乡建设局是区人民政府主管住房和城乡建设的工作部门。2016年，该局内设机构有办公室、人事监察股、住房保障与房地产业管理股、城市规划管理股、村镇建设管理股、工程建设管理股6个股室。机关行政编制15名。其中：局长1名、副局长2名；正股级领导职数6名。后勤服务人员数2名。

2016年，工程报建项目19项，建筑面积约57.09万平方米(同比增长19%)，造价6.24亿元（同比下降0.7%）；办理工程竣工验收备案13项，面积16.03万平方米（同比减少43.2%），工程造价2.46亿元（同比减少13.4%），在建工程项目没有出现拖欠工程款和农民工工资现象。核发商品房预售证12宗，面积21.3万平方米（同比增长10.5%）；销售面积27.3万平方米（同比增长24.16%）。

【城乡规划管理】 该局不断加大城市规划审批力度，进一步提高城乡规划水平。全区核发“建设用地规划许可证”16宗、“建设工程规划许可证”20宗、“市政工程规划许可证”3宗、“建设工程项目规划验收合格证”13宗；完成曲江经济开发区和城区及其他地块的规划设计要点23宗，红线图24宗；开展特钢产业园内道路的测量放线，完成新白线放线工作以及日常项目的红线图放线等工作。

【房地产项目建设】 房地产建设项目均有序稳定推进。全区房地产开发企业完成投资约42.35亿元（同比下降3.8%）；曲江区商品房实际销售面积27.3万平方米（同比增长24.16%），销售额11.34亿元（同比增长40%）。房地产登记发证2121宗（比上年同期减少1757宗），面积29.33万平方米（比上年同期减少21.53万平方米）。

（1）城北建华项目。该项目2016年计划投资1.5亿元，实际完成投资580万元，占年度总投资的3.9%。（2）凯旋城小区工程。该项目2016计划投资10000万元；2016年全面完成投资15900万元，占年度计划投资的159%。（3）府前中旧城改造工程。该项目2016年计划投资8000万元，至年底已完成投资7550万元，占年度投资额的94.44%。（4）城北地块开发建设项目。该项目位于曲江区城北（三角地）韶钢彩虹门对面的地块，占地面积520亩，规划集商业住宅于一体的新城区。该地块已列入曲江新城规划范围，路网已完成设计，正在办理立项手续。

【保障性安居工程建设】 积极协调相关职能部门，密切配合，共同推进曲江区的保障性安居工程的建设进度。做好空置公租房（廉租房）的抽签分配工作。至年底，韶钢大道公租房空置22套，城北廉租房空置7套，桃园西廉租房空置6套，城东1套。3月15日，已通过电视台、政府网站等方式发布报名通告；7月初33户符合保障条件的对象实行抽签分房。

此外，按照《曲江区以船为家渔民上岸安居工程实施方案》要求，积极配合有关部门做好曲江区以船为家渔民上岸安居工程考核工作。至年底，渔民上岸工作已进入收尾阶段，坑口12户统建房已建成；乌石镇及白土镇统建自建18户安置房正在进行室内装修；自购房15户、租房4户已完成购房租房手续。渔民上岸上级补助资金已经区政府审核统一拨付到渔户账户中。

【国有工矿棚户区改造】 按照韶关市政府下达曲江区的国有工矿棚户区改造任务，曲江马坝棚户区改造工程自2015年10月开工建设，截至2016年年底，工程进度严格按照省政府规定的时间节点推进，已全面进入主体结构和装修工程施工阶段，并已完成5栋封顶。工程累计完成投资约1.38亿元。曲江区2016年工作目标是完成广晟公司大宝山矿棚户区改造项目任务600户，计划投资13000万元，在曲江区沙溪镇集中安置。该项目已于2016年8月30日开工，已完成立项、报建工作，有9栋动工建设，完成投资11850万元，完成年度投资额91%。

【城市房屋征收】 2016年，继续协助做好5个“三旧”改造项目的拆迁工作外，继续抽派人员积极参与狮岩路、环城路、建设北路、环山北路、梅花中路5条路迁改项目的拆迁工作。其中：5个三旧改造项目的拆迁总面积为358601平方米，拆迁总户数为1981户，已签订协议1735户，已签协议总面积252309平方米，已回迁安置902户，已回迁安置面积145349平方米；5条路迁改项目自2015年6月启动以来，通过各工作组、各部门通力协作，建设北路的扩建改造已完成，狮岩路的扩建改造也已基本完成，其他3条路正有序地加紧施工铺设。

【建筑工程管理】 2016年，全区受监工程16项，建筑面积76.39万平方米，工程造价14亿元。竣工验收工程10个项目，建筑面积12.9万平方米，验收合格率100%。为有效防止工程重大质量安全事故的发生，区住建局通过深入广泛开展“质量月”、“安全生产月”、建材打假专项、工程质量治理、打击建筑施工转包违法分包行为、安全生产专项检查等活动，督促有关建设各方落实安全生产主体责任、严格依法监管。此外，还积极组织广晟棚改投资有限公司曲江马坝项目部开展安全生产演练；组织全区在建工地项目经理、专职安全员、总监、专监、监理员共34人进行安全生产教育学习；在“安全生产月”期间，全区各建筑工地均举办各类安全培训班，232余人参加培训学习；悬挂安全生产标语横幅27条；出“安全生产月”活动宣传墙报15份。

【建筑节能和散装水泥】 为确保曲江区节能减排工作目标任务的完成，切实按照政策要求，进一步推广使用新型墙体砖等节能产品，加大对散装水泥专项基金及墙材革新专项基金的宣传、收缴和管理工作。全年累计征收两项专项基金共330万元。其中，散装水泥专项资金30.08万元（从2016年9月1日起停止征收），墙改专项基金299.9万元。累计返退两项专项基金163.59万元；墙改基金163.59万元。办理建筑节能审查备案手续61宗。受理绿色建筑设计审查备案2个，总绿建面积6.67万平方米，备案率100%，施工阶段使用新墙材所占比例98%以上。

【工程造价管理】 2016年，编制工程预（结）算38项，造价7365万元；编制工程投资估算20项，造价112765万元。配合公安机关执行工程纠纷案件2宗；协助纪检部门审查工程结算13份；协助信访局处理上访案件1宗，出具工程造价评估报告1份。

【房地产市场监管】 区住建局组织人员对辖区内存在逾期交房问题所涉及的项目、户数和逾期时间等进行全面排查，经排查及企业自查，曲江区共有5个项目存在逾期交楼现象，涉及户数573户，逾期时间最长的8个月，最短的2个月。针对逾期原因的不同，区住建局积极与房地产企业联系沟通，督促企业采取措施，克服困难，加快施工。另外，区住建局还要求企业做好购房业主的解释工作，避免出现群体性上访事件发生。截至2016年年底，逾期交楼的锦绣华城项目于6月初已交楼；南华馨苑项目有13户、御湖山花园项目6户没收楼的业主正与开发商协商中。组织辖区内房地产企业对涉及对购房者提供垫资、开展首付贷业务的情况进行自查。加强房地产交易过程的监管，对亿华公司在没取得时代广场A栋商铺预售许可证，私自收取业主意向金行为进行制止，发出《责令停止违法行为通知书》。

【物业小区管理】 为迎接曲江区巩卫创文的复查工作，区住建局强化建筑工地和物业小区的监督管理。在迎检期间，要求各在建工地严格按照巩卫创文要求，做好文明施工和渣土扬尘的工作，局领导多次亲自现场督查，督促新建项目及已建有资质物业管理小区落实安装“四防”装置，要求物业管理公司动员小区居民开展翻盆倒罐、清除积水、清理卫生死角；督促建筑施工单位与区爱卫办消杀队签订《韶关曲江区除“四害”工作服务协议书》，确保建筑工地的环境卫生整洁，对检查中发现的存在问题要求及时整改。2016年总共核准使用住宅专项维修资金25宗，总金额为13.04万元，分别比上年下降30.56%和65.16%。

【党风廉政建设】 区住建局开展主题以“学党章强党性、讲规矩守纪律”为主题，深入学习贯彻习近平总书记系列重要讲话精神，认真落实十八届中央纪委六次全会、省纪委十一届五次全会和市纪委十一届六次全会及区委的部署，树立和贯彻区委“四个更加突出”的发展理念，保持坚强政治定力，为推动曲江区住房和城乡建设事业再上新台阶保驾护航。同时，新修订《曲江区住房和城乡建设局请假休假制度》《曲江区住房和城乡建设局差旅费管理办法》，并对区住建局各项制度进行修改完善，汇编成册。2016年，该局没有出现违法违纪现象。

【信访维稳】 该局针对建设行业工程质量、旧城改造拆迁安置等关系到广大人民群众切身利益的热点难点问题，加大调处力度，能解决的尽力加快解决；主客观原因一时难以解决的，则耐心细致地做好说服解释工作，有效地防范了矛盾激化；认真做好人大代表、政协委员提案议案的答复和跟踪落实工作，切实为广大市民解决实际疑难问题。2016年，该局共受理来信来访194件（其中来信来访79件、网络问政115件），人大议案、政协提案5件，聘请律师参与涉法涉诉案件3宗。全国、省、市“两会”等敏感时段，住建领域均未出现群体或越级上访事件。

【建筑设计】 区建筑设计室是隶属于曲江区住房和城乡建设局的一个经营服务事业性正科级单位。现有干部职工12人，其中在职6人，合同制1人，退休5人。2016年严格执行国家基本设计程序，实行“一校二审”制度，设计文件均达到国家法律法规及有关强制性文件要求。在配合区委、区政府基础设施建设、城市改造、招商引资工作中，区建筑设计室承接余靖小学、党校教学楼、广东粤有研、曲江职校教学楼、各乡镇卫生院技术业务用房及村镇卫生站、马坝镇政府改造工程、妇幼保健院改造工程、大塘镇和马坝镇的便民服务中心及公共服务中心工程等项目的土建设计；完成勘察设计项目建筑面积约13万平方米，设计费约150万元。

【住宅与房地产管理】 韶关市曲江区房地产管理所，2016年有在职干部职工45人，退休人员21人，办公地址位于马坝镇曲江区育新路，属朝阳居委，有五层办公场所，办公面积1190平方米，设有综合股、房屋产权交易管理股、房屋面积管理股、房屋租赁管理股、白蚁防治管理股、公产房管理股、廉租房管理股、档案管理股、房屋中介市场管理股、房屋安全鉴定管理股等10个股室。因机构调整，从2016年6月22日起，房地产登记发证和房地产档案管理工作职责划至韶关市曲江区不动产登记中心，我所停止发放“房地产权证”。职责变更后，区编办暂时未下发“三定”方案。

2016年房地产登记发证2121宗，比上年同期减少1757宗，面积29.33万平方米，与上年同期减少21.53万平方米；其中：（1）商品房登记发证635宗，比上年同期减少911宗，面积6.99万平方米，比上年同期减少10.07万平方米，成交总额28220.44万元，比上年同期减少33243.25万元。（2）二手房买卖交易930宗，比上年同期减少636宗，面积9.15万平方米，比上年同期减少6.37万平方米；成交总额18430.7万元，比上年同期减少8480.54万元。（3）非交易登记发证556宗，比上年同期减少210宗，面积13.18万平方米，比上年同期减少5.1万平方米。

2016年房地产抵押2993宗，比上年同期减少397宗；面积100.95万平方米，与上年同期减少101.67万平方米；抵押贷款金额232553万元，比上年同期减少198768万元；其中：（1）现房抵押1928宗，比上年同期增加38宗；面积51.4万平方米，比上年同期减少15.78万平方米；抵押贷款金额130781万元，比上年同期减少63027万元。（2）在建工程抵押7宗，比上年同期减少6宗；面积26.96万平方米，比上年同期减少90.79万平方米；抵押贷款金额44200万元，比上年同期减少153200万元。（3）预购商品房贷款抵押1058宗，比上年同期减少429宗；面积22.59万平方米，比上年同期增加4.9万平方米；抵押贷款金额57572.4万元，比上年同期增加17459.6万元。（以上房地产登记数据来源于曲江区房地产交易与权属登记一体化管理信息系统，包括了2016年6月22日后，由韶关市

曲江区不动产登记中心办理的房地产登记数）

2016年，认真开展商品房预售资金监控工作，严格执行商品房合同备案登记制度，充分利用商品房网上合同备案系统信息平台，对商品房预售资金的使用进行监控，确保商品房预售资金用于商品房开发项目，充分保障购房者的权益。并按照省建设厅关于加快推进房地产管理信息系统建设工作的通知要求，进一步完善房地产信息平台的功能，实现对商品房预售的即时监控、房地产交易与权属登记一体化管理、房地产交易信息的统计和分析。

截止到2016年6月21日止，装订整理房地产档案168份，协助银行和财税部门执行首次购房等的政策需要，根据购房者和产权人的申请，免费出具各种查档证明6008份，办理抵押注销业务1185宗，协助公检法档案查询315宗,协助上级部门查询干部房产信息296宗。按照上级部门和有关文件要求，于2016年6月17日把曲江区所有69803份房地产登记档案电子资料移交至韶关市曲江区不动产登记中心。

2016年房地产测绘5582宗，测绘面积8.48万平方米。2016年，房屋租赁管理办证1870宗，房屋安全鉴定1宗，面积121.3平方米，管理直管公房209套，面积16957.62平方米，代管廉租房259套，面积15284.25平方米。　　（谢永彬　周　欣）

曲江区住房和城乡建设局领导班子成员名单（2016年）

局　长、党组书记：许明志

副局长、党组副书记：刘国强

副局长、党组成员：朱光华

城市综合管理

【概况】　韶关市曲江区城市综合管理局于2013年4月成立，正科级建制，行政编制14名，后勤服务人员2名。内设办公室、计划财务股、市政管理股、燃气管理和行政审批股、曲江区数字化城市管理监督指挥中心5个机构。管理韶关市城市管理行政执法局曲江分局、韶关市曲江区园林管理所、韶关市曲江区环境卫生管理所、韶关市曲江区路灯管理所、韶关市曲江区供水管理处。

【党风廉政建设和行政效能建设】　强化党廉责任落实，完善惩防体系。局党组领导班子对党风廉政建设工作高度重视，把党风廉政建设工作纳入全年整体工作中，制定《2016年曲江区城综局党风廉政建设和反腐败工作方案》，成立局党风廉政建设和反腐败工作领导小组，召开局党风廉政建设工作会议，及时对2016年党风廉政建设工作进行部署和安排。为了使各级领导切实履行“一岗双责”，在其位谋其政、尽其责、有作为，局党组书记和党组成员，党组成员和分管部门一把手层层签订《曲江区城管系统2016年落实党风廉政建设责任制履行“一岗双责”责任书》，要求系统各单位也要层层签订责任书，把责任落实到岗位、落实到个人，建立起主要领导亲自抓，分管领导具体抓，各单位和部门各负其责的党风廉政建设领导责任制和工作机制，同时建立健全各项规章制度，坚持以制度管人管事，形成一级抓一级、层层抓落实的浓厚氛围。建立“谈话提醒”预警机制，进一步加强对领导干部的日常教育和“八小时以内”和“八小时以外”的监督管理，进一步筑牢拒腐防变的思想道德防线，成为清正履职的好干部。加强纪检监察工作。数字化城市管理监督指挥中心专门抽调人员负责局系统的党风廉政、纪检监察工作，采取明察暗访等手段，不断加强工作纪律和工作作风的监督检查力度，对工作中出现或存在纪律作风松散、“吃拿卡要”、不作为、慢作为、乱作为、伪作为等问题及时严肃处理。

【学习教育培训】　开展“两学一做”学习教育。制订“两学一做”学习教育活动方案和计划，成立“两学一做”学习教育领导小组和督导小组，召开动员会，组织党员干部开展集中学习和自学，认真学习党章党规、十八大六中全会精神、习近平同志系列讲话等，从严从实推进“两学一做”学习教育。抓实纪律教育学习月活动。围绕“学党章强党性、讲规矩守纪律”主题，组织党员干部学习《中国共产党纪律处分条例》，观看反腐题材电影《黑瞳》《黄克功案件》，引导党员干部不断增强纪律意识，做到心有所畏、言有所戒、行有所止，不断规范从政行为。开展工作业务学习培训。结合城市管理实际，制定学习培训方案，邀请法律顾问、韶关学院市政建设专业老师开展学习讲座，进一步提高城管系统干部职工的业务素质。

【人大评议和政风行风工作】 2016年区城管局被列为区人大评议单位，局党组对该项工作高度重视，及时制定《区城管局迎接人大代表评议工作实施方案》，成立迎接人大代表评议工作领导小组，将评议工作同城市管理工作同部署、同安排、同落实，在系统内全面开展自查，不断改进城市管理工作方式、方法，力求打造人民满意城管。同时结合人大评议工作，积极开展政风行风工作，不断改进工作作风，拓展工作思路，创新工作方法，对群众反映突出的问题、来访信件和不稳定因素加强排查和处理，把各种矛盾、不稳定因素消除在萌芽状态。2016年，及时处理人大建议4件，政协提案5件，信访事项15宗，网络问政件99宗，解决一批群众关注、反映突出的城市管理问题，较好地维护广大群众的利益。同时依托政务信息公开平台，主动发布各类信息60余条，较好地营造风清气正的政务环境，展现务实、清廉、高效的城管形象。

【数字城管平台建设】 根据市委、市政府有关智慧城市和数字城管平台建设的工作部署及区委、区政府关于数字平台建设、提升曲江区城市管理水平等有关要求，在市城管局的大力支持下，符合曲江区实际特色的数字平台建设工作正积极有序推进，在安装调试阶段，力争在年底启动平台运行工作。平台建成后，与公安视频进行对接，形成资源共享，对城区所有市政设施、地下管网、户外广告、市容市貌、环境卫生、违法建筑、全区生活垃圾收运、渣土运输等城市业务实现网格化、数字化、精细化管理；同时建立科学完善的考核机制，对城市管理各项工作进行检查考核，做到及时发现、及时跟踪督导、及时处理，形成分工明确、责任到位、监督有力、运转高效、科学规范的数字城市管理长效机制，全面提升城市的综合管理能力。

【创新城市管理工作思路】 为进一步加强曲江区城市管理工作，解决城市管理、执法与群众之间的突出问题，按照区委、区政府的工作安排，执法分局向社会公开招标购买城区市容市貌管理服务，承包企业作为管理主体，按要求开展承包区域内的日常巡查、管理工作。执法分局通过日常监管考核，达到优质服务的目的，城区市容市貌初见成效。

【城市管理和执法工作】 加强宣传，充分发挥舆论宣传的正面导向作用，通过广播、电视、网络、定期上门走访及发放宣传资料等宣传手段，加大城市管理宣传力度，调动广大市民参与配合城市管理的积极性，营造全民参与、齐抓共管的良好氛围。据统计，2016年共发出新闻稿件190件，发放整治城区“六乱”宣传资料15万份，城管执法分局与城区门店业主签订门前三包责任书2万余份。狠抓市容管理工作，开展各项专项整治，保持市容管理工作高压态势。持续开展城区违章占道经营、乱摆卖重点区域整治，从1月开始，每周对城区进行2次以上市容整治，突出抓好农贸市场、学校周边、夜宵大排档等重点区域整治，坚决取缔流动摊贩、占道经营等违规经营行为；开展墟日专项整治行动，进一步改善2、5、8墟日期间江畔市场周边市容环境卫生，杜绝以路为市、占道经营、脏、乱、差现象。2016年以来，开展市容环境整治550余次，出动执法人员25000余人次，发出《教育改正通知书》700余份，行政处罚130宗，整治行动累计规范、纠正各类“六乱”行为2000余起，暂扣物品300宗，清理城区杂物、余泥、建筑垃圾等176车，拆除城区违规设置广告5537.45平方米。全面整治曲江区道路扬尘工作。按照区委、区政府部署，由执法分局牵头，从交警、交通等单位抽调人员成立区渣土办，负责对全区建筑市场、装修行业及渣土扬尘的监督、管理，下一步准备将城区建筑垃圾、余泥渣土运输工作推向市场化，从源头上杜绝渣土扬尘问题。同时，安排洒水车每天从早上6点至下午5点分3个时段对城区主要街道进行洒水，安排清扫车进行清扫，有效降低扬尘，改善空气质量。据统计，2016年以来，出动洒水车6570车次，洒水58400吨。加大环境卫生保洁力度。在城区街道环卫市场化运作的基础上，2016年新增城中村及关停并转企业宿舍区外包项目，城区清扫保洁真正实现“一把扫帚扫到底”的管理模式，与此同时，环卫所强化对公厕、牛皮癣、下水道、河道等其他外包项目的监督考核，确保所有服务项目按工作要求落实到位，城区环境卫生明显改善。2016年以来，进行环境卫生专项整治35次，出动人员800余人次、清理卫生死角500余处、清理建筑垃圾、杂草杂物近5000吨、清理“牛皮癣”、小广告、乱涂画50000余处，清理河道垃圾200余吨，整改问题60次，对六项(南华寺沿线河道保洁由2016年10月开始实施）外包企业处罚共104434元。强化垃圾中转站日常管理，扎实有效推动“大清洁，乡村美”工作深入开展。全区有垃圾中转站11座，17人负责垃圾中转站运营管理工作，每天对中转站进行清洗、消毒、除臭，及时收运垃圾，定期维修机械设备，确保中转站运行良好。不断加大各乡镇环卫设施基础建设投入，采购1473个铁皮垃圾桶和11台专业配套的挂桶拖拉机分配到各镇、村使用。同时，“乡村清洁美”办公室代表区政府加强对各镇“大清洁，乡村美”工作督导考核力度，根据考核情况按以奖代补的形式核拨经费，考核低于90分的按比例扣罚，对排名后三位的乡镇进行全区通报，并将考核情况纳入区对各乡镇全年绩效考核范围，通过有效的手段督促各乡镇抓实该项工作。全区“户投放、村集中、镇转运、区处理”的四级农村生活垃圾运营管理模式正高效运行，“大清洁，乡村美”工作成为全省示范点之一。据统计，全年来共调度垃圾收运车3800余次，收运全区垃圾约47450吨。

【绿地管护】 加强城区绿地管养、修剪、补苗，努力做好城区环境美化工作，园林所对城区多个公共绿地进行摸底排查，在公园门口及城区主要街道及时种植时花，对城区遗、漏、缺苗木的街道进行增植。2016年以来，共换种时花35000袋，栽植灌木161株，补种街道树83棵，补苗14100袋、草皮2100件，修剪行道树1427株，绿地管护面积达985729平方米。

【完善、优化各项市政基础设施】 为确保市政公用设施功能齐全，为广大群众提供优质的城市功能服务，结合曲江区城市道路实际，优化升级城市功能设施，同时不断加强市政工作巡查力度，及时对城区路灯、供水管道、人行道、护栏、垃圾桶等市政设施进行改造维修。2016年以来，新增建设路灯526盏，新敷设大小供水管道约6公里，在城区公交车亭及马坝河边增设坐凳150张，S248线新增防撞柱58根，护栏82.5米。城区各街道新增分类果皮箱500个、塑料垃圾桶345个、四防装置1468个、沙井安全网1500个，更换温馨提示牌105块。铺设人行道彩砖4851.45平方米，路边石134米，平整道路2500米，硬化路口3962平方米。修复路灯390盏、电缆1300米、供水管道808次、水表405个、路面10883.92平方米、路边石128米、栏杆344米，果皮箱、垃圾桶、四防装置和雨水井盖共1500个，解决城区内涝点7处。

【严管各类行政审批】 进一步规范户外广告、城区管网、道路开挖等行政审批流程，严格把关，及时受理大型审批事项16项，及时制止违规开挖行为10宗，依法查处非法经营燃气7宗，拆除违规设置、残旧破损户外广告503块，有效杜绝以往存在的随意开挖、修复不彻底、违规设置广告等一些突出问题，维护市政设施的完整性。同时，不断优化窗口服务，督促供水、燃气企业打造优质窗口，供水公司2016年新建水费收费系统平台，并与工商银行、中国银行、邮政储蓄银行和农村信用社等银行签订代收水费协议，下一步准备开通微信支付等网络缴费业务，给用户提供更优质、便捷的服务。充分利用户外广告资源，发挥社会公益宣传效益，全年为全区重大活动及相关职能部门各类公益宣传提供大型户外广告牌、墙体广告共45块，更换画面130余次。张贴巩卫、创文等各类公益宣传画640幅，设置路灯公益广告643个。

【民生工程建设】 根据区委、区政府关于为民办实事工作部署，结合全区实际，按照“科学、节约、实用、惠民”的原则进行科学规划设计，切实推进各项民生工程建设工作。农村光明工程。根据区委、区政府关于推广使用LED照明产品节能减排及新农村建设要求，改善农村居住环境，方便群众出行，结合全区实际，制定完成了曲江区农村光明工程设计招标工作，预计2017年3月全面完成城区至镇、镇街至村委会主要路网7276盏太阳能路灯建设工作，项目的建成将为全区基层群众提供382.04公里优质照明服务,也是全省首例全面落实推广使用LED照明产品工作及完成城区至镇、镇至村委主要路网LED路灯建设工作的一个区。农村安全饮水工程。积极推进18宗农村安全饮水工程，区城管局负责的14宗当中，已完工并通水的有马坝镇水文村、乌石镇濛浬村、白土镇由坪村、大塘其田村、转溪村委、大塘镇丈古岭村、大塘镇东岗岭村、马坝镇南华村委惠英村；正在施工的有大塘镇梅花村、乌石石角村、白土镇河边村、马坝镇演山村、樟市镇樟市村、樟市镇群星村，2016年年底可完工并投入使用。演山水厂扩建工程。演山水厂扩建工程经过不断的论证与修改，已完成项目的设计、施工图审查和编制预算工作，下一步将抓紧实施招投标。力争在春节后进行动工建设，预计2018年年底完成并投入使用。新水厂的投入运作将成为全省同类行业一个标杆项目，为全区群众提供更加优质的饮用水。城区提质优化工程。根据韶关市城市提升三年行动计划的安排部署，积极推进城区公共绿化升级改造、城区五条道路绿化、城区“大种树、种大树”活动、社会主义核心价值观主题公园及城区公厕建设等工作，着力改善城市环境，塑造城市特色风貌，打造宜居的生态曲江和绿色家园。

【“两违”查处工作】 按照区委、区政府“两违”工作“属地管理、重心下移、疏堵结合”的工作部署，区“两违办”积极开展“两违”查处工作。一是抓实各镇、街道及区直相关职能部门责任主体重心下移工作，及时监督指导，督促各部门切实履行职责，真正做到快速发现，快速处理，确保“两违”整治工作打早、打小。同时，区“两违办”对开展“两违”工作不到位的部门，以区委、区政府的名义进行通报和问责。二是加强对“三旧”改造、重点项目范围内违法建筑的巡查力度，2016年以来，在新曲江大道、大南华、珠光影视城及城区制止违法用地121宗，发出《教育整改通知书》164份，立案6宗，拆除各类违法建筑102宗，拆除违建面积40592平方米，有效将违法建设行为遏制在萌芽状态。

【精准扶贫和计生工作】 准确把握精准扶贫工作的新形势、新任务，对乌石镇49户帮扶对象进行帮扶，支助扶贫资金96688元。另外，深入计生挂钩帮扶点开展工作，了解乌石镇石角村计生贫困户的生产生活状况和遇到的实际困难。 （钟鲁萍）

曲江区城市综合管理局领导班子成员名单（2016年）

党组书记、局　长：彭文华
党组成员、副局长：谭金有
谢伟明（任至7月）
黄东海
黄胜宗
办公室主任：邓　云
环卫所党支部书记：冯海强（3月起任）

环境保护

【概况】 2016年，区环保分局围绕“三个定位、两个率先”的总体目标，贯彻“实施分区发展战略，创建绿色宜居城市，奋力打造幸福美好新城区”的工作思路。按照新形势下生态文明建设的要求，辩证处理好发展与保护的关系，坚持在发展中保护，在保护中发展，积极推进主要污染物减排、建设项目管理、环境监管、污染整治等工作，有效遏制环境污染和生态环境破坏，努力构建全区生态环境优美和谐，为曲江经济社会平稳较快发展发挥积极作用。

【环境质量】 全区环境质量总体保持稳定并不断改善。城区饮用水源地水质达标率为100%，水质优良，达到地表水Ⅱ类水质标准。全区河流水质均符合环境功能区划标准要求，北江白沙段、马坝河、梅花河、樟市河、石角河、枫湾河等河流水质达到考核要求。罗坑水库、小坑水库水质良好，马坝河、梅花河的水质不断改善。城镇生活污水集中处理率达到90%。城区空气环境质量控制在二级标准以内，全年空气污染指数（API）小于100的天数达到326天以上，空气质量优良天数占全年有效监测天数的92.88%。城区噪声扰民、餐饮业油烟污染投诉案件呈现下降趋势。

【主要污染物减排】 曲江区污染物减排主要是工程减排，城区污水处理厂处理能力为3.25万吨/日。通过加强日常监管，污水处理设施运行稳定，污水达标排放，处理污水1189.59万吨，化学需氧量削减量为968.98吨，氨氮减排95.07吨。白土污水处理厂处理能力为1.5万吨/日，承担曲江经济开发区污水和白土镇生活污水处理，通过加强日常监管，污水处理设施运行稳定，污水达标排放，全年共处理污水 132.24 万吨。大塘镇生活污水处理厂总体投入为 1015.50 万元（含管网），日处理能力为 2000 立方米，为大塘镇处理生活污水 7.94 万吨。按计划将继续完善配套管网建设。

机动车减排工作，对未申领环保标志的车辆不予通过年审，确保机动车环保标志发放率达到 90%以上。

【环保考核】 曲江区 2015 年度环境保护责任考核为优秀等次，是全市唯一一个评为优秀等次的县（区）。完成 2015 年县域经济科学发展观考核各项环保指标的资料整理和上报工作，完成 2015 年度环境统计报表上报工作。

【建设项目管理和证照管理】 按照区委、区政府的规定，对所有新建项目和排污许可及汽车绿标，实行网上审批，统一到区行政服务中心环保窗口办理。对每一宗建设项目，都由专人负责跟踪落实，做好环境影响评价和项目报批的全程服务工作，工作中主动与市环保局业务部门及环评单位联系，做好协调和沟通工作，积极为投资商提供优质服务。共审批建设项目 65 宗，其中《环境影响报告书》4 宗，《环境影响报告表》33 宗，登记表 28 宗，备案项目 14 宗，办理初审 5 宗；为方便企业办理相关业务，出具《环保意见函》32 份；验收建设项目 23 宗，投产前核查 19 宗，“三同时”执行率 100%。

办理汽车绿标 18282 个。按照《广东省排污许可证实施细则》的规定，做好排污许可证发放、年审、换证、变更、撤销、吊销管理工作。共办理 82 宗排污许可证业务。

【大气污染防治】 按照《韶关市曲江区整体推进大气污染综合防治工作方案》要求，全面推进全区大气污染综合防治工作。开展高污染燃煤锅炉整治工作；严格实施建筑施工项目污染物排放许可证制度；加快营运“黄标车”苍村水库进行 32 个项目的水质监测，确保全区饮用水安全。积极开展全区村镇生活污水基础设施建设项目和农村环境综合整治工程，改善乡村环境。村镇生活污水基础设施建设项目前期准备工作已基本完成，正在进行招标阶段，确定投资方，将开展征地工作。小坑镇农村环境综合整治主体工程已完工，枫湾镇整治工程已完成工程量的 60%。

【土壤污染防治】 启动土壤污染综合防治工作。成立以分管区领导为组长的领导小组，并配合韶关市先行办做好前期调研及基础资料上报工作。由监测站配合做好土壤国控点摸底调查工作，完成全区 9 个点位的土壤采集和样品制备工作。积极推进原曲江县天顺冶金化工厂遗址治理工程项目，尽快修复受污染的土壤。推进重金属污染综合防治工作。加大落后产能淘汰力度；深化重点领域、重点行业综合整治力度；强化含重金属固体废物污染防治；加强重金属污染监控能力；加大重金属污染防治的环境监管力度。

【环境监察】 深入开展环境保护专项行动，全年出动执法人员 1890 人次对区域内排污企业 530 间次进行现场检查，保障环境安全。开展清理整顿违法建设项目专项行动。全区 21 个违法建设项目已全部完成清理整顿。加大执法力度，严厉打击环境违法行为。对 5 宗环境违法案件进行立案查处，并给予行政处罚。对 46 家企业发出限期整改通知书。推行和指导企业做好清洁生产工作。曲江宏创钢管有限公司、广东金亿合金制品有限公司、至卓飞高路板（曲江）有限公司 3 家公司通过省清洁生产审核验收。

【信访与应急】 为做好环境信访工作，一是通过开设“12369”环保举报热线，畅通信访渠道。二是加强建设项目管理，规范证照管理和加强监管，从源头上减少信访工作量。三是对涉及多部门职责的，及时报告政府，通过部门协作化解矛盾。对于环保信访案件，做到及时处理，及时回复，并建立健全环境信访台账，使投诉时间、投诉事由、调处情况、办结情况一目了然。全年受理环境信访投诉案件 98 宗和处置环境应急事件 2 宗，均及时妥善处置，信访处理率、办结率 100%。

【环境监测】 对全区地表水、城区饮用水源布设 10 个点位进行每月监测，对城区空气质量、降尘、降水、区域噪声、道路交通噪声、重金属污染情况进行监测，对全区的污染源进行污染物排放状况监测，对掌握全区的环境质量状况和污染物排放现状，发挥积极有效的作用，为环境管理提供技术依据。全年编制各类监测报告222份，报出有效监测数据12825个。

【环保宣教】 为深入贯彻中共十八大精神，大力推进生态文明建设，区环保分局开展形式多样的环境保护宣传活动：开展环保法律法规“四进”宣传活动。通过广播、电视、微信、微博、标语、宣传栏、宣传单等多种形式，开展环保法律法规进社区、进学校、进企业、进机关活动。开展主题黑板报、宣传栏活动。组织辖区内7间绿色学校开展“世界环境日”主题黑板报制作、主题班会等活动，宣传环保知识，倡导绿色生活。联合团区委开展废物利用作品展活动。由团区委承办，引导3间中学的学生们发挥创意，动手制作废物改造作品，并挑选展出优秀作品。同时发放环保宣传资料2500份。（江　琳）

曲江区环保分局领导班子成员名单（2016年）

局　长：涂德发

副局长：凌敏莉　罗海涛

商 业

供销合作

【概况】 韶关市曲江区供销合作社联合社（以下简称区供销联社）管辖沙溪、大塘、马坝、白土4个供销中心合作社及区园丰农业生产资料配送中心、副食品公司、如意烟花爆竹专营有限公司、润丰废旧金属回收总站4个社有企业、荣丰商贸有限公司1家投资企业。原马坝、大塘、白土、樟市、罗坑、乌石、沙溪、小坑8个基层社分别由4个中心社代管。办公地址：韶关市曲江区马坝镇建设北路5号。

【主要职能】 （1）研究制订全区供销合作社的发展战略和发展规划，指导全区供销合作社的改革和发展。（2）组织本系统农资部门发挥全区农业生产资料组织和供应的主渠道作用，承担保障全区农用物资商品供应和价格基本稳定的责任。（3）领办农民专业合作社，并对农民专业合作社进行引导、管理、协调和服务。（4）作为本区“农超对接”建设平价商店的依托，负责服务区域内农副产品、日用工业品、日用消费品流通和配送网络建设，对本系统开办、引办和联办的平价商店承担领导、管理、协调和服务责任。（5）负责全区再生资源备案登记和行业监管工作，指导直属企业开展废旧商品回收业务。（6）指导直属企业开展全区烟花爆竹的统购分销工作，协助相关部门做好烟花爆竹的安全经营管理。

【增设社有企业】 韶关市曲江区荣丰商贸有限公司始创于2014年，是由区供销联社按照“开放办社”原则，吸收有资质的民营企业、自然人资本和现代信息技术人才组建的，以农副产品电子商务为主营业务的混合型经济性质的投资企业。经过一年多时间的筹建和试业，公司进入正常运行轨道。2016年3月，公司“三会一层”治理机制、内部管理制度和利润分配制度等已经完善，正式纳入区供销社系统独立核算单位范围，成为区供销社系统新型的投资企业。

【综合改革试点】 （1）推进基层社分类改造。各中心社分别召开社员大会，健全理事会、监事会、社员大会及中心社管理层等治理机制。按照“扶强做大”“扶弱做强”和“合作办社”三种方式，推进基层社分类改造。一是帮助经济基础较好或发展潜力较大的中心社提升服务水平，做强做大经营业务。在区荣丰商贸有限公司的帮助下，通过业务对接，马坝中心社开办“荣丰生鲜超市”及农副产品加工配送中心，并于6月投入使用。11月，“荣丰生鲜超市江畔店”开业。到年底，超市已为30多家机关、团体开展食材供应业务，形成以网络销售和实体销售相结合的新型营销模式。二是帮助基础较为薄弱的中心社发掘内部潜力，重组经营服务网络。以大塘镇城镇改造为契机，通过盘活闲置资产，帮助大塘中心社建设日用消费品市场。并以当地传统农业为依托，通过领办农民专业合作社，开展农业社会化服务，建设农副产品生产基地，加强与农民的经济合作关系，推进无公害蔬菜、禽畜养殖等农副产品综合开发，增强较为薄弱的基层社实力。三是规范发展农民专业合作社，兴办涉农经济实体，填补个别镇供销社基层组织的空白。按“省级农民专业合作社示范社”标准，通过吸收新社员扩大合作社规模、拓展新渠道扩大产品销售、完善合作社内部治理机制和利润分配制度等一系列措施，对罗坑方佳番薯干生产专业合作社等3家农民专业合作社开展升级改造工作。整合全系统领办创办的蔬菜类生产专业合作社，组建新供销绿丰农民专业合作社联合社。按照“合作办社”方式，吸收农副产品经纪人、联合农民专业合作社、涉农企业，以农副产品综合开发为主攻方向，在枫湾镇筹备开办农丰农业综合开发中心实体店，取代原基层社职能，填补供销社基层组织在该镇的空白。(2)打造“区基一体化”运营体系。通过创办农村综合服务社，整合基层社农资、农副产品、日用消费品等各大板块业务资源，扩大经济规模、壮大经济实力、提高竞争能力，并组织农资、农副产品、日用消费品、烟花爆竹等专业公司与中心社开展业务对接，通过优势互补，促进各大板块业务抱团发展。(3)实施“四个一”工程，推进干部职工队伍建设。通过裁撤一些思想僵化、能力低下、干事懒惰的企业留守人员；按政策安置一些即将退休且不胜任新岗位的留守老职工；留用一些善于学习、接受新思维、新方式，思路清晰、热心供销事业、经营有方的干部职工；发展一些年富力强，懂经营、善管理、敢拼搏、能创新、诚实本分、有一定社会影响力的实用人才加盟供销社，缓解人才缺乏问题。曲江区供销社干部职工队伍中，有多名年富力强的当选区、镇党代会代表、人大代表、村(居)委书记、主任的中级会计师、民营企业家和农村致富带头人，是一支干事创业、奋勇拼搏的改革创新团队。(4)完成全国第一批综合改革试点评估验收工作。11月，省供销合作联社组织对曲江区供销社综合改革改革评估验收，验收内容分13个类别共37项指标任务。经过全面评估，曲江区供销社综合改革试点工作评定为“优秀”等级。

【经营业务开展】 构建农副产品购销网络。通过建设“荣丰生鲜超市”及农副产品加工配送中心，与基层供销社(中心社)、农民专业合作社、合作示范户开展业务对接，运用电子商务平台、微商平台等现代化营销手段，积极拓展农副产品购销业务，全年共收购农副产品近1063万元，同比上一年度增长88.5%，既帮助农民增加收入，也加快了构建全系统农副产品购销网络。开展农业生产资料组织供应工作。按照“早储备、早就位、早投放”的工作部署，园丰农资配送中心、各镇农资门店充分发挥流通主渠道作用，组织充足的农用物资投放市场，保障全区农资供应，稳定市场价格。开展商品质量排查，妥善处理过期失效商品。组织送肥下乡活动，为农民提供全方位贴心服务。1—10月，全系统共销售化肥7800多吨，农药180吨，实现销售6627万元，同比2015年增长约15.1%。继续抓好在烟花爆竹专营管理。区如意烟花爆竹专营有限公司继续按照“统一字号、统一采购、统一运输、统一储存、统一配送”的“五统一”专营管理制度，在确保经营安全前提下，组织烟花爆竹购销工作，满足市场需求，为城乡居民增添节日气氛。

【行业监管工作】 狠抓安全生产工作。按照“党政同责、一岗双责、齐抓共管”的总要求，将安全生产责任制详细分解落实到责任单位及其所属部门，做到分工明确、责任到人。按照安全生产例行检查制度，按月开展安全生产检查，按季度进行安全生产总结。按照安全生产的相关规定，及时对责任单位的安全生产硬件和软件设施进行维护、替换和升级改造，对从业人员进行安全知识培训和安全思想、安全意识的教育。抓好再生资源回收利用行业的监管。根据区政府授权，继续做好废品收购网点的备案登记工作。积极结合“创文”“巩卫”工作要求，联合经信、公安、消防、工商、城市执法等多个部门，对城区废品收购网点开展多次环境卫生、消防、治安综合整治，规范再生资源市场秩序。定期组织督导组对废品收购网点开展环境卫生检查督导，按季节组织灭鼠、灭蚊工作，保护城市环境。

【农业社会化服务】 全年组织送化肥3000多吨、送农药120多万元下乡，多次邀请专家、学者，组织农业科技人员100多人次深入农村开设知识讲座、举办技能培训班30多次，到活动现场咨询的农民3000余人次，接受培训农民1000多人次，无偿派发科普资料3万多册(张)，增强供销社在农民心目中的影响力。

【精准扶贫工作】 根据精准扶贫工作的部署，区联社成立精准扶贫工作组，在联社领导的带领下深入挂钩扶贫村开展深入调查研究，制订帮助贫困村脱贫计划，通过即将组建的曲江新供销农丰农业综合开发中心，与该村建立“公司+基地+村委+农户”模式，鼓励农户发展生态大米、莲子、紫玉淮山及瑶山土特产生产，推动贫困村经济发展。

【供销社品牌建设】 2016年，

区供销社系统干部职工在全国总社、省、市联社的网络报刊、区级宣传平台及各级主流媒体发表工作信息、经验交流文章共200多篇；联合区文联出版宣传栏1期，制作电视专题节目3集，广泛开展供销社及供销社综合改革宣传；营造全社会支持供销社综合改革的良好氛围。

【回馈社会】 继续开展社会公益活动，积极联合有关单位到区福利院、敬老院、启智学校开展“送文艺”活动，通过用自己生产的月饼、糕点、大米、食用油等农副产品对挂钩扶贫户、帮扶计生困难户、启智学校师生、福利院、敬老院的老人们及本系统、本单位困难职工开展节日“送温暖”慰问活动，弘扬尊老爱幼传统美德，收到良好的社会效益。 （徐强文）

曲江区供销合作社联合社领导班子成员名单（2016年）

主　任：龙仕华

副主任：陈国均　吴四清

　　　　钟楚洪

韶关市曲江区烟草专卖局（分公司）

【概况】 韶关市曲江区烟草专卖局（分公司）由韶关市曲江区烟草专卖局与广东烟草韶关市有限公司曲江区分公司合署办公，是经广东省烟草专卖局（公司）授权，韶关市曲江区域内烟草市场的行政执法部门和唯一一家烟草批发经营机构，受韶关市烟草专卖局（公司）和曲江区人民政府双重领导。主要职责是对曲江区烟草市场实行专卖专营、管理和监督，对曲江区烟草专卖局（分公司）的人财物和业务经营实行统一管理，2016年有从业人员68人。

2016年，曲江区烟草专卖局（分公司）被授予“模范纳税户”、“2016年度曲江区工会工作先进单位”、韶关市烟草商业系统2016年度直属单位工作目标综合考核二等奖等多项荣誉称号。

【经济运行】 曲江区烟草专卖局（分公司）继续深入贯彻落实中共十八大和十八届六中全会精神，突出“稳中求进”的发展总基调，继续围绕“卷烟上水平”基本方针和战略任务，狠抓规范管理，扎实开展各项工作，重点做好了按规范经营、品牌培育等工作，卷烟市场保持稳定，卷烟销售网络规范运行。2016年卷烟销量为60653.62万支，实现卷烟销售收入37452.25万元（含税），上缴税利2498万元。

【专卖管理】 认真贯彻执行《中华人民共和国烟草专卖法》及其《实施条例》等相关法律法规，积极落实内部专卖管理监督及卷烟打假工作，加强专卖队伍建设，大力整顿和规范卷烟市场秩序，严厉打击各类违法违规制售卷烟生产经营活动，切实维护了辖区卷烟市场秩序，全年共查处非烟案件255宗，查获非烟341.966万支，有效遏制卷烟制售假行为，充分发挥烟草专卖基层执法主体的作用。

【精神文明】 扎实开展“两学一做”学习教育，围绕“讲政治、重信念”“讲规矩、守纪律”“讲奉献、有作为”开展3次专题学习讨论会，共撰写心得体会57篇；以“学党章强党性、讲规矩守纪律”为主题，开展纪律教育月活动，征集“讲规矩、树正气”文稿19篇，供党员之间相互传阅学习；注重教育培训，全年共组织培训29期，参培人员760人次，提高员工队伍的业务水平和整体素质，为企业的持续发展提供人才保障和智力支持；全面推进反腐倡廉工作，坚持局（司）务公开制度，充分发挥局（司）务公开在预防腐败中“关口前移”的重要作用，全年公开事务22项；加大企业文化和服务品牌的宣贯力度，2幅作品获韶关市烟草专卖局（公司）第二届“精诚杯”摄影比赛二等奖，一幅作品获摄影比赛三等奖；积极向烟草行业媒体投稿，全年共14篇图文在报纸《东方烟草报·粤烟视窗》刊登，1篇文章在杂志《广东烟草》刊登；积极推进ISO 9000质量管理体系建设，突出运用，突出解决工作中存在的问题，有效提升局（分公司）的整体工作质量；积极开展精益管理活动，动员全体员工学精益、做精益、创效益；积极组织员工参加义务献血、“党员互助金”、“扶贫济困日”捐款、精准扶贫等活动，全年捐款合计32900元，树立企业“关注民生、回报社会”的良好形象。 （许　艺）

韶关市曲江区烟草专卖局（分公司）领导班子成员名单（2016年）

局　长、经　理：张忠礼

副局长：赖春华

副经理：曾志强

旅　　游

旅游管理

【概况】 2016年是“十三五”的开局之年，曲江旅游在区委、区政府的坚强领导下，贯彻落实《韶关市加快发展大旅游的实施意见》的要求，紧紧围绕建设“国家旅游产业集聚区”、“广东休闲度假祈福首选地”的目标，按照区委、区政府实施分区发展战略，构建“135”城乡发展体系的工作思路，提出实施大旅游发展战略，吹响大发展的号角，进一步加快曲江旅游产业发展。

【“大南华”项目建设】 编制完成《韶关市大南华地区控制性规划》；完成了G106线禅关至曲江林场段改道工程，基本完善该段公路的旅游标识牌，完成曹溪河4.5公里的河道整治；已投入1000多万元，万佛塔、无尽庵、六祖文化长廊等文化宗教项目建设有序开展；区政府与广东丝源集团就丝源养身园项目于2016年5月12日正式签订投资协议，项目总投资9.3亿元，项目用地已完成招拍挂程序；已与珠海九州控股集团有限公司、珠海农业控股集团有限公司洽谈，初步形成《海峡两岸南华农禅慧境概念策划方案》，签订投资框架协议，计划投资约60亿元，标志着“大南华”项目建设有实质性进展。

【评星创A工作】 启动经律论文化旅游小镇创建国家AAAA级景区工作，并完成各项评审，已挂网公示；启动枫湾温泉度假村创建国家AAA级景区工作；促进旅游企业提质增效，已完成3家新增旅游限上住宿企业。

【乡村旅游发展】 按照《曲江区星级农家乐管理办法的要求》，区旅游局继续推进农家乐星级评定工作，2016年在区农家乐星评委各成员单位的支持配合下，对全区申报的7家农家乐进行星级评定，共评选出星级农家乐5家，其中，五星级1家，四星级1家，三星级3家，将给予各星级农家乐发放星级补贴共22万元。不断夯实乡村旅游发展基础，启动罗坑、小坑、枫湾等镇旅游特色镇及5个旅游名村的申报工作，积极推进“库区人家”曹角湾、雪花岩茶园度假村、禅农谷等乡村旅游项目建设。投入24万元，启动罗坑镇街道综合整治示范点建设。投入18万元，启动各乡镇公路沿线农家乐规划布局及整治工作。

【旅游服务基础设施建设】 2016年，区旅游局加强督导和指导，协调各镇做好旅游公路、旅游标识牌、停车场、旅游厕所等基础设施建设。2016年，按照省、市旅游局关于推进旅游厕所项目建设的要求，区旅游局向省旅游局推荐申报大唐花海厕所改扩建、曹溪温泉厕所改扩建和曹角湾新建旅游厕所等项目，并获得省、市旅游扶贫（旅游厕所）专项资金109万元的支持。列入区政府为民办实事之一的生态镇旅游基础设施建设顺利推进，共完成投资200多万元，小坑镇环湖绿道、曹角湾，枫湾镇浪石荷花基地，樟市镇出水岩，罗坑镇水库大草原，白土镇孟州坝三古园等共11间旅游厕所及10个停车场建设已基本完成。

【旅游人才培训工作】 积极组织业务骨干、乡镇分管领导和旅游企业负责人共20多人，参加由市旅游局主办的“全域旅游与旅游供给侧改革”培训，本次培训，各镇和各企业开阔了视野，对曲江区加快大旅游的发展具有积极的意义。组织涉旅企业负责人及乡镇分管领导共60多人，举办旅游安全培训班；组织部分乡村旅游农家乐经营者共40多人，举办乡村旅游服务管理培训班。

【旅游体制机制改革】 全区各镇（街）已成立旅游办公室，村委成立管理工作小组，各镇（街）旅游办公室已经挂牌办公。各镇（街）人民政府配备旅游分管领导和旅游专职信息员，村旅游发展工作组组长由村委干部兼任；已经拟出《曲江区旅游发展委员会联席会议制度》、《曲江区旅游发展委员会管理机构及成员单位工作职责》及《曲江旅游发展有限公司组建方案》的初稿。

【旅游节庆活动和公益旅游活动成效】 成功举办包括2016年“佛光普照·禅意人生”南华诞祈福文化节、罗坑首届露营节、枫湾花果节、曹角湾民俗文化节、经律论小镇体育旅游节、樟市徒步节、罗坑茶文化节等在内的8大节庆活动，节庆活动期间共接待游客突破10万人次，实现旅游收入4000多万元。在罗坑露营节活动期间，有近百辆房车进驻罗坑，活动内容丰富，帐篷露营及扎营比赛、风筝表演、自行车特技表演、歌舞晚会、随手拍美图大赛等系列活动，全方位、多角度给游客展示罗坑自然风光及独特魅力。各大节庆活动的成功举办，形成“以节促旅、以旅促农”的现象，节庆活动带动了曲江区乡村旅游的发展，使曲江旅游知名度、美誉度大增，全区的软实力、竞争力不断提升。成功举办包括“苍村水库绿色环保”“文明旅游，快乐旅游”等8次公益旅游活动，共吸引近1500名志愿者参加活动，活动全程得到韶关民生网、韶关旅游资讯网、韶关户外运动网等媒体的支持，曲江旅游知名度有了极大提升。提升韶关的旅游形象和知名度，有效带动韶关经济发展。

【宣传推介】 曲江旅游微信公众号全年共发布旅游信息100多条次，点击率达到10万次；积极组织参加包括香港国际旅游展、澳门国际旅游展、广州国际旅游展等8次旅游展览，派发宣传单张1000多份，旅游宣传画册400多份；成功举办“百里画廊”—经律论文化旅游小镇首届推介会，推介会邀请“珠三角”30多家旅行社负责人及媒体、韶关市本地旅游企业及媒体近300人参加；与中移动曲江分公司联合举办的“魅力曲江”第二届中国移动4G杯摄影大赛于3月正式启动，并完成大量高质量旅游图片收集工作；与韶关大学合作，开展曲江旅游宣传口号征集活动；创作曲江旅游形象宣传歌曲《相约曲江》。

【韶关曲江荣获“中国温泉之乡”称号】 曲江区申报“中国温泉之乡”已于2016年12月10日通过评审进入公示阶段，中国矿业联合会正式发文，批准命名广东省韶关市曲江区为“中国温泉之乡”，曲江区由此也成为韶关市首个被评为“中国温泉之乡”的县区。2016年12月30日，韶关市曲江区举办“中国温泉之乡文化旅游节暨经贸洽谈会，会上共有20个投资项目成功签约，总投资额193.6亿元。近年来，曲江区围绕打造“中国温泉之乡”这一战略目标，大力开发温泉地热资源，兴建曹溪温泉、枫湾温泉、大森林温泉世界等休闲度假胜地，其中，曹溪温泉成功创建AAAA级旅游景区，是广东最大的温泉别墅度假村；大森林温泉世界计划投资23亿元打造AAAAA级的禅文化主题园区；汤溪温泉等项目也在稳步推进中。据不完全统计，2016年曲江全区温泉接待游客105万多人次，实现营业收入1.1亿元。

旅游景区建设与开发

【禅宗祖庭南华禅寺】 坐落在韶关市曲江区马坝镇东南6公里的曹溪之畔，距韶关市区22公里，是中国著名的佛教古刹，广东四大名寺之一，也是佛教禅宗六祖惠能弘扬“南禅宗法”的发祥地。1983年列为全国重点寺院，2001年列为全国重点文物保护单位。

梁武帝天监元年（502年），印度高僧智药三藏航海至粤，北上途经曹溪，“掬水饮之，香美异常，四顾群山，峰峦奇秀，宛如西天宝林山也，”遂建议在此建寺，寺庙建成至今已有1500多年历史。建成后，梁武帝赐名为“宝林寺”。唐中宗神龙元年（705年）赐改“中兴寺”，神龙三年又赐改“法泉寺”，宋太祖赵匡胤开宝元年（968年）赐改“南华禅寺”沿称至今。

南华禅寺在中国佛教发展史上有重要的位置，1000多年来，南华禅寺与六祖名字连在一起而著称于世。六祖惠能在此传授禅法37年，得法弟子43人，传播全国各地，后来形成河北临济、湖南沩仰、江西曹洞、广东云门、南京法眼五宗，即所谓一花五叶。法眼宗远传泰国、朝鲜；曹洞、临济盛行于日本；云门、临济更远播欧美。故南华禅寺有“祖庭”之称。

寺内绿茵遍地，古木参天，在古朴庄严中更显幽深。全寺由三部分组成：前部是曹溪门、放生池、五香亭、宝林门，一路行进，但觉桂香弥漫，鸟鸣涧管。中部是天王殿及大雄宝殿、钟鼓楼、藏经阁，大雄宝殿内有8.31米高的全身贴近的横三世佛，释迦牟尼佛、药师佛、阿弥陀佛，殿后塑有独占鳌头的观音，更为之壮观的是四周彩塑的500尊罗汉栩栩如生。后部是南华禅寺的精华所在“六祖殿”。殿内供奉着六祖惠能及憨山、丹田三位大师的真（肉）身。居中的惠能低眉垂首，面色安详，盘膝而坐，已历千年沧桑。惠能于公元662年前往湖北黄梅，拜谒五祖弘忍，并以“人有南北，佛性本无南北”深得五祖喜欢，后更以“菩提本无树，明镜亦非台，本来无一物，何处惹尘埃”偈语而得禅法成为禅宗六祖，由其徒弟法海广集六祖语录撰成的《六祖法宝坛经》成为出自中国佛教唯一的“经”。

寺内还珍藏着大批珍贵历史文物，如有六祖惠能真身、唐女皇帝武则天赐六祖的金绣千佛袈裟和圣旨，元仁宗八思巴文圣旨，明英宗金书“大藏”经圣旨，宋代灵照塔、清代千佛铁塔，元朝千人锅、木雕罗汉、南汉大宝七年（964年）所铸千斤铜钟；还有柳宗元、苏轼等唐宋名人碑铭。

南华禅寺后有伏虎亭、九龙泉等胜迹，最著名的则是9棵有五百多年树龄的水松，树围逾3米，高逾40米，树干挺拔，直耸云霄，是当今世界罕见的树木。

2013年9月7日上午，广东千年古刹南华禅寺为宣讲《六祖坛经》而修建的曹溪讲坛正式落成开光。10余万来自中国、韩国、日本、缅甸、斯里兰卡、泰国等国家和港澳台地区的高僧、信众参加庆典仪式。南华禅寺特邀台湾慈光寺住持惠空法师、闽南佛学院副院长传明大和尚和戒幢佛学研究所所长济群法师，连续3日在曹溪讲坛开讲“坛经智慧·幸福人生”、“百师讲《坛经》”等系列讲座。

曹溪讲坛占地面积约80亩，建筑面积约3万平方米，为仿唐代建筑风格。从曹溪讲坛山门进入内庭，迎面是气势恢宏的《六祖坛经》主讲堂。主讲堂建筑分为上下两层，分别为书画室、会议厅、多功能厅、接待室等。在主讲堂的内墙上分布着9块巨大的精美浮雕，这些浮雕是用福建的青麻石经名工巧匠精雕细琢而成，浮雕呈现六祖惠能的生平及传道、说法、行善的故事。位于《六祖坛经》主讲堂身后的大殿为祖师殿，殿前竖立着泰国高僧赠送的佛像，大殿内供奉着六祖和神会、怀让、法海和行思4位侍者的金身像。曹溪讲坛内院的东西两边，还设有文化长廊，长廊中排列着132块石碑，石碑上刻写《六祖坛经》经文和自唐代以来各个朝代文化名流书写的六祖故事等。

【曹溪温泉假日度假村】 曹溪温泉假日度假村位于韶关市曲江区马坝镇，经京港澳高速公路沙溪出口，南华禅寺北向2公里，是广东最大的温泉别墅度假村，占地50万平方米，毗邻南华禅寺、马坝人遗址公园、丹霞山等风景名胜，距离广州仅2小时的车程；依山傍水，是度假旅游之圣地。有103个富含氡、偏硅酸的养生温泉池，130多栋别墅，700多间高级客房，7间大型会议室（最大的可容纳300人）；曹溪温泉内的假日温泉食府有1000多个餐位。2004年11月底，荣获“广东十佳优质温矿泉”“最佳人居温泉”等称号。

度假村的泉水源来自清澈见底的曹溪水，让游客可以完全放松心情。传说六祖惠能曾在曹溪沐浴净身，一夜之间顿悟佛理，曹溪水因此而成为千年圣水。园中的禅茶净心清香，独具特色，融南华茶艺、佛学智慧、修身养性之道于一体，让游客体验另类的旅游方式和度假心情。

【经律论文化旅游小镇】 2016年12月12日，经广东省旅游景区质量等级评定委员会评定，韶关市经律论文化旅游小镇景区被评为国家AAAA级旅游景区。

经律论文化旅游小镇在曲江区美丽的小坑国家森林公园盛装开园。这是韶关市认真贯彻落实广东省关于促进粤东西北跨越发展、建设国家级旅游产业集聚区取得的又一骄人成果。地处曲江区东南部，公园拥有山林1.6万公顷，其中有原始森林2000公顷。野生植物1600多种，其中属国家重点保护的有33种。

公园内有一座400多公顷的龙湖，形如月牙，水平如镜，可以划船、垂钓、猎禽。湖中有许多小岛，环湖建造有度假小木屋。这里的气温经常保持在20℃左右。暑天最高温时，室内温度也只有25℃左右，隆冬下雪，可以观赏雪景。

经律论文化旅游小镇的温泉馆占地面积5165平方米，是中国少有的大型水疗馆。馆内设有室内水疗SPA馆及大型室内游泳池，内部装饰采取典型的简约风格，主色调看起来温馨舒服。温泉馆内的泉水来自“罗汉泉”，是岭南罕有的无色无味可泡的温矿泉，温泉水中含有稀有珍贵的氡元素等多种对人体有益的矿物质和微量元素。温泉馆以其得天独厚的自然条件、专业贴心的技师服务、顶级完备的硬件设施，恭候各位光临。

这里最吸引人的是一种含氡的温泉，属于一类最佳医疗用地矿泉水，与西安华清池的水质相似。它对慢性病，特别是对运动系统、心血管系统、神经系统疾病有良好的疗效。每天可涌出2000吨以上75℃的温泉水，供2000个床位使用。美国佐治亚洲长跑家斯坦·科特尔从北京八达岭长城脚下起跑至终点广州，途径公园留宿，洗了氡泉浴，第二天跑到下一站后，叫汽车把他送回公园的森林别墅再住一宿，以再洗一次氡泉浴为快。国家林业局认为：小坑国家森林公园的自然资源、自然环境在广东省内属于比较好的一个。

2014年10月26日，由经律论文化旅游小镇举办的“经律论文化旅游小镇开园仪式暨翡翠观音圣像瞻礼祈福盛典”在韶关市曲江区小坑镇隆重举行。

森林温泉区以现有的自然环境为中心，按照佛禅文化的仪轨和内涵，创造出依山而建、错落有致、别有洞天的自然环境和人文景观，处处体现人与自然，人与佛法地完美和谐，让人们在此尽情享受温泉、竹林、绿荫、禅意的佛化风光。使人在温泉休闲中，不知不觉体悟到佛法的慈悲与禅泉的温润滋养。通过温泉沐浴佛化，洗涤内心垢秽，使身心清净圆满。

禅宗文化国际交流中心是一座集宗教、文化、艺术、会议等功能于一身的标志性建筑，气势恢宏的外观与庄严有情的内饰交相辉映，既体现禅宗文化的博大精深与仰之弥高，又将东方文化的传统元素与当今鲜明的时代特征相融合，完美呈现其独一无二的特性。

中青旅国际青年旅社强调小资生活环境，时尚明亮，现代生活，生态性和科技性相结合，方便旅行青年以最经济的方式获得最好的住宿服务。公寓建筑面积13564平方米，有房间248间，可同时容纳1000人入住，公寓中到处洋溢着亲切、友善的气氛。

“祈福广场”为大型的观音菩萨祈福道场和祈福朝拜圣地，以雄伟大气、庄重饱满为特色。通过空间的分隔和利用，展现中国文化和观音文化的精髓，表现出浓郁的佛教特色，令人感到亲近不失端庄，宽广不失细部，让人在亲切自然的氛围中进行禅思和观想。

【枫湾温泉度假邨】 枫湾温泉度假邨位于韶关市曲江区枫湾镇白水村。枫湾温泉水为含硅酸的淡温泉，是“$CaHCO_3$型水”，其所含碳酸和其他微量元素，有一定的医疗作用，且温泉水温常年保持在46.5℃，涌水量约1万立方米/昼夜，可同时容纳数百人温泉浴。

枫湾温泉是一家总投资2亿元，按照国际四星级标准兴建装修，拥有温泉、客房、餐饮、娱乐、体育等多种项目的动感温泉酒店。

【马坝人遗址公园】 马坝人遗址公园是广东四大遗址公园之一，位于曲江城区西南1.5公里处，距韶关市区12公里，京港澳高速韶关南出口1公里。1958年，闻名中外的“马坝人”头盖骨在此被发现。“马坝人”是介于中国猿人和现代人之间的古人类，为12.9万年前的旧石器时代的早期智人，它为完善中国原始人类发展的序列提供相当重要的资料。1972年，在“马坝人”出土地点的两山之间发现距今约四五千年前新石器时期的文物遗址，此处被命名为“石峡文化”，更使狮子岩名声大震。

马坝人遗址风景是一个山、水、洞、石兼收并蓄，集考古与旅游、知识性与娱乐性融为一体的广东省著名的大型考古旅游胜地。该景区分为前山和后山，前山主洞是“马坝人”化石出土地点，在银岩和桂花岩等洞中塑造“马坝人”时代原始人类生活塑像群和“石峡文化”时期先民们的生活情形。后山有禅宗六祖惠能大师曾经居住过的招隐寺和大型的石灰岩溶洞，洞内有千姿百态的石钟乳，令人惊叹大自然的艺术创造力。景区内还设有建筑面积达2096平方米的马坝人博物馆，陈列有许多古人类化石、动物化石和新石器时代的文物。2001年被命名为国家重点文物保护单位。

【宝贝健康农场（原大唐花海）】 华南地区最大的野菜种植基

地——“宝贝健康农场”，位于广东省韶关市曲江区大塘镇红新村，占地面积约3200亩，项目总投资1.2亿元，是集旅游、休闲、观光、科研、种植、养殖为一体的观光生态园。宝贝健康农场是方园生态农业有限公司旗下运营的一家农场，方园生态农业有限公司是中外合资企业，成立于2014年9月，于2015年9月正式营业，开业初期就作为韶关“九龄故里·百里画廊”乡村生态休闲度假旅游线路的首站景点向外展示韶关丰富的旅游文化。

宝贝健康农场以“健康生活”为经营理念，以观光农业及科普为主题，利用农业自然环境、田园景观、农耕文化、民风民俗等特色资源，为游客提供休闲、观光等回归大自然的体验，是集有机种植、休闲观光、养生度假、科普教育于一体的具有鲜明特色的有机农场。

公园以农业观光为主题，主导产业包括农业种养业、农耕生活体验、田园生态风光、主题游乐园、餐饮住宿、生产加工业六大部分。

此外园区还有现代化智能连栋温室2座；现代化连栋基质栽培试验示范大棚30座；配套300多亩的钢管大棚；公共洗手间2座；休闲座椅158张；大型停车场2个；绿荫长廊；售票大厅400平方米；办公区域150平方米；自行车道等。

【百丈崖漂流】 位于韶关市曲江区沙溪镇大宝山，距京港澳高速沙溪出口仅15分钟左右的车程，北依佛教圣地南华禅寺，地理位置极佳。

大宝山植被茂盛，树木参天，古藤缠绕，翠竹成林，紫蝶成群，潭水清澈，是漂流探险，享受自然，重拾童趣的首选地。

百丈崖峡谷漂流全场3公里，落差高达100米，有十多个回旋处，游客在100分钟里，可尽情享受原始森林峡谷漂流之刺激。

【鸿润生态园】 鸿润生态园位于曲江区马坝镇小坑村委，总投资600万元，占地13.33公顷，2011年投入资金65万元。有激光野战、飞索拓展、烧烤、垂钓、蔬果采摘、农耕活动等服务项目。该生态园是依托乡村青山绿水、田园风光、民族风情、村舍居民等发展起来的生态园。2011年被列入广东省旅游星级“农家乐”项目和粤北现代农业示范区。 (刘彦英)

曲江区旅游局领导班子成员名单(2016年)

局　长：赵英俊（1月起任）

副局长：古惠清　叶绍清　甘甫坊

教　育

教　育

【概况】　2016年，曲江区有普通高中2所，完全中学1所，中等职业技术学校1所，初中8所，九年一贯制学校3所，完全小学18所，特殊教育学校1所，示范性综合实践基地1所，幼儿园45所。普通高中在校学生5796人，中等职业技术学校在校学生1252人，初中在校学生8750人，小学在校学生23920人，特殊教育学校在校学生62人，在园学前幼儿10632人。全区在职教职工3008人，其中小学1255人，初中925人，普通高中523人，职业高中153人，特殊学校15人，其他教育机构126人。全区小学适龄儿童毛入学率达107.2%，初中生毛入学率达102.9%，3~5周岁幼儿入园率达98.2%，高中阶段教育毛入学率达100%。

【基础教育】　2016年，曲江区教育工作在区委、区政府和上级教育主管部门的正确领导和关心支持下，以巩固提升“广东省教育强区”“国家义务教育发展基本均衡区”创建成果和加快推进教育现代化建设为抓手，大力推进各项工作的实施，取得显著的成效，实现教育发展“十三五”规划的良好开局。

【教育优化发展】　采取积极有效措施推进教育优化发展。着力巩固提升“广东省教育强区”创建成果，枫湾、罗坑、马坝镇顺利通过省教育强镇复评，启动沙溪、大塘、乌石、樟市、白土5个镇省教育强镇复评准备工作。着力巩固提升“全国义务教育发展基本均衡区”创建成果，根据督导评估验收时专家组提出的整改意见，落实存在问题的整改。全力争创“广东省教育现代化先进区”，修订完善《韶关市曲江区创建广东省推进教育现代化先进区工作实施方案》，拟定2017年教育现代化建设工作计划。在调研分析的基础上，草拟8个推进教育综合改革方案并广泛开展意见建议征求活动，以改革力推教育现代化建设。省专家组到曲江区检查，对曲江区教育发展高度评价。

【学校办学条件】　加大力度改善各级各类学校办学条件。全区义务教育薄弱学校基本办学条件“全面改薄”工程全部建成投入使用。全面完成马坝、沙溪、白土、小坑、枫湾、罗坑镇村级小学标准化改造，正式启动大塘、樟市、乌石镇24所村级小学标准化改造工程。曲江中学、曲江初级中学运动场改造和曲江二中学生宿舍楼改造建成投入使用，曲江二中、大塘中学、沙溪中心小学运动场改造和曲江职校新建教学楼项目正在建设中。迁建区机关幼儿园和新建曲江职校饭堂宿舍楼正式启动。投入1039万元实施教育装备和信息化建设，新建或改造功能室18间，电脑室3间，装备教学平台191套，校园网8套，购置教师办公电脑347台、图书2.1万册、教学仪器设备一批。

【队伍整体素质】　将2016年确定为“强师工程推进年”，采取积极有效措施着力打造高素质的优秀教育团队。着力提高广大教师的职业道德水平，在全区中小学、幼儿园开展师德演讲比赛活动，持续开展有偿家教、违规补课及诱导学生滥购教辅资料等专项整治活动。着力优化教师队伍，录用2名研究生学历公务员到局机关工作，招聘8名研究生学历教师充实到曲江中学、曲江一中任教，44名本科学历新教师充实到城乡义务教育学校任教，安排107名教师采取城乡互助共同体、城乡支教、结对帮扶等形式进行交流。大力实施教师全员培训，选派校长、教师近4096人次参加各级各类培训。出台曲江区中小学（幼儿园）教师学历提升奖励政策，鼓励大专165人、本科177人、研究生14人学历提升教育。开展第二批名校长、名教师评选活动，评选出区级名校长 8 名、名教师 100 名。

【教育公平公正】 采取积极有效措施推进教育公平。免费义务教育、农村义务教育困难学生生活费补助、职校农村生免学费、城镇高中困难家庭子女免收书（杂）费、高职中困难学生国家助学金等教育惠民政策得到全面落实。创新资助方式，对精准扶贫建档立卡贫困户子女读书在省补贴标准的基础上，增加区域差异性生活补贴。着力巩固提升“普九”、“普高”成果，全区 3~5 周岁儿童毛入园率 103.7%（农村 98.0%），小学适龄儿童毛入学率 101.4%，初中适龄学生毛入学率 106.3%，“三残”儿童少年入学率 100%，高中阶段教育毛入学率 98.8%。严格实施“阳光考试”“阳光招生”，外来务工人员子女全部就近安排进入公办学校就读。严格执行“校财局管”，推行预算制度和公务卡消费制度，加强对学校经费开支的监控，坚决杜绝乱收费、搭车收费以及滥订教辅资料等损害群众利益的行为，群众对教育工作的满意度不断提高。

【解决热点难点问题】 采取积极有效措施着力解决教育热点难点问题。对城区小学划片招生区域进行了调整，城区小学“大班额”和发展不均衡问题得到大大缓解。为解决大塘、沙溪、小坑镇无公立幼儿园问题，积极向区委、区政府和市、区人大建言献策，积极和大塘、沙溪、小坑镇党委政府及区直相关部门沟通协调，争取各方面的支持。针对原民办代课教师频繁上访问题，全力做好稳定、跟踪、解释等工作，为 1700 多名原民办代课教师做好身份认定、信息审核、录入和上报工作，确保不出现越级上访。积极争取上级支持解决韶钢 3 所学校移交曲江区管理后的遗留问题，为韶钢原 169 名退休教师落实工资补差及住房维修补贴发放工作；就韶钢 3 所学校移交曲江区管理后经费缺口问题，市政府已向省政府请示，争取省级相关经费支持。

【教育质量和办学水平】 大力打造平安校园，切实强化安全管理和教育，一年来，全区学校没有发生重大安全责任事故。大力开展德育特色创新活动，曲江中学、马坝中学、沙溪中学、实验小学、九龄小学等一批德育特色品牌鲜明、具有一定示范和引领作用的品牌学校初步建立。深化实施素质教育，顺利完成 2016 年国家义务教育质量监测工作。积极组织开展“送教下乡”、互助共同体教研活动，积极推行“体育、艺术 2+1”项目、“一校一专项，每生一爱好”和“阳光体育”活动。教师参加市级以上各类教学竞赛和论文评比，获省级以上奖励的有 51 人次，市级奖励的有 176 人次；学生参加教育行政部门举办的各项学科竞赛中，获国家级奖励 59 人次，省级奖励 112 人次，市级奖励 238 人次。2016 年高考取得好成绩：全区参加普通类实考人数为 2209 人，第一批本科上线人数 81 人，完成市下达指标数的 261%；第二批本科上线人数 631 人，完成市下达指标数的 120%；专科以上上线人数 1961 人，完成市下达指标数的 102%。曲江中学、曲江一中、韶钢一中上线人数均超额完成市下达的指标，曲江中学被评为“韶关市 2016 年高考优胜学校”。

【教育形象】 采取积极有效措施树立教育良好形象。在全系统积极开展“两学一做”学习教育活动，以学习教育活动带动政风行风建设活动，增强服务群众、服务经济社会发展的水平和能力。扎实推进党风廉政建设，召开全系统党风廉政建设动员大会，制定党廉建设和反腐工作责任制，与相关人员签订了廉政责任书。认真开展重点工程建设、项目采购人员的廉政风险排查活动。进一步完善财经管理、物品采购和招投标、教师招考调动等工作制度，推行“阳光政务”。贯彻落实区委、区政府的重大决策部署，计划生育、党风廉政、精准扶贫、平安创建、信访维稳、巩卫创文、科学发展实绩考核、信息公开、网络问政、人大政协提案议案办理等各项重点工作落实。

【学前教育】 2016 年，曲江区共有幼儿园 45 所，其中马坝镇范围内有幼儿园 26 所（城区 19 所，松山街道 6 所，南华村委 1 所），乡镇幼儿园 19 所；公办幼儿园 9 所，民办幼儿园 36 所。全区学前教育教职工 1081 人，在园幼儿 10441 人（含小学混设幼儿班人数），3~5 岁儿童毛入园率达到 98.2%，其中农村达 92%。

【职业教育】 曲江区有职业教育学校 1 所，即曲江职业技术学校。学校占地面积 293.06 亩，建筑面积 44760.8 平方米，2016 年有 40 个教学班，在校学生 1367 人；在编教职工 152 人，其中任课教师 123 人，双师型教师 72 人。学校开设有机械加工、电气运行与控制、计算机应用、财经商贸、汽车维修、学前教育等六大类共 13 个专业，其中数控技术应用和电气运行与控制两个专业是广东省重点建设专业。学校有各类实践教学及技能训练设备，每年可承担 3600 人以上的职业技能培训和职业技能等级鉴定任务。学校建立了校外近百家学生顶岗实习基地，2016 年毕业生就业率达 98%。

【成人教育】 2016 年，曲江区以巩固“广东省教育强区”成果为抓手，大力加强成人教育。逐步建立健全了以乡镇成人学校为骨干、以村级成人学校为基础的农村成人教育培训网络。全区有乡镇成人文化技术学校 9 所，其中省级示范性乡镇成人文化技术学校 1 所、市级示范性乡镇成人文化技术学校 8 所。各镇成人文化技术学校充分发挥农科教结合示范基地功能，与区农业、人社等部门合作，采取走村入户、集中办班、现场咨询、印发宣传资料等形式，积极开展城乡居民劳动技能、法制科普等各类教育培训活动，培训各类人员 8000 多人次，提高一批城乡居民的科学素质，促进农业增产和农民增收。乡镇成人文化技术学校已成为曲江区技术培训与推广、劳动力转移培训、扶贫开发“双到”培训的重要基地。

（冯晓灵　曾桂林　吴绍英）

曲江区教育局领导班子成员名单（2016 年）

局　长：陈焕云

副局长：李文锐　温必珍　华建方

城区学校简介

【曲江中学】 曲江中学创办于 1927 年，迄今已有 89 年的办学历史。学校办学规模不断扩大，2016 年有校园面积 350 亩，建筑面积近 13 万平方米。有 70 个教学班，在校学生 3905 人。有教职工 272 人，其中专任教师 254 人，教辅工勤人员 18 人，研究生学历 21 人，本科学历 230 人，高级教师 108 人，一级教师 96 人。学校拥有符合国家级示范性普通高中的办学条件，图书馆、体艺馆、多媒体教学设备、计算机室、理化生实验室、电子阅览室、英语语音听力室、400 米标准塑胶跑道运动场等教育教学设施设备齐备。

曲江中学历来以其深厚的文化积淀、先进的办学理念、人本的学校管理、勤勉的教师队伍以及优良的校风学风、优秀的办学质量、鲜明的办学特色，受到广大群众的赞誉和社会认同。学校德育工作以“感恩教育”为主线，培养学生良好行为习惯和遵纪守法意识。教学上大力推进以“三三制”为模式的课堂教学法，注重学生自主学习能力的培养。教育教学质量持续多年保持在全市同类学校前列。2016 年，曲江中学高考又取得骄人的成绩：重点本科指标为 29 个，上线人数 75 人，258%完成市教育局下达的指标；本科指标为 481 个，上线人数 640 人，133%完成市教育局下达的指标；专科指标为 1283 个，上线人数 1319 人，102%完成市教育局下达的指标。各批次均超额完成市教育局下达的指标。真正做到“低进高出，高进优出”。学校搬迁至今 9 次被评为韶关市高考优秀学校，师生在参加省、市、区组织的各类比赛中也屡获佳绩。曲江中学成为一所学生向往、家长放心、社会认可度高的学校。

曲江中学领导班子成员名单（2016 年）

校　长：刘宏高

副校长：叶逢华　黄有良　席中华

【曲江区第一中学】 韶关市曲江区第一中学，原名曲江县第一中学，创办于 1989 年，坐落在风景秀丽的马鞍山北麓，环境幽雅，四季如春。学校占地总面积达 56541 平方米 。其中，建筑面积 34200 平方米，建有教学楼、科学楼和综合楼各 1 栋，学生宿舍楼 3 栋，标准篮球场 5 个，标准 400 米运动场 1 个，校内建有 110 米塑胶跑道，建有近 1000 平方米的学生室内体育场馆 1 个。学校教育教学设施设备先进，配套设施齐全。

2016 年，学校有教学班 33 个，学生近 1800 名，当年毕业学生 675 名。在职教职工 158 人，专任教师 149 人，其中高级职称 28 人，中级职称 98 人；本科以上学历 138 人，学历合格率达 92.6%。

韶关市曲江区第一中学是国

家高考定点考场、全国青少年校园足球特色学校、韶关市传统项目（足球）学校、韶关市绿色学校、韶关市行为规范示范学校、韶关市园林单位，1999年12月被评为韶关市一级学校，2007年2月被评为广东省一级学校，2012年12月被评为广东省教学水平评估优秀学校，2015年被评为韶关市高中教学质量优秀学校，2016年6月被国家教育部评为全国青少年校园足球特色学校。

学校与时俱进确立“天生我才必有用”的办学理念、“崇德尚礼”的德育理念和“因材施教，合作探究”的教学理念。学校自2015年起全面推行“生本教育”课堂教学改革，全面提高课堂教学效率；科组实行集体备课，资源共享；加强校本课程开发，重视教学研究，有近30多项省、市立项的教改实验专题。近几年引进广州南方艺术中心教育资源，开设专门美术班和专门体育班，近几年来艺术类专业已形成规模，艺术类学生高考上线率逐年提高，学校大力发展以体育和美术为特色的办学兴校之路。学校注重学生的全面发展和提高学生的综合素质，组建足球队、毽球队、田径队和合唱队，创建以学生为主体的书法社、街舞社、环保社、动漫社等10个社团；学校在生源素质普遍较差的情况下（学生入学成绩在C类学校中排名22），立足学生基础实际，重视高考备考策略，师生发扬拼搏精神，每年高考均能完成韶关市下达的高考预测目标任务，高考成绩在市区同类学校中名列前茅。2016年高考，考生人数617人，其中考上本科线有33人（3名重本），上专A线107人，专科以上439人，高考上线率高达71.1%，全面完成韶关市教育局下达的高考预测目标任务，实现“低进高出”的办学目标，办学成绩得到上级教育行政部门和人民群众的肯定。

学校每学期开展丰富多彩的校园文化艺术节等课外活动，丰富了校园文化生活，为学生的全面发展提供舞台。学校重视家校联合教育，构建学校—家庭—社会“三位一体”齐抓共管的德育管理网络，注重社会主义核心价值观教育、安全教育、心理健康教育和感恩教育，教育效果显著，学生违法犯罪率为零，优良率达95%以上。

韶关市曲江区第一中学学校领导班子成员名单（2016年）

校　长：张庚荣

副校长：李永琪　赖福明

　　　　黄明宇

【韶钢第一中学】 韶钢第一中学是一所完全中学，创办于1968年，原隶属广东省韶关钢铁集团有限公司，2015年1月1日移交韶关市曲江区教育局管理。学校占地面积50300平方米，建筑面积12313平方米。2016年学校有28个教学班，学生1077人，其中初中14个班568名学生，高中12个班，509名学生。有教职工102人，其中专职教师96人，教学辅助人员6人，高级教师49人，中级教师43人，学历达标率100%。

学校有2栋教学楼，1栋实验楼，1栋综合办公楼，1栋学生宿舍楼，1座体育馆，300米塑胶环形跑道运动场和4个水泥地面篮球场。学校教学仪器、设备设施等基本满足教学需求。学校紧跟教育信息化的时代步伐，建成全数字校园网，每间教室都配备多媒体计算机平台，教师每人配备一台办公电脑，另有2间多功能电教化会议室。学校图书室藏书达46789册，生均图书量达43.4册。

学校以“自主、和谐、进取、创新”为办学理念，以“一切为了学生健康成长，为社区服务，为社会培养合格公民，为国家建设培养优秀人才”为办学宗旨，营造“勤奋、守纪、竞争、向上”的优良校风，“勤学、博览、实践、创新”的浓郁学风。以“业精于勤荒于嬉，行成于思毁于随”为校训，激励师生，勤敏教学，齐心协力共创韶钢一中新天地。学校先后被评为“广东省安全文明校园”“韶关市绿色学校”和“韶关市德育示范学校”。

在上级教育部门的领导下，在全体教职工的积极努力下，学校积极贯彻党的教育方针，全面实施素质教育，与时俱进，开拓创新，确立“自主学习、自我管理”的教育教学研究课题并以课题研究带动教育教学实践，教育教学质量逐年提高。在省、市重点高中扩招、优质生源大量输出的情况下，高考成绩稳定，连续多年超额完成高考目标任务。初中毕业生升入省市重点高中比例达20%以上。2016年韶钢一中高考取得优异成绩。其中，理科文化考生重点本科完成率100%，本科以上上线35人，较好地完成韶关市下达的高考上线任务。语文成绩尤其突出，单科平均分位列韶关市普通中学第一。

韶钢第一中学领导班子成员名单（2016年）

校　长：陈运良

党支部书记：钟秀珍

副校长：罗世忠　刘荣华

【曲江初级中学】 曲江初级中学是曲江区直属公办学校，其前身是创办于1927年的曲江中学。为优化整合教育资源，促进曲江教育高位均衡发展，2004年10月，曲江中学初中部与高中部分离，高中部搬迁至新校址，初中部与马坝镇一中合并，更名为曲江初级中学。

学校占地面积64633平方米，建筑面积25684平方米，现有教学班60个，学生2866人，教职工236人，专任教师204人，其中，中学高级教师21人，中学一级教师161人，初级教师22人；本科学历160人，专科学历44人；教师学历达标率100%。

学校布局合理，教学区、运动区、生活区分明，教学设施设备齐全。有校园网络、广播系统、多媒体教学平台；有物理实验室、化学实验室、生物实验室、电脑室、语音室、录播室、电子阅览室、美术室、音乐室、舞蹈室、乒乓球室、网络中心；有图书室、阅览室（生均图书量26.8册）；有400米标准跑道运动场1个，篮球场8个，体育馆1座。

学校沿用“严、勤、信、爱”的曲中校训，并在传承曲江中学历史传统的基础上，根据教育形势发展的需要，结合学校的实际，围绕“教好一个学生，幸福一个家庭；办好一所学校，造福一方百姓”的目标，提出“以人为本，以德树人，以质立校”的办学理念，并把“养成教育”作为学校的办学特色，构建学校、社区和家庭三位一体的育人网络。

学校出色的办学成绩得到上级教育部门和社会各界的充分肯定，先后被评为省一级学校、省义务教育规范化学校和省绿色学校、广东省书法教育名校、全国中小学图书馆先进集体、广东省中小学校本培训示范校。2005年以来，连续12年升中考试成绩名列全区第一名；2012年、2013年、2015年、2016年分别被韶关市教育局授予“高考优质生源学校”称号；2016年被韶关市教育局授予“义务教育阶段学校减负增效典型学校”称号。

该校学生参加各项竞赛成绩喜人：2010年7月，学生曾国尊参加省运会荣获男子4×100米接力赛冠军，并被选为第16届亚运会火炬手，学生尹玉娟、李琳琳荣获省女子4×100米接力赛冠军；2014年，该校荣获“中国汉字听写大会”韶关赛区选拔赛团体一等奖；2015年8月，学生刘永龙参加省第十四届运动会，荣获竞技组举重丙组48公斤级冠军；2016年8月，该校学生参加第四届全国中小学生语文素养大赛总决赛（夏季赛）荣获团体铜奖，学生赵岚荣获大赛最高奖项——“语文智慧之星”称号。

韶关市曲江初级中学领导班子成员名单（2016年）

校　长：欧业全

副校长：肖富文　王槐雄
　　　　黄雪如

【曲江区第二中学】 曲江区第二中学创办于1977年，是曲江区直属公办全日制初级中学，设施设备完善，办学条件良好，师资力量雄厚。学校占地面积54850平方米，建筑面积13850平方米。2016年有教学班20个，学生893人。在编教职工86人，其中,中共党员24人，专任教师77人，中学高级教师15人，中学一级教师58人；本科学历41人，专科学历36人。学校有2栋教学楼，1栋综合办公楼，1栋实验楼，1栋学生宿舍楼，5栋教职工家属楼。拥有计算机室2间、音乐室1间、美术室1间、物理实验室2间、化学实验室2间、生物实验室2间、心理咨询室1间、师生阅览室等多间功能场室；另外在教师阅览室、教师办公室等都配置电脑，共有206台电脑；每间教室置换电子白板教学平台，改造校园网络及广播系统，实现“班班通”；新装修了课室、宿舍、年级办公室、各功能场室及小广场；为充实图书资料供师生借读阅览，新购置图书2.1205万册、书柜一批。至年底，学校共有图书56028册，人均62.7册。学校教学区、住宿区和运动区布局分明，整洁幽雅，生气勃勃。

2016年学校提出以“责任教育”为理念，以养成教育、安全教育和文明礼仪教育为重点，使大部分同学养成良好的生活学习习惯，完善德育机制，构建学校、社区和家庭三位一体的多层次、多渠道、立体化的德育网络；并提出以“崇德、励志、勤学、进取”为校风；以“敬业、育人、求实、创新”为教风；以“文明守纪、勤奋向上”为学风。在教学工作方面，实施“三心三学”课堂教学模式，通过“爱心、慧心、责任心”的课堂教学渗透，实现特色管理，实现以学生为主体的“乐学、会学、做中学”特色课堂教学。

2016年度，学校被评为韶关市语文科组“减负增效”示范教研组、韶关市第二十一届中小学生“英东杯”毽球比赛初中组女子团体第六名、韶关市第二十一届中小学生“英东杯”毽球比赛初中组女子团体第五名、曲江区“五四”红旗团委、曲江区第六届“志愿者杯”中小学生书画现场比赛初中组集体三等奖、曲江区第六届志愿者杯中小学艺术节文艺比赛二等奖、曲江区中学生毽球比赛男子、女子组冠军等荣誉称号。

曲江区第二中学领导班子成员名单（2016年）

校　长：游志雄

副校长：甘自鸿　张育明

【曲江职业技术学校】 韶关市曲江职业技术学校创办于1986年9月，是公办全日制国家级重点中等职业学校。学校占地面积293.06亩，建筑面积44760.8平方米。2016年有40个教学班，学生1367人；教职工152人，其中任课教师123人，“双师型”教师72人。

学校开设有机械加工、电气运行与控制、计算机应用、财经商贸、汽车维修、幼儿教育等六大类共13个专业，其中数控技术应用和电气运行与控制两个专业是广东省重点建设专业。学校有各类实践教学及技能训练设备，每年可承担3600人以上的职业技能培训和职业技能等级鉴定任务。学校建立校外近百家学生顶岗实习基地，毕业生实习就业率达98%以上。2013年4月，广东省教育厅批准曲江职校与广东松山学院联办数控技术应用等4个专业“三二”分段教学直升班（2016年增加电子商务专业，为5个专业），开通中职直升大学渠道。

学校坚持“求真知、做真人”的校训，坚持“做事首先学会做人”的育人理念，建立“求真和谐”团队，以“就业为导向，贴近市场办学”，“以德育为首，建设和谐校园”，“以教学为依托，促进学生发展”，“实施三二分段教学，转变人才培养模式”，“开办冠名班，扎实推进校企合作”，取得骄人成绩：2001年学校被省教育厅确定为广东省中等职业教育实训中心；2004年被教育部确定为国家级重点中等职业学校；2005年被选定为国家职业技能鉴定所；2007年被确定为“广东省安全文明校园”；2008年被确定为“广东省依法治校示范校”；2009年被确定为“广东省心理健康教育示范校”和“广东省职业技能大赛韶关选拔赛先进单位”。

曲江职业技术学校领导班子成员名单（2016年）

校　长：黄　伟

副校长：邓永军　刁森标
　　　　刘坚权

【韶关市示范性综合实践基地】 韶关市示范性综合实践基地（原名韶关市青少年社会实践活动中心）创办于1999年9月，是首批“广东省中小学示范德育基地”之一。基地占地面积140多亩，有正式教职工27人。基地毗邻马坝人遗址、马坝人博物馆和曲江科技馆，周边德育资源丰富，环境优雅，交通便利，是青少年学生开展社会实践和国防教育活动的理想场所。

十多年来，基地坚持“德育为首，实践创新，全面提高学生综合素质”的办学宗旨，积极开展培训教育活动530多期，接待参训学生22万多人次，取得良好的培训效果和社会效益。近年来基地被评为：全国中小学消防安全教育社会实践基地、广东省学生军训工作先进单位、广东省环境教育基地、韶关市中小学社会实践与国防教育活动先进单位、韶关市人防知识教育先进单位等。

2016年，建好场馆，夯实基础，切实改善办学条件。基地利用彩票公益金3000万元建设项目新建的综合实践楼、安全教育馆、学员宿舍楼和多功能报告厅于2015年相继完工，2016年各场馆内的设备设施也添置安装完毕，2016年已投入使用（除安全教育馆）。强化管理，开发课程，不断提升活动水平。通过对规章制度的“立、改、废”，使管理井然有序；通过开设新课程，使培训活动达到了“外约”“内唤”的效果。优化师资，践行理念，推动基地长远发展。建立健全教师培养、培训、培优机制，切实提高教师队伍素质。通过践行精准的办学理念，更好地实现管理育人、活动育人、环境育人和服务育人。

韶关市示范性综合实践基地领导班子成员名单（2016 年）

主　任：郭日文
副主任：余祥清　邹　颖
主任助理：吴伟坚

【曲江区马坝中学】 韶关市曲江区马坝中学始建于 1982 年，原校址在马坝镇转溪，校名为马坝镇第二中学。1987 年迁到马坝镇南华。于 1991 年 8 月迁到现校址，2010 年 8 月更校名为曲江区马坝中学。学校占地面积 38 亩，总建筑面积 12905 平方米，生均校舍建筑面积 9.72 平方米（不含宿舍）。2016 年学校有七至九年级共 19 个教学班，学生 859 人，毕业生 302 人，其中内宿生 174 人，教职工 93 人（专任教师 89 人），专职心理咨询老师和校医各 1 名；其中本科学历 45 人，大专学历 45 人；具有中学高级教师 7 人，中学一级教师 67 人，初级教师 16 人，教学辅助人员 2 人。

学校主要教学建筑有 1 栋综合楼，3 栋教学楼，1 栋教师宿舍楼和 1 栋学生宿舍楼，功能场室共 32 间：有文化展览厅 1 间、图书类 4 间、音乐类 3 间、美术类 3 间、科学类 7 间、综合实践 1 间、电脑科技类 4 间、心理咨询室 1 间，体育类 3 间、团队类 2 间，年级多功能室 3 间。

学校着力打造“基于禅宗、立于道家、融入儒家”的独具魅力的善美教育和充分发挥以生为本的生本教育。同时，确立“尚书向善，笃学明志”的办学理念，践行“日行一善，善形一生”的校训，营造“与人为善”的校风，倡导“谆谆善教”的教风，激励“乐学善思”的学风。在践行善文化教育活动中，师生接受“善”的教育，实践“善”的真义，“善形一生”得到充分体现，精神得到极大的洗礼。学生的学习行为、做人行为、生活行为有了根本性的改变。教师安教、善教、乐教，学生安学、善学、乐学。善文化教育让师生道德品质得到提升。学校德育创新和学校文化建设得到各界高度认可，已成为韶关市教育的窗口示范学校。

夯实教育教学研究，提高教育教学质量。进一步完善发挥好学校信息网络建设，深化国家级“十三五”课题研究。学校获得韶关市义务教育阶段教学质量优胜单位，连续两年荣获韶关市信息化建设与应用评比二等奖，2010—2016 年连续七年获得曲江区义务教育阶段学校教学质量绩效考核先进单位。2016 年教师论文获得国家级奖励 8 人次、省级奖励 8 人次、市级奖励 44 人次、区奖励 80 人次；师生参加竞赛获得国家级奖励 6 人次、省级奖励 29 人次、市级奖励 24 人次、区奖励 58 人次。

学校积极创建善文化特色品牌，得到社会各界高度认可，学校先后被评为“曲江区精神文明先进单位”“曲江区文明校园”“韶关市中小学安全文明示范学校”“韶关市毒品预防教育示范学校”。先后获得“广东省义务教育规范化学校”“广东省德育示范学校”“广东省书香校园”“广东省依法治校示范校”等殊荣。

学校领导班子成员名单（2016 年）

校　长：曹国雄
党支部书记：黄汉锋
副校长：沈世真　李裕辉

【韶钢实验学校】 韶钢实验学校是曲江区一所九年一贯制学校。2012 年 1 月由韶钢集团公司移交韶关市教育局管辖转为公办学校，2015 年 1 月移交至曲江区教育局管辖。学校位于韶钢东区，占地面积 39600.09 平方米，建筑面积 9894.14 平方米。2016 年有 36 个教学班，学生 1520 人（小学部 1071 人，初中部 449 人），在职在编教职工 85 人，其中研究生学历教师 2 人，本科学历教师 68 人，专科学历教师 15 人，高级职称教师 17 人，中级职称教师 50 人。学校拥有 200 米塑胶跑道运动场等运动场地和设施，36 个教学班全部装有教学平台，实现了多媒体教学资源“班班通”。

学校坚持“九年厚德励志，九年奠基一生”的办学理念，以德育创新主题“好习惯伴我成长”强化养成教育，促进学生全面、和谐、健康发展，逐步形成“好习惯伴我成长”的德育特色。学校大力弘扬“团结、奋进、求实、创新”的校风，“爱生、敬业、尚道、笃行”的教风，“勤学、善思、好问、进取”的学风，抓实常规保质量，有效教研促课改，切实有效地推进教学改革和德育创新，教育教学质量稳步提升。学校以教学为中心，抓实教学常规，向过程管理要质量，深化课堂教学改革，取得了较好的成绩：2016 年教师教学论文、教学设计、优课及教学课例获得国家、省级奖励10篇，市级6篇，区级25篇；3项课题获市级立项，1项课题获区级立项；学生参加各级各类竞赛、比赛获国家级奖励3人次，省级10人次，市级39人次，区级24人次。学校先后被评为“广东省安全文明校园”“广东省义务教育规范化学校”“韶关市群体师德先进单位”“韶关市德育示范学校”“广东省少先队红旗大队”及曲江区2015—2016年度义务教育阶段学校教育教学绩效考核先进单位。

韶钢实验学校领导班子成员名单（2016年）

校　长：袁　伸

党支部书记：巫鉴辉

副校长：胡伟清（2016年3月起任）
　　　　廖明荣
　　　　刁均宏

【曲江区第一小学】 曲江区第一小学位于曲江区马坝镇中华一路，创办于1912年，原校名为“三溪书院”（“三溪”即曹溪、转溪、石角溪），又称为“三圣堂”。后改制办理新制小学，时称“马坝国民学校”。1949年10月底，学校由曲江县人民政府接管，先后命名为“马坝小学”“马坝镇中心小学”“韶关市曲江县第一小学”，2004年学校正式命名为韶关市曲江区第一小学。

学校教学楼、功能场室一应俱全，秀美玲珑的绿化带，充满文化气息的校园环境，彰显出深厚的文化底蕴。学校是广东省义务教育阶段规范化学校、韶关市安全文明校园、韶关市行为规范示范校、韶关市语言文字规范化示范校、韶关市德育示范校、韶关市义务教育阶段学校教学质量优秀单位、韶关市卫生标兵单位、韶关市红旗大队、广东省书香校园、第一批韶关市德育示范学校、“广东省关心下一代工作”先进单位、全国优秀家长学校实验基地、区义务教育阶段学校教育教学绩效考核先进单位、广东省规范写字书写教育特色学校和广东省语言文字规范化示范学校。

2016年学校有教学班48个，学生2612人，教职工138人。学校以“方圆合一”为办学理念，以“方圆合一、崇文尚德”为校训，以“好习惯、九九歌”为办学特色，严谨教育教学管理，努力深化素质教育，扎实开展好各项教育教学活动，办学效益显著。学校以艺术教育及创建“书香校园”活动为突破口，大力打造特色教育，艺术教育及“书香校园”已经成为学校的特色，尤其是艺术教育更是远近闻名，成为学校响亮的品牌。学校先后被评为“全国学校艺术教育先进单位”“全国优秀家长学校”“全国零犯罪学校”“广东省书香校园”。

曲江区第一小学领导班子成员名单（2016年）

校　长：张绍铭

副校长：饶燕敏　许卫红

【曲江区实验小学】 曲江区实验小学创办于1986年，是广东省一级学校、广东省义务教育阶段规范化学校。学校占地面积11546平方米，有41个教学班，学生2120人。在校教职工117人，专任教师115人，其中小学副高级教师3人，小学高级教师108人。教师岗位合格率和学历达标率均为100%。近年来，学校秉承“为教师幸福人生添彩，为学生终生发展奠基”的办学思想，以新课程理念为先导，不断深化教育教学改革，积极推进素质教育，始终不渝的实施“科研兴校”战略，坚持“构建充满生命活力的校园，创造促进儿童发展的教育”，积极推进教育信息化建设，强化师资队伍建设，加强教育改革研究，深化素质教育实施，深入推进家校合作，构建高品位的育人文化，着力打造曲江区实验小学的“和乐文化”，努力提升学校的办学品位，打造一流的品牌学校，取得显著成效。学校先后被评为全国优秀家长学校、全国第三届和谐校园先进学校、全国“百社千校书香童年”阅读基地学校、国家级艺术特色学校、广东省优秀现代教育技术实验学校、广东省知识产权教育实验学校、广东省群众体育工作先进单位、广东省红旗大队、广东省书法名校、广东省书香校园、广东省师资培示范校、广东省青少年科学教育特色学校、韶关市教育改革先进单位、韶关市“广东省义务教育规范化学校”等荣誉称号。

曲江实验小学领导班子成员名单（2016年）

校　长：曹永新

副校长：杨秀英　杨新花

【曲江区九龄小学】 2010年，为解决曲江城区“上学难”“班额大”“优质教育少”等问题，曲江区政府撤并了原城中村马坝镇安山小学和城郊阳岗一小两间薄弱学校，投资4000万元在马坝城西新建一所占地面积22633平方米，建筑面积15500平方米的高标准、设施一流的规范化小学，学校经广泛征名后命名为“九龄小学”，得名于曲江最著名历史人物——唐代名相张九龄。九龄小学于2011年9月1日正式启用。

学校主要由东、西两个教学区和一个办公区组成，分别是崇信楼、崇义楼、崇礼楼。现有教学班57个，学生3019人；教职工146人，专任教师144人，学历达标率100%，其中本科学历42人，大专学历91人，中专学历13人，132人取得中级职称，14人取得初级职称。配备语文、数学、英语、体育、科学、音乐、美术、信息技术等专职教师。

学校各种功能室和设施设备均按省级标准配备，2016年有计算机室2间、软件制作室1间、多媒体电教室3间、美术室2间、科学实验室2间、科普室1间，建有民乐室、管乐室和烹饪室。学校每间课室都有多媒体电教平台，并以九龄诗句进行命名，富有韵味：如藏书达6万多册（生均20.8册）的图书室——风度书斋；充满古韵的书法室——子墨寿轩；宽敞明亮的舞蹈室——春江舞坊；富有诗意的音乐室——怀秋乐坊、怀远乐坊、闻燕乐坊、心曲乐坊；富有正气的多功能电教室——守正堂、正和堂、清正堂、雅正堂。

学校秉承“守正忠直”的九龄风度，秉持“以民为本、德望为先、才杰廉明、尚直宽和”的九龄文化，确立“正和文化”为九龄小学的主题文化。学校以“为学生终身发展奠基、为教师幸福人生添彩”为办学核心理念，从新课标的教育理念和九龄文化以及中国传统文化出发，从整体性的思维方法和工作方法入手，打造具有正和文化特色的学校。学校提出“一训三风五模式”：校训：尚正宽和。正直做人、实在做事、仁爱宽厚、和谐发展。校风：至正至和。正直诚信、仁爱宽和。教风：儒雅至正。师德高尚、温文尔雅、智慧育人。学风：儒雅慧学。正直儒雅、聪慧乐学。五模式：养正德育、雅正团队、乐正课堂、聚正班级、润正后勤。

学校全面启动“诵读经典、品位文化、智慧成长”的系列活动，将《三字经》《弟子规》《论语》和唐诗宋词等国学经典以及传统礼仪、象棋、围棋、葫芦丝、国画、剪纸等传统技艺引入课堂，培养具有深厚中华传统文化内涵的一代儒雅新人。

曲江区九龄小学领导班子成员名单（2016年）

校　长：林金英

副校长：徐慧平　吴基金

【曲江区第三小学】 曲江区第三小学创办于1996年9月，学校占地面积30840平方米，校舍建筑面积5646平方米。2016年有教学班35个，学生1604人；教职工114人，其中专任教师共110人，专科以上学历有93人，占专任教师82%，小学一级教师有96人，占专任教师84%。学校依山傍水，环境优美，功能场室齐全，有足球场、篮球场、羽毛球场等标准体育场地与设备。

学校校园布局合理，教学区、运动区、生活区“三区”分明。有教学楼、学生宿舍楼各1栋。有计算机室、音乐室、美术室、舞蹈室、书法室、科学实验室、心理咨询室、学生阅览室、图书室等15间功能室，图书室藏书33979册。

学校全面贯彻党的教育方针，依法治教，全面推进素质教育。以抓常规打基础，抓教改促提高，坚持走“科研兴教”“特色立校”“生本教育”之路。学校提出的“修德立志、健体读书”工程为工作指引，进一步加强教师队伍建设，加强教育创新管理，加强校园文化品牌建设，加强校园办学条件建设，提高教育服务水平；进一步强化依法依规办学，加快推进教育内涵发展，促进学生“德、智、体、美、劳”全面发展，全面推进教育事业再上新台阶。

学校坚持严谨治学的教学思路，努力深化素质教育，扎实开展好各项教育教学活动，办学效果显著。学校合唱队代表曲江区参加2016年11月韶关市“英东杯”合唱比赛荣获市一等奖第一名的优异成绩；学校足球队参加2016年11月区中小学生足球联赛，取得男子组第一名，女子组第四名的辉煌成绩；学校足球队参加2016年11月区中小学生足球大赛获三年级组第二名，四年级组第五名的好成绩。段毅同学参加2016年韶关市中小学生跆拳道公开赛荣获小学组男子40公斤级第一名的优异成绩；参加区“经典诵读”比赛荣获二等奖。2016年学校还被评为“广东省依法治校示范校”、韶关市百所中小学校（幼儿园）示范性平安食堂荣誉称号。

曲江三小领导班子成员

校　长：赖建梅

副校长：蓝绍衡　张红忠

【曲江区城南小学】 曲江区城南小学是一所公办学校，创办于2004年，位于著名的马坝人遗址和石峡文化发源地——狮子岩附近，地处曲江城区南面。学校占地70多亩，校舍建筑面积20060平方米。2016年学校有教学班47个，学生2134人；教职工117人，专任教师106人，专任教师学历达标率为100%，其中本科学历27人，大专学历89人，109人达中级职称，8人达初级职称。城南小学下辖3个教学点（龙岗、田心、石堡），共6个义务教育教学班，学生117人，教职工14人。

城南小学秉持以人为本的思想，以“智圆行方，美丽人生”为办学理念，坚持以境育人、以文化人、以情感人，注重营造浓厚的校园文化氛围，构建美丽和谐的育人环境，着力打造“校园优美，教师开心，学生快乐，家长满意”的学校。利用编印的《经典伴我成长》经典诵读校本教材，积极开展经典诵读活动；且积极开展生本课堂教学改革，打造“教师轻松教，学生乐意学”的高效课堂，让学生成为学习的主人，提高学生综合素质。

学校坚持科研兴校的教学思路，课题研究成果显著，有多项课题获国家、省、市奖励；生本课堂教学改革初显成效，《韶关日报》在2015年6月9日A4版作了专题报道。学校重视体育、艺术教育，每年定期开展艺术、体育节活动，坚持开展大课间活动，确保学生每天有1小时锻炼时间。在韶关市英东杯声乐比赛中，学校连续三届荣获全市一等奖。学校自2009年至2014年连续五年评为区教育教学绩效考核先进单位，2007年评为市行为规范示范校，区教育工作先进单位，2008年评为广东省书香校园，2010年评为市安全文明学校，2012年评为市德育示范校，2015年评为韶关市先进科研单位。2015年学校田径运动队参加区中小学生田径运动会获小学组团体总分第一名，2016年6月学校铜管乐队、独舞、独唱、独奏参加区第六届中小学“志愿者杯”艺术文艺比赛均获小学组一等奖，2016年10月学生参加区经典诵读比赛荣获一等奖，2016年11月学校四至六年级男女足球队获区中小学生足球比赛第三名，铜管乐队参加市英东杯比赛荣获一等奖。

曲江区城南小学领导班子成员名单（2016年）

校　长：蓝振平

副校长：黄四莲　曹作华

【曲江区余靖小学】 韶关市曲江区余靖小学创办于2015年9月，是由曲江区人民政府投资8000多万元新建的一所标准化小学。学校位于曲江区马坝镇太阳山脚下，毗邻曲江区第一中学和源河鸿景北门。于2014年11月18日动工兴建，并于2015年9月1日建成投入使用。学校占地面积45亩，建筑面积24000平方米，可容纳36个教学班1800名学生。2016年学校有一至六年级共18个教学班，学生847人，毕业生25人。有教职员工45人，其中本科学历33人，大专学历11人，中师学历1人，小学初级职称17人，中级职称16人，高级职称2人。

学校建筑沿袭宋代建筑风格，环境美丽优雅，书香氛围浓厚，古色古香。学校主要教学建筑由1栋综合楼、3栋教学楼和1栋室内体育馆组成；学校功能场室齐全，有文化展览厅、图书室、音乐室、科学室等功能场室共27间。学校图书馆藏书3万册，生均图书35.5册。学校配备教师电脑70台，学生电脑56台，多媒体智能一体机41台，建成校园网，实现“班班通”网络。

学校以韶关曲江籍北宋名臣余靖的名字而命名。余靖一生勤政爱民，忠于职守，清正为官，敢于谏诤，勇于建功立业，是一位卓有建树的政治家、思想家、外交家和文学家，是继唐代名相张九龄之后第二位岭南、粤北的伟人。他提出著名的《从政六箴》：清、公、勤、明、和、慎，并以此为座右铭，终身信守，被皇帝宋仁宗尊称为“风采第一”。学校师生将以余靖为学习榜样，学习他清正廉明、勤政爱民的名贤风采。余靖小学的办学理念突出“贤”字，打造“贤文化”品牌。

学校全面实行“生本教育”，目的使师生能在快乐中教学相长，并且学校的“生本教育”已得到许多同行的认可。学校在 2016 年被评为“曲江区义务教育学校绩效考核先进单位”。

曲江区余靖小学领导班子成员名单（2016 年）

校　长：欧钦明
副校长：袁　艺

【韶钢第四小学】 韶钢第四小学位于韶关市曲江区梅花河畔，创办于 1982 年 8 月，原系韶钢集团公司企业办的职工子弟小学。随着企业办社会分离工作的进程，2012 年 1 月，学校移交韶关市政府管理，更名为“韶关市韶钢第四小学”，2015 年 1 月归属曲江区人民政府管理。学校是广东省义务教育标准化学校。

学校占地面积有 21000 平方米，建筑面积有 7801 平方米。2016 年有 30 个教学班，学生 1336 人；有专任教师 71 人，其中研究生学历 1 人，本科学历 46 人，专科学历 24 人，中级职称教师 61 人，中、高级职称教师占专任教师总数的 85.92%。学校各种功能室配备完善，有科学实验室、计算机教室、音乐室、美术室、劳技室、心理室。学校图书室藏书达 38946 册，生均 29.15 册。学校活动场所充裕，有 200 米环形跑道运动场、篮球场、乒乓球台，现代化教学设施合理配置，有 33 个多媒体教学平台，校园网络覆盖率 100%。

在 30 多年的办学历程中，学校秉承厚实的钢铁企业文化，形成了切合本校实际的校风、教风、学风；树立正确人才培养目标，在“体健第一，品德至上，学问之功，贵乎勤奋”的办学思想指引下，以“自然教育、经典教育、公民教育”三大体系办学理念为导向，形成阳刚少年、卓如红棉、雅如玉兰的“卓雅”教育核心，打造一流的“鼓舞”体艺特色学校。

学校始终坚持严谨治学，挺立于教学改革的潮头，取得令人瞩目的办学成绩，书写辉煌的历史篇章。学校先后被评为广东省安全文明校园、广东省书香校园、全国青少年足球特色学校、广东省体育特色学校、广东省诗歌示范学校、韶关市德育示范学校、韶关市群体师德先进学校、2016 年被评为“广东省红领巾示范校”、韶关市未成年人思想道德建设先进单位。近年来，在学科课题立项中，省级 1 个、市级 2 个；教学论文获省级以上奖励 4 篇、市级奖励 2 篇；学生参加学科知识竞赛获省以上奖励 3 人次、获市级奖励 6 人次。

韶钢第四小学领导班子成员名单（2016 年）

校　长：熊芳梅（任至2016年7月）
　　　　张焕莹（2016 年 8 月起临时负责学校工作）
副校长：徐　飘
　　　　温　洪（2016年4月起任）
　　　　李亚丽（2016年4月起任）

【曲江区机关幼儿园】 韶关市曲江区机关幼儿园创办于 1957 年 7 月，隶属县政府管辖。为实现教育的规范化管理，2004 年 6 月归属到教育局。2006 年 12 月由区一级幼儿园晋升为市一级幼儿园。在区委、区政府和教育部门的重视与支持下，2013 年实施旧家属楼重建工作，并于 2015 年 7 月竣工。如今，我园由原来一栋教学楼变成两栋，进一步缓解孩子入园难问题。幼儿园建筑面积 4086 平方米，户外活动场地 1858 平方米，绿化面积 200 平方米。园舍坐南向北，空气清新，采光良好，环境舒适、温馨，是一所集美化、净化、童趣化、教育化的儿童乐园。

2016 年区机关幼儿园有 18 个班级，分别为托班、小、中、大班，每班配备两教一保。有幼儿833 人，全园教职工 79 人。大专学历有 35 人、中专 26 人、高中以下 18 人，小学高级教师 13 人、初级职称 19 人，教师专业学历达标率为 100%。

区机关幼儿园以“家长放心，孩子开心”为工作目标，结合“3~6 岁儿童学习与发展指南”的精神与要求，致力于教育设施的完善和教学的研究。配有先进的网络信息教学平台，培养幼儿兴趣的音体室、创意美工室，启迪幼儿智慧的科学启蒙室、阅览室、棋艺室，愉悦幼儿身心的娃娃家、生活体验室、建构区等；幼儿园户外活动场地宽敞，体育器械丰富多样，大、小型玩具布局合理，是孩子茁壮成长的摇篮；幼儿园秉承寓教于乐的教育理念，潜心开展教学探索与实践，创出语言、美术园本教材，美术教学、启蒙阅读、花样篮球已成为本园特色。

区机关幼儿园精心办园，务实创新，面向全区，辐射乡镇，成为曲江区最具规模和影响力的幼儿园，享有良好的社会声誉。同时，在全园教职工的团结奋进，共同努力下，也取得了令人瞩目的成绩，先后被评为广东省“巾帼文明示范岗”、省卫生先进单位，省餐饮服务食品安全监督量化分级A级单位，市餐饮服务食品安全示范单位，市“平安学校食堂”示范单位，区群体师德创优活动先进单位等；教师论文、课件制作、教具参赛、说课比赛等分别荣获国家、省级、区级各名次奖项；组织幼儿参加省、市、区等各类文艺、书画比赛均获得一、二、三等奖。

机关幼儿园领导班子成员名单（2016年）

园　长：梁淑芳

副园长：黄丹丹

【曲江区艺术幼儿园】 曲江区艺术幼儿园创办于1992年7月，占地面积3875.6平方米，建筑面积4120平方米，户外活动面积1500平方米。2016年有16个教学班，在园幼儿668人；有教职工69人，其中本科学历6人，大专学历28人，本科在读8人，幼儿园一级教师12人，幼儿园二级教师6人，幼儿园三级教师4人，专业学历达标率100%。

区艺术幼儿园坚持遵循《3~6岁儿童学习与发展指南》的精神，认真抓好幼儿保教工作的同时，以“曲江传统采茶艺术特色”为重点，积极探索艺术教育特色，是粤北地区一所初具艺术特色的幼儿园。

区艺术幼儿园以“一切为了孩子”的办园宗旨，以“幼儿发展为本”为办园理念，大力推进素质教育。该园领导班子团结协作，不断提高管理水平，教师甘于奉献，爱岗敬业。2016年，该园积极开展骨干教师培训学习、支教帮扶和“园际手拉手”教研活动，开阔教师专业视野，提高教师业务素质，充分发挥公办幼儿园的示范辐射作用。2016年，园长徐碧琼被评为韶关市曲江区第二批名校长，张伟红、李蔚宁、邓金秀撰写论文参加省、市、区学前教育论文的评比荣获一、二等奖，欧丽芬、邓金秀老师参加韶关市第八届中小学（幼儿园）体育教学比赛优秀课例评比荣获二、三等奖。邓金秀老师参加广东省学前教育专业委员会举办的幼儿教师说课大赛中荣获二等奖，栾湘玉老师辅导幼儿绘画参加韶关市第二十一届中小学幼儿园“英东杯”文艺竞赛获幼儿组二等奖。

曲江区艺术幼儿园领导班子成员名单（2016年）

园　长：徐碧琼

副园长：张伟红　李蔚宁

【曲江区启智学校】 曲江区启智学校始建于1998年4月，2009年5月，香港道德会捐资45万元用于学校扩建，因此该校被冠名为“曲江区香港道德会启智学校”。2011年8月，学校由原区镇（马坝镇）共同管理的管理体制改为区教育局直属管理，2014年12月动工兴建一幢教学综合楼。2016年，学校占地面积3600平方米，建筑面积1886平方米，教学班3个，学生64人，教职员工15人。专任教师14人中有7人是特殊教育师范毕业，占专任教师的50%。

学校开办以来，得到社会各界热心人士及香港道德会的无私援助，通过各种渠道筹集资金，总共获得国家、省、市级拨款100多万元，社会捐资近百万元，先后建设综合用房、教学综合楼，添置一大批教育教学、康复游乐设备，大大改善教学环境。学校教学区和生活区布局分明，校园网络覆盖良好。

学校始终坚持以“一切为了残疾孩子的健康和发展”为办学宗旨，积极探索“利用山区资源为特殊教育服务”的办学模式。19年来，通过教师们的不懈努力，学校已经构建起具有山区特色的特殊教育模式，得到上级主管部门的肯定，获得较好的社会效应和多种荣誉。2016年，学校通过韶关市中小学示范性平安食堂建设和曲江区“平安校园”的考核验收。为提高教育教学效果，学校从特殊学生的教育需求出发，重点实施“生活化教学”课程改革，尝试在“包班制”下实施教育教学，充分发挥班主任管理职能，结合个别化教育全面开展实践研究，有效地提升课堂教学水平，提高学生的生活自理能力，为实现提高智障学生生活质量的教育目标奠定较为坚实的基础。

曲江区启智学校领导班子成员名单（2016年）

校　长：黄春娣

副校长：韩祝英

文化　广播电视

文　化

【概况】 曲江区文广新局原有6个下属事业单位，为积极配合区编办开展事业单位机构改革，把职能相近的采茶艺术传承中心并入文化馆，把韶州府学宫并入马坝人博物馆，把艺术幼儿园划归区教育局管理。文广新局下属事业单位机构数减少3个，领导职位数减少7个，减轻了财政负担，提高了工作效率。2014年事业单位机构改革完成后，区文广新局下属事业单位有4个，分别是：曲江区图书馆、曲江区文化馆、曲江区博物馆、马坝人遗址管理处。

【文化管理】 2016年，是“十三五”规划的开局之年，区文广新局在区委、区政府的正确领导下，在市文广新局悉心指导下，认真贯彻落实曲江区“十三五”规划精神，积极组织开展“两学一做”学习教育，以建设文化曲江为目标，重点抓好文化基础设施建设，着力提高公共文化服务能力，大力扶持文艺精品创作，加大文化市场监管力度，加强文物管理保护工作，较好地完成各项工作任务。

主要工作

【党建文化】 2016年，全国掀起“两学一做”学习教育的高潮，区文广新局党总支在区委的号召下，在文化系统各支部切实深入开展“两学一做”学习教育，在各文化单位中大力营造学习气氛，发扬“两学一做”学习教育良好风气。结合文化部门的实际，在坚持个人理论自学、集体党课学习以及开展专题学习讨论的学习方式基础上，区文广新局党总支还创新举办“两学一做”学习教育专场文艺演出，通过自编自演的形式，大力彰显基层党组织的坚强堡垒作用，充分展示“两学一做”学习教育的丰硕成果，进一步激发广大基层党组织和党员竞相争先、奋发向上的力量，寓教于乐演绎“两学一做”。

【廉洁文化】 2016年，全市开展以“学党章强党性、讲规矩守纪律”为主题的纪律教育学习月活动，区文广新局积极协助区纪委举办系列活动的重头戏曲江区“我的梦——修身齐家”演讲大赛。来自全区各镇（街道）、机关单位不同岗位的35名选手参加比赛，选手用个人真实的经历、身边人、身边事为演讲主题，以饱满的激情和真诚表述自己对加强自身廉洁修养、做规矩人的家风、民风、政风的见解与主张，形成一股浓厚的廉洁之风。通过初赛、决赛，来自曲江区教育局的陈莉获得大赛的一等奖，并推选到省里参加省直赛区的复赛，最终脱颖而出，成为韶关市唯一进入“我的梦”第三届广东省演讲大赛暨广东省修身齐家演讲大赛的选手，并取得大赛银奖的好成绩。

【文化设施建设】 深入贯彻落实《韶关市贯彻广东省〈关于加快构建现代公共文化服务体系的实施意见〉工作方案》，加快“文化兴区”建设步伐，进一步完善公共文化服务体系，提升基层公共文化服务效能，区文广新局印发了《曲江区贯彻广东省〈关于加快构建现代公共文化服务体系的实施意见〉工作方案》和《曲江区基层综合性文化服务中心建设试点工作方案》。大塘镇综合文化站文体广场列为省文体广场建设试点，建设工作顺利完成。完成乌石镇综合文化站的维修工作，为樟市镇南约村委、马坝镇村委、鞍山村委、乌石镇杨梅村委等农家书屋购置书架、桌椅，为全区85个农家书屋重新配置新书共9840册。

【文化惠民工作】 2016年，曲江区继续以图书馆、文化馆、益民电影公司为主体，结合乡镇文化站，持之以恒地把文化和科技知识送进乡村、社区、校园。全年送书到各乡镇、举办相关文化活动共212场；组织各民间文艺团体举办群众文化活动97场，其中，7月在全区各镇进行山歌巡演12场；免费送电影下乡1074场，超额完成任务。马坝人遗址全年景区共接待游客约265176人次，其中团队1145个，学生12398人次。区博物馆年累计接待观众近17万人次，其中青少年观众3.1万人次，共义务讲解960多批次。

举办“风度曲江”系列广场文化活动、“我们的节日”系列文艺演出、春节游园活动、道德讲堂等文化活动，丰富全区群众的精神文化生活。为做好全区文化场馆免费开放工作，开展全区各镇（街道）、文化单位的免费开放业务培训班，确保各镇文化站（室）、文化场馆免费开放工作的顺利开展。妥善解决乡镇（公社）老放映员历史遗留问题，制定《曲江区关于妥善解决乡镇（公社）老放映员历史遗留问题的实施方案》。

【文化精品创作】 曲江区积极开展“风度曲江”广场文化系列文艺演出和“欢乐乡村”文艺活动，组织各类具有本土特色的文化展演活动，弘扬曲江区优秀传统文化，打造优秀文化品牌，挖掘、培育乡镇更多的文艺表演人才，生产更多文艺精品节目。举办第二届“风度曲江·客家情”山歌赛、民间器乐展演、小戏小品展演等活动，丰富曲江区人民群众的文化生活，体现本土文化特色。曲江区选送的节目《山花花》《摘橘子》参加韶关市首届音乐舞蹈花会，分别获得金奖和银奖。

【文化交流合作】 签订莞韶文化精准帮扶协议书，曲江区枫湾镇综合文化站和沙溪镇沙溪村委文化室成为东莞市常平镇“对口帮扶”建设点。区文广新局选派区图书馆、文化馆、博物馆文化骨干分批次赴东莞市文化单位进行为期两个月的培训学习。开展了“幸福樟城·和谐中国—樟木头庆祝国庆67周年文艺晚会”交流演出，将曲江的传统采茶戏、客家文化、非遗文化“十点梅花”带到东莞表演，让樟城市民耳目一新，达到对外宣传曲江文化的效果。

【文化遗产保护】 曲江区顺利完成第一次全国可移动文物普查工作，共采集数据5238件（套），完成并报送1.7万字的《韶关市曲江区第一次全国可移动文物普查工作报告》。积极配合开展韶关市申报国家历史名城工作，并争取韶关市300万元的资金支持，对鸡公楼、岑屋门楼、邓屋坪民居进行维修。圆满地完成将大革命时期曲江农民协会旧址“宏仁善堂”的门额石匾，安全地从韶州府学宫搬运到马坝人博物馆妥善安放。马坝人—石峡遗址项目建设列入国家“十三五”时期大遗址保护项目（全省仅2个遗址入选），是韶关市“百项工程”兴韶关的重点项目之一，也被市和区列入城市提升三年计划的重点项目。已完成马坝人—石峡遗址首期风貌整治设计招标工作、施工招标工作以及监理单位招标工作，首期环境风貌整治正在进行中。

注重非物质遗产文化的传承和发展。举行“山歌巡演”，将曲江区优秀的山歌表演节目送到各镇、街道、社区、学校。举办曲江区非物质文化遗产展示展演活动，继续深入开展全国“文化遗产日”展示展演活动。积极挖掘曲江区非物质文化遗产，将采茶戏列入曲江区第四批非物质文化遗产。努力做好“非遗”文化进校园系列“非遗”文化的传承与保护工作，新增大塘镇育才幼儿园为曲江采茶戏进校园试点。重新编制出版《曲江采茶戏音乐》一书，挖掘、传承曲江采茶戏优秀曲目。

【文化市场管理】 深入开展“扫黄打非”专项活动，深入贯彻省市工作部署，实施“清源2016”“净网2016”“护苗2016”“秋风2016”等专项行动，曲江区“扫黄打非”工作在省专项检查中顺利过关。狠抓安全生产工作，落实消防管理制度，组织文化市场各行业进行消防安全业务学习培训，签订《曲江区文化市场消防安全责任书》《曲江区文化市场突发事件应急处置预案》。加大文化执法检查力度，切实维护文化市场经营秩序，净化社会文化环境，文化市场综合执法队全年检查文化经营单位、文博保护单位300家次，出动执法人员707人次，发出整改通知20份，停业整顿1份，全年共立案10宗，吊销“娱乐经营许可证”1宗，处罚金额2.7万元。在全区26家网吧安装视频远程监控系统，实现对全区网吧的实时视频监控。全年无重大安全生产、消防事故发生，无引发社会关注的负面舆论热点。

【新闻出版】 拟订广播电视事业、产业发展规划并监督指导实施；指导、协调重大宣传任务；监管广播电视节目制作机构、信息网络视听节目服务机构；监管广播电视节目、信息网络视听节目和公共视听载体播放的视听节目，以及境外落地电视频道；监管、指导广播电视节目传输、监测和安全播出；审核广播电视节目设置范围；承担卫星广播地面接收设施安装使用的审批和监管工作；指导电影发行和放映工作；指导、管理广播电视方面的对外交流与合作。

组织拟订和监督实施新闻出版行业和版权管理的发展规划；负责监管图书、报纸、期刊出版活动；监督出版物质量；监管新闻单位记者证；负责出版物的印刷、复制、发行、进口单位的监督管理工作；承担全区音像制品的进口、批发、零售、出租和放映的监管工作；负责对互联网、手机、数字多媒体等非纸质媒体出版行为的监管工作；指导、管理新闻出版和著作权方面的对外交流与合作。

文化单位主要工作

【图书馆—文化活动】 促进图书馆深层次服务能力提升，开展文化活动。图书馆不仅发挥主阵地文化服务的职能，在文化志愿者的帮助下还开展许多文化活动，并且在传统节假日积极举行各类读书文化活动，在暑期开展“我读书、我快乐”“书香伴我行”活动，以引导青少年节假日、暑期远离网吧、网络游戏，加入快乐阅读行列，净化心灵世界，读好书、写美文、欣文学，相互学习交流，提高思维能力、写作、文学表达水平及语言素养。

【“我们的节日”主题活动与创文工作】 区图书馆围绕市、区创建文明城市的精神，深入开展“我们的节日”主题活动、道德讲坛、加强未成年人的心理健康教育、残障人（盲人）读书活动。在传统文化节日都举行多姿多彩的文化活动，发扬优良传统文化。同时，积极配合做好曲江区创文工作，充分发挥其爱国主义教育、青少年健康教育阵地作用。一是积极开展公益活动。二是关注未成年人心理成长健康，开展各类青少年健康向上的活动，以及积极开展开展未成年人心理健康教育帮扶活动。2016年，接受个人心理咨询40人次，团体心理辅导活动30场，同时积极开展心理咨询讲座进社区、进校园，联合学校、社区开展“中华孝道”“知足感恩”“阅读让成长理精彩”心理咨询讲座。三是认真做好道德讲坛工作。2016年，举办道德讲坛活动11场，充分宣传社会主义核心价值观教育。四是开展关爱残疾人、关爱留守儿童等文化志愿活动，积极做好曲江区精神文明建设。

【乡镇文化站、农家书屋建设】 图书馆在服务“三农”、方便农民的惠民工程中，开展一系列有特色的服务活动，让乡镇文化站、农家书屋真正成为农村的“文化大课堂”。通过到各镇、村委农家书屋举办丰富多彩的文艺会演活动、暑期读书活动、基层文化队伍培训班等，引导农民读书、用书，提高乡村人民群众的文化幸福指数，不断推进农村精神文明建设。每逢各乡镇的墟日，都把流动图书车开到各个乡镇，免费把书送到农民的手中，真正将“送书下乡”落到实处。

【“国学”教育、推广品牌活动】 为广泛地开展国粹书法和普及开发，对提升全民素质，提高书写水平，传播国学精粹，2016年图书馆与区文联、区书法协会等书法艺术团体共同举办多场书法作品展，获得各界好评。同时区图书馆成立“国学浅说讲堂”，2016年共组织开展26讲“国学浅说讲堂”。

2016年，区图书馆送书下乡、农家文娱活动、下乡培训共191场，开展相关的活动190场次，其中阅读推广活动89次、各类展览12场、各类公益讲座58场，各类培训31场、心理健康团体辅导活动30次、个人咨询40人次。共接待读者183278人次。

【文化馆—文化活动】 2016年，区文化馆积极创新文化演出，结合曲江区“风度曲江”广场文化的舞台，积极开展文艺演出，精心组织开展系列群众性文化活动，每到节假日都安排丰富的文艺表演，并且会联合区各单位、工业园、企业举办各位主题鲜明的文艺演出，丰富着广大群众的精神文化生活。同时精心组织各类特色文化展演和比赛，以挖掘各镇更多的文艺表演人才和文艺精品节目，如“风度曲江·客家情”山歌赛、民间民乐展演、小戏小品展演等。区文化馆精心选送的节目《山花花》《摘橘子》参加市首届音乐舞蹈花会分别荣获金奖和银奖。

同时，区文化馆还积极传播着曲江区的传统本土文化，注重非物质遗产文化的传承和发展，促进曲江区文化事业的发展。一是举行“山歌巡演”，将曲江区优秀的山歌表演节目送到各镇、街道、社区、学校，发扬着曲江区本土的山歌文化。二是做好传统文化的传承和发展工作。为庆祝全国“文化遗产日”，每年区文化馆举办了曲江区非物质文化遗产展示展演活动，将曲江丰富的非物质文化遗产融入群众的生活之中，提高群众对本土非遗文化的认同感，有利与曲江非遗文化的传承与发展。三是积极挖掘曲江区非物质文化遗产，曲江采茶戏于2016年列入曲江区第四批非物质文化遗产。

一直以来，文化馆坚持“以人为本，服务群众”的宗旨，积极组织业余团队在免费开放排练场所排练，并且安排有馆辅导老师和聘请的辅导老师上课辅导，培训形式多样。同时，做好各项民间艺术团队的业务培训及辅导工作，组织文艺团队送戏到基层、社区、学校、福利院、敬老院，为群众文艺演出，提供平台展示他们的风采。2016年文化馆业余团队演出共97场，举办专场文艺演出18场，观看人数近万人。

【博物馆—爱国主义教育基地】 为确保博物馆免费开放工作的顺利开展，区博物馆认真从免费开放的基本目标、保障机制、具体措施和要求等方面着手，致力于把免费开放工作做实、做细、做好。同时，对全馆工作人员进行职业道德教育和业务技能培训，进一步强化安全意识、服务意识和文明意识。得益于免费开放这一惠民举措，2016年累计接待观众近17万人次，其中青少年观众3.1万人次，共义务讲解960多批次。得到社会各界的认同与好评。

区博物馆作为曲江区爱国主义教育的宣传基地，一直承办着曲江区爱国主义教育及各种科普知识展览的工作，积极发挥省级爱国主义教育基地的作用。特别把开展未成年人观众教育宣传作为一项重要工作来抓，积极创造条件，提升服务水平，为广大青少年提供一个良好的了解历史、实践社会的平台。区博物馆通过开展各类图片展，积极发挥着爱国主义教育基地的角色。为了加强宣传教育工作，积极筹划并实施讲解员志愿者队伍建设，4月开始，与松山学院旅游外语系取得联系，组织成立马坝人博物馆义务讲解员志愿者队伍，有24人参加，至年底到区博物馆参加义务讲解实践活动的志愿者达到48人次。2016年博物馆举办5场大型的图片展。

【马坝人遗址—景区服务管理工作】 马坝人遗址景区自2015年9月面向全社会免费开放后，游客剧增。面对蜂拥而来的游客，马坝人遗址管理处有条不紊的安排接待工作，并且每周定期做好景区的卫生清洁，组织志愿者为游客提供引导服务。在全年各大黄金周及节假日的间接接待工作中，实现零投诉，并无重大安全事故发生，为广大游客创建一个和谐、稳定、安全、有序、舒适的旅游环境。全年景区共接待游客约265176人次，其中团队1145个，学生12398人次。

（曹海弘）

曲江区文广新局领导班子成员名单（2016年）

局　长：罗程伟

副局长：禤细贤　黄礼新

龚　冰

广播电视

【概况】 曲江区广播电视台为区委、区政府直属的正科级事业单位，主管部门为区委宣传部。实行的仍然是“台、网合一”的管理体制，内设6个机构：办公室、财务室、人事监察室、总编室、广播电视新闻中心、广播电视网络中心。下属事业单位有：马坝、白土、樟市、罗坑、小坑、大塘、枫湾、乌石、沙溪9个乡镇广播电视站。全台编制数122人，实有在编在岗总人数108人（截至2016年12月30日）；领导班子4人：台长1名，副台长3名；全台专业技术人员共29人：中级职称2人，初级职称25人，员级职称2人。广播电视台综合业务办公大楼地址设在马坝镇狮岩路10号，对外服务窗口地址设在烟草大厦一楼。2016年曲江广电工作在区委、区政府和区委宣传部的组织领导下，坚持围绕中心、服务大局，创造性地开展工作，在新闻立台、事业强台、经营活台、人才兴台等方面都取得新的成绩。

【新闻宣传】 2016年，区广播电视宣传始终坚持强化新闻节目的龙头和主干地位，增强重要新闻节目的辐射力和影响力原则。充分利用自身优势，在引导解惑上下功夫，在凝聚人心上下功夫，在鼓舞士气上下功夫，努力营造“少说多做干实事，一心一意求发展”的氛围。多侧面、多层次、多角度满足群众的需求并围绕区委、区政府的中心工作对一些重大题材、重点题材进行周密策划部署。

壮大主流宣传，讲好曲江故事，提升曲江品牌影响力，在围绕区委、区政府提出“融入主城区，对接珠三角，开创曲江经济社会发展新局面”的发展战略，做深做活时政新闻，正确引导社会舆论，努力提高传播效果，为打造“实力、活力、法治、幸福、道德、美丽曲江”发出主流媒体的时代强音。电视类全年共采制、编辑、报道新闻1440篇，自制栏目时长达150多个小时；广播类全年制播新闻2560条，栏目264期。

【“两学一做”专题教育】 区广播电视台新闻中心主要宣传工作紧紧围绕全区“两学一做”专题教育的深入推进而展开。教育活动不仅是宣传报道的重中之重，也是新闻中心上下高度关注的新闻源，记者以高度的政治敏锐度及专业精神深入一线进行采访报道，在用真实的人和事展现曲江区开展“两学一做”专题教育以来所取得的成果的同时也对各镇各单位各部门在教育过程中出现的亮点及存在问题加大报道力度，因贴近民声，贴近民意，贴近民心，节目播出后受到社会各界的广泛关注和好评。

【主要工作】 通过专题、系列报道等表现手法多角度、多侧面对全区“两学一做”、精准扶贫的好举措、好经验、突出的成效进行全程报道。围绕区委、区政府提出加快推进新型工业化和新型城镇化的发展战略，精心组织策划相关专题报道，以点带面，为全区转型跨越发展提供精神动力和舆论支持；扩大对外宣传平台，积极与韶关电台、电视台联合开辟《县区连线》《美丽韶关》两大精品栏目，2016年共播出96期，涵盖内容面广，传播范围大，曲江区社会各项事业在全市的影响面得到强有力的提升；以创新栏目来聚集人气，扩大影响，2016年先后策划制作播出《曲江视点》《旅游休闲》《欢乐曲江》《三农视角》《生活驿站》《计生园地》《安全生产伴我行》等电视栏目，栏目设置特色鲜明，形式多样；“巩卫创文”“两违整治”等宣传集中热烈，效果良好；热点难点问题的新闻报道做到适时到位，突发事件的舆论引导做到了及时准确；民生新闻量大质优；外宣成绩突出，全年区台在上级台共播发稿件916篇，宣传曲江争当全市经济发展先行区新成就；新闻报道进一步改进，政务报道精简高效，民生内容大幅增加，社会反响良好；空中道德讲堂、党员星级志愿者专题报道、《彩虹桥》的开设以及公益广告的覆盖，在潜移默化中进一步提高公众道德素质和社会公德水平，促进良好社会风尚的形成，开辟曲江广播电视台公众微信号，让自制节目能在更大平台得以传播。

【栏目建设】《曲江新闻》《曲江视点》《反腐倡廉大家谈》《三农视角》《安全生产伴我行》《生活驿站》《欢乐曲江》《彩虹桥》等栏目充分发挥地域优势，增强服务意识，在有效性和实用性上做文章，关注社会、关注民生，公信力和权威性日益增强。新闻中心多次派采访小组奔赴全区各地，先后制作推出《代表委员风采录》《寻味曲江》《巾帼风采》等一批系列报道，用生动的电视语言传播老百姓身边的人和事，播撒正能量，促进社会和谐。

【新闻创新】 新闻中心着力改进领导活动和会议报道，摒弃以往简单粗糙的报道方式，尝试用全景或切入式来采制此类新闻。如此，不但新闻信息量大大增加，收视率也得到巩固和提升。《曲江新闻》作为本地主流新闻档栏目，始终以其鲜明的地方特色赢得群众及社会各界的好评，该栏目也为曲江“融入主城区，对接珠三角，开创曲江经济社会发展新局面”提供舆论支持。

【外宣工作】 新闻中心一直高度重视外宣工作，实行重奖重罚。2016年，上送市电视台稿件近438条，上送省电视台20条，上央视2条；已上送市电台稿件近478条，向省电台发稿36条。此外，新闻中心在任务繁重人手少的情况下协作区委、区政府及各部门制作多部外宣专题片，得到区领导的充分肯定；新闻中心全力支持市台栏目《县市区连线》的制作与播出，至年底该栏目已播出48期；与韶关电台综合广播联办节目《美丽韶关》，已完成直播连线48期，有力提升曲江整体形象和影响力。浓郁的“曲江味道”也使得更多的人认识曲江，了解曲江，喜爱曲江，并吸引他们到曲江投资置业和旅游消费，从而促进全区社会经济持续健康发展。

【学习与管理】 新闻中心按照计划，各项学习有序开展，利用编前会和编委会，在加强政治学习、业务学习的基础上，突出抓好节目点评工作，集中时间，对一段时间的节目进行重点点评；突出抓好非编知识培训，在不耽误日常工作情况下，组织采编人员利用业余时间集中培训，保证新闻采编系统及时调试和使用。新闻中心加强日常管理，中心按照工作职责和目标，每季度进行一次好新闻评选活动，充分调动记者的积极性；对每一个采编人员进行量化管理考核的激励机制，调动采编播人员的积极性，增强他们干好工作的主动性；严格选题管理，实行选题策划和重大选题申报制度；严格采访要求，对记者的言行举止和采访作风作出具体要求，中心记者严守各项规定无任何违规现象出现。

【事业建设】 区广播电视台按照“以市场运作为原则，开拓进取树形象；以确保收入为目标，与时俱进谋发展”的经营方针，自我加压，发扬创新求实，发展进步的工作作风，高标准，严要求地做好各项工作，各项经营指标完成情况喜人。

【内部管理】 完善全员目标责任管理。进一步规范内部管理机制，健全激励机制，实施绩效管理。全面实行量化考核奖惩制度。结合实际制定《曲江区广播电视台2016年工作任务及目标管理实施办法》，定岗定员，责任到人。实施年度考核，根据考核结果发放效益奖金，有效激发了员工干好工作的积极性。

严控费用支出。加强内部财务管理，严格控制费用开支。一是加强材料成本核算，健全材料领、退料制度，大大提高材料的利用率和节约率；二是加强对工程成本的控制，按工程进度核拨款，加强工程监管，加强跟踪问效；三是压缩日常费用开支比例，尽量减少不必要支出。

加强安全生产管理。抓好安全教育，树立“安全至上”观念，强调“安全也是效益”。增强自我防范意识，形成“时时讲安全、人人关注安全”的氛围，有效避免了安全责任事故的发生。

【基本业务】 稳步发展基本业务。采取有力措施发展网络基本业务，顺应市场需要，出台相关的数字电视+广电宽带优惠措施，既大大拓宽数字电视的业务范围，增加收视费的收缴，又可防范IP电视的泛滥，进一步规范市场。经过努力，共新增城区用户1450户，乡镇用户648户。2016年数据业务有了一定发展。首先在保证教育专线、财政专线优质安全的基础上，积极配合承包商进行“平安曲江”监控视频的验收工作；其次是加强对新增数据专线用户的管理维护；再次是大力推进广电个人宽带建设发展。

【网络建设】 切实抓好网络的延伸和网络改造工作。做好城区玥珑山、凯旋城、锦绣华城、领秀国际三期、时代广场一期、江畔三期C区、鸡子坝和下伙回迁楼等小区的管道线路铺设及楼层用户布线（1000多户），城区新增小区光点10个。架设开通罗坑新洞村委光纤10公里，实现马坝大塘小坑光纤环网，镇站新增加大塘光点2个、樟市2个、沙溪2个、罗坑4个，架设数据光纤皮长100公里。积极配合区委、区政府做好新白线和东环线、环城路、狮岩路、梅花中路、环山北路、莞韶产业园等公路改造所涉及的地下主干光纤和电缆的搬迁工作。此外还配合区政府做好曲江碧桂园主干光纤搬迁工作。改造好樟市的径口、西约、南约、流坑，大塘苏村、火山、塘口，沙溪东华，白土工业园区,小坑上洞、水库，乌石大坑口、江屋村，马坝的演山、山子背、公安局至刑警大队等光纤线路60多公里，电缆80多公里，建设供电局电力自动化数据视频监控点17个。

抓好全台光纤线路的管理。由于全区光纤线路已残旧，又缺乏日常的维护，光纤线路故障明显增加。2016年网络工程技术部门进一步加强对全区光纤路由的巡查工作，及时更换马坝至白土主干光纤1800米，东华围至沙溪主干光纤1200米，马坝转溪至大塘黑石主干光纤 1900 米，白土上乡主干光纤 1000 米，迁改被“5·20”洪水损毁的樟市新中大桥和西约大桥光纤 1200 米，确保有线电视信号优质传输。2016 年，工程人员还及时抢修被山火烧和洪水及车辆损坏的沙溪东华，白土河边、油坪，罗坑新塘，小坑水库、黄洞、汤湖村，乌石蒙浬，马坝的转溪、农岗、水口、转溪、南华、石堡，樟市的西约、北约、五星、消雪岭，大塘丈牯岭、火山等光纤线路 60 多公里，校正光纤杆路 40 多公里。2016 年共收回线路补偿费及线路搬迁费约 40 万元。

积极搞好城区地下管道建设和维护工作。2016 年按照区政府城市建设的要求，积极做好玥珑山小区、凯旋城、时代广场、环城路、狮岩路、梅花中路、环山北路，新市场，白土工业园等管道规划建设共 30 公里，维护城北、城西、城东、中华路、城南、白土工业园等管道 8 公里，加高沙井 20 口。做好贵重仪器保养及损坏设备的维修工作。维修高音喇叭 20 多个，送厂家维修“村村通”功放 30 台，网络检测设备一批。新增罗坑、马坝“村村通”广播点 4 个。

【优质服务】 强化服务意识。一是转变员工观念，反复提倡“用户就是上帝，服务就靠质量”“人人是效益，个个是形象”“广电是我家，搞好靠大家”等观念；二是设立服务监督机制，让每位员工面对群众，接受监督；三是在电视台公开服务承诺，推行办事限时制、首问责任制；四是提高工作人员工作责任感，热情接待每位来访者，接听好每一个电话，从细节做起，不断塑造广电人美好形象。

加强网络维护。一是建立部门分工合作机制，保持部门间的联系与沟通，使各部门既分工又合作，密切配合，及时处理各种网络故障，一年来共上门为用户维护检修 5600 多次；二是做好正常巡查、维护以及敏感时期的光缆线路巡护任务，有效确保广播电视信号的畅通，未发生任何责任事故；三是加强机房前端设备的检修、维护，消除机房用电安全隐患，确保设备安全平稳运转。

【现代广告经营管理机制】 为适应改革发展需要，促进广播电视事业持续健康发展，本着市场化管理的理念。2016 年 10 月将电视广告经营权按照公开、公平、公正的原则，通过竞标的方式对外承包，以每年 120 万元的承包价格完成对外承包工作。

【各项工作】 全年以“两学一做”学习教育为抓手，切实将“两学一做”活动与“精准扶贫”工作紧密结合起来，做到学习教育与中心工作、日常工作有机融合，实现两手抓、两不误、两促进，坚持把开展学习教育与推动扶贫工作相结合，以争做合格党员为目标，充分发挥党员干部先锋示范作用，将台挂钩扶贫的 14 户贫困户按照科级领导帮扶 2 户，一般干部帮扶 1 户的要求安排给党员干部对口帮扶，落实驻村联户帮扶机制，让帮扶干部深入帮扶户一对一制订帮扶计划，真帮实干。经过帮扶，2016 年 14 户平困户中就有 7 户实现脱贫。同时台还将“两学一做”活动与“三会一课”制度、党员组织生活会等紧密结合起来，学以致用、以用促学，以知促行、知行合一，把学习作为推进纪检监察事业，增强抵御各种风险能力的一项政治责任，真正把学习效果转化为推动党风廉政建设和反腐工作的强大精神动力，确保“两学一做”活动取得新成效。全年召开研究党建工作会议 6 次，党员学习会议 12 次，班子会议 18 次。

2016 年，曲江广电事业发展面临着困难和挑战。如电信 IP 电视、移动宽带电视及各种卫星电视的出现，导致区广播电视台有线电视用户不断流失。全台通过开展“两学一做”专题教育，推动干部职工提振精气神、展现新风貌，更加主动地适应事业发展的新常态，切实做好推动发展转型、改革攻坚、改善服务等各项工作，努力创建机制灵活、措施扎实、服务优质的曲江广电新形象。　（陶桂琼）

曲江区广播电视台领导班子成员名单（2016 年）

台　长：钟日强
副台长：夏志忠　杨万新
　　　　罗志坚
网络中心主任：梁　毅
新闻中心主任：邓文初

档案工作

【概况】 曲江区档案局和曲江区档案馆是两块牌子、一套人马的二合一体制，是曲江区政府直属公益一类正科级事业单位。曲江区档案局主要履行档案行政管理职能，曲江区档案馆是“国二级”综合性国家档案馆，集中统一管理全区档案的文化事业机构，是永久保管曲江区有关政治、经济、文化、科技等档案的重要基地，是全区各方面工作利用档案资料的中心。曲江区档案局（馆）内设机构有3个，定编9人，其中参公管理8人、工勤1人，有在职人员8人，职数为局（馆）长1人，副局（馆）长3人，内设机构领导职数正职3名。设有“曲江区人民政府公开信息查阅点”、“曲江区人民政府现行文件利用中心”等对外服务窗口。全区有档案综合目标管理国二级单位3个、省特级单位17个、省一级4个、省二级34个。区档案馆总建筑面积3794平方米，其中档案库房建筑面积1484.94平方米。馆藏档案145个全宗100100卷15666件，馆藏资料8472册，馆藏总量达11万卷。2016年，曲江区档案局（馆）围绕中心，服务大局，突出重点，整体推进，全区档案工作取得新的成效。办公地址为曲江区马坝镇鞍山路曲江文化中心五楼。

【档案业务规范化建设】 区档案局积极开展全区档案业务规范化建设工作。一是指导区纪委监察局做好档案升级达标工作。二是加强各档案单位的指导力度，督促各单位档案室做好业务基础工作。三是派员参加全市农村土地承包经营权确权登记颁证档案管理工作培训班，跟踪做好该项工作的监督指导工作。四是组织档案工作人员参加市档案局举办的岗位培训班，培训学员25人，提高档案从业人员业务素质。

【档案资源建设】 2016年，区档案馆共接收各门类档案8127卷5656件，其中文书档案1046卷5656件、专门档案7068卷、照片档案4卷220张。理顺曲江撤县设区后档案管理关系，接收周田镇（含灵溪镇）、大桥镇等乡镇的文书档案611卷、专门档案23卷。

【档案开发利用】 2016年，区档案部门做好馆藏档案查阅服务工作，档案社会服务质量明显提高。区档案馆通过提供调卷查档、出具档案证明、提供文件信息阅览、答复业务咨询等途径，实行计算机网络查档、传统手工档案查档双项并行的新型查阅方式，为社会提供档案信息服务。一是围绕中心工作做好服务。积极配合做好区委规范性文件清理工作，共调阅档案120多卷，查阅文件150多份。二是围绕群众需求做好服务。全年共接待查阅利用1674人次，调阅档案5352卷7420件，出具档案证明3653份，其中采取多项措施保障民办、代课教师登记查档工作顺利开展，共接待查档教师775人次，调档2200卷，出具档案证明1100份。

【政府信息公开】 2016年，区档案局认真做好政府信息公开文件接收和利用服务工作。并制定政府信息公开文件移交、接收和管理工作流程和规范，确保政府信息的及时、准确、完整、公开和有效利用，已接收政府信息公开文件4160份。

【档案信息化建设】 2016年，区档案馆加大档案信息化建设。一是完成档案内网系统建设，提高档案信息的保密保障。二是实现档案目录增量电子化，馆藏档案目录完成录入达100%。三是对早期录入系统的机读目录进行再次清查校对，确保建立准确的目录数据库。四是做好已完成的馆藏档案目录数据移交市级档案馆备份工作。五是积极推进馆藏纸质档案的全文档案数字化工作，全年共完成纸质档案扫描204卷5万多页，累计完成2523卷23.3万页。

【国家重点档案抢救保护】 2016年，投入15.8万元资金对馆藏民国地图和曲江当地民国报纸进行抢救修复，其中216幅已完成抢救修复及数字化扫描工作。

【档案安全管理】 将档案库房和实体档案的安全管理作为日常管理的重点。一是落实档案库房管理“十三防”，完善各类安全台账，做好巡查记录。二是做好库房定期巡查和馆藏档案的翻检工作，发现问题及时解决。2016年投入2.5万多元，对巡查中发现水迹、霉斑的库房墙体进行维修，保障库房和档案的安全。三是完善档案安全保管责任制，重大节假日前夕坚持领导实地巡查制度，注重库房的卫生和安全检查工作，确保档案实体安全。四是做好电子文件数据中心的安全维护管理，做好档案电子目录数据年度异地备份工作。五是落实政府信息公开保密审查制度，严

格执行“涉密不上网，上网不涉密”工作规程。2016年，区档案馆无发生档案失窃、泄密、损毁事故。 （苏 玲）

曲江区档案局领导班子成员名单(2016年)

局（馆）长：侯祖源（3月起任）

副局（馆）长：曾 斌

伍永强

余 星

史志工作

【概况】 2016年是曲江区史志工作任务繁重的一年，主要围绕全区自然村落历史人文普查、2016年卷《曲江年鉴》的编纂出版发行、曲江党史3卷编写、地方资料年报、地方志资源开发利用、地情网站建设及省、市史志部门和区委、区政府部署的各项工作工作等目标开展工作。在区委、区政府的组织领导下，区史志办坚持为党立言、为区存史、为民修志的工作方针，奋发图强，努力工作，基本完成各项曲江史志工作任务。

【党风廉政建设】 认真开展学习党章党规、学习系列讲话，做合格党员的“两学一做”活动。以开展学党章活动为重点，加强思想政治建设。认真组织实施政治学习，扎实开展“学党章、守纪律、做表率、树形象”主题教育活动，重点学习党章、中共十八大五中、六中全会精神和习近平总书记的重要讲话，不断提高政策理论水平。按“两学一做”要求，提高队伍素质。认真组织实习习近平总书记“两学一做”的指示，进一步加强思想作风、工作作风和领导作风建设，提高史志队伍政治素质。进一步完善各项规章制度，落实分工责任制。在开展每项重点工作时，指定项目负责人，直接责任人以及完成时间、质量要求等，把责任落实到人，保证各项工作任务落到实处。

【机关规范化建设】 在原有基础上，健全完善机关工作各项管理制度，进一步明确分工、明确责任，规范工作，提高工作效能。通过加强“三个建设”，使干部队伍的整体素质得到明显提高，政治意识、大局意识、服务意识、纪律意识得到明显增强，为各项工作的顺利开展打下坚实基础。同时加强业务能力建设，积极引导大家强化学习意识、责任意识和执行意识，牢固树立终身学习的理念，重视学习、善于思考，求真务实、真抓实干，自觉加强学习实践，不断提高工作能力和工作水平，树立良好工作作风，提高做好史志能力。

【党史工作】 扎实开展曲江地方党史第三卷编写工作。根据中央和省委关于加快推进新时期党史研究和编撰工作的意见和部署，组织开展全区党史研究和编撰工作，完成曲江地方党史第三卷篇目，并开展资料收集。编写党史文献资料。充分发挥党史资源优势，撰写党史文献资料入选《广东改革开放纪事》（第二辑）。申苏申老专项工作取得阶段性成果，完成区委、区政府布置工作任务，曲江区的申报材料通过市人民政府和省委党史研究室第一研究处的审核。

【年鉴编纂、资料年报工作】 年鉴编撰质量得到提升。《曲江年鉴（2016）》按时按质出版发行。年鉴全面、系统、翔实地记载2015年度曲江政治、经济、文化、社会各方面的基本面貌和发展情况，展示曲江经济社会发展的时代特征、年度特点和地域特色。落实并完成《广东年鉴（2016）》、《韶关年鉴（2016）》曲江区部分的组稿、供稿工作。指导曲江区罗坑镇中心坝村编纂《罗坑镇中心坝村志》，已经完成初稿。完成《2015年曲江地方资料年报》的工作。

【自然村落历史人文普查工作】 普查工作涉及面广，不仅要对全区每个自然村的形成、发展展开全面调查记述，还要对每个村的人文历史及风土习俗等作全面了解，并按照普查标准作记述。县、镇、村三级联动，全力推开自然村落历史人文普查工作。全办上下根据工作需要不定期下镇村检查普查进展情况，经过一年的努力，通过全面配合，普查表的校对、调查条目初稿的核稿整理工作进入实质性阶段，全区9个镇1000多个自然村的普查工作已达到预期目标。

【信息化建设】 加大曲江地情网站网的日常运维管理力度，不断提升办网能力水平。调整版面设计，增设“视频影像”等一、二级栏目，加快史志编研成果的上网进程，完善各级栏目设置，在网站建设中注重突出地方特色，强化网站功能，开发利用史志资源，服务发展大局。通过网站发布地情信息，满足各方面的不同需要。及时更新各栏目内容，不断推进史志资源的开发利用，不断提高史志服务功能，加强有地方特色的信息发布，资料登载，让史志成果走进千家万户，史志宣传教育功能进一步提升。

【地情资料开发利用】 地方志资源开发利用项目进展顺利。区史志办向省方志办申报小坑镇《库区人家”曹角湾文化保护与旅游展》地方志资源开发利用项目，已经基本完成收集曹角湾历史、人物、民俗风情等资料工作，进入整理和编写阶段，正在开始进行展板制作。其次专题调研报告类地方志资源开发利用项目《马坝人和石峡遗址历史文化景区建设规划》的资料收集以及编撰工作正在紧张进行。服务于社会发展和经济建设效果明显。为各级领导决策提供资料。向领导赠送县志、年鉴、文献资料等，为人文资源、旅游资源开发和城镇规划、项目规划提供科学的历史依据和丰富的史料。宣传曲江，提高曲江知名度。围绕区委、区政府中心工作，将全区各行各业发生重大变化、大事、要事及产生的新事物以地方志资料年报体裁及时向上级地方志办报送，为下一步编写年鉴、区史志积累资料和客观真实记录历史事实，向社会提供有价值信息，达到宣传曲江的目的。

【中心工作】 认真做好精准扶贫工作。落实干部职工与小坑镇小坑居委2户贫困户一对一精准扶贫对接，落实扶贫款8600元，支持小坑镇小坑居委扶贫经费3000元。切实做好“创文巩卫”工作。严格落实“三个一”环境卫生整治制度、“周五公共卫生活动日”等工作制度，开展“第28个全国爱国卫生月”等活动。全面计划生育帮扶工作。派出干部到贫困村任第一书记。

(杨文捷)

曲江区史志办公室领导班子成员名单（2016年）

主　任：伍时毅

副主任：罗炳荣

卫生　体育

综　述

截至2016年12月31日，韶关市曲江区卫生和计划生育局实有人员62名，其中：公务员26名，工勤人员5名，单位自聘人员9人，从下属单位借用人员22名。局领导班子设局长1名，副局长4名（含区食品药品监督管理局兼任副局长1名），党委委员1名。

2016年，全区共有医疗卫生机构142个（统计口径为曲江辖区内所有的医疗卫生机构，包括国有企业医疗卫生机构、民营医疗机构、个体诊所等）。其中，综合医院5间：区人民医院（二级甲等）、韶关市第三人民医院（二级甲等）、大宝山医院（二级甲等）、瑶岭矿业有限公司职工医院、韶关启德医院（民营医疗机构）；专科医院3间：妇幼保健院、慢病院（已并入区人民医院）、中医院（已并入区人民医院）;9个镇卫生院：其中樟市卫生院为中心卫生院；1个社区卫生服务中心：松山社区卫生服务中心；91间村卫生室;4间综合门诊部：曲江精诚门诊部、曲江洁爱口腔门诊部、曲江益民门诊部、锦云口腔门诊部;29间个体诊所。专业疾病预防控制机构1个：曲江区疾病与预防控制中心；局直属参公事业单位2间：曲江区卫生监督所、曲江区爱卫办。

截至2016年12月31日，全区卫计系统共有1935人，其中在职人员1342人（在编910人，临聘432人），离退休593人。城区医防单位在编582人，缺编110人；镇卫生院在编297人，缺编202人。在职人员中，46人具有副高职称，277人具有中级职称，391人具有初级职称。

卫　生

【医疗业务指标】 全区2016年医疗卫生工作实现稳中有升，全区城乡总诊疗1512012人次（其中门急诊1338476人次），住院37242人次，实现业务总收入30735.7万元。各项业务指标呈现逐渐上升的良好态势。

【经费投入及运行】 2016年，各级财政安排公共卫生经费1240万元，省财政按每人每年1.2万元安排镇卫生院人头经费480万元，省补助离岗赤脚医生75万元、山区和农村边远地区乡镇卫生院医务人员岗位津贴省级补助经费56.1万元，按每村每站补助1万元的标准补助村医67万元。区财政安排卫生经费（含工资）6752万元。全区各医防单位业务收入18373万元，收支结余429万元；负债（含基建、设备）13439万元（其中区人民医院12594万元）。

【卫生创强工作进展】 曲江区2016年卫生创强工作在区委、区政府的有力领导和全区上下的共同努力下，各项工作呈现良好的发展势头。

【惠民工程】 3月出台《曲江区樟市镇卫生强镇工作实施方案》《曲江区大塘镇卫生强镇工作实施方案》，拉开曲江区卫生强镇建设序幕。投入540万元完成基层卫生院“五个一”设备采购。罗坑镇新建卫生院7月19日正式启用，标志着曲江区首个卫生强区项目顺利完成。规划大塘、白土、乌石、樟市、枫湾等镇卫生院改扩建项目和马坝镇卫生院标准化建设项目，前期准备工作均已完成，开工在即。抓住莞韶对口帮扶这一机遇，制定莞韶精准帮扶曲江卫生对接方案，东莞市妇幼保健院与曲江区妇幼保健院已结成帮扶对子，初步形成帮扶框架。

【网底建设】 启动“公建民营”规范化建设村卫生站工作，计划用3年的时间全面完成85个行政村70间卫生站标准化规范化建设。以各镇政府为主导，区卫生创强办负责统一组织协调项目实施，各镇人民政府、各村委会负责具体建设实施，区卫计局负责技术指导和项目监管。规划先行，保障资金。为确保“公建民营”规范化建设卫生站工作顺利实施，区政府专门从卫生创强专项资金中安排卫生站建设专项资金，并将每一间新建卫生站经费预算从 8 万元提高到 10 万元。规范管理，质量优先。以各镇人民政府为申报主体，对符合条件的申报单位按审批顺序安排建设资金。建设中做到统一设计、统一面积、统一标识、统一外墙颜色，统一进行工程质量监理。

【机制体制】 加大财政投入，完善保障机制。根据《韶关市曲江区城市提升三年行动计划(2016—2018 年)》，拟投入 1 亿元建设区中医院综合大楼，投入 5000 万元并划拨 13 亩土地及 8000 平方米的建筑面积作为区妇幼保健院整体搬迁使用。对基层医疗卫生机构人员工资实施兜底保障。继续完善激励机制。以区政府名义印发《韶关市曲江区乡镇卫生院（社区卫生服务中心）绩效工资考核分配方案（试行)》，对完成基数外的业务收入 100%返还卫生院作为奖励性绩效工资，这一措施有力地调动医务人员的工作积极性。不断探索管理新路子。7 月，实施区人民医院托管大塘镇卫生院医疗业务试点工作，充分放权，由区人民医院自主对大塘镇卫生院实施重组和管理。

【队伍建设】 实施卫生人才托底强基工程，通过全省粤东西北乡镇事业单位公开招聘渠道招录 54 名卫生技术人员，充实到各镇卫生院，缓解人员不足问题。加强学科带头人和梯队人才培养力度，有重点地培养一批学科带头人和梯队人才，形成“学科团队”，提升核心竞争力，共选派 9 名临床医生到市级以上医院进行全科医生培训。加大农村卫技队伍教育培训经费投入，全面提升在职乡村卫技人员综合素质，打造一支高水平的卫生服务队伍，夯实创建基础。简政放权，实行备案制，授权基层医疗机构可根据工作需要自主聘用专业技术人员从事基本公共卫生工作。全区 10 个公办基层医疗机构共自主聘用 74 名医技人员，其中大多数安排从事基本公共卫生服务工作。

【医药卫生体制改革工作】 医改工作取得一定成效。切实加强组织领导。及时调整医改工作领导小组，建立医改工作协调机制。进一步优化医疗卫生资源配置。精心编制曲江区医疗卫生建设专项规划，现正筹建全区消毒供应中心、病理诊断中心。积极推进公立医院体制改革。探索切合实际的办法实施绩效奖励，出台区级卫生医疗机构绩效分配和考核方案；制定区公立医院管理委员会工作章程；将区人民医院和区妇幼保健院纳入改革范围，年底全面执行药品零差率。进一步完善财政对医疗卫生投入机制。把卫生经常性收支差额补助纳入财政预算并及时足额落实到位，财政医疗卫生支出年增长率为 10%，医疗卫生支出占比为 7.45%。自 2016 年 6 月实施卫生创强至 2016 年年底，已投入专项资金达 3100 多万元。多措并举提升城市公立医院能力。准确定位区级医院发展目标和方向，决定新建区人民医院业务综合大楼，2016 年追加 1500 万元支持学科建设，今后投入将纳入年度卫生创强经费预算，预计投入 8000 万元；对区妇幼保健院实施整体搬迁计划，预计 2017 年春节前完成搬迁工作。不断巩固工作成果。加强对基层医疗卫生机构药品集中采购工作指导和监督，及时上报药品“购、销、存”数据。建立涵盖基本药物供应使用监管、居民健康管理、基本医疗服务、绩效考核等基本功能的基层医疗卫生信息系统，实现与基本医保等信息互联互通，提高基层规范化服务水平。推进完善医疗机构药库药房规范化管理。出台樟市和大塘两个卫生强镇方案。首个卫生强区项目罗坑镇新建卫生院于 2016 年 7 月 19 日正式启用。曲江区 11 间“公建民营”标准化卫生站建设、部分镇街的一批卫生基础设施建设项目都在抓紧推进。2016 年先后通过全省公开招聘 54 名医技人员充实到基层卫生院，充分放权由基层自主聘用 74 名医技人员从事公共卫生工作。统筹兼顾协调推进医改其他工作。支持启德医院享受医保政策，纳入全市“120”院前急救管理；曲江区民营医疗机构与公立医疗机构床位数占比为 82:817，已有 4 名区级医院高职称医师签约到基层医疗机构执业；区人民医院开设中医痛症专科，大力推广使用免煎中药饮片和刮痧、拔罐、推拿、中药熏洗等中医适宜技术，效果明显；区级医疗机构正与各镇卫生院建立远程医疗、双向转诊体系，有效解决基层医疗技术能力不足问题；加大卫生执法力度，对违规营业的虹桥医院予以取缔，维护百姓健康权益；努力扩大医保覆盖面，城乡居民基本医疗保险参保人数达21.26万人，职工医疗保险参保人数达4万人，城乡居民养老保险参保人数达8.09万人，分别完成上级下达任务的100.77%、102.21%、100.82%。勇于改革不断探索符合医改之路。实施区人民医院托管大塘镇卫生院医疗业务试点，一定程度缓解区级优质医疗资源沉不下、基层医务人员上不来的医疗资源配置不合理的问题。在各类媒体发表医改文章22篇。

【采供血指标】 2016年全区招募无偿献血人数/人次数为1269人/1889人次，献血量377950毫升，临床用血292300毫升，继续保证曲江区医疗机构临床用血100%来自自愿无偿献血，确保曲江区医疗机构临床用血需求和安全。

【对外宣传工作】 2016年，卫计系统在区级以上新闻媒体共发表207篇新闻稿件，其中国家级3篇、省级6篇、市级27篇，个别优秀稿件还登上头版或头条。

【社区卫生】 曲江区松山街道社区卫生服务中心成立于2012年10月，原是韶钢医院下属的二门诊部，2012年1月从韶钢移交至曲江区政府，属公益一类事业单位。服务范围是松山街道辖区东区、西区、红旗区、北区4个居委会，23个小分区，户籍人口3.3114万人，6月将十六冶人口8787人，外来人口约1.5万人划入其基本公共卫生服务范围。2016年该服务中心有在编干部职工20人，临聘17人，其中医生8人（临聘2人）、护士13人、药剂3人（临聘1人）、化验1人（临聘）、B超1人（临聘）、财会统计1人、临聘公共卫生人员10人，设有全科、中医诊室，配置X光拍片、B超心电图、化验等辅助检查科室。2016年1—12月门诊诊疗人次5100多人，业务总收入51万元、其中医疗收入12.5万元。诊疗人次和业务收入比2015年翻倍增长。开展药房药库规范化建设工作，进一步加强药品采购、验收、出入库、分类摆放、温度监控等管理，保障了用药安全。从3月底起开设中医门诊，开展中药饮片、推拿按摩、针灸、电针、拔火罐、神灯、三伏天灸、刺络放血、穴位注射等中医适宜技术。开展医生护士上门为社区因卒中后遗症等原因造成行动不便的患者诊疗等家庭医生式服务工作。

松山街道辖区人口约3.61万，2016年6月1日起十六冶0.6万名居民公共卫生服务工作划分给该服务中心承担，该服务中心公共卫生服务人口共4.2多万人。通过中心全体职工的努力，2016年公共卫生服务项目工作排在全区第四名，扭转倒数第一的落后局面。建立居民健康体检档案30522份，建立电子档案30399份。65岁以上老年人体检建档2286份，管理率58%。高血压人群体检建档2211份，管理率27%，规范管理率91%；高血糖人群体检建档840份，管理率26%，规范管理率90%；为1467个老年人开展新一轮的中医药体质辨识和保健指导服务，服务管理率65%；0~3岁儿童开展中医保健指导服务452人，服务管理率80%；0~6岁儿童已经体检建档1704人，管理率96.3%（其中0~3岁562人，3~6岁1142人）；重性精神病实际管理人员211人，8月已全部完成入户随访，其中126人按规范做了一年一次的体检。建立公共场所协管个档35个，学校卫生建档管理3间，幼儿园卫生建档管理9间，生活饮用水卫生管理档案1间，全街道统一使用松山水厂的自来水。已完成辖区内的全部公共场所、学校、自来水厂1年2次的巡查工作。发现并报告3间无卫生许可证公共场所线索。全部疑似传染病病例都按规范在网络系统报告。孕产妇已建册管理140人，其中至产后42天全程完成的134人。2016年1—10月，共接种1类疫苗5267针次。春季查验证：两间学校共查验一、二年级学生564人，11间幼儿园共查验1362人，查验证率100%。秋季入学查验证：两间学校共查验一年级新生374人，9间幼儿园共查验新生283人，查验证率100%。

【公共卫生与疾病预防】 2016年全区累计建立居民健康档案261278份，建档率达83.77%，建立电子档案197366份，电子建档率63.28%。其中65岁以上老年人17664份，糖尿病患者3758份，高血压患者12776份，0~6岁儿童6633份，孕产妇836份，精神病患者1780份，其他人群217784份。4月初，在全省基本公共卫生服务项目绩效考核中，曲江区樟市和罗坑两个样本点代表全市接受检查，获得全省第四名的好成绩。

2016年区疾病预防控制中心有工作人员73人，其中在编人员52人、单位自聘21人。医技人员有53人，其中中级职称16人、高级职称1人。

【严重精神障碍患者管控工作】 根据广东省社会治安综合治理委员会等11部门联合下发《关于印发广东省严重精神障碍患者排查工作方案的通知》（粤公通字〔2016〕57号）部署，曲江区开展了严重精神障碍患者排查的一系列工作，取得明显的效果。全区10个镇（街道）107个村居委均按要求开展排查工作，共排查2013名患者（包括失访和死亡571人），患者排查到100%，完成资料登记1445人，其中诊断为三级及以上在管患者134人，诊断为0~2级1311人。本次排查共发现新增患者248人。全区诊断三级及以上患者134人，实行免费住院救治107人，救治率达79.85%，有效地管控重症患者，避免因严重精神障碍患者而引起的肇事肇祸事件发生，维护社会秩序。

【卫生应急处置工作】 先后及时、妥善处置曲江职校、曲江一中各一例活动性肺结核病，及时有效地控制疫情，未发现第二代病例；及时、妥善处置3起毒蘑菇中毒等事件，开展流行病学调查及现场卫生学调查，并按要求做好相关报告工作。6月24日组织区卫计局，区人民医院、区疾控中心、区卫生监督所、区爱卫办开展登革热疫情应急处置演练，提高曲江区对突发公共卫生事件的应急处理能力。

【消灭血吸虫病工作】 3月2日，曲江区代表广东省以优异的成绩通过国家卫计委的血吸虫病消除状态复评审，受到上级和专家组的一致好评。考核评估组专家经过现场考核，一致认为曲江区在血吸虫病综合防治重点项目实施过程中，领导到位，各项责任、措施落实到位，工作基础扎实，巩固和维持消灭血吸虫病综合防治工作成效显著。8月13日，按照国家卫计委的部署，曲江区接受由四川省卫计委派出的8省血防联防联控检查考核组检查考核。得到检查考核组的一致认同。11月，在全省检查督导考核中获得优秀考评。

【全民健康生活方式】 积极开展创建省级无烟单位工作以及世界无烟日主题控烟活动，通过省级验收的无烟单位52个。2016年新增松山社区卫生服务中心申报，实现曲江区卫计系统全面禁烟且全面创建省级无烟医院，并按创建要求不定时的延续对各无烟单位进行控烟督导检查。以“全民健康生活方式行动”示范创建工作为契机，积极开展健康促进工作。4月曲江区再创建4家健康食堂、餐厅。参加“韶关市2016年农民工健康素养知识竞赛”成绩优异，获得三等奖，充分展示曲江区居民学习健康素养知识的成果和共享健康生活的风采。

【免疫规划工作】 维持高效率冷链运转，抓好建卡工作。2016年全区冷链维持正常运转，全部接种单位运转11次以上。在建卡上，2016年1—10月出生儿童建卡3214人，建卡率为100%。加强免疫规划工作管理，稳步提高免疫接种率。1—12月八苗基础免疫接种：卡介苗、脊灰疫苗、百白破、含麻类疫苗、乙肝、乙脑、流脑、甲肝接种率均达97.20%以上。加强免疫接种：1.5~2岁麻苗、1.5~2岁百白破、2岁乙脑、3岁流脑、4岁糖丸、6岁流脑、6岁白破接种率均在95%以上。扎实开展查验证工作，全年共查验中学9间2894人，验证2894人，小学51间、入学4192人，验证4192人，托幼机构44间，入托2955人，验证2955人。及时落实脊灰疫苗转换工作，5月3—5日，脊髓灰质炎疫苗转换专项活动共回收三价脊髓灰质炎减毒活疫苗（tOPV）6563剂次，统一及时送市疾控中心处理。排查免疫规划管理薄弱点环节。8月开展免疫规划管理薄弱区域排查整顿工作，消灭免疫规划空白点，共查出免疫薄弱点39个，其中城区29个，调查户数456户，查1~6岁适龄儿童接种证439本。

【传染病管理工作】 开展漏报检查，区属医疗单位报告共查出传染病97例，总漏报率为0，及时报告率为100%。共抽查传染病报告卡213张，填卡完整率为100%，准确率为100%。提高突发公共卫生事件报告及应急处置能力，2016年共报告1起突发公共卫生事件报告，为布鲁氏菌病。全区共报告聚集性疫情47起，其中手足口病38起，疑似流感疫情4起，水痘4起，上述所有突发公共卫生事件及聚集性疫情经及时处理后疫情迅速得到控制，未引起不良影响。落实传染病自动预警信息报告工作，全区共计接收到国家疾控中心传染病自动预警信息137条。其中手足口病55次，其他感染性腹泻53次，流行性感冒17次，麻疹7次，流行性腮腺炎3次，伤寒+副伤寒1次，猩红热1次。通过监测信息、现场流行病学调查、电话等方式核实，排除疑似事件121次，确定疑似事件0次，响应率达100%，2小时及时响应率100%，不及时响应率0%。培训全区防疫工作人员13项共361人次，经过考试全部合格。疾病监测工作全面展开，全区共报告麻疹疑似病例6例，6例均为排除病例。按病例现住址统计排除病例报告发病率为1.91/10万；确诊风疹病例1例；AFP病例报告1例，排除1例；AEFI病例35例，均为一般反应。在麻疹、风疹监测医院、AFP监测哨点医院开展主动搜索12次，搜索病例4万多人。

【健康教育工作】 开展重大传染病、食物中毒防控和重点传染病宣传工作。针对春夏季广东多地出现的手足口病疫情和夏秋季出现的多种登革热病例及毒蘑菇中毒事件，快速响应，切实落实做好手足口病疫情、登革热防控、食物中毒宣传工作的要求，印制《谨防蘑菇中毒》画报1.2万份、《手足口病防治》折页2万份、海报2000份、《登革热预防》折页1万份、海报2000份，充分利用全区5个健教宣传栏做好相关宣传，每两月更新宣传内容，共更新30版次。以基本公共卫生服务项目工作为导向，完善健康教育服务。开展13次宣传活动，发放宣传折页（册）2万份、健康知识环保袋2000余个、健康支持工具1000余套、宣传用纸巾2000份、接受群众咨询2000余人次、举办健康教育讲座12次、印发14种资料共5万余份，结合公共卫生服务项目和各种卫生日在曲江电视台播放健康防病知识100余次。向有关部门投稿12次。通过培训和参与省级、国家级活动，提升人员素质。积极组队参加《广东省卫计系统网站微信运维培训》，分别获得优秀团队和优秀队员荣誉称号。积极参与《2016中国健康科普大赛活动》并投稿。

【卫生检测工作】 1—12月共完成抽送检的食品、水、公共场所、餐饮具、医院和托幼机构消毒以及社会委托检验的各类样品共1187份标本18341项次。开展食品、公共场所从业人员体检9126人次、工厂招工体检3110人次、职业体检1105人次、学生体检6457人次。全年共收检HIV抗体检测标本164份，有一例阳性，其余检测结果为阴性。为1336个本地居民进行血常规、尿常规、血糖、血脂、肝功等项目的检测。积极参与处理疫情和各类突发公共卫生事件，主要为布鲁氏菌病、手足口病、食物中毒、水质污染等的采样或检测。承担韶关市食品污染物监测任务，米制品的检测共完成50份样品250个项次的检测；桶装水、速冻米面制品、熟肉制品、糕点、水产品的检测共完成25份样品110个项目的检测；肉制品的检测共完成50份样品100个项次的检测；植物油检测共完成50份样品150个项次的检测。1月完成计量认证和食品检验资质认定的现场评审工作，3月完成整改工作，通过计量认证和食品检验实验室的认证工作。

【艾滋病防控工作】 以“世界艾滋病日”为契机开展大型现场宣传咨询活动，通过现场咨询、发放宣传资料普及艾滋病、性病等知识。开展重点传染病宣讲知识进娱乐休闲场所，覆盖全区，结合艾滋病外展干预、随访工作进行艾滋病防控、性病防治等病开展宣传教育，发放安全套、宣传资料等3000余份；针对特殊人群开展个性化健康教育300余人。落实“四免一关怀”政策，对高危人群进行干预活动，实施艾滋病人或感染者随访工作。开展艾滋病防治工作“十二五”规划。2016年报告现住址在本区的HIV/AIDS共11例，其中HIV感染者7例、AIDS 4例；报告死亡病例1例。开展HIV/AIDS病例随访管理、高危人群干预工作及自愿咨询检测等工作，各项指标均达到要求，取得一定的效果。

【血防工作成果】 加强螺情监测。5月7—11日省组织工作人员对原疫区樟市镇18个可疑滋生地进行全省交叉查螺工作，完成查螺面积37253平方米，查螺3433框，其中系统框936框、环境框2497框，未查出活钉螺。在樟市镇新廖屋村的大圳3000米的范围内投放200个稻草框，放置7天后收回124个框，捕获杂螺1803个，无诱获活钉螺。到监测点查螺。对樟市镇群星村委员会监测点19个可疑滋生环境进行监测查螺工作，完成查螺面积34570平方米，查螺4587框，其中系统框880框、环境框3107框，未查出活钉螺。加强人群监测。8月到白土工业园的至卓飞高和北江纺织等厂进行流动人口监测。加强血防健康教育。发放血吸虫病防治宣传折页1800份，宣传画报30份。

【爱国卫生】 曲江城区建成区面积18.05平方公里，居民住户2.7万户，常住人口8.6多万人，设有社区居委会7个，城区城中村分布分散，有4个村委、24个村民小组。城区有污水处理厂1座，农贸市场6个，屠宰场1个，个体熟食摊档（店）39间，废品收购站（店）46间，建设工地7处，洗车场30间，花店18间；城区电缆、通信、供电等工作井2574个，二次供水池47个；公共厕所10间，垃圾中转站3间，城区设置果皮箱530个，垃圾运输车15辆，小斗车235辆，全城区清扫保洁面积为170万平方米，其中城中村清扫保洁面积为30多万平方米，城区日产生活垃圾130多吨；城镇生活污水处理率达到90.3%，城镇生活垃圾无害化处理率达到96%。建成区绿化覆盖率43.4%，绿地率40.5%，城区人均公共绿地面积12.9平方米。

【目标管理责任制】 坚持以人为本，把病媒生物防制工作作为预防疾病、保障人民健康的重要举措，加强领导，强化责任，狠抓落实。领导重视，经费落实。区财政预算安排城区公共环境、城中村、关停并转企业原住宅区的病媒生物防制工作经费54.65万元，做到经费、人员、任务的落实，为巩卫复审工作夯实基础。周密安排部署。先后印发《2016年韶关市曲江区爱国卫生工作要点》《韶关市曲江区2016年病媒生物预防控制工作计划》《韶关市曲江区2016年防蚊灭蚊专项行动方案》《韶关市曲江区开展“清洁家园，灭蚊防病”春季爱国卫生统一行动日工作方案》《2016年韶关市曲江区“三个一”环境卫生整治工作实施方案》《关于开展第28个全国爱国卫生月活动的通知》《关于进一步加强病媒生物防制宣传工作的通知》《关于开展秋季投药灭鼠、灭蚊统一行动的通知》等一系列文件，对曲江区病媒生物防制工作的实施步骤、技术措施做出明确规定和要求。切实抓好资料建档工作。根据国家卫生城市标准和要求，组织开展不定期对各有关单位的病媒生物防制工作资料进行检查，尤其是本底调查和病媒生物防制工作资料归档，基本能做到整齐、规范、逻辑性强。实行目标管理。把病媒生物防制工作纳入政府工作议程，把病媒生物防制工作与巩卫创文工作相结合，落实责任，为巩固病媒生物防制工作提供有力的组织保障。

【爱国卫生知识宣教】 充分发挥媒体的宣传引导作用，依靠职能部门、单位、街道、社区，采取多种形式，开展迎新春、爱卫月、春季、秋季和“奋战三个月，巩卫创文迎新春”等全区性爱国卫生运动，全面进行科学防病知识的宣传教育，提高全民除害防病的意识，增强参与搞好除“四害”工作的积极性和主动性，4月份，根据市爱卫办的统一部署，结合曲江区实际印发《关于开展第28个全国爱国卫生月活动的通知》和《关于开展第28个全国爱国卫生月活动统一行动日的通知》文件，对开展爱卫月活动期间的相关工作内容进行详细部署。4月上旬，在城区和各镇（街）开展形式多样的宣传活动，向广大群众宣传开展爱国卫生工作的重要性、预防登革热、寨卡病毒常识和“四害”防制技术等相关知识，城区各单位悬挂横幅标语（含电子显示屏）16条。4月29日上午，组织协调了区卫计局、环保局、食药局、疾控中心等部门在沿河堤二路设置爱卫宣传台，开展卫生宣传咨询活动。其间，接待群众咨询310多人次，发放病媒生物防制小册子、扇子、登革热折页、环保袋等各500份，环保、食药卫生、疾控宣传资料300多份。4月29日下午，由分管爱卫工作领导卜师带副区长带队，组织协调政府办、爱卫会成员单位、区卫计局干部职工、马坝镇政府干部职工、环卫工人区、消毒杀虫队人员80多人，在马坝镇阳岗上河村（区国税局后面）集中开展清理卫生死角、清除蚊虫滋生地的主场地统一行动。其间，清理卫生死角7处，清运垃圾12吨，消杀面积2.1万平方米。当天，各镇（街道、社区）同时组织开展爱国卫生运动分场地统一行动。5月，曲江区巩卫办印发《关于进一步加强病媒生物防制宣传工作的通知》文件，据统计，此项宣传工作，区爱卫办共向单位、学校、社区（村委）发放病媒生物防制宣传小册54410份、小扇5000把，预防登革热、寨卡病毒折页22500份，“三个一”制度、“除四害”挂图500张，宣传环保袋等4500份。

【病媒生物防制措施】 年初制订年度病媒生物防制工作计划，做到工作有部署、有落实。4月份，组织区属单位、马坝镇、松山街道办、社区居委会、城区各村委会以及各管线部门等相关单位对建成区范围内的病媒生物防制工作进行全面的本底调查和统计，为巩固病媒生物防制工作提供科学依据。

【病媒生物防制工作】 突出以环境治理为重点，采取物理、生物、化学防治相结合的方法，不断深化各项措施的落实，确保工作取得实效。狠抓环境防治措施的落实。结合春季蚊蝇滋生较多的特点和“爱国卫生月”活动的开展，全面落实“三个一”环境卫生整治工作制度，坚持周五下午清洁家园活动，开展城区及城乡接合部环境卫生大整治，疏通沟渠，清除垃圾污物等。城区生活垃圾做到定点分类存放收运，日产日清。加强屠宰场和市场肉类、鱼类、禽类销售场所等环境治理，地面全部实行硬底化。区财政投入600多万元对中心市场、江畔市场按标准化市场进行升级改造，饮食食品生产、加工、经营等招蝇重点行业单位，基本按要求设置纱门纱柜、灭蝇灯、防蝇门帘、风幕机、防鼠网等设施。采取化学防治的方法全面开展除害防病行动。组织专业队伍对城区公共场所，关停并转破产企业办公、住宅小区，城中村、城乡接合部等进行投放灭鼠毒饵1380公斤、堵鼠洞、清除鼠粪、鼠迹（道）361处，维护清洁“灭鼠屋”2380个，补充、安装“灭鼠屋”2730个。对卫生死角的蚊蝇滋生地进行化学药物滞留喷洒，定期对城区主次干道下水道的入水口进行烟熏除害，对城区的中心市场、亿华市场、三村市场、城区建筑工地、垃圾中转站等进行投药灭鼠，药物滞留喷洒等工作。进一步提高公共卫生事件应急处理能力。6月24日上午，区爱卫办专业人员参与由区卫计局组织的登革热疫情应急处置现场演练，提高曲江区对突发公共卫生事件的应急处理能力，进一步完善突发公共卫生事件监测和预警系统；同时促进蚊媒密度监测工作的开展，提高曲江区登革热等传染病防控水平。统一行动。10月26日，在全区范围内开展秋季投药灭鼠、烟熏灭蚊统一行动。据统计，城区开展秋季投药灭鼠、灭蚊统一行动的镇（街）10个，共出动人次达2230人次，清理滋生地137处，清除卫生死角32处，清洁水体22处，清理淤泥、垃圾杂草72吨，处理大中型水体16个；药物滞留喷洒约21500平方米，烟熏灭成蚊32100平方米，出动消杀专业防制人员55人次，使用消杀器械40台次；消耗灭蚊片约21000小支，烟雾弹350个，灭蚊药物（原药）30.5千克；堵鼠洞312处、清鼠迹210处、消耗灭鼠毒饵315公斤，城区补充安装“灭鼠屋”270个；清理沟渠1410条，清理维护四防装置1120个。

【城区病媒生物防制工作】 严格按照《韶关市病媒生物防制管理办法》的要求开展病媒生物防制工作；坚持全面落实“三个一”环境卫生整治工作制度，建立机关单位环境卫生责任路段包干的工作机制，明确部门的职责任务和实行目标管理，把病媒生物防制工作纳入单位的重要日常工作；建立健全城区病媒生物防制工作组织机构网络，区爱卫办、巩卫办定期每周五或不定期组织人员对病媒生物防制工作进行检查，发现问题及时整改；新闻媒体加大舆论监督和曝光力度，强有力地推进该项工作全面落实到位。

【创建卫生镇村工作】 按照《韶关市曲江区2015—2020年加快推进创建卫生镇村工作方案》（韶曲府办〔2015〕22号），有序开展创建活动，确保达到广东省妇女和儿童发展规划（2011—2020年）提出的“到2020年，卫生镇、卫生村普及率分别达到50%、70%”要求。自创建工作开展以来，区爱卫办在肩负巩卫重任的情况下，多次深入各镇村开展卫生镇村创建指导督查工作，及时发现各创建单位在创建过程中存在的问题，并及时督导落实整改，确保达到创建标准。2016年12月22—23日，沙溪镇、马坝镇顺利通过市爱卫办的考核验收，9个乡镇13个村也顺利通过考核，市爱卫办决定向市爱卫会推荐分别授予卫生镇和卫生村称号。至年底，曲江区已创建卫生镇3个、卫生村26个(行政村)。卫生镇、卫生村普及率分别达到33.3%和32%。预计可提前完成省、市下达的任务。

【卫生监督与执法】 2016年，区卫生监督所认真履职，依法行政，规范监管。紧紧围绕社会关注的热点难点问题，强化学校卫生、放射卫生、公共场所卫生、生活饮用水卫生、医疗卫生及创文巩固工作等监督工作，严厉打击公共卫生领域违法行为，切实保障全区人民的健康。区卫生监督所2016年实有在职在岗人员13人，其中专业技术人员10人(中级职称3人，初级职称7人)。

【简化卫生行政许可办理程序】 认真贯彻落实《中华人民共和国行政许可法》《卫生行政许可管理办法》，进一步简化了卫生行政许可受理、审批程序，完善便民措施，加大服务力度，提高服务质量。全年共受理卫生行政许可433户，其中办理发放公共场所卫生许可250户，医疗机构执业许可99户，放射诊疗许可2户，母婴保健合格证79户，生活饮用水供水许可3户。

【严格执法，依法行政】 区卫监所结合日常监督工作开展公共场所、饮用水卫生、学校卫生、医疗机构卫生等各项专项整治等工作，在开展专项整顿的同时，加大处罚力度，依法查处违法行为，不断提高监管工作的能力和水平。全所在各项执法检查中，共查处12家违反卫生法律法规的经营单位，立案12宗，其中：取缔2家医疗机构，吊销1家医疗机构，处罚5家医疗机构，罚款额共计14500元，没收违法所得300元，没收医疗器械一批。处罚公共场所经营单位5起，罚款额共计4500元。

【公共场所卫生监督】 对所辖区全部公共场所经营单位进行日常卫生监督检查，共监督检查374户、810户次，监督频率为2户次/年。其中文化娱乐场所9家(舞厅)，公共浴室26家，美容美发242家，旅店业55家、游泳场所6家，监督覆盖率达到100%。监督科2016年办理公共场所卫生行政许可项目共228间，其中核发107间、复核49间、延续72间、变更15间。全面推进公共场所卫生监督量化分级管理和现场使用快速检测仪器检测游泳池水质工作。按照广东省公共场所卫生监督量化分级管理标准，结合曲江区实际，对持有卫生许可证的55间城区住宿单位实施卫生监督量化分级，共评出A级单位3间、B级单位11间和C级单位41间。现场使用快速检测仪器抽检辖区内3间游泳场所的水池水质，通过公共场所卫生信誉等级的评定和现场对游泳池水的检测，调动公共场所单位完善卫生设施落实卫生管理的积极性，提高公共场所单位对卫生工作的自律性。根据《广东省卫生计生委办公室关于印发2016年全省监督抽检计划的通知》(粤卫办函〔2016〕112号)部署，并按照计划开展重点监督检查工作。对全区的5间游泳场、4间住宿场所、3间沐浴场所进行全面卫生监督检查，并协同疾病预防控制中心对游泳池水质、场所内顾客用品、用具和空气进行卫生监督抽检。游泳场所共抽检10份水样，住宿场所抽取床上卧具24份、毛巾18份、茶具12份，脸盆2份，沐浴场所抽检床上卧具12份、毛巾12份检测结果均合格。针对存在的问题，卫生监督员下达责令限期改正意见书。根据上级文件精神和日常监督工作的需要，开展元旦、春节、“五一”、国庆等节假日节前重点卫生监督检查，共出动执法人员80人次，车辆20辆次，检查50家公共场所经营单位，其中检查城区宾馆、酒店35家，乡镇旅游景点公共场所3家，酒吧、卡拉OK等娱乐场所10家，美容美发场所2家。通过节假日节前重点卫生监督检查，提高各公共场所经营单位负责人对场所卫生的重视程度和责任心，确保节假日期间到曲江区各旅游景点的游客的卫生安全。

【学校卫生和生活饮用水卫生监督】 开展学校卫生、生活饮用水卫生日常监督工作，分别对曲江辖区各中小学、高职院校学，乡镇集中供水单位、城市集中供水单位及二次供水单位的卫生工作进行全面的监督检查，出动卫生监督员250人次，车辆50车次，共监督检查98间次，其中学校30间，供水单位19户，监督频率为2户次/年。同时对学校传染病防控工作、饮用水卫生管理和教学环境卫生等进行卫生监督检查。针对监督检查中存在的问题，下达现场检查笔录98份，责令限期整改卫生监督意见书68份。开展学校卫生、生活饮用水卫生专项检查和重点监督检查工作。按照《关于印发 2016 年韶关市监督抽检计划的通知》(韶卫办函〔2016〕50 号) 的要求，开展学校卫生重点监督检查工作。现场使用快速检测仪器抽检辖区内 12 所学校的教学环境和生活环境,其中 11 所中小学校、1 所高校。共出动卫生监督员 60 人次，车辆 12 车次。开展生活饮用水卫生专项监督检查。对全区供水单位开展全面卫生监督，出动卫生监督员 65 人次，车辆 13 车次，共检查供水单位 13 家，其中城市集中式供水单位 2 家，农村集中式供水 5 家，居民住宅区二次供水 7 户，针对监督检查中存在的问题，下达整改意见书。

【重视卫生监督协管工作】 全力推进卫生监督协管服务工作，各乡镇卫生协管所涵盖的公共场所、生活饮用水、学校、医疗这“四大卫生”监管对象的监督覆盖率得到明显提高。进一步强化队伍建设和监管单位个档完善，协管工作取得显著进展，初步实现工作运行机制的制度化、规范化、常态化。4—5 月，共出动卫生监督员 72 人次，31 车次，对 9 个乡镇的卫生协管工作进行督导检查。

【医疗机构卫生监督工作】 根据医疗卫生管理有关法律法规的规定，对全区各类医疗机构 152 户依法开展传染病防治、规范执业、清查医疗广告、消毒产品索证验收及严厉打击非法采供血和无证行医等日常监督检查工作。全年出动卫生执法人员 720 余人次，车辆 150 台次，共检查医疗机构 490 户次，发出监督意见书 480 份。对曲江区 94 间农村卫生站开展规范医疗机构执业专项检查及年度检验现场审核，共出动 279 人次，车辆 99 车次。对检查中发现的问题，发放整改意见书 99 份，责令限期整改，对存在问题较多、较突出的卫生站进行跟踪回访，促使其整改完善。检查各级各类医疗机构、疾病预防控制机构 164 家。主要对疫情报告、消毒隔离、医疗废物处置等方面进行监督检查，共发出卫生监督意见 164 份。进一步规范曲江区医疗机构及执业人员资格的管理，专门成立打击非法行医专案小组，每月不定期对辖区内无证行医的黑诊所进行清扫，坚决取缔非法行医，向社会公布投诉电话。共监督检查 48 次，出动 240 人次，处理群众投诉 4 起，日常卫生监督检查中发现 1 起，清理非法行医性病诊所 19 间次，清理无证性病黑诊所户外非法性病医疗广告牌 15 个；立案查处 5 户次，吊销“医疗机构执业许可证”1 家，罚款 14500 元，没收违法所得 300 元，没收医疗器械一批。根据上级有关精神，于 4—10 月定期组织专项小组检查人员对曲江区医疗单位进行打击“两非”专项检查，对检查的 56 间医疗机构进行现场查阅记录、发放宣传资料等，未发现有利用 B 超非法鉴定胎儿性别的行为及非医学需要的人工终止妊娠。加强临床用血管理。2016 年曲江区临床用血医疗机构 2 间，采血机构 1 间。临床用血医疗机构基本能按规定依法执业和规范管理。区采血站有专用储血设备，设备布局和工作流程基本符合卫生要求，各种仪器设备运转正常，未发现有频采、超采血现象。9—10 月开展放射诊疗专项检查，共检查 16 间，对存在问题责令限期整改，发放整改意见书 1 份，办理放射诊疗许可共 15 家。共出动 48 人次，车辆 16 车次。依据《餐饮具集中消毒单位卫生监督规范（试行)》要求，8 月对曲江区 1 间餐饮具集中消毒单位进行现场检查，对存在的问题发放整改意见书，责令限期改正。在 4—9 月对曲江区城区内 15 家医疗单位以报纸、杂志、电视等媒介发布的医疗广告进行监测，对个别医疗单位违规发布的户外医疗广告责令清除。共出动 45 人次，车辆 16 车次。

【卫生监督稽查】 为深入贯彻《卫生监督稽查工作规范》，区卫监所紧紧围绕《卫生监督工作要点》全面展开，始终坚持“提高素质、加强管理、依法行政、务实求进”这一工作理念，建立稽查制度和相关稽查标准，同时在各项稽查工作中制定稽查标准，实行分值稽查。2016 年，围绕着装风纪、案件评查、投诉举报处理、公共场所、医疗机构专项整治等工作进行稽查，专项稽查内容涉及：着装风纪专项稽查，行政许可、行政处罚的专项稽查，非法行医查抄取缔专项稽查，行政处罚案件的追踪稽查，生活饮用水专项稽查。吊销医疗机构执业许可证 1 家；注销医疗机构执业许可证 1 家；责令其停止执业活动，没收非法所得和药品、器械2家；接报处理酒店饮用水质问题1家。

人口和计划生育

【人口计生概况】 至9月30日止，曲江区户籍人口328952人，出生3918人，政策生育率96.66%,政策外多孩率0.92%；出生人口性别比107.08；免费孕前优生检查应查人数1360人，已查人数2149人，检查率达到155.99%；出生医学证明首次签发达90%以上；受理一孩登记1853宗、二孩登记2026宗、再生育申请203宗；挂钩帮扶支持镇村资金45.6万元，支持困难家庭39.6万元；计划生育四项奖励合计发放634.7万元，全区受奖励7040人。流动人口专项活动投入24.9万元,全员流入18927人,育龄妇女5061人；流出总人口34523人,育龄妇女8407人。计生各项指标完成较好。

【组织领导和制度】 认真落实计划生育领导小组制度和计生兼职单位制度，切实加强对计生工作的领导，全年人口计生工作投入2500多万元。

【妇幼健康服务能力建设】 全区婚前医学检查率达到86.07%。大力做好国家免费孕前优生健康检查项目，扎实落实地中海贫血防控项目工作，全区落实地贫筛查检查率达到155.99%，血红蛋白电泳检查513人。对夫妇双方地贫阳性的对象，转送到市妇幼保健院地贫基因诊断分中心进行地贫基因诊断或产前诊断，并定期落实随访及时录入信息。组织相关人员对出生医学证明进行督查，规范办理流程，“出生医学证明”发放率达到93%以上。

【计划生育惠民政策】 计划生育奖励扶助及时足额发放到位。2016年度发放农村计划生育家庭奖励694人、发放奖励金96.7万元；发放农村计划生育节育奖对象3011人、发放奖励金184.2万元；发放城镇独生子女父母计划生育奖对象3240人、发放奖励金279.1万元；发放计划生育家庭特别扶助奖对象95人（伤残16人、失独79人)、发放扶助奖74.7万元，四项奖励合计发放634.7万元。计划生育免费技术服务项目、免费孕前优生健康检查共让利群众96万多元。对计划生育特殊困难家庭扶助工作落实到位。围绕“文明、健康、优生、致富、奉献的主题，扎实开展创建幸福家庭活动。

【依法行政工作】 本着公平、公正的原则，严格征收程序，切实做到征收主体明确、征收程序合法、征收标准统一，并将征收相关资料、卷宗个案进行立账和归档管理。首征达到应征金额的30%以上，坚持做到不收现款，由征收对象凭财政非税系统统一开具缴款通知书到银行缴款直接入账统管。征收信息及时录入全员人口系统，并将录入信息的实际资料、台账、票据和社会抚养费处罚决定书的数额进行核对，防止错录、漏录情况发生。

【登记制度和再生育审批制度】 各镇、街道的二孩登记和再生育审批管理规范、及时、资料齐全，集体讨论制度得到落实，并且按要求将审批资料上送备案，未出现错批情况。

【流动人口协同管理】 坚持统一领导、协调配合、管理与服务并举的原则，建立完善各类制度措施，强化管理，切实保护流动人口的合法权益。在5—6月期间组织全区统一开展流动人口计划生育服务管理专项活动。

【宣传教育和舆情监测】 在制作大型宣传广告、张贴宣传标语、印发宣传资料、设立计生专栏、举办培训班、开展咨询服务活动的基础上，加大计生宣传教育经费投入，创新采取专题文艺晚会演出、“曲江卫计”官方微信微博等方式加强新时期新媒体建设和宣传工作。通过村村通广播和微信、微博、电视等媒体进行系列宣传解读“全面两孩”政策和新条例，在4月开展为期一个月的“全面两孩”政策及生育健康知识集中宣传活动。在《韶关日报》、省卫计委网站、《广东卫生计生》、《中国人口报》上稿多篇，不断扩大对外宣传。及时更新区、镇、村三级宣传栏和广告牌。有效提高群众的计生政策知晓率、知识普及率。为纪念国际护士节，展示卫计新形象，曲江区5月12日晚在区人民公园登山门广场举办一场主题为“创建卫生强区，促进家庭发展”的文艺晚会，大部分节目都是卫计系统自编自演的原创节目，社会反响强烈，受到群众点赞和好评。

【计划生育服务能力建设】 全区设立药具发放网点114个，药具随访率达90%，药具有效率达98%，知情满意率达100%，为计划生育需求人群提供较好的服务和保障。扎实开展计划生育服务基本技术项目，着力实施农村孕产妇住院分娩补助项目和增补叶酸预防神经管缺陷项目，积极开展预防艾滋病、梅毒、乙肝母婴传播防控项目。

强化数据质量控制和网络管理。狠抓信息数据质量和网络管理，努力夯实基础，确保质量和安全。

【计生协会】 确保困难家庭扶助基金发放到位。积极扶助贫困妇女、下岗职工、流动人口等弱势群体，特别是扶助曲江区落实计划生育政策的失独家庭、伤残家庭、计划生育术后并发症患者、独生子女户、纯二女户等计生特困家庭、病残儿、区卫计系统因病致贫的干部职工，着力解决生育、生产、生活中的实际困难。2016年春节期间慰问260户困难家庭，发放慰问金262800元；1—10月共扶助34户计生困难家庭合计85000元。

【计划生育“三结合”项目工作】 3月12日上午，曲江区计划生育“三结合”项目在罗坑镇正式启动，帮扶50户计生户（其中多数为纯二女户和独生子女户）发展种植茶叶，种植面积约600亩，预计能帮助帮扶户每年平均增收2万元。50户计生户现场签订《广东省计划生育“三结合”项目帮扶协议书》，获得免费技术培训和指导等服务并拿到首批帮扶物资。根据《2016—2018年曲江罗坑广东省计生“三结合”项目实施方案》，从2016年开始分三年帮扶种植户，2016年已拨款两批“三结合”专项经费共219200元开展帮扶活动。

【“5·29”会员活动】 2016年的5月29日，是中国计生协成立36周年纪念日，也是第十八个全国“会员活动日”。曲江区计生协围绕“实施全面两孩政策·救助计生困难家庭”的主题，结合本区实际，广泛动员，在“5·29会员活动日”活动中，动员全社会力量参与捐赠，以此壮大“广东省计划生育协会生育关怀基金”的规模。全区72个单位和部门的计划生育协会会员积极响应，共募集善款71144元，已全部汇入省人口基金会。

【保险保障】 曲江区继续贯彻执行《曲江区农村二女户结扎夫妇社会养老保险实施意见》。2016年，全区9个镇89个村委会1008户参保人数共计1862人，区财政全额代缴每人每年120元的新型农村社会养老保险费共计22.31万元。农村二女结扎夫妇社会养老保险已经成为人口计生工作的一个长效机制，让实行计划生育的农村二女结扎夫妇长期受益、终身受益，受到广大计生家庭的欢迎和赞誉。同时也对曲江区广大育龄群众传统生育观念转变起到积极引导作用，有效地促进曲江区的人口和谐发展。

【妇幼保健】 2016年全区产妇3502人,住院分娩率达100%。产前检查人数2430人，在孕期接受5次及以上产前随访服务为2353人，孕产妇规范健康管理2320人，健康管理率为92.5%；产后访视2427人，访视率96.77%；高危妊娠监护率为100%。孕产妇叶酸补服率99.23%，地贫初筛人次达5074人，筛查查率达144%，均达到省市标准。加强妇幼健康服务能力建设，全区婚前医学检查检查率达到86.07%、地贫筛查检查率达到155.99%，血红蛋白电泳检查513人，全年共发放“出生医学证明”3387份，首次签发3212份，首次签发率达99.03%。强化计划生育服务能力建设，设立药具发放网点114个，药具随访率达90%，药具有效率达98%，知情满意率达100%，各项预防、干预、防控措施到位。

【妇女保健工作】 充分发挥三级妇幼保健网络的作用，逐级明确工作范围和职责，通过加强基层培训和监督指导，逐项落实各项常规工作，进一步实现真正意义上的公益群体保健服务。积极做好孕产妇保健工作。继续按照《广东省孕产妇系统化保健管理办法》的要求，积极做好孕产妇系统化管理，推行住院分娩，提高高危孕产妇筛查识别能力和危重病例处理分诊能力，最大限度地保障母婴的身体健康。积极开展妇女病普查普治工作。加强与区总工会、区妇联的紧密配合，积极对全区育龄妇女（主要是城区党政机关、企事业单位）开展妇女病普查普治工作，对查出的各种疾病均进行规范治疗、随访。

【儿童保健工作】 优化儿童保健工作，进一步提高儿童健康发育水平。积极开展0~3岁儿童保健及在园儿童健康干预工作，严格执行“4.2.1”查体工作制度，重点加强对全区0~3岁儿童的系统化管理工作的检查督导及幼儿园儿童每年一次的健康查体工作，对体检异常儿童进行科学指导，对体弱儿采取专案管理，定期复查，确保儿童的身心健康。定期举办幼儿园保健人员知识培训学习班，认真履行职责，依法开展儿保技术服务。积极开展新生儿疾病筛查工作，对于阳性儿及确诊儿进行追访指导，确保患儿得到规范治疗。根据《广东省出生证明管理规范》，严格按照公安部、卫生部关于出生医学证明管理办法要求，安排专人负责出生证明的领取和发放，进一步规范换发、补发、机构外出生签发工作，做到证、章分开保管，出入库登记完整。同时从证件发放流程、档案管理、证件查询等方面进一步完善详细的工作程序，堵塞各种漏洞，确保证件的规范、安全发放。积极推行母乳喂养，确保哺乳期儿童健康发育。

【婚前医学检查工作】 紧紧围绕“一法两纲”的规定和要求，采取各种有效措施，通过印制宣传画、小册子、设立婚检咨询点等多种形式，使全区居民认识到婚检的好处，大幅度地提高婚检率。全区结婚登记4208人，进行婚检3622人，婚检率为86.07%。进行婚前卫生指导及婚前卫生咨询3328人，检出疾病351人，对于检出疾病人员均给予相应指导，有效控制传染病及遗传疾病的发生。

【医疗保健服务项目】 成立产后康复中心，开展乳腺疏通治疗、产后腹部松弛、产后肥胖、产后腹直肌分离、慢性盆腔疼痛治疗、人工乳房按摩等项目。同时，引进国际“伊美德儿”产后恢复技术，为产妇提供完善的产后康复上门服务。儿童保健科积极开展儿童脑康复训练项目，为儿科的脑康复临床业务工作奠定技术基础，为广大的患儿带来福音。此外还开展中药贴敷、听力筛查和骨密度检测等儿童保健新技术新业务项目，为辖区内幼儿的生长发育提供医疗保障。开展足月妊娠子宫颈双球囊扩张引产术，为本市本地区临床足月妊娠分娩探索新的综合治疗方法提供理论依据，填补了韶关市该学科项目的空白。同时，妇产科在原有孕期保健、分娩期保健基础上，加强产前、产后延伸服务项目的拓展，其中分娩球、中药熏洗、中药贴敷、开设孕妈俱乐部等，均受广大孕产妇的好评和欢迎。

区主要医院

【区人民医院】 曲江区人民医院创建于1951年，现是由原区人民医院、区中医院、区慢性病防治院三家医院合并而成的综合性二级甲等医院，是全区临床医疗、科研、教学康复于一体的非营利性综合医院。2012年3月按照区政府部署，实行城区医疗资源整合，区人民医院与区中医院合并，2014年与曲江区慢性病防治院合并。医院占地面积50842平方米，建筑面积35955.78平方米。编制病床520张，开放床位520张。设置科室33个。2016年有在职员工633人，退休职工306人。其中拥有高级技术职称44人，中级职称160人，初级技术人员250人。医院拥有的先进设备包括：GE 16排螺旋CT、日本岛津500毫安数字化X光机、GE DR机、GE彩色B超、德国狼牌腹腔镜、乳腺钼靶X光机、C臂机、数字电子胃镜、电子肠镜、电子支气管镜、高压氧舱、血透机、电子鼻内窥镜、全自动生化分析仪等。根据《韶关市曲江区城市提升三年行动计划(2016—2018年)》，2016—2018年计划投入1亿元建设区人民医院综合大楼。2016年7月，曲江区实施区人民医院托管大塘镇卫生院医疗业务试点工作，充分放权，由区人民医院自主对大塘镇卫生院实施重组和管理。

2016年，区人民医院全年门诊就诊269566人次，与2015年同期相比增长12.6%；住院收治19905人次，同比增长6%；出院19875人次；实际占用床位150152天，同比增长8%；病床使用率达78.7%，同比增长7%；住院危重病人抢救成功率为80.23%，同比增长0.9%；门诊与出院诊断符合率为99.99%；手术例数4969台次，同比增长3%；无菌手术甲级愈合率96.69%，同比增长1%。全年总收入1.46亿元，与2015年同期相比增长8.65%，其中医疗收入1.38亿元，同比增长10.45%；其中药品收入4768万元，同比下降1.47%；药品收入占业务收入的34.36%，同比下降4.41%；药品招标品种805个，药品招标采购金额 4133.12 万元，招标占药品采购总量 98%，药品让利群众 184.22 万元，基药使用率达到 46.57%。

【区妇幼保健院】　曲江区妇幼保健院创建于 1981 年，1994 年经评审获得爱婴医院称号，2000 年获广东省百家文明医院称号，2001 年被评为一级甲等妇幼保健院，是一所集医疗服务、保健预防、技能培训、计划生育、优生优育、婚姻保健、生殖健康、业务指导为一体的具有妇女、儿童专科特色的医疗保健机构，也是全区妇幼保健工作指导中心、孕产妇监护抢救中心和新生儿监护抢救中心，婚前医学检查定点单位、韶关市城镇职工基本医疗保险定点医疗机构、韶关市曲江区新型农村合作医疗定点医院。内设有保健科、妇产科、儿科、新生儿科、急诊科、门诊、医技科、药剂科等业务科室，并设有 24 小时免费接送产妇的便民措施，为群众提供热情、细致、安全、有效的服务。2014 年原区计划生育服务站划入区妇幼保健院，成立区计生服务中心。自 2016 年 2 月起，增设二孩门诊，主要开展婚前医学检查、孕前优生检查、遗传病咨询、健康体检等业务。医院现有在职职工 193 人，其中中级卫生技术专业人员 45 人、高级卫生技术专业人员 3 人。

2016 年，全院门诊诊疗 138248 人次，同比增加 25697 人次；住院病人 3560 人次，同比增加 358 人次；住院分娩 1673 人，同比增加 103 人；医院全年总收入 3255.7 万元，同比增长 742.19 万元，增长率 29.53%；其中医疗收入 2775.7 万元，同比增长 550.88 万元，增长率 24.76%。全年业务总支出 2726.77 万元，同比增长 482.65 万元，增长率 21.51%；其中人员经费支出 1486.10 万元，同比增长 273.48 万元，增长率 22.55%；全年收支结余 528.93 万元，同比增长 259.55 万元，增长率 96.35%。(其中公务接待同比减少 0.76 万元，下降 25.85%；公务用车运行维护费同比减少 10.48 万元，下降 76.22%。　(胡清莲)

曲江区卫生和计划生育局领导班子成员名单（2016 年）

局　长：周炳康（1 月起任）

副局长：谭耀辉　罗裔灏　张志清

曲江区爱国卫生运动委员会

【概况】　韶关市曲江区爱国卫生运动委员会办公室隶属曲江区卫生计生局，系副科级参照公务员法管理事业单位，2016 年有公务员（参公）6 人，职工 3 人。

【爱国卫生知识宣教】　开展全区爱国卫生运动，宣传科学防病知识，提高全民除害防病意识，提高群众参与除“四害”工作的积极性和主动性。4 月初，区爱卫会印发《关于开展第 28 个全国爱国卫生月活动的通知》，在城区、松山街道办、各镇开展形式多样的宣传活动，宣传爱国卫生工作的重要性，宣传预防登革热、寨卡病毒知识，宣传“四害”防制技术，城区有关单位悬挂横幅标语（含电子显示屏）16 条。4 月 29 日上午，区爱卫会组织区卫计局、环保局、食药监局、疾控中心等部门在沿河堤二路设置爱卫宣传台，开展卫生宣传咨询活动，接待群众咨询 310 人次，发放病媒生物防制小册子、扇子、折页、环保袋各 500 份，发放环保、食药卫生、疾控宣传资料 300 多份，收到良好的宣传效果。

4 月 29 日下午，分管爱卫工作的副区长卜师带率领区政府办、区卫计局、马坝镇政府、区环卫所、区卫生消毒杀虫队干部职工共 80 多人，在马坝镇阳岗上何村清理卫生死角、清除蚊虫滋生地，作为此次曲江区爱国卫生运动主场地行动，清理卫生死角 7 处，清运垃圾 12 吨，喷药消杀面积 2.1 万平方米。同一天，各镇（街道、社区）也开展爱国卫生运动分场地统一行动。

5 月，区巩卫办印发《关于进一步加强病媒生物防制宣传工作的通知》，区爱卫办再向各单位、学校、社区、村委发放病媒生物防制宣传小册子 54410 份、扇子 5000 把，预防登革热、寨卡病毒折页 22500 份，除“四害”挂图 500 张。

【除“四害”工作】　以环境治理为重点，物理、生物、化学防治相结合，确保除“四害”工作取得实效。

首先是从环境治理和基础设施入手。贯彻落实广东省政府〔2014〕73 号文件发布的“三个一”环境卫生整治工作制度（每年开展一次爱国卫生月活动、每月开展一次清除卫生死角行动、每周进行一次环境卫生大扫除），在4月开展“爱国卫生月”活动，每周五下午开展清洁家园活动，整治城区和城乡接合部环境卫生，疏通沟渠，清除垃圾杂物；加强垃圾清运和处理,城区生活垃圾做到定点分类存放收运，日产日清；加强屠宰场和市场肉类、鱼类、禽类销售场所的环境治理，地面全部硬底化；加大农贸市场升级改造建设,2016年区财政投入600多万元对中心市场、江畔市场按标准化市场进行升级改造；饮食和食品生产、加工、经营等重点行业，按要求设置纱门、纱柜、灭蝇灯、防蝇门帘、风幕机、防鼠网等设施。

第二是化学防治，全面开展除害防病行动。为巩固病媒生物防制达标成果，区爱卫办组织专业队伍对城区公共场所，关停并转破产企业原办公区、住宅小区，城中村、城乡接合部等投放灭鼠毒饵1380公斤，堵鼠洞、清除鼠粪、鼠迹361处，维护清理投药“灭鼠屋”2380个，补充安装“灭鼠屋”2730个。对卫生死角和蚊蝇滋生地进行化学药物滞留喷洒，定期对城区主次干道下水道进行烟熏灭蚊虫灭蟑螂，对城区的中心市场、亿华市场、三村市场、城区建筑工地、垃圾中转站等进行投药灭鼠和药物滞留喷洒灭蚊蝇蟑螂。

10月26日，全区10个镇（街道办）开展秋季投药灭鼠、烟熏灭蚊统一行动，共出动2230人次，清理滋生地137处，清除卫生死角32处，清洁水体22处，清理淤泥、垃圾杂草72吨，处理大中型水体16个；药物滞留喷洒约21500平方米，烟熏灭成蚊32100平方米，出动消杀专业防制人员55人次，使用消杀器械40台次；燃烧灭蚊片21000支、烟雾弹350个，使用灭蚊药物（原药）30.5公斤；堵鼠洞312处，清鼠迹210处，投放灭鼠毒饵315公斤，城区补充安装“灭鼠屋”270个；清理维护“四防”装置1120个；清理沟渠1410条。

【创建卫生镇、村工作】 区爱卫办在肩负巩卫重任的情况下，多次深入各镇、村开展创建卫生镇、村指导督查工作，及时发现创建过程中的存在问题，及时督导整改，确保达到创建卫生镇、卫生村标准。2016年12月22—23日，沙溪镇、马坝镇通过市爱卫办的卫生镇考核验收，全区9个镇13个创建村也通过了市卫生村考核。12月底，韶关市爱卫会发文授予曲江区沙溪镇“韶关市灭鼠达标镇”、“韶关市卫生镇”称号；授予曲江区马坝镇“韶关市卫生镇”称号；授予曲江区罗坑镇新洞村委会、枫湾镇步村村委会、乌石镇展如村委会、沙溪镇凡洞村委会、樟市镇南约村委会、樟市镇光辉村委会、马坝镇龙岗村委会、马坝镇鞍山村委会、白土镇上乡村委会、白土镇下乡村委会、大塘镇丈古岭村委会、大塘镇东岗岭村委会、小坑镇下坪村委会，共13个村委“韶关市卫生村”称号。至2016年年底，曲江区卫生镇、卫生村普及率分别达到33.3%和32%。 （张国养）

曲江区爱国卫生运动委员会办公室领导班子成员名单（2016年）

主　任：林榕喜

副主任：谢伟贤　钟建辉

体　育

【概况】 2016年，曲江区体育工作在区委、区政府领导的正确领导和上级体育部门的关心指导下，在相关单位通力协助下，区体育局认真学习贯彻落实中共十八大三中、四中、五中全会精神，按照“两学一做”要求，区体育局认真落实区委、区政府下达的精准扶贫、计划生育、巩卫创文等各项中心工作，以不断提高人民群众健康素为目标，按照《全民健身条例》要求抓好群体体育、竞技体育、体育彩票销售等工作，各项工作顺利完成，成效比较明显。

【群众体育】 为了更好地贯彻落实《全民健身条例》，区体育局积极组织开展全民健身活动。1月：举办曲江区2015年曲江“体彩·大乐透”跨年乒乓球擂台赛；2月（春节期间）：举办2016年韶关市曲江区江畔全民健身广场春节全民健身系列活动暨男子三人篮球公开赛及太极拳展示表演；3月：与妇联联合举办2016年曲江区“体彩·大乐透”三八妇女节拔河比赛；5月：举办2016年曲江区“五一”全民健身体育系列活动；6月：组队参加2016年韶关市龙舟赛；11日下午在区江畔全民健身广场举办“发展体育运动，增强人民体质，同心共筑中国梦”全民健身系列活动启动仪式；8月：8月8日晚，由曲江区委宣传部主办，区体育局承办的2016年曲江区“全民健身日”启动仪式暨曲江区体育展示晚会；9月：根据广东省体育局《关于举办广东省第二届百街千镇乒乓球赛的通知》要求，曲江区于9月10—11日举办广东省第二届百街千镇乒乓球赛；10月：举办2016年曲江区“体彩杯”庆国庆体育系列活动以及举行2016年曲江区“体彩杯”重阳节登山活动；10月14—16日与白土工业园在白土工业园举办广东·曲江汽车场地赛，来自湖南、江西、广东的170多名车手进行紧张角逐；10月15—31日分别举办全区羽毛球、篮球联赛；29日与罗坑镇联合举办韶城徒步定向·智游曲江活动，来自全省500多名喜爱户外运动的人群参与活动；从10月31日举办为期一个月的全区老年人运动会；11月：11月12日配合樟市镇举办“纵情山水、生态樟市”芦溪韵徒步穿越活动，来自全市1000多名徒步爱好者参加活动。2016年区体育局还多次主动配合教育局举办各项青少年体育比赛。一年来，通过举办各类形式多样的体育活动，提高人民群众的健身意识，让更多的人参与到全民健身运动中来。

【协会组织】 区体育总会加强对社会体育组织和全区各协会的领导和管理，2016年年初区体育总会召开2015年曲江区体育总会年度总结工作会暨2016年工作安排，区体育总会对全区各单项协会和各乡镇社会体育指导员服务站工作做了充分的肯定，并给予每个协会和指导站2000元的工作经费支持。为充分发挥各单项协会作用，区体育总会将各类比赛交给协会承办，各单项体育协会充分发挥主导的作用，举办形式多样、内容丰富的群众体育活动。

【体质测定与运动健身指导】 韶关市曲江区体质测定与运动健身指导协会统筹和领导曲江区体质测定与运动健身指导站的工作，指导站完善组织机构，制定和完善各项规章制度，聘请3名专职工作人、测试人员15名，指导站硬件、软件设施配备齐全。指导站已常态化每周一至周五免费对全区干部、职工和广大市民开放。至11月底指导站已免费完成测定1000多人，并出具运动处方和科学的健身指导。同时创新工作方式，将科学健身大讲堂延伸到乡镇，对乡镇干部和村干部进行科学健身知识讲座并进行体质测定，全年共安排6次科学健身大讲堂讲座，其中乡镇4次、城区2次，参加人员510人。

【体育指导员服务站的建设和管理】 曲江区9个乡镇和松山街道办均拥有社会体育指导员服务站。2015年曲江区有乌石、枫湾、白土3个乡镇的社会体育指导员服务站被广东省体育局评为A级乡镇社会体育指导员服务站。2016年，3个乡镇的社会体育指导员服务站又向省体育局申报A级乡镇社会体育指导员服务站。

为加强社会体育指导员队伍建设，提高体育公共服务能力和水平，2016年培训200名三级社会体育指导员，再继续培训提高班培训一级、二级、三级社会体育指导员230人。曲江区有社会体育指导员1265人，其中一级18人、二级142人、三级1105人。

随着社会经济发展和人民群众生活水平的提高，参加晨（晚）点活动人数不断增加。城区有21个晨（晚）活动点。乡镇9个晨（晚）活动点。为加强全民健身晨（晚）活动管理，要求各活动点要遵守公共场所管理法规，避免影响公共秩序和妨碍群众的正常生活，每个晨晚点都配备了若干名社会体育指导员进行科学健身指导。

【区体育设施建设、场馆对外开放】 为保障给广大人民群众提供良好的健身场所，春节、“五一”、国庆节对全区体育场馆、健身路径进行全面的检查、维修、添置器材；加大对体育设施建设向社区辐射，已向国家体育总局申报5个社区多功能运动场建设资金；向韶关市体育申报10套户外健身路径，逐步完善城区和社区的体育设施，基本满足广大人民群众健身需求。认真抓好对马鞍山田径场进行升级改造，为市民提供优质的健身场所。

为一步贯彻落实国务院《关于加快体育产业发展，促进体育消费的意见》和韶关市体育局《韶关市加快户外运动驿站建设的指导意见》的通知，区体育局大力推进户外运动驿站的建设，制定《韶关市曲江区加快户外运动驿站建设的实施方案（2015—2019年）》，2016年曲江区向韶关市体育局申报1个户外运动运动驿站（曲江区沙溪小桃源户外运动驿站），已获得市体育局的审批通过。向区体育局申报3个户外运动驿站（曲江区沙溪小桃源户外运动驿站、小坑镇莲花池生态园户外运动驿站、樟市镇竹园户外运动驿站）。

为充分发挥曲江区现有体育场馆设施的功能，满足广大人民群众日益增长的体育健身需求，2016年曲江区按上级文件要求并实际，除区属体育馆场馆实行对外免费或低收费对外开放外，还安排曲江中学、曲江职校、曲江初级中学、城南小学、曲江三小5个符合开放条件的学校体育场馆实行免费对外开放，开放面积达30000平方米以上，每周对外免费开放超过14个小时，给市民提供更多优质的健身场所。

【竞技体育】 为完成2016年区委、区政府交付的争金夺分任务，区体育局进一步自增压力，明确目标，落实任务。一是完成注册运动员重新确认。二是加大对训练工作的投入，积极争取上级资金支持，购置基本器材及辅助训练设施，改善训练条件。三是督促、指导各参赛队组织集训。集中力量在田径、举重、柔道、摔跤、乒乓球5个项目上下功夫，解决训练中的一些实际问题。在全局上下的共同努力，曲江区运动员发扬团结拼搏精神，在2016年省锦标赛中田径、举重、柔道、摔跤在省少年锦标赛中共获得7金、4银、5铜，在2016年市锦标赛中田径、举重、乒乓球和社会办班的武术在市锦标赛中分别获团体总分和金牌第一名的好成绩，为韶关人民、曲江人民争得荣誉。

以《运动员选材标准》为依据，在全区各级中小学校中对各项目运动员进行科学选拔。对于曲江区体校没有办法开设的皮划艇、赛艇、击剑、射击等金牌多的项目，区体育局借助市中心业余体校的优势，尽量邀请他们到曲江区选才，把有条件、有发展潜力的体育苗子送到市中心业余体校参加训练。尽可能邀请省专业队教练员来曲江区选拔在训运动员，把曲江区有潜力的运动员到高水平的队伍进行专业训练。

【体育彩票工作】 2016年曲江区体育彩票管理工作在市体彩管理中心的精心指导和大力支持下，在区体育局的正确领导下，在全体销售网点的共同努力下，曲江区体育彩票销售安全有序进行。截至11月9日，曲江区总销售额达3572万元,地面销售额1337万元。其中电脑彩票达3517万元，即开型彩票达55万元。月均销售356万元，与市体彩中心下达的总销售基本任务3620万元相比较，完成98%,与地面销售任务1400万元相比较，完成96%。从各种玩法的销售情况来看，超级大乐透、竞彩和高频彩最受欢迎，成为曲江区体育彩票主要的销售品种，至年底有销售终端网点23个（竞彩22个，高频彩21个，北单6台）。 （梁幸怡）

曲江区体育局领导班子成员名单(2016年)

局　长：赖辉雄

副局长：刘惠珊　成军洪

伍绍文（1月起任）

社会生活

人力资源和社会保障

【概况】 2016年，区人社部门认真学习贯彻省市人力资源和社会保障工作会议精神，围绕中心，努力健全公共就业服务机制，积极完善社会保障体系，着力构建和谐劳动关系，不断优化人才发展环境，积极推进体制机制改革，狠抓落实，各项服务保障工作取得显著成效。

【人事管理】 一是规范机关事业单位人员招录工作。及时开展网上报名、复审、面试、考察、报批等工作，确保全区公务员招录工作的顺利进行，2016年共招录区直机关、参公单位、乡镇公务员62名。加大年度考核工作的指导力度，按要求完成全区机关事业单位考核工作。有序推进公务员调任、登记工作，做好县以下公务员职务与职级并行晋升职级的审批工作。二是规范事业单位人事管理工作。按照事业单位岗位设置和人员聘用具体条件和操作程序，指导11家事业单位完成岗位设置和人员聘用工作。按照韶关市事业单位人事管理系统，完成减员、岗位变动及专业技术人员晋级等审批、审核412人次。三是机关事业单位工资制度改革不断深化。完成全区机关事业单位在职工作人员基本工资正常晋升的审核工作，做好事业单位奖励性绩效工资的审批核发工作。完成县级以下公务员职务与职级并行的相关工作。四是做好行政培训工作。完成对2016年新招录公务员的初任培训，组织曲江区乡镇公务员到东莞市开展对口培训，做好专业技术人员继续教育工作。五是加大人才引进力度，事业单位公开招聘工作稳步推进。认真组织全区事业单位参加全省统一组织的事业单位专项招聘考试。通过笔试、面试、体检、考察等环节，全年共公开招聘130人，其中：中小学教师52人（8名研究生）卫计人员60人、管理人员18人。这些人才大部分充实到曲江区各个乡镇工作，完善了曲江区的人才结构，缓解了曲江区乡镇基层人才匮乏的局面。

【劳动管理】 2016年，区人社局多措并举，抓维权促和谐，劳动关系迈上新台阶。一是努力遏制劳动违法行为，劳动保障监察执法有力。通过督促企业开展劳动用工自查、投诉举报案件依法速查、用工较多企业加强日常巡查、问题较多企业实施重点监察等一系列措施，有力地维护劳动者的合法权益。2016年，曲江区劳动监察部门开展排查企业欠薪专项工作、农民工工资支付情况专项检查、人力资源市场秩序清理整顿专项行动、禁止使用童工违法行为专项检查等专项行动。2016年，区人社局快捷处理劳资纠纷矛盾30多宗，立案查处投诉举报案件达7宗，共为519名劳动者追回拖欠的工资约1017.11万元，规范用人单位的用工行为，保障劳动者的合法权益。二是信访维稳常抓不懈。2016年，区人社局共受理信访案件33宗，涉及46人，办结33宗，办结100%；其中接待群众来信来访15宗，答复网络问政16宗，答复民生热线2宗，把为民排忧解难和及时化解矛盾作为重要职责，及时妥善处理信访事项，做到“件件有落实，事事有交待”，按期办结率达到100%。三是认真做好矛盾纠纷排查调处工作。大力开展矛盾纠纷排查化解活动，充分发挥日常巡查和主动监察的作用，认真检查用人单位的劳动合同签订情况、工资发放情况并做好备案。2016年共对600多家次用人单位进行检查，涉及员工2万多人，较好地预防新生矛盾。四是劳动人事争议仲裁调解工作公正高效。2016年共受理各类劳动人事争议案件229件，处理结案218件，结案率为95.20%，法定期限内结案率为100%，涉及劳动者305人，涉及金额533.54万元。其中，通过立案处理各类争议案152宗，占处理案件总数的66.38%，通过案外调解方式处理各类争议案件77宗，占受理案件总数的33.62%。当日立案率100%，市区内仲裁案件全部3日内送达。五是依法做好工伤认定，维护工人正当权益。针对当前农民工、各类企业参加工伤保险人数日益增多、工伤事故调查较为复杂的实际，从“准、快、细”三个方面扎实做好工伤认定工作，切实维护受伤职工和用人单位的合法权益。2016年共受理工伤案件226宗，认定案件191宗；行政复议2宗；行政诉讼2宗。

【社会、医疗保障】 2016年，区人社局以扩面提质为重点，积极谋划，统一部署，积极推进机关事业单位养老保险制度改革，努力做好曲江区征地社保资金分配工作，加强政策宣传，狠抓参保扩面，不断提升社会保障服务水平。

全区参保目标任务完成情况：2016年全区企业养老保险参保人数39662人，完成年度任务100.54%；职工基本医疗保险参保人数42739人，完成年度任务100.56%；失业保险参保人数为16502人，完成年度任务101.3%；工伤保险参保人数为23998人，完成年度任务100.83%；生育保险参保人数为12011人，完成年度任务101.79%；城乡居民养老保险参保人数82707人，完成年度任务101.47%%；城乡居民医疗保险参保人数211417人，完成年度任务92.65%。

全区社会保险征收目标完成情况：全区养老保险总收入2.75亿元，其中企业养老保险征集收入2.07亿元，完成市征缴任务指标121.64%；全区职工基本医疗保险总收入1.18亿元，职工基本医疗保险征集收入1.17亿元，完成市征缴任务指标108.06%；全区失业保险实际征集收入584万元，完成市征缴任务指标132.75%；全区工伤保险征集收入729万元，完成市征缴任务指标140.22%；全区生育保险征集收入282万元，完成市征缴任务指标97.36%。

【就业与培训】 2016年，区人社局创新就业机制，加快人才聚集，不断拓展城乡居民的就业空间。完成城镇新增就业人数2922人，完成市下达任务的114%；城镇下岗失业人员再就业2089人，完成市下达任务的104%，其中就业困难对象再就业528人，完成市下达任务的188%；城镇登记失业率为2.37%，全区就业形势保持稳定。一是突出政策鼓励创业。大力实施创业担保贷款工作，助推创业，以创业带动就业，与工商、税务、财政、银行等相关部门联手稳步推进创业担保贷款工作，切实解决创业者存在的资金、服务等问题。全年发放小额担保贷款15笔，共计196万元。二是突出重点扩大就业。坚持把高校毕业生就业放在就业服务工作的首位。组织企业参加韶关市2016年春季大型人才招聘会（高校毕业生专场）、韶关市2016年夏季高校毕业生专场招聘会，为高校毕业生提供650个就业岗位。同时，加强对高校毕业生的就业宣传指导，宣传就业创业优惠政策，组织学生参加各类招聘会，促进学生的就业。三是突出服务促进就业。结合辖区内韶钢转型升级带来就业难的实际情况，积极与企业、各乡镇、上级主管部门联系，举办“南粤春暖，情满钢城”专题招聘会，“春风行动”新春招聘会，“企业送岗位，招聘进校园”主题招聘会，“新时期精准扶贫”劳务招聘会等各类招聘会，累计27场，参加招聘会企业累计304家，岗位累计13357个，进场人数累计13073人，达成就业意向人数累计4135人，成功实现就业累计2125人。

（蓝子君）

曲江区人力资源和社会保障局领导班子成员名单（2016年）

党组书记、局　长：张振粤
党组副书记、副局长：李其洲
党组成员、副局长：李祖安
　　　　　　　　　李　红
　　　　　　　　　侯建明

民政工作

【概况】 曲江区民政局内设机构共5个，直属行政单位有2个，下属事业单位有3个。2016年，区民政局深入贯彻落实中共十八大、十八届三中、四中、五中、六中全会和习近平总书记系列重要讲话精神，市委十一届七次全会、区委十二届五次全会，以及全国、全省、全市民政工作会议精神，在区委、区政府的坚强领导和市民政局的关心支持下，以开展“两学一做”学习教育活动为契机，紧紧围绕区委、区政府的中心工作和改革任务，以进一步优化公共服务，突出保障民生、服务社会职能作用为主线，明确十方面工作任务，把“抓创新、抓落实、抓重点、抓示范、抓责任、抓规范”贯穿工作始终，有力地促进全区民政事业的新发展，圆满完成区委、区政府下达的中心工作任务，为推动曲江改革发展和争当韶关经济发展先行区、建设幸福美好新曲江做出贡献。

2016年，曲江区被中共广东省委、省政府、省军区命名为双拥模范区，区民政局金梅英副局长被授予“广东省爱国拥军模范”称号。

【社会救助】 2016年，区民政局救助各类流浪乞讨人员，为受助人员无偿提供衣、食、医、交通等服务，并会同区公安、城管等相关职能部门对流浪城区街头的精神病患者、乞讨人员进行救医、救助，根据《韶关市人民政府办公室关于印发韶关市临时救助实施细则（试行）的通知》（韶府办〔2015〕58号）要求，区民政局2016年开展临时救助466人次，支出救助金41.5万元，人均救助890元。

【社会救济】 2016年，区民政局开展为困难群体“送温暖”活动。根据区委、区政府关于在春节前对曲江区困难群体开展“送温暖”活动的工作安排，为使水灾困难户、城乡低保户、农村五保户等各类弱势群体过一个平安、祥和、愉快的春节，全区共发放各类困难户慰问金22.75万元，发放棉被1138床、大米1.5万公斤、食用油1000桶、棉衣405件，救助困难群众约1174人次。

开展救灾及重建家园工作。2016年安排救灾物资采购资金19.5万元，采购棉被1364床。受“3·20”“4·16”“5·10”洪灾影响，曲江区启动4次四级救灾应急响应。灾情共造成全区6445人受灾，农作物受灾面积11205亩，房屋受损15间，倒塌房屋68户、291人、152间。全区直接经济损失1040万元。每次灾情发生后，区民政局都按照救灾应急预案要求，及时派出救灾核查小组，深入各镇核查灾情，将受灾损失及时汇总、统计和上报。针对受灾情况及群众需求，及时组织发放救灾物资棉被20床、帐篷5顶、矿泉水和饼干等物资一批，塑料薄膜90公斤。6月，发放各镇救灾应急生活救助资金64万元。全区2016年重建家园对象共68户295间。根据《韶关市减灾委关于印发〈韶关市2016年因灾倒塌民房重建工作方案〉的通知》要求，2016年曲江区因灾全倒户共68户（其中1户孤儿），每户补助4万元（其中孤儿补助5万元）。截至2016年12月底，已发放第一批60户重建家园补助资金120.5万元，第二批建房款152.5万元于2017年春节前完成拨付，共计273万元。

积极参与创建“全国综合减灾示范社区”。根据市民政局的工作要求，马坝镇城南社区被列入2016年创建全国综合减灾示范社区。区民政局和马坝镇城南社区密切配合，积极争取上级补助资金5万元，制作减灾宣传资料和宣传栏，购置减灾设备，圆满完成创建任务。

【慈善事业】 2016年，区民政局做好慈善会和“6·30”资金捐赠管理工作。为开展好以“扶贫济困，情系灾区”为主题的慈善募捐活动，区民政局认真落实区委、区政府《2016年曲江区“广东扶贫济困日”活动工作方案》要求，发放《曲江区2016年“广东扶贫济困日”倡议书》。安排专人认真做好社会各界每笔捐款的接收和上缴工作，及时在区电视台公开捐款名单，接受社会监督。共接收扶贫济困捐款382.31万元，其中本区190.91万元、市下拨191.4万元。按照《韶关慈善总会慈善救助暂行办法》对困难对象进行医疗及助学救助。2016年区慈善会医疗救助3人，支付救助金1.5万元；助学救助14人，支付助学金1.29万元。

【最低生活保障】 2016年，区民政局争取调整提高全区城乡居（村）民低保标准。按照省、市关于城乡低保、“五保”在2017年前达到全国先进水平的要求，提高底线民生保障水平，完成低保提标任务。提高后的全区城镇低保标准每人每月城乡低保标准分别由2015年的465元和265元提高到500元和350元；人均月补助水平分别由2015年的381元和189元提高到420元和250元。截至12月底，全区城乡低保户有2334户、4799人；全年发放城乡低保资金1832.77万元。

区民政局按照上级业务部门要求，全部完成低保信息系统录入，并已校对准确，按月及时上传低保数据。区民政局严把纳保关，做好定期核查工作。按照《广东省最低生活保障申请家庭经济状况核对及认定暂行办法》规定，每年至少一次组织入户调查。区民政局联合区财政局下发《关于开展低保靶向精准专项核查和整改的紧急通知》（韶曲民发〔2016〕6号），镇（街道）核查和整改时间为6月21日至7月18日。7月19日至8月12日，区民政局联合区财政局等相关部门对镇（街道）的在保对象核查、公示、政策资料张贴等情况进行检查，对查出的问题马上进行整改。经过开展低保的整治，加强救助政策的宣传，在各镇（街道）、村（居）委会张贴省民政厅印刷的《广东省社会救助政策解读》宣传海报；在全区各村（居）委会设立低保、“五保”会示专栏。全年，全区新增低保对象239户、481人；退出979户、2620人。

【医疗救助】 2016年，区民政局一是继续实施医疗救助“一站式”结算服务，即时结算覆盖市各大定点医院及本区各定点医疗机构（含各镇卫生院）。医疗救助资金在区财政专户管理，专款专用，社会化发放，确保申请透明，审核严谨，支付规范，医疗救助工作步入规范化、制度化轨道。开展这项服务，方便城乡低保、农村“五保”等困难救助对象，使其能在医治过程中第一时间得到救助，简化救助对象申请救助的程序，并得到好评，有效地缓解城乡困难群众“大病靠拖、小病靠挨”的局面。曲江区在困难对象医保报销后，曲江区2016年医疗救助人均补助标准提高到4574元，按其自付的70%进行救助。城镇普通病封顶线5000元，精准扶贫对象封顶线5万元。全年共支付医疗救助金356.2万元，受惠人数达到788人。在推进重特大疾病医疗救助中，曲江区将医疗费用由医院按临床路径治疗并实行医疗费用定额包干的儿童先天性心病、白血病这两类重大疾病纳入救助范围，包干内费用由新农合承担70%，民政医疗救助承担20%。2016年，共15名重大疾病儿童得到救助累计21.67万元。实施慈善会大病救助。采取发动社会捐赠、定向捐赠、企业结对帮扶等多种形式，给重病困难家庭进行救助。实施重点优抚对象救助。帮助他们切实解决生活、住房、子女入学、医疗救助等问题，为退伍军人群体的稳定发挥了作用。实施精神病特殊群体的医疗、生活困难等救助。全区给予精神病患者长期医疗救助人数达29人。

【社会福利】 2016年，区民政局继续深化社会福利院的内部管理。区社会福利院一是办理新入住老人59人。二是严抓内务卫生管理工作，结合区创文巩卫工作，搞好烈士陵园和院室内外卫生，做好相关消毒工作，确保院内干净整洁，为入住对象提供一个舒适的环境。三是自1月起实行护理员轮岗，让员工更全面地掌握院内不同工作岗位性质。四是采取找员工谈心、开展道德讲堂、召开员工大会等措施，端正员工服务态度，提高员工服务质量。五是做好春节期间来院探访和67名老人过年接转工作。对家属送来的食品严格把关，谨慎对待冷、油类食品，做到少食多餐，防节后病，以及做好在院过年老人的情绪安抚工作。六是完善硬件设施设备，加大消防安全建设力度，共投入约80万元用于老人公寓3号楼的担架电楼安装、消防设施建设以及全院室内外线路改造、添置灭火器、安装逃生梯等工程。七是重视安全服务管理工作，建立安全服务管理检查机制，每月和每逢重大节日积极开展消防安全工作大排查和整改，经常组织开展消防安全逃生和灭火演练。八是热情接待各位社会爱心人士的捐赠，共接受捐款捐物约7万元，并专款用于院内老人和小孩身上。2016年，共有“五保”、孤军、弃婴、残童和自费托养老人166人。

【社会工作】 2016年，区民政局进一步规范社会组织成立、登记审批程序和年检工作。共新增社团1家、民办非企业2家。全区经核准登记的社会组织112个，其中社会团体55个、民办非企业单位57个；年检社团45家、民办非企业51家，年检率100%；开展“三证合一”的前期工作，并开始实施。

加强社工人才队伍建设。一是会同区委组织部、区社工委联合印发《关于做好曲江区2016年度全国社会工作者职业水平考试组织动员工作和领取社会工作师首次登记证书及社工证的通知》，认真组织全区社工考试报名工作。二是为提升社工考生的社会工作知识，确保顺利通过考试，5月18日，区民政局发通知组织各单位考生到市委党校进行考前培训。三是做好社会工作者职业水平证书登记工作。对2015年及以前通过考试的社会工作者的职业水平证书进行首次登记和再次登记的工作。四是组织社会工作者继续教育培训。根据《韶关市民政局关于举办全市社会工作者继续教育培训班的通知》要求，及时通知曲江区相关人员积极报名参加11月21—26日市民政局组织的社会工作者继续教育培训班。

继续做好政府购买社工服务先行先试工作，幸福社会服务中心经区委常委会同意，从江畔搬迁到原粮食局，于2016年12月完成幸福社区新址建设任务，主要实施项目是社区居家养老和家庭服务工作。投入资金15万元，向社区居民开展长者、残疾低保、青少年、优抚对象服务人数8966人次。

【婚姻登记】 2016年，区民政局扎实开展巩固婚姻登记处创建国家3A等级婚姻登记机关工作。一是不断提升婚姻登记管理服务能力，依法办理婚姻登记。全年共办理结婚2387对，离婚952对，补领结婚证481对、离婚证91人份。二是做好“5·20”特殊日子高峰期登记的应急管理工作。婚姻登记采取有力措施，使婚姻登记平安顺利完成。当天共办理结婚登记73对，离婚2对，补结3对。三是做好婚姻登记数据反馈。做好每半月计生所需的婚姻登记反馈数据，努力做好婚前和优生优育检查的宣传工作。

【困境儿童保障】 全区困境儿童主要通过纳入低保、孤儿和纳入事实无人抚养儿童等保障，按照标准发放生活费。2016年，区民政局一是完成孤儿供养提标任务，做好困境儿童保障工作。提高后的全区集中供养的孤儿基本生活费标准每人每月1340元；分散供养的孤儿基本生活费标准每人每月820元。二是纳入低保的困境儿童579人，其中城镇低保标准500元，农村低保标准350元；纳入孤儿保障的有56人，其中机构生活孤儿9人，分散孤儿47人，全年发放孤儿生活费65万元。三是建立事实无人抚养儿童基本生活保障制度。根据《广东省民政厅广东省财政厅关于建立事实无人抚养儿童基本生活保障制度的通知》（粤民发〔2016〕45号）要求，曲江区于2016年1月开始执行事实无人抚养儿童生活费发放政策，按照人均月500元标准，全年发放生活费14人次，发放金额5.85万元。四是继续贯彻落实《中华人民共和国收养法》和《中国公民收养子女登记办法》，规范收养管理。2016年共办理国内儿童收养15宗，使弃婴、孤儿得以回归家庭、回归社会。

【殡葬管理】 2016年，区民政局组织开展“殡葬宣传月”活动。联合区委宣传部制定《关于印发2016年曲江区殡葬改革宣传月活动方案的通知》，由区殡改领导小组制定《2016年度韶关市曲江区清明节期间祭奠活动突发事件应急预案》，保证清明节祭祀和宣传工作的正常开展。在殡改宣传月期间，区民政局利用各镇集市时间深入街道、各村（居）委会，共出动殡葬宣传车14台次，张贴宣传标语、宣传横幅160余条，电视及“村村通”广播播放宣传标语、倡议书，发放“惠民殡葬服务流程”3000份，使全区殡改政策“家喻户晓”，深入人心，殡葬改革得到进一步巩固。

做好清明期间经营性公墓的安全管理。区民政局制定《关于印发〈韶关市曲江区2016年清明节期间祭奠活动突发事件应急预案〉的通知》（韶曲殡〔2015〕1号），并印发各有关单位贯彻执行。为确保清明节群众祭奠高峰期区革命烈士墓园、万寿山公墓和金龟岭公墓等人员集中的重点地区祭扫活动安全、有序，实行局领导班子带队轮值制度，与有关部门联合互动、各司其职，从而保证祭奠活动的顺利、平安开展，无发生一违例祭奠活动。据统计，4月4—6日，每天出动工作人员120人次，共接待祭奠人员约3.85万人、车辆1.34万台次。

实施城乡居民殡葬基本服务免费政策。曲江区继续认真落实市民政局、市财政局《关于印发〈韶关市城乡居民殡葬基本服务免费实施细则〉的通知》（韶民办〔2015〕43号）要求，对全民基本殡葬服务费用全免，免除遗体火化等7项基本殡葬服务费每具标准1500元。殡葬基本服务项目包括遗体接运、遗体消毒、遗体存放、遗体告别厅、遗体火化、骨灰盒和骨灰寄存共7项。2016年，全区共免除基本殡葬服务费1788具，免除费用229万元，全部由政府给予补助。

申请上级福利彩票公益金20万元，在白土金龟岭新建公益性骨灰楼1座，建设骨灰格位900个，免费为困难家庭提供骨灰安放。清明期间举行树葬1次，有20人次进行树葬。全年，生态公墓安葬25人次，节地安葬率约占10%。

【"五保"供养】 2016年，全区共有养老机构12间，养老床位数1054张，其中公办10间，床位604张；民办2间，床位450张。曲江区60岁以上老龄人51274人，每千名老人拥有座位约19.5张。2016年度批准医养结合养老机构1家，新增养老床位150张。一是落实"五保"供养。全区共发放"五保"生活供养费335.7万元。报销"五保"门诊及住院费57万元。在动态管理情况下，新纳入"五保"人数45人次，取消61人次。年末"五保"人数500人。二是提高敬老院工作人员待遇。全区敬老院有工作人员24人，每人每月补助1200元，社保及其他待遇由镇政府负责。2016年曲江区投入到养老机构资金约84万元，主要用于公办养老机构管理人员资金支出。三是提高居家养老服务覆盖面。2016年，曲江区新建居家养老服务站5间，其中农村社区居家养老服务站4间、城区居家养老服务中心1间。2016年年末已全部完工，正在开展相关服务。四是加强福利养老机构消防检查，并完成消防整改工程。全区11间养老机构，一期投入消防整改资金约122万元，二期投入36.7万元，均已竣工。

【老龄工作】 2016年，区民政局继续推动社会养老事业的发展。一是全面发放80周岁以上老人高龄津贴。已执行80岁以上的老年人高龄补贴发放制度。2016年80岁以上老年人6809人，全年发放高龄补贴170.9万元。其中80~89岁每人月标准20元；90~99岁每人月标准30元；100岁以上每人月标准200元。二是组织节目参加韶关市2016年迎"国庆"、"敬老月"老年人歌舞晚会。曲江区老干大学组织36人编排的大型歌舞《盛世欢歌》，代表区老龄办参加百年东街婚庆广场的演出，荣获二等奖。各成单位及各镇（街道）积极开展走访困难老人等活动。三是认真开展"银龄安康行动"。2016年参加银龄安康人员11143人，参保费544120元，办理理赔60宗，理赔金额203328元。四是办理老人优待证。共发放老人优待证436个。

【拥军工作】 2016年，区民政局扎实开展双拥创建工作。一是开展春节慰问活动。春节前，组织慰问团走访驻地部队，送上春节慰问金，了解部队新一年的发展情况及双拥工作方向；以入户走访和发放慰问金的形式慰问全区军烈属及退伍军人，关心军烈属、退伍军人的生产生活。二是发放优待金。及时发放义务兵家属、烈属、伤残军人优待金241万元、330人，让军属及时得到政府的关怀、让士兵在部队安心复役。发放义务兵期间获得优秀士兵及三等功奖励金11.4万元、31人。三是开展"学雷锋、献爱心"活动。3月15日上午，区民政局协同75260部队近150名官兵到马坝镇敬老院、乐村坪村委开展"学雷锋、献爱心"活动，为马坝镇敬老院老人理发、送医送药活动，还全面清理该院卫生死角。还走访慰问乐村坪村委23户特困户，为他们送去油、米、面等一批慰问物品，让群众深深感受到军民一家亲的鱼水情。慰问活动之后，100多名官兵走向农田，把乐村坪村委的农田灌溉水圳进行全面清理。通过近4小时的奋战，涓涓流水溢满水圳。活动内容丰富、与村民生产生活息息相关，得到群众的好评。四是完成国民革命军将士墓、白沙纪念碑重修工程并举行祭奠活动。3月30日，在马坝镇马坝村委东华围村举行国民革命军将士墓修缮工程竣工仪式和祭奠活动，区民政局、马坝镇政府、东华围村民共30多人参加活动。3月31日，在白沙镇白沙村委举行白沙纪念碑重修工程竣工仪式和祭奠活动，区民政局、白土镇政府、白沙小学共300多人参加活动。这两处重修工程的竣工，为曲江区增加爱国主义教育基地。五是开展祭奠先烈活动。组织区民政局、区委宣传部干部职工、驻区75260部队和76172部队全体官兵、曲江二中学生近400人，在曲江烈士墓园开展清明祭奠革命先烈，充分发挥爱国主义教育基地的作用，提升人民群众的爱国情怀。

【优抚工作】 2016年，区民政局抓好优抚政策的落实。一是及时提高及发放优抚对象各项抚恤、生活补助金。全面按照粤民发〔2015〕187号文件精神，全面提高各类优抚对象的抚恤和生活补助，并及时发放到位。全区优抚对象各项抚恤、生活补助金实行由民政局核定人数、资金，区财政局审核，银行直接拨付到个人账户的发放形式，发放定恤定补款223人、173.3万元；发放参战人员生活补助金567人、376万元；60周岁以上农村退伍人员447人、55万元；铀矿兵生活补助82人、54.1万元；农村烈士子女48人、17.3万元；发放优抚对象医疗救助金102人、约13.1万元、一至六级伤残军人门诊补助2.7万元；发放102名伤残军人的全年伤残金181万元。二是全面做好退伍军人的来信来访工作。接待来访人员160多人次，做好各项优抚政策的解释工作。切实做好退伍军人的维稳工作。三是更新优抚数据库。根据全国优抚系统的信息要求，全面更新优抚数据库的数据，对所有新增优抚对象的二代身份证及其他档案信息进行录入。5月，配合省民政厅邀请的第三方核查组对全区的优抚数据进行核查。11月，开展全区优抚对象信息核查更新工作。四是给全部优抚对象购买医疗保险，医疗保险实现城乡居民一体化。在乡一至六级残疾军人享受在职职工医疗保险待遇，由区民政局每月及时缴纳医保费用。五是开展“关爱功臣送医送药”活动。争取省、市民政部门2016年“关爱功臣 送医送药”巡回医疗组到曲江区开展“关爱功臣 送医送药”活动。8月9—10日，巡回医疗组分别到枫湾、小坑、樟市和罗坑开展“关爱功臣 送医送药”活动，给在乡的优抚对象检查身体，并发放各种药品，真正把政府的关心送到优抚对象手中。据统计，此次活动共送出各类药品、轮椅和拐杖等医疗器械折合人民币约10万元，医疗就诊受惠对象250人。

【退伍军人安置】 2015年冬，区民政局接收退役士兵68人,义务兵50人，复员士官14人，转业士官4人。韶钢和大宝山退役士兵13人已全部安排工作。曲江区转业士官全部安置工作岗位。发放退役士兵一次性经济补助金63人,160.2万元,实行城乡一体化。落实军休干部职工享受地方补贴的工作。

【基层政权建设】 2016年，区民政局深化农村基层改革，扎实推进村民自治和社区建设工作。

规范村务监督委员会建设。一是完善村务监督委员会政策。出台《韶关市曲江区村务监督委员会工作细则（试行）》（韶曲府办〔2016〕17号），对曲江区村务监督委员会在“组织设置”“权利和义务”“监督内容”“工作制度”“推选补选职务终止”等方面进行规范，建立健全村务监督委员会成员补助省、市、县三级保障机制，对曲江区村务监督委员会建设的推进起到决定性的作用。补贴从2016年1月1日起下发，省、市、区财政按照50:25:25的比例负担，区财政每月共须配套资金14.025万元。二是规范村务监督委员会建设。各镇依照区下达的每个行政村配备3名村务监督委员会成员的指标，要求所辖各村及时调整村务监督委员会成员，迅速开展培训工作，按每人每月550元的标准下发村务监督委员会成员补贴。经调整，全区有村务监督委员会成员255人。三是推动村务监督委员会积极主动、依法依规参与村务决策、村务公开以及村民关注的热点难点事项等事前、事中、事后全过程监督。

认真筹备2017年村居“两委”换届选举工作。9月开始，开展对村干部进行民主评议，对农村财务审计和村民委员会开展离任审计，调研和整治村务公开、换届选举的重点村、难点村，及时处理农村信访事件，加强法律法规和政策的宣传教育，营造风清气正的换届环境，为做好全区村居“两委”换届选举工作依法依规顺利开展作准备。

深化农村基层改革。出台《韶关市曲江区农村改革发展三年行动计划（2016—2018年)》，制定农村基层治理改革方案，构建以村民小组为单元的村民自治、构建以行政村为单元的公共服务平台，建立村小组村民理事会，行使村内户外的公共事务自治职能，处理本村小组的信访维稳、惠民政策落实等公共事务，开展政力下移的改革试点。分两批人分别参加由市民政局、区政府组织的到英德市西牛镇金竹片区及新城村小组观摩学习，形成曲江区农村基层治理模式改革初步方案；选取条件比较成熟的大塘镇汤溪村及汤溪村毛屋村小组作为改革试点；截至10月14日，毛屋村小组选出由5人组成的村民理事会，其中会长和副会长各1人，委员3人，理顺理事会办公场所，制定理事会章程及规章制度；准备在大塘镇的汤溪村委设立一个400平方米的公共服务中心；要求全区每个镇各推广1~2个以村民小组为基本单元的村民自治试点。

提高农村基层社会服务水平。开展马坝镇龙岗村和朝阳社区、大塘镇历山村的社区公共服务中心建设，扩大对村居民服务的场所，推动基本公共服务均等化。

加强村务公开软硬件建设。全面开展区、镇、村三级多功能服务平台建设，将政府职能部门信息整合并延伸到村和社区，推动实现基层公共服务信息系统便民化、集约化、标准化。2016年年末，全区107个村、社区共建设服务平台98个；推进村务公开工作“五化”建设，做到“设施建设标准化、公开内容规范化、公开时间经常化、公开形式多样化、公开地点公众化”公开村务、组务，公开方式有公开栏、网络平台、村民会议等。从而促进涉农维稳工作的开展，一年来，曲江区没有产生涉农维稳个案。

推进城乡社区建设。申报市级福利彩票基金城乡社区建设项目。其中马坝镇龙岗村和大塘镇历山村为“基石”计划项目，开展农村社区公共服务站设施建设，马坝镇朝阳社区居委会为家庭服务中心建设项目，项目已完成。全区22个城乡社区共有办公用房面积4144.7平方米，管辖居民48656户、158587人，平均每个社区有办公用房面积188平方米，基本能满足社区居民的办事要求；推进社区减负工作。制定社区公共服务基本目录，规范社区衔牌的悬挂等。

【区划地名管理】 2016年，区民政局做好全国第二次地名普查的前期资料录入工作。全区查明各类地名3900多条。曲江区此项工作在2016年全市民政工作年中分析会上作经验介绍，并完成90%地名普查工作任务。完成曲武线、曲始线联检工作任务。

【“两学一做”学习教育】 2016年，区民政局根据中央、省委和市委、区委关于开展党的“两学一做”学习教育活动的部署，结合本部门工作实际，制定《关于在全局党员中开展“学党章党规、学系列讲话，做合格党员”学习教育实施方案》，扎实完成专题教育活动的各项工作。区民政局党总支按照区直属机关工委的通知要求，召开专题组织生活会和开展民主评议党员。

【计划生育】 2016年，区民政局认真贯彻落实曲江区2016年度计划生育的工作部署，一是落实收（抱）养、婚姻登记、民政救助、基层政权建设中计生工作任务。二是开展人口计生宣传教育，配合区卫计部门免费配发《孕前优生到你家》和《致准爸妈的一封信》等计生宣传册2439份；引导2356对新婚育龄夫妇参加婚前医学检查；向未婚检的农村新婚育龄夫妇免费派发孕前优生健康检查通知书138份。三是扎实做好本局和下属单位的计生信息卡册的建立和跟踪管理工作。四是对落实计划生育政策等人员实行民政救助政策优惠。据统计，全区已纳保的计生困难家庭共223户，每月发放低保金共163664元，其中，2016年新增低保计生困难对象21户，每月发放低保金15678元。五是协助挂钩帮扶的大塘镇西林村委抓好计生工作，定期派人员参加驻村的计生例会，督促和指导该村委认真做好育龄夫妇计生工作落实和全面二孩政策的宣传，并派人、派车协助抓好计生工作。共支持村委计生专项资金5000元。

【政风行风工作】 2016年，区民政局为进一步转变机关作风，改善服务，提高执行力，有效地推进民政系统民主评议政风行风建设工作，结合本部门实际，一是制定并印发《曲江区民政局2016年民主评议政风行风工作实施方案》；二是调整局民主评议政风行风工作领导小组成员；三是聘请5位同志为区民政局政风行风监督评议员；四是召开局2016年民主评议政风行风工作会议，把政风行风建设与认真贯彻中共十八届六中全会、市委十一届七次全会、区委十二届五次全会，以及全国、全省、全市民政工作会议精神、党的“两学一做”专题教育活动、党风廉政建设等相结合，统筹安排，精心组织；五是与下属3个单位签订《韶关市曲江区民政局政风行风工作目标管理责任书》。

【安全生产】 2016年，区民政局落实安全生产“一岗双责”职责规定,完善制度，细化措施，进一步健全安全生产管理体系，加强民政系统安全管理工作。重点是区社会福利院、殡葬管理所、婚姻登记处。针对2015年5月消防检查发现的消防安全隐患，区民政局提出全区消防养老机构消防设施整改工程分为两期进行。全区11间养老机构，一期投入消防整改资金约122万元，二期投入36.7万元，均已竣工。

【挂钩帮扶工作】 2016年，区民政局挂钩帮扶罗坑镇镇瑶族村委6户贫困户。一年来，多次入户了解贫困户的生产生活情况，落实各户年度的脱贫项目投入，发放慰问物资及扶持生产等帮扶资金1万元；支持村委便民服务中心整改项目资金1.5万元。

【创平综治信访】 2016年，区民政局继续组织落实《曲江区民政局关于全面创建平安曲江的实施方案》，围绕民政工作任务，明确排查重点，落实部门职责，建立信访人员信息台账，加强信息沟通，及时跟踪优抚对象的诉求和行踪，通过建立长效机制，夯实工作基础，搞好沟通协调，开展矛盾排查，妥善处理来信来访，2016年度无发生重大群体性事（案）件，较好地完成区委、区政府交给的社会管理综合治理和平安创建工作。区民政局一是做好全国“两会”、G20峰会防护期、中共十八届六中全会期间的信访维稳工作，以及防范和处理邪教问题的信访和综治维稳工作。对全区退伍军人不稳定状况进行全面排查，并对来访退伍军人进行政策宣传解释工作。二是妥善办理区政府办转来的《民声热线》、网络问政中反映情况的交办件13件，以及群众初信初访要求解决的问题81件。三是认真做好1件政协委员提案来信的调查和回复工作。四是现场接待来访群众600多人次，接听电话咨询600多人次。对群众反映的问题，区民政局领导高度重视，立即责成本局相关人员对问题进行调查处理，并及时进行解答和回复，群众对解答情况感到满意。面对上访办事群众、外地求助人员，区民政局的办事人员都能做到“来有迎声、问有答声、走有送声、办有回声”。有时遇到有情绪的上访群众，区民政局工作人员都能耐心解释政策、法规，在业务范围内提供力所能及的帮助，基层群众对区民政局的答复和办理情况感到满意。一年来，区民政局无发生因舆情处置不当引发的重大事件。

【创文巩卫】 2016年，区民政局根据职责分工，一是认真办理弃婴收养，规范孤儿基本生活费发放工作；二是认真开展流浪未成年人救助保护工作；三是开展敬老志愿服务，为空巢老人、孤寡老人及有困难的老年人提供帮助；四是举办6期道德讲堂和道德模范及身边好人基层巡讲巡演活动；五是认真组织开展创文活动，大力营造创文氛围；六是开展群众广泛参与的“我们的节日”主题活动。从而，圆满完成区下达的创文巩卫任务。

（曾耀伟）

曲江区民政局领导班子成员名单（2016年）

局　长：陈开明

副局长：覃玉柏　金梅英

社会工作委员会

【概况】 曲江区社会工作委员会是区委、区政府分管社会建设与管理的职能机构。2016年，区社会工作委员会在区委、区政府的坚强领导和上级主管部门的精心指导下，围绕全区的中心工作，突出重点，统筹兼顾，加强社会建设与社会治理，提高社会服务水平，各项工作顺利开展，全区社会工作取得新成效。

【公共服务平台建设】 为更好提升曲江区公共服务水平，2016年，曲江区幸福社会工作服务中心在区委、区政府的大力支持下，进一步扩大服务范围，提升服务效果，建成新的办公大楼。该中心配置长者日托中心等15间功能室，承接政府购买社工服务项目为主，重点开展居家养老服务和家庭综合服务。曲江区幸福社会工作服务中心在区社工委、区民政局的指导下及相关单位的支持下，服务项目逐步完善，服务效果日益显著。一年来，社工中心开展一系列的活动，包括慰问孤寡老人、社区居民免费义诊、安全知识讲座、青少年免费课业辅导、情绪管理小组活动、素描兴趣小组、暑期成果会演、社区教育讲座、慰问老党员、退伍军人代表座谈会、社工义工户外拓展团建活动、节日慰问等活动，在长者服务、青少年服务、低保/残疾人服务及社区服务等方面取得一定的效果，社区和谐度及社区服务效果进一步加强。

【社会文化服务工作】 2016年国庆前后，为营造共建共享幸福广东的生动局面，搭建群众性文化体育活动的有效载体，曲江区举办以和谐、文化、健康、幸福为主题的“南粤幸福活动周”。全区各有关单位先后举办庆国庆千人书画展、开笔礼暨孝爱活动、交通文明引导志愿活动、“九九”重阳节活动、全民健身职工运动会、篮球、乒乓球、羽毛球等系列体育活动、幸福手拉手系列公益慈善展、关爱孤寡老人、残疾人、留守儿童助人活动以及纪念红军长征胜利80周年歌会等活动。活动形式多样，内容丰富多彩，给曲江区人民带来一场丰富的精神文化盛宴，进一步提升群众的幸福感。

【社会组织专项治理工作】 2016年下半年，曲江区社工委认真开展社会组织专项治理工作，对全区的社会组织认真开展排查摸底工作，对各类社会群体进行普查统计。通过普查，掌握曲江区本地本行业的社会组织发展底数，明确管理重点；并建立本地、本行业社会组织工作台账，对全区的社会组织做到底数清、情况明。通过此次专项治理工作，进一步加强社会组织的监管，规范社会组织的管理，切实维护社会稳定，优化社会组织的发展环境。

【新时期精准扶贫工作】 认真贯彻执行习近平总书记提出的“实事求是、因地制宜、分类指导、精准扶贫”的重要指示，曲江区社工委积极配合区委政法委到白土镇开展精准扶贫工作。一是大力宣传，精准识别，各项工作有序推进。二是开展入户调查，确定扶贫对象、帮扶项目等，做好资料分类归档，为精准扶贫打下基础。三是积极主动争取精准政策，在财政资金没有到位的情况下，想方设法自筹资金帮助贫困群众，共同探讨脱贫项目，为贫困群众找出穷根，谋出路、求发展，从根本上提高他们的生活质量和水平。 （阙丽娟）

曲江区社会工作委员会领导班子成员名单 (2016年)

主　任：黄健庭（兼）
副主任：伍海艳（兼）
　　　　文浩培（兼）
　　　　沈建图（兼）
专职副主任：范贵阳

民族　宗教

民　族

【概况】　曲江区少数民族人口3165人，占全区总人口的1%，其中农村少数民族2365人，城镇800人，主要以瑶族为主，分布在罗坑、樟市、枫湾、小坑4个镇。有3个瑶族村委会和20个瑶族自然村，山林面积19万亩，可耕山地面积11万亩，旱地面积855亩，山坑田面积233亩，人工造林面积4.5万亩，年人均纯收入4800多元，瑶族群众的家庭经济来源主要靠种植毛竹、茶叶、冬菇、木耳、放养蜜蜂及一些养殖业，国家生态补偿金等。

【春节慰问工作】　2月3日，区民宗局协调会同南华禅寺当家悟佛法师、知客照贤法师、护法居士王祖正等一行8人，到马坝人民公园向困难的下岗工人、残疾人员、单身母亲发放春节赠品，此次活动共计发放大米200袋、食用油200桶。同时局长徐群宝一行还走访慰问罗坑、樟市、枫湾少数民族全倒户及困难户，为困难户送去节日的问候，使贫困的家庭都能过一个祥和平安的春节。

【少数民族基础性工作】　2016年，区民宗局协同区教育局及有关中学，做好全区少数民族考生加分有关审核和上报工作。一是为少数民族学生更改民族成分做到随到随办，告知办事程序，指导少数民族群众完善办理事项的相关手续，使他们少跑腿、办成事。二是认真做好曲江区少数民族聚居区20名考生的资格审核。

【少数民族聚居区少数民族大学生资助工作】　2016年，区民宗局认真做好曲江区少数民族聚居区少数民族大学生审查资助工作，为20名民族大学生每人每学年1万元资金的发放工作，共20万元。

【小坑镇空洞子瑶族村遭受冰雹灾害工作】　3月19日晚，受强对流天气影响，曲江区小坑镇空洞子瑶族村民小组遭受强暴雨和冰雹袭击，导致部分村民房屋受损严重。据核实，这次冰雹袭击造成该村18户98名村民受灾、受损房屋136间，直接经济损失约200多万元。灾情发生后，区民宗局领导高度重视，3月23日徐群宝局长亲自率领局工作人员到受灾现场进行指导和督促恢复灾后生产工作，送去棉被、保暖衣物和粮食，并将曲江区2016年少数民族发展资金2万元安排给空洞子瑶族村小组维修水毁桥梁。

【“一村一品”特色经济】　为加快少数族地区经济社会发展，提高瑶族群众茶叶种植管理技术，增加瑶族群众经济收入。4月7日，由曲江区民宗局牵头，罗坑镇政府承办，在罗坑镇“雪花岩”茶业有限公司举办全区少数民族茶叶栽培管理技术培训班，参加培训人员有罗坑镇、樟市镇及枫湾瑶族茶叶专业户及种茶农户150多人。培训班上市民宗局副局长江卫华对种植要点、种植管理方法等进行详细讲解，并分发相关资料150余份。江卫华副局长通过讲述自己学习、调研的相关经历，生动形象地传授茶叶种植、茶园管理、茶叶采摘及茶树病虫害防治经验。此次培训，不仅增加茶农的知识，也让茶农更好地掌握茶叶的栽种和管理技术，还为罗坑镇茶产业发展提供技术支持。

【少数民族特色村镇建设】　按照国家、省、市的部署，选取枫湾镇茶园山瑶族村作为特色村寨建设试点。市委常委、曲江区委书记、区人大常委会主任黄劲东多次莅临茶园山指导工作，召集民宗、建设、规划、财政等相关部门深入茶园山调研指导，组织召开现场办公会，帮助解决具体问题，并提供政策和资金的扶持，加快推进茶园山特色民族村寨建设。2016年，曲江区民宗局牵头组织相关人员深入茶园村开展调查研究，明确茶园山村基础设施建设、瑶族文化保护开发、特色民居改造、民族文化活动中心等项目建设，优先安排少数民族发展建设资金16万元，用于茶园山村委村民广场项目建设。

【民族地区发展】 认真学习贯彻中央、省、市民族工作会议精神，围绕实现民族地区与全区同步全面建成小康社会的目标，推动曲江区民族地区经济社会发展，确保有关扶持政策落实到位。做好2015年少数民族发展资金的管理使用。会同区财政局、市民宗局对少数民族发展资金项目实施情况进行检查，开展财政扶贫资金绩效自评工作。曲江区民宗局积极争取中央、省少数民族发展资金项目支持民族地区发展，经局班子研究决定，拟将2016年省级民族地区补助专项资金16万元安排给樟市镇芦溪瑶族村大麻坑至后山村小组农村公路建设10万元；罗坑镇瑶族村罗坑街至大坑村小组公路主干道扩建6万元；市级少数民族发展资金20万元安排给罗坑镇瑶族第六新村基础设施建设。同时，芦溪瑶族村委会中洞村至茶叶基地后山村至大麻坑乡村公路建设，解决瑶民“行路难”“运输难”，为加快少数民族地区经济社会发展步伐，改善少数民族地区基础设施建设。

【市民宗局领导到罗坑调研民族工作】 11月29日上午，市民宗局副局长江卫华、民族科科长梁妙珍到罗坑镇调研民族工作，区民宗局局长徐群宝、副局长陈明星，罗坑镇党委书记钟佩军、副书记陈丹强陪同调研。江卫华副局长一行听取罗坑镇关于民族发展的工作汇报，并实地考察瑶族第六新村建设现场及罗坑街通往瑶族自然村道路。调研过程中，江卫华副局长与钟佩军书记对罗坑瑶族新村建设情况，村民的经济发展，瑶族村道扩建，瑶族文化挖掘等工作交换意见。江副局长对罗坑镇的民族工作给予充分肯定，他强调罗坑镇是个汉、瑶文化相融合的地方，要切实保护好，传承好瑶族文化，相关部门也要加大对瑶族的扶持力度，让瑶胞早日过上小康生活。并将曲江区2016年少数民族发展资金3万元划拨给罗坑镇瑶族村上坑村小组乡村道路建设。

【瑶族群众民生工作】 为贯彻落实党中央、国务院，省委、省政府和市委、市政府及区委关于新时期精准扶贫精准脱贫三年攻坚的决策部署。结合“两学一做”学习教育，曲江区民宗局领导多次深入到罗坑镇中心坝村委开展精准扶贫工作并亲自带领全局党员干部到上街村民何丁凤、刘永华2户扶贫对象家中走访座谈，详细了解他们的家庭状况、主要收入来源、致贫原因等相关问题，实现手拉手，一对一精准扶贫：一是帮助办理新农合，确保每个月固定领取农村养老生活保障金；二是帮助办理残疾证，申请残疾人生活护理金；三是帮助提高劳动技能，适当推荐收入稳定的工作；四是帮助扶贫对象到医院治疗，树力信心，争做有作为的青年；五是帮助购买新农保，确保医疗有保障；六是送上节日慰问，体现党和人民政府的关爱和祝福。从而有效地促进贫困户农业生产的发展，鼓励贫困户增强脱贫的信心，继续抓好生产，加快实现脱贫致富。

【“两学一做”学习教育活动】 2016年，区民宗局根据中央、省委和市委、区委关于在全区党员中开展“学党章党规、学系列讲话，做合格党员”学习教育活动的部署，结合全局工作实际，认真开展“两学一做”学习教育活动，把“两学一做”学习教育与全年民族宗教重点工作相结合，与“三严三实”专题教育整改相结合，与学习贯彻中共十八届五中全会精神专题培训相结合，与服务解决少数民族宗教界和信教群众矛盾困难问题相结合，坚持两手抓两不误，以学习教育推动民族宗教工作创先争优，以民族宗教工作新成效检验学习教育取得新成果。

【学习贯彻中共十八届六中全会精神】 12月19日上午，区委统战系统联合区发改局、区民政局、区残联组织召开“深入学习贯彻中共十八届六中全会精神座谈会”，并邀请区委宣讲团讲师作宣讲报告。会上各单位领导、同志相互交流思想认识和学习体会。全面深刻领会中共十八届六中全会精神实质，进一步增强政治意识、大局意识、核心意识、看齐意识；在思想上政治上行动上同以习近平总书记为核心的党中央保持高度一致，准确把握严肃党内政治生活、加强党内监督的重大意义和总体要求；要带头自觉深入学习好、宣传好、贯彻好，带动广大党员干部群众加强学习，切实把思想和行动统一到六中全会精神上来。统筹推进经济建设、政治建设、文化建设、社会建设、生态文明建设和党的建设，培植后发优势、奋力后发赶超，为曲江区全面建成小康社会出一分力量。

【民族宗教来信来访工作】 2016年接待民族宗教来信来访、网络问政5件，处理解决5件，其中：网络问政3件，来信来访2件。做到件件有着落、事事有回音，未发生重大群体性事件，进京赴省到市集上访和进京赴省非正常上访。积极解决南华寺曹溪讲坛建设土地遗留问题，消除不稳定因素和负面影响。曲江区民宗局把加快少数民族地区发展和维护民族宗教稳定结合起来，以稳定保发展，以发展促稳定，努力形成有利于发展的良好社会环境。

宗 教

【概况】 曲江宗教主要有佛教和基督教两大教派。宗教活动场所3个，佛教寺院有南华禅寺和月华寺2处，有基督教聚会点1处，共有信教群众173人。宗教场所主要以南华禅寺为主，南华禅寺是中国佛教著名寺院，六祖惠能禅师弘扬“禅宗”的道场，全国重点文物保护单位。南华禅寺始建于南北朝梁武帝天监元年(502年)，至今已有1500多年历史。多次被省、市、区评为“广东省民族团结进步先进集体”、省民族宗教委模范宗教活动场所、“市文明单位”、先进集体等。2016年南华禅寺有僧人237人，其中寺院常住僧人86人，比丘尼29人、佛学院有法师27人、学僧95人。

【南华禅寺年终总结会】 2月2日，南华禅寺在斋堂举行迎新春普茶会。方丈传正大和尚、曲江区副区长卢春燕、民宗局局长徐群宝及南华禅寺全体僧众及工作人员参加会议。曲江区副区长卢春燕在讲话中感谢大家在过去一年里对政府工作的大力支持，肯定南华禅寺在2015年“讲经交流会”“文明敬香”等各项工作所取得的成绩，并对南华禅寺在弘扬佛法的同时不忘关心社会弱势群体表示由衷的赞叹。最后，传正大和尚对诸位法师、护法居士和工作人员一年来做出的努力表示感谢并致以新春祝福。

【市委书记江凌到南华禅寺调研】 2月18日，韶关市委书记江凌到南华禅寺调研，韶关市相关领导、曲江区领导陪同调研。南华禅寺方丈传正大和尚、南华禅寺知客照贤法师接待。传正大和尚向众人介绍南华禅寺的历史、文物的保护、禅宗文化的弘扬、南天佛国“大南华“的建设并详细介绍正在兴建的日光宝塔工程，这座共13层、108米高的宝塔建好后，将会成为”大南华“的标志性建筑。传正大和尚带领调研组一行依次参观天王宝殿、大雄宝殿、藏经阁、六祖殿。江凌书记对南华禅寺优美的环境和规范的管理大加赞赏，并表示会全力支持大南华的建设，尽快协助落实各项工作。

【宗教活动场安全工作】 一是安排好春节期间南华禅寺的值班接待等工作。二是农历二月初八(3月16日）是禅宗六祖惠能大鉴禅师诞辰1378周年纪念日。“南华诞”庙会已被列入广东省首批非物质文化遗产名录。三是做好“五一”安全工作。四是加强国庆黄金周期间南华寺安全工作。协助做好与南华禅寺协调接待等工作，为大家过一个安乐、祥和的国庆节营造安全、畅通、有序的和谐环境。

【《宗教事务条例》的贯彻落实工作】 2016年，区民宗局一是进一步巩固深化宗教教职人员认定备案工作；二是继续开展宗教活动场所财务监督管理专项工作，提高宗教界的思想认识，指导宗教活动场所健全和完善财务管理组织、制度和机制，加强财务管理知识培训和监督检查，进一步实现常态化管理；三是指导宗教活动场所和宗教院校开立单位银行结算账户等专项工作的常态化、制度化。

【宗教界加强自身建设】 2016年，区民宗局一是继续以“规范、安全”为主题，深入开展和谐寺观教堂创建活动。指导宗教界开展以“发挥正能量，共筑中国梦”为主题的“宗教政策法规学习月”活动，提高宗教界人士的法律意识。引导宗教界从事公益慈善活动。由客堂每月固定组织义工团队下乡慰问贫困户，资助贫困子女读书外，还专门组织区“三贫户”贫困下岗职工家庭、贫困单亲家庭、贫困残疾家庭200多人在区公园登山门广场送米送油、义诊并免费送药献爱心活动。5月还组织一批油米捐献到甘肃贫困山区，由寺庙僧众亲自送到山区百姓家中，并经常参与当地的慈善捐助等，继续开展“宗教慈善周”和参与“6·30广东扶贫济困日”爱心扶贫活动，每年向贫困地区或单位及困难家庭捐赠物资。据不完全统计，2016年南华寺共捐款捐物累计100多万元。为当地社会的稳定和谐发展贡献力量。继续推动宗教界开展“文明敬香”、“合理放生”活动，推动“生态寺观”建设。

【广东省曹溪佛学院第五届本科、第八届预科班毕业典礼】 7月8日，广东省曹溪佛学院第五届本科、第八届预科班毕业典礼在多宝阁一楼举行。曲江区副区长卢春燕、曲江区民宗局局长徐群宝等领导出席典礼仪式，参加典礼的还有曹溪佛学院院长传正大和尚、南华禅寺当家师法祇法师、曹溪佛学院教务长传源法师等。随后，曲江区副区长卢春燕代表区政府对即将毕业的学僧表示祝贺，并发表热情洋溢的讲话，她指出，曹溪佛学院在传正大和尚的领导下，培养数百名爱国爱教、品德优秀的佛教人才，不仅得到各级政府领导的高度好评，而且获得国内外佛教界的认可和赞誉。祝愿曹溪佛学院桃李满天下，继续为佛教教育事业的发展做出积极贡献。

【“大南华”建设】 一是积极协调解决南华寺与广东松山职业技术学院发展土地问题；二是积极协助南华寺曹溪讲坛建设土地遗留问题，积极参与“大南华”的总体规划建设，更好地弘扬禅宗文化。

【南华禅寺第十届“禅悦行”夏令营活动】 7月16日，曲江区民宗局积极协助南华禅寺举办第十届“禅悦行”夏令营活动。上午，南华禅寺第十届“禅悦行”夏令营开营仪式在多宝阁一楼大堂圆满举行。曲江区副区长卢春燕，曲江区民宗局局长徐群宝，闽南佛学院副院长传明法师、华南师范大学徐文成教授，旭日集团总经理杨勋居士等领导嘉宾应邀出席开营典礼。参加开营典礼的还有南华禅寺方丈传正大和尚、南华禅寺当家师法祇法师、曹溪佛学院教务长传源法师、南华禅寺知客师法隆法师、本届“禅悦行”全体辅导法师以及来自海内外的300多名营员。开营典礼由传源法师主持。随后，曲江区副区长卢春燕代表曲江区政府对来自祖国各地的营员们表示热烈的欢迎和真挚的问候，并预祝第十届“禅悦行”夏令营圆满成功。她表示“禅悦行”自创办以来获得社会各界的一致好评，社会各届有责任让禅悦行夏令营继续更好地办下去，让更多人感受到佛学文化带来的身心愉悦，更好地服务社会。

【专项活动】 积极开展“平安宗教活动场所”创建活动，落实消防安全措施。联合消防大队定期为寺院僧众培训消防知识，加强防火意识；开展法规“学习月”和“教风年”活动，对宗教界进行爱国爱教宣传教育，加强场所民主管。12月5日，由韶关市国安局副局长邓良德为曹溪佛学院全体师生在南华禅寺多宝阁参加以“警惕西方意识形态渗透，防范和抵御‘颜色革命’”为主题的国家安全教育知识专题讲座；区民宗局把南华寺周边环境综合整治工作作为开展“两学一做”学习教育一项重要内容，区民宗局联合区工商局检查寺庙周边商业经营情况，责令整改出售粗香及“三无”产品等问题；12月12日，由区委宣讲团在南华禅寺多宝阁为曹溪佛学院全体师生80人宣讲贯彻中共十八届六中全会精神。

【宗教教职人员纳入社保工作】 2016年，区民宗局继续做好曲江区宗教教职人员社会保障工作，进一步加大宣传力度，不断提高宗教教职人员的思想认识，充分发挥宗教团体和活动场所的自身建设，加大对宗教教职人员参保工作的督查力度，确保宗教教职人员真正享受到病有所医、老有所养。

【首届“曹溪正信”禅修班开班典礼】 10月16日，首届“曹溪正信”禅修班开班典礼在南华禅寺多宝阁隆重举行。曲江区包玉兰副区长，民宗局徐群宝局长，南华禅寺当家师法祇法师及90多位学员等参加首届开学典礼仪式。此次典礼由曹溪佛学院教务长传源法师主持。随后，曲江区副区长包玉兰代表曲江区政府对来自全国各地的学员们表示热烈的欢迎和真挚的问候，并预祝首届“曹溪正信”禅修班圆满成功，让更多人感受到佛学文化带来的身心禅悦。 （谢亦萍）

曲江区民宗局领导班子成员名单(2016年)

局　长：徐群宝

副局长：陈明星

企业选介

宝钢集团广东韶关钢铁有限公司

【概况】 宝钢集团广东韶关钢铁有限公司（以下简称韶钢），前身是广东省韶关钢铁集团有限公司，始建于1966年8月22日。2011年8月22日，宝钢和广东省国资委签订股权划转协议，韶关钢铁在分离办社会的基础上由宝钢集团直接持股51%。2012年4月18日，宝钢集团广东韶关钢铁有限公司挂牌成立。韶钢占地面积9.8平方公里，截至2016年年底，韶关钢铁在册员工11712人，在岗员工9836人，其中少数民族员工86人。

韶钢年产钢能力650万吨，立足钢铁业，工、科、贸并举，多元化经营，着重从价值形态上运营国有资产，是广东省重要的钢铁生产基地、国家高新技术企业，及中国重要的船板钢、工程机械和水电站用高强钢板、建筑结构用高建板、桥梁板、锅炉和压力容器用钢板生产基地。板材、线材、优特钢棒材等产品，主要在珠三角、华东地区及广东邻近省销售，部分出口。

韶钢积极推进供给侧结构性改革政策落地，主动淘汰过剩产能，其中炼铁75万吨、炼钢90万吨、轧钢160万吨。通过不断推进产品转型升级，努力打造华南地区最具竞争力的钢铁企业，成为宝武集团高端棒线生产基地。

【“数字韶钢”】 公司以全力打造“数字韶钢”为目标，完成经营管控系统上线应用，促进管控能力提升。存货可视化系统实现公司主业存货的全流程可视化管理，有效降低存货周转天数。系统策划，精心组织完成经营决策支持系统的成本管理、公司统计、生产管制、质量分析、生产分析、采购分析、销售分析、物流分析、自定义分析等9个子系统建设上线工作，为有效掌控公司生产经营提供强力支撑，营造用数据说话的氛围，数字化经营能力正在不断提升。同时，以“全面创新，引领标杆”为要求，创新设计和组织能源环保动态管控系统建设，在创新设计能源动态管控信息系统和探索钢铁企业智能制造上，实现关键管理技术的突破。先后启动铁区动态管控系统、物流动态管控系统建设，逐步形成“智能制造、数字韶钢”的信息系统雏形。

【人事效率】 2015—2016年，全口径人员优化8300人，效率提升41%，降本年化5亿元，月度红利4200万元，吨钢降本88元，给予员工的奖励已占奖金的1/3，在岗员工收入实现增长。其中，2016年度在内部消化890人的基础上，再优化4154人，年度效率提升26%。人力资源优化，降低费用2亿元。

【工序降本】 “开源节流”是公司生存和发展的根本，“开源”的重心在市场，“节流”的焦点在内部。实践一再证明，不断提高成本竞争力是现阶段突出重围最有效的办法。一年来，生产制造、采购、物流、设备、能源环保等单元，坚持对标三明等优秀钢企，以重点指标为牵引，强化标准化作业，通过“三岗”活动、指标上墙、劳动竞赛、技术攻关、项目改造等措施，有序推进各工序指标优化和成本改善。其中，设备管理坚持推进“零故障”管理模式，着重提升设备管理体系能力，确保设备在产线瘦身后满负荷生产状态下的稳定顺行，为降本增效创造有利条件。

一年来，炼铁、炼钢、轧钢三大工序体系能力稳步提升，全流程钢铁加工成本同比降低130元/吨，工序加工费同比降低10.39亿元，降幅达10.4%；铁水成本逐步改善，7月、8月、11月三个月周边第一，全年铁水成本较周边平均低18元，同比下降60元；吨钢维修费84元，同比下降22元；吨钢能源成本694元，同比下降23元；转港物资物流成本87元/吨，同比下降11元/吨，内部物流成本45.7元/吨，同比下降6元/吨。

【产量指标完成情况】 全年产铁585.3万吨，同比增长11.5%。钢578.3万吨，同比增长11.11%。钢材558.6万吨（含轧制坯1.83万吨），同比增长11.32%。烧结矿849.2万吨，同比增长9.4%。自产焦炭265.9万吨，同比增长8.95%。自发电18.08亿千瓦时，同比增长14.56%。

【经营指标完成情况】 全年销售钢材549万吨，同比上升6.8%；实现营业收入150.5亿元，同比上升25.1%，完成年度预算的123.4%；实现利润0.52亿元，其中经营性利润1,600万元，上缴税金5.17亿元，同比增长20%。

各多元子公司考核口径全部实现盈利，合计实现利润0.93亿元，其中：嘉羊公司完成2344万元，广东粤钢物流完成2089万元，昆仑科技完成1702万元，松山置业完成1082万元，港务公司（含深圳粤钢物流）完成670万元，华欣环保完成536万元，现代产业完成420万元，工程公司完成288万元，南华置业完成221万元，金属公司完成35万元，均超额完成年度预算利润目标。韶钢资源实现利润8万元，未完成年度预算目标。

【能源、环保指标完成情况】 吨钢综合能耗558.2kgce/t，完成年度560kgce/t目标，同比降低30.9kgce/t。二氧化硫排放总量6,075吨，同比降低1.7%；氮氧化物排放总量5,147吨，同比增长0.16%；烟粉尘排放总量1,300吨，同比降低13.19%；废水中COD排放总量321吨，同比降低1.5%；废水中氨氮排放总量46吨。

【安全生产完成情况】 2016年，公司聚焦“风险、措施、责任、效果”持续强化安全基础管理，通过完善安全管理体系、建立安全管理履职清单、开展“三岗”活动、强化危险源管理、加强隐患排查治理、组织全员安全教育培训等工作，持续保持高压严管态势，全年查处安全隐患1.17万项。积极开展安全事故应急演练，加强安全事故案例宣教，制作安全操作可视化教程，营造出全员讲安全、落实安全责任的良好氛围，安全管控能力进一步提升。全年工亡事故为0，原发性职业病发病率为0，交通主责死亡事故为0，较大火灾事故为0，有较大社会影响治安案件为0。工伤事故17起17人次（其中轻伤16起、重伤1起），伤害频率0.39%，伤害严重率26.14%，较2015年分别下降37.03%、24.85%和38.23%。2016年再次获评集团“安全管理优秀单位”，并被国务院安委办评为“2016年全国安全生产月先进单位”。

【产线瘦身】 积极贯彻落实国家供给侧结构性改革和“三去一降一补”政策，淘汰1#、3#高炉，压减生铁产能75万吨；淘汰90吨电炉，压减粗钢产能90万吨，顺利通过国务院国资委组织的化解过剩产能工作组检查验收。

在完成去产能任务的基础上，公司进一步推进产线瘦身，停产封存4#烧结机、2500毫米中板轧机和棒二产线，促使产线效率得到进一步提升，炼铁、炼钢、轧钢产能利用率分别提高10.07%、8.42%、18.45%。产线效率提升的同时，制造过程控制能力也在稳步提升，战略产品产量、铁水成分稳定率、合格钢坯收得率、钢材产品合格率分别提高80.9%、18.6%、0.4%和0.5%。

在人事效率提升方面，通过政策牵引，保障渠道畅通，2015—2016年全口径劳动效率提升41.4%，累计降本年化效益超5亿元。其中，2016年劳动效率提升26.1%，实现降本年化效益2.9亿元；人均产钢从544吨提升至826吨；吨钢人工费用累计下降89元。

【资金链安全】 2016年，公司控制、结算政策调整、子公司之间资金协同等措施降低财务费用，全面提升资金效率，全口径财务费用同比下降2.23亿元。通过加强与集团协同，主动与银行沟通，争取银行支持，维护银行授信。通过对财税政策的密切跟踪和合理利用，实现全年财政资金政策利用创收超2亿元。成功推动股东双方同比例增资33亿元，增资后，公司资产负债率大幅下降至71%，步入健康稳定发展轨道。

【原燃料低库存运作】 2016年进一步优化“采购、制造、物流”三位一体的采购决策工作机制，确保采购与需求无缝对接，在充分满足各工序最低成本生产需要的前提下，实现“零”断料断供、“零”超龄库存。以低库存运转为目标，制定低库存采购策略，实施接点与生产断点管理，有效控制库存，原材料库存大幅下降，周转天数同比降低13.8天。通过择机采购，优化辅耐材、合金、废钢的采购模式，优化进口矿、国内煤的采购策略，全年降低采购成本超2.8亿元，完成年度目标的153%。

【产销联动，产品转型升级】 2016年通过进一步深挖潜力，工序加工费大幅降低，通过对炼钢、轧钢、精整全工序进行分析诊断，梳理出20个核心技术能力“瓶颈”，全年开展技术攻关，产品质量控制能力稳步提升。轴承钢全氧含量≤8ppm的比例稳定在97%以上，控制能力步入国内一流水平。新品开发成效显著，已初步形成高中低搭配的产品序列，满足不同档次用户的使用需求，与上汽集团、韶铸集团、宏大齿轮、瓦轴、广东富华、曾本五金等省内外客户建立良好的合作关系。通过“欧冶建帮”实现钢企与蚂蚁客户的成功对接，全年实现销量17.3万吨，通过优化销售渠道，挖掘自营销售潜力，全年实现增值达1.5亿元，钢材出口12.55万吨。同时加快新产品开发及技术创新，产品结构实现大幅优化。2016年普材新品开发28个，新品销售12万吨，工业线材实现销售51万吨，重点产品冷镦钢实现销售12.3万吨，特钢新品开发150个，战略产品（汽车、轴承、模具用钢）销量26.66万吨，并通过纳铁福、NSK、日进、桂林福达、重庆大江等40余家国内外知名企业的二方认证。

【绿色经营】 2016年，通过回收烧结脱硫运维项目，开展物流运输系统优化，加强散装物流运输车辆管理等措施，持续改善厂区空气环境质量，烟粉尘排放量和厂区平均降尘量下降达13%，主要污染物全部达标排放，空气质量达到国家二级水平。此外，公司深入推进现场环境集中整治，集中拆除废弃建（构）筑物，新增加绿化面积5.23万平方米，厂区环境得到明显改善。持续完善能源管理体系，顺利通过认证审核。强化环保在线监测，全年迎接上级检查84次，全部合格。通过完善能源评价机制、持续推进节能技术攻关，挖掘节能潜力，全年实现节约标准煤18.11万吨，降低用电成本1.51亿元，被评为“广东省清洁生产企业”。

【财务管控】 强化资金管控，促成股东增资，夯实发展基础，助力公司实现了全面盈利。2016年，在韶钢松山“ST”、重组终止、银行收贷等不利形势下，财务管控坚持“现金为王，安全第一”的理念，通过存货控制、结算政策调整、子公司之间资金协同等措施降低财务费用，全面提升资金效率，全口径财务费用同比下降2.23亿元。通过加强与集团协同，主动与银行沟通，争取银行支持，维护银行授信。通过对财税政策的密切跟踪和合理利用，实现全年财政资金政策利用创收超2亿元。成功推动股东双方同比例增资33亿元，坚定员工、金融机构、供应商等各界信心，为深化改革和转型升级提供动力。增资后，公司资产负债率大幅下降至71%，资金紧张的状况明显好转，融资功能逐步恢复，财务状况大幅改善，已初步摆脱生存危机，步入健康稳定发展轨道。

【采购决策工作机制】 优化采购模式，坚持低库存运作，采购降本成效显著。进一步优化“采购、制造、物流”三位一体的采购决策工作机制，确保采购与需求无缝对接，在充分满足各工序最低成本生产需要的前提下，实现“零”断料断供、“零”超龄库存。以低库存运转为目标，制定低库存采购策略，实施接点与生产断点管理，有效控制库存，原材料库存大幅下降，周转天数同比降低13.8天。通过择机采购，优化辅耐材、合金、废钢的采购模式，优化进口矿、国内煤的采购策略,全年降低采购成本超2.8亿元，完成年度目标的153%。

【营销模式】 创新营销模式，完善服务机制，向市场要效益。营销体系坚持以市场为导向，以客户为中心，大胆创新，形成日调价、市场采集价、网价三方作用、相互推动的良性定价机制，实现了韶钢价格在华南区域的主导地位，螺纹钢对比粤钢、湘钢溢价60~100元/吨。通过“欧冶建帮”实现钢企与蚂蚁客户的成功对接，全年实现销量17.3万吨，完成年度目标的173%；通过优化销售渠道，挖掘自营销售潜力，全年实现增值达 1.5 亿元，普材自营渠道占比达 48%，同比提升 13%；钢材出口 12.55 万吨，同比增长 73%。

通过完善服务机制，加强客户走访和需求采集，推进“韶钢营销在线”系统广泛应用，为客户提供从合同签订到生产制造、发货跟踪、开票对账等全过程的信息查询服务，提升客户服务能力。建立内部物流装车指标管控体系，提高理货、装车水平，推进精准配送，普材装车发货能力达到 2 万吨/日，同比提升 25%，平均装车用时降至 3.9 小时，效率较年初提升 35%。

【营销体系融合】 特钢长材两地融合，生产提质增效，产品转型升级。特钢是韶钢的未来，是韶钢走出困境、实现可持续发展的必然选择。2016 年，宝特韶关推进与上海基地的营销体系融合，加强与宝特长材、平台公司、重点用户的三方协同，营销能力和服务水平稳步提升。全年，宝特韶关特钢产、销量同比大幅增加，其中：特材产量 64 万吨，同比增加 84%，特材销量 60 万吨，同比增加 93%。通过进一步深挖潜力，工序加工费大幅降低，大方坯、大棒、中棒的加工费用分别降低 140 元/吨、322 元/吨、683 元/吨。2016 年宝特韶关总利润对比预算目标减亏 2.47 亿元，同比减亏 3.17 亿元。

通过对炼钢、轧钢、精整全工序进行分析诊断，梳理出 20 个核心技术能力“瓶颈”，全年开展技术攻关，产品质量控制能力稳步提升。轴承钢全氧含量≤8ppm 的比例稳定在 97%以上，控制能力步入国内一流水平。新品开发成效显著，已初步形成高中低搭配的产品序列，满足不同档次用户的使用需求，与上汽集团、韶铸集团、宏大齿轮、瓦轴、广东富华、曾本五金等省内外客户建立良好的合作关系。

【多元板块经营】 2016 年对韶钢的多元子公司来说，是极不平凡的一年。在宏观经济持续下行和钢铁主业盈利不佳的大环境下，各子公司通过资产梳理，建立低效、无效资产清单，大力推进资产盘活，提高资产运营效率；通过协力回归及内部人员盘活，对标挖潜，开展技术降本等工作，共创造年化经济效益 9690 万元；加大市场拓展力度，加强对外部客户的拓展，实现“坐商”向“行商”的转变，全年完成对外拓展利润 3392 万元，全年多元子公司经营能力稳步改善，实现全面盈利、零亏损目标。（陈　建）

宝钢集团广东韶关钢铁有限公司领导班子成员名单（2016 年）

董　事、董事长、党委书记：李世平

董　事、总经理、党委委员：傅建国

党委委员：张永生

党委副书记、工会主席、职工董事：寿耀明

副总经理、党委委员：冯国辉

总会计师、党委委员：赖晓敏

党委副书记、纪委书记：蔡建群

副总经理：严鸽群

总经理助理：王少杰

总经理助理：刘建荣（挂职）

董事会秘书：旷高峰

广东韶关瑶岭矿业有限公司

【概况】 广东韶关瑶岭矿业有限公司位于韶关市曲江区境内，由原瑶岭钨矿改制组建的股份制企业。原瑶岭钨矿于 1919 年开始开采，1951 年 1 月收归国有，属中央直属企业。2000 年下放广东省管理，2003 年经上级主管公司批准改制为股份制企业，2003 年 3 月经广东省韶关市工商行政管理局批准注册成立，现属上市公司广晟有色金属股份有限公司旗下的国有企业。

公司按照现代企业制度设置董事会、监事会、经营班子和党委、纪委、工会，2016 年下设 5 个部和 3 个分公司，分别为综合部、生产技术部、安全环保部、贸易经营部、财务审计部和采矿、选矿、电力分公司。年末员工 299 人，有一支素质高、专业性强的矿山管理队伍。

【主要产品】 公司是一个采选联合企业，生产、生活设施完善。主要从事钨矿采选业和电力生产，现有完整的矿山生产工艺设备和成熟的采选技术，完善的钨矿采选生产线和水电生产线。

矿山开采方式为地下开采，平窿—盲斜井联合开拓，采矿方法为浅孔留矿法，最低主平窿标高 450 米。现采矿最大垂深 500 米。设计生产规模为 32.6 万吨/年、选矿合格矿处理量为 375 吨/日。选矿工艺为手选与重选、磁选和浮选，回收黑钨矿精矿及少量白钨精矿、锡精矿。目前年产钨精矿能力有450~600吨左右。小水电装机容量为2940千瓦，具有600万~1000万千瓦时的年发电能力。主要产品有黑钨精矿、白钨精矿、铋钼矿，水电上网销售曲江供电公司。

【生产经营】 在习近平总书记系列讲话精神的指引下，以提高经济效益为中心，以改革发展为动力，抓好安全、环保、生产和经营，搞好矿山各项建设，努力降低生产成本，提高经济效益和增加员工收入。重点抓好生产工艺技术和设备管理，加强企业内控管理。受市场价格和国际经济形势等各种因素影响，钨精矿价格持续低迷，营业收入大幅减少，2016年，公司工业总产值1875万元，销售产值1931万元，工业增加值813万元，主营业务收入1931万元，利税总额-518万元，利润总额-800万元，资产总额9235万元，固定资产净值平均余额2036万元，流动资产平均余额1501万元，负债总额6857万元。年末从业人数299人，全年平均从业人数315人，2015年全年平均人数为355人。主要生产钨精矿，2016年生产钨精矿247.814吨（其中：黑钨精矿196.338吨，白钨精矿51.476吨）。劳动生产率2016为25810元/人，2015年为38104元/人。

【环保安全】 公司贯彻“安全第一、预防为主、综合治理、环境友好”的安全环保工作方针，严格遵守国家安全生产和环境保护的相关法律、法规和技术标准，全面履行安全生产和环境保护的责任和义务，达到广晟有色公司要求的“六无三减少”目标，员工千人负伤率实际为1.08‰,低于4‰的控制目标,粉尘合格率达90%以上,“三废”排放达标。

公司对《生产安全事故应急预案》进行修改，并通过专家评审，已在韶关市安全生产监督管理局备案。

公司按照安全生产法律法规的要求，与韶关市矿山救护队签订救护协议，成立抢险小队。

做好尾矿库重大危险源的监测、监控工作，加强在线监测系统的维护，做好值班值守，配齐配足应急物资。7月14日组织尾矿库洪水漫顶安全事故应急演练，演练效果明显。

公司设立环保委员会，制定《环保管理措施》和《突发环境事件应急预案》等制度。

【建设与发展】 根据广东省经济和信息化委员会的文件要求，抓好第二批钨企业规范公告申报工作，并顺利通过专家评审。

对选矿化验室进行改造，增加工作台、置物架等设施，聘用技术水平高、经验丰富的化验人员来矿亲自指导，制定技监站精细化管理实施细则，以老带新，传授技术，提高公司产品质量检测水平。

公司在450窿口、坪山球场开挖新的排洪通道，砌筑挡土墙，对部分垮塌的生活引水沟修建防护坡，使公司隐患地带的排洪抗洪能力得到提升，公司更有信心安全度汛。

公司利用变压器能效提升项目、变压器及无功补偿综合节能技术改造项目，获得政府专项资金支持，更换15950米阻燃电缆、21台节能变压器、2台高压配电柜。降低变压器空损，无功功率降低45%~50%，提高有功功率，每年节约用电9万~10万千瓦时，节省电费开支6万元~7万元。

【企业文化和党建工作】 公司注重公司文化建设。“瑶岭是我家，发展靠大家”的责任核心价值观，成为公司员工的共识，公司继承和发扬“勤奋、求实、奉献、创新”的优良传统，形成矿山岩石般坚强、厚重的品格，造就公司鲜明的矿山企业特色。公司经营班子务实、精干、高效和奖罚分明，民主管理，正确决策；在用人方面做到“人尽其才、才尽其用，高效率、高效益、合理性的人力资源配置”，公司务实、好学、上进、文明、规范、勤工、节约、高效的良好工作生活环境已形成。

2016年，公司党委开展以“学党章强党性、讲规矩守纪律”为主题的纪律教育学习月活动；开展“三严三实”专题教育活动；印发《瑶岭矿业2016年“两学一做”学习教育实施方案》；召开以“学习贯彻党的十八届六中全会精神”为主题的民主生活会，坚持开展大讨论，下基层行动，切实转变作风，起到肃风正纪的作用，有力地推进矿山的生产经营和矿山建设。

公司定期出版《瑶岭矿业公司报》和办好宣传栏。加强公司信息收集和定期报送，提升公司在行业内的形象。

公司积极争取上级部门和当地政府对公司发展的支持，及时有效地解决公司在治安、税收、

环保、电力供应等方面的许多问题。公司领导常与周边村镇沟通，促进矿区周围的工农关系和谐发展。（张　静）

广东韶关瑶岭矿业有限公司领导班子组成人员名单（2016年）

董事长、总经理：刘广云
党委书记、总工程师：郑揭东
副总经理、纪委书记、工会主席：张清伟
副总经理：唐升旗
　　　　　刘小毛

广东省大宝山矿业有限公司

【概况】 广东省大宝山矿业有限公司（以下简称大宝山矿）位于韶关市曲江区沙溪镇境内，1958年5月建矿，1966年10月建成投产，下设有全资子公司广东省南方特种铜材有限公司和韶关市大宝山资源综合利用有限公司以及控股子公司韶关市广宝化工有限公司，是一家主要从事矿产资源勘探、采选、综合利用、加工以及矿产品销售的国有独资矿山企业，规模为年产销铁矿石60万吨、铜金属量3600吨、硫精矿38万吨、硫酸10万吨、磷铜加工1万吨，年工业总产值约10亿元。

企业现保有各类矿产资源潜在经济价值达1000亿元以上，发展前景十分广阔。2016年，公司通过确立新理念、新体制、新方针、新目标的“四新”发展战略，现正以全面建成全国首批40家、广东省唯一一家“矿产资源综合利用示范基地”为契机，以持续加强对资源的综合利用、努力打造绿色矿山、和谐矿山为抓手，力争把大宝山重建、重塑成一个产值规模达13亿元/年、利润达1亿元/年的主业突出、效益突出、核心竞争力强的优秀大型矿山企业。

【生产经营】 面对铁、铜、硫主营产品价格持续低迷的严峻市场，大宝山矿以抓生产为基础，以增效益为根本，通过科学调整生产组织、严控成本费用、加大资源综合利用、盘活存量资产等方面的综合施策，最终实现扭亏为盈，矿山经济运行保持平稳势头。全年累计生产成品铁矿石47.65万吨，铜精矿3639.67吨，硫精矿（含磁硫）34.84万吨，硫酸15.01万吨，PC铜4968.12吨；销售成品铁矿石53.66万吨，铜精矿3942.66吨，硫精矿（含磁硫）34.67万吨，硫酸11.70万吨，PC铜4950.47吨；实现营业收入6.57亿元，利润总额969.59万元，实缴税费6500万元。

【发展取得跨越式突破】 支撑大宝山矿主业从黑色铁矿向有色铜硫转型的资源综合利用示范基地重点项目330万吨/年铜硫采选项目系统工程在2016年年底已全面建成，并开始单机试车和联动调试，实现投产顺产后，预计可产铜金属量达1万吨/年、硫精矿110万吨/年，同步还可回收铁、钨等相关副产和伴生资源，效益十分显著。资源综合利用开发研究工作取得关键性突破，通过实行“提质达效”专项行动，建立起“采、配、选、验”的联动机制，配矿稳定性和均衡性得到大幅提高，铜回收率实现屡创新高，并逐步稳定在80%以上，打破大宝山矿铜回收率难以大幅提高的局面。330万吨/年采矿环评和企业长期采矿许可证的顺利取得，为大宝山矿的长远发展奠定坚实基础。

【历史遗留问题破解】 安全方面，全年实现轻伤以上事故为零，安全主体责任评价在整个广晟系统排名第一，也是评分唯一一个超过90分的一级企业。排土场、采空区、高边坡、尾矿库四大重点危险源点管理得到破解，其中采空区致灾机理及防控技术、露天矿超高边坡大规模滑坡灾变机理及防控技术，被列入中国安科院重点研发计划专项。环保方面，按省委、省政府及广晟公司的统一部署，全力抓好《大宝山矿区及周边地区环境综合整治工作方案》落实工作，完成矿区范围内11项整治工程。经过整治，现大宝山周边区域的环保情况发生根本性变化，治理成效得到省、市环保部门的认可，企业环保信用等级已连续两年评为“环保信用良好企业”（蓝牌）。重金属污染防治方面成功申请到专项资金1500万元。2016年的环保工作使大宝山的环境问题得到根本性好转，重塑企业社会形象。

【企业管理】 通过实施管理升级和技术升级专项行动，在工程签证管理规范化、生产现场标准化、用工和分配制度改革、数字化矿山建设、OA系统升级等各方面均取得新成果，并正在逐步发挥作用。财务管理方面，成本管理从原来的三级核算改为一级核算，通过严控三项费用、开展节能技改、电力直接交易等工作，累计节约费用 7214 万元；化融资方式，调整贷款结构，降低融资成本，全年同比减少利息支出 1063.5 万元；及时掌握税收政策，充分利用国家税费优惠政策，全年减少税费约 1150 万元。党建方面，公司党委通过全面强化党组织的领导和建设工作，荣获广东省“先进基层党组织”荣誉称号。

【矿山民生】 注重企业文化建设，成功组织开展建矿 50 周年系列活动，有效激发职工的工作积极性和集体荣誉感。始终坚持常态化开展送温暖和金秋助学活动，解决特困职工子女上学难和困难职工民生问题。持续开展对矿区矿容的美化改造，新建成沙溪片工农路及道路两旁绿化，为职工群众营造良好的生活环境，确保矿山总体的和谐稳定。

（蔡浩双）

广东省大宝山矿业有限公司领导班子成员名单（2016）

党委书记、董事长：吴泽林

总经理：刘　聪

党委副书记、纪委书记、工会主席：巫建平

副总经理：李灼超　李保云

　　　　　喻　鸿

韶关发电厂

【概况】 韶关发电厂是广东省粤电集团有限公司下属大型骨干发电企业之一。2016 年有 4 台在运机组，2 台 330 兆瓦机组，2 台 600 兆瓦机组，全厂装机容量 1860 兆瓦。

【生产经营管理】 2016 年，韶关发电厂全面加强企业党建，狠抓安全生产、强化经营管理、精细技术监督、健全标准体系、加快新机组验收、扎实推进企业文化建设、全面开展“两学一做”学习教育活动，经过全体员工的共同努力，全年完成上网电量 52.69 亿千瓦时，同比增加 2.86 亿千瓦时；供电煤耗 319.45 克/千瓦时，同比下降 10.87 克/千瓦时；综合厂用电率 7.23%，同比持平。年内实现安全生产 3 个一百天和安全生产十周年；通过国家标准化良好行为 AAAA 级企业认证；成功承办粤电集团汽轮机检修技能大赛并荣获团体和个人一等奖。

【节能环保】 2016 年，韶关发电厂进一步强化环保设备设施运维管理和环保监督管理，机组环保指标可控，污染物排放达标，其中 1、2 机组已获得超洁净排放补偿电价；完成 2 台 600 兆瓦机组超洁净排放改造项目设计，启动 2 号机组超洁净排放及节能改造项目施工；推进新机组环保监测和环评验收，完成濛浬灰场闭库项目环保验收；通过各级环保部门环保督查及烟气在线监测系统现场比对审核。2016 年 10 月，韶关发电厂再次获得广东省环保诚信企业（绿牌）称号，至此连续 7 年获此称号。2016 年韶关发电厂顺利实施经济煤种掺烧工作，积极开展运行岗位节能创新活动，其中《精细化管理在机组能效指标中的应用》获“第五届全国电力行业设备管理创新成果一等奖”。

【科技创新】 2016 年，韶关发电厂高度重视创新工作在企业发展中的重要作用，继续深入开展“何健康劳模创新工作室”建设和管理。选取 1、2 号机组超洁净排放改造、工业废水系统综合再利用等 5 个创新项目开展活动，按照厂《新技术及科技成果管理标准》进行管理。同时建立"劳模创新工作室"信息平台和微信公众号，借助互联网平台使创新工作室发挥出最大效能。2016 年韶关发电厂与西安热工院合作课题《低挥发份 W 火焰锅炉低氮燃烧系统及关键设备的研制与工程应用项目》获得度中国电力科学技术进步奖二等奖。

【新机组验收】 2016 年是韶关发电厂两台 600 兆瓦机组投产后第一年，在全厂各部门的共同努力下，顺利推进新机组验收等各项收尾工作。协调各施工单位现场整治，推进铁路项目建设，对各单项工程和建安、脱硫、设计等项目进行逐项审查，完成竣工安评、环评、消防、职业健康、水土保持等验收工作，主体工程结算现已进入收尾阶段。

【社会责任】 韶关发电厂积极开展精准扶贫，2016 年派驻驻村干部对南雄市全安镇密下水村进行对口帮扶，厂领导先后 8 次到密下水村调研帮扶情况，制订精准脱贫三年帮扶总规划，安装路灯 120 盏；利用生态优势大力推广经济效益好的优质水稻及花生的种植；组织村民学习梅花猪养殖技术；帮助困难户子女读书，危房改造；对9名考取本科以上学生进行奖励；邀请韶关市规划设计院对养老服务中心、村卫生站进行整体规划设计；落实年度扶贫资金33.41万元。

【企业党建】 2016年，韶关发电厂组织全体党员学习《中国共产党章程》、中共十八届六中全会精神及习近平同志系列讲话精神，发放《习近平总书记系列重要讲话读本》等书籍；严格规范党员发展程序，严把党员发展质量，按计划发展预备党员1名，转正2名；对党员进行目标积分考核与党支部目标管理，形成“双标管理”，全年共评选出标杆党员48人；大力开展“两学一做”学习教育，开展讲党课活动、“如何做合格党员”主题征文活动，组织党务工作人员到韶关市委党校参加“两学一做”专题培训；对全厂395名在职党员2008年4月以来的党费收缴情况进行检查，对没有足额交纳的给予提醒、补交；认真做好企业文化宣贯落地和精神文明建设工作，加强思想引领，提交的研究课题和论文均获得粤电政研会优秀成果和优秀论文一等奖，成功承办粤电政研会2016年火电学组年会，企业精神文明建设成果持续巩固。

【企业管理】 2016年，韶关发电厂持续开展创建标准化良好行为企业工作，以489分（总分500分）的优异成绩顺利通过全国电力行业“标准化良好行为企业”AAAA级认证，被中电联评为“2015—2016年度电力标准化工作先进集体”。韶关发电厂坚持以职代会为主要形式的民主管理工作，推进厂务公开，引导员工积极参与合理化建议，为企业生产经营管理出谋献策，全年共收到合理化建议220条。开展积分制劳动竞赛，把“创建工人先锋号”和“安康杯活动”与“星级班组”创建结合起来，2016年韶关发电厂荣获“广东省五一劳动奖状”先进集体称号。

（陶花艳）

韶关发电厂领导班子成员名单（2016年）

厂　长、党委书记：何健康

党委副书记：黄世平

副厂长：曾令雄　高云峰

　　　　梅锦龙

中金岭南韶关冶炼厂

【概况】 韶关冶炼厂隶属于深圳市中金岭南有色金属股份有限公司，始建于1966年，是我国首家采用ISP工艺的大型铅锌冶炼企业。工厂主产品有电铅、精锌、电银、精镉、精铟、锗锭、铅锌系列合金近30种，注册商标为“南华”牌。主产品电铅、精锌、白银已在伦敦金属交易所注册，铅锭、镉锭获国家金质奖，锌锭获国家银质奖并为国家免检产品，铅锭、锌锭获省名优产品荣誉称号。工厂已通过QHSE（质量、环境与职业健康安全）管理体系认证、ISO10012测量管理体系认证，连续十多年被广东省工商管理部门评为“重合同、守信用”单位。2016年，工厂全年完成铅锌总产量13.29万吨、工业硫酸17.1万吨，鼓风炉粗铅锌11.04万吨，实现工业总产值22.7亿元，上缴税费2124万元。

【过渡性生产】 按照过渡性复产实施方案要求，在确保安全、环保的前提下,以“精心组织，精细操作，精准管控”为主要内容的精益生产模式，优化工艺参数，精心量化组织生产，针对性、有计划降低杂料、氧化物料库存，稳步提高产品产量，整个生产系统平稳有序运行。一是利用进口混合矿的有利条件，充分发挥ISP工艺优势，加大库存杂料和小矿山矿的配入量，推行设备预知管理，强化日常设备的巡检保养工作，设备作业率保持较高水平，为生产高水平提供保障。二是针对关键工序，组建项目攻关组，通过技术攻关解决生产瓶颈，广泛开展创新成效活动，有效挖掘产能潜力。三季度开展以“战高温、保安全、稳生产、促环保”为主题的劳动竞赛，充分调动员工的积极性和创造性，在工厂掀起生产热潮，实现稳产高产,粗炼系统生产水平大幅提升，主产品产量创复产以来最好水平。

【安全环保】 工厂上下坚守“红线意识，底线思想”。始终坚持“安全第一，预防为主，综合治理，环境友好”方针，严格落实“党政同责、一岗双责、齐抓共管、失职追责”要求，全力构建“人人有责、环环有制、处处落实”的机制。积极贯彻上级部门安全环保工作指示和精神，加强安全环保法律法规的宣贯，提高全员的底线意识、责任意识、法治意识。加强安全环保培训，深化隐患排查治理，推进安全环保技术革新，做好环保设施运行维护及无组织排放控制。根据上级部门有关“安全环保月”活动方案及“安康杯竞赛”部署，围绕“强化安全发展观念，提升全民安全素质”“改善环境质量，推动绿色发展”主题，积极开展“安康杯”等系列群众性安全生产活动，继续开展“结对子”和“创星级班组”活动，从基层出发，加强提高整体安全生产意识和能力。全年工厂安全生产形势平稳、有序，轻伤以上事故为零，未发生环保事故，工业废水零排放，废气稳定达标排放，固废妥善处置，社群关系和谐，清洁生产审核及安标化稳步推进，环境信用等级被省厅评为环保良好企业。

【降本增效】 编制并组织实施《运营改善方案》和《成本削减计划》，深入开展降本增效活动，千方百计减亏控亏，结合“关键绩效指标（KPI）”考核和“激励合同”引导，对可控成本、费用项目实行定额管理，建立 KPI 考核台账，每月编制 KPI 考核工作表。做好成本管理，着力从优化生产组织管理、优化安全环保、优化设备工程管理、优化采购管理、优化人力资源管理等方面全力推进实施，为工厂生产经营决策提供依据。从年初开始，按预算要求，强化技经指标管理，按进度严控辅材及备品备件、修理费发生额。每月核算产品成本，并进行翔实的分析、对比。原料成本和加工成本均比预算降低。全年围绕精品冶炼战略，深化推进运营改善计划和成本费用削减计划，主要技经指标持续好转，同比降低成本 1300 多万元。

【创新创效】 一方面工厂以打造“精品冶炼”的理念，努力创新实现突破，通过技术攻关解决生产瓶颈，广泛开展创新提效活动，有效挖掘产能潜力。稳定烧结、制酸两大工艺，优化矿源结构，提高杂料配比，在努力下降杂料库存的同时，烧结块产量水平创复产以来新高；强化工艺控制，提高操作水平，优化经济指标，鼓风炉炉况持续稳定，清扫周期有效延长，粗铅锌产量达到复产以来最好水平；加强炉塔维护，紧跟市场，努力提高高附加值产品产量，积极创造效益；加强质量管理，加大综合回收力度，全年铅系统锑单耗为零，实现锑的自身循环，粗铜产量也有明显提高；强化环保设施管理，确保全厂水、电、风、气稳定、优质、有序供应，确保工业废水零排放；加强沟通协调，加大厂家直采比例，降低采购成本，严把进厂大宗原燃料的验收、入库关；严把进厂物资质量检验及环境监测关，确保环保达标的同时，提升生产运营水平。另一方面积极开展群众性技术创新活动，全年申报群众性技术创新项目 64 项；出台《韶关冶炼厂开展劳模（职工）创新工作室实施方案》，成立曾平生、陈福春、王宗亚，陈绍刚 3 个劳模（职工）创新工作室，其中“王宗亚，陈绍刚创新工作室”被韶关市总工会命名为“韶关市劳模（职工）创新工作室”。

【整体搬迁升级及“三旧”改造】 在省市政府和上级公司的大力支持下，韶冶整体搬迁工作有序推进，按照上级的总体部署，抓住机遇，坚定信心，奋力推进，实现韶冶厂整体搬迁，推进冶炼板块优化整合，推动韶冶厂“三旧改造”方案落地实施，盘活土地资源。2015 年 5 月，韶关市政府成立“韶关市韶关冶炼厂升级改造搬迁项目工作领导小组”；2016 年 7 月，广东省环保厅听取韶关市、广晟公司、中金岭南公司关于韶关冶炼厂搬迁的汇报，表示在政策范围内支持韶关冶炼厂搬迁项目选址于丹霞冶炼厂现址；中金岭南公司已委托环境保护部华南环境科学研究所开展丹霞冶炼厂现址环境质量现状调查，并编制资源环境承载力分析报告；中金岭南公司已委托相关单位对项目开展可行性研究报告编制和项目环境影响评价工作，力争早日实现动工。（丁　众）

中金岭南韶关冶炼厂领导班子成员名单（2016 年）

厂　长：杨立新
党委书记：饶东辉
副厂长：王远文　唐良卫
纪委书记、工会主席：曾令成

镇(街道)概况

马坝镇

【概况】 马坝镇位于粤北中部、韶关市区南部,是曲江区政治、经济、文化和信息中心,属省级中心镇。东与大塘、沙溪两镇接壤,南与乌石为邻,西与白土镇相连,北与韶关市浈江区相毗连。京广铁路、京港澳高速公路、广乐高速公路、韶赣高速公路、国道106线、省道248线、北江航道穿境而过,马坝镇是曲江区人民政府驻地。

镇辖区总面积177.5平方公里,总人口16.9万人。下辖马坝、龙岗、水文、阳岗、安山、乐村坪、山子背、松山下、演山、转溪、南华、石堡、炉头、小坑、新村、农场16个村委会229个村民小组,府前、中华、东风、鞍山、城东、朝阳、山子背、城南路8个社区居委会。耕地面积19577亩,山林面积14.5万亩。地势由东向西南倾斜,丘陵、岩溶盆地地貌,马坝河贯穿全镇。境内丘陵、盆地交错,地势由东北向西南倾斜,有熔岩石山狮子岩、马鞍山,山岭海拔多在300~500米之间。丘陵海拔多在200米以下。北江流经马坝镇,河床宽200~500米。

境内的矿产资源主要有石灰岩、煤炭、陶瓷土、石英砂、稀土、温泉等品种,其中已开发的有陶瓷土、曹溪温泉和南华温泉等。盛产水稻、玉米、豆类、蔬菜、水果、水产品等,传统土特产有马坝油粘、南华草菇、莲藕、荸荠等。

【镇域经济】 2016年是实施“十三五”规划的开局之年。作为优化发展区,马坝镇深入实施分区发展战略,牢牢把握发展主动权,致力于加快发展,镇域经济得到有力推动。2016年,全镇规模以上工业总产值45.9亿元,农业总产值5.15亿元;完成社会固定资产投资(归马坝镇统计部分)6.78亿元;农村人均纯收入16796元,同比增长14.3%;招商引资签约引进新项目6个,协议引进资金总额1.8亿元,到位资金9500万元。各项经济指标均实现年初的目标任务,保持稳中有升。全镇呈现出经济发展、政治安定、社会稳定的良好局面。

【重点项目建设】 2016年,区委、区政府在马坝镇实施或计划实施的项目23个。镇党委、政府对此高度重视,坚持把项目建设作为全镇工作的重中之重,积极支持和协助区级重点项目的落地和发展,并取得良好成绩:华盛轧钢厂、大南华产业园、曹溪温泉酒店、国际森林岛、城北地块开发、凯旋城、220千伏输变电等项目已基本顺利完成。华南先进装备产业园已征土地2774.03亩,青苗补偿已完成98%,预计2017年6月底完成乐村坪新增3000亩的征地任务;曲江大道项目已交出平安和谐地121亩,施工单位已按期进驻施工;莲花大道二期已完成征地917亩,征地款全部分配到户,并完成了山子背村小组300多亩需征土地征地决议书的签订;韶钢环保搬迁项目已完成新村一队16.6亩置换地的测量及青苗清点工作;城南片区开发整治项目已完成363.195亩土地征地协议的签订工作,完成300亩土地的清表工作。城区道路建设及管道工程、龙头寨码头、演山水厂扩建、国有棚户区改造、马坝人遗址环境风貌整治工程、上门村改造等项目正有序推进。

【城乡建设】 创文巩卫工作成效显著。通过公开招投标的方式,将马坝镇垃圾清运工作发包给专业的保洁公司,建立起垃圾收集、清运体系和监督管理长效机制,大力推进“大清洁、乡村美”工程;投入85万元用于城中村道路硬底化、污水治理、垃圾清运等环境治理工程,其中马屋村、大丘麻的“脏乱差”现象得到较大的改善,辖区内市容市貌卫生整洁。镇、村干部每周五定期开展“公共卫生日”活动，清理卫生死角、清除四害滋生地。大力培育和践行社会主义核心价值观，顺利通过国家和省的复审与文明城市年度测评。完成南华村委圳背村社会主义核心价值观主题广场建设，府前社区社会主义核心价值观宣传牌已安装完毕投放使用。全年开展学雷锋志愿服务活动12次，指导社区开展未成年主题活动12次，开展“道德讲堂”5次，在全镇形成健康、文明、和谐、良好的社会道德风尚。

【农村发展】 顺利完成水文潘陂圳硬化渠、演山工农渠三面光以及龙岗欧山背山塘维修补漏等3项冬修水利工程；完成13处水圳、山塘、排洪渠的修复和清理工作；完成中陂至江畔健身广场段全线8公里河床的“两清”工作和马坝河（南华段）治理项目；南华惠英村农村安全饮水工程及乐村坪村村村通自来水工程已完工并投入使用，炉头村、山子背村、南华村及小坑村等4个村的村村通自来水工程正动工建设，将解决近6000人的安全饮水问题。推进农村综合改革试点工作，激活农村发展，龙岗王屋村、松山下大坪村已成立村民理事会，并在村党组织的领导和村民委员会的指导下开展协商议事、调解矛盾纠纷、倡导文明新风以及服务生产活动等工作。高标准农田建设项目进展顺利，纳入高标农田建设项目范围的5个村委会（演山村、转溪村、石堡村、小坑村、炉头村）已完成建设高标灌溉渠道25691.28米以及2条机耕路和1个陂头。农村承包地权确权登记工作进展顺利，已完成土地确权登记面积1.58万亩，占总量的75%。

【精准扶贫工作】 在帮扶单位和马坝镇的共同努力下，按照精准扶贫及强化造血的工作思路，通过就业、教育、危房改造、技能培训等多渠道助推精准扶贫工作，贫困村的村容村貌发生明显变化：龙岗村新建成便民服务中心，并大力发展特色马蹄种植，水文村油菜花成熟之际吸引大批游客观光，转溪村的百香果项目已种植达1200亩，近50千瓦的光伏发电项目也将为村集体带来客观的收益；节日期间，共为贫困户发放慰问品、慰问金约32000元；为全镇84位建档立卡贫困户子女发放教育资助金共计256000元；2016年马坝镇通过政策兜底脱贫一批无劳动能力的低保“五保”户，共计196户332人。

【生态环境质量】 继续实施好天然林保护、景观林带、抚育等林业重点工程，完成造林面积1万多亩，生态款林发放完成89%，新增生态林面积1200亩；开展依法打击非法侵占林地工作，制止、查处6宗非法侵占林地，制止查处乱砍滥伐21宗，调解、协调林地纠纷36宗，制止非法采挖林木2宗；印发森林防火宣传资料2000多份，悬挂横幅30多条，与村委、村小组、承包户层层签订护林防火责任书，严格执行森林防火值班制度。

【社会事业】 民生工程精心实施。城乡居民基本医疗保险参保率93.6%，城乡居民社会养老保险参保率100%，续费率101%，较好地完成区级任务数；协助做好就业困难人员认定及社保补贴申请的初审工作，全年办理就业困难人员认定516人次，社保补贴申请486人次；大力落实被征地农民基本养老保险工作，开户2223人次；完善成效低保动态管理，建立农村“五保”社会救助体系，对28户家庭进行临时救助，救助金额44390元；为190名老人申办老人优待证；完成敬老院消防安全系统的改造工程。

【社会大局】 严格落实领导包案制度，坚持依法行政，按照“谁主管、谁负责”的原则化解大批矛盾纠纷，2016年，共受理群众来信来访55批118人次，受理信访案件45宗，调处率98%；镇、村排查矛盾纠纷案件252宗，成功调处矛盾纠纷249宗，调处率100%，成功率98.81%。认真开展食品药品安全、安全生产等专项整治行动，对辖区内132家企业进行全面检查，出动执法人员共计987人次，实现安全生产“零事故”；扎实推进“打非治违”工作，2016年开展执法行动情况35起，其中建设施工违建案件27起、其他企业领域违法违规行为8起，取缔率达100%。“两违”整治始终保持高压态势，2016年组织“两违”整治强制执法行动21次，出动1800多人次，拆除违法建筑44宗共达18962平方米。

【各项事业】 文体事业上，以镇文化活动中心为龙头，带动各村文化活动室及农民健身工程建设。至年底，全镇有16个村建有农家书屋，16个村有远程教育学习室。其中镇多功能文化中心配有电脑12台、投影仪1台，图书19000册，各类音响、摄影器材齐全，极大地满足群众文化活动需求。教育事业上，始终坚持“科教兴镇”和教育优先发展战略，把教育放在优先发展的重要位置，不断加大教育资金投入，成立教育基金会，科学合理地做好马坝城区学习布局调整和布点工作，学校各项基础设施不断完善，2016年顺利通过省教育强镇复评督导验收。卫生事业上，城乡医疗服务水平不断提高，突发疾病和疫情、传染病控制体系进一步健全，村级医疗卫生基础设施和诊疗环境明显改善，全镇村级卫生站共22个。全力推进公共卫生基本服务，为农村常住人口建立健康档案，全镇农村常住人口34910人，建档率已达86%。同时，促进医院、疾控中心、工商、学校、公安、民政等部门之间形成计生卫生管理“一盘棋”模式，形成资源共享、信息互通的长效机制。人口计生上，大力推进幸福家庭活动和新家庭创建活动，建成“科学育儿”基地、南华圳背村新家庭文化贯彻、养老照护基地开展关爱计生困难家庭活动。

【政府建设】 党风廉政建设常抓不懈。全面落实党风廉政建设责任制，严格落实中央“八项规定”，坚决贯彻落实《中国共产党廉洁自律准则》《中国共产党纪律处分条例》和《中国共产党问责条例》等。制定下发《马坝镇2016年党风廉政建设工作实施方案》，进一步落实党委主体责任和纪委监督责任；以纪律教育学习月活动为契机，通过观看警示教育片、撰写心得体会等形式，狠抓干部思想作风、工作作风及纪律作风建设，干部职工的责任意识、服务意识和大局意识明显提高；全面开展农村基层党员、干部违纪违法线索排查专项整治活动，排查出问题线索15宗，转立案6宗，并对近年处分对象14人进行回访。

【普遍直联工作】 为更好地开展乡镇领导干部普遍直接联系群众工作，马坝镇成立驻点团队24个，参加活动的工作团队为112人，辅助团队为161人。2016年，全镇直接联系群众总户数30223户，收集群众意见条数723条，反映问题总共922条，主要集中在医疗社保、环境生态、国土城建、经济发展、农业农村等方面；已解决问题922条，村（居）委自行解决903条，镇协调解决19条，解决一批关系到群众生产生活的热点难点问题。

【“两学一做”学习教育】 采取个人自学、集中培训、专题辅导、集体研讨等形式学习党章、党规和习近平系列讲话精神，使党员干部掌握基本的党章党纪党规知识；组织党员干部集中观看反腐倡廉教育片，进一步筑牢思想防线，提高拒腐防变能力；开展“党员带头学雷锋，争做星级志愿者”系列活动，弘扬新时期精神，发挥党员志愿者先锋模范作用。全镇共有2086名党员主动参与考学活动，皆取得较好的成绩；全年发展入党积极分子40名，预备党员25名，转正29名，党员队伍进一步壮大。

（甘永腾）

马坝镇领导班子成员名单（2016年）

党委书记、人大主席：
王爵承（任至3月）
黄　华（3月起任）
党委副书记、镇　长：刘日夫
人大主席：吴基想（9月起任）
党委副书记：吴基想（任至7月）
戴　丽（7月起任）
张绍唐（7月起任）
党委委员、副镇长：甘自强
副镇长：吴伟中（任至4月）
梁文忠
张绍唐（任至9月）
李文雄（9月起任）
徐海波（9月起任）
党委委员、纪委书记：李富华
党委委员、武装部部长：
李文雄（任至7月）
夏堂文（7月起任）
党委委员、人大副主席：
徐海波（任至7月）
党委委员：甘自强
党委委员、综治中心专职副主任（任至7月）：丘建光
党委委员、妇联主席：
党委委员：张传建（任至7月）
宋望波（任至7月）
谢旭东（7月起任）
夏堂文（7月起任）

刘　静(7月起任)
张清和(7月起任)

沙溪镇

【概况】 沙溪镇位于曲江区东南面，南邻翁源县，106国道贯穿全镇，京港澳高速公路从南面穿过并在镇内设有出入口，连接京广铁路的大宝山矿专用铁路贯穿镇境西部。沙溪镇人民政府驻地沙溪镇解放路17号，距离曲江区人民政府11公里。

明末清初，沙溪地域隶属仁务都，清末始出现沙溪墟之名，民国时期设沙溪乡，先后属十区、六区、一区管辖，新中国成立后先为第一区、马坝区属地。1957年2月从马坝分出独立成为沙溪区，12月改称沙溪乡；1958年5月并入坑口乡，10月2日并入马坝公社；1959年3月并入乌石公社，1962年成立沙溪公社；1983年11月改社为区；1986年12月撤区建镇。全镇总面积210平方公里，辖东华、中心、沙溪、凡洞、长坪、木坪、窝子7个村委会和1个沙溪镇社区居民委员会；下设88个村民小组和1个居民小组，总人口13562人。下设21个党支部，党员515人。

沙溪镇地势自东向西北倾斜，高低悬殊，中部丘陵起伏，形成复杂多样的自然条件。属于中亚热带季风型气候区，受山区地形影响，是曲江区降雨量较多的镇之一。辖区内海拔千米左右的山峰有仙人嶂、大宝山、大风坳、笔架山、十二栋、笠麻顶等，全镇森林覆盖率达82%，设有沙溪省级自然保护区。马坝河发源于沙溪黄茅嶂，流经沙溪、马坝两镇，流域面积345平方公里。

沙溪镇矿产、森林、水力资源丰富。境内蕴藏有铁矿、铜矿、铅锌矿、钼矿等典型多成因迭生矿床，具有类型多、伴生成分多、储量大、品位高、易开采等特点，省属企业大宝山矿驻于镇境内；已经开发的有铁、铜、硫铁、铅锌、钼。铁矿地质储量4800万吨，可采量4000万吨。耕地面积16608亩，其中水田12862亩。山林面积24万亩，其中毛竹林基地6500公顷。活立木蓄积量40万立方米以上，是曲江区的主要林区镇之一。全镇可供开发的水能蕴藏量为5240千瓦，已建成水力发电站15座，总装机容量4000多千瓦。

沙溪镇物华天宝，特产丰饶，用沙溪华子山山泉浸泡而成的华子山天然酸笋，品位不俗，风味独特，在粤北小有名气；堪称沙溪一宝的野生淀粉——沙溪粉，用天然植物加工而成，历史悠久，具有调节人体内部器官功能的特殊功效，经常食用，可养颜增寿，是理想的纯天然保健食品。沙溪冬笋和沙溪香菇更是粤北特产，远近闻名。

沙溪镇是市级水资源保护区、市森林生态示范镇，境内有百丈崖漂流景区，漂流全长3公里，落差高达70多米，有10多个回旋处，在60分钟的漂流过程中，游客完全置身于山谷幽林之下，可以领略峡谷漂流的险要刺激，更可欣赏融山之雄、水之秀、林之幽、花之美、石之奇、瀑之壮、鸟之鸣、鱼之乐于一身的原始森林山谷风光。

【全镇经济】 2016年，沙溪镇坚持以发展为第一要务，积极应对经济下行的压力，有效化解改革发展中的诸多矛盾，实现全镇经济平稳运行。2016年全镇实现工农业总产值155850万元，同比增长7.3%。农民人均纯收入将达15065元，同比增长12.0%。固定资产投资完成19724万元。一是招商引资再创佳绩。推进沙乌化工园区建设，投资1.4亿元的祥和精细化工有限公司二期已全面投产，预计年税收达800万元。总投资1.7亿元的高科祥高新材料有限公司2016年完成投资500万元，累计完成投资4300万元。化工园区产业结构进一步优化，镇域经济核心竞争力稳步提升。二是重点项目顺利推进。积极配合大宝山矿业有限公司推进铁铜硫资源综合利用示范基地项目。其中，低品位难选铜硫资源综合利用项目方面，尾矿库初期坝筑坝主体已全部完成，并已初步完成工程验收，通过防渗漏蓄水测试，2017年1月完成选矿工程建设并投入试投产；低品位褐铁矿及尾矿综合利用项目已完成二期工程选矿试验工作，各项指标达到预期效果；铜硫尾矿资源综合利用项目完成在现有铜硫选厂基础上的流程改造，增设高铁硫的回收系统，工程实施后高铁硫的选矿回收率从50%提高到80%，至今累计回收高铁硫累计60万吨，增加产值约10000万元，累计减排60万吨。三是第三产业加快发展。充分发挥沙溪省级自然保护区生态资源优势，大力发展生态旅游产业，以窝子宝山卢屋乡村生态旅游、木坪狮洞人文古道、百丈崖漂流景区为重点，着力打造具有沙溪特色的旅游产业，带动全镇生态旅游发展。

【农业农村】 一是抓好种植畜牧业的生产指导。根据沙溪镇实际情况，引导农民大力种植经济作物，在“两坪一窝”推广种植皇帝柑700多亩，避免因劳动力转移有田无人耕的困境，同时带动农民增产增收。指导农民适时播种、春耕，全程派人进行技术指导。二是大力配合区水务局开展中小河流整治工程。2016年年底，沙溪镇的河流治理工作已完成总工程量的90%，其中迳洞水，新华水，沙溪段、南华水（东华段）都已全面完成清淤清杂工作。三是大力推进高标准基本农田建设，全面完成区下达沙溪镇高标准基本农田建设任务合计28.8公里，现工程已全部验收完毕。四是抓好农村土地承包经营确权登记颁证试点工作。2016年已完成包括中心村委、沙溪村委和长坪村委共41个村小组的确权工作。

【社会事业】 一是实施精准扶贫。2016年沙溪镇投入3.24万元用于慰问等民生类项目和生产经营类项目，投入3万元用于东华村委道路硬化0.3公里建设。二是积极落实计划生育奖励政策。截至2016年12月，沙溪镇共有268位村民领取每月50元的节育奖；65位村民领取每月120元的部分家庭奖励；2人领取每月800元的特别家庭扶助金；8人领取城镇独生子女每月80元的奖励。户籍人口政策出生率为97.77%，自然增长率8.94‰，节育率为73.27%。三是大力推动社会救助工作。现沙溪镇共有农村低保75户，城市低保17户，“五保户”27户，全年共取消17户低保、1户“五保”。全镇有优抚对象57人，其中有60周岁以上农村籍退役士兵23人、重点优抚对象6人、农村烈士子女3人、参战人员15人、828团人员6人、53703团人员4人，这些人员的抚恤和生活补助已由区财政局以存折发放。做好困难残疾人和重度残疾人情况摸查工作，2016年共摸查登记低保残疾人39人，取消9人；重度残疾人6人，取消3人。继续实行1~4级残疾人参加新型农村合作医疗免费政策，沙溪镇已调查核实197名残疾人符合条件，配合残联办理免费参加合作医疗，解决残疾人员的医疗后顾之忧。四是沙溪镇2016年荣获“韶关市灭鼠达标镇”“韶关市卫生镇”称号。2016年在各村居、学校、卫生院、大宝山文化广场等地方广泛宣传张贴“社会主义核心价值观”及“讲文明树新风”公益宣传栏26幅，宣传贴画27幅，大型宣传造型贴画1个。在主要道路、路口安装灯箱广告47个、大幅宣传海报3个，在宝溪隧道上面小山坡设置大幅宣传海报1个。通过采取多种措施和形式，营造了良好的宣传氛围，提高村民的文明意识和文明素质，受到群众的一致好评。五是严格执行全省统一的城乡居民养老保险制度。镇城乡居民社会养老保险任务数5792人，2016年度参保人数6165人，参保任务完成106.44%，缴费任务完成97.18%。六是武装工作稳步提升。2016年全镇超额完成征兵任务，民兵、预备役部队能力不断加强。

【党建工作】 一是狠抓“两学一做”学习教育。2016年，沙溪镇严格按照区委的安排部署开展“两学一做”学习教育，并将开展“两学一做”学习教育作为全镇2016年党建的重要任务来抓紧抓实抓好。沙溪镇还组织全镇各党支部响应《关于利用“一台一网”组织系列学用活动助推“两学一做”学习教育的通知》（粤组电传〔2016〕25号）要求，积极参加“两学一做”学习教育考试。截至2016年12月20日，沙溪镇党员参考率为99.58%，优秀率为99%。二是继续开展好领导干部驻点普遍直接联系群众活动。每个工作团队安排一名镇党政班子牵头负责，在每周四的固定驻点时间里，坚持到所驻的村（社区）以定点接待、入户走访的方式为主，积极开展驻点联系群众工作，及时召开专题会议研究解决重点、难点问题。2016年通过上门慰问、分片走访等形式走访联系群众13021人，联系户数3310户，入户率达到100%，收集群众意见97条，反映国土城建、市政交通、医疗社保、环境生态等方面问题共235个，其中通过现场回答、镇村协助解决的问题187个。三是深入推进党风廉政建设。2016年，沙溪镇纪委共排查出违法违纪线索22条，立案查处各类违纪案件4宗4人，在全镇营造风清气正的氛围。

（曹　灿）

沙溪镇领导班子成员名单（2016年）

党委书记：蓝振球

党委副书记、镇　长：王爵凌
人大主席：陈建波（9月起任）
党委副书记：林春汉
　　　　　　黄维胜（7月起任）
党委委员、副镇长：卢　波
副镇长：熊伟兴（任至7月）
　　　　赖学通（9月起任）
党委委员、纪委书记：
　　陈小德（任至7月）
　　黄美娣（7月起任）
党委委员、组织委员：
　　黄维胜（任至7月）
　　龙志福（7月起任）
党委委员、宣传委员、武装部部长：杨华明（任至7月）
党委委员、宣传委员：
　　吴建超（7月起任）
党委委员：肖其发（任至7月）
党委委员、武装部部长：
　　肖龙军（7月起任）

乌石镇

【概况】 乌石镇位于曲江区南部，东靠翁源县及曲江区沙溪镇，南邻英德市沙口镇，西与樟市镇隔北江河相望，北靠马坝镇。镇人民政府驻地距曲江区人民政府15公里。明清时期初设乌石村、乌石墟。民国时期设乌石乡，先后属九区、六区、一区管辖。新中国成立后，乌石隶属马坝区。1957年撤区并乡，脱离马坝，成立大坑口区，乌石隶之。1958年并入马坝公社。1959年3月又脱离马坝公社合并沙溪为乌石公社。1961年与沙溪分开，独立为乌石公社。1983年11月由公社改区，1986年12月又撤区建镇。2006年2月，大坑口镇并入乌石镇。2016年乌石镇面积118.6平方公里，山林面积11万亩，耕地面积16609亩，活立木蓄积量32万立方米。全镇辖乌石、杨梅、濛浬、展如、坑口、石角等6个村委会和乌石、坑口2个社区居委会；下设90个村民小组；全镇总人口18712人，其中常住人口13377人。

镇内地势东高西低，向西南倾斜，有七星墩、仙人堂、白面石等山峰，东面的笔架山脉延伸全镇，形成狭长地带。水陆交通十分便利，京广铁路、广乐高速公路、省道253线公路和北江河由北至南贯穿乌石全境，并设有广乐高速乌石互通，镇内设有火车货运站，火车年货物中转量180万吨，拥有年货物吞吐量100万吨的水运码头3个。境内有杨梅、展如、石角3条溪流，溪长均约30公里，由东向西注入北江。北江紧贴境西而过，境内北江段河床宽200米~500米、平均流量约为471立方米/秒。有石灰石、高镁石、白云石等矿产资源，其中石灰石储量8亿多吨。可开发的水利资源约1万千瓦。还有西洋菜、红瓜子等土特产。

【经济发展】 2016年，该镇实现工农业生产总值27.23亿元，其中工业总产值24.6亿元，工业增加值9亿元；农业总产值2.63亿元；农村经济总收入7.1亿元；工商税收0.87亿元，其中国税收入0.62亿元，地税收入0.25亿元；固定资产投资2.1亿元；财政收入0.1亿元。

【重点项目建设】 2016年，该镇重点项目建设扎实推进。台泥（曲江）项目基本完成中伙村及赖屋村两个村的大规模征地拆迁、土地清表等工作，合计征收土地1072亩、房屋搬迁安置28户128人、迁坟1100多座；先后完成榕树下部分林地补征、中伙村安置房分配、两间选矿厂搬迁、中伙房屋拆迁和水打赖村庙角头青苗的清赔等工作；台泥主厂区范围内移民已签订搬迁协议，安置新村工程建设2016年12月中旬完成招投标工作，进入全面施工阶段；台泥项目主厂区建设已完成地基平整等基础工程。韶关发电厂铁路专线扩建项目基本完工，已全部完成征地、拆迁、青苗补偿工作，合计征地152亩；28户拆迁安置楼房已建成并完成分配工作。韶电港码头项目如期开展，完成新泽公司初步评估，正在开展进村入户情况摸查等征地拆迁工作。北江河航道扩能升级项目总投资9.5亿元，已征地129亩、已租地370亩，完成改道涉及32亩土地的征收、清表交地，项目估计2019年上半年可以全面竣工。

【招商引资】 该镇充分发挥乌石地理位置的优越性，大力宣传乌石作为重点发展的优势，整合、利用、开发闲置土地和厂房资源，着力营造良好投资环境，积极开展招商引资工作，争取引进一批有高新技术含量、创税型和可持续发展的新型企业。2016年，新引进招商企业安捷矿业等5家公司已落户乌石镇，投资5000万元的“安建”养老基地正在进行前期建设，总投资额达6亿元的“广东高奇环保科技有限公司”已基本建成，准备2017年上半年投产，林静能源有限公司已建成投产。同时，该镇对辖区内的企业施行全程服务，协助企业解决在运作中出现的各种困难，使企业能在优越的投资环境中不断发展壮大。境内有省属韶关发电厂、省电力一局韶关公司、省火电安装公司韶关工程处、市属50万伏变电站及濛浬综合型水电站、乌石港有限公司、筑城建材有限公司等大型厂矿企业。已初步形成以水运码头、物流仓储、粉煤灰深加工、环保建材等特色产业群。

【农业发展】 2016年，该镇采取多项措施，努力优化农业结构，确保农民增产增收。该镇全年种植优质水稻19300亩、花生780亩、玉米450亩、大豆600亩，大棚蔬菜种植150多亩，经济作物面积不断增大；不断优化畜禽、水产养殖结构，新发展农业科技示范户12户，共有养殖场50多个，其中猪场31个存栏8000多头，羊场15个存羊2000多只，鸡场6个鸡存量8000多只，牛37头，水产养殖面积135多公顷，产量达1300吨。

【造林护林、防洪供水工作】 该镇积极开展造林护林运动，认真做好护林防火工作。通过加强宣传，积极开展造林护林运动，2016年新造林2000多亩，幼林护育4500多亩，完成商品林参保39000多亩。严厉打击乱砍滥伐现象，成立20人的专业巡山护林打火队，负责巡查辖区内的山林，保护森林环境。

该镇切实落实防汛责任，加强防洪防汛力度，镇与区、村与镇都签订防洪安全责任书，做到防汛责任层层落实。不定期对全镇的山塘、水库、电站进行安全检查，及时排除安全隐患。制定完成山洪预案的编制工作，对防洪预案进行更新。加强水利设施建设，投入100多万元对9宗水利设施进行维修，投入1200万元完成5个村委高标农田建设，投入190多万元完成石角村村村通自来水管道的安装，投入2100多万元对石角河进行整治，已完成主体工程；完成4宗小型山塘加固，完成杨梅溪清淤护堤主体工程。

【精准扶贫工作】 经过深入摸查，该镇确定精准扶贫总户数81户153人。制订2016—2018年度精准脱贫计划安排表，计划2016年以社会保障兜底的方式脱贫64户102人；2017年以教育文化的方式脱贫1户4人、以种养加产业的方式脱贫10户30人以及以危房改造的方式脱贫1户4人，合计2017年精准脱贫12户38人；2018年以种养加产业的方式脱贫5户13人，力争通过三年的精准帮扶，帮助贫困户早日脱贫。至2016年年底，由于自然死亡1户1人、取消1户6人等原因，该镇重新确定精准扶贫总户数79户146人。2016年乌石镇以社会保障兜底等方式脱贫47户66人，其余32户80人正在通过产业帮扶、就业帮扶、教育帮扶、危房改造等方式实施脱贫计划。

【惠民政策】 该镇积极做好城乡居民基本医疗保险工作，做好医保卡的登记办理及发放，完成上级下达的任务。认真落实“五保户”、军烈属、特困户、低保户各项优抚救济政策，继续扩大城镇居民基本医疗保险、新型农村合作医疗和农村养老保险覆盖面。拓宽救济渠道，做好社会救助工作。加强优抚、救济等资金和物品的核实发放，做到专款专用，没有拖欠截留，确保救助对象和困难群众及时得到救助。落实各项支农惠农政策，做好宣传发动工作，农民群众积极参加新农保。同时，拓宽就业渠道，促进充分就业。2016年该镇新增就业160人，失业人员再就业18人，就业困难人员实现再就业8人。举办农村劳动力技能培训班3期，受培训42人，新增转移农村富余劳动力56人。

【计生工作】 该镇全力做好计生工作，宣传贯彻计划生育法律法规，坚持依法行政、文明执法，实施计划生育基本国策。全年出生人口224人，符合政策生育率98%，死亡92人，自然增长率7‰；村级计生综合改革、村（居）民自治开展面100%，已婚育龄妇女签约率96%，履约率93%；抓好“三结合”工作，落实帮扶13户，其中新增户1户、联系户13户、帮带户18户。

【党建工作】 2016年，该镇结合全镇实际，继续扎实推进基层党建工作，深入开展“两学一做”学习教育活动，切实转变工作作风，突出特色，切实转变党员干部的工作作风，服务人民。

积极开展软弱涣散整顿转化工作。立足自身实际，突出整改重点，补齐发展“短板”。一是聚焦摸底排查，解决群众反映最突出的问题。对全镇8个村（社区）开展拉网式排查，排查出坑口村为软弱涣散党组织，存在的主要问题为征地补偿款、集体资产管理等基层治理问题和偶发信访矛盾。二是聚焦提升服务能力，实施“为民工程”等水利工程，推进对长埔、中心塘加固、争取资金对赵屋陂头和雅山陂头维修、解决老徐屋1.5公里水毁公路建设、修建杨沙陂应急防洪河堤、修建1处村级老人活动中心等，大力改善村基础设施建设，让群众看到实实在在的成效。

扎实开展“两学一做”学习教育活动，着力加强党员管理，优化党员结构。坚持集中学习和个人自学相结合，重点抓好班子成员学习环节，多种形式深入开展“两学一做”学习教育活动，大力弘扬全镇广大党员干部群众奋发向上的良好精神面貌。结合“两学一做”学习教育活动，进一步加强党员管理、优化党员结构、提高党员质量。2016年，该镇党员组织关系排查工作历时3个多月，确认失联党员44人，空挂户党员20多人，按照党章规定，对以上不合格党员进行处理处置。为优化该镇党员结构，坚持把政治标准放在首位，严把发展党员的“源头关”，注重从村级致富能手、后备干部、外出务工返工的优秀人员、退伍军人、种养大户中发展党员，以优化党员结构，确保党员质量。

继续开展驻点联系群众活动，提升为民服务水平。进一步巩固和深化教育实践活动成果，大力推进领导干部作风建设，提升为民服务水平，该镇狠抓乡镇领导干部驻点普遍直接联系群众工作。一是狠抓接访走访工作。每周星期四作为驻点日，明确规定党政班子要带领驻点团队下到所在村进行接访走访，做到能入户走访的必入户，不在家的坚持打电话联系到人，自驻点活动开展以来，该镇共走访6187户群众，直接联系群众实现常态化。二是严格规范活动运作。规范从发布预告、联系工作、处理答复到资料归档每一步的工作流程，确保驻点联系群众工作的规范化。及时召开会议对走访中遇到的问题进行研究，对无法解决的问题及时上报镇分析研判，做到事事有回音、件件有落实。2016年，该镇共收集群众意见734条，反映问题总数738条，解决问题730个，其中村居自行解决717个、镇协调解决21个。

【综治信访】 2016年，着力抓好平安创建、普法、打击犯罪、铁路联防、抵制邪教、禁毒、精神病救助、稳控等工作，有力维护社会稳定，营造了和谐的社会环境。2016年深入农村镇村排查并切实调处矛盾纠纷156宗，成功调处147宗，调解成功率96%；全镇在册社区矫正人员6名100%得到帮教，重新犯罪率0，有力维护社会稳定，营造良好的社会环境。

【安全生产】 该镇高度重视安全生产工作，严格落实安全生产“一岗双责、党政同责”。积极配合上级安监部门开展“非煤矿山，尾矿库企业安全隐患排查、治理、整改和关停行动”、“安全生产月活动”、“安全生产大检查督查工作”、“化工行业安全生产大检查“等行动。建立隐患排查、登记、报告、整改和监督落实制度。深入开展对非煤矿山、危险化学品、烟花爆竹、道路交通、建筑和公共聚集场所等方面的安全生产督查工作。全年共对辖区内企业进行检查129次，查处安全隐患30多处，完成整改93%。协同上级部门限期整改企业2家。

【渔民上岸工程和危房改造工作】 2016年，解决22户渔民上岸的住房问题，对每户进行3万元财政建房补贴，至年底所有建房已验收完毕。2015—2017年危房改造任务为21户，其中2016年农村危房改造任务有7户，其中4户已竣工，3户在建年底可望封顶。

【惩治腐败】 该镇认真做好违纪案件立案查处工作，接受群众信访举报，积极探索信访工作新路子，加强信访事件初查力度，逐步拓宽案源，查办违纪违法的腐败分子。2016年查办案件3宗；完成农村基层党员违纪违法线索排查8条。

【安全消防火灾隐患整治】 2016年，该镇继续加大安全消防火灾隐患整治工作力度，多次联合镇派出所、工商所对乌石镇“三合一”场所、“易燃易爆”企业完成40多家次检查，发现隐患达20多处，督促整改完成率98%。

【乡镇换届工作】 按照区委、区人大的部署，乌石镇2016年乡镇换届选举工作顺利完成。该镇高度重视乡镇换届工作，镇党政领导班子多次召开专题会议研究部署乡镇换届工作任务，成立乌石镇乡镇换届选举工作领导小组，确保换届选举风清气正。选出镇党代表103名、区党代表19名。依法投票选出镇人大代表53名，区人大代表15名。成功召开乌石镇第十七次党代会和镇十六届人代会一次会议，分别选出新一届党委班子9名，新一届政府班子5名以及人大主席1名。（黄　品）

乌石镇领导班子成员名单 (2016年)

党委书记：谢伟强
党委副书记、镇长：蒋　慧
人大主席：李建春（9月起任）
党委副书记：许国新
　　饶满娇（女，7月起任）
党委委员、副镇长：吴开平
副镇长：张红海
　　饶满娇（女，任至7月）
　　谢爱明（9月起任）
　　冯文亮（9月起任）
党委委员：饶时国（任至7月）
　　谢爱明（任至7月）
　　李万尧（任至7月）
　　冯文亮（任至7月）
　　刘培智
　　饶纲韶
　　陈贵明（7月起任）
　　谭文烽（7月起任）

樟市镇

【概况】 樟市镇地处曲江区西南端，东临北江与乌石镇隔江相望，南接英德市沙口镇，西连罗坑镇，北接白土镇，镇人民政府驻樟市街1号，距城区马坝22公里，武广铁路及在建的广乐高速纵贯南北。全镇总面积204平方公里，下辖11个村委会和2个居委会，总人口28899人，境内有瑶族村委1个，人口592人。

境内主要是山地、盆地，地势西高东低，山地面积30000公顷，盆地为耕地，耕地面积2479公顷。樟市素来有粤北第一平原美称，盆地内地势平坦，土地肥沃，阳光雨水充足，气候宜人，属亚热带季风气候。樟市镇自然资源丰富，主要有矿产、林业、水力、农业等资源。矿产资源主要有煤、铁、瓷土、铅锌矿等，水力资源蕴藏量十分丰富，具有较大开发价值。樟市盛产优质谷、柑橙柚类水果、优质蔬菜及生猪等，是优质谷白马牌马坝油粘米的主要产地，消雪岭柑橙柚已成为粤北著名农产品品牌之一。

樟市原名樟树潭，因溪边有棵大樟树，下面有个深潭而得名。后被洪水冲毁，迁至现街址，逐步形成贸易集市中心，故名樟市。新中国成立后成立樟市区，罗坑、白沙归樟市管辖，1958年成立广东省第一个农村人民公社，之后，国家主要领导人陶铸同志曾在樟市居住过。1960年划出白沙归白土公社，1974年划出界滩大队归白沙公社，1982年建镇。

樟市镇地形复杂，山地丘陵多，平地滩地少，自然资源丰富，有多个未开发旅游景点，有天池、雪花顶、梅花顶、黄思脑、深达潭等优美景观，享有“小黄山”之美名，是户外驴友的旅游天堂。樟市天池，深幽的峡谷和高耸的山峰相伴，这里是石较多的纵深高山,岩石的攀爬落差大,山体纵深又高。龙蛇般缠绕于山涧，有一段山路是槽堤,一侧是万丈悬崖，山顶则是游玩享受的乐园；樟市雪花顶常年有雾,每年冬季都下雪,当地村民就称这个山顶为雪花顶，雪花顶海拔1342米；樟市梅花顶,在英德与樟市的交界,距曲江县城29公里，梅花顶海拔1384米，因远处看过去像朵盛开的梅花而得名。

【特色菜肴】 樟市镇两大特色菜肴。蒸猪红，20世纪六七十年代，由于农村生活条件普遍较差，平时很难吃到猪肉，有人杀猪卖肉时，往往把猪肉送到村里各家各户接济邻里，由于猪肉不够用，所以往往连同猪红、猪杂一起赠送，渐渐地形成蒸猪红的习惯。樟市蒸猪红采用新鲜的猪血作为主原料，辅助材料主要有：姜汁、猪肝、猪肠、猪油、猪油渣、葱等，入口非常鲜滑，爽口，还有清肺去尘的功效。

黄豆腐，樟市镇盛产黄豆，当地人都有一个习惯，逢年过节每家必做豆腐，所以樟市镇的豆腐做得很好吃，尤其樟市黄豆腐，传遍粤北，堪称一绝。樟市黄豆腐用磨石磨浆，盐鲁凝块，保留着古石器时代的传统制作，做出的豆腐又鲜又嫩，涂上黄栀子后，黄豆腐具有清热、泻火、凉血的功效。将豆腐制成长6.5厘米、宽6.5厘米、高1.5厘米的块状放在装有炭火的特殊炉子里烘烤，烘烤途中反复给豆腐涂黄栀子汁液3次，等豆腐颜色变成金黄色的时候，樟市黄豆腐就制成。

【经济概况】 2016年，全镇实现农村经济总收入11.9亿元，同比增长13.3%；农民人均纯收入16015元，同比增长16.5%；完成固定资产投资8500万元；全年财政总收入1763万元；镇域经济实力持续增强，人民生活水平不断提升。

【防灾减灾工作】 2016年1月高寒期间，及时制定防寒抗冻工作方案，设立临时避寒救助中心，切实做好辖区内“五保”老人、孤寡老人、流浪人员、外来务工困难群众和特困户的御寒保暖工作，通知辖区内种养大户及早采收农作物或做好防寒防冻措施，确保高寒期间无人员伤亡和将人民财产损失降到最低。2016年3月强降雨期和北江河洪峰来袭前，成立抢险应急组和9个排查、转移群众工作组，安排专人24小时防汛值班，确保樟市镇安全度汛。实地巡查河道、河堤，对约600米存在安全隐患的芦溪河河段进行护堤加固;积极与区交通部门协调，争取区政府支持，共投入22万元在南约村连心桥上游实施挡水墙修复工程，消除发生水灾的隐患。投入25万元完成2015年冬春水利工程建设和水利设施应急修复等工作；完成东约村青山子山塘整治和开展五星村游屋抗旱塘整治，确保2016年防汛安全及农业生产正常用水。完善各项备汛度汛方案，落实抢险救援队伍、抢险物资及冲锋舟的检修，切实做好防汛工作。对镇内山塘水库和小水电站进行防汛安全检查，对存在安全隐患的责令相关业主限期完成整改。强降雨期间，要求相关驻村工作组、村委会安排人员在镇内6座便桥处值班；同时，不定期对便桥进行安全检查，确保便桥安全运行。

【生态旅游品牌】 在3月群星村委与沙口镇长江坝村交界处的黄花风铃木盛开时，与区旅游部门策划推出“黄金海岸·群星荟萃”黄花风铃木观赏节活动。活动中，樟市镇安排专人现场维护秩序和提供指引帮助，并为游客提供临时停车场、移动公厕、赏花道路等基础服务设施。独具特色的生态美景和良好的服务，让游客们记住樟市、喜爱樟市。于11月12日举办第三届芦溪韵徒步旅游活动，全力推介樟市秀丽风光，樟市知名度和美誉度得到进一步提升。

【城乡环境】 在植树节当天，全体镇村干部、市登山协会、区市场监督管理局、曲江信用联社、粤佳茶业有限公司、罗坑一级水电站、罗坑三级水电站等单位干部职工200余人，在濛浬桥头至樟市街北约路口、樟市街至五星路口约12公里的公路两旁种植黄花风铃木、紫荆花、香樟等苗木，打造樟市绿色长廊。以建设美丽乡村为主题，投入资金在全镇范围开展大规模的积存垃圾清理活动，确保村道干净、村容整洁，进一步改善城乡人居环境。同时，完成南约、光辉2个村委的市级卫生村申报工作。

【民生工程】 投入100多万元完成消雪岭颐养居和南约居家养老服务站工建设并投入使用。镇内7座水毁跨河大桥进入施工阶段，实施西约老杨至树子下约2公里便道平整工程，解决当地群众生产生活出行不便的问题。拟投入资金91万元筹建7个村级卫生站，解决群众就医不便的问题。拟投入资金36万元筹建南约、五星、西约、东约和光辉5个贫困村路灯，解决群众夜晚出行不便的问题。拟投入近150万元对5.1公里南约村公路和3.2公里五星村公路进行扩建。拟投入12万元在南约村新建村级健身广场。投入近200万元新建南约、西约、光辉、消雪岭便民服务中心。实施农村“光明工程”，争取早日实现镇到村（居）通路灯。镇区自来水工程已顺利推进中。

【扶贫工作】 认真贯彻落实上级工作部署，围绕脱贫攻坚工作做到“三个紧密结合”：与“两学一做”教育紧密结合，与结对帮扶紧密结合，与推进基本公共服务均等化和社会保障城乡一体化紧密结合，扎实做好扶贫攻坚重点工作。着力完善分散贫困人口帮扶工作机制。樟市镇已建立驻镇扶贫工作组，在上一轮扶贫工作的基础上完善工作制度，落实干部联系贫困户制度。严格按照省制定的扶贫对象认定标准和认定程序，按时按质完成核查确认和建档录入工作。完成农村危房改造、帮扶村公路桥梁改造与精准扶贫工作的衔接。完成与东莞帮扶队对接工作，并着手开展产业扶贫项目调研工作。

【党建工作】 完成2016年乡镇领导班子换届工作，顺利选出区、镇人大代表和党代表，并召开代表大会选举产生樟市镇党委班子、人大主席和政府班子。扎实开展“两学一做”专题学习教育工作，以学促做，学用结合，使全镇党员干部精神面貌和工作能力有效提高。紧密抓好党员组织关系排查工作，组织力量对全镇23个党支部821名党员进行全部排查，完成党员信息重新登记、组织关系转移、党员违纪违法排查、党费征缴和党员档案管理等工作进行规范。扎实开展驻点联系群众工作，大力推进领导干部作风建设，提升为民服务水平。完成径口村软弱涣散党组织整治转化工作，将东约村打造成区重点党建示范村。加强发展党员工作，不断优化党员结构。2016年樟市镇共发展预备党员19人，其中大专以上学历12人，35岁以下13人，为樟市镇的党员队伍注入新鲜血液。

【安全生产工作】 年初与行业、领域主管领导、各村（居）委会和生产企业签订《安全生产目标管理责任书》，认真落实企业安全生产监督职责，坚持做到安全监管职责明确，责任到人。2016年以来，召开安全生产培训会议3次，开展安全检查21次，共出动人员300余人次、车辆40余台次，查出事故隐患15条，下发整改通知书13份，完成整改13条，张贴标语100余条、宣传单2000余张、悬挂横幅100余条。

【计生工作】 严格执行计划生育层级动态责任制，优化服务质量，切实推进出生人口性别比和免费孕前优生健康检查，加强宣传引导全面落实两孩政策，严格控制政策外多孩生育，加大力度做好社会抚养费征收等工作。2016年，全镇出生413人，政策生育率为96.61%，人口自然增长率为7.12‰，落实“四术”措施144例，免费孕前优生健康检查105人，社会抚养费征收金额24.9万元。

【信访维稳工作】 印发《樟市镇2016年矛盾纠纷排查和领导包案表》《樟市镇春节、全国两会期间维稳工作方案》《2016年党政领导班子接访轮值表》《樟市镇加强严重精神障碍患者排查工作方案》，继续坚持实行矛盾纠纷排查调处“零报告”制度、党政班子接访制度等。2016年，镇领导共接访96次，排查、受理矛盾纠纷案件105宗，已全部实行领导包案制度；全年共调处99宗，矛盾纠纷调处成功率达97%。其中镇级调处初信初访案件20宗，化解历年积案14宗；村级调处初信初访案件68宗，有效维护镇内社会治安的和谐稳定。

【其他工作】 完成北江航道扩能升级工程（樟市段）300多亩征地任务；查处“两违”4例；耕地和矿产资源保护、护林防火等工作顺利推进。（陈福生）

樟市镇领导班子成员名单（2016年）

党委书记：陈卫红（任至7月）
镇　长：何宗成（任至1月）
　　　　廖韶军（9月起任）
党委副书记：杨奕春（任至7月）
　　　　　　廖韶军（7月起任）
　　　　　　黄达逸（7月起任）
镇人大主席：谢伟明（7月起任）
党委委员、副镇长：
　　黄达逸（任至7月）
党委委员、纪委书记：
　　赖学通（任至7月）
　　管有养（7月起任）
党委委员、副镇长：
　　杨远秋（7月起任）
副镇长：杨远秋（任至7月）
　　　　邓　丽（7月起任）
　　　　肖其发（7月起任）
　　　　张帮俊（7月起任）
党委委员：陈俊伟（任至7月）
　　　　　陈国柱（任至7月）
　　　　　刘春才
　　　　　管存养（任至7月）
　　　　　邓　丽（任至7月）
　　　　　刘伟雄（7月起任）
　　　　　饶时国（7月起任）

罗坑镇

【概况】 罗坑镇位于曲江区西南部，东连樟市镇，南接清远英德市云岭镇、横石塘镇，西邻乳源县大布镇，北毗武江区江湾、龙归二镇。罗坑镇政府所在地罗坑街距韶关市曲江城区马坝镇45公里。

明末清初已有罗坑墟（街）之名。民国设罗坑乡，先后属八区、六区、二区管辖。1949年—1974年春，罗坑属樟市区（公社）。1974年4月从樟市划出，成立罗坑公社，社址设在罗坑街。1983年11月改社建区，1986年12月撤区建乡，1993年11月改称罗坑镇。2004年曲江撤县设区，罗坑镇由原曲江县罗坑镇改为曲江区罗坑镇。

2016年，全镇辖罗坑、新塘、新洞、中心坝、瑶族等5个村委会和1个社区居委会，共有99个自然村，全镇共计10900多人，其中瑶族人口1261人。

罗坑镇土地总面积218平方公里，其中山林面积32万亩，生态公益林28万亩，镇域内林木茂密，是曲江区主要林区之一，属亚热带常绿阔叶林，有极度濒危的国家一级保护动物瑶山鳄蜥等多种国家重点保护的珍稀动植物。1998年12月，境内建立罗坑省级自然保护区，2007年3月经国家林业局批准更名为“罗坑鳄蜥省级自然保护区”，2013年6月升级为广东省罗坑鳄蜥国家级自然保护区。罗坑鳄蜥国家级自然保护区是目前中国野生鳄蜥分布较集中、数量最多、栖息环境最好的地区。罗坑境内有较多古茶树，树龄最长的达1000多年，是罗坑镇发展茶业产业的宝贵资源。全镇地势四周高，中间低，有樟市水贯穿全镇。最高山岭船底顶海拔1586米，是韶关市区第一高峰，广东省第二高峰。樟市水发源于罗坑船底顶山，流经罗坑和樟市两镇，在宣溪水汇入北江。流域面积298平方公里，河长42公里。

境内已探明矿产有金、银、铝、锡、锌、稀土、温泉等，其中，温泉水日自流量达1000立方米。并盛产罗坑茶、罗坑番薯干、大米、冬菇、木耳、蜂蜜、野生灵芝、胡须鸡等土特产。

2016年，在区委、区政府的正确领导下，罗坑镇以科学发展观和中共十八大五中、六中全会精神为指导，紧紧围绕“生态立镇、产业富镇、旅游旺镇、和谐兴镇”的总体思路，突出“生态罗坑，茶叶名镇”的总体定位，深入贯彻落实区委、区政府分区发展战略，全面打造茶叶专业镇、休闲旅游小镇和生态宜居小镇，实现经济社会平稳较快发展，罗坑镇的经济和各项社会事业建设均取得显著成效。

【经济概况】 2016年，全镇国民生产总值达2.9亿元，比上年增长10%；农民人均纯收入12546元，比上年增长15%，全年财政（预算）总收入1844万元，比上年增长10%，镇财政较好地实现收支平衡。

【重点项目建设】 协调推进了在雪花岩茶叶有限公司与韶关中旅合作的雪花岩度假山庄项目建设，双方已经注册成立“雪花岩旅游投资有限公司”，同时，聘请专业团队做好项目规划设计，预计2017年可动工兴建。该项目以茶文化为题，建成后将会提供民宿体验、茶园观光、采茶制茶、参观鳄蜥、自行车等休闲旅游服务。

【获评最美露营地称号】 由中国汽车房车露营联盟（CFCC）发起的“全国最美露营地”评选投票活动，此次参选的露营地遍布全国各地，国内共有50多个知名度较高的露营地参加评选。在经过12天的激烈角逐后，广东罗坑大草原不负众望，脱颖而出，喜获第三名的好成绩，成为全国最美十佳露营地之一，将有利于推动罗坑乡村旅游业的快速发展。

【举办旅游节庆活动】 经过精心筹备2016年举办3项形式多样、内容丰富的活动。其中5月举办罗坑镇第二届采茶技能比赛，有效地推动罗坑茶标准化采摘，提高茶青质量，进一步营造浓厚的茶乡氛围；10月，联合韶关市徒步协会举办韶城徒步定向·智游曲江第一站：千年曲江魅力罗坑活动；11月5—6日，举办2016广东韶关曲江首届罗坑大草原露营节暨中国汽车房车露营联盟广东分会年会，丰富精彩的活动内容获得广大游客的一致好评；12月，罗坑镇将组织举办第三届罗坑茶文化节。多种活动的举办进一步扩大罗坑在全国的知名度，为罗坑今后的旅游发展奠定下良好的基础。

【旅游基础设施建设】 争取上级资金支持，完善罗坑相关的旅游标识，在罗坑大草原旁边建起高标准公厕1座，安放10多个移动公厕，并铺设新塘、中心坝2个停车场，有效缓解游客停车难、如厕难问题。完成罗坑街至大草原的乡村公路拓宽工程，从原来的单行道变成双车道，有效地解决节假日道路拥堵的问题；并开通细林至老何村的连接公路，使大草原景区的交通得到根本的改善。

【乡村旅游发展】 2016年9月，CCTV-7实地走进罗坑，拍摄罗坑杏仁香古树红茶生产过程的专题宣传片，并在CCTV-7《每日农经》栏目播放20多分钟。使罗坑的知名度得到很好提升。

【茶叶龙头企业发展】 2016年广东雪花岩茶业有限公司被评为“广东省著名商标”，雪花岩高山红茶被评为广东省茶叶界十大名牌、广东省名特优新农产品。

【保护古茶树资源】 加大宣传力度，在公路两旁树立保护古茶树标语牌。联合罗坑自然保护区与华南农业大学对全镇现存的古茶树资源进行普查，摸清家底，为有效保护罗坑古茶树资源提供有效的科学依据。

【精准扶贫工作】 2016年，罗坑镇严格按照上级精准扶贫工作的部署要求，结合本镇实际，在严格落实“六有”标准的基础上，多管齐下，严格程序，较好完成234户贫困户的精准识别和建档立卡等工作。同时，产业扶持上引入电商模式，即成立莲藕专业合作社和莲子专业合作社，并与邮政合作，对罗坑红花莲藕进行众筹销售，收到很好的效果，也为2017年“一户一策”落到实处走出新路。

【党建工作】 扎实抓好软弱涣散党组织整顿和普遍直接联系群众工作，进一步增强村“两委”干部宗旨意识，切实转变工作作风，加强监督检查，确保整顿工作落到实处，努力夯实服务群众“最后一公里”的组织基础。积极开展“两学一做”学习教育活动，促进党员干部带头遵守换届纪律，为换届工作营造风清气正的环境，顺利完成镇党委、人大换届工作。严格落实农村基层党员、干部违纪违法线索排查工作，履行好主体责任，把排查工作作为落实全面从严治党的突出任务，建立完善工作台账，按时向区纪委报送线索排查表，坚持边排查边推动治理，通过排查工作认真查找诱发腐败和不正之风的问题，从源头上探寻治本方法。至年底，罗坑镇共排查出5条线索，立案2条（妨害社会管理秩序2条），2人受党纪处分。

【社会各项事业】 社会大局和谐稳定。2016年受理各类信访案件31宗，共化解28宗，其中镇级化解13宗，村级调解15宗，化解15宗，至年底，全年没有出现到省、市以及进京上访事件。卓有成效地开展计生“三结合”项目，两孩政策、优生优育宣传和服务落到实处，计生各项指标任务考核排在全区前列。顺利完成新塘河、谢屋河、新洞河堤、新刘山塘、新塘曹岭水库除险加固工程，有效提高全镇的防洪减灾能力，以确保群众生命财产安全。抓好食品药品安全和安全生产监督管理工作，严格落实“一岗双责”责任制，全镇没有发生重特大安全生产事故。切实加强人力资源和社会劳动保障工作，城乡居民医保和农村新型养老保险任务完成，基本实现应保尽保。耕地保护、城乡建设管理得到强化，土地确权登记颁证工作有序推进，“两违”现象得到有效遏制。乡村清洁美工作成效明显，稳居全区前列。林业管理落到实处，全年没有发生森林火灾和乱砍滥伐现象。全面落实中央党管武装指示，提升全民国防意识，圆满完成民兵训练、专武干部、民兵营长训练。大力发动镇内青年开展网上兵役登记，圆满完成征兵任务。 （王伊嫔）

罗坑镇领导班子成员名单（2016年）

镇党委书记：黄　华(任至3月)
钟佩军（3月起任）
镇党委副书记、镇长：
钟佩国（任至3月）
谢国健（3月起任）
镇人大主席：张金明
镇党委副书记：万立新
陈丹强
常务副镇长：黄井石
党委委员、纪委书记：冯信华
副镇长：林发通
党委委员：陈志先
镇党委委员：陈小梅（7月起任）
李茂文（7月起任）

白土镇

【概况】 白土镇位于曲江区西南部，东与马坝镇隔河（北江）相望，南邻樟市镇，西与武江区龙归镇相接，北与武江区西联镇接壤，镇人民政府驻白土镇市场街1号，距区人民政府8公里。相传宋代已有白土墟，清代白土分上下两墟，民国时建有大型砖瓦结构农贸市场，是商船往来交易集散地。民国时设白土乡，先后属七区、五区、二区管辖。新中国成立后，白土属龙归区管辖。1957年2月由龙归划出成立白土区。1958年5月复归龙归乡。1961年6月恢复白土行政建制(时称公社)。1977年划出白沙、大村两个大队归白沙公社管辖。1983年11月改社建区，1986年12月撤区建镇。2001年12月，与白沙镇合并为现在的白土镇。

2016年全镇辖上乡、中乡、下乡、河边、孟洲坝、苏拱、由坪、界滩、大村、横村、龙皇洞等11个村委会和白土居委1个社区居委会；下设172个村（居）民小组。总面积139.05平方公里，有山林面积106平方公里，林区活立木蓄积量10.21万立方米。全镇总人口25780人。

白土镇地形西高东低，土地肥沃，地势平坦，属沿河台地平原类，北江自北向南沿白土东侧流过，历来是北江上游主要交通中转站，清代已有8个水运码头，为北江沿线码头最多的地方。武广客运专线途经全镇9个村，广乐高速公路在白土镇设有出入口。境内矿产有煤矿、铁矿、稀土、钨矿、河沙、石灰石等。

【镇域经济发展概况】 2016年全年完成地区生产总值约4.26亿元，同比增长1.9%左右；农民年均收入16097元，同比增长14%左右；实现财政收入约1895万元，同比增长6.3%左右。

【城镇建设】 重点项目建设稳步推进。市、区重点项目新白线(韶关市芙蓉新区至白土公路)建设工程，已签订征地协议面积533.95亩，完成征地任务99.2%，完成房屋拆迁协议4宗，涉及房屋面积302.02平方米、完成乌泥角安置9655立方米回填工程，完成全线清表85%工作。规范用地工作顺利进行。一是紧抓“两违”查控不放松。全年共下发处理违法违规用地停建通知8宗，完善查控“两违”巡查工作机制，做到及时发现及时制止。二是疏堵结合，引导村民依法报建。制定《曲江区白土镇私房建设规划管理办法（试行)》，围绕该办法建立私房报建管理体系，工作人员全程跟踪记录，严格按照一户一档的要求完善档案。至年底，共受理私房报建申请123宗、“五项公共服务”申报282宗。大力加快基础建设。全力打通500多米志锐路建设、投资2000多万元完成省道253线广乐高速白土出口至变电站扩宽改造亮化、绿化工程；全面启动园区公路画线、太阳能路灯、交叉口警示灯等建设，开发区至龙皇洞公路3.5公里全面建设通车；完成河边村委2.3公里、横村1.5公里、孟洲坝0.8公里、中乡0.3公里乡村公路建设；省道253线至白土中心小学及白土镇政府公路升级改造项目立项；搬迁白土农贸市场，新市场面积3000多平方米，比原市场面积扩大3倍多，有效解决安全出行等问题，提升镇容镇貌；乡村“清洁美”工程持续开展，投入6万元，对全镇50个垃圾桶放置点进行水泥硬底化，有效改善全镇生活垃圾的清运情况及环境美化。

【生态农业发展】 农村综合改革工作进展顺利，按照“两个构建”“两个整合”的工作要求，制订《白土镇农村改革发展三年行动计划》。一是把大村和界滩作为白土镇农村综合改革试点村，在土地确权的基础上，由村委会收储各村小组零散荒弃土地，统一签订租地合同的方式进行整合规划；二是加大农村改革宣传力度，利用微博、微信以及其他媒体进行广泛宣传，制作并张贴白土镇农村综合改革宣传标语，做到家喻户晓；三是投资30多万元完成“三资”平台建设，启用农村资源交易平台，完成首宗孟洲坝集体资源交易，为孟洲坝村集体在原标价的基础上增加70%的收益。“一村一品”特色农产品持续升级。2016年，由坪村委会成立由坪腐竹生产合作社，在区政府大力支持下，已有6家生产作坊进行电改恒温、烘干、包装技术改造，并注册“由矢田”商标。继续做大做强白土月饼，重新打造中华名果——龙皇洞沙田柚，推进苏拱莲藕、孟洲坝蔬菜、河边食用菌等特色农业的发展，旨在形成规模产业，打造绿色农产品品牌；成立广东“海之舟”旅游开发有限公司，为白土旅游规划和发展奠定基础。扎扎实实开展科技培训，提高农民科技水平。安排“基层农业技术推广体系改革与建设补助项目”的工作要求，对110户科技示范户进行优化调整。“新型

职业农民培训”“农民田间学校”等项目有序开展，全年共举办15期培训班近200人次；发放7期水稻病虫害防治资料、3期花生病虫害防治资料，共1500多份，及时有效地预防农业病虫害的发生。做好水利工作，保障村民生产生活。积极宣传贯彻执行水利法及各项水利方针政策、树立全面优质服务，促进农村水利事业发展。落实各项水利管理责任制，建立各类工程卡片及档案，签订防汛责任书，发放预防山洪灾害宣传资料1200多份。争取上级支持，对界滩乌龟坑、大湖洋等8宗山塘水库进行清淤加固工作。制定冬修水利工作台账，对寺前圳、梅子堪圳、文胜水库、历底山塘、西湾山塘5宗水利设施除险加固及维修进行申报。基本完成总投资2000多万元南水河白土段护堤工程。

【社会事业发展】 教育事业蓬勃发展。自2015年成功创建为广东省教育强镇以来，全镇教育水平不断提高，2016年白土镇着重对社区教育工作进行加强，并积极配合区社区教育办做好迎接省的复评工作；卫生和计划生育工作顺利推进。扎实抓好卫生强区创建工作，加强村卫生站改造建设，不断提高基层卫生和基本公共卫生服务水平；落实全面实施二孩政策，全面提升计生服务体系建设；安全监管工作扎实到位。全年共进行安全生产培训6次，企业组织培训4次，受培训人员达250人次；组织参加市区举办的各种培训班7次，受培训人员达170人次；全年开展安全生产大检查15次，出动检查人员239人次，对危化品的生产和使用、消防安全、食品药品安全、烟花爆竹经营点、建筑施工、教育等重点行业和规模企业进行全面的排查整治达36次；认真开展“全国安全月”活动。社会保障工作有序推进。全镇城乡居民基本医疗保险购买人数达20062人，参保率已完成93%，全力做好救灾救济、拥军优属、殡葬改革、老龄工作、扶贫济困、捐资助学等方面工作。全面启动新时期精准扶贫工作。经过精准识别、建档立卡，确定精准扶贫贫困人口共有贫困户370户904人，按照“一村一策”“一户一法”，认真做好贫困村和贫困户精准扶贫精准脱贫三年攻坚规划及2016年度工作计划，2016年实现脱贫165户300人占任务的44.6%，超额完成区下达的任务。深入开展“创建平安白土”专项行动。大力开展开展创平宣传，爱路护路教育宣传月活动，每月召开矛盾纠纷专题会议中，通过与派出所联动配合，对赌博风气进行重拳打击，成功打掉多处聚赌窝点，依法惩治参与赌博的违法人员。有序维护社会稳定。坚持每月9日召开信访维稳工作例会制。一年来，接待来访135批156人次，排查矛盾问题132宗，全镇未发生重大集体上访和非正常上访案件，案件数量比同期有所下降，做到早部署、早排查，掌控重点上访人员的工作要求，有效维护全国“两会”、“杭州G20峰会”、中共十八届六中全会等重大节庆的平安稳定。体育文化事业协同发展。成功申报广东省A级体育指导员服务站，为白土镇广大群众提供了运动健身平台；壮大一批基础文艺工作者队伍，以不同形式的文艺活动，丰富人民群众的文化生活，提高素质。

【政府建设】 全面落实党风廉政建设责任制，严格落实中央“八项规定”，坚决贯彻落实《中国共产党廉洁自律准则》、《中国共产党党员纪律处分条例》和《中国共产党问责条例》等、自觉接受镇人大监督，办理人大代表建议17件，办复率65.4%。积极开展“两学一做”学习教育，夯实党员队伍的知识基础。参与“两学一做”网上考学党员数1020人，参与率达到100%。落实驻点普遍直联工作，直接联系群众总户数5142户，占总户数的78.9%；群众反映问题89个，解决问题数81个，解决率达91.01%。依法依规完成镇级换届工作，整个换届工作保持风清气正选举出新一届的人大主席和政府班子。

【白土特产】 白土月饼，白土月饼始创于明末，当地群众称之为“赏饼”，为韶关市曲江区白土镇所独创。白土月饼具有莲蓉、豆蓉、椰蓉3个品种8种规格，其特色是选用本地纯正土榨花生油，以精选莲子、绿豆、鸭蛋等为原料，采用传统工艺加工，经数十道工序精制而成，具有选料考究、做工精细、表皮橙黄、肉质松润、清甜可口等特点。白土月饼不仅驰名粤北，更远销珠三角地区、湖南、江西等地。

由坪腐竹源于清朝传统手工

白土由坪腐竹

家庭小作坊，有着悠久纯熟的生产历史。其色泽黄白，油光透亮，含有丰富的蛋白质及多种营养成分，营养价值非常高。食用时用温水浸泡30分钟，即可下锅。由坪腐竹以黄豆为原料，质纯、无杂、味鲜、久煮不烂，不掺杂，不放添加剂，作为上乘素食食材，深受当地人喜爱。

龙皇洞沙田柚，是曲江区的名优水果。该产品果型为端正梨型，品质上乘，具有果皮较薄，表面光滑，色泽金黄，果肉米黄色，蜜甜爽脆等特点，经国家农业有关检测中心检测，果游击汁含可深性固形物15%以上，最高者可达21%。该果品在白土镇龙皇洞村委大量种植，每年3月花季柚子花开的时候，柚子的花香让大量游客流连忘返。

【旅游资源】 白土镇旅游资源丰富，境内河边村乌泥角铜鼓洲，四面环水，绿竹成荫，素有“小桂林”之称。北江河白沙段风景优美，沿岸有不少渔庄。镇内有40多处古建筑、古墓碑、古码头、近现代重要史迹、不可移动的文物，白土镇正在大力建设孟洲坝文化产业园，推进“三古园”（古树、古井、古石）旅游立项。（谭兴华）

白土镇领导班子成员名单（2016年）

党委书记：廖伟忠（任至4月）
邓春鸿（4月起任）
党委副书记、镇　长：曹　权
人大主席、妇联主席：陈文芳
党组副书记：陈合金
党委副书记：刘始生
党委委员、副镇长：黄盛昌
副镇长：肖文献（7月起任）
熊伟兴（7月起任）
狄俊彪
党委委员、纪委书记：许有良
党委委员：黄勇文
黄开雄
王新雄

大塘镇

【概况】 大塘镇位于曲江区东北部，东接曲江区枫湾、小坑两镇，西接浈江区新韶镇，南靠曲江区马坝、沙溪两镇，北临仁化县大桥镇。镇人民政府驻大塘镇府前路20号，距曲江区人民政府13公里。明末清初已有大塘墟（街）。民国时设大塘乡，先后属十二区、三区、四区管辖。新中国成立初称第四区，管辖枫湾、大塘、小坑、火山。1955年6月称大塘区，12月改称为乡。1958年10月成立大塘公社。1983年11月由社改区称大塘区，1986年12月由区改称大塘镇。2016年年底全镇总人口36059人，其中农业人口33117人、城镇人口2942人。

大塘镇总面积175平方公里，地势东高西低，属丘陵地

白土镇乌泥角铜鼓洲

带，境内关山、麻山顶等山峰海拔在400~700米左右。全镇辖历山、竹园、塘口、左村、东岗岭、丈古岭、西林、红新、侧田、黑石、汤溪、新桥、大塘、其田、梅花15个村委会和1个社区居委会；下设189个村民小组和1个居委会。镇境与韶关市教育功能区相连，距市区中心11公里，毗邻韶钢集团，是省道315线、韶塘国家一级公路、塘马公路、塘枫公路的交会处，韶赣高速公路、赣韶铁路、106国道从北向南贯穿全镇，具有较强的聚集优势、交通优势和区位优势。境内已探明矿产有铀矿、煤矿、铁矿、石灰石等，已经开发的主要有煤矿和石灰石。镇内有宋代的仙人塔、明清时代的烽火台遗址、梅花桥及水村街等古迹，是第三批全国小城镇发展改革试点镇和农业科技示范镇，广东省中心城镇、山区信息化建设试点镇、蔬菜专业镇技术创新试点镇、小城镇技术集成应用试点镇、曲江区农村综合改革试点镇。

【资源条件】 大塘镇共有4.3万亩耕地，山地面积18.4万亩，土质肥沃，平整开阔，气温、降水、日照等气候因子配合良好，农、林、牧、副全面发展。农副产品丰富，种类多、产量高、品质好，主要产品有优质谷、花生、蔬菜、粉葛、莲藕等。大塘镇水力资源丰富，地表水总径流量10947万立方米，地下水属马坝—大塘盆地岩溶水区，成井水量在3万立方米/日。镇内有小(二) 型小型库6座，总库容96.6万立方米，与大塘毗邻的库容量1.2亿立方米的小坑水库主灌渠贯通全镇；镇内还有天然的汤溪地下温泉，可作为旅游、休闲资源开发，商用价值较高。另外，大塘镇煤炭、石灰石等矿产资源也非常丰富。

【国民经济发展概况】 2016年全镇社会总产值达4.7985亿元，同比增长7.3%，其中，农业增加值2.99亿元，工业增加值5197万元，第三产业增加值15088万元；固定资产投资额1.5亿元；乡镇财政总收入4508万元，同比增长9.1%；农村人均纯收入15913元，同比增长13%，全面实现年初制订的全镇经济社会发展预期目标。

【项目建设】 东莞市与韶关市对接的市重点建设项目华南先进装备产业园项目相关工作成效显著，2016年实现征收土地1100.56亩，大塘片区共交付使用2639.06亩，园中路等4条园区主干道路建设基本完成。市重点建设项目方园现代农业项目已开业，接待游客20万人次，年收入约260万元，二期正在完善规划设计图。火山粉葛种植基地建设工作有序推进中；成功引进的盛世苗木花世界城市乡村生态园、惠州健源奶牛发展有限公司的奶牛场等项目正在建设当中。通过项目建设，引进企业，有效提升镇域经济综合实力，解决农村剩余劳动力就业问题。

【农业发展】 大力发展主导产业，以“粤北现代农业示范区”为龙头，大力扶持东岗岭大棚蔬菜基地、塘口田园绿色农场、沃土公司无公害蔬菜基地、火山无渣粉葛基地和塘口火龙果基地等现代农业示范点建设。大塘镇以“培育新型职业农民，转变农民增收模式”为导向共培育农业规模专业户100户、家庭农场主37户、农业产业农民43人。积极调整农业结构布局，梅花葡萄园、西林葡萄园、左村葡萄园共800多亩，已全部上市；同时，全镇黄帝柑种植面积达3600亩，农业多样种植项目在大塘镇落地生根，有效提高农民收入。土地确权登记工作全面完成，共登记耕地47040亩；全国第三次农业普查工作有序推进，大塘镇以“驻村干部+村委片区负责人+购买服务团队人员”组成普查队伍深入村组，12月已完成地图制作及摸底工作任务。

【特色旅游产业初展】 大塘镇作为市“九龄故里，百里画廊”生态旅游线路曲江线路起点，突出温泉休闲、观光农业发展重点，重锤打造方园下现代农业项目，积极建设“美丽汤溪”温泉旅游度假点，左村伟胜荷花世界百亩荷花于2016年夏季开业，塘口生态园项目已完成第一期园区建设。旅游产业有效带动周边自然村建成多个农家乐，其中黑石猪古塘农庄成功申报三星级农家乐，有效提高生态乡村旅游服务等级，吸引八方来客。

【精准扶贫】 大塘镇为切实解决好“帮扶谁、谁来扶、扶什么、怎么扶”四大问题，一是以“四看”“十不宜”“五把关”方式对新时期精准扶贫对象进行精准摸排反复核实，现确认新时期精准扶贫建档立卡相对贫困户503

户，共 1441 人。二是成立工作领导小组，并设置精准扶贫办公室，明确扶贫专干；同时，除东莞樟木头镇和望牛墩镇以及市和区派驻的驻村干部外，大塘镇还以驻村下乡组为单元，每条村派驻一个扶贫工作组，在完成自身帮扶任务和基础上，全力协助对口帮扶单位工作，形成全面抓扶贫的工作格局。三是开展各类项目建设，东岗岭村公共服务站改建项目已动工建设；东岗岭村光伏发电建设项目已完成建设且并网发电，预计能给村委带来每年约 8000 元的集体经济收入；东岗岭村高标准有机蔬果大棚种植基地项目已基本完成种植架构，至年底解决 10 个贫困户务工就业问题，此项目将增加村集体经济收入约 3.5 万元；11 个贫困村每村投入 40 万元入股演山水厂，每村每年村集体收入可增加 3.2 万元。四是多平台宣传扶贫工作，镇扶贫办创建扶贫简报，并通过政府微信公众平台对扶贫亮点举措、事迹进行广泛深入宣传。2016 年大塘镇共筹集各类资金 1755.1789 万元，圆满完成 186 人脱贫任务。

【农村综合改革试点】 2016 年下半年，经过区委、区政府及各相关部门多次进行调研、论证，选定大塘镇作为曲江区农村综合改革试点镇，大塘镇汤溪毛屋村为试点村。自开展以来，大塘镇农村综合改革工作一直以来走在全区的前列，“两个构建，两个整合”工作稳步推进。一是制定毛屋村小组解决细碎化问题实施方案，汤溪村已整合出租将近 120 亩零碎土地，拟在整合出租 200 亩用于高端水果种植项目；二是完成全镇 189 个村民小组基本情况的摸底工作，为下一步全镇全面铺开农村综合改革工作提供可靠依据。三是汤溪村农村综合改革工作与扶贫工作有机结合，成立毛屋村小组理事会，完善村民议事机构和场所，汤溪村片区服务中心正进行楼房图纸设计和预算；同时各村委在有条件的村小组成立理事会，并逐步整合零碎的土地。四是毛屋村已做好村庄规划的初步方案，向上级有关部门报批，其他有条件的村小组也准备开始做村庄规划。五是公共服务平台建设，镇里已完成镇内工作任务，只待区里配套的实施、软件和人员到位后，即可全面投入使用，大大方便群众办事。

【社会治理工作】 针对大塘镇社会治安综合治理工作中存在的突出问题，以创建“平安大塘”为目的，一是综治信访维稳工作领导小组牵头，定期组织召开领导小组会议，针对存在的问题，反复剖析，找准症结。二是加强火山片、汤溪—新桥片、梅花—大塘片 3 个群防群治巡逻队伍建设，社会治安治理队伍扩增到 50 多人，并争取各方支持投入经费 8 万多元，配齐工作设备。三是投入 4 万多元推进镇综治信访维稳平台升级改造，大力推进网格化服务管理，健全网格员管理、考核、激励机制，网格员队伍增至 40 多人。四是大力开展严重精神障碍患者排查，与镇派出所、卫生院通力合作，带领排查专班排查 282 名精神障碍患者，为符合条件的 153 名患者建立台账及档案，并对排查发现三级以上的人员 15 名开展救治，救治率达 100%。五是大力推进治安防控体系建设，将全镇的视频探头增至 500 多个，增幅率达 130%。六是对辖区范围内 5 年来的刑释人员跟踪帮教情况进行摸底排查，成立矫正工作站，组建由民警、社区主任、调解员、矫正人员家属形成的社区矫正工作监管队伍。至年底 59 名矫正对象，解矫 43 人，在册 16 人，未发生接管的矫正对象漏管、脱管现象。七是投入资金近 2 万元在全镇 16 个村（居）委建立反邪宣传阵地，在全镇范围内营造良好的防邪工作氛围。经过层层努力，2016 年共调解各类纠纷 98 宗，其中镇综治信访维稳中心共调解重大疑难纠纷 22 宗，化解区领导包案积案 9 宗，纠纷受理率达到 100%，调处成功率达到 94%，全年无调解不当而发生民转刑或非正常死亡，并将市“社会治安重点治理镇”成功脱帽。

【惠民工程】 进一步解决行路难题，增加韶关火车站到大塘花海线路班车，促进群众交通便利性；投入 3.5 万元于历山建成一座临时便桥，同时启动历山桥重建工作，已完成施工预算图纸的编制，进入招投标程序的新农村公路路面硬底化建设项目共 19 个，合计 12.95 公里；省道 251 线黄岭亭至汤湖段公路改建工程正逐步进行征地相关工作；完成其田、大塘、红新、侧田等村委 2015 年乡村公路的丈量验收，完善大塘镇 15 个村委的交通路牌。深度解决灌溉难题，山区 5 市中小河流治理工程大塘水段于12月完成验收，枫湾河段治理工程进展顺利；小坑灌区改造工程完成工程总工程量的90%，已正常发挥灌溉功能，解决8个村委17000多亩农田生产用水问题；中央财政补助小型农田建设重点县项目中已完成9个山塘的清淤加固，左村河、其田河两条河流清淤疏浚及护岸工程已完成。关注困难群众、移民群众生活难问题，认真做好泥砖房调查摸底和系统录入工作，移民村的基础工程正按程序落实。

【中心镇区扩容】 共投资40万元进一步完善大塘生活污水处理厂排污管道网络建设，投资10万元建设2公里镇街区域排污排水管道，投资11万元添置更换共117盏路灯完善镇街亮化工程；丈古岭、东岗岭等村的安全饮水扩网工程已竣工完成，汤溪安全饮水工程等待验收，有效解决民众安全饮水问题；切实加强镇、村建设管理和国土管理，扎实开展“两违”工作，制止及拆除违法用地3宗；大力整治街道及公路两边和市场周边乱搭、乱建、乱堆、乱放的状况，与各店铺签订门前三包责任书，安排专人巡查、监督，大大改善居民生活环境和美化镇容镇貌，完成政府专职消防队的组建工作，为打造宜居宜业特色城镇奠定坚实基础。

【新农村建设】 大塘镇汤溪马头引、红新三队朱屋对省级名村、示范村创建点进行申报，争取上级资金15万元为这两个村安装太阳能路灯31盏；东岗岭、丈古岭村委成功申请为市级卫生村，在11月通过验收；乡村清洁美工程专项活动成效明显，长期以来农村“脏、乱、差”的环境卫生状况得到有效改善，村民环境保护意识得到增强，每个月在全区的“清洁美”排名靠前，镇区保洁、垃圾收运体系得到进一步完善。

【人口计划生育工作】 切实加强人口与计划生育工作，坚持计划生育为基本国策不动摇。据统计，从2015年10月至2016年9月全镇总人口36059人，已婚育龄妇女7218人，户籍人口出生547人，其中：一孩出生255人(计内255)；二孩出生266人(计内252人)；多孩出生26人(计内21人)；政策生育率96.53%，性别比120.56。常住人口出生420人；其中一孩出生198人（计内198人)；二孩出生208人（计内201人)；三孩及以上14人（计内11人)；政策生育率97.62%，性别比127.03。全年发放全面开放二孩、养老照护、科学育儿、家庭保健、家庭文化等相关宣传册共4500多份；开展“计划生育家庭青少年健康发展”学习培训受教育200多人次，共投入30280元为284计生户971人购买意外保险，投入37800元为农村二女结扎夫妇315人购买养老保险，慰问计生困难户25户，有效保证计生服务水平。

【文明城乡建设】 一是举办多样性与特色的文艺活动，举办元宵节趣味活动、“我眼中的大塘”系列比赛、“情浓元社·幸福大塘”元社节文艺晚会等7场文艺活动，其中“情浓元社·幸福大塘”元社节文艺晚会为大塘镇历时2个月自己筹办、自己出演、有自我特色、充分体现核心价值观的文艺晚会，获到热烈反响。二是完善农家书屋建设，为各村委建立设备齐全的公共电子阅览室，并为每个农家书屋更新图书100册。三是申请省奖补资金15万元，用于扩建健身广场的羽毛球场、舞台改造、客家山歌场改造等。四是配合区做好文化三送下乡工作，2016年共送电影、送书、送戏下乡达60多场次。五是积极选送节目参加区举办各种文艺表演，选送2个节目参加区委宣传部举办的民间乐器展演，其中“十点梅花”还被区宣传部选送到东莞市樟木头镇进行文化交流。六是加强对外宣传，建立大塘微信公众号，新闻用稿量得到大幅度的增加，省、市级新闻媒体刊登量均排列前茅。

【基层党建】 在深入开展驻点普遍直接联系群众活动的基础上，扎实做好党委换届、软弱涣散党组织整顿转化、“两学一做”等工作。一是中共大塘镇第十六次代表大会圆满完成，大塘镇本届换届选出党代表名109名，区党代表26名。镇人大代表57名，区人大代表20名，成功选举出党委班子成员9名，政府班子成员5名以及人大主席1名。二是驻点联系群众活动实现常态化。自活动开展以来，大塘镇共走访7154户群众，截至9月底，大塘镇共收集群众意见139条，反映问题总数534条，解决问题534

个，其中村居自行解决531个，镇协调解决3个。三是扎实开展软弱涣散党组织整顿转化工作。推进西林村大井陂维修工程、朱屋廖屋乡村公路“三通一平”公路、新建村委便民服务中心项目正在立项。红新村兴建大圳挡水墙、四队山塘清淤、六队增加乒乓球台，三队修建路灯，实施月度下村督导制度，确保工作有部署、有检查、有成效。四是扎实开展“两学一做”学习教育工作，通过在全镇范围内开展“我身边的共产党员”故事汇征集活动，集中宣讲活动，让全镇党员了解身边共产党员的感人故事，并有向先进学习的动力和决心。11月下旬，在其田支部开展大塘镇党建工作交流推进会，进一步确保基层党建工作能够在全镇落地、落细、落小。五是“两新”组织党支部工作开展有特色。竹园火山粉葛合作社党支部、东岗岭无公害蔬菜合作社党支部、韶关市博滋置业有限公司党支部率先开展“党支部+合作社”优势互补、功能叠加的发展新模式，其中竹园火山粉葛专业合作社党支部牵头成立治安联防队，为春节期间火山片群众的财产安全保驾护航。六是抓好发展党员工作。2016年共发展党员20名，其中35岁以下年轻党员13人，占新发展党员的65%；发展女党员12名，占新发展党员的60%，高中以上学历有8名，占新发展党员的40%，为大塘镇的党员队伍注入新鲜血液。七是抓好党内关怀工作，为5位困难党员申请一次性困难党员补助；在“七一”时，困难老党员和50周年党龄老党员进行慰问，2016年共33个党支部参与捐赠活动，共收到党内互助金25926.50元。 （龚然英）

大塘镇领导班子成员名单（2016年）

党委书记：王伟强
党委副书记、镇　长：
　　杨　彦（任至3月）
　　吴伟中（5月起任）
人大主席：罗锦球（9月起任）
党委副书记：叶武洁
　　　　　　江清霞（7月起任）
党委委员、纪委书记：何中皓
党委委员、副镇长：李少军
副镇长：谢旭东（任至8月）
　　　　杨　竞
　　　　肖战明（9月起任）
　　　　邓先明（9月起任）
党委委员：肖战明（任至8月）
党委委员、人大专职副主席：
　　熊兆刚（任至7月）
党委委员：罗年球
　　　　　吴建超（任至7月）
党委委员、武装部部长：李优平
党委委员：江清霞（任至7月）
　　　　　刘志杰（7月起任）

枫湾镇

【概况】 枫湾镇位于韶关市曲江区东北部，距离韶关市市区24公里，距城区马坝34公里。东接始兴县，西连大塘镇，南邻小坑镇，北靠仁化县的周田镇。交通便利，镇区西行11公里与106国道连接，韶瑶公路贯穿全镇，乡村干道全面实现硬底化。

辖区面积196.91平方公里，总人口1.83万人，设有9个村委、1个居委会。2016年有耕地面积1.7万亩，林地面积27.3万亩。土质肥沃，平整开阔，气温、降水、日照等气候因子配合良好，农、林、牧、副全面发展。农副产品丰富，品质好、产量高，主要产品有油粘米、优质蔬菜、浪石白莲等。山地以种植果树和林木为主，效益较显著，茶园山毛竹、白水蜜桃、石峰火龙果、新村皇帝柑、小笋油茶、大笋百香果、紫玉淮山远近闻名。该镇作为省级畜牧专业镇，2016年全镇生猪年饲养量达10.1万头，优质肉鸡年饲养量达450万只。

枫湾镇山清水秀，环境优美，民风淳朴，素有“小桂林”之称，旅游资源丰富。骑马石岩洞、茶园山竹海、高山杜鹃等特色生态景观吸引众多旅游爱好者。境内温矿泉水质与世界著名的法国维尔矿泉相似，日流量3500立方米，含硫、碳酸钙、镁等多种人体不可缺少的微量元素，位于辖区内的枫湾温泉度假村已成为韶关地区远近闻名的休闲旅游胜地。

【国民经济和社会发展】 枫湾镇在区委、区政府和镇党委的正确领导下，团结一致带领全镇人民，坚持以中国特色社会主义理论为指导，深入落实科学发展观，全面贯彻中共十八大、十八届三中、四中、五中、六中全会精神，紧紧围绕建设“新型生态文明镇”这一总目标，突出重点，真抓实干，大力发展现代农业，努力做强畜牧业，全力推进重点项目，加快建设生态文明镇。在全体镇、村干部的努力下，各项工作有条不紊推进,并取得显著成效。

2016年GDP达9.29亿元，增长12%,其中农业总产值4.18

亿元，工业总产值3.25亿元，第三产业总收入1.86亿元，同比分别同比增长17.53%、16.23%、10.2%；农民人均收入14912元，增长8.30%；完成固定资产投入1.3亿元，同比增长10%。

【镇域经济发展】 枫湾镇进一步加大农业产业结构调整力度，全力打造“优质水稻、无公害蔬菜、特色水果、畜牧养殖”等四大现代生态绿色农业。大力落实“一村一品”规划，进一步优化农业产业结构,积极倡导种植优质油粘米，种植面积已达3万亩，其中种植马坝油粘2.2万亩，占水稻种植面积的73%；石峰蔬菜基地进一步扩大，达到2300多亩；亩产1500公斤，总收入达940多万元；白水蜜桃种植总面积达3000亩，其中挂果面积1800亩，年收入3780万元；白莲种植面积扩大至1000亩,总产值达500万元；石峰、浪石、大笋等村委不断扩大火龙果种植规模，总面积达300余亩。此外，白水、大笋、步村等多个村委还种植皇帝柑2635多亩、油茶3000亩、百香果260多亩、紫玉淮山350亩、蚕桑350亩，2016年冬在浪石村委种植油菜基地400亩。依托温氏、牧科实业有限公司的技术推广，实行“公司+基地+农户”的经营模式，带领广大温氏、智成合作养殖户以及其他散养户学习及实践温氏的污水处理技术、国内先进的牧科节能环保生产线等技术，引导养殖户走环保养殖之路。全镇发展200头以上养猪专业户159户，其中养殖200头以上的温氏合作户有86户，批量养殖400~1000头的温氏合作户有73户。全年生猪出栏量达10.1万多头，存栏量达12万多头，为当地增加收入9865万元。养鸡专业户有143户，其中养殖5000只的智成公司合作户有78户，养殖10000只以上的有65户，全年肉鸡出栏量达400多万只，为当地增加收入达4518万元。

【生态旅游发展】 坚持以项目带动旅游发展，开发乡村生态旅游新亮点，不断加强当地特色农产品的品牌建设，通过举办第三届“瑶池养生·‘桃’醉枫湾”花果节系列活动，打造和培育枫湾“养生胜地·花果世界”乡村生态旅游主题，系统性地推介全镇的四季花果和生态资源，深度发掘镇域内的旅游潜力，努力扩大枫湾生态旅游的影响力，全力打造以“养生胜地·花果世界”为主题的枫湾旅游胜地。

全力打造枫湾“荷花世界”。以精准扶贫契机，积极扶持农户发展浪石白莲种植，白莲种植面积扩大至1000亩。抓好白莲种植基地扩种、合作社建设、品牌认证、莲子深加工等各项工作，力争到2018年全镇种植面积达到5000亩，切实打造好枫湾“荷花世界”这一特色产业，进而充分发挥其辐射作用，带动当地农户脱贫致富，有效促进全镇生态旅游产业发展上新水平。

积极推进茶园山特色瑶寨改造项目。投入50多万元完成茶园山特色瑶寨项目规划、申报和一期建设，对村寨环境进行整治，对停车场、沿途道路等基础设施进行改造，积极推进茶园山特色民宿建设。同时，大力加快旅游驿站及星级农家乐建设，引导当地农户开设农家菜馆、家庭旅馆等。逐步将茶园山打造成独具特色的瑶族风情旅游区。

加快“小桂林”森林公园第一期工程建设。投资50多万元全面建设完成登山步梯、景观台、厕所、道路，打造喀斯特地貌生态景观。小桂林森林公园二期工程现处于规划阶段，该项目与“九龄故里·百里画廊”枫湾段石峰——新村骑行徒步线路交相辉映。

大力引进生态项目，着力拓展旅游发展新思路。在大笋引进韶关市禅农谷岭南药膳养生园、膳养谷等项目，以绿色食品、药膳养生、休闲旅游为特色，打造枫湾乡村旅游的又一大亮点。

同时，不断加大生态公益林保护力度，并实施新造林计划，新增造林面积1.1万亩，主要种植松树、杉树等。加大巡查力度，严厉打击乱砍滥伐行为。积极引导和扶持农户造林绿化，全镇9.3万亩商品林已100%投保，提高林业防灾减灾能力及林农灾后自救能力。经过总体规划，计划用3年时间在枫湾各主干道沿线种植美国红枫，打造名副其实的“枫树之湾”。

【民生事业】 大力推进精准扶贫工作。按照上级扶贫办要求，枫湾镇严把入户调查、民主评议、张榜公示3个关键环节，对全镇贫困人口进行反复调查摸底，全镇确认的贫困户共有277户，贫困人口689人，并完成建档立卡工作，建立完善贫困户信息数据库。根据每户的具体情况，制定具有针对性的

“一户一法”帮扶方案。通过一年的帮扶，枫湾镇完成132户255人脱贫，脱贫率37.1%，完成区委、区政府下达的贫困户精准脱贫年度工作任务。

【“大清洁，乡村美”专项活动】 按照区开展“美丽乡村清洁美工程专项活动实施方案”的要求，结合本地实际采取有效措施，大力抓好全镇村庄环境整治。投入8万元，添置250个垃圾桶，109个自然村设立垃圾收集点，由专职人员进行清运处理。实现道路干净村舍整洁，农村环境“脏、乱、差”问题得到有效解决。

【危房改造工作】 枫湾镇严格落实上级有关文件，因地制宜，深入调查摸底，会同区住建局工作组入户核实。根据优先帮助住房最危险、经济最贫困农户、解决最基本的住房安全问题的“三最”要求和标准确定农村危房改造对象，2016年12户改造任务已全面完工。

【重大民生工程项目建设】 完成2015年冬修水利工程的建设；完成石峰七队到八队等乡村公路1.3公里建设；全面完成总长9.73公里中小河流的大笋河、小笋河治理工程；完成2016年度中小河流治理工程建设白水河进度80%；完成小坑水库灌渠改造工程、小型农田重点县项目工程等一批水利工程建设。及时修复“4·17”、“5·18”水灾造成的影响。

【社会事业】 扎实开展综治信访维稳工作。不断健全和创新工作机制，强化排查化解力度，认真落实领导接访和包案制度，充分调动辖区各方面力量，积极化解历史积案，确保综治信访维稳工作“思想、措施、干部”不放松，较好地维护社会的稳定。2016年镇、村两级综治组织共调解各类纠纷112宗，其中镇综治中心调解疑难复杂纠纷43宗，受理率达到100%，调处成功率达到100%，成功化解历史积案4宗。全镇没有发生上省进京非正常上访。

【卫生计生工作】 全面启动乡村卫生站建设，积极推进家庭医生签约制度。紧紧围绕新修订的相关法律，大力宣传“全面二孩”政策。在节假日进行街日宣传，通过横幅、标语、现场咨询、宣传车等形式进一步加大计划生育宣传力度，全年共出动宣传车5次，悬挂大型横额30条，书写永久性标语6条，张贴宣传标语300条，发放宣传资料8000多份。此外，还加强完善全员人口计生信息工作，有效提高计划生育管理水平。

【动态监督安全生产工作】 认真贯彻落实“党政同责、一岗双责、失职追责”的方针，强化监管，加大安全投入，积极开展安全生产大检查活动。定期对辖区内的存在安全风险的企业进行安全监督检查。发现隐患，立即要求整改，并于一周后对其进行整改复查。全年共检查石场25次，加油站、烟花爆竹等易燃易爆物零售商店、温泉、电源厂、学校及各餐饮服务单位（农庄、饭店及集体食堂等）等企业45次，发现隐患25起，整改25起。

【规范城乡居民住房管理工作】 枫湾镇确实加大农村建房审批力度，引导村（居）民个人依法按程序履行建房审批手续。2016年全年共收到建房申请255户，符合规划给予报批255户。通过效能监督、宣传维稳、巡查制止、整治执法等手段多管齐下，规范住房建设。2016年枫湾镇共查处违法建设案件12宗，有效推进全镇“两违”整治工作开展。

【社会保障工作】 积极组织农村劳动力技能培训，加强就业创业培训工作。认真开展低保、优抚、残疾人权益保障等各项工作，实现“应保尽保”。积极发挥妇联、团委等群团组织作用，切实帮助解决贫困家庭子女的就读困难。扎实开展新型农村社会养老保险和城乡医保工作，覆盖面不断扩大。2016年，新农保全镇任务数7055人，已参保7101人，超额完成任务；城乡医疗保险参保任务数14588人，实际完成13590人，参保率达93.16%。

【政府形象提升】 扎实推进领导干部普遍驻点联系群众活动。在全镇范围内组织开展走访调研活动，建立“党委牵头抓总、驻点团队具体抓”的工作模式，发挥辅助团队自身的优势，协助驻点团队开展好直联工作。坚持以帮助群众解决生产、生活难题为中心，多方征求与当地民生密切相关的意见建议。各村（社区）每周四到村开展驻点联系工作，全镇共有10个团队，驻点团队成员共47人，辅助团队61人，安排专职资料员，建立驻点工作台账。一年来，活动共征求群众意见320条，解决群众反映问题总数316条，全镇党员干部共联系3971户群众，走访入户率达100%。对全镇群众实行网格化、动态化管理。

严抓党员队伍建设，激发基层党组织新活力。切实加强农村党员队伍建设，优先培养发展农村致富带头人、复员退伍军人、外出务工经商青年能人和农村优秀女青年为建档对象，促进党员队伍年轻化、知识化，能力化。全年发展党员12名，平均年龄在30岁以下，充实基层组织工作的人才储备库。

扎实推进党风廉政建设，加强宗旨法规和纪律教育，引导党员干部大胆干事、干净干事，做勤政廉政的表率，努力营造风清气正、干事创业的良好氛围。不断完善监督机制，加大监督力度，坚决依法依规查处违法乱纪、消极腐败案件和各类违反党风廉政建设责任制事件，努力营造公开透明、廉洁高效的政务环境。（曾　婷）

枫湾镇领导班子成员名单（2016年）

党委书记：邓春鸿（任至3月）
钟毓清（党委副书记、镇长任至3月，4月起任党委书记，5月当选人大主席）
党委副书记、镇长：
钟毓清（任至3月）
邝发文（4月起任）
党委书记、人大主席：
邓春鸿（任至4月）
人大主席：林其文（党委委员、纪委书记任至7月，9月当选人大主席）
党委副书记：柳　静
党委副书记：叶长征（副镇长任至7月，7月起任副书记）
党委委员、副镇长：黄锦雄
副镇长：赵海星
党委委员：何　瑜
张美瑛（任至7月）
党委委员、综治信访维稳中心专职副主任：刘伟雄（任至7月）
党委委员：夏堂文（任至7月）
党委委员、纪委书记：
陈俊伟（7月起任）
党委委员、武装部部长：
何益玉（7月起任）
党委委员：肖丽华（7月起任）

小坑镇

【概况】 小坑镇因地形狭窄，又有许多小坑（小溪流）而得名。其地在清末始设小坑墟，民国设小坑乡，民国时期属曲江县第十三区。新中国成立后，1951年属曲江县第四区，1955年属曲江县大塘区，1958年属曲江县大塘公社，1961年属曲江县枫湾公社，1974年6月从枫湾公社分出成立小坑林木场，1983年11月改为小坑区公所（保留小坑林木场牌子，是区场合一建制，两块牌子，一套人马），1986年12月改为小坑镇（其中2000年1月小坑镇政府与小坑林场分设）。

小坑镇位于曲江东部，东与始兴县隘子镇为邻，南与翁源县新江镇接壤，西与枫湾毗邻，北与大塘镇相连。距曲江中心城区34公里。面积164平方公里，森林覆盖率为91%，其中林地、湿地红线划定面积分别为14696.73公顷、310.97公顷。耕地面积4680亩。2016年年末辖上洞、黄洞、和洞、下坪、汤湖等5个村委会和小坑1个社区居委会，下设37个村民小组和1个居民小组。总户数1830户、户籍人口6128人，其中城镇人口1036人、乡村人口5092人。

小坑镇山清水秀，水资源十分丰富，镇东北有一座小坑水库，最大库容量1.13亿立方米。小坑国家森林公园是全国首批87家森林公园，园内的经律论文化旅游小镇为国家AAAA级旅游景区。境内已探明矿产有萤石矿、钨矿、稀土矿和温泉等。还有香蜜橙、枇杷、杨梅、冬笋等土特产。

【经济发展】 认真贯彻落实分区发展战略，全力推动生态旅游休闲温泉度假区和名镇名村示范村建设，经济和社会各项事业发展取得显著的成效。据统计，2016年全镇农业农村经济总收入6.57亿元，同比增长9.87%；农民人均收入1.5万元，同比增长13.5%。村委集体经济总收入427.41万元，同比增长45.07%，其中电站承包款收入288.13万元。全社会固定资产完成1.7亿元，完成镇本级可支配的财政收入851.31万元，支出824.94万元。

【农业生产】 大力发展“一村一品”，走“公司（合作社）+基地+农户”的路子，成大林业公司2万亩杉木长势良好，智成公司下坪种鸡场初具规模。毛竹、莲花香橙、贡柑、杨梅、枇杷、冬笋、水库鱼和果园鸡等主导产业发展加快，经济效益稳步提高。2016年，全镇发展新增10亩以上的种植户6户,其中以种植贡柑为主（贡柑、茶枝柑）。全镇水果种植面积2718亩，年产量1714吨。科学开展动物疫病防控工作，对重大疫病强制免疫率达100%，通过强化动物检疫，提高动物食品安全性，确保全镇人民群众吃上“放心肉”。认真抓好森林资源培育和生态体系建设，推行政策性森林保险投保制度，完成区下达森林投保任务。林政管理和森林防火工作得到落实，开展涉林违法专项整治行动，有效稳定林区治安秩序，新组建8人的护林队伍，严格落实每日巡查和信息报告制度。

【农村工作】 小坑镇按照中央和省、市、区关于新时期精准扶贫工作的具体要求，打好新一轮精准扶贫攻坚战。经摸底调查，小坑镇无贫困村，有贫困户82户共207人，有劳动能力的42户139人，没有劳动能力的40户68人。在抓好精准识别、建档立卡、结对帮扶、落实帮扶措施等重点工作上狠下功夫，结合贫困户实际情况，一对一进行帮扶，确保2016年度脱贫计划按质按量完成。深化推进农村改革三年行动计划，做好农村土地承包经营确权登记工作，引导农村土地承包经营权依法有序流转。建立健全促进农民持续稳定增收的长效机制，进一步解决影响农村发展的突出问题。健全财政支农资金稳定增长机制，为农村经济发展注入活力。农村财务审计和公开工作扎实有效。镇涉农保险站规范化建设得到落实。按时完成农村“三资”清查和平台建设任务。有序开展第三次全国农业普查工作，以数据质量为重点、以问题为导向，通过广泛宣传、时间倒逼、责任到人等有效措施，按时完成小坑镇农业普查现场登记核实及PDA录入工作。

【基础建设】 维修加固黄洞村委塘子坑尾、拱桥头、汤湖村委汤径子及和洞村委段子水圳，完成下坪丰梅村的饮水工程建设。在镇街人工湖周边铺设100米的人行步道；投入120万元完成小坑镇农村环境综合整治工程建设(汤湖和曹角湾村)，2016年年底通过竣工验收；小坑国家森林公园内2座旅游厕所、曹角湾停车场，人社所背后修建300平方米的停车场工程完工投入使用。曹角湾村口旅游厕所工程进展顺利。大坝至鲤鱼坝公路2.4公里路面改造工程已全部完工；汤径至上洞公路6.5公里路面改造工程已完成4公里，计划2017年6月完成。

【生态名镇】 围绕“九龄故里·百里画廊”线路建设总体规划和经律论小镇总体规划，不断挖掘镇域的旅游资源和地域文化，扎实推进经律论小镇项目三期建设。积极配合大森林公司做好路亚基地体育休闲综合项目建设，路亚旅游驿站建设、经律论小镇旅游厕所建设等，目前各项工作进展顺利。11月5日，“中医药旅游共建单位”“中医药养生保健示范基地”正式在经律论小镇挂牌。12月，经广东省旅游景区质量等级评定委员会评定，经律论文化旅游小镇景区被评为国家AAAA级旅游景区。2016年经律论文化旅游小镇被评为国家4A级景区，2016年实现旅游总收入3400万元，接待游客24万人次，分别对比同期增长36%和82%。加快曹角湾古村落旅游驿站、围楼修缮、公路改造、旅游厕所、登山步道和停车场等旅游设施的建设。2016年，小坑曹角湾农家乐被评为“三星农家乐”称号。

【旅游节庆活动】 2016年，小坑镇成功举办2016小坑镇“库区人家”曹角湾祈福节，“篝火、音乐、萤火虫之夜——2016曹角湾露营节”，2016FLW CHINA中国区职业鲈钓大赛（中职鲈），“禅意小镇·快乐生活体育旅游节”等旅游节庆活动。

立足小坑镇得天独厚的旅游文化资源，加大宣传推广力度，利用网页、微信平台等新媒体，宣传“美丽小坑”“人文小坑”，做好节庆宣传和日常宣传工作，使宣传推广常态化，扩大影响，增加特色，推动小坑镇休闲旅游产业的发展。

【信访维稳工作】 扎实推进社会治安综合治理，依法打击违法犯罪，群众安全感、满意度持续提升。矛盾纠纷排查调处机制和社会稳定风险评估机制更加健全，做好网络问政、民声热线工作，畅通群众利益诉求渠道，有效化解一批山林纠纷和信访积案。全年共组织镇、村调委会积极开展矛盾纠纷排查调解工作4次，共受理纠纷22宗，镇调委会共调解纠纷8宗，成功调解8宗,村调委会调解成功14宗,调解成功14宗，调处率100%。以“送法下乡”“律师进村居”等活动为契机，开展街日集中宣传活动2次，分发宣传小册和宣传单600多份，举办法律宣传教育活动4场次，受教育的干部、学生、青少年、企业职工、农民等达3000余人次。

【安全生产工作】 深入开展“安全生产隐患排查”活动，认真抓好党政干部安全生产“一岗双责”落实，强化安全生产专项整治，严防重大安全生产事故，实现镇重点领域监督监察覆盖率达100%，重大危险源监控率达100%，企业开展自查“三违”率达100%，群众举报案件查处率达100%。签订小坑电站安全生产责任书24份。2016年小坑镇被韶关市列为第八批火灾隐患重点地区，共投入6.5万元制订《曲江区小坑镇消防专项规划（2016—2030年)》，明确近期、远期规划，逐步全面推进镇村两级消防基础设施设备建设工作。合计投入32万元对镇中心小学和卫生院等重点单位进行消防专项整改，消灭火灾隐患，全面提高群众防火意识，保障人民生命财产安全。整治工作于2017年2月顺利通过市政府验收合格。

【食品安全工作】 2016年8月，小坑镇社区居委会成功申报省级食品安全示范街创建试点，对25家食品经营单位重新建立和完善监管档案资料，并启动“智慧食药监”监管平台对全镇村食品经营销售单位进行科学实时监管。经整改，全镇参与创建的13家餐饮单位已全部按要求完成食品加工场所布局流程、“明厨亮灶”工程及设施设备的改造完善工作，街区内餐饮单位食品安全等级均达到B级以上，其中经律论酒店梵华阁餐厅被评为A级优秀单位，严格保障“舌尖上的安全”。

【科教事业】 加大科技兴农力度，加强和完善科技和科协网络，深入实施农业科技进村入户工程，设立莲花池科普教育基地。推进教育均衡、协调、优化发展，加强教师队伍建设，强化校园安全管理和教育，抓好小学综合楼工程建设，全面提高教育教学质量。继续抓紧落实小坑镇公立幼儿园建设，建设地址为小坑健身广场旁，占地面积1400平方米。计划在2017年完成这项民生工程建设。

【卫计工作】 公共防疫、突发事件应急和卫生服务网络进一步健全，医疗卫生条件明显改善。人口与计生工作扎实推进，建立健全计划生育层级动态管理责任制，重点做好集中服务月活动，宣传好全面开放二孩生育政策。据统计，2015年10月至2016年9月，小坑镇户籍人口出生63人，户籍人口符合政策生育率为95.24%，户籍人口出生率为10.24‰,自然增长率为5.20‰，出生人口性别比为100:120，清查违法生育案件9例，征收社会抚养费11万多元。

【社会保障】 全镇2367人参加城乡居民养老保险，4529人参加城乡居民医疗保险，实现社会养老保险制度全覆盖；及时发放低保、优抚和救灾救济资金，实现城乡低保的应保尽保。积极转移富余劳动力外出就业，完成区下达的各项任务指标。

【宣传思想文化】 贯彻落实《韶关市曲江区开展文明镇街创建“八大行动”方案》，有序推进文明镇街、文明村居创建工作，投入资金营造社会主义核心价值观的正能量场景，力争将小坑镇街、上洞村委打造成为曲江区文明镇街、文明村居首批示范点。积极配合区文广新局开展送戏下乡、流动图书馆免费开放、公益电影放映活动。落实辖区内文物点的保护责任，文物得到修缮维护和利用，开展各色文体活动，如承办“风度曲江山歌会演”，篮球赛、阅读日、礼仪讲座等。全年报送各类稿件共72篇。小坑镇开通单位微博“生态小坑”、微信公众号“生态小坑微生活”，并配备专人运营管理。积极筹建省二级文化站，对原有的文化站基础设施进行升级改造。

【武装工作】 一是严格党管武装各项制度，认真做好各项工作的贯彻落实。二是规范队伍建设，确保队伍“召之即来、来之能战”。三是认真做好民兵整组工作、扎实整顿民兵队伍。四是依法征兵，高质量完成征兵任务。

【农村党建工作】 圆满完成镇级领导班子换届工作任务。按照部署要求，顺利召开镇党代会和人代会，选举出新一届的镇党委、人大、政府班子，实现组织提名人选全部顺利当选，圆满完成镇级换届选举工作。在换届过程中，小坑镇精心谋划、严把程序，同时把严肃换届纪律贯穿于换届的全过程，压紧靠实“五个主体责任”，层层传导压力，建立健全电话、短信（微信)、信访和网络“四位一体”举报平台，切实营造风清气正的换届环境。

【“两学一做”学习教育活动】 全年共开展党政领导班子带学“两学一做”专题党课10次，并邀请区委党校老师专题讲座和区讲师团宣讲。在敬党爱国典型张增应家中建立曲江区党员教育基地，组织新发展党员到基地升国旗、入党宣誓，并请老党员为他们上一堂“两学一做”党课。老党员事迹先后在央视、广东卫视等主流媒体报道，党员教育基地也吸引市、区多个单位组织党员前来体验组织生活、接受革命教育。这种现场教学提升党员党性修养的方法受到区委组织部的好评。

【驻点普遍直接联系群众工作】 确定“五个一线工程”为镇党委书记项目工程，动员镇干部深入一线，知民情、解民意。全镇分为6个驻点团队，以驻点班子任组长，村干部为辅助团队。全年累计驻点入户1368人次，入户率达100%，收集群众反映问题85条，解决问题73条，办结率达86%，向区委、区政府反映问题6条，召开班子研判会25次，每月对驻点工作进行小结，每月对各村（社区）党建工作进行检查，有效地解决群众切身利益问题。

【整顿软弱涣散村党组织工作】 2016年的软弱涣散村党组织是下坪村委。在区纪委帮扶下，严格落实“三会一课”制度和两个“联席会议”制度。共投入10万元维修村办公大楼。为民承诺事项9件，已完成4件,正在实施中的5件。为下坪村争取5000多亩生态林补助，增加村集体收入10万多元，群众对改薄工作表示十分满意。

加强党员管理教育工作。严格落实村干部补贴和村级办公经费制度；加强党内关怀帮扶制度，全年对2名困难党员给予一次性补助7000元，慰问困难党员和老党员40人次，共发放慰问金4万多元；全年共发展党员7名，其中“两新组织”党员1名；集中排查党员关系，共排查14个党支部，342名党员组织关系，发现失联党员12名,经查找取得联系的10名；完成2008年至2016年的党费补缴工作，共收回党费12.3万元。

【党风廉政建设工作】 一是落实全面从严治党主体责任。镇党委书记先后主持召开6次镇党政班子联席会议专题研究部署党风廉政建设，制定全镇党风廉政建设工作计划，先后出台《2016年小坑镇党风廉政建设和反腐败工作任务分解表》和《小坑镇党风廉政建设主体责任和监督责任追究制度》等文件，明确工作目标，细化工作责任，并与镇直单位负责人及各村委签订廉政责任书，把责任分解到各级领导，将压力传导至岗位、个人，形成“齐抓共管、人人担责”的工作格局；带头给党员干部授课辅导，其他班子成员登台交流发言，让廉洁自律意识入脑入心。二是带头发扬民主抓集中。镇党政主要领导带头自觉遵守“五个不直接分管”(不直接分管人、财、物和行政审批、工程建设）和“一把手末位表态”等制度规定，坚持重大决策、重要人事任免、重大突发事件处置和大额资金使用等“三重一大”事项集体研究、集体决策，绝不搞“一言堂”。同时按照“健全制度、细化责任、强化问责”的要求，全面实施《小坑镇加强换届风气监督实施方案》《小坑镇扶贫领域监督执纪问责工作机制》和《小坑镇公务用车制度改革实施方案》，严守“九严禁”换届纪律，换届期间小坑镇未发生违纪违法的情况。三是带头改进作风抓风气。加强和改进党的作风建设，着力解决“四风”突出问题，镇党政班子共查摆出“四风”问题14条，制定整改方案，建立健全治庸、治懒、治散、治奢和问责规章制度共25个。还针对过去镇村干部作风不实的问题，结合开展领导干部驻点普遍直接联系群众活动，加强对党员干部政治纪律和组织纪律执行情况的监督检查，制定政府工作人员乡镇工作补贴考核制度；完善村委干部作风建设四项规章制度。

坚持“一案双查”“双向问责”，认真开展农村党员干部违纪违法线索排查活动，建立领导包片包案工作机制。全面完成谈话（信访）室建设。2016年小坑镇开展明察暗访10次，点名曝光通报2人，谈话提醒26人次，诫勉谈话2人，答复区纪委信访函询件2件，排查出问题线索13条，办结12条。立案查处各类违纪案件5宗5人，给予党纪处分5人，其中开除党籍3人，干部作风有了明显的好转。（陈远明）

小坑镇领导班子成员名单（2016年）

党委书记、人大主席：

陈亚雪（任至3月）
党委书记、人大主席：邓会成（4月起任党委书记、人大主席5月起任至9月，镇长任至5月）
镇委副书记、镇长：唐玲君（4月起任党委副书记，5月起任镇长）
镇人大主席：王朝其（9月起任，党委副书记任至7月）
镇党委副书记：古秋喜（7月起任，镇人大副主席任至9月）
镇党委副书记：李同刚（7月起任，镇党委委员、副镇长任至7月）
党委委员、副镇长：马兴志（7月起任党委委员）
副镇长：杨先明（任至7月）
丘　昀（9月起任）
党委委员、纪委书记：陈远明
党委委员、武装部部长：韩德军
党委委员：何益玉（任至6月）
林祝生（7月起任）
杨华明（6月起任）

松山街道

【概况】　松山街道办事处是因承接驻曲江区国有企业宝武集团广东韶关钢铁有限公司剥离办社会职能而设立的，为曲江区人民政府派出机构，正科级建制。松山街道位于韶关市南郊，松山街道办事处地址为韶钢厂南大道（原西区居委会所在地），下设东区、西区、红旗区、北区4个居委会，总面积约10平方公里，小区与大塘镇、马坝镇行政区相连，均在马坝镇行政区域范围内，现有城镇居民13905户，总人口4.5万人，且全部为城市居民人口，公共基础设施比较完善，学校、医院、市场、邮电通信、交通、供电及小区服务设施比较齐全。

2012年8月24日，曲江区编委下发《关于印发〈韶关市曲江区松山街道办事处主要职责内设机构和人员编制规定〉的通知》（韶曲机编〔2012〕24号），松山街道办事处设有党政办公室、人口计划生育办公室、社会事务办公室、综治信访维稳中心4个内设机构。2013年8月20日，宝钢集团韶钢公司与曲江区人民政府正式签订协议，将韶钢街道办事处及居委会正式移交曲江区管理。2014年3月19日，松山街道办事处正式挂牌成立。

【基层党建工作】　2016年，街道以开展“两学一做”学习教育为契机，成立学习教育领导小组，制订周密的学习计划，深入基层，走访调研，做到人员到位、工作到位、措施到位。为确保每名党员都纳入党组织的有效管理，各党支部利用已建的“党支部微信群”，号召街道在册党员207人（含流动党员）参与“两学一做”学习教育考学活动，通过多形式的学习教育着力解决存在的问题。同时，认真开展党员组织关系排查及党费收缴专项工作。未发现组织关系“空挂”“失联”“口袋党员”“隐身党员”等现象。深入贯彻落实中共十八届历中全会和习近平总书记系列重要讲话精神，举办中心组集中学习6次。开展街道领导干部驻点普遍直接联系群众工作，街道4个驻点团队直接联系群众总户数12900户。曲江区第十五届人大代表换届选举，街道共有选民35404人，分7个选区，选举出人大十五届代表10人。针对软弱涣散基层党组织存在的突出问题及产生问题的原因，制定整改措施，至年底东区居委干部的工作能力得到提升，战斗堡垒作用进一步加强。

【党风廉政建设】　2016年，松山街道以“能力建设年”活动为契机，继续认真贯彻落实“两个责任”，扎实推进党风廉政建设工作。以强化组织领导、强化职责分工、强化责任追究的“三个强化”，认真落实党风廉政建设责任制。根据上级纪委关于创新丰富教育体裁的要求，结合街道实际，制定《松山街道2016纪律教育学习月活动方案》，组织街道班子成员家属签订《领导干部家庭助廉承诺书》，与街道全体党员干部家属签订《廉政准则》和“八项规定”承诺书，定期开展基层领导干部线索排查和日常、节假日前后的明察暗访工作，时刻警醒干部认真履行自身职责和强化廉政意识。开展多形式纪律教育活动，创建街道纪工委廉政宣传微信工作群，定期组织纪检监察干部进行集中学习、参观教育活动，强化干部队伍建设。

【综治信访】　把“防控风险、服务发展、破解难题、补齐短板”摆在突出的位置，坚持系统治理、依法治理、综合治理、源头治理，狠抓各项工作落实。一是以平安建设为根本，做好重点摸排工作，维护辖区稳定。全年共受理排查矛盾纠纷34宗，调处率100%。受理网络问政及处理来信来访信件10宗，来信来访人员对松山街道办的及时回复都表示满意。二是紧紧围绕“人人享平安，人人享幸福”的理念，加大宣传力度，提高平安创建知晓度。制定创平宣传工作方案，依托区里与街道结对的律师，建立“四式”服务新模式，为社区居民提供法律服务；同时以设置电子显示屏，宣传栏等形式开展宣传活动。一年来，共向辖区居民免费发放各类宣传单、手册等资料3500份，提供咨询服务100余人次。三是强化综治工作措施。制定街道实行社区网格化管理服务的实施细则，在街道4个社区建立“三级”网格体系，健全社区居委网格服务团队。坚持重大事项报告、信访维稳形势研判和检查督办等各项制度，健全和完善上下贯通、快捷灵敏的信息运行工作机制。四是认真落实严重精神障碍患者的救治救助工作，如期完成“三个100%”的工作目标。五是坚持“以人为本”，把安全生产工作纳入工作重要议事日程。与工商税务部门联系，对工商在册的工矿商贸企业进行全面排查登记，共排查出在册企业36家，排查消防安全隐患8宗。一年来，辖区企业没有发生重大安全生产事故，较好地维护辖区的稳定。

【人口与计生工作】 紧紧围绕“全面两孩”政策，重点宣传实施其重大意义、政策的主要内涵和具体规定，营造良好的舆论氛围和社会环境。在主要路口、交通要道、主要街道等人群集中的公共场所，设立固定的计划生育宣传广告牌和标语口号，以松山街道办出生人口花名册为依据，结合共享信息平台比对信息、派出所入户花名册、幼儿园入学花名册、医院疫苗接种花名册等信息，狠抓出生人口清理、提升全员数据质量对政策内孕情无故消失及有孕无生、有生无孕等现象一查到底；对政策外怀孕对象实行包保，采取政策宣传、以理说服等思想攻势。实行月例会汇报制度，全面掌握计生工作开展的情况。

【招商引资工作】 根据区委确定的分区发展战略，立足辖区实际，与韶钢保持良好的沟通，主动做好服务，依托韶钢的产业链，探讨在采购、销售、物流等方面进行合作，全年成功引进企业1家，项目投资总金额800万元。

【社会事业】 坚持“以人为本，为民解困，为民服务”的理念，全年慰问现役军人、参战退役人员33人，发放慰问金3300元；慰问辖区残疾人10名，发放慰问金1000元；认真落实国家各项优抚政策，严格执行国家低保政策，年底街道有37户家庭享受最低生活保障，做到应保尽保、应退尽退。加强优抚、救济等资金的核实发放，做到专款专用，办理6宗临时救助，发放临时救助金9700元，确保救助对象和困难群众及时得到救助，为辖区的社会稳定起到积极作用。切实关心老年人群体，保障老年人的合法权益，完成辖区办理80岁以上老人津贴申请183名，办理老年优待证62本。完成征兵登记和报名工作。完成了基层公共服务平台建设的前期上报工作。组织开展道德讲堂6次，主要领导上党课活动2次，邀请区宣讲团成员进行授课3次。深入持久地开展文明创建活动，成立松山街道创文指挥部，制订街道创文规划，并取得一定成效。开展“道德模范”人物评选活动，用身边的事感染身边人，协助区文明办在我街道成功举办市级道德模范与身边好人现场交流活动。在区级媒体发表新闻报道24篇，利用电子屏、橱窗展板及公路或社区显眼处共悬挂大小标语178条（幅），发放宣传资料1000余份，公共场所张贴社会主义核心价值观公益广告牌114块。街道人社所2016年7月成立以来，积极推进城镇居民医疗保险等社会保障体系建设，办理灵活就业社保补贴75人、“就业困难人员认定”20人、新生儿童参加城乡居民医疗保险13人，居民医保工作全面完成。5月4日，松山街道妇女联合会成立暨第一届妇女代表大会召开，街道妇联的成立，对做好基层妇女工作和搞好干群关系起着十分重要的作用。积极推进政务公开，不断完善党风廉政建设平台，进一步畅通政府与群众的联系渠道，深入了解人民群众的意愿，听取人民群众的呼声，解决人民群众最现实、最关心的问题，使各项决策和工作更加符合实际，为构建和谐社会打下坚实基础。

（蔡燕君）

松山街道办事处领导班子成员名单（2016年）

党工委书记：张卫琪

党工委副书记、办事处主任：
江绍德

党工委副书记：罗子光

党工委委员、纪工委书记：
朱木林（纪工委书记4月起任）

党工委委员：肖文婷

街道办事处副主任：熊伟平
陈广初

社会经济统计资料

韶关市曲江区统计局
关于2016年国民经济和社会发展的统计公报

2016年，是“十三五”的开局之年，受全国经济下行压力加大、市场需求疲软和经济发展模式转型的影响，面对错综复杂经济形势，区委、区政府正视经济发展存在问题，主动作为、加压奋进，积极招商引资、服务企业，促进公共服务均等化，实现了经济社会、人民生活均衡发展。

一、综　合

据初步核算，全区生产总值(GDP)133.95亿元，增长3.6%(注：增加值总量为当年价计算，增速按2015年可比价格计算，下同)。其中，第一产业增加值18.21亿元，增长4.1%；第二产业增加值61.64亿元，增长1.2%；第三产业增加值54.11亿元，增长6.3%。三次产业结构由上年的12.7:47.8:39.5调整为13.6:46.0:40.4。人均GDP 43043元，增长2.8%(按可比价计算)。

区属生产总值完成107.8亿元，下降1.0%。其中，第一产业增加值18.21亿元，增长4.1%；第二产业增加值35.49亿元，下降12.1%；第三产业增加值54.11亿元，增长6.3%。三次产业结构由上年的15.1:37.8:47.1调整为15.9:33.5:50.6(三产结构为现价构成比)。

曲江区2016年地区生产总值构成情况表

主要行业	本年快报(万元)	上年年报(万元)	增长(可比价)
生产总值(现价)	1339521	1282231	3.6%
第一产业	182084	162771	4.1%
第二产业	616357	613152	1.2%
工业	567935	526312	5.2
#规模以上	521516	482845	5.5%
建筑业	48422	86840	-44.2
第三产业	541080	506308	6.3%
交通运输、仓储和邮政业	80668	74273	8.1%
批发和零售业	94074	93617	0.2%
住宿和餐饮业	51763	48918	5.2%
金融业	38420	358800	6.0%
房地产业	61545	63964	-0.8%
其他营利性服务业	87957	73466	18.4%
非营利性服务业	126653	116190	7.0%

说明：绝对数为当年价，增速用2015年价计算可比增长。

民营经济完成增加值71.33亿元，增长0.7%，占全区生产总值的53.3%，民营比重比上年低2.9个百分点。

二、农　业

初步统计全区第一产业总产值达29.43亿元，增长4.1%。其中农业总产值19.93亿元，增长4.6%；林业产值1.5亿元，增长0.6%；畜牧业总产值5.79亿元，增长3.6%；渔业产值1.95亿元，增长3.2%。完成增加值18.21亿元，增长4.1%。

与上年对比，全年各项农作物种植基本保持稳定，产量增减幅度不大。粮食播种面积22.5万亩，增长0.5%，产量8.73万吨，增长0.1%，其中稻谷播种面积20.39万亩，增长0.5%，产量8.24万吨，下降0.2%；经济作物种植面积8.9万亩，增长3%；蔬菜种植面积14.97万亩，增长0.9%，产量27.9万吨，增长5.3%。

生猪饲养量41.3万头，增

2016 年主要农业产品产量情况表

项目	计算单位	产量	增长（%）
粮食	万吨	8.73	0.1
#稻谷	万吨	8.24	-0.2
蔬菜	万吨	27.91	5.3
花生	万吨	1.9	1.5
水果	万吨	4.2	3.3
茶叶	吨	485	0.6
肉类	万吨	2.05	-2.6
其中：猪肉	万吨	1.76	-3.1
鲜鱼	万吨	1.73	3.5

长0.1%，生猪出栏量23.98万头，下降2.3%；“三鸟”饲养量为309.71万羽、增长0.7%，出栏量为194.33万羽、增长0.3%。

农村用电量5668万千瓦时，增长2.5%；化肥施用量（折纯）1.15万吨，增长0.2%。

三、工业和筑业

全区工业完成增加值56.79亿元、增长5.4%，其中规模以上工业增加值52.15亿元、增长5.5%。在规模以上工业增加值中：重工业46.42亿元，增长3.3%；国有工业24.1亿元，下降9.9%；股份制工业23.62亿元，增长22.5%；民营工业17.9亿元，下降5.3%。高新技术制造业1.48亿元，增长1.8%。

分企业管辖归属：区内7家省、市属规模以上工业完成增加值30.67亿元，增长10.5%；区属67家规模工业完成增加值21.8亿元，下降3.8%。

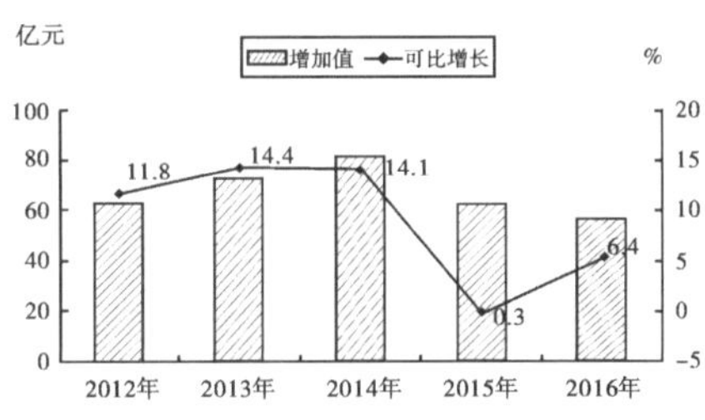

近五年工业增加值及其增长速度图

钢铁、电力、化工、矿产、纺织、饮料、木材加工、电子制造业等主导产业除化工、矿产略有下降以外，其他行业均有增长。主导产业合计工业增加值42.89亿元，增长23.0%，拉动全区规模以上工业增长12.4个百分点。其中钢铁工业17.63亿元，增长46.7%；电力生产与供应11.9亿元，增长5.8%；电子制造1.48亿元，增长1.8%；纺织工业3.44亿元，增长8.2%；饮料生产1.64亿元，增长25.9%；金属矿采（选）3.77亿元，下降3.3%；化工工业3.07亿元，下降13.7%。

全区规模以上工业完成工业总产值293.6亿元，下降1.6%（产值总量及增速为现价计算，下同）。其中轻工业24.8亿元，增长15.4%；重工业268.8亿元，下降2.9%。分注册类型看，国有企业167.3亿元，下降8.1%，股份制企业102亿元，增长7.6%；外商及港澳台商投资企业18.9亿元，增长14.1%。分管理归属看，中省工业193.1亿元，增长6.4%；区属100.5亿元，下降13.9%。全区工业销售产值总计290.6亿元，下降1.8%，其中出口交货值11.16亿元，增长10.0%。

截止到年末，全区产值超亿元的规模工业企业有31家，其中百亿元以上的1家，10亿元以上的4家，5亿元以上的4家。从主要工业产品产量增减来看，能源类产品表现增长，矿产及建材类表现下降。各项产品产量如下表：

2016 年规模以上工业全区主要产品产量情况表

产品名称	计量单位	数 量	增长%
粗钢	万吨	647.63	3.7
成品钢材	万吨	541.56	-4.2
铁矿石原矿	万吨	118.66	-5.7
硫铁矿（折含硫35%）	万吨	34.44	-0.5
发电量	亿千瓦时	77.51	8.6
其中：火力发电	亿千瓦时	74.34	7.9
水力发电	亿千瓦时	2.91	28.8
焦炭	万吨	265.89	8.9
软饮料	万吨	3.59	-58.9
人造板	万立方米	33.11	-18.2
水泥	万吨	40.36	-81.1
布匹	万米	6520	22.4
硫酸	万吨	70.89	38.2
印制电路板	万平方米	71.61	5.0

受投资规模收缩影响，建筑业表现大幅下降。全年完成建筑业增加值4.84亿元，下降44.2%。全区资质以上建筑业企业13家，完成建筑施工产值21.48亿元，下降18.0%；营业收入18.6亿元，实现利润0.5亿元，均不同程度下降。

四、固定资产投资

固定资产投资额完成56.17亿元，下降39.1%。分三次产业看，第一产业完成0.37亿元，下降96.9%；第二产业完成26.77亿元，下降33.7%，其中制造业完成11.72亿元，下降58.5%；第三产业完成25.53亿元，下降35.7%。分投资主体看，中省项目完成投资14.87亿元，下降9.4%；区属项目完成投资37.8亿元，下降50.1%，其中房地产项目完成投资9.88亿元，增长74.3%。全区500万元以上施工项目共110个。其中计划总投资0.5亿元~1亿元的项目共有94个，亿元以上的项目有16个。

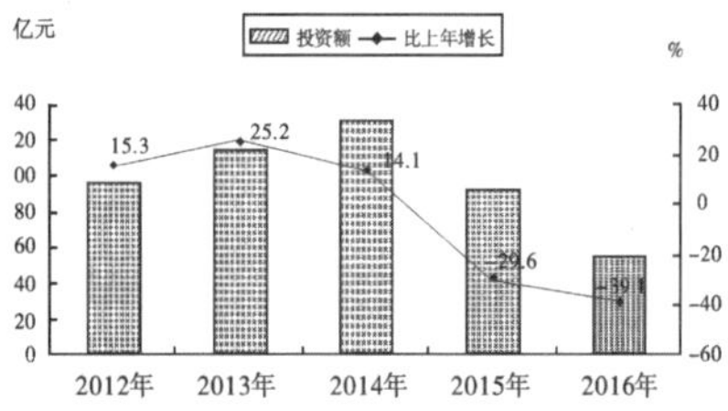

近五年固定资产投资及其增长速度图

五、贸易和外经

批发零售贸易业商品销售额90.88亿元，下降6.0%，其中批发业39.59亿元，下降21.3%，零售业51.3亿元，增长10.6%；住宿餐饮业营业额8.7亿元，增长9.7%，其中住宿业2.06亿元，增长14.4%，餐饮业6.63亿元，增长8.1%。消费品零售总额62.72亿元，增长9.9%，分地区其中城镇57.16亿元，增长10.5%；分行业：批发和零售业完成56.32亿元、增长9.9%，住宿和餐饮业完成6.28亿元、增长8.1%。新建商品房网签交易登记2588套、面积29.85万平方米，成交均价4107元每平方米。

实际利用外资1000万美元，比上年增长233.3%。外贸进出口总额16600万美元，比上年下降2.9%。规模以上工业产品出口交货值11.16亿元，比上年增长10.0%。

六、交通邮电和旅游

全区交通运输、仓储及邮政业完成增加值8.07亿元，增长8.1%。其中，交通运输仓储业完成8.07亿元，可比增长8.1%。邮电通信业务总收入完成2.02亿元，比上年下降15.5%。固定电话用户3.1万户，比上年下降8.4%；移动电话用户25.6万户；互联网宽带用户4.82万户；手机上网用户17.99万户（注：电信数据不包括联通用户）。邮政支局12个，邮路单程长度159公里，全年发行报刊360万份、杂志14.4万份，特快专递3.81万件（不包民营快递）。

年末全区公路通车里程达1657.2公里，其中，国道（包括高速公路）133.4公里，省道93.2公里，县道130.3公里，乡（镇）道882.5公里，村道496.9公里，总公路密度为102.2公里/百平方公里；等级公路里程中，高速公路86.1公里，一级公路43.94公里，二级公路75.2公里，三级公路49.0公里，四级公路1402.9公里。全年客运量达987.32万人(不包马坝至韶关)，旅客周转量10975.1万人公里。公交运营车辆101辆，客运出租车100辆。全区登记普通载货汽车3362辆，其中货运公司登记载货汽车1919辆。

全年接待游客人数达434.11万人次，增长9.9%，其中过夜游客人数173.69万人次，增长9.9%。旅游总收入30.6亿元，增长21.7%。

七、财政和金融

全年实现财政一般预算收入8.07亿元，增长6.3%。其中税收收入完成4.64亿元，增长4.4%，非税收入完成3.43亿元，增长9.2%。财政一般预算支出16.54亿元，下降17.2%。具体各项支出情况：教育支出3.45亿元，下降6%；社会保障和就业支出3.06亿元，增长8.3%，医疗卫生支出2.4亿元，增长14.5%；节能环保支出0.82亿元，增长11.1%；科学技术支出0.13亿元，下降51.4%；城乡事务支出0.22亿元，下降69.5%；一般公共服务支出1.91亿元，增长1.8%；公共安全支出0.81亿元，下降9.6%。

年末全区金融机构存款余额133.1亿元，比年初增长11.0%。其中，城乡居民年末储蓄存款余额97亿元，比年初增长10.4%；企业等单位存款36.1亿元，比年初增长19.2%。金融机构各项贷款余额74.6亿元，比年初增长18.9%。其中：短期贷款余额22.4亿元，比年初增长10.9%；中长期贷款余额51.8亿元，比年初下降18.6%，其中个人消费贷款达16.75亿元，比上年同期增长 19.5%。

八、教育和科学技术

扎实巩固教育创强工作，投入大量资金加强校舍、教学设施等硬件建设，推进城乡教育均衡发展。教学资源配置更为优化，办学条件迅速提升，现有小学共19 所，按地域分城区 10 所、镇区 7 所、乡村 2 所；初中 12 所，按地域分城区 4 所、镇区 8 所，按教学分普通初级中学 8 所、九年一贯制学校 4 所；高中 3 所，其中完全中学 1 所、高级中学 2 所；中等职业学校 1 所。全区各类幼儿园 47 所，其中公办幼儿园 9 所，普惠性民办幼儿园 29 所，按地域分城区 23 所、镇区 19 所、乡村 5 所；特殊教育学校 1 所。全区各类学校校舍建设情况：幼儿园学校占地面积 10.96 万平方米，其中校舍建筑面积 8.09 万平方米；小学校区面积 77.2 万平方米，校舍建筑面积 20.6 万平方米（包括教学点），小学运动场地面积达 25.3 万平方米，运动场面积及体育设备达标的学校 18 所，体育器械配备达标校数 18 所，音乐器材配备达标校数 18 所，美术器材配备达标校数 17 所，数学自然实验仪器达标校数 17 所；初级中学区面积 35.9 万平方米，校舍建筑面积 10.9 万平方米，运动场地面积 15 万平方米。

全区现有在校学生 49456 人：3 所高级中学在校学生 5796 人，12 所初级中学在校学生 8750 人；1 所中级职业学校在校学生 1367 人；16 所小学在校学生 23920 人。幼儿园在园儿童 10928 人；全区 3~5 岁儿童毛入园率、“三残”儿童少年入学率、小学适龄儿童入学率、毕业升学率、初中适龄学生入学率等都达到 100%；九年义务教育巩固率 99.9%；高中阶段教育毛入学率 98.8%。

各类升学成绩及普通高考再创佳绩，2016 年全区初中毕业生 2782 人，毕业升学 2752 人，升学率达到 98.9%，其中普通高中 1463 人，中职学校 696 人，技工学校 585 人；高中毕业生 2288 人，毕业升学 2015 人，升学率达到 88.0%，其中：本科 710 人，占升学人数的 35.2%；专科 1305 人，占升学人数的 64.8%。

各类学校专任教师共 3266 人，分别为：学前教育 604 人；小学 1453 人；初级中学 623 人；高中 429 人；特殊教育 13 人。高级职称以上 1552 人，分别为：幼儿园小教高级 68 人；小学小教高级 1203 人；初中中教高级 101 人；高中中教高级 153 人。中职专任教师 123 人，其中高级 27 人。特殊教育学校 1 所，3 个班级，在校学生 62 人。（松山学院的专任教师不在统计范围内）

九、文化、卫生和体育

全区共有文化馆 1 个，公共图书馆 1 个，博物馆 1 个，采茶剧团 1 个，影剧院 1 间，调频广播转播台 1 个，有线电视台 1 个，全区设立文物保护单位 27 个。有线电视用户 5.86 万户，其中数字电视用户 5.86 万户，农村乡镇 1.6 万户；有线广播 890 个，广播覆盖、有线电视通达全区所有村小组；下乡播放电影 1074 场次，采茶戏演出 93 场次，观众合计达 5.5 多万人次；区图书馆藏书量 17 万册，镇级 10 个文化站拥有图书 10 万册。

年末医疗卫生机构 19 个（不包韶钢、大宝山），其中医疗机构 14 个，分别为区级医院 4 个，镇级卫生院 10 间。

全区卫生部门拥有卫生技术人员 1606 人，其中执业医师 552 人，注册护士 746 人；病床 1470 张。全区设乡村医疗点 91 个，医生 80 人，行政村卫生站覆盖率达到 100%。城乡居民医疗保险、职工医疗保险参保人数 25.4 万人，覆盖率达 80.2%。

全区拥有体育场馆 4 个，全民健身场地 657 个，面积 75.65 万平方米，较大型的公用全民健身点有沿堤路河边公园、江畔花园、人民公园及源河豪苑等大型小区内的场地；全年举行区级运动会 6 次，参赛运动员 1700 人次；镇级运动会 4 次，参赛运动员 530 人次；运动员参加市以上运动会获冠军 64 人次。

十、人民生活、社会保障

据韶关市国家调查队核定，2016 年全区城乡居民人均收入 19223 元，增长 10.4%，其中城镇居民人均可支配收入 24860 元，增长 10.2%；农村居民可支配收入 13845 元，增长 10.6%，城乡居民收入比为 1.795。

年末城镇职工参加社会养老、失业、医疗、工伤、生育保险共 15.24 万人（一人投两种险以上按不同险种重复计算）。其中，养老保险 5.72 万人、失业保险 1.65 万人、工伤保险 2.4 万人、医疗保险 4.27 万人，生育保险1.2万人。以上五类保险全年实收基金3.70亿元，增长16.4%，支付费用3.42亿元，增长2.8%。城乡居民社会养老保险参保共8.27万人，增长1.5%，实收基金807万元，下降11.0%，发放支付3858万元，增长8.5%。

加大社会救助和医疗救助力度，提高城乡“五保”生活补贴标准，全区年末拥有社会福利机构10所，其中敬老院9所、福利院1所，收养人数353人，比上年增加28人，其中区福利院收养老人150人、累计收养弃婴14人。核定低保对象2334户4799人，比上年减少740户，减少2113人，发放低保资金1833万元，减少9.3%；核定“五保”对象599人，发放供养经费386万元，减少14.9%，实现了城乡低保和农村“五保”动态管理下的应保尽保，继续给全区80岁以上的高龄老人发放津贴。

十一、城区及镇村建设

建成区面积扩大至18.27平方公里，建成区绿化覆盖面积达827.53公顷；城区开放性公园2个，公园面积达135.94公顷。城区给排水系统及供气系统良好，城区供水管道长度848公里，全年供水量达到2022万方，城市排污管道建设总长约58公里，供气管道长度达140公里。新建了一批亮化、绿化、净化和美化工程，城市功能不断完善，承载力明显增强。

十二、人口、资源与环境

年末全区常住人口为31.68万人，其中城镇18.42万人，比重58.14%（城镇化率）。按公安户籍登记，全区总户数10.12万户、人口31.66万人，其中非农业人口17.04万人，占53.8%，农业人口14.62万人，占46.2%；户籍人口中，当年迁入1941人，迁出3767人；按性别分，男性人口16.29万人，女性人口15.37万人，性别比为106:100。据计划生育统计报表显示，全年政策生育率91.83%，出生人口3439人，出生率为10.55‰；死亡人口1413人，死亡率为4.33‰；全区净增人口2026人（不计算迁入迁出），人口自然增长率6.22‰。

全区全社会从业人员14.56万人，占常住人口的46.7%，其中非农从业人员9.21万人，占总从业人员63.2%。从行业分布看，从业人员较多的行业有：农林牧渔业5.0万人，采矿业0.29万人，制造业2.97万人，批发和零售业1.69万人，住宿和餐饮业0.52万人，交通运输业0.35万人，建筑业0.93万人，电力及水的生产和供应业0.36万人，教育及文化、体育和娱乐业0.48万人。全区当年新增就业岗位3584个，城镇实有登记失业人口1023人，登记失业率2.3%，农村劳动力转移人数4086人，转移就业率达55%。

曲江辖区土地面积1620.77平方公里，年末耕地总资源30.65万亩，其中常用耕地面积18.1万亩。罗坑、沙溪两个自然保护区面积达2.81万公顷，其中罗坑自然保护区升级为国家级自然保护区。年末林业用地面积12.37万公顷，森林覆盖率74.96%，林木绿化率77.2%。

主要污染物排放总量控制在目标范围内，空气环境质量达到国家二级标准，饮水安全全面达标，饮用水源水质达标率100%。全区工业废水排放量2444.5万吨（注：本部分数据为2016年市统计年鉴公布的数据，下同），工业二氧化硫排放量16280吨，工业烟（粉）尘排放量28596吨；工业固体废物综合利用量437.9万吨，综合利用率99.93%；工业废水治理设施运行费用9539.1万元，工业废气治理设施运行费用21297.4万元。城镇生活污水处理率达到90.2%，城镇生活垃圾无害化处理率达到100%。

注：

1. 本公报各项统计数据为快报初步统计数；

2. 地区生产总值、各产业增加值和产值绝对数按现价计算，增长速度按可比价计算；

3. 城镇单位在岗职工工资数据没有最后核定，本公报暂不公布。

主要提供数据单位情况附表

单位名称	提供数据指标情况	单位名称	提供数据指标情况
公安局	户籍登记户数及人口情况	民政局	社会福利情况
财政局	财政收支情况	旅游局	接待游客及旅游收入情况
国税局	国税收入情况	国土局	国土资源及耕地情况
地税局	地税收支情况	林业局	林业及森林生态情况
经信局	外资外贸情况	水务局	饮水安全及水利情况
住建局	城区基础设施建设情况	气象局	本区日照等气象情况
农业局	特色农业及扶贫开发情况	广播电视台	有线电视及广播情况
交通局	交通建设及运输情况	体育局	全民健身及体育设施情况
环保局	环境保护监测情况	农机局	农机使用情况
人社局	全区社会保障情况	供水管理处	城区供水及设施情况
科教局	全区教育建设及科技情况	人民银行	年末金融机构存贷款情况
卫生局	卫生事业及合作医疗情况	邮政局	邮政事业发展情况
计生局	人口与计生工作完成情况	房管所	商品住房登记及交易情况

说明：本文数据由上表所列指标对应单位提供并负责解释。

主题索引

说明：

一、本索引采用主题分析方法，款目按汉语拼音字母（同音字按声调）顺序排列。

二、索引款目后的数字表示内容所在的页码，数字后的英文字母（a、b、c）表示版面的左栏、中栏、右栏。

三、本索引对特辑、大事记、社会经济统计资料、文献专载等不作内容主题分析。

H

J